国家出版基金项目
NATIONAL PUBLICATION FOUNDATION

中央苏区革命史
调查资料汇编

—— 卷三 ——

吴永明 / 主编

孙西勇 / 编

江西人民出版社
Jiangxi People's Publishing House
全国百佳出版社

本卷说明

　　本卷资料主要是由江西省档案馆馆藏编号为X014-1-101、X014-1-102、X014-1-103等原始档案资料整理汇编而成。

　　本卷资料汇编的目录架构总体上采用并列结构，分为六大板块即杨殷县、博生县、长胜县、胜利县、公略县和太雷县民间调访资料。这六个县都是在苏维埃革命期间临时成立，并伴随着苏维埃革命完成其伟大而神圣的使命。六个县的名称与纪念苏维埃革命英雄人物和庆祝革命胜利息息相关，展现出鲜明的苏维埃革命特色。在每个县民间调访资料板块下又采取"总—分"结构，即按照县、区、乡、村的层级，通过苏维埃革命亲历者的娓娓道来，全面系统地呈现苏维埃革命辉煌灿烂的历史。

　　本卷资料以杨殷、博生、长胜、胜利、公略和太雷等六县苏维埃革命为叙事基点，以众多苏维埃革命亲历者的访谈为主要内容，全面、详细、鲜活地呈现杨殷、博生、长胜、胜利、公略和太雷等六县苏维埃革命波澜壮阔的历史篇章。这里涉及杨殷、博生、长胜、胜利、公略和太雷等六县苏维埃革命早期发起者的英勇事迹、打土豪分田地的丰富过程、地方苏维埃政权的建设（包括苏维埃政权的建立、组织机构、人员构成、主要职能、政权发展与挫折的艰苦历程等）、各种社会团体的建设（包括团体的建立、组织机构、人员构成、运行情况等）、艰苦卓绝的苏维埃革命军事斗争、创新发展的苏维埃经济建设、民主高效的苏维埃基层社会治理、效果显著的苏维埃文化教育建设、全民皆兵的苏维埃革命动员等，为主流中央苏区历史叙事展开一幅磅礴宏阔、主题鲜明、脉络清晰、情节丰富、人物鲜活的历史画卷。

　　档案资料是在 1958 年末和 1959 年初由众多学者对苏维埃革命亲历者的访谈整理记录而成，当时正是繁体字和简化字转化的过渡期，所以档案资料中繁体字与简体字，特别是不规范的异体字混杂在一起，增加了资料整理的难度。在资料整理、输入、编纂的过程中，我们本着对资料负责的态度，同时兼顾读者的阅读习惯，采取了如下举措：其一，在字形统一方面：一是把所有的繁体字转化为标准汉字，如糶/籴、擾/扰、燦/灿、採/采、佔/占、畂/亩、災/灾、脅/胁、塊/块、輪/轮、豬/猪、鍋/锅、掃/扫、討/讨、兇/凶等。二是把所有简体字、异体字、别字转化为标准汉字，如汴/赣、抴/据、后/候、付/副、峃/流、伲/困、圹/塘、沛/派、仴/个、隣/邻、舒/拿、仪/信、晴/情、年宁/年龄、夋镖/梭镖等。其二，在人名考证方面：一是对历史名人名字的考证，以经典史料和著作为依据。例如在档案史料中有"毛泽东"的写法，显然"泽"是"泽"的异体字，文中统一改为"毛泽东"。二是对杨殷、博生、长胜、胜利、公略和太雷六县苏维埃革命中比较突出的英雄人物名字的不同写法，我们根据《中央革命根据地词典》和地方志等基本史料记载统一改名，如本卷资料中的钟先同、钟先铜/钟先桐，赖金邦/赖经邦，段啟凤/段启凤，朱学玖/朱学久，丘倜/丘迪/邱倜，李少九/李韶九。三是对杨殷、博生、长胜、胜利、公略和太雷六县苏维埃革命基层组织中出现的普通干部名字，存在前后不一的时候，我们会作恰当的标注，便于读者前后对照判断。其三，在地名考证方面，档案资料中一些苏维埃革命时期的杨殷、博生、长胜、胜利、公略和太雷六县地名存在用异体字、别字、同音字替代的现象，如胂利县/胜利县、长胂县/长胜县、艮坑/银坑、

分坑 / 汾坑、仙霞贯 / 仙下贯、富竹 / 富足、里西 / 里溪、牛迳 / 牛径、教埠 / 教富、猴井 / 侯迳等，我们以 1985 年版的《江西省兴国县地名志》（内部资料）、《江西省于都县地名志》（内部资料）等作为参考标准进行修改。其四，在时间考证方面，主要事件，特别是涉及毛泽东同志的重要事件，我们会参考《毛泽东年谱》进行对照比较，修正一些明显错误的时间。

在本卷资料编纂过程中，我们认真录入、仔细辨别、反复推敲、小心求证，错误与不足仍在所难免。这或许就是学术求真道路上的筚路蓝缕。不管如何，我们抱着坦诚的态度，求教于方家。

本卷资料的查询、搜集、整理、录入和校对工作，主要由孙西勇、江西师范大学历史系硕士研究生余莉、李时民，南昌大学历史系硕士研究生郭祥宇、南昌航空大学马克思主义学院硕士研究生田婷等共同完成。

编者

2022 年 10 月

目 录

杨殷县 [①] 民间调访资料

---

① 1933 年 8 月下旬新设杨殷县后，即成立了县苏政府。隶属江西省苏政府。1934 年 7 月下旬改隶赣南省苏政府。历任主席有：肖仁凤、傅家滨、谢良谱、汤志仁、钟恩桂。1935 年 3 月因游击战争失败而停止活动。

1933 年 8 月下旬，析赣县北部和兴国南部苏区新设杨殷县，成立中共杨殷县委，历任书记有：肖义生、钟荣清、钟昌顺隶属中共江西省委，1934 年 7 月后隶属中共赣南省委，11 月后直属中共杨赣特委。1935 年 1 月，杨殷县苏区被敌侵占，县党政军机关人员和地方编成独立营，随同中共杨赣特委和红军独立十三团开展游击战争。3 月，因游击战争失败，县委停止活动。

引自《中央革命根据地词典》，档案出版社 1993 年版，第 182、146 页。

（一）杨殷县革命史民间调访综合资料

一、杨殷成立前的兴（国）西革命斗争

杨殷县成立以前，兴国西部的广大地区是属于兴国县的第十区、十一区和黄塘①区管辖。这一带地区的苏维埃政府是在赣南革命根据地创立以后发展起来的。

（一）革命前的兴国社会状况

1. 残酷的封建剥削与压迫

兴西这片拥有七万五千人的土地〈上〉以产茶油和粮食著称。由于封建的土地关系，广大的劳动人民所掌握的土地和茶山是很少的，大量的茶山和土地掌握在占农村人口极少数的地主、富农手中。拿永丰区为例，全区80%的土地和85%的茶山，操纵在占全区人口15%的地主、富农手中，而占全区农业人口85%的广大农民却只有20%的土地和15%的茶山。由于大量的土地和茶山掌握在地主富农手中，广大的农民无地耕种，他们就必须向富户租种，可是地主对他们的地租剥削是十分沉重的。根据西山地区的情况，还存在对半分租的现象，三七分租在西江很流行，四六分租在隆平也存在，二八分租是当时各地的普遍存在。但是地主对农民的剥削并不以此为满足，他们日夜盘算着如何吸吮农民的膏血。除了地租

---

① 黄塘，地名，1933年8月从兴国划出，归新成立的杨殷县，后文有写作"黄圹"，也有相关文章写作"黄圹"，本书遵从《江西省兴国县地名志》，写作"黄塘"。相关内容见《江西省兴国县地名志》（内部资料），1985年版，第441—442页。

剥削以外，他们对农民还进行高利贷的盘剥，月息 10% ~ 15%。农民们在青黄不接的时候，向【地】主借一担谷，到秋收后就得还两担。另外，他们还用操纵稻谷的物价〔价格〕来剥削农民。每当青黄不接的时候，农民向地主买谷，每担要 8 ~ 10 元（伪币）。秋收以后地主就降低谷价，每担就只有 3 ~ 4 元（伪币）。地主的剥削已经使农民无法抬头，但是国民党反动统治他们不顾农民的痛苦处境，繁重的苛捐杂税不断加在农民头上，苛捐杂税的名目多得无法计算。催捐税的乡丁〈难〉隔三差五〈天〉就会来，农民缴不起，就抢稻、拿被、抓人，弄得农民妻离子散。

2. 人民的悲惨生活

在残酷的地租、高利贷的剥削和繁重的苛捐杂税的压榨之下，人民的生活是十分痛苦的，经常在啼饥号寒中度日。农民终年辛勤劳动，仍然是吃不饱穿不暖。据永丰地区的估计，那时每人每年平均有 250 ~ 300 斤粮食、10 尺粗布、7 斤油，这还是当时较好的情况，属于中农的生活水平。但是广大的占全区人口 50% ~ 60% 的贫雇农是处于无盐、无米、无衣，"做【一】天和尚撞一天钟"的凄惨生活状态中，有的（如高尚明）曾达到嫁妻卖子的地步。而那些整天吃饭不做事的地主阶级，他们依靠对农民的剥削，每天吃的大酒大肉，住的高楼大厦，穿的绫罗绸缎，家里妻妾奴仆满庭，真是奢侈已极。在这样的情况下，地主和农民的矛盾日益加深，成为统治阶级无法摆脱的致〔桎〕梏。1926 年轰轰烈烈的大革命，曾经给千百万受苦的中国农民带来了一线希望。但是由于 1927 年蒋汪的叛变，使得中国人民革命的熊熊烈火，变为"星星之火"。这"星星之火"，它代表着千百万劳动人民的希望，它包含着一股不可抗拒的新生力量，因此它是"可以燎原"的。1927 年蒋介石叛变革命以后，〈在〉中国共产党〈的〉领导〈下〉举行了八一南昌起义、秋收起义，〈和〉毛主席〈的〉进军井冈山，为中国的革命保留了火种。随着这"火"〈就〉燃遍了江西、湖南、湖北、广东、福建等地，给广大受苦受难的人民带来了无限的希望。兴西人民看到了这灿烂的光芒，很早就开始了他们的革命活动。

（二）兴西人民的早期革命活动

1. 党的建立和发展

兴西人民在大革命风暴的影响之下，很早就开始了他们的早期革命活动。1926年，万安棉津、大蓼、小蓼等地由肖子龙、肖玉成等同志在那里组织了农民暴动。1927年7月，蒋介石叛变革命以后，因反动势力一时过于猖狂，肖子龙、肖玉成等同志在那里无法藏身，于是在1927年8月间便和同学肖丘成等以访家为名逃回永丰松岗坑肖志春家中隐藏，继续从事革命活动，秘密宣传马克思列宁主义。经过一段时间的宣传教育和考验，在同年11月间吸收了肖正春、肖良福、陈方彬3名同志入党。1928年7月又发展了肖良忠、刘光桢、肖传龙、肖家黄、肖家蓉、刘绍彪、刘绍苹等7人为党员。9月又发展了高尚明、高旋法、钟志山、雷家声、芦礼黄、刘仁山、陈有光、陈金山、曾云章、陈瑞民、刘承书、刘塘山、王正仁等13人为党员。到1929年3月全区发展党员〈只有〉89名，成立了永丰区党委。书记林从学，下设有永丰支部（书记钟国春）、洋风支部（书记陈忠）、三坑支部（书记谢正庭）、猴迳①支部（书记丘方发）。

黄塘、武索②、棠梓、良境、大小蓼③等地，在1928年4月赣万边区委员会成立以后，特别注意了党组织的发展工作。1929年春成立了武索支部（支书巫乱雄）、黄塘支部（支书魏子根）、棠梓

---

① 猴迳，应为"侯径"，后文写作"侯径"。见《江西省兴国县地名志》（内部资料），1985年版，第306页。

② 武索，地名，后文和一些文章写作"武术"，本书遵从《江西省兴国县地名志》，写作"武索"。相关内容见《江西省兴国县地名志》（内部资料），1985年版，第441—442页。

③ "大小蓼"或"大蓼""小蓼"，后文又写作"大小蓼"或"大蓼""小蓼"。

支部（支书朱远恩）、良境支部（支书袁哲彬）。与此同时在均村、茶沅〔园〕、敖沅①等地也先后建立了党的组织。各地互相配合，和地方的土豪劣绅、靖卫团展开了尖锐的革命武装斗争。

2. 革命的武装斗争

兴西各地在党的组织建立和壮大以后，成立了秘密农民协会，进行了革命的武装斗争。永丰地区，在后便〔永丰〕支部的领导下，1928 年 3 月间发动各村组织秘密农民协会，吸收靠得住的、思想好的、斗争坚决的贫苦农民加入。经过一段时间的秘密宣传和串联以后，我们的组织力量壮大了，准备配合武装暴动。同年 8 月在永丰地区组织了农民暴动，正式成立了农民协会。广大的农民在组织起来以后，他们的行动更加积极和坚决了。我们首先对地主、公堂、富户进行了彻底的清算，要〈他〉罚【他们】款，将他们的东西分配给贫苦的农民，严重打击了豪绅地主在政治上的威风，对罪大恶极、民愤极大的反动分子给予严厉镇压。在经济上限制他们的米谷出境，不准抬高谷价，发动农民进行抗租、抗债的斗争。

武装暴动以后，高尚明等同志到东固联系。1928 年 11 月间红军二团（团长李绍久〔韶九〕）来到兴国游击。1929 年 2 月间红二团到永丰活捉了靖卫团的指挥官陈老甲子，带往永丰圩镇压。这次红军发给当地武装快枪 3 支。接着在同月 20 日第四军进攻兴国，星夜赶到永丰松岗坑，活捉了劣绅肖俊根、肖良滨父子，解至兴国石门圳将〈其父〉肖俊根镇压，肖良滨在石门圳罚款 200 元（银洋），后释放他回家，从此肖良滨对我红军怀恨在心。回家后与其兄弟肖良沂（劣绅）商量，串通当地劣绅和亲友，把松岗坑革命同志的房屋及莲塘子侯礼滨的房子概行封闭。随即恶霸肖良沂又到兴国城去攀兵，捉去〈我〉杨达珊同志等〔及〕大批群众（杨达珊同

---

① 敖沅，及"敖源""敖元"，应为"鳌源"，后文写作"鳌源"。见《江西省兴国县地名志》（内部资料），1985 年版，第 441—442 页。

志后在兴国牺牲）。反动派一时非常猖狂，我革命同志便把枪藏入窑坑，人也隐蔽起来。不料，我们的枪被敌人发觉，同志们冒着生命危险将枪取出藏在麻塘窝的坑内，又因不够保险，后又取出藏在石鼓庵金龙山等地。1929年3月红军四团进军永丰，配合我地方武装打土豪劣绅，由陈方彬、侯礼恩二同志领路围剿靖卫团吕运昌部队，发觉窜逃，就将恶霸地主王久兰、曾美禧的家产全部没收，发给当地贫苦农民。事后，我红四团向东固进军。4月有相江、江团、荷岭、上迳等地靖卫团的匪徒向永丰进攻，企图一举消灭我农民武装，每到一处大肆烧杀。他们在永丰捉了王正仁、乌古子（乳名），烧牛形、马庄头、桥头、窑前坳、石鼓庵、乌梅山、石江、罗田等地的房屋，又捉我革命同志杨连金，被〔将〕他们屠杀至死。此后，肖子龙同志去队伍里工作〈去了〉，刘绍彪去万安工作〈去了〉。永丰区的革命活动交肖志春同志领导。为了战胜敌人取得更大的胜利，永丰党组织决定和江团、迳口、社背等处的革命同志取得联系，以便掀起更大的革命高潮。联合江团、迳口、社背等地的革命同志，于1929年8月〈间〉在迳口芦协昌家里举行了一个13人的会议，由钟志山同志主持。会上决定成立赤卫队，任命雷家声同志为队长，曾云章为政委。会议还讨论了今后的革命工作，【认为】必须与上级联系取得正确的领导，并且决定派钟志山、雷家声、高尚明、曾云章4人去崇贤竹门找曾△△和刘△△同志。

迳口十三人会议以后，钟志山等4位同志到崇贤竹门找到了曾、刘二位同志，并且向他们作了重要的指示，指出了团结一切革命力量的重要性。钟志山等4位同志回来时，他们还发了24元的伙食。回来以后，他们便用土枪、土炮、梭镖等武器到社背、洙坊，赶走了靖卫团，打倒了土豪劣绅，受到了当地群众的热烈拥护。当时有30余名群众参加，这是迳口十三人会议后的第一次胜利。

第二次，在1929年3月6日，靖卫团的队伍驻在龙沙钟世清的大屋里，是日夜因兴国县反动政府召开靖卫团军官会议，只剩下一个排，有 20 余人，装备比较优良。我们的赤卫队在离龙沙 30 里路的芦基岭山腰，群众得知此消息以后，前往赤卫队报告。雷队长马上召开赤卫军大会，商量如何进攻敌人。商量结果决定智取，先由两人打入敌人内部。当时高尚明、钟志山两同志报名表示愿意受此任务。他们两人农民装扮假装去送信，向靖卫团求援，连摸 3 个哨兵，进入敌人驻地，将手榴弹扔入敌人营房，轰声如雷。我军主力部队已经赶到，从四面攻入敌人的营房。这时敌 20 余人在里面慌成一团，跪在地上呼求"救〔饶〕命"。结果我们缴步枪 14 支，手枪一支，子弹一千余发，敌军全部被俘。

第三次，永丰赤卫队以兴万游击队的名称〔号〕出发（此时为了使敌人摸不着我们的实情，经常会改变部队的番号），到田村捉了土豪劣绅钟事仙父子，在白鹭镇压，缴获步枪 3 支。

第四次，我军向白路①进发。白鹭靖卫团由于朱曦东、朱泮香二同志在那里做秘密工作，争取过来的士兵有 30 余名，所以白鹭一打就有很多人起义，结果缴获步枪 7 支。

1929 年 12 月间，雷家声同志去三坑做农民运动工作。肖良沂（恶霸）逃往均村，〈经〉李敬才同志看见立即前来报告。是夜我赤卫队将肖从均村抓回送往罗田塅河坝里枪决。12 月底赤卫队在坳下捉拿陈南金、梅佳轰二人送往三江口镇压。1930 年元月，赤卫队捉肖良滨兄弟三个送内口河坝里解决，是夜又捉靖卫团丁二人镇压。同月 15 日，又捉刘泮生（劣绅）、黎文湘两父子（反动分子）3 人就地镇压；元月 20 日晚捉刘轻辉、刘轻纪二人就地镇压；元月 24 日我赤卫队在永丰公开召开大会〈议〉，焚烧契约，不准地主抬高谷价。2 月间，我永丰赤卫队开往上迳、山坑方面打土豪劣绅。与此同时，在各地党组织的领导下，黄塘地区先后在 1929 年

---

① 白路，应为"白鹭"，因永丰公社附近有白鹭公社，后文写作"白鹭"。见《江西省兴国县地名志》（内部资料），1985 年版，第 293 页。

冬成立秘密农协，协会主任魏启晨，会员共有 100 余人。武索地区在 1927 年 12 月也组织了秘密农协，由刘琴生、刘厚生、刘济军等领导。同月 24 日由肖△△、刘琴生率领农民协会会员 1000 余人，分良境、上坑、碟上三路进攻黄塘，与敌杨靖山、王培恩、邱延岭等反动军队战斗了一天。敌人藏在狮子岩里不敢出来，我缴获敌三脚锚土炮一门。是日夜敌人进行反攻，我军退在大岭真真庙①吃早饭，不料反动靖卫团与大岭土豪、劣绅煽动群众反水，杀害我农会会员 300 余人，总指挥肖△△牺牲。12 月 27 日，中共万安县委派 40 余条枪来增援，为群众报仇打进大岭，由于民愤放火烧了一部分房屋。1928 年元月，反动首领邱延岭、黄振海等率兵捉拿我革命领导人邓干清、罗章任两同志。邓干清同志就义时大声骂道："邱延岭，我前世与你无冤无仇，今世也与你无冤无仇，我们革命的同志你杀不了"，高呼"共产党人杀不尽，共产党万岁！"

黄塘地区。1927 年先在枫岭地区成立农民协会。同年黄塘地区成立反动靖卫团，团长杨靖山。11 月枫岭农民协会集中会员主动进攻黄塘匪靖卫团，双方决战于黄竹。由于匪靖卫团的拉拢、煽动，黄塘很多群众和靖卫团在一边，共同对付农民协会。双方战斗历时两天左右，共 1000 余人参战。农民协会武器大都是梭镖、刀子及其部分土炮，结果枫岭农民协会失败。匪靖卫团进攻到枫岭地区大肆杀猪、牵牛，农民受损失极大。

茶园地区。1928 年 12 月下旬，东固的邱世介来到茶园区的富足，通过当地党组织方阳弟两舅父的关系组织了秘密农民协会。在南坑马子圳刘家召开了第一次秘密农民协会的会议，到会者共 11 人（邱世介、方功暑、方功云、方德洪、王隆熙、刁昌彩、方功远、方德摇、方功权、方阳华、方阳弟），会议进行了分工：主任方阳弟，组织方功暑，宣传方功权。1929 年元旦，农民协会及其成

---

① 原文如此。

员被匪大队长陈太祥、中队长吕永昌发现，随即追赶我农协会员，结果被冲散。方德摇、刁昌彩、方功云、方阳弟4人逃往东固，敌人烧毁了方阳弟、方功署两人的房屋。方功署等同志1929年在茶园一带进行活动，发展农民协会会员。当时有陈其格、陈世德、陈世发、陈世贵等人参加，并且喝血【酒】发誓，永不暴露组织的任何秘密。

1929年8月，方阳弟为二十五纵队的大队长，到茶园一带活动。9月富足一带组织了100余人的赤卫队，队长方德摇，政委方功署。1930年元月出发攻打浪川、均村、石坑等地。11月茶园在坳背的阎觅祠召开了一个300多人的农协会员大会，会议由方阳梯〔弟〕主持。12月的某晚，方阳弟领导农民协会会员烧了王鹤尧（地主靖卫团团总）的房子，并挑了他仓谷200多担。

同年12月上旬，浪川靖卫团有8条半枪寄放在河背的樟角山。茶园协会得悉后，就集合了会员八九十人携带小刀、梭镖，准备晚上出发【去】缴获，不料被敌人发觉。于当天太阳将落山的时候偷偷搬走了，结果没有缴到。

均村地区。1928年冬由李寿春、刘光文、刘光金、魏如平、魏文明等人到东固接头，回来成立均村秘密支部（书记李寿春）〈以后〉。1929年元月他们又从东固带枪回来组织赤卫军，举行农民暴动，到各地抓土豪劣绅，要罚他们款，极坏分子坚决镇压。2月15日二十五纵队来均村游击，大大地打击【了】反动派的凶焰，成立了农民协会。

〈从〉1927—1929年这段时间中，兴西〈的〉人民在各地党组织的领导下，〈各地〉举行了武装暴动，成立了农民协会，打击了所有的土豪劣绅，镇压了一批极其反动的、坚决与人民为敌的反革命分子，大大地削弱了反革命势力〈的凶焰〉。随着革命形势的发展和中央苏区的扩大，兴西各地都〈先后〉在1930年建立了苏维埃政权。

（三）建立和保卫苏维埃政权的斗争

1. 永丰区苏的建立

1930 年 2 月 13 日成立永丰区苏维埃政府（兴国第十区）。区苏主席刘绍彪，区委书记林从学，内务部长杨凤明，少共书记钟鼎新，国民经济部长郑振仕，少先队长钟雄，裁判部长陈绍楹，儿童书记谢良槐，财政部长黄传浪，劳动部长张学盛，军事部长高尚明，土地部长刘绍微，教育部长谢宣三，工农检查部长曾纪波，总务部长刘子行，国家政治保卫局特派员黄太昌。

永丰区下设四个乡：

洋风乡，主席李华家，书记钟国春。

永丰乡，主席杨达手，书记陈忠。

侯迳乡，主席丘方发（兼），书记丘方发。

三坑乡，主席李时兴，书记谢震庭。

2. 茶园区苏的建立

1930 年元月下旬，二十五纵队共二三百人由丘超情①带领到了茶园，召开了群众大会。2 月上旬成立区工会，会址在鸡滩下，区工会由谢坊灵、李文兰等同志负责。

1930 年 2 月下旬，罗炳辉队伍 1000 余人又到了茶园，在草坪岗开了一个 200 多人的群众大会。会上罗炳辉讲了话，他说："现在毛主席到了兴国，农民受了几千年的剥削与压迫，大家要组织起来，〈起来〉进行武装斗争，打倒地主，建立苏维埃政府，打土豪、分田地，取消各种苛捐杂税。"罗炳辉的部队在茶园住了一天多时间，就往均村方面开去了。

3 月，茶园区正式成立十一区苏维埃政府（设在茶园江），属兴国管辖。区苏主席李文兰，秘书（书记）邱世介。

十一区下辖四个乡。第一乡茶园，为直属乡；第二乡均村；第三乡敖富（包括鳌源）；第四乡浪川（泰和境内）。

---

① 丘超情，疑为"龙超清"。

1931 年 1 月，区政府退到崇贤，4 月回茶园。在政府退到崇贤期间，白匪强迫农民组织伪后方队到苏区干部和红军家属中去挑谷，进行大肆掠夺。1931 年 10 月，第二乡——均村乡从十一区划出，成立均村区。这时十一区下辖八个乡：鳌源乡、里溪乡、敖富乡（1933 年 8 月划为鳌源区）、罗坑乡（包括茶园）、全坑乡、匡坊乡、板坑乡、下坑乡（浪川地方）。

3. 均村区【苏】的建立

1931 年 10 月成立均村区苏维埃政府。区苏主席魏如平，区委书记李寿春，内务部长钟柏元，工农检查部部长雷钟响，国民经济部长刘江淮，土地部长△△△，文化部长陈志刚，财政部长方功权，军事部长肖占春，裁判部长谢发生，国家政治保卫分局特派员韩得元，少共书记谢忠（叛徒），革命互济会主任吴学深，反帝大同盟主任丘厚生（叛徒），工会委员长刘顺斌。

均村区下辖 11〔12〕个乡：均市乡、教富乡、坪原〔源〕乡、东山乡、章贤乡、茂墩乡、泮溪乡、洽湖乡、茶园乡、罗坑乡、匡方乡、全坑乡。

4. 三打黄塘

黄塘由于地主很多，另外又处在边区，因此反动势力是很盛的。为了建立黄塘地区苏维埃政权，我们〈虽〉多次攻打过黄塘，其中较大的有三次。

第一次，1930 年 3 月 15 日，二十五纵队配合兴国地方武装 2000 余人，总指挥罗炳辉、李寿春（指挥地方武装），和杨靖山的靖卫团打仗，他们也有数百人。我们的军队从王伯到黄塘，天还未亮就将黄塘包围。敌人躲在狮形岩，我们从上面烧秆逼迫他们投降，结果俘敌 600 余人，缴枪 100 余支。

第二次，在我们的部队走后，残余的匪徒又回来作恶，所以在离第一次十多天以后，兴国赤卫队又组织 1000 余人进攻黄塘。结果我们胜利，靖卫团郭明达败。

第三次，1930 年 4 月初，兴国赤卫军配合黄塘当地由魏启长、杨邦泽率领的赤卫军三百余人攻打黄塘，与黄塘靖卫匪团战斗了半天多，靖卫匪团战败。此后黄塘区开始了苏维埃政权的建设。

5. 黄塘区苏的建立

1930年五月初三，由钟志山、杨邦泽二同志，在黄塘向基坳琤召开了一个500多人的群众大会，会后成立了文字〔治〕区政府，下辖四个乡：黄塘乡、谢坊乡、石龙乡、黄竹乡。

后黄塘乡分出一个狮岩乡，石龙乡分出一个庄下乡，黄竹乡分出一个黄边乡。所以黄塘区就下辖了黄塘、狮岩、谢坊、石龙、庄下、黄竹、黄边、大岭等八个乡。

区苏主席杨邦泽，区委书记钟志珊，土地部长唐鸿仔，军事部长魏老发，儿童书记唐祖。

黄塘乡主席曾桂相，书记朱远奎，妇女主任陈金兰。

狮岩乡主席潘乔星，书记夏玉桂。

谢坊乡主席钟富饶，书记曾传宪。

石龙乡主席陈善堤，书记曾纪昆。

庄下乡主席郑守送，书记曾庆山。

黄边乡主席曹远光，书记曾宪拔。

黄竹乡主席曾宗庭，书记曾庆为。

1930年十二月初，匪靖卫团陈毓林、郭明达的反动军队共200多人进攻黄塘，文治区政府退到均村。同区政府一起退到均村的还有大岭乡、黄塘乡、谢坊乡等的工作人员，共100多人，由区政府领导。在均村这100多工作人员配合了当地武装作战。1931年正月十五日，他们退往崇贤、坊泰一带，帮助当地群众耕田，【此】时正当第二次战争，于是100多人配合〈了〉三军团作战，【战斗共】缴获敌人三师（蒋光鼐、蔡廷锴、公秉九〔藩〕）的枪共二万余支。战后他们各人都领到了一支枪。同年五月，他们100多条枪配合黄塘游击队，经过均村打回黄塘。三军八师第七团的部队走良口入武索进攻黄塘，敌人大败，从枫岭方向逃跑。于是黄塘区恢复了政权，重新组织了区政府，改名为黄塘区。

黄塘区工作人员如下：区苏主席宋润清，区委书记雷开方，土地部长赖庭标，组织部长巫海东，财政部长杨邦发，宣传部长杨邦泽，军事部长肖占春，少共书记曾仁凤，工会主任杨邦泽（兼）。

1931年十二月（阴历）靖卫团郭明达反动匪军100多人围攻黄塘区政府（时区政府设在大岭），杀害了我区政府干部巫海东、雷开芳、杨邦泽、魏宗清等二十余人。

10天后，区政府重新组织人员，继续进行革命工作，重新组织人员如下：区苏主席宋润清，区委书记宋兴池，财政部长吴发春，组织部长谢建信，工农检查部长宋清词，宣传部长谢新词，军事部长郭爱桂，妇女主任〈袁〉杨秀英，土地部长袁世淦，工会主任袁汉国，裁判部长胡光英，少共书记赖福全（叛徒），粮食部长杨邦发，文化部长魏普生，总务处长沈光华，文书唐日新，司务长颜开来。

6.武索区苏的建立

1930年5月4日，涧田廖远辉、林鹏二人率赤卫军800余人来赤化武索。他们只有一条枪，其余多为鸟铳，声势浩大，将匪邱延岭部赶往河西去了，当时成立了爱群乡、济众乡苏维埃政府。

爱群乡苏主席袁汉国，文书袁先才，妇女主任何济超，赤卫军队长宋清〔兴〕池。

济众乡苏主席任国顺，文书任时衡，财政刘彦轰，妇女主任廖桂香，赤卫军队长刘彦椿。

7月间武索、稍坑先也先后成立了乡苏维埃政府，不过很不稳定。8月间济众、爱群两乡合并成为棠梓乡。

乡苏主席刘海清，乡党支部书记任风英、朱远恩，财政【部长】朱远恩，组织【部长】吴春先，少共书记刘世和，宣传【部长】△△△，赤卫军队长宋清池。

11月末靖卫团首领邱延岭率兵进攻武索。此时正值第一次战争将要爆发，靖卫团匪为了配合敌主力对我苏区的第一次围攻，向武索地方进行大举进攻。我武索等乡政府移进涧田，〈当〉刘声轰、叶大发、罗宪昌、刘彦椿做通讯员，刘世和在家做联络员站。

1931年4月25日，二、四团，东河指挥部护送武索、棠梓等乡政府回原地，将匪邱延岭又赶到河西去了。在敌人溃退途中，我击沉敌船一只，打死敌人30余名，匪首陈毓林在河中被击毙，俘敌班长肖天泽、排长杨靖安2人，缴枪2支。5月间上级政府满足了棠梓乡的要求，发给他们20支枪。从此编了一个警卫排，排长宋清池，指导员袁先仪，从此政府就比较稳定〈下来〉了。5月棠梓、武索、稍坑等乡划归黄塘区接管，至1933年5月武索区成立筹备委员会，主席刘彦椿，秘书任步安，有朱远忠等7个委员。

筹备委员会成立后不到半个月，武索区苏维埃政府正式成立：

区苏主席刘彦椿，区委书记谢兴池，财政部长魏国根，组织部长△△△，内务部长刘世琦，宣传部长陈文湖，文化部长朱远寿，土地部长朱远根，裁判部长朱远华，国民经济部长刘世涵，劳动部长任宏逊，军事部长朱元福，秘书任步安，工会主任袁汉国，妇女主任许金兰。

7. 大蓼区苏维埃政府的建立

1930年7月成立大蓼区。区苏主席曾立浪。

下辖四个乡：大蓼乡、棉津乡、漂神乡、小蓼乡。

在大蓼区成立前曾有个秘密大蓼区，主席曾立浪，下辖大蓼、小蓼、棉津、漂神、麻育潭乡。

（四）巩固苏维埃政权的斗争

1. 打土豪分田地运动

苏维埃政权建立后，为了巩固苏维埃政权和解决中国农民数千年来所没有解决的土地问题，因此政权建立以后，各地都进行了轰轰烈烈的以"打土豪、分田地"为口号的土地改革运动，把千百万农民从过去数千年来受压迫的处境中解放出来，使他们获得充分的政治和经济权利。兴西的七万五千人民在苏维埃政权建立以后，其土地改革运动有如暴风骤雨一般。各地在1930年建立政权以后，就马上进行了打土豪分田地的工作。首先是划分阶级，根据各农村的封建土地占有关系，分别划出地主、富农、中农、贫农、雇【农】等阶级。

地主：占有大量土地，自己不劳动或只有附带劳动，而靠剥削农民为生的划为地主。

富农：一般占有很多土地、比较优良的生产工具和活动资本（指放高利贷），自己参加部分劳动，但〈主要是依靠〉剥削为其主要生活来源。剥削方式主要是雇长工，出租大部分土地，放债，兼营工商业，有的还管公堂，这样的人家划【为】富农。

中农：占有土地和相当的生产工具，生活来源全靠自己劳动，一般不剥削别人也不出卖劳动力者划为中农。

贫农：占有少量土地和不完全的生产工具，要租人土地来耕，受地租、债和小部分劳动力的剥削者划为贫农。

雇农：毫无土地和生产工具，专靠出卖劳动力为生者则划为雇农。

阶级划清以后，分清了敌我界线，进行土地改革，对地主劣绅根据〈他们〉不同的罪行给予不同对待。一般地主没收他们的全部财产，剥夺他们的政治权利；对横行霸道的劣绅开大会发动群众进行斗争；极坏分子严厉镇压，剥夺政治权利终身，同时也没收他们的土地分配给贫雇中农。

对那些专以赌博为生，输打赢要者划为赌棍。对那些无家产又不去劳动，专靠做小偷吃鸦片过日子者划为烟痞。

在土地分配上，有的地方有三次，有的地方只有一次。如在永丰地区，就曾经进行过三次分田。第一次是1930年3月。地主无田分，富农分坏田，雇、贫、中农平分田，用死抽回生补口的方式，一般每人平均七石谷田。第二次分田【是】1930年8月。〈仍然〉采取地主无田分，富农分坏田，贫雇中农改为平均分田，有部分木樟山的地区按挑岭折田而分配的。第三次分田【是】1932年4月。反水群众不分田，其他基本上以第二次为原则，采取抽多补少、抽肥补瘦进行调剂，死不抽、生不补。这时提出的口号：贫雇农团结中农打土豪分田地，其工作的进行一切由农村贫农团领导。

在黄塘、武索、棠梓等地平均每人分土地七石至七石半。

此外，对封建的旧礼教也进行了无情的斗争，废除封建迷信和在农村中残存的封建道德，提出男女平等、婚姻自由等口号；组织儿童团，到处去打菩萨，禁止敬神算命；妇女可以自由找对象。

通过以上的各项工作，农民的积极性更高了，为了保护他们已得的胜利果实，他们愿意为苏维埃政权贡献出自己的生命。党所提出的每一项号召，他们都是积极响应的。

2. 武装建设

在政权建立以后，为了保护革命的胜利果实，必须建立起革命的武装，反对一切反革命势力，扩大和巩固苏区的政权。兴西各地在政权建立以后，各区各乡乃至各村，都成立了赤卫军、少先队、模范营、警卫连、警卫排、儿童团等地方武装，其中较大的武装有如下一些。

1930年均村组织特务连，起初有枪19支，1931年改编为独立第七团，团长廖延辉，政委钟志山，当时有3个连，有枪300余支。

1930年8月，在黄塘区政府同时成立黄塘区特务连。其成员多是青年骨干和作战勇敢的可靠的人。这个连有200余人，有1条短枪，其他都是鸟铳、罗步枪。连长王九王保，政委王国桃。特务连经常转战在大湖江、西洋山、窑头、百家、韶口、武索、万安等地。

棠梓模范排。棠梓乡原兴国县管时是一个模范乡，武索区成立后，仍为模范乡。该乡青年人都有枪，耕田时，枪带到田里，发现敌情，即刻拿起武器消灭敌人。

棠梓模范排于1931年7月成立，共三四十人，共分3个班，全部有枪，排长朱远福（兼军事部长）。1932年2月，兴国东村模范营在武索警戒被敌人包围，从【天】未亮打到中午，棠梓模范排出动解围，结果模范排打死了敌人2个班长，打垮了敌人3个中队、七八百人（其中有老百姓）的包围。

1932年10月，模范排7个人打垮了敌人1个排。国民党二十八师包围泰和独立营，模范排7个人渡赣江解围。国民党1个排在河边附近放哨，枪放在老百姓家里。7个人看到岗哨后，就举枪打死哨兵，同时连打了几排枪，又放了土炮。敌人听后就跑。结果泰和独立营全部脱险，安全渡过了江。他们7个人还缴到敌人3条枪、5000多发子弹及其他一些军用品。

3. 攻打浪川之役

浪川〈是〉在泰和境内，1930年就曾建立了苏维埃政权，属兴国第十一区管辖。这个地方由于处在边界地区，加上那里的反动势力〈也〉很嚣张，因此政权在建立以后，是不稳定的。乡政府很少在那里办公，乡干部多是在山里钻来钻去。〈因此那时兴西地区的中心地带，〉从1930年起到1932年止曾有过13次进攻浪川，和靖卫团展开了激烈的斗争。其中较大的一次是在1930年6月，我方分大坰、天子应、吊鱼台、黄垅坪、黄坑五路，共5000余人向浪川进攻。经过激烈的战斗，结果我们把高尧家的靖卫团赶往了泰和。我们取得了辉煌的胜利，毙敌数十名。〈我方在战斗中，〉因那时正值暑天，天气很热，好多群众在爬高山时中暑而死者三十余名，【我方】被敌人杀死十余名。因伤我方亡数十〈余〉名，群众十分愤怒，在攻下浪川以后烧掉其房屋20余所。

4. 生产发展和人民生活的好转

土地改革以后，农民所渴望的几千年来所没有解决的土地问题，现在得到了解决。广大的苏区人民，他们的生产热情是很高的，那时仍然是以革命战争为主，口号是："一切为了革命战争。"但是在党和政府的领导下，生产比革命以前是有了很大的发展的。因为只有发展了生产，才能有力地支援革命战争，保证革命战争的胜利。

5. 当时发展生产的情况

在农业生产方面：农业是当时苏区发展生产的主要方面。兴西因为与万安和泰和隔界，边区的赤白斗争是尖锐的。因此加强边防的警戒和敌人进行武装斗争是当时的主要工作，但是他们在生产发展方面也是非常注意的。广大的兴西地区农村，在贫农团的领导下，发动乡下的儿童搞公共积肥运动，积的肥料是很多的。拿永丰乡为例，一年曾发动儿童团积肥 5 万余担。政府对农田水利工作也很重视，在每年的正月或二月农闲的时候，发动群众去兴修水利和河堤，以抵抗自然灾害。如永丰区在当地区委区苏的领导下，增修水塘 8 个。

工业方面：当时在兴西地区是以手工业为主。所有成分好的对革命有认识的手工业工人，都把他们吸收加入工会，下设工会小组，组织手工业工人进行生产。在永丰区就有这样的组织，由范得龙、陈生斌、刘光桂等同志负责。此外在永丰的富溪还有一个兵工厂。

由于党和政府对生产工作的重视，在农业方面，当时的粮食产量一般比革命前都有提高，个别地区如园峰提高得比较显著，由原来的 300 斤增加到 600～700 斤。

广大的兴西地区人民在打土豪分田地、抗租、抗债，发展生产等方面斗争的胜利，生活比革命前是有了很大的好转。每人的粮食由原来的 300 斤增加到了 500～600 斤，布由原来的 10 尺增加到 15 尺，油由原来的 7 斤增加到 12 斤。那时就是盐，由于敌人的封锁【而】比较困难，很贵，每半斤要银洋 1 元。这些困难并不能压服站起来的苏区人民，他们用熬硝盐的办法解决。

在广大人民的生产水平提高以后，为了满足他们的物质需要，政府在各地成立了供销合作社、消费合作社、信用合作社。如茶园在 1932 年 5 月由国家投的一部分资金和没收逃亡地主的部分资金办了一个供销合作社，分药业和布匹、油、盐业两部，设在原"生泰油号"的店里。合作社的社长是曾拉煜，全社共有 7 个人。

药业 3 人——做药的刘尚新；医生 2 人，邱何在、张任明，两个医生经常轮流下乡给农民看病，不收农民的钱。

布匹、油、盐业 3 人——王桂华、饶先福、王凯武。社长全面负责，经常会去陂头、刺下、茅店等地买货。

为了满足农民的文化需要，各乡都办有列宁小学，各村都有夜校、民校、识字班等学校机构。农民的子弟可以上学不收学费，成年人可以利用业余和农闲的时间进行学习。

6. 动员模范师、少共国际师

1930年以后，我们的政权虽然建立了，但是暂时强大的敌人却还在包围着我们。为了巩固和保卫我们的苏维埃政权，需要有强大的革命武装——红军，因此扩大红军就是我们那时一项最中心的工作。自从1932年毛主席提出"扩大一百万铁的红军"的号召以后，兴西地区的人民和全兴国县的人民一道积极响应〈了〉毛主席的号召，在1932年的春天全县动员了一个少共国际师。同年夏天又动员了一个模范师、工人师上前线。在扩大红军工作中，永丰区茅塘村的群众说："我们祖祖辈辈受尽了人间的一切痛苦，今天我们翻了身，为了不使〔让〕我们的子孙后代再受苦，为了保卫我们的胜利果实，我们村的人愿意全部去参加红军！"听，这是多么热情的高呼！这是多么真切的声音！的确是这样，站起来的人民，他们就是以这样高昂的气魄前进着。也正因为如此，才会出现千千万万的像洋境杨六子这样的妇女同志，她拿着自己丈夫的行李，陪同自己的丈夫一路上唱着"一送我的爱【人】去当兵啰嗨！革命的道路要认清啦……"的歌儿，送自己的丈夫去参加红军。也正因为如此，才会出现千千万万像杨六子的丈夫一样的青年同志，在临行前这样勉励自己的妻子，"你在家好好地工作，带长小孩子，我不打垮敌人绝不回来和你们相见！"好一个有骨气的男子汉！中国革命的胜利是多少个像杨六子丈夫这样的人，英勇奋斗、不怕牺牲所取得的。兴国地区的人民，在这两次扩大红军的运动中显示了自己的力量，凡是适合年龄没有病的青年都参加了红军。永丰区，据我们调查有1500余人参加红军，均村区有1200余人参加，保证了全县少共国际师、模范师任务的完成。在这两次扩军运动中，永丰区曾两次获得模范区的光荣称号。

7. 第一、二、三、四次反围攻的斗争

1930 年冬季，红军已经建立大小不一的革命根据地。蒋介石对于人民军队和人民政权的发展，感到极度恐慌。在蒋阎冯大战结束以后，先后集中数十万的兵力向我苏区发动了猖狂的围攻。主要战火虽未及兴西各地，但是靖卫匪团却乘机大肆进行骚扰活动。第一次战争期间敌郭明达、周子页的靖卫团曾进到均村、长敖一带大肆进行烧杀、抢劫活动。在均村区委的领导下，我地方武装部队英勇地粉碎了敌人的进攻，赶走了靖卫匪团。第二次战争期间，敌地方匪徒曾玉香、陈毓林带领的十二中队和刘建庠、吴汇明带领的保安团进占我均村、茶园、黄塘、武索等地。在敌强我弱的形势下，我军地方武装和政府一部分退往崇贤、方太〔万泰〕一带，一部分退往洞田、里仁、高桥等地，在那里参加武装斗争和帮助当地人民生产。随着第二次反围攻的胜利，我地方政府返回原处。敌人在退走的时候向群众进行反动宣传，要群众跟他们一起到河西去，他们说：“你们如果不跟我们走，红军回来就会老的过刀，新屋就烧，老屋熬硝，年青〔轻〕人熬羔〔膏〕，小的炒辣椒。”因此当时有很多群众受骗反水到河西去了。为了争取他们回来，我们把河东警戒部队撤开，让他们回家耕田，争取回来的群众也很多。

第三次战争，在兴西一带地区采取了送地主和富农过河西的错误做法，后受到中央的批评，并且立即停止了这种做法。第四次战争期间，敌人在被我主力红军粉碎以后，1933 年 4 月，有原驻在赣县的一师的白匪，由龙口来凌沅，走茶溪、铜迳村过永丰、均村等地。他们早晨从茶溪、铜迳经过，像蚂蚁一样的人群，有的托〔拖〕枪，有的抬炮，有的骑马，在大路【上】走着。当他们走到茶溪、铜迳的时候，该地群众全部跑到山上觅〔躲〕藏起来，有的躲在芦箕棚里，有的藏在石洞里，有少数老同志走不动就躲在禾田里，到下午太阳落山的时候，这群白匪大部分都走完了。沿线车路多里^①没有了人，铜迳有些群众就出来打听消息，见没有了敌人就叫大家出来，躲藏的群众出来正准备回家，不料在后面还有十余名掉队的白匪，其中四个背枪，其他都是挑弄饭食用具的。这时肖明杨同志，根据他们前面的队伍走远了，后面的部队没有了的情况，认为可以不怕他们，与刘左洪同志商量将这小股匪徒消灭，商量结果大家决定将他们包围，随即〈马上〉发动群众布置围剿。一切就绪，白匪来了，肖名杨^②同志带头吹一声口哨，叫喊："同志们冲呀！消灭白匪狗子！"这时80余名群众同声高喊，杀声震天，向白匪冲来。这十余名白匪慌忙万丈，有几个伙夫丢掉担子往禾田里钻，弄得满脸是泥，抓起来活像一个泥人，〈其是〉令人好笑。4个背枪的家伙跪在地上请求救命。这次战斗缴获4支枪、数百发子弹、钢锅4个，其他弄饭吃的用具数十件。

在这四次的反围攻斗争中，兴西人民除了用自己的地方武装配合主力红军粉碎敌人的进攻以外，〈他们〉【还】以全力支援前线的战争，真正做到了有钱出钱、有力出力。在这四次战争中各地都组织了游击队、担架队、运输队、慰劳队、洗衣队等〈组织〉，人人都积极地捐献和购买公债。钟远山同志将自己家一只重量150余斤的猪杀了卖钱，全部购买公债。永丰区的妇女同志很多把自己的衣裙撕下来，做军鞋慰劳红军。如李秀春同志，把自己的被子撕下来做军鞋，去慰劳红军。为了配合主力部队粉碎敌人的进攻，在凡是有敌人经过的地方实行坚壁清野，把粮食〈觅〉藏起来，把道路挖断。为了粉碎敌人的封锁政策，我们的盐很困难，就采用熬硝盐的办法解决。

另外在支援受到战火摧残很严重的地区，工作也做了很多。在第二次反围攻中，东固的人民受到战火的摧残是十分严重的，房屋倒塌无数，生产受到严重的破坏，党和苏维埃政府号召各地人民支

---

① 原文如此。
② 肖名杨，文中又写作"肖明杨"。

援东固的人民。永丰乡响应了党的号召，调了1000余担谷子和数百件薄棉衣、薄棉被救济他们。

通过这四次反围攻的胜利，苏维埃政权得到了进一步的巩固。以后为了加强边区的领导，和更进一步巩固苏维埃政权，兴西地区成立了一个杨殷县。

二、杨殷县成立及成立后的革命斗争

（一）杨殷县的建立及其基本概况

1. 杨殷县的成立

1933年春，我苏区人民在党的正确领导下，取得了第四次反"围剿"斗争的伟大胜利，人民的苏维埃政权得到了进一步巩固。而不甘心失败的国民党反动派，仍积极加紧准备第五次"围剿"。在万安、泰和一带的匪军靖卫团经常来我苏区兴国县西部的均村、黄塘一带进行骚扰活动，使人民生活不得安宁。当时兴国县所管辖的范围又很大，对于这些地区的敌人骚扰的情况，有时不能及时打击他们。同时〈在〉均村、黄塘一带地区虽然成立了区政府，但是这些地区都还没有彻底解决土地问题，农民群众还没有最广大地发动起来，经常有反水分子跑过河西去。封建残余势力还没有最后的克服下去，苏维埃政权中、群众团体中、地方武装中还有不少的阶级异己分子在暗藏活动着，还有不少的反革命秘密组【织】在各地活动，破坏革命。所以，为了更好地领导这一带的人民打击国民党反动派的骚扰活动，巩固苏维埃政权，扩大苏区范围，急需要成立一个县级机关。于是于1933年6月，在均村成立了杨殷县苏维埃政府筹备委员会，开始筹备工作。8月间正式成立杨殷县苏维埃政府。从此，杨殷县就成了中央苏区江西省的不可分割的部分。

"杨殷"是一个革命同志的名字。杨殷同志是一位优秀的共产党员，他为完成党的任务和人民解放事业而在赣县、万安、泰和、兴国四县交界地的均村光荣牺牲。党中央为纪念先烈杨殷同志，划均村为杨殷县。①

杨殷县的基本概况。杨殷县府设在均村。它是以原兴国县永丰、黄塘、均村、茶园四个区划出来而成立的。它位于兴国县的西部、南部和赣县交界，西部与万安交界，北部和泰和相邻。地势多山，显示【出】丘陵地带的特征。物产丰富，每年盛产的樟子、稻谷、番薯极为有名。矿产方面有铁矿、钨、云母等等。全县共有七万五千多人口，多以农耕为生。

杨殷县所管辖〈的地区〉有均村、永丰、泮溪、黄塘、武索、茶园、鳌源等 7 个区，共有 46 乡。1934 年春，武索失守大半，将其余部分与黄塘区合并为黄武区。同年 10 月因黄塘反水分子甚多，引敌攻至五里隘，黄塘失守。将黄塘区留下的部分与泮溪区合并为黄泮区，由原来 7 个区变成 5 个区。

2. 杨殷县苏维埃政府和党的组织机构情况

中共杨殷县委书记钟荣清、钟昌盛〔顺〕，副书记汤志仁、钟恩桂，组织部长杨贤秋，宣传部长欧阳崇德，妇女部长赖明玉，军政部长曾献宾，县委办公室主任钟文风，少共书记吴伹明，宣传部长钟鸣山，组织部长杨积钰，少队长朱文贵，共产儿童团长杨凤明。

县苏主席肖仁凤（1933 年 8 月—1934 年 2 月）、傅家滨（未就

---

① 杨殷（1892—1929），广东香山（今中山）人，字梦夔。1922 年加入中国共产党。1925 年参与领导了省港大罢工。1927 年党的八七会议后，任中共广东省委员兼省革命委员会主任和肃反委员会主席。广州起义后曾任广州苏维埃政府肃反人民委员、代理主席。参加了中共六大，被选为中央委员、中央政治局候补委员，回国后任中央军事部长兼江西省军事部长。1929 年 8 月被国民党杀害于上海龙华。1933 年 8 月，苏维埃临时中央政府决定以兴国均村和赣县田村、白鹭为中心设立"杨殷县"，以示纪念。见《中央革命根据地词典》，档案出版社 1993 年版，第 401 页。

职病故）、谢良谱（1934年3—6月）、汤志荣^①（1934年7—10月）、
钟恩桂（1934年10月—1935年元月），副主席陈石田（女）、杨
成荣、钟能申，内务部长古良臣，财政部长黄传浪，军事部长李
占明（袁先位、肖占春、谢亦田也做过），国民经济部长刘子行，
劳动部长杨亿明（刘远淦也做过），裁判部长陈庆熙（陈绍仁、钟
顺枢也做过），教育部长陈志刚（教育部下设两个科：普通科，科
长丘世信；社会科，科长钟贞泗），粮食部长钟能珍（会计肖良
模），工农检查部长杨成荣（文书吴世龙），土地部长张学升（副：
洪昌富），总务处长沈光华（叛徒），收发处巫承浩，革命互济会
主任吴学深（后换赖人标），政治保卫局长廖全（周永矍、黄太昌
也做过），县工会联合会主任刘顺宾，反帝拥苏大同盟主任刘宝
山，县总社陈绍来。

3. 杨殷县各区的组织机构

均村区：

主席谢声益，中共书记钟效培，内务部长钟柏元，组织部长吴
继群，军事部长刘雄标，宣传部长×××，财政部长方功全，少
共书记谢忠（叛徒），裁判部长谢茂生，少队长罗××，教育部长
巫鉴明，国民互济会主任吴继林，工农检查部长雷忠响，反帝拥
苏大同盟主任丘厚生（叛徒），土地部长×××，工会主任刘顺斌，
国民经济部长刘江淮，粮食部长黄智彬，劳动部长×××，文书
刘月香（后换刘元绍）。

武索区：

主席刘彦椿，中共书记谢勋池，内务部长刘世淇，组织部长朱
远圭，劳动部长任宏逊，宣传部长陈文湖，裁判部长宋入贡，妇女
部长许金兰，国民经济部长刘世涵，少共书记夏月桂，财政部长朱
远祯，工会主任朱远棣，教育部长朱元寿，工农检查部长张日林，

---

① 汤志荣，应为"汤志仁"，后文写作"汤志仁"。见《中央革命根据地词
典》，档案出版社1993年版，第182页。

军事部长王钧浪，粮食部长刘细妹，总务兼文书任步安。

唐梓乡主席陈文流，书记范元龙；武索乡主席何远忠，书记罗永×；稍坑乡主席张老三，书记何肇桂；菊溪乡主席任海标，书记×××；大岭乡主席罗群明，书记朱远清，小蓼乡主席郭××，书记曾日浪。

黄塘区：

主席宋润清，中共书记郭锡桃，土地部长赖庭飘，组织部长巫海东，财政部长杨邦发，宣传部长杨邦泽，军事部长肖占春，少共书记曾仁凤，工会主任杨邦泽（兼）。

黄塘乡主席蓝海清，书记魏英彩；狮岩乡主席潘桥辛，书记□□□；谢坊乡主席钟富饶，书记□□□；黄竹乡主席曾宗庭，书记□□□；石龙乡主席□□□，书记□□□。

泮溪区：

主席曾太春（后换陈香贯），内务部长曾宜世（后换邱昌发），土地部长张声春，工农检查部长曾平山，财政部长余本驱，教育部长肖风辉（后换张声鑑），国民经济部长雷震（后换陈生彬），裁判部长曾牲愿，军事部长谢贵发（后换赵光彩、雷汉辉），劳动部长赖贤尧，粮食部长雷永昌，总务处长雷开华，政治保卫局特派员谢时兴，中共书记陈生彬（后换蓝风瑞），组织部长李吉玉，宣传部长雷永炳，妇女部长赵玉莲，少共书记杨日汉，组织部长雷庆堂，宣传部长邱发珍，少先队长曾招良，儿童团书记杨风明。

茶园区：

主席高凯，土地部长王富昌，裁判部长黄礼福，财政部长陈风昌，工农检查部长赖龙相，总务处长张志义，特派员王振泉，中共区委书记曾招煜，组织部长王文超，妇女部长谢鸣风。

下坑乡主席冯风楚，板坑乡主席孙华洵，匡坑乡主席冯钦泉，中团乡主席（包括茶园）主席曾广贵，罗坑乡主席刘声华，泉水乡主席陈起治，全坑乡主席陈四德。

鳌源区：

主席钟采金（后换余光泉、余文生），教育部长余文生，工农检查部长林火葱，裁判部长罗执盛，内务部长王文仑，军事部长刘文才，土地部长王文慈，劳动部长谢远仁，财政部长朱宏德，总务处长钟采金（兼），区文书刘利明，中共区委书记廖金福（后换余光煌、刘远绍），组织部长陈德任，宣传部长余光煌，妇女部长池成秀，少共书记廖德星。

鳌源乡主席朱绍红，书记练厚兴；里西乡主席×××，书记刘远绍；敖富乡主席刘利兴，书记吴远明；咸潭乡主席曾庚元，书记曾宪庚；牛迳乡①主席朱德胜，书记余邦杰。

永丰区：

主席谢香翰，书记谢忠煜。

下设8个乡：

大江乡主席刘宋彪；石江乡主席舒光通，书记李良香；船西乡主席许凤山，书记余永林；永丰乡主席曾来仕，书记曾昭彬；茶开乡主席李良桂，书记李亿仁；园峰乡主席黄贤堂，书记刘大焕；社背乡主席曾昭清，书记洪昌华；隆坪乡主席韩文武，书记钟能同。

（二）杨殷县第一次苏维埃代表大会的召开

1934年2月间，杨殷县召开了第一次全县苏维埃代表大会。地点在均村杨家祠。出席人数120多人。开会时间3天。大会主要内容：县委政治报告，选举县苏维埃政府新的组成人员，扩大红军，发展生产的问题等。钟荣清同志在大会上所作的县委政治报告中，谈到了目前的国际国内形势，指出了我们的任务，并且强调指出要加强对白区群众、军队的宣传工作，可以采用口头宣传、画壁宣传等方式进行，要他们参加革命。我们的中心工作就是要扩大红军，规定在1934年内完成1200名的任务（后来超过了1500名）。

---

① 牛迳乡，应为"牛径乡"，后文写作"牛径乡"。见《江西省兴国县地名志》（内部资料），1985年版，第294页。

在发展生产方面，要抓紧季节按时下种，要首先搞好军烈属的生产，然后搞自己的。在发展国民经济方面要大力发展供销合作社，要从良口、武索方面设法收购大量的盐、布、杂货，坚决反击敌人的第五次"围剿"。大会经过了 3 天时间，选举了谢良谱为县苏维埃政府主席，并且作出了以下的几项决议：

（1）大力扩大红军，决定 16—40 岁的全县人民来一个总动员，保证在 1934 年内完成或超额完成 1200 多名的任务。

（2）成立县政治保卫局，广泛地组织地方游击队，发展游击战争，要求妇女同志也参加。

（3）组织杨殷县苏维埃剧团。团长是钟贞泗（县教育部社会科长兼），此团一共有 30 多人，后来曾到本县各区、兴国县等地演出过，每次欢送红军时也要参加演出。

在大会期间还有赣县、泰和、万安、兴国等派了代表团来，并且还赠送了锦旗。

（三）巩固和加强苏维埃政权的措施

1. 查田查阶级运动

成立杨殷县以前，在杨殷县所管辖的地方就开展了轰轰烈烈的打土豪分田地的革命运动。由于这一激烈的阶级斗争的开展，全县每个角落的人民都被发动和组织起来了，他们亲切地感到了党和毛主席是真正的救命恩人，因而对苏维埃政权给予巨大的支持，从而大大地巩固了红色的人民政权。但是，由于进行土地革命斗争经验还比较缺乏，因此农民的土地问题没有得到彻底的解决，封建残余势力还没有最后地克服〈下去〉，暗藏在人民中的反革命分子仍然在秘密活动破坏革命。有些地方还有漏网的地主富农分子，有的土豪劣绅的威风还没有完全打下去。另一方面也有些划错了阶级的。因此在 1934 年 2 月杨殷县开展了查田查阶级运动，按照中央发给的查田查阶级指南的指示精神办事，全县立即雷厉风行地开展了这一工作。经过查田查阶级运动，全县查出了80 多户漏网的富农分子，查出隐瞒的土地 60 余亩，这些土地多半是富农寄于别人名下，要他们罚款 2000 余元（银洋），并且把土地没收了，从而更彻底地打击了封建势力，纯洁了革命队伍，更进一步巩固了苏维埃政权。

2. 肃反运动

杨殷县成立之后，人民的革命热情空前高涨，县苏维埃政府所颁布和实施的各项政策无一不得到广大群众的热烈支持和拥护。但在当时的革命形势下，阶级斗争开展得愈激烈，反革命（包括靖卫团、反水分子、土豪劣绅等）的活动也就愈疯狂。所以自杨殷县成立以后，肃反工作就是一项经常性的工作。先后共开了五次庭，其中有 35 人【被】判处了死刑，45 人【被】送去监法（劳动改造），大大〈地有利于〉巩固【了】后方政权。

3. 支援革命战争，扩大红军

杨殷县的人民和全苏区的人民一样，对扩大红军的工作，认识是很高的，大家都能踊跃报名参加红军，并且和今天一样把参军看成是无上光荣和神圣的责任。因此，每当有新兵入伍时，总是锣鼓喧天、鞭炮轰响地热情欢送着，嘴里还纵情地歌唱当红军的光荣："当兵就要当红军，处处工农来欢迎；官长士兵都一样，没有人来压迫人；当兵就要当红军，帮助工农打敌人，买办豪绅和地主，杀他一个不留情；当兵就要当红军，退伍下来不愁穷，会做工来有工做，会耕田来有田耕；当兵就要当红军，冲锋杀敌好为人，消灭反动国民党，治国民欢好乐心。"

自从第一次县苏维埃代表大会召开以后，在 1934 年 2、3、4、5 四个月中，整连整连地送，送了四连人去参加红军。此外【一次送】〈有〉十多个人和二十多个人〈一次送〉的不计其数。例如：泮溪区扩大红军有 5 次共 720 余人，第一次在 1933 年 10 月 150 名，第二次在 1934 年 1 月 90 余名，第三次在 1934 年 4 月 110 余名，第四次在 1934 年 8 月 70 余名，第五次在 1934 年 10 月 300 余名。又如三坑乡 16—40 岁的人全部参加红军，〈更表明了〉【都是】杨殷县人民对于支援革命战争的积极行动。

5. 慰劳红军优待红军家属

1934 年 7 月县委、县府发动全县各区人民开展了慰劳红军的工作，要求各区组织慰问队，发动大家写慰问信，揍〔凑〕慰问品等。鳌源区发动人员和凑集食物到老营盘牛枙岭慰劳红军。在这次慰问中，鳌源区共凑集了 3 只猪、5 担米粿与粉条、2 担布鞋与草鞋、2000 多条毛巾等东西。由 50 多人组成一个慰问队（队长余文生），慰劳队还组织了山歌组（四五人〔个〕会唱山歌的妇女组成的）、宣传组（会讲话的，一乡一个人组成）。

1934 年 10 月在均村长高龙丘召开了一次军人家属大会。到会者有 100 多人，主要是宣传鼓励在家人员努力生产，支援前线，勉励自己的亲人奋勇杀敌。各村还组织了代耕队，专门帮助红军家属工作。红军家属有困难，政府也要及时解决，人民群众首先做好红军家属的工作才能做自己的工作。另外在每逢节日时也要凑粿品慰问红军家属。这些工作生动〔深深〕地感动了群众，因此人民群众就像潮水般自动涌上前线。

6. 发行革命与战争公债

杨殷县人民深深懂得，要想守卫自己的胜利果实，过好幸福生活，不仅要动员〈自己〉青壮年上前线，而且必须在后后〔方〕热烈地支援他们，使我们的红军能更好更快地打击敌人。所以在 1934 年 4 月开展发行革命与战争公债，一共有 2000 余元，中央财政部长邓子恢来到均村指示过这一工作。根据各人的经济情况，在自愿的原则下进行推销公债的工作。大家对购买公债都很踊跃，购买者最少的一两元，最多的四五十元，只用一个多星期的时间就完成了任务。在开展这一工作时，为了更好地完成发行公债的任务，县一级人员组织了 15 个突击队（各部的部长为队长）分别到各个区（或乡）去开展工作，每天要书面向县里汇报，汇报推行的方式、工作经验和成绩等，每隔三天队长回县里开会。一个月之后，又开展了一个自动退回公债卷〔券〕的运动，各级干部首先带头退回公债卷〔券〕，把所购买的公债全部捐献给国家。邓子恢到过泮溪、黄塘开会作指示，群众反映他的工作很主观，好像有一点以"威胁"手段来动员，他说："如果哪个人有钱不买公债就把他押起来。"据说在《红色中华》（中央机关报）都【对他】提出过批评。在推行公债以后，全县又开展了一个节约粮食的工作，要求每人一年要节约一个月的粮食，干部同志原来每天吃一斤米的，后来改食十二两米①。

　　7. 杨殷县独立营、游击队的建立和反靖卫团、义勇队的斗争

　　1933 年 7 月间（杨殷县筹备委员会工作期间）成立了杨殷县独立营，营长肖炳全，政治委员魏子根，共 3 个连 230 多〈个〉人，150 多条枪。独立营有一个传令班，共有八九个人，它的工作是替营长、政治委员送信、传令，有时押解犯人。独立营有一个特派员（1933 年六七月时的特派员是朱远忠），他的工作主要是做军队中的肃反工作，帮助政治委员搞政治工作，调查军队中的坏分子。独立营有时管理犯人，如开小差的、俘虏来的、逃亡的士兵、地主、由白区捉到来的人等。独立营经常在中坊、高武、石龙、黄塘等地警戒敌人。

　　1934 年 2 月成立均村游击队，队长黄富海，政委钟文彬，经常在黄塘、石龙坑、西洋山一带打游击。5 月在黄塘柏架山配合独立营、政治保卫队打曾若香的靖卫团，缴枪 2 支，毙敌 10 余名。7 月在高武被敌人包围，失枪 10 余支。

　　1934 年 3 月成立永丰游击队，队长许先球，政委史德文，在荷岭地方和卢永昌之靖卫团进行斗争，并且经常扰乱敌人。

　　1934 年 4 月，茶园区成立了茶园军政委员会，主任是杨积钰（现在兴国县副县长），曾鸣荣为干事，组织和领导人民群众开展了浪川的武装保卫秋收运动。

　　1934 年 7 月间武索失守，以后由干部和革命群众组成了一个

―――――――――――

① 旧时以 16 两为 1 斤。

黄武游击队，有 50 多个人，20 多条步枪，其余是梭镖、土枪，经常在中坊、石龙坑、黄塘一带活动。

1934 年 2 月我们的独立营在石龙坑住了几天。这时四分区的部分队伍和司令员陈振益也在一起。本来想去扰乱敌人的，但由于警惕性不高，部队住的时间过久，被敌人曾玉相的靖卫团发现了。在一天早上天还未亮的时候，我们的部队在河边刚站好队，就遭到了埋伏在两边山峡上的敌人的袭击。结果我军往坑口突围，牺牲了 10 余名同志，失枪 7 支。后来退到坪下地方去了。〈自从〉这战斗以后，陈毅同志知道了这个情况，写了一封信〈。信〉给四分区司令员陈振益，批评〈了〉他的警惕性不高。正在陈振益看信之时，通讯员同志向陈司令员报告发现敌情，陈因受了批评而不高兴，不仔细研究敌人的情况，命令部队马上出发，准备战斗。结果敌人（靖卫团）用小股兵力引我军至他们的包围圈，我军受到敌人的袭击，又牺牲了 10 余名战士，陈振益也牺牲了。队伍回来〈以〉后在均村开大会，大家一致谴责陈振益的盲动主义行动。1934 年 7 月 16 日，谢传生的反动义勇队分两路包围均村，一路从均村高武地方来，一路从茂塅地方来。我杨殷县独立营部分军队和均村游击队与匪军开展了激烈的战斗。因无准备，我军处于措手不及的状态，结果牺牲了 10 余名同志。均村区副主席谢冬秀、县土地部长洪昌付、教育部秘书罗瑞璜、工会主任曾广元和几名均村游击队战士同时殉难。

1934 年 8 月敌人猖狂向我们进攻，当时我们的口号是："开展游击战争，配合地方武装，粉碎敌人五次'围剿'。"杨殷独立营联合〈了〉均村游击队，经常主动出击，扰乱敌人，牵制敌人，打击敌人，开展了激烈的游击战争，采用了"坚壁清野"的战略，一直到 1934 年 12 月还在黄田与敌军激战数次，以后转向焦园坚持游击战争。

8. 武装保卫秋收运动

杨殷县位于兴国、泰和、万安、赣县 4 县交界的地方，它所管辖的七个区当中，有茶园、黄塘、武索三区位于本县与万安、泰和的边界上。而泰和、万安当时（土地革命时期）基本上是白区，没有公开的红色政权，反动势力很强，特别是黄塘、武索两区，靠近赣江，而江对面就是国民党的反动堡垒所在地，所以在黄塘、武索的我红色政权不大巩固，经常与反动派进行着拉锯式的战争〔斗〕。

由于国民党反动派对我苏区非常仇视，所以经常过江来骚扰我们，企图颠覆我政权。反动军队每到我苏区一次就大肆抢夺掳掠、奸淫烧杀，无恶不作，同时大规模地破坏我苏区生产建设。苏区的稻子还未全部成熟时，反动军队经常过江抢收，掠夺我苏区人民的劳动果实。为了保护我苏区劳动人民的劳动果实，保障苏区人民的幸福生活，支援前线的粮食等，我苏区政府开展了轰轰烈烈的武装保卫秋收运动。

9. 组织秋收队

杨殷县土地部根据需要，除黄塘、武索两区外，在其他五个区也同样组织了秋收队。首先动员、宣传，说明组织秋收队的重要意义，然后自愿报名。报名时大家很热烈，除有病、老弱、怀孕者外，一般都参加了秋收队。因此，于1934年秋全县组织了一个几千人的秋收队。编制情况是根据各区、乡的参加人数，依照军队的组织系统形式来编，亦是营、连、排、班的组织形式。行动战斗化，以适应在与敌人斗争的紧张情况下进行抢收工作，保证秋收运动的顺利进行。各人还要带割禾的工具——镰刀、箩筐等，同时还要带干粮。几千人的秋收队统一在县土地部的领导下，分别派往黄塘、武索、浪川等地进行突击秋收。抢收时还有武装保卫，严防敌人的进攻与骚扰。有时是一边战斗，一边在紧张抢收。

10. 各地区的具体武装保卫秋收情况

武索地区。武索地区靠近赣江，江对面就是白区。1934年2月国民党反动义勇队、保安师等武装联合进攻武索，武索区政府及其工作人员退往洞田。除棠梓乡外，武索区几乎全部被反动势力占领。各乡政府及其一些群众亦一同退到洞田，棠梓乡群众全部退到洞田。〈但〉由于棠梓乡模范排经常反击敌人，打仗非常勇敢，同时又靠近棠梓，敌人不敢常驻棠梓，故棠梓乡政府人员与群众经常能回到棠梓乡去，其他各乡虽然政府存在，但不能回本乡。到后来武索地区实际上只有一个棠梓乡，区政府办公有时在棠梓，有时在洞田。不久，政府解散了，政府干部参加红军。

敌人占领武索，大、小蓼等地区，到处筑起碉堡。敌人时常骚扰，稻子还未全部成熟，武索、大岭、炉梓等地就被敌人收去一两千担。棠梓早稻割好后，敌人几次偷来抢劫（反动义勇队曾玉祥的军队经常〈都〉来），但大都被模范排追了回来，只抢走几百担，损失不大。根据上述情况，1934年7月间秋收队到了武索，共两三千人，陆续共收割了八九天，主要抢收武索、棠梓、大岭、炉梓等地的稻子。

保护武索地区抢收的武装是县独立十二团的一个营，有四五百人。赣县挺进队有2队人及棠梓乡〈的〉模范排有30多人，扎在前哨——炉梓岽。独立十二团的另一个营人较多，扎在小浪岽（在后卫）。〈在抢收前原〉武索街上【原】驻有反动的义勇队，有一个中队共有100多人，收割时〔前〕被我武装赶到刘罗栅（隔一条河）。大岭街上的敌人被赶到文坑口，亦隔一条河。敌人被赶走后，我们才进行秋收工作。收割时发现敌人来偷袭、扰乱，扎在山上的我武装部队就打土炮。一炮表示发现了敌人，二炮〔表示〕敌人已接近，三炮表示情况非常紧张。往往是响第二炮时，抢收的群众就要挑起已割好的稻子走。有时山上我们的武装力量边与敌人交锋，下边仍继续紧张地抢收。有一天从晚上【开始】就与敌人打起来【了】，直打到第二天中午。而秋收队就从这天晚上起抢收，一直坚持到第二天的中午。山上打得很激烈，一直掩护到所有抢收群众全部完全撤出武索，进入洞田。

抢收时，以一个村子或一段田为单位，分别派秋收队的一个连、一个排或一个班配合当地群众共同收割，军队亦有时下田参加抢收。八九天抢收中，白天只割了一个上午，其他都是晚上割，割到天亮的只有一个晚上，其他晚上有时是割到半夜或者只割到〔了〕几个小时，由于敌人扰乱，不得不停下来。晚上收割时，没有灯，全部摸黑割。秋收队吃饭在涧田吃，有时时间长来不及回涧田，棠梓的群众就把饭送到田里去吃。有一天晚上半夜还【送】去了一餐稀饭。住亦在涧田，分散在群众家里。这次共收割稻谷一万余担。其中棠梓的稻谷全部收割到了（朱远忠一家就收到80多担）。炉梓收割到一半多，大岭收到三分之一少一些，武索收回三分之一多些。收割的稻谷全部挑到涧田晒干。晒谷的任务是棠梓的本地群众与武索其他各乡退往涧田的群众及乡政府工作人员。秋收队收割完毕后就回到本地去了。收割的稻谷分配是这样搞的：棠梓的稻谷照原来所属的田分配，是谁的田，收割到多少就分配给多少（这是一个大概情况）；其他各乡的稻谷，供政府人员和跟政府走到涧田的群众吃用。

黄塘地区。1934年2月初，河西的反动义勇队（队长陈石庄）几百人进攻黄塘，其中有兴国、万安边界的地主、富农等参加，除枪外还有刀。由于义勇军反动武装的袭击，黄塘区政府与黄塘乡、橄坊乡、狮岩乡的乡政府及其人员都退到水南，但大部分群众因受劣绅、地主的威胁等原因而反水跑到白区。政府退到水南后，有时也会回黄塘，群众亦跟着回家。在黄塘地区也基本经常作战，双方打来打去，好像拉锯式一样。基于上述情况，在1934年6月秋收队到了，黄塘进行武装收割。秋收队共有六七百人，一共割了三四天。保护秋收的武装是独立营与黄塘区游击队，扎在橄坊圳上警戒，共200多人。收割时看到敌人多就撤退，少就打。在两三天收割中只打过一次仗，反动义勇军60多条枪到黄塘，结果被赶跑，抢收没遭到什么损失。收割的地方主要是黄塘、狮岩以上一带。收割时间大都是白天，边割边挑走，两三天共收割稻谷四五百担。因6月还有好多稻子未成熟，当时收割的只是早稻。收割到的稻子全部挑到水南、高枧等地晒干。晒干后挑到高枧矮子背的楼上保存。跟着政府跑到水南的群众，需要粮食时，就到区政府打一张领条，可以到高枧去领取。当时没粮食的群众一般都得到【了】政府的照顾。直到 1934 年 12 月反动广东军进攻到高枧时，矮子背的楼上还有一些稻谷未领完，被敌人掠夺。

浪川地区。浪川土地革命前属万安县管辖。从 1930 年 6 月至 1932 年 6 月共打过 13 次浪川，最后建立政权。建立政权后，先划三个乡——下源乡、板坑乡、泉水乡，后合并为两个乡——下源乡、板坑乡，都属于杨殷县茶园区管辖。由于浪川地区接近白区，政权也不十分巩固，时常与敌人发生武装冲突。1934 年 4 月，杨殷县为了便利工作，在茶园地区成立了杨殷县茶园军政委员会，主任杨积钰（现在兴国县副县长），曾鸣荣为干事。同年秋，茶园区组织了人民群众进行浪川的武装保护秋收运动。担任保护秋收的武装力量是茶园游击队与兴国游击队。

未出发前，我们侦察到浪川（基本上是白区）地区敌人的驻扎、人数、枪支等情况，并了解哪些地方的稻子已成熟可以收割，然后组成〔织〕了秋收队，按大队、中队、小队编制。出发时〈一〉手拿着割禾的工具，肩挑箩筐，同时也带武器。担任保卫秋收的部队走在秋收队前面。茶园去浪川共有三条路。第一次去收割时我们走石龙潭，不料敌人走大坰来进攻我们，由于敌人占优势，我们不得不撤退，结果这次没收割成。第二次去收割，我们刚到达吊鱼台，我们上岭，敌人下岭，双方相遇开火。虽然我们取得胜利，由于影响大，这次又没有收割到。第三次由于与浪川当地群众取得了联系，出发时有群众带路，我们去了好几百人，共收割到稻谷几十担。割回来晒干后由茶园军政委员会统一分配。

三、红军北上抗日以后的杨殷县

（一）游击战争的部署

红军北上抗日以后，敌人便乘势向苏区大举进攻，采取"步步为营"的堡垒政策，手段比以前更为毒辣。气势汹汹，一时疯狂到了极点。杨殷县党委和苏维埃政府遵照上级的指示：保存力量进行游击战争，于×月×日在杨殷县所在地均村召开了一个发展游击战争的誓师大会，号召全县 7 万多人民一致团结起来，展开游击战争。说明主力红军在前面去了，蒋介石跟在后面跑的，留在后方的敌人不会很多，我们要建立根据地，红军一定会回来，坚持就是胜利。大会还要求广大群众做好"坚壁清野"工作，蓄藏好粮食，破坏敌人来的道路。会后，在"开展游击战争，配合地方武装粉碎敌五次'围剿'，扰乱敌人，牵制敌人，打击敌人"的口号下，个个勇气百倍，斗志昂扬，游击队的组织像雨后春笋似的成长起来。武黄游击队扩大到有队员 50 余名，有枪 20 余支，经常在石龙坑、黄塘、武索一带进行活动。永丰游击队计有 50 多名队员，虽然只有四五条枪，大多是土枪和梭镖，但他们很有信心，活跃在杨、赣边界线上。茶园游击队有队员 40 余名，枪 17 条，经常出没在杨、兴、泰边境上，警戒与袭击敌人。这些地方武装有时还配合县独立营行动，其游击战术是"扰敌、截敌、阻敌"，在每一个乡和大路口都设立了盘查所，严格检查来往行人的路条，百倍地警惕，防止敌人混进内部做间谍工作。

九月初七日（阴历），邻县兴国城失陷后，情势紧迫，为了加强战备防卫，做好战时准备工作，于是将县军事部改为司令部，袁先位任司令部长，参谋兼第一科科长刘国悠，第二科科长梁蓝贵，第三科科长曾亚东，统一负责统率全县武装，布置防线。

12 月间国民党匪军五十九师从杨殷县境内上迳经过，我永丰游击队在队长曾牲愿、政委谢时兴的率领下，机动地截住敌人的后部。首战告捷，缴枪几十支，杀伤敌人几十人，斗志高涨。敌人做了我们的运输大队，我游击队装备加强【了】。

武黄游击队，人数虽少，只有 30 余人，但魄力不小。政府离开黄塘搬往泮溪后，这支队伍还留在黄塘地区进行游击活动，扰乱敌人，拉住其后腿，有意地分散敌人的实力。

（二）红色独立十三团[1]的编成

1934 年 9 月 × 日夜 12 点钟，在涧田圳脑由赣县独立营、良口关税处的机枪连和部分地方武装合编为红军独立十三团。全团有600 余人，内分 2 个营，肖炳全、刘学连分别任营长，和一个机枪连，连长为邱福增，有花机关（轻机枪）20 余挺，水机关（重机枪）2 挺，几十条手枪，大部分是步枪。十三团团长是陈奕发[2]（湖南人），政治委员开始由江西军区第四作战分区（简称四分区）司令员兼，11 月间魏子根任政治委员，后又换彭复苏，到 1935 年元月由赣南办事处主任（杨赣特委书记）罗孟文同志兼任。

十三团是在江西军区第四作战分区的直接领导下，负责警戒江口、茅店、储潭、太湖江、良口、武索、均村等边区地带的任务。11 月十三团奉命开往赣县江口，在棺材岭与敌人广东军队 × 师、× 师两个师战斗，历时一天一夜，红军十三团杀伤敌人 30 余名，在敌我悬殊的形势下，我军主动撤退，突围到赣县南塘区的一个小村庄，名叫石芜洞，到悉敌人已占领我白鹭地方，四分军区被迫撤退。第二天红军十三团开到沙埠[3]，当地的区干部和赤卫队联合在一起，在黄昏之际以灵活的游击战术，截断了敌人的后尾，杀伤敌人十余名，俘敌五六名，战马 5 匹，军用品一部分。第二天路过均村，在浪川与敌靖卫团打了一仗，后转到鳌源。敌人就惨无人道地对我石芜洞村人民进行报复，全村房屋被烧光。这种兽行在革命干部、红军战士和革命人民中燃起了熊烈〔熊〕的复仇火焰，正在医院里养病的负伤同志也急起拿着武器奔向战场，消灭敌人。如在杨

---

[1]　红色独立十三团，应为"红军独立十三团"，后文写作"红军独立十三团"。见《中央革命根据地词典》，档案出版社 1993 年版，第 240 页。

[2]　陈奕发，应为"陈亦发"，后文写作"陈亦发"，见《中央革命根据地词典》，档案出版社 1993 年版，第 240 页。

[3]　沙埠，疑为"大埠"，因在《江西省赣县地名志》中有"大埠人民公社"，且在此公社里并未发现"沙埠"地名。见《江西省赣县地名志》（内部资料），1985 年版，第 272 页。

殷县黄坑战斗中有一位同志残废了，他仍然冲锋临〔陷〕阵，打死了 7 个敌人后自己也光荣牺牲了。

红军独立十三团在鳌源与国民党正规军队打了一个晚上，由于是在山区地方，便于使用游击战术，因此我军无损失。到泮溪休息了一个晚上，12 月 23 日黄昏开到里仁小东，得知 24 日敌万安保安团配合部分受地主蒙蔽的群众向我小东围攻，于是趁早布下了防线，把守两个山头。敌人在晨曦时发动了进攻，我方沉着应战，开了一排枪，敌人涌上来，我军用机枪扫射，俘敌 12 名，毙敌数十人，缴获枪数十支，其余部分狼狈而逃，我军大胜，敌人妄想夺取我后方基地的阴谋被粉碎。后我军开回鳌源地区，此时国民党军队七十七师正向我杨殷、永丰、龙坪等地进攻，我军立即组织反击，获胜，缴敌十余人，俘敌七八人，缴枪数条。

永丰获胜后，十三团开往大都攻打国民党反动军队所挨河筑的碉堡，一共攻下 5 个碉堡，俘虏敌人 5 名，缴枪 6 条。此次战争以二营三连三班打得更出色（班长朱远 ×，副班长朱远 ×）。东方黎明时，指定的目标还掌握在敌人手里，情况十分紧急，三班全体战士，机智地进入〈到〉敌人的碉堡下，向白军士兵讲明红军优待士兵的政策，效果亦好。士兵将枪往外摔，起义投诚。

攻打大都以后，十三团开到鳌源以西山区地方休息了一天，总结了这次战争获胜的原因。第二天开到黄泥坑与敌国民党正规军队打了一仗。由于敌人力量过大，我军被冲散，一支水机关（重机枪）的"鞍"失掉了，到茶园岗沙栏地区整编，全团还有五百余人。

（三）军政合一，共同对付敌人

1934 年 12 月 22 日（？），敌人步步紧逼，杨殷县失陷。我政府工作人员和县独立营移往茅屋①一带，不幸被万安保安团包围，突围后在均村白石坑又与敌开火，失利，只剩下 80 余人，袁先位

---

① 茅屋，应为"茅店"，后文写作"茅店"。见《江西省赣县地名志》（内部资料），1984 年版，第 231 页。

等同志光荣牺牲。整编后开往茶园，中途在樟树垇遭敌人袭击，损失不大，到了茶园岗，在山谷里坚持斗争。

杨赣特委和红军独立十三团，在敌强我弱的形势下，为了保存革命的实力，避免过大的伤亡，于 1935 年正月十五日晚离开杨赣根据地，进行突围。军队开到茶园岗的出口处野猪芜时，发觉敌人在两面山头各驻扎了一个师的兵力，同时在坑口也有一连人守卫。十三团立即用计组织尖兵，身穿伪军衣，头戴伪军帽，手袖上绑有毛巾，走在前面领路，敌人问谁，回答是"自己人"，过了一营人（是陈亦发团长率领的）。敌人发觉情况不对头，于是开枪，我十三团立即反击，用炸药炸敌人的营房，驻扎在山头的敌人，由于情况来得突然，吓得不敢下山，只是往下开枪。我方以团政委△△△率的一营人，由于【敌人】火力猛，退到茶园岗一带，只带有 48 条步枪，1 支手枪，还是站脚不住，往西洋山退，不幸被敌人包围，在茶园岗的牛棚屋被冲散。

这一营到达公略、万安、兴国等县根据地崇贤后，巧遇杨殷独立营以及杨殷县工作人员也到此。杨赣特委决定重新整编红军独立十三团，团长仍为陈亦发，政委为罗孟文，第二天又与由曾山同志率领的江西军区的二、四团会师。汇合后，士气更加高涨，在群众的热烈支持下，战斗连续取得了胜利。在机花〔桃化〕战斗中，我们用一个排的兵力与敌人一个营坚持了一天的战斗，最后给敌人一个很大的杀伤，而我们这个排却安然无恙地突出了敌人的包围，回到自己的队伍中来。又在崇贤的齐峰战斗中，我们有一二十个同志负了伤。桥头冈等地人民纷纷自动帮助抬担架，参加抢救，看护、安置伤兵工作。妇女也参加做饭洗衣，亲如兄弟。在此三团协同坚持了一个多月的游击战争。

（四）辗转杨赣万泰兴边区的十三团

3 月 × 日十三团奉令开往桃化、孟元一带，准备进攻泰和的丝茅坪。晚上偷渡时，被对面桥头驻扎的敌人发觉，于是退回桃化。敌人向我追击，我方失去步枪 4 条，机枪脚架 1 副（后被群众拾到交给我军）。第二天退到孟元与二、四团会合。当时敌人几个师向我们包围，军区决定二、四团向吉安、公略方面突围，红军独立十三团仍回杨赣根据地进行游击活动。分手后，3月12日，十三团在杨赣特委的率领下开始转移，晚上到达崇贤，在武石山上与敌人干了一场。我方在敌人机枪和炮火的猛烈射击下，五六十名同志光荣牺牲。当晚伸手不见掌，仍然急行军，由于迷失了方向，结果三连人分了两路走，一路300余人先头部队在第二天拂晓冲过了高兴圩封锁线，登到〔上〕了山，占领了30多个碉堡。周围敌人心惊胆战、惶惶不安，威胁群众，疯狂地屠杀我干部和群众，仅赣县南塘区就杀了我们500多名同志。进入了碉堡的部队为防万一，晚上又向一条小坑里转移，中途罗孟文等十多【名】同志因负伤，暂留老百姓家。队伍到浪川时将近天亮，12点钟左右敌人到处搜索，放火烧山，300多人被冲散。县政治保卫局长周永怀这一路冲出80余人，当晚也被冲散。另外一连计有一百六七十个人到达了茶园。【由于】缺粮，化装成伪军下山向伪保长要【粮】，〈后被〉敌人发觉，来"围剿"我们，我们往西洋山方向突围。不料在去西洋山的路上，敌人打好了埋伏，一场战斗开始，陈亦发等50余人冲出包围圈，藏在深山里。敌人又放火烧山，火焰烧到了眉毛边，每一个人身上的衣服都着了火，这是最严重〔峻〕考验的时刻，幸亏下了一场大雨，浇灭了。住在杳无人烟的林丛里，【获得】粮食也感【很】到困难，吃青菜度日，以前带到山上来的〈付〉皮具，由于没有油，只好搞在火上烤香〈，一下就〉吃。这对坚强的革命战士说是算不了什么，"坚持就是胜利"的信念在鼓舞着大家。但是革命投机分子，立场不坚定的人动摇了，他们做了革命的叛徒〈。在这千钧一发时〉，陈亦发带了一名通讯员投降了在老营盘驻扎的敌军。剩下杨积钰等40多位同志发觉情况不妙，请了一位向导引路，不料在路途中又遇见敌人，16个同志被俘，十三团的活动到此暂告一段落。

"战斗在杨赣革命根据地的革命干部，红军战士和革命人民，

〈在〉【面对】几十倍力量的敌人的'围剿'，坚持了3个多月的时间，经历了无数次的大小战斗，甚至一天打几次仗，出现了许多可歌可泣的、永垂不朽的英雄光辉事迹。在此恶劣的环境下，革命干部、红军战士和革命人民的战斗意志更加显得坚强了，革命胜利的信心更加坚定了。"

"但最后终因敌我兵力众寡悬殊〈过大〉，杨赣特委保卫局长××壮烈牺牲在战场，特委宣传部长刘飞①廷也光荣负了伤，赣县工委书记和代理特委书记赖福林、特委秘书罗孟瑚、特委副书记王启生【等】同志均不幸被俘押往南昌。罗孟瑚、王启生两同志因受刑伤重，在监狱里光荣牺牲。罗孟文和刘△廷等同志即带着红军武装，依靠共产党员和革命人民，突破了敌人在杨赣革命根据地的封锁线至白区坚持地下工作"，散播革命的种子。

（这里有些材料是根据〔引自〕罗孟文同志写的《巩固和扩大革命的胜利》一文〈中〉，内有"　"记号均是引文）

（五）人民处在水深火热之中

杨殷县7万多人民在主力红军北上抗日以后，陷于国民党的恐怖统治，人民处在水深火热之中，过着极其悲惨的非人【的】生活。特别是土地革命时期的骨干分子，成了那些豪绅地主的眼中钉，由他们任意摆布。反动派的联保办事处，与当地的恶霸地主勾结在一起，进行反攻倒算，拷打了和审讯了我们多少同志，罚款坐牢狱，这几乎人人有份。据永丰区统计，受过严刑拷打的和被杀害的就有58位同志〈等〉。更残酷的是诛家灭种。曾照法同志全家都被杀害；曾任黄塘乡主席的蓝海清被敌人破肚，四臂分家；曾桂香、郭锡桃全家荡产，连自己身穿的衣服都被剥去；许先才同志由于敌人的疯狂屠杀，躲在地洞里，过着暗无天日的生活，数月不敢出来；河岭蓝瑞洪同志〈在〉坐班房，【被】用辣椒水灌入鼻腔来逼供；温屠朝同志【被】8个人站在【脊背】上面来踩杠子，脊椎

---

① 原文是"飞"下加"去"字。

骨都被踩断了。驻扎在鳌源地区的 200 余名伤病员，到敌人将进入鳌源时，群众都分别将伤病员暗藏起来，当亲人看待，不想被异己分子泄露了秘密，大部分都被敌人搜去杀害了。类似这样的事件在人吃人的社会里，那是常事〈情〉。劳动人民真是有苦无处诉，有冤无处申，忍无可忍。我们不禁要问那些老老实实的贫苦农民犯了什么法？你们那些杀人的屠夫这样做，那真是犯下了天大的罪！血债要用血来还，这是天经地义的事。在旧社会里的确是很难活下去，但在人们内心中还坚定地深信"共产党一定会〈到〉回来"，我们一定要活下去，天下是我们的，这不过是黎明前的黑暗。盼星星盼月亮似的盼回了人类的救星。1949 年全国解放了，人们在自己当家作主【的】国土上辛勤地劳动着，幸福生活着，每一个人都有自己的美好理想——为社会主义、共产主义而奋斗到底。

（林述芹）

（二）杨殷县民间访问记录

1. 赖人梁谈杨殷县革命斗争情况

1932 年 6 月成立杨殷县，县主席肖永丰（原来兴国副主席），县委书记欧阳崇德，副书记汤志仁。

杨殷是一个人名，在前方牺牲了。为了纪念他，成立杨殷县。杨殷县有七个区：均村、永丰、泮溪、黄塘、武索、茶园、鳌源。均村区：茂塅、平原、东山、均市、中坊、高武、章贡。

邓子恢来这里指示发行公债的时候，县政府已搬到石背去了（时为 1934 年 9 月），每户买了公债，最多的有五十多元。

1934 年 12 月陈石章、谢传声所带领的靖卫团攻打我们，所以县政府由石背迁移到隘下。1935 年 1 月，广东军【阀】由白鹭来到均村，县政府在隘下被冲散了。

杨殷县筹备会人员，肖仁平、张何贵、陈志刚、谢月盛、欧阳崇德、汤志仁等人。他们原来是兴国县的干部，有的是副部长，到了这里为正部长。筹备会只工作了几天就正式成立杨殷县。

2. 方功权谈杨殷县革命斗争情况

一、杨殷县的建立

民国二十二年 8 月成立杨殷县。

杨殷【县】成立以后，在一次县委干部会议上曾经谈过杨殷县是准备代替万安县的，县机关设在均村地区是暂时的，主要是积极向武索、大小蓼方向发展。当时杨殷县有七个区：均村区、武索区、永丰区、茶园区、黄塘区、泮溪区、鳌源区。

均村区是直属区，一共有六七万人，兴国县有 27 万人。茶园当时有 10 个乡：匡坊、中段①、茶园、河背、罗坑、武渡、孔目、下坑、上纲、下纲乡。

杨殷县首届任职干部：主席肖仁凤、内务部钟培沅、检查部谢崇皆、裁判汤上荣、党委组织部王昌恩、军事李占素、土地罗××、××陈世炭、反帝大同盟雷永尧、革命互济会吴学△、儿童队长罗×华。

二、杨殷县成立以后的大事和召开的大会

1933 年 10 月在均村坪邪口罗沙湾召开查田大会，到会者 100 来人，土地部罗部长作了关于有关查田问题的报告，会议时间 3 天。当时在会上罗肇峰提问罗部长，罗部长说有问题要请示中央，搞得罗部长很尴尬，结果逮捕了罗肇峰，因为他曾经当过律师。

杨殷县成立后两三个月就将全县的 100 多户地主、富农家属先后分批送到白区去。

1934 年春在均村县政府所在地召开大会。在会上有三四个苏联人参加，同时还在会上讲了话，有人做翻译。讲话的大概内容是关于建设社会主义和共产主义的问题。当时有侯泉波（总务处长）、沈光华（文书）听得较〈多〉懂。

1934 年 6 月，中央裁判部长徐达梓在均村召开关于查阶级和各种工作情况的检查报告，参加者有县政府和县委工作人员，历时

---

① 中段，应为"中塅"，后文写作"中塅"。"塅背，系大队驻地。在茶园圩东偏北 0.7 公里山塅背。35 户、174 人。曾远河由中塅分此已 11 代。"此文中的"中塅"即为地名，由此得出结论。见《江西省兴国县地名志》（内部资料），1985 年版，第 138 页。

〈二、〉三天〈左右〉。

1934 年 10 月在均村长高龙丘开军人家属大会，到会者有 300 余人，主要是宣传鼓励在家人员努力生产，安慰自己的亲人奋勇杀敌。中途县政府还买了果品送去会场进行慰问。

1934 年 11 月下旬，杨殷县搬在麒麟隘对面，后也〔来〕搬〈过去，〉在〔到〕石背、五屋。

3. 方功权谈话记录

方功权，兴国匡坊大队富足人，在土地革命时期曾加入过秘密农协会，当过乡主席，杨殷县管理科科长。

（一）富足地方秘密农协的组成〔成立〕

民国十七年 12 月下旬由东固的邱时界[①]来到富足，通过与方阳锑[②]两舅父的关系来组织秘密农民协会。第一次会是在南坑马子圳刘家召开的，到会的有 11 人：邱时界、方功暑、方历云、方德洪、王隆熙、刁昌彩、方功远、方德摇、方功权、方阳华、方阳锑。

其分工情况：方阳锑为主任，方功暑为组织，方功权为宣传，方德洪为土地委员。

民国十八年正月，被匪大队长陈太祥、中队长吕永昌发现，把我们追散了，烧毁了方阳锑、方功暑两同志的房屋。方德摇、刁昌彩、方历云、方阳锑 4 人逃往东固。

（二）民国十八年 8 月，方阳锑为二十五纵队的大队长[③]，到茶

---

① 邱时界，文中又写作"邱世介""邱世戒"。

② 方阳锑，文中又写作"方阳梯""方阳弟"。

③ 赣南红军第二十五纵队队长邱超群。见《中央革命根据地词典》，档案出版社 1993 年版，第 238 页。

园岗一带。9月富足组织了100余人的游击队，队长方德摇、政委方功暑。民国十九年正月出发攻打浪川、均村石龙坑一带。

（三）富足地区苏维埃政权的建立

民国十八年11月建立富足村苏维埃政府，主席刁昌彩，同月建立匡坊乡苏维埃政府，主席张功槐、书记冯宗炳、文书冯云峰。

民国十九年2月以村为单位，按人口平均数分配土地，每人分得7担谷田。从今〔那〕以后政府的工作□者出发打靖卫团，和扩大红军工作。

民国十九年12月蔡廷锴军队侵占兴国城。民国二十年正月十四日，靖卫团乘势来包围富足地区。我政府部门往崇贤、东固一带搬，不少群众往白区（万安、遂川）搬。3月14日，由于第一次反"围剿"的胜利，敌人撤退，我们不打而回，那时主席是王振权、书记刘传铭（方功暑后在黄塘、均村边区一带领导打游击，还当过黄塘区区长，第七大队政委）。

从此革命政权较为稳定，宣传动员那些逃往白区的群众归来，当时这项工作花了很大的功夫，结果80%以上的群众都回来了（据估计当时去了的有一半以上）。

4. 钟能伸谈杨殷县革命斗争情况

钟能伸，兴国县隆坪公社人。土地革命时期任过杨殷县副县长。红军北上后，做过国民党的保长。

一、杨殷县的建立及第一届工农兵代表大会的情况

1933年8月就成立了杨殷县，12月27日开了一次全县工农兵代表大会，宣布杨殷县正式成立。到会代表80余人（50人选一个代表，产生从下而上），地点在均村杨家祠，时间开了3天。钟荣清同志在大会上作了一个政治报告，谈到了目前的国际、国内形

势，指出了我们的任务。大会讨论了钟荣清同志的报告，并就发展游击战争问题、扩大红军问题、查田查阶级问题、国民经济计划等问题作出了决议。

二、为巩固苏维埃政权而斗争的情况

查田查阶级运动。1934年2月，杨殷开展了查田查阶级运动，全县查出富农80余户，并且对他们的家产进行了没收，查出隐瞒的土地60余亩（多半是富户将土地寄于别人名下），筹款2000余元（银洋）。

肃反运动。自杨殷县成立以后，肃反工作是一项经常性的工作，先后开了5次庭。其中有35人【被】判处了死刑，45人【被】送去监法（劳动改造）。

扩大红军工作。扩大红军，广大群众认识是很高的，都踊跃参加红军。在1934年二、三、四、五四个月中整连整连地送，送了四连人去参加红军（其中十多人和二十多人的有很多次）。但是扩大红军中也有个别人思想落后，表现在有的怕当兵而切断自己的手指头，有的怕当兵用刀子割破自己的脖子。如杜贵三有一次放哨，故意割破自己的脖子，又跑回来报告说敌人摸哨的来了，将他杀了一刀，结果弄得县政府调集军队搜查，【却】并未发现敌人。

与靖卫团、义勇队的斗争。1934年2月，我们的游击队在石龙坑住了几天，由于警惕性不高，部队住得时间过久，被敌人发现了。在一天〈的〉早晨，天还未亮，我们的部队在河边刚站好队，就遭到了埋伏在两边山林上的敌人的伏击。结果我军往坑口突围，死10余名，失枪7支。自从这次战斗以后，陈毅同志知道了这个情况，写了一封信给四分区司令员陈振益，批评〈了〉他的警惕性不高。正在陈振益看信之时，通讯员向陈司令员报告发现敌情。陈因受了批评而不高兴，不仔细研究敌人的情况，命令部队马上出发，准备战斗。结果敌人用小股兵力引我军至他们的包围圈，我军受到敌人的伏击，牺牲十余名战士，陈振益也牺牲了，头被敌人割走了。队伍回来以后，在均村召开大会，大家一致谴责陈振益的盲动主义。

1934 年 11 月，敌人围攻均村，土地部长洪昌付牺牲。1934 年
12 月，敌人围攻均【村】，死伤同志十余名。1934 年 3 月成立永文
游击队，队长许先球，政委史德文，在荷岭方面和卢永昌的靖卫团
进行斗争，经常扰乱〔骚扰〕敌人。

5. 杨积钰谈杨殷县革命斗争情况

杨积钰，兴国城岗乡人，土地革命时期曾加入过城岗秘密农
协，任过城岗乡儿童团长、少共书记，城岗区、黄塘区少共书记，
杨殷县少共组织部长和书记，茶园军政委员会主任，十三团团部工
作部长等职，现任兴国县副县长。

一、城岗地区的秘密农协组织

1926 年游石生、林普东、萧腾芳等从南昌读中学回来，在城
岗小学里建立了党部。他们在其中任教员，经常向学生宣传革命的
道理。1927 年杨兴会、杨兴套、杨礼春、杨积钰等加入了秘密农协。
农协的当时工作是抓坏地主到山沟去整，实在坏的就暗中杀了它〔
他〕。当时要整或杀一个人，都要开会讨论，发动群众提意见，还
有禁烟（鸦片）禁赌、破迷信的任务。1928 年农会才公开，这一
年李韶九带了几百人，手执洋枪、水机关在城岗住了一天，还发了
饷给士兵。于是我们受影响很大，随后便建立起了各种行政和军事
组织。兴国的军事组织，开头是〈被敌人称为〉"三点会"，口号是
"劫富济贫"，后来组织公开后，段其虹、张老三、李老四等的军队
就开始编为二、四团，然后才有二十五纵队。成立二十五纵队时，
兴国那时还是革命委员会。

二、杨殷县的建立

1933 年 7 月在均村建立杨殷县。在此前不久曾召开过杨殷县

范围内的苏维埃代表会，决定杨殷县的行政区划，建立政权，选举工作人员。当时建立杨殷县目的在于更好【地】向白区发展，扩大苏区，领导边区斗争。

杨殷县刚建立时情势很紧张，黄塘区表面上赤化了，但还很不稳定，与敌靖卫团只有一山之隔；武索区与敌只隔一条河，敌人不时会来侵扰我们。

杨殷县成立的第一个工作，就是进行行政区划。当时杨积钰任少共组织部长，少共书记是钟昌材（后调杨积钰），少共宣传是钟鸣山、县中共书记钟荣清、宣传部钟××、政府主席汤志仁、妇女部萧金莲，保卫局长廖××、黄太昌，县少先队长黄沅鑫。

杨殷县第二次苏维埃代表会的主要内容是讨论扩军和发展巩固苏区问题（几时开的不记得了，只知道那时中央刚开过了全苏×次大会，赣东北的代表从杨殷县回去的〔了〕）。

中央先后派胡海、康克清、魏超同志到过杨殷县指导工作。康克清到过武索，在唐梓领导与敌靖卫团打过一仗。

魏超同志是来检查军分区陈司令员被杀，连头都割去了这回事，结果还召开了反机会主义的斗争会，杨积钰、钟昌材被斗争调动了工作。

三、浪川地方武装保卫秋收

1934年4月间，杨殷县为了便利工作起见，在茶园地区设立了"杨殷县茶园军政委员会"，主任杨积钰，黄雄为游击队长，曾鸣荣为干事。这一年秋收时，发动了茶园地区的人民进行武装保卫边区的秋收运动。首先在广大群众中进行宣传，说明秋收的意义；然后自愿报名组织秋收队。当时大家的积极性很高，都很愿意去。去浪川割禾由茶园游击队和兴国游击队联合保卫。在未出发前我们须侦採〔察〕，到白区去摸清敌人的驻扎、人数、枪支情况，并确定【收割】哪些地方的稻子与可以收割的时间。这番工作做好了就进行组织，一般分大队、中队、小队。群众去时一手拿割禾的工具，肩担草匡〔箩筐〕，还边带武器去，部队在前面做掩护工作。

茶园去浪川有三条路，第一次去，我们去石榴潭，不料敌人走大圳来进攻我们，于是这次没有去成。

第二次我们刚好到了掉玉台①，我们上岭，敌人下岭，双方对碰开火。虽然我们胜利，由于影响大，这次又没有割到禾。

第三次由于与当地群众串〔沟〕通好了，去时有群众引路，我们去了好几百人，一共割到几十担谷。谷子割回来后，是晒干以后统一分配。

四、【红军】独立十三团的活动

【红军】独立十三团②，是直属于赣南第四军分区领导下的一支军队，它负有在田村、白鹭〈和〉警卫边界的任务。广【东】军【阀】占领田村后，十三团退在杨殷一带进行游击活动。后敌人进入杨殷县，政府组织的工作人员与第十三团合一编队，出发打游击，到茶园时被广东军包围。我们冲过老鸦盘封锁线，到崇贤、奇峰与江西省曾山领导的第二、四团会合。到国民党进逼崇贤，同时另外一支敌人又侵占了东固桥头岗时，只留下一个圈圈，打了一个多月的游击。后到乌石下，敌人几十个师包围我们。后曾山同志召开了一个会议，决定分开作战。一天半夜，曾山同志领导的二、四团往吉安方面发展，在石壁下与敌打了一仗，散了，曾山同志领〈了〉部分军〔部〕队突围。我们十三团照本去崇贤，过老鸦盘到茶园一带，白天不敢露面，在深山中打埋伏，只有在伸手不见掌的黑夜里去。有一个夜晚，由于看不清路，三连人〈由于〉在分【岔】路上，二〔两〕连人去〔走〕错了方向，第二天遇敌人开火，打散了，剩下一个连，一百六七十个人到达了茶园。缺粮，只好用国民党的军衣、军帽化装【成】伪军官和士兵下山去向伪保【长】、

---

① 掉玉台，书中又写作"吊鱼台"。

② 红军独立第十三团，为赣南军区第一作战分区直辖部队。见《中央革命根据地词典》，档案出版社1993年版，第240页。

伪甲长要粮。我们头天到，不知怎么的第二天敌人就发觉了，集中了兵力来"围剿"我们。本来我们不准备与敌对打，想保存力量，上西洋山去，因为敌人不会呆〔待〕很久，总有一天被我们消灭光。在往西洋山的坳上，敌人布置了防线，只好开始破围，结果只冲出陈团长等50余人。敌人立即放火烧山，火焰烧得了眉毛边，每一个人身上都着了火，幸亏天上下了一场大雨才脱险。在这样的环境中陈团长动摇了，带了一名通讯员投降老鸦盘地带驻扎的敌军。当晚我们在浪川庵上搞到100多斤米，想吃饱饭后再走上西洋山去，并还请了一名向导，花了8元〈钱〉银洋，不料我们刚上石榴潭，敌人就下山，16个人被俘。

6. 雷凤庭谈杨殷县革命斗争情况

雷凤庭，兴国县永丰乡猴井 [①] 大队人，土地革命时期任过永丰区第四乡少队长，永丰区少共宣传部长，杨殷县反帝拥苏同盟主任，泮溪区书记等职。国民党统治时期当过副保长。

政权建立情况：均村区在1929年12月建立苏维埃政府，区文书雷震生。1930年才彻底分田地。泮溪乡1929年8月建立苏维埃政府，茶园乡1929年8月建立苏维埃政府，鳌源乡1929年8月建立苏维埃政府。

一、杨殷县的建立

1932年5月建立杨殷县，主席洪吕付、中共书记钟昌顺。县工联主任林树荣、少共书记尹春露。

杨殷县有均村区（包括均村、境口、中坊、坪锡、东山、张公

---

① 猴井，现地名为"侯迖"，苏区时应为"侯径"，后文写作"侯径"。见《江西省兴国县地名志》（内部资料），1985年版，第293页。

6 个乡）、泮溪区（包括平南、山坑、长告、茂墩、高枧、泮溪 6
个乡）、武黄区、茶园区（6 乡）、鳌源区（包括长垅、告步、里溪
等 5 个乡）。

均村、茶园、鳌源是从兴国的均田村划过来的。泮溪和武黄区
是从万泰县划过来的。

二、杨殷县三次苏维埃代表大会

第一次，1932 年冬召开，代表人数：△△，地点在均村。大
会选举了主席洪吕付，并决定今后的工作要加强对白区群众、军队
的宣传，要他们参加革命。宣传方式有口头宣传，画壁宣传等。大
会对肃反和扩大红军还作了决议。

第二次，1933 年春，地点均村，改选县苏，选举了汤志仁为
县苏主席。大会对巩固苏维埃政权在肃反、扩大红军、加强宣传活
动方面作出了决议。

第三次，1934 年 4 月在均村召开，大会选举了钟恩桂为县苏
主席。

三、红军北上后杨殷县的情况

1934 年十二【月】初四日（阴历）杨殷县失陷。失陷后军政
合一，所有机关干部年轻力壮的全部和十三团配合在东山打游击，
坚持了 3 个月。1935 年 3 月在东山很难坚持，退往崇贤、方泰，
钟恩桂同志牺牲。杨赣特委也跟【着】十三团在东山打游击，特委
书记罗孟文，1935 年打散以后躲在西山何太员家中。

7. 曾亚东谈杨殷县革命斗争情况

曾亚东，兴国县永丰人民公社洙坊大队人。土地革命时期任
过杨殷县教育部长、杨殷县司令部第三科科长等职。解放后划为地
主，现在在洙坊卫生所做医师。

一、杨殷县的建立情况

原兴国县的西面，是赤白交界的地区，河西靖卫团反动匪徒经常过河来骚扰，严重妨碍我苏区人民的生产以及生命安全。他们经常会来破坏我们的秋收。为了加强边区的防御工作，在1932年8月，从兴国县划出永丰区（属兴国县时只有4个乡，西江、永丰、三坑、侯径）划往杨殷县，有8个乡（龙坪、船西、永丰、石光、园峰、茶溪、社背、大江，这8个乡是从原来4个乡中划出来的），茶园区（包括中团、黄清、茶坑、罗坑、茶园等6个乡），鳌源区（包括鳌源、里溪、长垅、教步、咸潭等5个乡），均田区（包括境口、中坊、坪锡、东山、张公、均林等6个乡），从万泰县方面划出了洴溪区（包括平南、高枧、茂垯、长告、三坑、洴溪等6个乡）、武索区（包括武索、大蓼、小蓼、俏坑、大岭等乡）、黄塘区（包括谢坊、水南、棠梓等乡）建立了一个杨殷县，主席肖仁凤、县委书记不详。1934年秋收后，红军主力开始北上，我们力量小了。武索区的武索乡、大蓼乡、小蓼乡等地失陷，武索与黄塘合并叫〔为〕黄武区（多少乡〈？〉不明）。1934年10月，黄塘全部在麻坊圳反水，引敌攻至5里涯。我们退往洴溪，将黄塘区留下的部分与洴溪区合并叫黄洴区，由原来的7个区变成5个区。坚持了3个多月，到1935年的元月（阳历）杨殷全部失陷，所有机关干部配合十三团退往东山，坚持游击战争。

二、发行公债的情况

1933年秋收以后，邓子恢到杨殷县来推销革命战争建设公债。

三、杨殷县的组织机构情况

县苏主席团：各部部长中之优秀者组成。

县苏主席肖仁凤（1932—1933年春）、傅家滨（只3天未到任死了）、钟恩桂（1933—1934年？），土地部长洪吕付（正）、钟盛标（副），裁判部长谢发生，劳动部长△△△，国民经济部长△△△，内务部长△ △△，粮食部长△△△，财政部长黄传浪、陈蔚文，军事部长袁先位，教育部长陈志刚、曾亚东，总务处长沈光华（反水）兼秘书长。

中共县委书记：△△△、钟昌顺、汤志仁，组织部长汤志荣（？），宣传部长△△△，（妇女部）妇女工作委员会△△△，少共书记吴伍民，组织部长△△△，宣传部长△△△，县少先队长朱文贵，共产儿童团长杨凤明，工农检查委员会△△△，国家政治保卫局局长△△△，反帝拥苏大同盟主任刘宝山，革命互济会主任△△△，工会主任凌树荣。

四、武装情况

杨殷独立营营长袁先位、魏子根，黄武游击队△△△、均村游击队△△△。

五、保护秋收斗争

杨殷县的西面黄武区一带是边区，敌人经常会来破坏生产，破坏秋收。杨殷县建立以后，对敌人的骚扰采取了积极的措施，在1933—1934年这两年中用武装保卫秋收。每当黄武区稻子熟了的时候，县委组织均村、泮溪、茶园、鳌源、永丰的劳动力去秋〔抢〕收（除有病的、怀孕的不去外，其余全部去），其中特别是永丰区去得最多。1933年永丰区在军事部的组织与领导下，组织了四五百人去黄武区参加秋收。收割期间，1933年由十二团、1934年由十三团的部队和其他武装部队沿河警戒，靖卫团不敢过来，只能在河西放放空枪。收割完毕以后，将粮食运往中心区（永丰、茶沅〔园〕、鳌源），这样保证了秋收工作的顺利完成。

六、边区的赤白斗争

黄塘、武索一带经常会受到敌人的袭击，我们也经常去河西打游击，抓土豪筹款，因此与靖卫团的斗争是天天有的。

在1934年8月间，敌人（靖卫团）了解我方力量薄弱，偷袭了我杨殷县政府和均村区政府。均村区〈正〉主席〈和副主席〉谢冬秀、县土地部长洪昌富、教育部秘书罗瑞璜、工会主任曾广元和几名地方武装战士共10余名同志殉难。

七、杨赣特委的情况

1934 年赣县失陷以后，罗孟文随赣南一分区独立十三团来杨殷县。杨殷全部失陷后，1935 年元月月在茶园区罗坑乡整编了一个新编独立十三团，同时也组织了一个杨赣特委。书记罗孟文兼独立十三团之政委，在杨赣泰坚持游击战争。后因失败，罗孟文躲在西山何太员家中一个时期。

八、永丰区的情况

1929 年 3 月，二团（团长李韶九）、四团（团长段起凤）到社背、西山等地，播下了革命的种子。在 1930 年 2 月 12 日红军到兴国以后，第二天就成立了第十区（永丰区）。主席刘绍彪、书记赖士林，包括第一乡（西江）、第二乡（永丰）、第三乡（山坑）、第四乡（侯径）。

土地改革：政权建立后，马上进行土地改革，地富不分田，贫雇中农分好田，每人多者 8 担，少者 5～6 担。1931 年时将地富全部赶往白区。

扩大红军：1932 年 8 月，全区凡 18—23 岁的青年都参加了红军（这时兴国全县都是如此，18—23 岁的都参加红军），编成了兴国模范师。在支援前线工作方面，妇女和 60 岁的老头都参加了担架队。

永丰区的组织机构情况：

区苏主席：刘绍彪、肖志春、陈衮相、谢香翰、杨适明、傅家滨、洪昌富、余由湘、陈荣牲。

区委书记：赖士林、凌崇学、刘绍彪、谢忠煌。

九、红军北上以后杨殷县的情况

1934 年 6 月红军北上以后，杨殷县开了一个发展游击战争的誓师大会，号召大家要坚持游击战争。主力红军走了，蒋介石会跟红军跑的，后方力量会不大。我们要在后方坚持，大红军此去不知要十年八载才能回来，大家要有信心坚持【到】最后胜利。此后每区每乡都成立了游击队，乡是连，区设指挥部，配合独立营作战。

战术是扰敌、截敌、阻敌。1934年9月兴国失陷，杨殷县军事部改为司令部，军政合一（司令部部长袁先位，参谋兼第一科科长刘国悠，第二科科长梁蓝贵，第三科科长曾亚东）坚持游击战争。1934年12月下旬，杨殷失陷，十三团被打败，只剩10余支枪。1934年元月2日，茶园的罗坑将独立营、游击队、杨赣地方武装编成一个新编独立十三团。元月4日，冲过敌人第一条封锁线——蓝田圩，到崇贤与江西军区取得了联系。

十、红军北上后杨殷县的情况 [①]

1934年十二月初七日杨殷县失陷。失陷后，各级政府工作人员与赣南一分区之独立十三团，配合在东山等地坚持游击战争（赣县失陷后，赣南一分区之独立第十三团和罗孟文从赣县来到杨殷），坚持了8天，环〔处〕境十分困难。1935年元月2日，茶园的罗坑将杨殷县独立营、游击队和赣县来的武装编成新编独立十三团，4日冲过敌封锁线蓝田圩到崇贤，与江西军区曾山等会合，后分开回杨赣发展游击战争，后被国民党冲散。

8. 陈志刚谈杨殷县革命斗争情况

陈志刚，兴国均村人民公社长竹大队人。1933—1934年任过杨殷县教育部长等职。

一、政权建设情况

1930年2月成立【永】丰区（第十区），包括泮西〔溪〕在内，鳌源、均村、茶园统叫均村区（十一区）。1933年8月成立杨殷县，就划了泮溪、均村、茶园、鳌源、永丰、黄塘、武索七个区。在二次战争期间，永丰、泮溪等区失陷，退往东固，3个月后回来。泮

---

① 原文"九"和"十"标题、内容基本雷同。

溪区包括上迳、茂塅、高枧、泮溪、长告、黄伯〔柏〕等乡。

1933 年 6 月成立杨殷县筹备委员会，主任肖仁风。1933 年 8 月成立杨殷县，主席肖仁风，并且开了一次县苏维埃代表大会，代表 1000 名（每 50 人选一名，各级机关派人参加）。地点：均村杨家祠。大会就建立杨殷的意义问题、扩大苏区问题、扩大红军问题、组织游击队问题、搞好生产问题、支援前线问题、肃反问题进行讨论，并且作出了决议。

二、陈志刚谈推销建设公债问题

1934 年 7 月，邓子恢在杨殷推销建设公债有 2000 余元，只两个星期全推销完了。大家对购买建设公债很踊跃，有的是捐款给国家。

三、陈志刚谈扩大红军的情况

扩大红军是当时的一项中心工作。杨殷县成立以后，有三次扩大红军：第一次，1933 年冬天扩大 200 名；第二次，1934 年 3 月扩大了 300 余名；第三次，1934 年 6 月扩大了 200 余名。

四、陈志刚谈文化教育情况

各乡有列宁小学。除此各村有民校、夜校。1934 年春成立杨殷戏团，到各处进行宣传，组织了蓝衣队（宣传队）到各地进行宣传。

9. 杨愉明谈杨殷县革命斗争情况

杨愉明，兴国县永丰公社隘前人，在土地革命时期任过杨殷县的劳动部长。

一、杨殷县的建立

1933 年 8 月成立杨殷县，主席肖仁风，中共书记钟荣清，副书记汤志仁。〈开始〉成立【时】有 7 个区：永丰、茶园、鳌源、均村、泮溪、黄塘、武索。1934 年 8 月因武索区很多地方失陷（原武索区包括武索乡、棠梓乡、大蓼乡、小蓼乡，是游击区），划【为】黄武区（原黄塘区包括横背、石龙、黄竹）。1934 年 10 月因黄塘反水，黄塘区失去很多地方，划为黄泮区。

二、第一次苏维埃代表大会的情况

1934 年 2 月，杨殷县召开了第一次全县苏维埃代表大会，地点在均村杨家祠，出席人数 74 人。大会就扩大红军、发展生产、国民经济计划等问题作了决议。

扩大红军方面：是当时的中心工作，规定在 1934 年内完成 1200 名的任务（后超过了，有 1500 名参军）。

发展生产方面：要抓紧季节按时下种，要先搞好军烈属的生产，然后搞自己的。

国民经济方面：发展供销合作社，要从良口、武索方面设法收购大量的盐、布、杂货，准备反敌人的第五次"围剿"。

动员宣传反水群众回来参加革命。

三、文化教育方面

乡有列宁小学、红军学校。红军学校是军烈属的子弟才能进去，衣食住行都是国家供给。还有民办夜校，是农民利用业余时间进行学习的地方。

四、发展建设公债的情况

1934 年 4 月发行了一次建设公债，方法：由县分任务给区，区分任务给乡，乡根【据】群众的收入情况，动员大家购买公债。当时群众都踊跃购买，多者有 30 余元。

五、敌人对均村的骚扰情况

1934 年 7 月 16 日，谢傅生的反动义勇队分两路包围均村。第一路从均村高屋方面来，第二路从茂塅方面来。牺牲 10 余名同志，【有】均村区〈正〉主席〈、副主席〉谢冬秀、土地部长洪昌付、教育部秘书罗瑞瑞等〈10 余人〉。

10. 谢良普^① 谈杨殷县的建立与保卫秋收运动

谢良谱，兴国永丰人民公社人。土地革命时期任过杨殷县苏主席、永丰区苏主席等职。

一、政权建设的情况

1934年5月，划赣南省，主席钟时〔世〕斌，省委书记钟循仁。

1933年8月，建立杨殷县，主席肖仁凤，副主席杨成荣、钟能伸、陈沙田；县委书记钟荣清，后来换钟昌顺。那时建立杨殷县是为了加强边区的领导，另一方面为了向万安方面发展，争取反水群众回来参加革命。

二、谢良谱谈保护秋收运动

1934年秋天，政府为了保护黄武地区的粮食不致被靖卫团抢割去，组织了一个保护秋收运动，将黄武地区的劳动力调往中心区帮助红军家属收割（因为怕他们不 ×^② 走反水）。另一方面将中心区的劳动力全部调去黄武地区进行收割，以乡为单位编成班、排、连（按人力而定），临时召开大会，选出人带去。在边区有十三团、游击队警戒，敌人不敢过来。收割好了将粮食运往中心区。

11. 钟文丰谈杨殷县的建立与均村游击队情况

钟文丰，兴国县永丰人民公社人。土地革命时期任过杨殷县委

---

① 谢良普，应为"谢良谱"，后文写作"谢良谱"。见《中央革命根据地词典》，档案出版社1993年版，第182页。

② 原文写作"禾"加"永"字。

办公室主任、均村游击队政委。

一、杨殷县的建立及建立后的情况

1933 年 8 月建立杨殷县，有七〔六〕区（永丰、茶园、鳌源、泮溪、黄塘、武索）。政府成立后经常在黄塘、武索、石龙坑一带和匪靖卫团打仗，我们组织了两个挺进队（黄塘、武索各一个）去河西扰敌。

1934 年 5 月，敌人扰我边区，我们与敌曾若香的义勇队在黄塘打了一仗，毙敌 10 余名，缴枪 2 支。

二、均村游击队的情况

1934 年 12 月，成立均村游击队，队长黄富海，政委钟文斗，经常在黄塘、石龙坑、西洋山一带打游击。5 月在黄塘草架山配合独立营、政治保卫队打曾若香，缴枪 2 支，毙敌 10 余名。7 月在高武被敌人包围，失枪 10 余支。

杨殷县独立营营长【是】魏子根。

（三）杨殷县革命史民间调访专项资料

1. 刘国悠谈杨殷县军事情况

刘国悠，现住在洙坊大队，任大队长。在过去曾任杨殷县司令部参谋长兼第一科【科】长。

一、独立营

一个独立营，有三个连（每连70人），营长是魏子庚〔根〕（最初是他，后来换了几个），土枪、梭镖多，步枪少。

二、游击队

1.黄武游击队。这个游击队是武索失守后，由干部和革命群众组成的，时为1934年7月间。直接为县所指挥，有50多个人，20多条步枪，其余是梭镖、土枪。经常在中坊、石龙坑、黄塘一带活动。

2.永丰游击队。这个游击队是本区群众所组成的，直接为区所指挥，有50多个人，多数用土刀、鸟铳，只有四五支步枪，在龙坪一带警戒。

3.茶园游击队。有40多个人，直属区〈的〉指挥，有十六七支步枪，经常在黄琴乱川一带活动。

三、区有司令部

原来叫军事部，到1934年8月改叫司令部。有司令员1人，部的干部有2人，一共有3人，领导游击队，领导地方临时性的赤卫队，保卫区的地区范围，服从县的调动，如有地方出现敌情，区司令员即速领兵前往作战，另外管理本区的一切军事力量。

四、盘查所

各乡有盘查所，驻在要道上，检查来往者的路条，尽是梭镖、土刀等武器，这是轮流性的群众组织。

五、政治保卫队

政治保卫队是像解放初期的公安大队一样，县队长是谢换祥，一共有 30 多个人。它的任务是一方面对敌作战，一方面保卫人民民主专政、肃反，枪毙坏分子。

六、十三团的情况

1. 十三团 1934 年的一些情况

十三团有三营九个连，初时〈一方面〉在茅店、良口、武索沿江一带警戒，这时是属赣南军区第一分区管理的（一分区包括赣县、杨殷等地，驻白鹭）。第五次【反】"围剿"，敌人步步迫进时，也还坚持在边区警戒。1934 年 12 月 22 日广东军到达杨殷县时，十三团处于较困难的时候，敌人装备很好，被他们打败了，散驻在均村平原白石坑一带，与广东军作战。这时我们的部队缩小，士兵失散，干部死伤多。袁先位（杨殷县司令员）、胡海（中央土地部长）来杨殷县指示工作时在白石坑牺牲了。打散以后，1934 年 12 月 28 日过茶园一带，整顿部队。

2. 新编十三团

1935 年 1 月初到达茶园罗坑，罗孟文等同志把所有的地方武装、游击队、干部、坚决革命群众、十三团等再重新编整十三团。政委是罗孟文、团长是王××，这时约有 700 多人，分为 2 个营，1 个机关枪连（20 多条花机关枪），几十条手枪，其他是步枪，少数是梭镖。

1935 年 1 月 4 日晚，通过敌人蓝田圩封锁线，到达崇贤，与江西军区取得了联系（江西军区有 2 个团，曾山都在）。后来联合作战有两个半月，这时我们一共有 3000 人左右，经过齐龙、桥头江、中龙、桃花〔化〕、果子石、石陂、北坑等地，经常在这一带作游击战争。在小窑〔岭〕打了一仗，我们失败了，损失了几支步枪，【被】打死了五六个同志。敌军是从沙村封锁线来的。回到中龙，又与从崇贤来的二团敌人打了一仗，我们失败了，损失了几支枪，被捉了几个人，敌人也跑走了（这一带地区还是我们的游击根据地，敌人不敢驻扎）。第四天又计划〈，想〉从沙村冲过敌人的封锁线，但被敌人知道，所以〈又〉到〔倒〕回北坑，又与从沙村来的一连左右【的】敌人作战，我们得胜，缴到敌人几支枪。后来我们的十三团驻扎在石陂一带。江西军区两个团这时从卢林走了（以后情况不知道），并指示我们十三团要回到杨殷县去发展游击战。我们又经过桥头江，到达崇贤，因被敌人早知，中途拦击，并且埋服〔伏〕了好多兵，这时我们与敌人拼命一战，我们还冲到进茶园的乱川坬。这里是最危险的，因四面高山敌人都埋伏好了，这一仗我们大失败，几乎被敌人扑灭，被敌人打死好多，逃的逃，最后只剩下 7 个人，罗孟文也在这里失掉〔踪〕了。后知他逃到泰和去了，进行地下工作，组织同乡会。这 7 个人后来仍坚持在茶园乱川崇一带，游击了好几天，到达均村猪婆帐，住在山洞里（只有两天，并且下大雨），最后遇到均村、里溪义勇队（铲共团），他们来山上"清剿"，【有的】被他们捉去了，有的自己逃回家里去了。十三团就此结束了。

2. 朱远忠谈杨殷县独立营和独立十三团的斗争情况

朱远忠，万安武索棠梓人，现在万安商业局工作。

一、大蓼区情况

1929 年就有秘密的大蓼区，管漂神、棉津、麻育潭、大蓼、小蓼、化思等乡。区苏主席曾方陇。麻育潭乡中共书记饶位龙，棉津乡书记赖庭标。

1930年6月大蓼区公开，主席曾方陇，所管的乡与秘密时相同。10月大蓼区全部失陷，区政府与乡政府退到棠梓。1931年春（一次战争结束后）区政府又打回，这时只有標〔漂〕神、大蓼、小蓼三乡（麻育潭乡、棉津隔赣江没收复），这时区苏主席曾立浪。1932年春，大蓼区又退到棠梓，这时只有小蓼乡，其他乡都已失陷。区苏主席仍是曾立浪。到1933年与武索区一起，退到涧田，大蓼区与武索区合并。

当时大蓼区有一段时间政府是有，【但】没有地方，是〔在〕等待打回去〈不要〉重新组织政府。

1932年武索区政府成立，大蓼、小蓼两乡划归武索管——为了好领导。

二、杨殷独立营情况

1933年6—7月时，杨殷独立营营长肖炳全，政治委员魏子根。独立营直接受县军事部领导，共三个连，一连三排，一排三个班，共320来个人，一百四五十条枪。

独立营有一个传令班，共八九个人。职务是替营长、政治委员送信、传令，有时押解犯人。

独立营有一个特派员（1933年6—7月时的特派员为朱远忠）。特派员主要是做军队中的肃反工作，帮助政治委员搞政治工作，调查军队中的坏分子。有时管理犯人——开小差的、俘虏来的、逃亡的士兵、地主，白色区捉到的等。

全体士兵的军事会议为独立营中的最高权力，没仗打时，就下操。

独立营经常在中坊、高晤、石龙、黄塘等地警戒敌人。

三、独立十三团情况

1. 十三团的成立

1934年九月（阴历）的一个晚上12点钟，在涧田坳脑（？）成立十三团，由赣县独立营、杨殷独立营与其良口关税处的武装

（一连多人，两挺"水机关"）共同组成。全团共六七百人，分两个营，关税处单独成立一个"枪机连"。十三团团长陈亦发（湖南人），开始政委【由】四分区司令员兼，到十一月魏子根任政委，当了一个多月，又由彭复苏任政治委员。到1935年一月，罗孟文（时为赣南办事处主任）任该团政委。①

2. 十三团的坚持斗争情况

十三团成立后，先往黄塘开，在那一带警戒敌人。初是开赴打西阳山，捉到几个敌人，缴到一支枪。第二天打乱川②，结果打了下来，在乱川休息。第二天，敌人包围乱川，结果十三团勇敢冲出，没受到什么损失。冲出后，开到茶园岗（当时还是苏区）休息。

十一月初开过赣县的江口，在江口棺材岭与国民党广东军的两个师打了一仗，打了一天一夜。

由于敌人兵力占优势，十三团受到了些损失，牺牲了十几个同志，失去十几条枪。第二天，十三团退到石沿潭（？）休息了一夜，又开到沙蒲（当时国民党军队已打到白鹭，四分区被冲散），等待国民党【以】回头截击。结果截击胜利，缴到敌人5匹马，俘获敌人五六个。当天晚上休息了一夜，第二天开到兴国的鳌源。在鳌源与国民党正规军队打了一个晚上。十三团扎在山上，没受到什么损失。后到泮溪休息了一个晚上，又开到里仁小东（当时还有苏区政府在那里），与反动保安师打了一仗，十三团胜，缴到敌人几十条枪，打死敌人几十个（当时敌人不晓得十三团已于头天晚上开到小东，保安师准备围攻我政府，由于没有估计到十三团，所以被打得大败）。小东打胜后，十三团又开回鳌源。

---

① 红军独立第十三团团长陈亦发，后袁先任；政治委员先后为：王××（兼）、彭复苏、罗孟文（兼）、赖福林（代）。见《中央革命根据地词典》，档案出版社1993年版，第240页。

② 乱川，下文又写作"浪川"。

【当】时国民党正进攻永丰、龙坪，十三团追击，在永丰打了一仗。十三团又获胜，缴到敌人几条步枪，捉到敌人七八个（当时为与国民党七十七师打）。

永丰获胜后，十三团开到大都攻打国民党的碉堡（挨河边），共攻了敌人 5 个碉堡，捉到 5 个敌人，缴到 6 条枪。在大都攻打碉堡时，第二营第三连第三排三班打得非常出色。哥哥为该班正班长，弟弟为副班长。将天亮的时候，第三连攻打碉堡，未攻下，情况很紧张。连长命令第三排不能退，三排排长又令第三班死守，不能撤退。于是三班全体战士【一】直坚持到天亮，并冲到敌人碉堡下，向白军进行宣传，叫他们反水。结果敌人把枪丢出碉堡，并做了俘虏。

攻打大都后，十三团开到鳌源以西休息了一天。第二天开到黄泥坑打了一仗。十三团失败，被一起冲散，但损失不大，失掉了一个机关枪的枪鞍。失败后从黄泥坑一直退到茶沿江沙栏，在沙栏集中〔住〕了两天，当时十三团全团人员还有 500 多人。

1935 年正月十五日晚，十三团冲过崇贤、高兴墟与曾山的二、四团接到了头。当时政府冲散人员亦冲过了高兴墟——十三团到了茶沿江的出口野体武（？），准备过崇贤与曾山接头。

崇贤当时有两个师的敌人，大部分住〔驻〕在两边的山上，一个连驻守山口。十三团未冲过前，组织了尖兵，每个尖兵穿着国民党的衣服，袖上围有一条毛巾（记号）。当尖兵走到山口时，敌哨兵叫"哪个？"尖兵回答是自己人，就让过去。当全团士兵跟着尖兵后边走过山时，由于有的穿着老百姓的衣服，同时颜色不同，结果被敌人发现。房子里的敌人就往外开枪。十三团士兵就用炸药炸房子（山上的敌人不知山下有多少红军，不敢下山），共与敌人打了一个多钟头。由于前面一个营过去了，后被敌人强烈火力袭击，结果后边一个营未冲过，掉了队。未冲过的一个人〔营〕往西阳山撤退。

冲过时，十三团的尖兵剪断了敌人的电线，还搭好了桥。过桥时没有一个人作声。过桥后，到了崇贤口（时已天亮），曾山的军队在那里警戒，不准十三团过。十三团用哨音、号音都未联系到，仍不让过，后派了3个人，打了团部的介绍信去才联系到，允许进【入】崇贤口（在崇贤口的山上看得到前面村庄的国民党军队在下操）。十三团在崇贤休息了一天，第二天开到旗凤蔡（？）住了一夜，当晚与杨殷县的县、区、冲出乡的干部编了队。

在旗风〔凤〕蔡，曾山亲自骑马到了团部。曾山在马上讲了话："同志们，现在我们十三团到了这里，我们的力量强了。敌人有两个师往崇贤、坊泰进攻包围我们。按力量我们打不过，根据敌强我弱的情况，我们要打游击。现在所到的机关政府人员能够当兵的都参加十三团。现在军区还有些武器，全部给你们。我们现在有三个团（除十三团，是二、四两个团），统一听候军区指挥，命令打哪里就打哪里。敌人力量虽然较强，但我们要有信心与决心……我不多讲了，队伍马上就要开了。"讲完话后，杨殷县的县、区、乡的干部共100多人编成第四连，这时十三团共有四个连。团长仍是陈亦发，政委罗孟文。

编好队后，十三团在旗凤蔡警戒崇贤的敌人，共警戒了3天。后军区命令开到桃化、孟元，准备进攻泰和师毛坪（？）。当天十三团走到孟元的一个河边，对面桥头有国民党的碉堡，敌人有一个营。当天晚上被敌人发觉，没有渡过江，倒回桃化休息。国民党追到桃【化】后，又接上了火，结果十三团失掉了四条步枪，一个机枪架子（机枪架子后被群众拾到，交回了十三团）。第二天退到孟元（当时二、四团亦在那里），国民党追到又打了一仗。二、四团准备晚上十一点钟往福田走，结果走了。十三团在后走，到了一个小村庄，十三团掉了队，没跟上前面两个团，就在一个高山上打埋伏。第二天又打了一仗，杨殷县主席牺牲了。当天晚上退到东固桥头岗，团部准备研究倒回杨殷县西阳山活动。当天晚上开到崇贤武石（一个大山）又打了一仗，这一仗受到敌人的机枪扫射与大炮轰击，十三团被打死四五十个人。以〔此〕后十三团开到崇贤山上，白天躲在山上，晚上出发。

不久的一天晚上将天亮，十三团冲过高兴墟，到了天子仁山上。山上有好多碉堡——全部是空的，十三团进入了空碉堡，敌人没追赶。晚上又开到一个小坑里，那里只有一两间房子。这天晚上罗孟文政委离开【了】十三团（因脚跌坏了，准备到老百姓家里休养）。队伍继续开走，开到乱川天之仁（？），将近天亮，于是又全部埋伏。但不幸已被敌人发觉，上午十二点钟敌人来包围，到处放火烧山。到下午，十三团往外冲，〈结果〉往几个方向冲，【结果】完全被冲散。有一路冲出七八十人，其中有一个连指导员，一个号兵，一个杨殷县政治保卫局长——周永环，这七八十人由周永环负责。当天晚上这七八十人又打，前面、后面都有敌人，于是大家往下冲，又被冲散，被俘的被俘，牺牲的牺牲。十三团到此全部冲散，结束了十三团的活动。

敌人烧山时，十三团还有 300 多人，被全部冲散时，当时大约 1935 年二月尾（阴历）。

3. 谢良香谈红军北上后杨殷县的军事斗争

谢良香，兴国县永丰人民公社西江大队人，1934 年任杨殷县土地队长等职。

1934 年 7 月 16 日，均村被敌义勇队包围〈牺牲〉，政治保卫分局长周云焕等人以及县政府搬往长告，以后又到石背。我们的主要军队十三团在良口、武索驻守。红军北上后依靠十三团的力量，〈使〉杨殷坚持了好几个月。1934 年 12 月底，广东军从赣县到杨殷，我们和杨赣特委都在东山一带游击，后来县政府与杨赣特委分散了，失去了联系。这一仗以后十三团只剩下 10 余支枪，冲往东固，县主席钟恩桂和中央派来的胡海同志都牺牲了。

1934 年 10 月成立杨赣特委，驻在均村。

4. 杨成荣谈红军北上后杨殷县的军事斗争

杨成荣，兴国永丰人民公社，隘前大队人，土地革命时期曾任杨殷县工农检查部部长。

1934 年 11 月，十三团在江口一仗失利以后，回到杨殷。后广东军在△天午夜进攻田村，赣县失陷；早晨到了白鹭，四分区损失很大（失去很多枪支弹药）；中午敌人到了杨殷，县政府移驻茅屋，后因受到万安来的保安团的包围，县政府被冲散了，随独立营和十三团行动。1935 年元月在均村白石坑一仗，我独立营失利，只剩下〈不〉八十余人，经整编以后，开往茶园配合当地游击队进行游击战争。这时广东军追了，过几天又从白鹭（他们的师部所在）向均村、茶园进发。我军与敌在樟树坳一仗，我方又因失利，退往茶园江，在茶园山上坚持游击战争。由于敌强我弱很难坚持，县政府和独立营开往崇贤。第二天杨赣特委和十三团也突围过崇贤，结果团长带的部分过去了，政委带的部分没有过去（有枪 48 支，左轮一支），退往茶园，搞了几天，无法坚持，又往西洋山打游击，结果在山上呆了一天，第二天被敌人包围在茶沅江的牛棚屋，全部冲散。

团长带的部分到崇贤后与曾山同志的军队汇合，后曾山同志要他们回杨赣坚持游击战争。他们在黄土坳过封锁线，被敌人包围，团长投降，很多同志和敌人坚持战斗到最后一滴血。

5. 潘五如^①谈杨殷县最早人员构成和革命互济会的工作

潘玉如，万安宝山人民公社第二连，现在第十连手工业综合厂做事。

一、

民国十九年二月十九日（阴历），均村到〔来〕了〈大〉红军，成立了均村乡苏维埃政府，不久成立均村区政府，共管辖中坊、茂团、泮溪、三坑、平沅、洽武、均村等乡。区苏主席巫海东、秘书吴世龙。

成立政府同时，组织了预备队（青年人参加），主要在武索一带警戒敌人。

二、杨殷县的最早干部人员

1932 年四月（阴）成立杨殷县苏维埃政府。县苏主席肖仁凤〔凤〕、副主席陈石田（女），文书雷震生，总务处长侯家波，内务部长雷永华（女），县委书记吕德先，教育部长郑志刚，妇联主任副主席陈石田兼，工会主任林育材（兼雇农工会主任），土地部长李寿春，革命互济会主任吴学沈。

革命互济会人员与任务

革命互济会主任吴学沈、宣传部长兼文书潘玉如、组织部长赖人樑、财务部长邱福连。

革命互济会的主要工作：一方面是募捐、募款；另一方面是救济贫苦老表，实物慰劳红军（如草鞋、斗笠等东西）。主要工作是搞救济，所需救济的东西，先统计登记，然后经县委批准，批准后

---

① 潘五如，应为"潘玉如"，下文作"潘玉如"。

按需要照发。

救济的东西主要是募捐、募款。各区、乡都有互济会主任或工作人员，他们把所募东西集中到县里，然后统一救济。

1933年春，在均村开了一次很大的会，共2000多人。各区、乡都有人参加，自己带了伙食。会上有扩大红军报告，还有送红军。

6. 刘宝山谈杨殷县的行政区划沿革情况

刘宝山，兴国县永丰人民公社洙坊大队人。苏区曾时任杨殷县反帝拥苏同盟主任、均村游击队指导员、黄屋游击队指导员，独立营代理政治委员等职，后编入十三团任第四连指导员。

一、杨殷县的成立与区、乡组织情况等

杨殷是一个革命同志，牺牲后，为了纪念【他】，划【出】一个杨殷县。

杨殷县的区域大部分原为兴国县管辖，少部分属万安管辖。

1932年8月，杨殷县苏维埃政府成立，县址在均村杨家祠。县苏主席肖仁凤，工会主任林树荣（女工部长曾详瑞），土地部长曾善标，文化部长刘子衡，反帝拥苏同盟主任刘宝山。工会有渔业、船业、青工、木业等组织，还有雇农工会、互济会等组织。

杨殷县开始为7个区：永丰区、鳌源区、茶园区、均村区、黄塘区、武索区、泮溪区。武索、黄塘两区原属万安，其他5区皆【原】属兴国。1934年10月黄塘、武索反水白化后，全县只有5个区：永丰区、鳌源区、茶园区、均村区、黄泮区（武索叛变〔反水〕后，改为黄武区，没几天黄塘又叛变〔反水〕，叛变〔反水〕后与泮溪合并改为黄泮区）。

永丰区有永丰乡、社背乡、茶石乡、龙坪乡、荷岭乡、西江乡（后改为洙坊乡）等乡。

黄塘区有石龙乡、黄边乡、黄竹乡、谢坊乡、狮形乡等。

洴溪区有平南（下坪）乡、洴溪乡、石背乡、山坑乡等。

均村区有庄公乡、均村乡、坪斜乡、高五乡、中坊乡、茂团乡等。

永丰区为杨殷县的模范区，原属兴国永丰区，1930年就分了田，后成立杨殷县，永丰区划为杨殷管。由于永丰建立政权早，故杨殷县的大部分干部是永丰区调去的。

二、先赤化均村，再赤化黄塘，武索最后赤化

茶园、均村、黄塘、武索都是边区，地主、富农反水多（群众反水亦多）。武索隔河就是白区，均村离西阳山近。

黄塘、武索、均村三地组织有游击队，每个游击队都有十几条枪。

杨殷县有一个独立营，一百六七十条枪，四连人，后编为三连人，营长瑞金人，代理营政治委员刘宝山。①

杨殷与赣县交界为社背乡，与兴国交界为荷岭乡，与万安交界为黄塘、武索、茶园（主要是与大小蓼、黄竹交界），茶园亦靠泰和。

1934年10月黄塘、武索白（兴国九月初七白——阴历），其余杨殷县的5个区坚持到1934年十二月初八才白（阴历）（武索先白，黄塘后白）。

黄塘打过三次，黄塘打下后，武索没经过什〔怎〕么打就赤化了。

三、武装保卫秋收情况

武索、黄塘经常受敌人扰敌，发展无法割禾。

武索河对面是国民党的二十八师。

---

① 1933年7月杨殷县独立营成立，营长肖炳全，政委魏子根。见《中央革命根据地词典》，档案出版社1993年版，第243页。

军事部部长负责组织领导带队，县委组织以永丰区为主的群众——除老太婆、孕妇及其留下耕作外，其余群众都组织了起来，自带箩筐、扁担去武索割禾，割起的禾挑到黄塘晒（永丰区组织了一个营即一个大队，300多人），共收割了15天。

负责警戒保护秋收的是十二团，200多人。

四、十三团情况

杨殷县于1934年十二月初八失陷后，政府机关人员、独立营、游击队等组织在一起，成为一个武装组织，【由】县委领导带队。1935年正月十五（阴历）日夜，整个组织冲过高兴封锁线，到达兴（国）永（丰）泰（和）苏区。过了两三天，整个组织编入十三团，政委罗孟文。

编入十三团后，十三团就与曾山主席领导的二团、四团联合作战——正月二十日左右，十三团配合二、四团想冲出过野泮（？）封锁线，未到封锁线就接了火，打胜。不久，二、四团就在泰和离开了十三团，十三团继续留在【当地】打游击。

二、四团离开十三团后，十三团处境很困难。在泰和、杨赣边界一带，曾一个多礼拜没进过屋，【没】吃过饭（只吃生的青菜、冬瓜、南瓜和熏鱼等），没洗过脸和脚。行动亦很困难，晚上大家用绳子牵起来走，谁也不敢作声，有时冲散只能用轻拍掌与口哨取得联系。

1930年正月尾，十三团在泰和的乌石下打了一仗，与国民党的正规军打。一天天早放晴，没烧火，后令一个连长带士兵出去放哨，刚一出发，连长就被打死，接着四面的机关枪、大炮就响了起来。这次十三团损失很大，约一半人左右。剩下的十三团于第二天又在崇贤隔壁打了一仗，后又转回杨赣苏区石龙坑一带。敌人日追夜追，十三团日扰夜打，最后在茶园与泰和交界地方的清公圳一仗，十三团全被打散。在清公圳的上下左右两边都埋伏有国民党的队伍，十三团从中间过，受国民党截击，结果十三团就此全部打散（牺牲很大），团长被俘押到兴国。

7. 杨贵发、曾亚东谈杨殷县和永丰区的组织构成

杨贵发，男，56岁，兴国县均村公社人。土地革命时期曾任杨殷县泮溪区军事部长等职，现任均村乡乡长。

一、1933年8月成立杨殷县，同时成立泮溪区

主席曾太春（后换陈香贯），内务部长曾宜世（后邱百荣），土地部长张声春，工农检查部长曾平山，财政部长余本驱，教育部长肖凤辉（后张声鉴），国民经济部长雷震（后陈世彬），裁判部长曾牲愿，军事部长杨贵发（后赵光彩、雷汉辉），劳动部长赖贤尧，粮食部长雷永昌，总务处长雷开华，政治保卫局特派员谢时兴，中共区委书记陈生彬（后蓝凤瑞），组织部长李吉玉，宣传部长雷永炳，妇女部长赵玉莲，军事部长邱忠烈，少共书记杨国汉，组织部长雷庆堂，宣传部长邱发珍，妇女部长姜招娣，少先队长曾招良，儿童书记杨凤明。

二、永丰区组织机构及工作人员情况

区苏主席刘绍彪，内务部长杨凤明，国民经济部长郑振仕，裁判部长陈绍楹，财政部长黄传浪，劳动部长张学盛，军事部长高尚明，土地部长刘绍徽，教育部长谢益三，粮食部长□□□，总务处长刘子行，工农检查部长曾纪波，国家政治保卫局特派员黄太昌，中共书记赖士林，组织部长□□□，宣传部长□□□，妇女部长赖明玉，少共书记钟旂新，组织部长□□□，宣传部长□□□，妇女部长□□□，少先队长钟雄，儿童书记谢良槐。

三、杨殷县组织机构情况

县苏主席肖仁凤（1933年8月—1934年2月）、傅家滨（未就职，病故）、谢良谱（1934年3—6月）、汤志仁（1934年7—10月）、钟恩桂（1934年10月—1935年1月），副主席陈石田（女）、

杨成荣、钟能伸，内务部长左良臣，财政部长黄傅浪，军事部长李占明、袁先任，国民经济部长吴学深、刘子行，劳动部长杨△明，裁判部长陈庆熙、陈绍仁，教育部长陈志刚，粮食部长钟能珍，工农检察部长杨成荣，总务处长沈光华（叛徒），土地部长张学升、洪昌富（副），中共杨殷县委书记钟荣清、钟昌顺，副书记汤志仁、钟恩桂，组织部长杨贤秋，宣传部长欧阳崇德，妇女部长赖明玉，军政部长曾献宾，县委办公室主任钟文凤，县国库主任雷永尧，少共书记吴健明、王昌恩、钟昌材，宣传部长钟鸣山，组织部长杨积钰，少先队队长朱文贵、黄沅鑫，共产儿童团长杨凤明，反帝拥苏同盟主任刘宝山，政治保卫分局局长周永景、黄太昌。

1927 年 9 月上旬，肖子龙、邱承生同志从万安回永丰，发展了陈昉彬、肖志清、肖志福等。

8. 雷永兰谈杨殷县政治部和侦察队的情况

杨殷县苏维埃政府所在地在均村。县委组织有政治部、组织部、妇女部、少先队部等。

政治部有正、副部长各一人，指导员、指挥员、文书等人，下有一个侦察队。

侦察队共三班，每班四人，一个班长，整个侦察队属〔由〕指挥员领导（直接）。侦察队任务，一是侦察敌情，一是保卫政治部。侦察时，指挥员命令各班班长，然后由班长负责本班化装探【查】。化装形式有老百姓捡狗粪、挑青菜卖、"做佃佬"、买〔卖〕杂货等。当时常到〔去〕侦察【的】地方是田村（到了广东军）、黄塘、石龙坑等地。侦察敌人的枪支多少，人数多少，进攻地点等情况。

侦察队没有枪支，全部是手榴弹，每人 2 个。

侦察队员没执行侦察任务时，就放哨或者宣传。

政治部指挥员洪昌福，政治部【保卫】有士兵 200 多人，100

来条枪，任务是出发打靖卫团。

泮溪区有社背乡、上坪乡、西坑乡、泮溪乡、下坪乡、三坑乡等。

社背乡主席曾兆发、副主席雷衣兰、文书梅元冈、书记刘国义、妇女主任刘兆头（？）。

杨殷县与万安交界地方石龙坑，与赣县交界地方大比冈，与兴国交界永丰，与泰和交界西阳山。

9. 曾照发谈杨殷县的军事斗争、检查部情况和宣传标语

曾照发，兴国永丰人民公社社背大队人，在土地革命时期历任兴国和杨殷县社背乡主席等职。

一、1934 年九月（阴历），杨殷独立营和独立十三团联合〈分别〉进攻石龙坑

杨殷县土地部长洪昌贵同志被刺杀后，〈后〉上级为此开了会，针对这件事对我们杨殷县提出了批评，这是麻痹轻敌思想，会上曾指出过就是敌人没有用也要准备对付，"死老虎也要当作生老虎来打"，这样就更妥当（他也是听说的，记录者注）。

二、检查部工作

检查部的主要工作是搜集群众对干部和政策的意见，检查干部的家庭出身、社会关系、个人历史状况、政治动态、服务态度，发现思想不好的就报告上级，撤销其职务。

还有发现敌情的任务，得到敌人的消息就报告上级，组织力量出发或抵制敌人的进攻。

武装部队成员的情况，检查部也会去了解。

三、宣传标语

1.赣县第六区一乡政府宣传部

白军士兵只有反水当红军才是出路！

欢迎白军官兵反水过来当红军！

优待反水白军官兵！

白军弟兄们要解除痛苦和压迫就要反水过来当红军！

白军弟兄们要想回家，就要投降红军才有盘费发给！

白军弟兄们要维持家里父母妻子的生活，就要反水过来打土豪分田地！

白军弟兄们要自由结婚，就要反水过来当红军！

白军弟兄们要得着薪饷、穿吃一样就要反水过来当红军！

白军弟兄你们在山东、河南苦战得了什么？为什么又来打工农？

优待白军伤病员！

2.以下标语抄于赣县白鹭

红军中薪饷一样！

拥护苏联！

学习广暴经验！

军阀混战就是要士兵去送死！

10.陈防彬谈杨殷县边区革命斗争

陈防彬，兴国县永丰人民公社福利队长。土地革命时期曾任杨殷县武索区特派员等职。

1933年12月在武索区的大小蓼住了几天，我方侦察员陈章华说靖卫团过河来了。第一连长肖子凤同他爱人在那里不肯离开，结果第二天被敌人包围，牺牲四个同志，失去了两支枪。战了一个余钟头，我们第二挺进队队长肖留前同志带队伍来了，帮助我们突了围。

1934 年 4 月到河西与郭明塌靖卫团匪徒发生战斗，我们冲到沙坪，因郭匪联合了保□师致使我们被围，后在十二团掩护下撤退了。

1934 年 8 月，我们在坪下雷公钻，侦察员发现前方有靖卫团，回来报告了四分区司令员陈振英。陈拿起望远镜向下一看，错误地认〔判〕断敌人力量很小，人不多，布置部队向小股匪徒冲锋。不料敌人早去〔有〕埋伏，小股匪徒在前面走动是故意引诱我们的。结果在陈司令员的盲目指挥下，我方牺牲六名战士，陈司令也殉难，被敌人将头割去了。

1934 年 11 月，我杨殷独立营编在十三团，十三团取得了很多胜利，主要是有河西的群众和我地下工作人员的支持。

独立营编往十三团以后，杨殷【县】又另外成立了一个新的独立营，欧阳品民做政委。

（三）杨殷县各区民间调访资料

1.茶园区革命史资料综合

茶园区土地时期原属兴国十一区，杨殷县建立后，划归杨殷县的一个区——名曰茶园区。

茶园区即今天兴国的茶园人民公社，位于兴国的西部。

（一）茶园区建立政权前的革命活动

1.富足地方的秘密农协

民国十七年十二月下旬，东固的邱世介来到富足，通过与方阳梯两舅父的关系组织了秘密农民协会。在南坑马子坳刘家召开了第一次秘密农协会议。到会者共 11 人：邱世介、方功暑、方功云、方德洪、王隆熙、刁昌彩、方功远、方德摇、方功权、方阳华、方阳梯①。会议进行了分工：主任方阳梯、组织方功暑、宣传方功权。

民国十八年正月，农民协会及其成员被匪大队长陈太祥、中队长吕永昌发现，随即追赶我农协会员，结果被冲散。方德摇、刁昌彩、方功云、方阳梯四人逃往东固。敌人〈并〉烧毁了方阳梯、方功暑两人的房屋。

同年 9 月，方阳梯为二十五纵队的大队长②，回茶园岗一带活

---

① 方阳梯，书中又写作"方阳弟"。

② 赣南红军第二十五纵队，于 1929 年 6 月成立，队长邱超群。见《中央革命根据地词典》，档案出版社 1993 年版，第 238 页。

动，并〔碰〕到富足〈了〉100 余人的赤卫队，队长方德摇，政委方功暑，随后经常出发攻打浪川、均村、石龙坑一带。

2. 茶园的农民秘密活动

1929 年 11 月初，茶园农民协会 300 多人，于一个晚上在坳背的阎觅词〔祠〕开会，方阳梯主持会议。

1929 年 12 月的一个晚上，方阳梯领导农民协会会员烧毁了王鹤尧（地主，靖卫团长）的房子，并挑了他仓谷 200 多担。

同年 12 月上旬，浪川靖卫团有 8 条枪寄放在河背的梓角山。茶园农民协会得悉后，就集合了会员八九十人，携带小刀、梭镖，准备晚上出发缴获。不料被敌人发觉，于当天太阳将落山的光景，偷偷搬走，结果没缴到。

（二）茶园区苏维埃政权的建立和沿〔演〕变

1930 年正月下旬，二十五纵队共二三百人由邱超情①带领到了茶园，召开了群众大会。2 月上旬成立区工会，会址扎在鸡滩下。区工会由谢坊灵、李文兰等同志负责。

1930 年 2 月下旬，罗炳辉队伍 1000 余人又到了茶园，在草坪岗开了一个 200 多人的群众大会。会上罗炳辉讲了话，他说："现在毛主席到了兴国，农民受了几千年的剥削与压迫，大家要组织起来、暴动起来，打倒地主，建立苏维埃政府；打土豪、分田地，取消各种苛捐杂税。"罗炳辉队伍在茶园住〔搞〕一天多时间，就往均村方向开走了。

3 月茶园正式成立十一区苏维埃政府（设在兴园岗——今茶园乡党委会所在地），属兴国管辖。

十一区区苏主席李文兰，秘书邱世介。

十一区共管辖四个乡：第一乡——茶园，为直属乡；第二乡——均村；第三乡——教富（包括鳌源）；第四乡——浪川（泰

---

① 邱超情，应为"邱超群"，后文写作"邱超群"。见《中央革命根据地词典》，档案出版社 1993 年版，第 238 页。

和境内）。

1930 年 8 月，第二乡（均村）由乡变为均村区，脱离了十一区的管辖。这时十一区共划为八个乡：鳌源乡、里溪乡、教富乡（为后来的鳌源区地方）、罗坑乡（包括茶园）、全坑乡、匡坊乡、板坑乡、下沉乡（浪川地方）。

1931 年 1 月，区政府退到崇贤，4 月回茶园。在政府退到崇贤期间，白匪强迫〔行〕把农民组织起来【编】为后方队，强迫他们到在苏区干过工作的人员与当红军的家里去挑谷，白匪大肆掠夺。

1933 年秋建立杨殷县后，鳌源、里溪、教富 3 乡划为〔归〕新建立的鳌源区管辖（属杨殷县），原来的茶园区重新编乡，仍称鳌源区，划为杨殷县管。这时茶园区共划分为下列各乡：

中塅乡（包括茶园），主席曾广贵；罗坑乡，主席刘声华；下沉乡，主席冯凤楚；板坑乡，主席孙华洵；匡坑乡，主席冯钦泉；泉水乡，主席陈启治；全坑乡，主席陈四德；义渡乡，主席×××。

这时茶园区工作人员如下：

区苏主席廖仙贵，区委书记王文操（不久调走，由曾招煜继任），总务处长兼秘书张主义，工会主任刘同生，少共书记刘声贤，特派员王振泉，组织部长高功厦，妇女主任谢鸣凤，宣传部长饶先福，裁判部长黄礼福，革命互济会主任黄占佩，工农检察部部长（后改为工农检察委员会主任）赖龙相，财政部长陈凤昌，军事部长陈怀承，文化部长谢若兰。

（三）富足地区（属匡坊乡）的分田

1930 年 4 月，富足以村为单位，按人口平均分配土地，每人分到 7 担谷田。

（四）茶园合作社

1932 年 5—6 月，茶园办了一个合作社——药业与布匹，油、盐业两分社。办在原"生泰油"店号的店里。

合作社社长曾招煜。全合作社共六七个人。药业三人——做药的名叫刘尚新；医生两人，邱何在、张任明，两个医生经常轮流下乡给农民看病，不收农民的钱。

布匹、油、盐业三人——王桂华、饶先福、王凯武。社长两边都负责，照顾全面。该业经常到毕〔陂〕头、刺下、茅店等地办货。

茶园合作社的经费来源，一部分由政府供给，一部【分】是地主逃亡后，把他们家里的东西卖掉供给。

军烈属到合作社购买东西，凭优待证有优待。

补充：1931 年 1 月政府退到崇贤的情况

1931 年 1 月蔡廷锴军队侵占兴国城。不几天，靖卫团乘机包围富足，政府及其人员往崇贤、东固搬。【当】时不少群众往白区（万安、遂川）跑。

3 月 14 日，由于第一次反"围剿"的胜利，敌人被赶跑，我政府不打而回茶园、富足。

政府回来后，政权比较巩固。【当】时大量宣传动员那些逃往白区的群众归来，花了很多功夫，结果 80% 以上的群众都回到了苏区。

（整理：叶厥方）

2. 赖龙相访问记录

（一）富足的农民协会

1929 年 12 月富足有了农民协会（秘密的），时共有会员 100多人，农协主任方阳梯。农协晚上开会，【白天】打土豪。

（二）富足的赤卫队

1930 年 3 月成立政府，富足有一个赤卫队，90 多人，队长王隆熙。有敌人扰就出击，没敌人来【就】出发打泰和东浪，打浪川。该游击〔赤卫〕队亦打过黄塘。游击〔赤卫〕队事〔后〕解散

〈回家种田〉。

（三）茶园的行政变革

1930 年兴国赤化后，茶园为一个乡——兴国十一区（高兴区）第一乡（茶园）。时一乡管辖下列各村：匡坊、富足、小院、楚西、龙上、孔目、泗流、黄教、义渡、罗坑、下坑、三坑、全坑、义龙。上述各村各有一个赤卫队，但没有组织政府。

同年 4 月，并村成立村政府：匡坊、富竹〔足〕、小院、楚西并为〈一个〉匡坊村；黄教、罗坑、三坑、全坑并为〈一个〉罗坑村；义渡、下坑、义龙并为〈一个〉义渡村；龙上、泗流并为〈一个〉茶园村。当时茶园仍为一个乡。

1931 年 11 月（纪念十月革命双十节后）并乡，共并为 4 个乡，属十一区（茶园）管辖：茶园乡，孔目、泗流、茶园、中团；全坑乡，义渡、下坑、义龙、全坑；罗坑乡，黄教、三坑、罗坑；匡坑乡，富足、小院、匡坊、楚西。

1931 年 11 月前，十一区（高兴）有一乡（茶园）、二乡（均村）、三乡（鳌源）。时均村乡共有章贡、平沅、均市等村。

（四）杨殷县建立后的茶园区

1933 年 8 月建立杨殷县，时茶园为一个区——茶园区。区委主席高凯、书记曾招煜、总务处长张主义、区委组织部长王文藻、特派员王振泉、妇女主任谢鸣凤、裁判部长黄礼福、土地部长王富昌、工农检察部部长赖龙相（后改为工农检察委员会主任）、财政部长陈凤昌。

当时茶园区共管辖下列各乡：

下坑乡（主席冯凤楚）、板坑乡（主席孙华洵）、匡坑乡（主席冯钦泉）、中团乡（包括茶园）（主席曾广贵）、罗坑乡（主席刘声华）、泉水乡（主席陈起治）、全坑乡（主席陈四德）。

1931 年 8 月，时茶园为一个乡，乡支部书记陈益刚、组织委员赖龙相、宣传委员王振泉、乡主席黄身陈、文书周先彩。

1930 年冬，茶园乡政府退到崇贤，【当】时地方上白匪组织农民为后方队，强迫〈派〉他们到红军家属（当红军者的家里）去挑谷，白匪大肆掠夺。

3. 曾招贵访问记录

（一）茶园的初期革命活动

1929 年 12 月 25 日，纵队到了茶园，共二三百人，召开了群众大会，会后成立了一个茶园办事处。

1930 年 1 月，罗炳辉队伍 1000 多人又到了茶园，在茶园草坪岗开了一个 200 多人的群众大会。会上罗炳辉讲了话，他说现在毛主席到了兴国，农民受了几千年的剥削与压迫，大家要组织起来，暴动起来，打倒地主，建立苏维埃政府，打土豪、分田地，取消各种苛捐杂税。罗炳辉队伍在茶园搞了一天多时间，就往均村方向开走了。

1929 年 11 月初，300 多人于一个晚上在坳背阁觅祠开会，方浪梯^①负责召开。

12 月的一个晚上，方浪〔阳〕梯领导农民协会会员烧了王鹤尧（地主、靖卫团长）的房子，挑了他仓谷 200 多担。

12 月上旬，浪川靖卫团有 8 条半枪寄放在河背的梓角山。茶园农民协会得悉后，就集合了八九十人，携带小刀、梭镖，准备晚饭后出发缴获，不料敌人已发觉，于当天太阳将落山的光景偷偷搬走了，结果没缴〈获〉到。

（二）茶园区的起源

1930 年二月下旬（阴历），茶园成立第十一区苏维埃政府（区政府设在今茶园乡党委会），区苏主席李文兰。

十一区共管辖茶园乡（直属第一乡）、均村乡（第二乡）、教富

---

① 方浪梯，文中又写作"方阳梯"。

乡（第三乡）、浪川乡（第四乡）。

区政府的武装组织有一个 11 人队，共 11 条枪。

教富乡管鳌源、里西〔溪〕、豪溪等地。

茶园早在办事处的时候，还是一个乡，属高兴区（但时间很短）。

1930 年 8 月，均村乡变为均村区。这时十一区（茶园区）共管辖八个乡——鳌源、里溪、教富、罗坑、全坑、匡坑、板坑、下沉。这时区苏主席刘人全（罗坑包括茶园）。

杨殷县成立后，十一区改为茶园区。这时全坑乡改中团乡、罗坑改黄教乡、匡坑改沙南乡。全茶园区共有中团乡、黄教乡、沙南乡、板坑乡、下沉乡、泉水乡、义渡乡。

（三）茶园的合作社

1932 年 5、6 月【间】，茶园办了一个合作社——分药业与布匹、油、盐业两分社。办在原"生泰油（？）"店号的店里。

合作社社长曾招煜，全合作社共六七个人。

药业三人——做药的刘尚新，医生邱何在、张任明。两个医生经常轮流下乡给农民看病，看病不收钱。

布匹业三人——王桂华、饶先福、王凯武。社长两边都负责。该业经常到毕头、刺下、茅店（赣县）等地办货。

茶园区合作社的经费来源，一部分是区政府供给的，一部分是地主逃亡后，把地主家里的东西卖掉组成〔而来〕的。

军烈属到合作社买东西有优待，凭优待证购买。

（四）杨殷县后的茶园区工作人员

区苏主席廖献贵、书记王文早、少共书记刘声贤、妇女主任江玉英、区委组织部长高功厦、宣传部长饶先福、革命互济会主任黄占佩。

4. 陈世贵访问记录

陈世贵，兴国县前坑大队人，土地革命时期曾加入过秘密农协，当过乡少年先锋队大队长、区苏工农检查部部员，现为前坑大队队长。

一、茶园地区农协组织情况

民国十八年方功暑同志在这一带进行秘密活动，发展农民协会会员，当时有陈其提、陈世德、陈世发、陈世贵参加，【喝】血酒发誓不暴露组织的任何秘密，开家〔始〕是在陈世贵家，当时没有进行什么活动，不过可以得到红军方面的一些情况。

民国十九年正月初十，靖卫团在这一带进行骚扰活动。

二、苏维埃政权的建立

1930年正月下旬，二十五纵队由邱超群率领到茶园岗赤化，2月首先成立区工会（可能是区工作委员会的简称），扎在鸡滩下，由谢坊灵同志负责。3月正式成立十一区苏维埃政府，属兴国县管辖，主席李文兰、刘人龙，秘书邱世戒。

十一区首先管3个乡，均村乡、茶园乡、教埠①乡，后浪川打开了以后成立了一个乡。

茶园是一乡，均村二乡，教富三乡〈政府〉。

1933年7月杨殷县成立，接上就进行行政区划，当时茶园划为一个区，鳌源也划为一个区。

---

① 教埠，应为"教富"，后文写作"教富"。"苏区时，1930年属茶园区的教富，茶园乡和高兴区的长龙乡，1933年属杨殷县。"见《江西省兴国县地名志》（内部资料）1985年版，第133页。

茶园区有下列九个乡：山南乡、匡坊乡、中墩乡、黄高乡、义渡乡、罗坑乡、板坑乡、下沅乡、泉水乡。

5. 永丰区党史材料（初稿）

一、中国共产党在永丰的产〔诞〕生和早期活动

（一）革命前人民的生活

永丰人民长期受着封建制度的束缚，所【有】的土地 80% 操纵在封建地主手里（包括公堂神会），只剩下 20% 的土地在农民手里。农民终年劳辛，但吃【不】饱穿不暖，还要交 50% 的租谷给地主。每当青黄不接无法谋生时，只得再向豪绅地主以五分利息的货〔代〕价，或者借一担谷还两担谷等高利，来暂还〔缓〕喘息。加上〈与〉北兵的混战，遭到战火的摧残，当地豪绅地主的敲诈勒索和重利盘剥，因此农民生活极端贫困，甚至卖妻卖子，终年给豪绅地主做长工，□头〈残〉沿门求乞苟延〈的〉生命。但是这些黑着狼心的豪绅地主却大酒大肉、妻妾满堂、仆婢满庭、衣丝绸【缎】、行以车马，真是奢侈已极。每个农民的心里都充满着怒火，极怀愤恨。因此在这种情况下，就种下了以后轰轰烈烈大闹革命的种子。

（二）党的发展

1926 年万安棉津、大小蓼一带的肖子龙、廖云辉等密谋组织领导农民暴动，向封建豪绅地主作斗争，但不幸遭到当地部匪郭名达的打击，统〔他〕率一部匪徒将〔在〕大小蓼、棉城二〔三〕处进行烧杀，因此轰轰烈烈的农民暴动〈就〉遭到一次失败。〈可是〉肖子龙、肖玉成等同志【被】逼得无处藏身，在 1927 年 3 月间，便带同学肖丘成以家访为名，逃来我永丰松岗坑肖志春家藏身。但他们的革命斗志仍是不屈不挠的，继续秘密宣传马列主义。在一段【时间】的宣传教育和考验中，于 1927 年 11 月间吸收了肖正春、

肖公福、陈方彬三同志。在 1928 年 2 月间便成立了后便支部，以肖子龙同志为书记，这就是中国共产党在永丰乡的诞生。

自从 1928 年 2 月成立后便支部后，3 人经常密谋发展组织和怎样开展群众暴动。当时提出吸收对象要忠实可靠、家贫受压迫的，在教师和学生中就要找失业无法谋生的；其次在靖卫团中找被骗的贫困农民带枪投诚，以争取武装力量。经一段【时间】的宣传教育后，于 1928 年 7 月发展党员肖良忠、△光祯、肖传隆、肖家黄、肖家蓉、刘绍虎、刘绍萍等 7 名〔人〕。在同年八、九月间又发展了高尚明、高旋法、钟志山、雷家声、芦礼黄、刘仁山、陈有光、陈金山、曾云章、陈瑞民、刘承书、刘塘山、王正仁等 13 名〔人〕。11 月间肖子龙到于都马菴石和二团李韶九团长取得了联系，到回〔回到〕松岗坑〈和〉秘【密】发展组织，进行活动，由肖志清、肖良海等从〔在〕各地进行串联。

1928 年 3 月间，发动各【地】农村组织农民协会，吸收靠得住、思想好、斗争坚决的贫苦农民。入会时必须宣誓，同时提出中心任务就是秘密宣传、串联以壮大组织，密切配合暴动，武装进行打土豪。在后便支部的领导下，〈分头向〉各处以农民协会名义把农民组织起来，发展之数几乎遍及每个角落，使一切土豪劣绅、贪官污吏孤立，使社会的发展向前推进了一步，使农村造成〔成为〕今后〔后来〕大革命的原因〔堡垒〕。

农民有了组织，便〈能〉积极地行动起来。首先从政治上把地主阶级和土豪劣绅的威风打下，把农民的权利长上来，与〔要〕取得今后各项工作的胜利，就必须这样做，但是又是怎样来进行的？主要是同他们清算，【以】罚款、捐款、示威等方式，来〈进行〉清算他们对农民的压迫和剥削的罪行，以及经管公款、公堂神会等的账目。清算结果，发现舞弊及向农民的恶迹及违犯农会决议的行为者，便向〔对〕其进行罚款，这样我们从政治上就打击了地主、土豪劣绅的威风。甚致〔至〕有些专和农会为仇的土豪劣绅，便统率大众在其家杀猪出谷，大吃一顿还要罚其款，对罪大恶极、民愤大者进行镇压，在经济上给予打击和限制，不准他们米谷出境和高抬谷价，抗租抗债等。

1928年11月间，红军二团来兴国游击，到1929年2月间打到永丰，活捉靖卫团指挥陈老个子一名，带回永丰圩就地镇压。这次红军发给枪3条，保护地方支部活动。接着同月20日第四军进攻兴国，星夜赶到永丰肖家蓉乡里，活捉劣绅肖俊根、肖良滨〈子〉，解至兴国石门垇将〈其父〉肖俊根枪决，将肖良滨等在石门垇罚款银圆200元，然后释放回家。但肖良滨仍不悔改，怀恨报复，和其兄弟肖良沂（劣绅恶霸）同谋，串通当地劣绅及其亲友，把松岗坑革命同志的房屋及莲塘〈子〉候〔侯〕礼宾〔恩〕的房屋概行封镇〔锁〕。随即恶霸肖良沂又到兴国举兵，捉杨达珊等十余名同志，杨达珊同志在兴国光荣牺牲，心岗曾先淄同志也在兴国监狱不屈而牺牲。因此我革命同志便把枪偷藏入窑垅处，潜逃躲避。后被敌人发觉，同志们又冒着危险取出枪炮藏在麻塘窝的垅内，接着【认为】还不够秘密，又搬往石鼓庵金龙山等地隐藏。

1929年3月间红军四团进军永丰，配合我地方秘密武装打土豪劣绅，由陈方彬[1]、侯礼恩二同志领导围剿靖卫团吕运昌部队。【吕】发觉【后】窜逃，旋将恶霸地富王久芝、曾美禧的家财没收，发给当地贫苦农民群众。事后我四团红军向东固进军。4月间有相风、江团、荷岭、上迳等地靖卫团的匪徒向永丰进攻，企图镇压我农民暴动，大肆抢杀，将牛形珠古子房屋及马庄头、桥头窑、前坊、石鼓庵、乌梅山、石岗、罗日坑等处房屋烧了，又将我革命同志万达金杀了。〈自然〉6月，肖子龙同志到队伍里工作，刘绍彪到万安工作，因此我处的革命活动就移交给肖志春同志领导。为了〈取得革命〉进一步壮大【自己】，便和江团、迳口和社背等处的革命同志取得了联系，以取得〔争取〕今后更大胜利。

洞道口会议。为了联系各方的革命力量，掀起更大的暴动，便

---

① 陈方彬，文中又写作"陈防彬"。

联系了社背、迳口等处的革命同志，在 1929 年 8 月间在迳口芦协昌家里举行了 13 人的会议，由钟志山领导。会议除成立了秘密赤卫队外，还讨论了今后的革命工作，【认为】必须〈争取〉有领导、有指示的〔地〕来进行活动，才能使革命运动胜利向前发展。当时便选举雷家声为大队长，曾云章为政委，决议派钟志山、雷家声、高尚明、曾云章四人前往崇贤、竹门处曾××、刘××同志处。会议并请求指示工作，指示中说明要取得革命胜利向前开展，就必须团结一致，把土豪劣绅打倒，把土地没收过来分配给农民。当时发给银圆 24 元伙食【费】，回来后便用土枪土炮、梭镖等武器到社背、洙坊打土豪劣绅，受到当地民众拥护，当时便有 30 余名群众参加。〈在〉第二次出发是在△△，临时会议决定派钟志山、高尚明二同志为先锋，扮饰成农民求救送信的模样，行至龙沙靖卫团△远△部驻军的哨地。钟志山同志〈便〉奋起神威，一刀把哨兵杀了，一连扫除了三度〔个〕岗哨的障碍。接着大队人马正〔赶〕到，响声四起，把手榴弹投入敌地，轰声如雷，高喊缴枪投降。在这一次出击中，缴获了步枪 14 支（内有手枪 1 支），弹药三四百排及其他军需品不计其数，因此就更壮大了革命武装力量，敌人也就不敢正〔轻〕视我们了。

在每次出发的时候，或晚间进行张贴宣传标语时，为了先声夺敌，迷惑敌人，影响群众，便把队伍番号随〔适〕时改编〔变〕，使敌人探不着我们的实情。因此第三次出发时，又改称为兴万军游击队第三大队，打土豪劣绅，缴获步枪 3 支。在 10 月间有雷家声、陈岐山二同志把劣绅钟事仙父子杀了，大快人心，又取得了一次辉煌成绩。在第四次出发【去】白鹭时，由朱曦东、朱泮香二同志秘密活动，争取自愿投诚，缴获了步枪 7 支，这时内部同志已发展到 30 余名〔人〕。12 月间，雷家声同志到三坑做农民运动工作，肖良沂劣绅逃往均村，经〔被〕李敬才同志看到抓下，在罗日墩镇压。本月底我队开到坳下捉拿〔住〕陈南金、梅佳森二人，于三江口杀了。

到了 1930 年，我们的革命活动已走上了胜利高潮，处处打土豪劣绅，打击敌人，所向无敌，活捉靖卫团 2 名，【将】土豪劣绅、反动分子刘泮生、黎文相、刘朝辉、刘彭纪等就地执行枪决。在正月廿四日，我队在石岗、永丰公开召【集】会，实行焚烧契约，不准地主的粮食提高价格。二月间开进三坑、上迳游击。

二、土地革命时期

从 1927 年到 1929 年的 3 年革命斗争中，基本上取得了决定性的胜利。这时已发展到 89 名党员，因此在 1929 年的 3 月间就正式成立了区党委，由林从学任第一书记。从这时起就开始了有组织有领导地进行土地革命，同时成立苏维埃第十区政府，由刘绍彪同志任主席，下设 4 个乡，建立党支部和乡苏府。

洋风乡，书记钟国春，主席李华家；永丰乡，书记陈忠，主席杨达乎；三坑乡，书记谢振庭，主席李时兴；侯径乡，书记丘方发，主席丘方发（兼）。

区府【中，】土地部管土地的分配，内务部管理地富，裁判部管理犯人，教育部管理文化学习，财政部管理财务收支，工农检查部管理工农发生问题和案件，军事部管理扩军和武装，粮食部管理粮食的调拨，劳动部管理工农业生产，国民经济部管理供销社，妇女部管理妇女工作。

1933 年 8 月均村成立杨殷县，永丰十区改编〔为〕永丰区，主席谢香翰；书记谢忠煜。下设八个乡：

大江乡，书记×××，主席刘宗彪；石江乡，书记李良相，主席舒光通；船溪乡，书记余永林，主席许风山；永丰乡，书记曾昭彬，主席曾来仕；茶开乡，书记李倍仁，主席李名桂；园风乡，书记刘大焕，主席黄贤堂；社背乡，书记洪昌华，主席曾昭法；龙坪乡，书记钟能铜，主席韩文武。

1930 年 3 月成立政府起，一切政权都属于人民，为了【保卫】革命的胜利成果，便实行耕者有其田，打土豪分田地。

在第一次分时，将农村各阶层划分为地主、富农、中农、贫农等阶级，其政策是：

占有土地，自己不劳动或只有附带劳动，而靠剥削农民为生的划为地主。

一般占有土地，〈他们都〉占有比较优裕的生产工具和活动资本，自己会参加劳动，但经常地依靠剥削为其生活来源【的】大部分或一部分，剥削方式主要是雇佣劳动即雇长工，或靠出租一部分土地或放债或兼营工商业，有的还管公堂，就划为富农。

占有土地或部分土地，有相当的生产工具，生活来源全靠自己劳动，一般不剥削别人，但也不出卖劳动力者，则划为中农。

占有部分土地和不完全的生产工具，或租入土地来耕，受他人地租、债利和小部分雇佣劳动的剥削者，划为贫农。

毫无土地和生产工具，专出卖劳动力为生者，则划为雇农。

阶级划清后，分清了敌我界线，群众看清了敌人，为了夺取地主劣绅的政权，同时就开展了群众性的土地革命斗争。对地主劣绅，根据他们不同的罪行，进行分别对待：一般的地主，没收他的全部财产，剥夺他的一切政治权利；对横行恶霸的劣绅掀起群众斗争运动，严加镇压，剥夺他们的权利终身，同时将他们的土地没收过来分配给贫、雇、中农。

土地分配的原则，是采取地主无田分，富农分坏田，贫雇中农平分田，死抽回生补上的方式，一般每人平均 7 担谷田。

第二次分田，把农村阶层进一步划清，专以赌博为生，输打赢要者划为赌棍；无家财又不劳动，专做小偷、吃鸦片过日子者划为烟痞。在土地的分配上，以自然村为界限，也是采取地主无田分，富农分坏田，在贫、雇、中农的分配上就改为平均分配，有部分木梓的地区按挑岭折田而分配的。

第三次分田，基本上以第二次为原则，采取抽多补少、抽肥补瘦进行调剂，死不抽生不补。在土地改革中所提出的口号【是】：【依靠】贫雇农，团结中农，打土豪分田地。其进行的工作一切由农村贫农团领导。

反动政府的统治、宗派宗族族权和封建迷信以及男女之间的夫权，是传统中国人民四条极大的绳索。地主政权已基本摧毁，而族权、夫权以及神道迷信也随之动摇。可是〔政府〕在这一方面〈也〉做了很多工作，比如族权方面，首先把公堂土地没收过来，不准做公堂，这些族长及祠款管理人再也不敢压迫族下子孙了；对于一些坏族长，〈经〉被当作土豪劣绅打倒，因此几千年的封建族权也废除了；解放妇女，废除三从四德，能够自由找对象，男女平等；在破除封建迷信方面，儿童团很积极，到处去打菩萨，扔在河里，用火焚化，政府也严禁敬神、算命等迷信行为。

人民生活的转变。〈从〉土地改革取得了辉煌的胜利，没收了地主的土地、生产工具，一切政权归于人民，实行了耕者有其田，因此农民生活积极性很大：一方面响应政府的号召，一方面进行兴修水利、封山育林，大力发展生产，增加收入，以改善自己生活。各乡村都组织了供销合作社和消费合作社，供销各种物资，稳定了市场物价，消灭了中间剥削。这时一般的农民每人粮食可用到 700 斤以上，每人每年可穿一套半衣服，用油 7 斤以上。为了普遍提高农民文化水平，各村设立了列宁小学和夜校，每乡设立俱乐部，经常演出各种精彩节目，活跃各村文化生活。这时人民生活很好，无赌博无小偷，〈直〉道不拾遗，夜不闭户，【是一个】和平盛世。

三、反围攻

经数年来的艰苦斗争，建立了人民政权。但【从】大局来说，强大的反动势力国民党反动派还敌视着我苏区人民，调动大批兵力数次进攻苏区人民，企图颠覆苏区政权。为了使革命〈胜利〉继续向前发展，巩固政权，达到解放全中国，因此在第一、二次反围攻战役中战火虽未及永丰，但我乡人民对支前工作也起了很大的支持作用。比如做军鞋，有的妇女把自己的下衫裙（里裤内的布）也扯下来做鞋面布，鞋数不计其数。第二次反攻中，东固一带人民遭到战火的焚烧和反动军队的抢掠，每个人民的家里真是一无所有，我乡人民【还】调运了 1000 余担的谷子，数百件旧棉衣、衣被等救济他们。敌人封锁食盐，我们就用炖硝的办法取盐，发挥了智慧，冲破【了】敌人封锁。

我乡人民在扩军运动中也显示了力量。1931年8月间，建立少共国际师时就有711名青年自动报名参加，得到过模范区的光荣称号，这次运动【之】所以做得好，是由于宣传动员工作好，干部带头，少共书记带头。

1932年5月间，我县成立模范师。在这一次支军运动中更显示永丰区人民的革命热情。在几天的宣传号召下，便有720余人报名参军，也得到了模范区的光荣称号。尤其是扩充补充师时，响应了"全线出击"的号召，真正做到了父送子、妻送郎，掀起了轰轰烈烈的参加〔军〕高潮。如杨镜杨六子亲自给她丈夫背行旅，一路呼口号："参加红军最光荣！"

我区人民获得光荣称号的原因：①因每次扩军运动中，党团员干部都能以身作则，带头参军，因此任务完成得好快；②拥军优属工作做得好，真正能做到给红军家属解决困难，李春秀同志连自己的被子【都】剪下来做军鞋，组织了洗衣队，募捐支前；③积极购买公债，后作捐献；④大力支援了兴〔战〕区人民；⑤群众热情高，大小会都能踊跃参加，敲锣打鼓放花炮；⑥在战争艰苦岁月中，群众能发扬艰苦朴素精神，每天只吃12两米，节约支前，无工资坚持工作；⑦能配合前方部队做好坚壁清野〈的战术〉，粉碎敌人的进攻。

四、红军北上之后

我区人民自红军北上抗日后，陷于国民党【的】黑暗统治，人民过着水深火热的生活，尤其是老干部同志，最是那些官僚地主的眼中钉。被反动派〈的〉严刑敲榨，被杀的同志就有58人之多。曾昭法同志一家就【被】杀了。

许先才同志入地洞数月不敢出来。何岭、蓝瑞洪同志坐了6月的班房，受到各种人不可受的肉刑，【被】用辣椒粉水灌入鼻腔。温名〔屠〕朝被踩杠子，有8人站在上面，脊骨被踩断。

6. 沈仁享访问记录

沈仁享，1929 年为当地游击队员，1930 年任五军团第三营营部青年干事。1931 年 10 月回家任社背乡少共书记，1932 年 11 月任永丰区委书记，1933 年 12 月调泮溪区任少共书记，1934 年调鳌源区任少共书记。

1931 年回社背，永丰区就属杨殷县管辖。

1931 年【沈】仁享回社背乡任少共书记，时乡苏主席曾兆发、书记张品山（后刘庭忠继任）、文书曾亚东、妇女干事曾兆秀、土地委员文家龙、检察委员洪昌华（只能雇农当检察委员，贫农都不可以）、裁判委员刘忠响。

1932 年 11 月沈仁享任永丰区委书记，时区苏主席谢华礬、书记王伦发（后夏家春继任）、检察部长巫生发、宣传部长钟继明、组织部长刘瑒峰、裁判部长文生禄、财政部长吕××、妇联主任谢石英。

1933 年 12 月沈仁享任泮溪区委少共书记，时区委书记廖瑞庭、组织部长雷风亭。

1934 年 2 月，沈仁享调鳌源区任少共书记，时区委书记王玉山、组织部长杨启凤、宣传部长陈重发、区委主席王崇林、财政部长易恢元、检察部长钟能功。

永丰区有社背乡、三坑乡、龙坪乡、河岭乡、茶干乡、永丰乡、石坰乡、旗岭乡、西江乡。

鳌源区有告布乡、鳌源乡、五里乡、里溪乡、黄屋乡（该区形状是一横线的）。

泮溪区有泮溪乡、平南乡（上、下坪）、茂团乡、长竹乡、双境乡。

7. 黄塘区革命史资料综合

黄塘区即今万安县宝山人民公社。土地革命时期建立苏维埃政权后，先属兴国县管辖（中间曾有一段很短的时间属于赣县、万太〔泰〕县管辖），1933 年秋开始划为杨殷县管辖——杨殷县的一个区。

黄塘地区位于兴国、赣县、万安三县边界，离武索 20 多华里。武索靠近赣江，江对面就是白区，反动义勇队、保安师及其正规军等武装集中成一个反动堡垒。

建立政权前，革命活动经常受到反动靖卫团的破坏与扰乱〈，使之〉【而】不能顺利进展〔推进〕。苏维埃政权建立后，又经常遭受河背（武索对河）的反动武装侵扰，使之政权不能巩固，敌我斗争非常激烈。加上当地豪绅、地主、富农的煽动、威胁，造成黄塘区曾一度反水的群众很多，我政权更加不巩固，致使政府时常搬动。

一、黄塘区的早期革命活动

1. 枫岭农民协会的反靖卫团斗争

1927 年枫岭地区成立了农民协会。同年黄塘区成立了反动靖卫团，团长杨靖山。11 月枫岭农民协会集中会员主动进攻黄塘匪靖卫团，双方决战于黄竹。由于匪靖卫团的拉拢、煽动，黄塘的群众站到匪靖卫团一边，共同对付农民协会。双方战斗历时两天左右，共 1000 余人参战。农民协会武器大都是梭镖、刀子及其部分土炮，结果枫岭农民协会失败。匪靖卫团进攻到枫岭地区大肆杀猪牵牛，农民受到很大损失。

2. 黄塘秘密支部及其活动

1929 年春，黄塘成立了秘密党支部，支部书记魏子根。党支部的革命活动结果，于同年冬天黄塘地区成立了秘密农民协会，协会主任魏启晨，会员共 100 多人。

3. 三打黄塘

1930 年 2 月，兴国赤卫军 1000 余人，第一次进攻黄塘。在狮子岩上等地与石龙坑的靖卫团匪首陈毓林的匪军 100 多人，靖卫团唐承坑、黄金善的匪军 300 余人，共打了一天多。结果兴国赤卫军胜利，把匪靖卫团赶到武索一带，随后赤卫军返回兴国。

过了十几天，兴国赤卫军第二次攻打黄塘，结果赤卫军又取得了胜利，匪靖卫团郭明达失败。

1930 年四月初，兴国赤卫军，配合黄塘当地由魏启长、杨邦泽率领的赤卫军（二三百人）第三次攻打黄塘。与黄塘匪靖卫团战斗了半天多，结果匪靖卫团又战败。

第三次攻打黄塘后，黄塘区开始了苏维埃政权的建设。

二、黄塘区苏维埃政权的建立与建设

1. 黄塘区的沿变〔革〕

1930 年五月初三，在黄塘村向基坳珑召开了 500 多人的群众大会，大会由钟子珊（白鹭人）和杨邦泽主持。大会后，成立了区政府——文治区政府（区政府设在今宝山公社的杨家）。

文治区政府初共包括黄塘乡、榭坊乡、石龙乡、黄竹乡四乡，后黄塘分乡，分出一个狮子岩，石龙乡分出一个庄下乡，黄竹乡分出一个黄边乡，所以【文治区】共管辖黄塘乡、狮岩乡、榭坊乡、石龙乡、庄下乡、黄竹乡、黄边乡、大岭乡等。

区苏主席杨邦泽，区委书记钟子珊，儿童书记唐祖，土地部长唐鸿仔，军事部魏老发，指导员黄公所。

黄塘乡主席曾桂相，书记朱远奎，妇女主任陈金兰。狮岩乡主席潘乔星，书记夏玉桂。榭坊乡主席钟富饶，书记曾传宪。石龙乡主席陈善堤，书记曾纪昆。庄下乡主席郑守送，书记曾庆山。黄边乡主席曹远光，书记曾宪拔。黄竹乡主席曾宗庭，书记曾庆为。

1930 年十二月初，匪靖卫团陈毓麟①、郭明达的反动军队共 200 多人进攻黄塘。文治区政府退到均村，与〈同〉区政府一起退到均村的有〈区政府、〉大岭乡、黄塘乡、榭坊乡等乡的工作人员共 100 多人（包括些积极分子），由区政府领导。在均村【的】这 100 多工作人员配合了当地武装作战。到 1931 年正月十五日，他们又到了崇贤、坊泰一带，帮助当地群众耕田。时正当二次战争，于是 100 多人配合了三军团作战，缴到敌人三师（蒋光鼐、蔡廷锴、公秉藩）的枪，共二万余【条】枪。战后，他们 100 多人都领到了一条枪。同年五月，他们 100 多条枪配合黄塘游击队，经过均村打回黄塘。三军八师第七团的部队走良江下，从武索入口进攻黄塘，敌人被打得向枫岭那边逃跑了。于是黄塘地区恢复了政权，重新组织了区政府，这时改名为黄塘区。

黄塘区工作人员如下：

区苏主席宋润清，区委书记雷开方，组织部长巫海东，宣传部长杨邦泽，土地部长赖庭标，工会主任杨邦泽（兼），财政部长杨邦发，军事部长肖占春，少共书记曾仁风。

1931 年十二月（阴历），靖卫团郭明达反动匪军 100 多人围攻黄塘区政府（时区政府设在大岭），杀害了我区政府干部巫海东、雷开芳、杨邦泽、魏宗清等 20 余人。

10 天后，区政府重新组织人员，继续进行革命工作。重新组织人员如下：

区苏主席宋润清，区委书记谢兴池，组织部长谢建信（脚拐），宣传部长谢新词，财政部长吴发春（前任为宋清词，因年老，调吴发春），工农检察部部长宋清词，军事部长郭爱桂，土地部长袁世淦，工会主任袁汉国，裁判部长胡光荣〔英〕，粮食部长杨邦发，文化部长魏善〔普〕生，少共书记赖福全（现劳改），妇联主任杨秀英，副妇联主任叶金莲，文书唐日新，总务处长沈光

---

① 陈毓麟，文中又写作"陈毓林"。

华，司务长颜开来。

以上区政府工作人员直任到 1933 年秋，杨殷县成立时基本上都没有什么变动。黄塘区划为杨殷县管辖后，全区只调走了 4 个干部——吴发春财政部长，调杨殷县政府，后宋润清又接任；文书唐日新调走后，刘世和继任；总务处长沈光华走后，钟以绳接任；司务长颜开来亦调走，其他区政府人员没有什么变更。

2. 黄塘区于 1930 年七月开始分田地，每人分到 6 担半谷田。

3. 黄塘区特务连的成立

1930 年八月在黄塘区（时称文治区）政府所在地成立黄塘区特务连，其参加人员是青年骨干与作战较勇敢的人。全连共 200 余人，武器只有一条短枪，其他武器都是罗汉枪、鸟铳等。特务连长王九王保，政治指导员王国桃。

特务连经常转战于大湖江、西洋山、窑头、百家、韶江、武索、万安城等地。

4. 黄（塘）武（索）游击队的成立

1933 年五月成立黄武游击队，队长刘恒。全队共 30 多人，分 3 个班，共 20 多条枪。该游击队打仗不大勇敢，结果成立四五个月就叛变〔反水〕了——一天晚上队长刘恒到区政府开会，队里的唐跃林、唐亦福等煽动带领 20 多人反水，从小蓼逃到万安城投敌（棠梓警卫排追赶，结果收〔受〕敌人包围，未追回，但后来都冲了出来）。还有几个队员叫他们反水没依从，结果被反水的打伤。

黄武游击队在反水前与国民党义勇队（共 3 个中队，每个中队共 100 多人）、万安保安师（主要与第四中队打）等打过仗，打胜仗的次数亦不少。

5. 黄塘区政府的退却

1934 年二月初十（阴历），武索对河的反动义勇队（队长陈石庄）共几百人进攻黄塘，其中有兴国、万安边界反水的地主、富农及部分群众参加，带有梭镖、刀子跟着义勇队的后边。由于区政府受到袭击，区政府与黄塘乡、榭坊乡、狮岩乡等乡的政府及其人员都退到黄塘对岸的水南乡，同时亦有部分群众跟到水南。

当反动义勇军进攻黄塘时，红军十二团、杨殷独立营与黄塘游击队及其政治保卫队等武装都驻扎在水南。首先敌我双方在河的两岸接上了火，结果我武装力量把敌人赶到铁罗亨幢崃、鸭孟良崃，走乔园出万安，在毕家山上打死敌人七八个，缴到 8 条枪，打伤敌人 30 多名。

当反动义勇军进攻黄塘与我红军接上火，听到枪响后，有好几百群众反水跟着白军跑，村里除了老、少者外，能走到的几乎都逃到了白区（由于当反动义勇军进攻黄塘时，当地劣绅、恶霸、地主威胁群众说："你们这些'土匪'不跟我们走，以后白军打回来，要杀你们的头。"因此群众怕起来，就跟着他们跑到白区。当时反动靖卫团出卖一种用布做的符号，一块银洋一张，老百姓买到符号后，可到白区任何地方做生意、做事等，这亦是原因之一。杀 AB 团杀伤多，亦是【群众】反水多的原因之一。当时有的人为了报私仇，就暗中挑拨说某某人是 AB 团，于是捉到就说〔杀〕，从而引起有的群众说"红军亦会杀人"，造成有些怕红军）。跟着苏区政府走到水南的只有少数人——一些乡政府的工作人员及其家属。反水群众跟着反动义勇军跑，反动义勇军到黄塘，他们就跟着回黄塘（有时晚上回黄塘，搬在政府做过工作的人家里的东西），一听到枪响，他们就先跑（有的说，"枪响了，又要打仗了，赶快走呀！再等就跑不赢了"），反动义勇军后跑。

退到水南的区、乡政府以后一直在水南办公，有时亦【在】黄塘一下（群众亦跟着回黄塘），基本情况是不定【的】，有时回黄塘，有时又走到水南。

1934 年割禾后，区、乡及政府人员都退到高枧，在高枧仍继续办公。一度曾与泮溪区同一所房子办公，但未合并为黄泮区，仍有黄塘区的名称。

在高枧办公，直到 12 月赣州广东军进攻到高枧，区、乡政府才最后散掉。

反水群众直到黄塘全白后（红军北上后），才全部又回到黄塘。黄塘的武装保卫秋收见专题材料。

三、【黄塘区】党组织的成立与发展情况

永丰【党组织的成立】是在 1927 年 9 月上旬由肖子龙（肖传光）、邱承同志从万安带来的种子，【他们俩】串通〔联〕陈昉彬、肖志清、肖良福等同志在永丰的松光坑举行秘密会议，成立后便支部，由肖子龙同志任书记，宣传（　　）、组织（　　），成立后的主要任务是：推翻封建势力，打土豪、杀劣绅，抗租抗债，取消各种捐税，取消县官，农民当家等任务。

后便支部发展了刘光珍、肖传龙等 8 个同志后，又发展了刘绍彪等十余人。

1930 年 3 月上旬，各乡利用先进党员串通扩大组织，凡每乡有 5～7 个党员者成立支部，因此每乡都成立支部。1930 年 3 月 13 日成立永丰（第十区）区委，下有 11 个支部，900 余【名】党员（永丰乡就有 150 余名）。历任区委书记：刘绍彪、李加辉、汤志仁、谢忠毓等（1930 年 △ 月 △ 日成立县委。县党代表会议的中心任务研究战争的形势，研究扩大红军，准备慰劳品等）。

1931 年 2 月，敌人侵占永丰，区委迁到保石，同时 4 月 15 日恢复□永丰（第十区），1934 年 12 月 15 日失陷。

历年的中心任务：研究战争方法，扩大红军，搞好慰劳品等任务。

发展党员的条件：成分好（贫雇农），历史清楚，社会关系好，斗争坚决，工作积极，严守秘密。

扩大红军：

1933 年为了扩大红军，采取了"公开征收"的发展方法。

革命前的情况：

1926 年以前，此地群众政治士气低落，权利是地主的，读书人全是有钱人，有劳动力的贫苦者就替地主做长工，不是全劳动力的就跟〔给〕地主牧牛，女子就替地主做婢女。

　　土地 70% 在地主手里，20%【在】公堂神会，10% 在农民手中。人口繁殖〔生育〕率很低，贫【穷】人的孩子无法养活。地主几个老婆，贫苦人无妻。

　　有钱人吃的是白肥肉，穿的是绸缎新衣，穷人就吃粗穿破。资本家吃地主，地主剥削农民。

　　武装建设情况：

　　1928 年成立赤卫队，1929 年 1 月建立武装——赤卫队 [1]，1929 年 8 月成立游击三大队，1930 年 × 月 × 日成立少先队，队长 × × ×，1930 年 8 月成立游击连，区成立大队。

　　1932 年 × 月 × 日成立工人纠察队，参加工人纠察队的条件是成分好的学徒。参加少先队的条件是成分好的贫雇中农的年轻小伙子。赤卫队的条件是成分好的贫雇中农的成年人。

　　他们的斗争任务为地方治安，严禁鸦片、赌嫖等。

　　扩大红军方面的情况：

　　1932 年，中央提出扩大一百万铁的红军。1932 年春〈，经过两个月〉成立少共国际师，1932 年夏天成立工人师、模范师。扩大红军的方法：由党内到党外，从干部到群众，干部带头深入宣传〈的方法〉。群众参军热情很高，大家唱歌欢送红军，献物给红军。有三次扩军，茅塘村的群众说："我们受尽了敌人的苦，我们村要全部去参军。"

　　支援革命战争的情况：

　　群众采取了有钱出钱，有力出力，有物出物，按自己能力有什么支援什么。

　　1930 年冬提出坚壁清野。

　　二次战争的准备是：〈采取〉挖敌人的总〔常〕经过路，这样敌人不会经过村庄的〔抢〕粮食。

　　五次战争在农村消灭地主。主力一、三、五军团。陈毅、朱德

────────────

[1]　原文如此。

领导。

三次战争情况：

在 1932 年 7 月在高兴圩打国民党三天三夜，树木【都】打掉了皮。

游击队的情况：

以区为单位，各区都去，每区约 100 余人，编为 1 个连，20 余支步枪。永丰区（十区），黄岩海任连长，与靖卫团斗争尖锐。

敌人武装情况：

有靖卫团，下设守卫队、暗杀团等组织，在永丰一带有 100 余人，领导【为】吕仁昌、陈△△、曾放斌、罗远珍、谢传绅、刘传富、钟杰山。总指挥是陈生模，团长吕仁昌，在河西。

红军的情况：

红二团① 团长李韶九，政委袁振亚，红四团② 团长段起凤。二十五纵队政委肖以佐，一军团是二、四团改编的，军团长林彪。③

攻赣情况：

攻赣，1932 年 5 月止，1930 年春天起攻打吉安，8 月 25 日攻下（一军团）。

兵工厂情况：

东村的干田、永丰的富溪有兵工厂。

土改情况：

1930 年 3 月开始土改，第一次地主无田分，富农分坏田，贫

---

① 红二团，全名"江西工农红军独立第二团"，1928 年 9 月，中共赣西特委在吉水阜田将江西工农革命军第七、九纵队合编而成。李文林任团长兼政委，段月泉任副团长，刘泽民任参谋长，曾炳春任政治部主任。见《中央革命根据地词典》，档案出版社 1993 年版，第 239 页。

② 红四团，全名"江西工农红军独立第四团"，1929 年 2 月成立，团长段月泉（又名段起凤），政委金万邦，政治部主任鄢日新，参谋长刘泽民。见《中央革命根据地词典》，档案出版社 1993 年版，第 239 页。

③ 原文如此。

苦中农每人分好田。

第二次 1930 年 8 月，抽肥补瘦、抽多补少，以原耕为标准。

第三次 1932 年 4 月，反水群众不分田，其他与二次类同。

划分阶级的情况：

1930 年只划贫、雇、中、富、地。1931 年划第二次，这次划得更清楚：自己不劳动收租为生，有经济剥削者就划【为】地主。土地有余（按人平均），有经济剥削，也有部分劳动剥削，自己部分劳动【者】就划【为】富农。够吃够耕的划为中农。租田耕，自己有少量土地，受部分劳动剥削【者】划【为】贫农。毫无土地，专门雇工叫雇农。手工业者划为工人。无一点家产，靠手工业养活者划为雇工。无父母家属财产的小孩子，靠牧牛生活的就划为牧童。无家产，靠赌博【为生】的划为赌棍。口号是"贫雇农团结中农，打土豪分田地"。由贫农团领导土改。1932 年 9 月驱逐地富出境，1932 年 10 月纠正。

生产经济建设情况：

农业。群众生活热情高，村代表贫农团领导儿童团搞公共肥料，所积肥很多。

每年正、二月间组织群众兴修水利河坝，保护农田，修通要道。

组织手工业生产。组织机构是工会，下设工会小组。凡贫雇农是手工业出身者，都参加了工会组织，进行手工业生产，当时负责人是范得龙、陈生斌、刘光桂等同志。

商业。1931 年 2 月成立供销合作社，是群众集股成的，主要任务是销售工作。当时的货币是很稳定的。食盐由于敌人的封锁很贵，每 7 钱要银洋 1 元。我们采用熬盐的方法。

支前工作：

发行公债的情况。公债是逐级分任务，根据群众经济状况自愿推销，热情很高（如何搞法？）。借谷，干部带头，动员群众自动借谷。

拥军优属工作：

1933 年 3 月成立互济会，任务是搞慰劳工作，救济红军家属。群众的拥军优属也做得很好，先做红军家属的，后做自己的。干部带头做优待工作，这时〔如果〕家属无米，先给家属找到米。对扩大红军起了拥〔推〕动作用。

文化、卫生的情况：

1930 年成立列宁小学，每乡都有（中学在县）。课本有识字〈课本〉、政治常识、算术等。内容是革命事迹、科学技术、国家形势等。老师报酬、公什费由农民担负。当时的教育政策是宣传、教育的方针。

夜校、识字班各村都有，贫、雇、中农不分男女，都可入学，地富不准。村乡也有学习文化的机构。这时大部分的农民文化提高了，特别是妇女提高了政治觉悟。发行报刊书籍。

红军学校。

宣传，蓝衫团（1932 年成立），宣传组织当时的任务是宣传结合工农业生产，也有时下农村宣传。

各地也有俱乐部。演戏，主要内容是国际形势、生产任务、婚姻自由、扩大红军、拥军优属等，对革命工作鼓舞【作用】很大。

医疗方面，组织了药业合作社。医疗工作联系群众，城市、乡村一样，对群众很好。茶岭医院（是军事医院），在四乡有四个医疗所，专门接待病伤员，贫、雇、中农只有〔要〕有村乡介绍信就可以【得到】医〔治〕疗。

群众卫生也开展了，做到各地清洁。当时提出"勤洗澡、常换衣"的口号，同时号召大家常常剪指甲，组织儿童团评比检查。

肃反情况：

杀 AB 团是在 1930 年开始的。我地情况，刑事重罚，吃苦不过就"蛮打成招"，部分同志逼得承认为 AB 团。杀 AB 团时提出"只杀坚决，不杀盲从"，搞错了 350 余人。本地是 1932 年纠正的，提出不上刑审的方法。

东江"富田事变"，1931—1932年。

兴国成为模范县的条件：

①扩大了红军队伍，成立模范师、少共国际师、工人师，这是主要条件。因为兴国宣传、动员，优待红军工作做得好。②斗争坚决。③人民群众革命热情高。

北上后的情况：

反动派对人民群众是压迫的，【搞得人民群众】无法生活，〈搞得〉多数老同志妻离子散。屠杀老同志，永丰乡杀害老同志11人。强压出款，地主压迫农民，剥削农民，农民过着牛马般的生活。

人民生活前后对比：

由于地主高利贷的剥削，革命前，农民每人每年粮食只300斤，粗布10尺，食油7斤，是比较好的。还有更差的，也有部分就一日找一日，吃无油无盐、无衣穿的占50%（农民），也有的靠砍柴度日。

革命后，在党的领导下打倒了封建势力，没收地主土地分配给农民，取得了地主活钱，抗租、抗债的胜利果实，农业生产也平常。农民生活提高了，每人粮食达600斤，粗布1.5丈，食油12斤，就是盐由于敌人的封锁比较困难。

8. 曾桂相同志谈黄塘区革命斗争情况

曾桂相同志系万安县黄塘村人，现年66岁。在土地革命时期曾任乡政府主席，区政府粮食部长、区教导团事务长、特派员小组长等职，现在家参加农业生产。

一、赤化黄塘的战争

1927年黄塘成立靖卫团，团总是杨靖山。11月里枫林[①]地区农

---

① 枫林，文中又写作"枫岭"。

民协会主动进攻黄塘，与黄塘靖卫团决战于黄竹。当时全黄塘的群众也都参加了，结果枫岭败。黄塘靖卫团进行反攻，到枫林杀猪、牵牛。战争历时 2 天左右，双方在决战时兵力〈约〉1000 余人，武器大多是梭镖、刀子，还有部分土大炮。据估计黄塘总共赔了 1000 只牛给枫岭。

1930 年 2 月间，兴国赤卫军 1000 余人与靖卫团唐承坑、黄金善等 3000 余人接火，历时一天，靖卫团败，赤卫军回兴国去了。过了几天，兴国赤卫队又来打黄塘，胜利了。从此黄塘地区有了秘密的苏维埃政府。

1930 年 4 月初，兴国的赤卫军，配合当地由魏启长、杨邦泽领导的二三百【人的】赤卫队攻打黄塘的靖卫团，历时大半天，靖卫团败。当时就成立了区苏维埃政府。

二、黄塘乡苏政权的建立

1930 年 4 月初，在黄塘构背建立黄塘区苏维埃政府。主席魏寿慈，书记×××。

1930 年 5 月成立黄塘乡苏维埃政府，主席〈是〉蓝海清，书记〈是〉魏英彩，少共书记夏月桂，妇女部长夏宜莲，土地部长潘桥柱，财政部长魏启长，工会主任刘送华。

政府建立以后，粗略地进行了分土地，每人七担多谷田。反水群众、地主、富农不分田，当时还成立了黄塘、构背等红军小学，还办了一所消费者合作社。

11 月末又白转过去了。事情是这样的，当时赤卫队出发大岭与靖卫团接火。当时部分群众反水，用包袱做白旗举起【投降】。见势不妙，乡政府就搬到涧田，区政府搬到兴国均村。

三、黄塘区乡政府重新建立的斗争

1930 年 12 月中旬，在均村成立兴万赣指挥部，总指挥是韩公忠，领导兴国、万安、赣县三县的工作，接着调黄塘、兴国、赣县的游击队与黄塘的陈毓仁〔林〕靖卫团【作】战，我军失败。12 月 28 日，双方在过均村的圳上又接火，我方败。此后又在均村打了一仗，陈和章〔毓林〕的靖卫团被我方击败。

1931年正月初四，林××主张〈去〉出发，指导员魏子根不同意。林还是去了，结果失了8条枪，回来受审，认为是AB团被捕。于是就撤兵到崇贤口，那时刚好二次战争捉拿了公秉藩，有了枪，我们也领到了一部分枪，奉令打回家去。黄塘游击队由魏子根率领从均田来，三军八师第七团的部队去良口下，从武索入口，敌人向枫岭那边跑了，于是又重新建立了政府。

区政府主席雷开民，区政府书记曾××，区政府财政杨邦发。

黄塘乡主席黄桂相、书记朱远奎、妇女部【长】陈金兰。

1931年7月敌武索、黄塘义勇队与二十八师联合攻【打】黄塘，独立七团与敌【作】战，历时一天。我区政府曾搬到泮溪，第三天就搬回来了。

以前一个黄塘区只管黄塘乡。

1930年七、八月间黄塘区划有下列乡：狮岩乡，其主席是潘桥辛；黄塘乡，其主席是曾桂相；谢坊乡，其主席是钟富饶；黄竹乡，其主席是曾崇庭；庄下乡△△△；石龙乡△△△；黄边乡△△△。

民国二十年8月，以乡为单位又进行分配土地，历时一个多月。

四、黄武区苏政权的建立

1932年8月大岭陈毓仁的义勇队，攻打黄竹乡苏政府。我政府撤退，敌人走后搬回，乡主席曾崇庭不幸被暗藏下来的敌人杀害，从此乡苏政权隔了四个多月才建立起来。庄下乡得此消息也搬往它〔他〕处，管辖的地方被敌占领。

1933年黄塘区比较稳定。

1934年2月成立黄武区苏政府，武索区、黄塘区政府机构和工作人员仍保留。

武索区主席陈文富、书记△△△，黄塘区主席刘世洪（是接巫亚东的）、书记谢建顺。

4月份起黄竹乡、谢坊乡、狮岩乡、庄下乡、石龙乡、黄边乡白，黄塘乡到 10 月才白。

1934 年 5 月，黄武区政府搬到泮溪，只剩下武黄游击队 30 余人在黄塘一带与敌战，一直到匪大军来，就无法维持。

9. 唐耀普、杨五元、陈继元、吴发春等同志谈黄塘区革命斗争情况

唐耀普访问记录

唐耀普，万安县宝山乡黄塘村人，土地革命时期历任乡通讯员、红色医院看护、区苏工会副主任等职。

（一）区苏政权的建立

1930 年 2 月末，兴国方面来的红军在狮子岩上与石龙坑的匪首陈毓龙等 100 余人打了一仗，历时 3 个钟头，把他们追〔逐〕出武索〈去〉了。

1930 年 3 月，郭明达率领一团人攻打均村，走黄塘败退。

1930 年 4 月杨邦泽、魏老发〈带〉率领赤卫军 2000 余人去赤化江背、石龙坑，目的已达。

1930 年五月初三（阴历），在黄塘村向基坳珑，由白鹭钟子珊和杨邦泽主持召开 500 多人的群众集会，成立文治区苏政府。主席杨邦泽，中共书记钟子珊，少共书记△△△，儿童书记唐祖，指导员黄公所，土地部唐鸿仔，财政部△△△，国民经济部△△△，军事部魏老发。

全区有〈大峯乡、〉黄竹乡、谢〔樹〕坊乡、石龙乡、大岭乡、唐子〔黄塘〕乡。

后在小蓼地区还建立过区，管辖大蓼、土公坑、华氏地区。

6 月初开始分田地，每人六担半谷田。

12 月匪军首脑陈毓林率军和白军大部队配合占领黄塘，从此黄塘又白〈去〉了。

1931 年 4 月，〈大〉红军将兴国的靖卫团陈石军部从黄塘赶出〈坑〉，黄塘又红了。

（二）黄武游击队的成立

1933 年 3 月在水南成立黄武游击队。

（三）黄塘区特务连的成立

1934 年 12 月在黄塘区政府成立黄塘区特务连，其成员多是青年骨干和作战精英〈的人〉，这个连一共有 200 来人，只有 1 条短枪，其他的都是罗葡枪、鸟铳。

连长是王九王保，政治指导员是王国桃。这支队伍经常转战在大湖江、西洋山、密头、百架、韶口、武索、万安城一带。

（四）打死匪首陈育林 [1]

1931 年 5 月，陈育林由武索扮红军，打红旗到小蓼一带来试探人心，故意说："这里有没有靖卫团到过这里？说靖卫团怎么不好？"结果一位店老板答了一句"靖卫团不好"，连忙就把他抓起来，罚款 20 元银洋回武索。我方十二团部分军队也往武索方向来，发觉敌人登磨形，用机枪扫射敌人。敌军也立即登油草坪，敌匪首陈育林还带领人冲来。【我军】火力很猛，逼得他渡江，中途被我方一神枪手就安置了他，敌人此次有五六十人，枪 30 来支。

杨五元、陈继元谈话记录

民国十八年冬黄塘就有农民协会（神秘〔秘密〕的），主任魏旗晨，会员 100 多人。

民国十九年五月初十（阴历），黄塘公开召开群众大会，成立苏维埃政府。

武装保卫秋收（黄塘）。民国二十三年六月九日（阴历）抢收，

---

[1] 陈育林，文中又写作"陈毓林"或"陈毓麟"。

外地到秋收队共六七百人，共割了十来天。主要是割上黄塘（今宝山第九连、第十连、第十一连）的一带地方。

吴发春访问记录

吴发春，万安武索大岭一新人，现在宝山石灰厂当厂长。

1931年6月，黄塘重新组织政府，时区委主席宋润清（杨邦泽在先）、区委书记谢兴池（先为雷开方，被靖卫团杀死）、组织部长谢建信（拐脚，亦被靖卫团杀死）、宣传部长谢新词、财政部长吴发春（前为宋清词，因年纪老，调吴发春）、工农检察部部长宋清词、军事部长郭爱桂、土地部长袁世淦、工会主任袁汉国、裁判部长胡光英、粮食部长杨邦发、文化部长魏普生、少共书记赖福全（现劳改，红军北上后当伪乡长）、妇联主任杨秀英、副妇联主任叶金莲、文书唐日新、总务处长沈光华、司务长颜开来。

以上干部直任到1932年4月，划归杨殷县【前】都未调过。黄塘区划为杨殷【县】管辖后，只调走了四个干部：财政部长吴发春调【走】后，宋清词〔润清〕又接任，文书唐日新走后刘世和接，沈光华总务处长走后钟以绳接任，司务长颜开来亦调走（此是1932年10月调走的干部，原职）。其余区政府的干部仍任原职。

10. 潘乔星同志谈黄塘区革命斗争情况

（一）黄塘区的成立情况

1930年成立黄塘乡苏维埃政府，范围很大，全乡包括黄竹、石龙、榭坊、黄塘、狮岩等地。与黄塘乡政府成立的时间相差不久，成立了黄塘区苏维埃政府，所管辖的只有黄塘乡一个。黄塘最早的区主席是杨邦泽。

1932年（即民国二十一年），黄塘乡分乡，开始分成黄塘乡、榭坊乡、狮岩乡 3 乡。黄塘区政府亦管辖 3 个乡，不久因为石龙坑那边离区政府太远，又增设石龙乡、黄竹乡 2 乡。黄塘区政府共管辖黄塘乡、狮岩乡、榭坊乡、黄竹乡、石龙乡 5 乡。

（二）黄塘区政府的撤退

1934 年二月初十（阴历），河背（武索的对河）的国民党义勇队（队长陈煞庄）进攻黄塘，共几百人，其中有兴国、万安边界反水的地主、富农及〈其〉部分群众参加，有枪，亦有刀。由于义勇军〈的〉反动武装的袭击，区政府与黄塘乡、榭坊乡、狮岩乡的乡政府都搬到黄塘过河的水南乡，亦有部分老百姓跟着政府退到水南乡。

当反动的义勇军进攻黄塘时，红军十二团 1000 多人，杨殷独立营三四百人与黄塘区游击队二班 20 来个人及其政治保卫队 200 来人都扎在水南。首先在河的两河〔岸〕接上了火，结果我红军把敌人赶走过【铁】罗亨嶂〔崠〕、鸭孟良嶂〔崠〕，走娇〔乔〕园出万安，在毕家山上打死敌人七八个，捡到枪 8 条，打伤敌人 30 多个。

当反动义勇军进攻黄塘与我红军接上火，听到枪响后，有好几百群众反水跟着白军跑（狮岩），跟苏维埃走的〈约〉100 来人，跟白军走的四五百人。榭坊、黄塘的情况都与狮岩一样。总之，跟白军走的更多，跟苏区政府走到水南的只有少数人，主要是一些区、乡政府的干部及其家属。没有在苏区政府做工作的人，他们说不怕，故不走，以致反水。榭坊乡的正主席赖忠庭亦带群众逃到河背，反水。当时乡里的干部反水的很多，有的偷偷地逃到白区。反水的群众跟着反动义勇军跑（其中地、富阶级有煽动作用），反动义勇军到黄塘，他们就回黄塘。一听到枪响（我红军袭击敌人），他们就先跑（有的人说枪响了，又要打仗了，赶快走呀！再等就跑不赢了），反动义勇军后跑。

退到水南的区、乡政府从 1934 年二月初十以后，一直在水南办工，有事就回黄塘一下，群众有时亦跟着我红军回黄塘。基本情况是"一来一去"（即我们有时打回黄塘，有时白军又打到黄塘，我们又退到水南）。1934 年割禾后，区政府、黄塘、榭坊、狮岩 3 乡政府及其跟随政府的群众都退到高枧，在高枧仍继续办公。到 12 月赣州广东军进攻到水南、高枧，区、乡政府才最后散掉。

反水群众直到黄塘全部白后（红军北上抗日后），才全部又回家。以前反水时，除老的、少的、走不动【的】外，基本上都跑到白区去【了】。除 1934 年 2 月这次大反水外，以前亦有反水的，不过那是偷偷反水的。

反水原因：1. 以前杀 AB 团杀了好多人，群众怕了；2. 时武索已白了，对河有好多反动军队，又离黄塘一带不远，群众害怕国民党打过来，故〈早〉往那边跑。

（三）武装保卫秋收情况（黄塘区）

民国二十三年 4 月，黄塘武装保卫抢收稻谷。县里共组织了四五千人的割禾队到黄塘（田村、白鹭亦有人参加），共收割了两三天。

保卫秋收武装的是独立营与黄塘区游击队，扎在榭坊圳上警戒，共 200 多人。收割时看到敌人多就退，少就打，两三天收割中只打过一次仗，反动义勇队 60 多条枪，结果被赶跑。

割禾时间大都是白天。两三天共收稻谷四五百担——6 月还有好多稻子未成熟，当时能收割的只是早稻。但一丘田中，早稻只占少数，故割到不多。当时早稻、晚稻是混在一丘田的。

收割的稻子全部挑到水南晒。晒干后堆在高枧矮子背地方的楼上（有仓）。没有吃的跟着政府跑的群众，需要谷子时，就到区政府打一张领条，随后到高枧就能领到谷。当时一般没有吃的群众都能领到吃。

到广东军打到高枧时，矮子背的楼上还有一些谷〈还〉未领完，但不多就是。

11. 陆经沣同志谈黄塘区革命斗争情况

（一）杨殷县的成立

1932 年六月（阴历），各区、乡代表共 200 多人在均田开代表会议。会议地址是均村怀德词〔祠〕。中央与兴国人有好多参加了这一会议。白天开，晚上开，共开了三四天。会上中央干部说：杨殷同志是一个烈士，为了纪念他，我们成立一个杨殷县，所到代表的各区、乡，从现在起归杨殷县管辖，受兴国管又太远。会议期间共选出了 20 多名作为组成杨殷县的干部。选举后，代表就各自回本区、本乡了。分工由选出的 20 多人自己去讨论——代表不参加〈意见〉（陆经沣当时是黄塘区石龙乡的代表）。

（二）黄塘区的沿变〔革〕

民国十九年 4 月下旬，黄塘地区成立了区政府，名曰文治区政府（地址在今万安宝山的杨家），共管辖黄塘、榭坊、石龙、黄竹四乡。到 6 月，增管大岭、武索两乡，七八月又增加大蓼、小蓼两乡。

民国十九年 12 月初，靖卫团陈毓麟、郭明达的反动军队共 200 多人，打到黄塘。文治区政府退到均村，〈与〉同政府一起到均村的有区政府，大岭、武索、黄塘、榭坊等乡的工作人员共 100 多人（包括有些积极分子），由区政府带领。在均村该 100 多人组织了地方武装作战。到民国二十年正月十五，100 多人又到崇贤、坊泰（？）一带，帮助群众作田。时正当二次战争，100 多人就配合三军团作战，缴到敌人三师（蒋光鼐、蔡廷锴、公秉藩）的枪，共二万条〈支〉。于是 100 多人每人都领到了一条枪。同年 5 月打回黄塘，恢复了政权，重新组织了政府，这时名曰黄塘区政府，管辖地方与文治区的差不多。政府地址在大岭莲塘。领到的 100 多条枪，组织了一个独立七团。

重新组织的黄塘区政府主席宋润清、书记郭锡挑、组织部长巫海东、宣传部长杨邦泽、土地部长赖庭飘、工会主任杨邦泽（兼）、财政部长杨邦发、军事部长肖占春、少共书记曾仁凤。

民国二十年十二月（阴历），靖卫团郭明达反动军队 100 多人围攻黄塘区政府，杀害了我区政府干部巫海东、杨邦泽、魏守清等人。十来天后，区政府重新调配人员，主席宋润清、书记雷开方、军事部长谢子信。

（三）有关黄泮区的问题

1934 年十月（阴历），黄塘区政府重新退到泮溪，从此政府未搬回过。黄塘区政府仍存在，没有与泮溪合并，不过办公是在一块，人员少一些而已。有时黄塘区帮泮溪区工作，或泮溪区帮助黄塘区工作〈是有的〉。

1935 年阴历正月十五冲过崇贤时，黄塘区、乡的政府人员，共有刘立龙（原黄塘乡团支部书记）、潘作铲（原狮岩乡主席）、曾桂相（原区政府特派员）、郭盖发（原区政府干部，由他负责管黄塘区、乡干部的伙食——领钱、领米）、魏子根（原独立七团政委）、蔡蒋朋（原黄塘乡贫农团主任）等人。

12. 郭西兰谈黄塘区群众反水的原因

黄塘群众反水多的原因：

1. 靖卫团打到黄塘时，当地地富阶级、恶霸威胁群众说，你们这些"土匪"不跟我们走，以后白军打回来，要杀你们的头，因此，群众怕起来，就跟着地富农往白区跑。

2. 杀 AB 团杀得多。当时有的人为了报私仇，就暗中私报说某某人是 AB 团，于是捉到就杀（指李韶九肃反时）。因此有的群众说红军亦会杀人，所以有些怕红军。

3. 靖卫团出卖用布做的符号，一块银洋一张。老百姓买到符号后，可到白区河背任何地方做生意、做事都可以。

（反水群众晚上跟着靖卫团回黄塘，搬苏区干部家里的东西。）

13. 均村区革命材料线索

均村党委会交来〈看的〉材料的一些线索

1. 早期活动的情况

均村二乡政府支部于 1928 年〈各〉由李寿春（于 1934 年冬在上安被害）领导，同时有魏如平、罗文明、刘文光、刘光金、罗伯×等同志。1930 年发展到 48 人。

2. 军事组织

1930 年 2 月二十五纵队（队长丘超群，政委罗炳辉[1]）来了。同时组织赤卫大队（以自然村为单位）成立行政区划。地方成立农民协会，以后逐步成立游击队、模范师、特务连、工人纠察队。均村游击队长吴金龙，1934 年发展有 20 多条枪，其中发展的情况：1930 年成立赤卫军；1930 年组织特务连，初有 19 支枪；1931 年改编为独立七团，团长廖廷挥[2]，政治委员钟子山，当时是三个连，有300 支枪左右。

3. 杨殷县筹备处的成立

1933 年 8 月成立杨殷县筹备处，肖仁凤为筹备处主席，继为杨殷县主席，县委书记钟荣清，政治保卫局局长廖×全，政治部主任钟发忠。江西军区第四作战分区司令陈正益。1934 年 8 月 25 日，敌军保安师六个队进攻我们杨殷县，当时我们军队有政治保卫局的

---

[1] 原文如此。赣南红军第二十五纵队于 1929 年 6 月成立，队长邱超群，党代表肖以佐，参谋长肖正彦。见《中央革命根据地词典》，档案出版社 1993 年版，第 238 页。

[2] 江西红军独立七团团长王佐农。见陈阜东主编：《吉安人物》，方志出版社 2004 年版，第 195 页。

军队和二个独立营。

4. 五次战争的简况

第一次战争。1930 年 12 月开始，战争只经过 3 天时间就结束了。

地方上提出加强军事组织，组织运输、担架队，进行地方肃反工作，同时还组织了纠察队、特务连。当时主要敌军有郭明达、周子页的靖卫团进到均村、长教一带，敌人利用烧、杀、抢的政策。当时均村的地方领导是属茶园十一区，区委书记胡祥风。均村二乡政府支书吴贞才、区主席刘人龙，二乡政府主席张正春。活捉张辉瓒，打倒鲁涤平（胖子）。

第二次战争（1931 年 3 月，战争时间 2~3【个】月）。活捉公秉藩（伪师长），打倒陈诚、罗卓英。敌人地方军有曾玉湘、陈毓麟所带领的十二中队窜入均村等地，伪军团部团长刘建庠、吴汇明，直到 4 月才退到河西。我军游击队伍往崇贤，另一支往涧田、里七坑、高桥一带。游击队有枪 20 多支，领导人是钟子山、雷家申、黎爱洋等人。

第三次战争（1931 年 8 月）。主要战地在高兴竹高山、均村一带。当时口号"三次战争，恢复政权"。但当时敌军地方军队撤退时造谣说："你们〈队〉如不跟我们过河西的话，红军到〔倒〕回来就会'老的过刀，新屋就烧，老屋熬硝，年轻人熬羔〔膏〕，小的炒辣椒'。"当时有些人反水去了河西。当时我们采取的政策【是】把河东军队撤开，让他们返回家来耕田，当时回家的人也很多。三次战争以后 10 月间，我们地方采取了送地富过河西，中央提出批评，立即纠正。

第四次战争（1933 年）。我们的战斗口号是：粉碎敌人四次"围剿"，大举进攻，我们的军队打下灯芯桥、草帽岗（乐安），活捉陈世基（伪师长），李明（五十二师伪师长）自杀。当时口号是：三个支流的汇合，两个阶级的斗争，胜利必定归我们。1933 年 8 月间，省委在兴国背街陈家祠开办党训班，参加学习人员都是党员，主要是加强边区的工作，充实党政领导干部。当时地方中心工作扩大红军、慰劳工作、财务支配，即发行建设公债等，号召节约，进行前线慰劳，开展赤白交流，成立对外贸易部，以攻破白匪的封锁。

第五次战争（"围剿"）。1934年8月16日，敌军猖狂向我们进攻。当时我们的口号："开展游击战争，配合地方武装，粉碎敌人五次'围剿'。"扰乱敌人，牵制敌人，打击敌人。当时我们的地方武装有十三团，团长陈亦发、团政委罗孟文，杨殷县独立营营长袁先位，和一些地方游击队。杨殷县迁移小章大陵，开展"坚壁清野"，对敌人展开游击战争。当时我们十三【团】是一个营进驻赣县江口，营长肖炳全，另一个营在茶园、浪川一带，营长刘学连。

1934年12月十三团第一、二营都在黄田与敌军激战，以后转向焦园打游击战争。

座谈会记录

1928年李秀春、刘光文、陈会隆、魏文明、魏禹平、刘光金等同志由东固到这里，秘密文件代理党的名词①，写刘菊秋收的。二十五纵队来了时，各村组织了农民协会。1930年2月15日，均村成立二乡政府，茶园成立十一区政府（永丰为十区）。二十五纵队长刘任枝、政委罗炳辉从东固来的，是由二、四团编来的②。

均村二乡苏维埃政府主席魏禹〔如〕平，书记吴忠材，妇女主席杨秀英，文书陈风美（后换陈庞福），少先队长杨达材，工会主任张正春（后换李美材），工人组织纠察队，保守〔卫〕政权机关。

二乡政府范围：中坊、茂塅、洽湖（上安）、畔镜、石溪、平原、小章、章贡、东山、黄田、黄百、均村。

---

① 原文如此。

② 赣南红军第二十五纵队由兴国崇贤、城冈、莲塘、工村、官田、桥头和宁都部分赤卫队、游击队组成。队长邱超群，党代表肖以佐。见《中央革命根据地词典》，档案出版社1993年版，第238页。

主要任务：地方斗争。各村有赤卫队，进攻黄塘、浪川、石龙坑。敌人是靖卫团，黄塘是杨清山的团，浪川的是宋××，石龙坑的陈毓麟团长。经常发生战争，1930年10月间在狗藏坑崃一仗，我们损失了200来人，我们败了，我们的指挥干部到崇贤去了。12月二乡政府移到三坑，一直到崇贤多龙极边去了[①]。

1931年4月间成立均村区政府。

区有：均市乡、教富乡、平原乡、东山乡、章贡乡、茂墩乡、泮溪乡、洽湖乡、茶园乡、罗坑乡、匡方乡、苦竹乡、全坑乡。

区主席魏禹〔如〕平，文书刘月香（后换刘元绍，叛徒），哨队部队长罗××，工农检查部雷忠响，妇女主任赖玉英，裁判部谢发生，特派员韩德燕，内务部钟柏元，军事部肖占春（后换谢××），土地部×××，财政部方功全，国民经济部×××，文化部陈志光，区委书记谢川正，组织部吴继群，宣传部×××，少共书记谢忠（叛徒），少共组织部×××，少共宣传部×××，国民互济会主任吴学深，反帝拥苏大同盟丘厚生（叛徒），工会主任刘顺斌。

1931年七、八月间开始送地主到河背去，有三四十个送去了（均村区）。

1932年春开始查田查阶级，按照中央指示做的。收租吃饭专靠剥削为生为地主，自己丰衣足食还有些剥削者为富农，够食够用的为中农，缺少衣食农具等的为贫农，靠劳力雇工寻食〈者〉并无土地者为雇农。

1932年5月为"红五月"，党团带头作用，全区有1200多个，青年党团员除了在机关工作的个别外，全部去了。热烈欢送，县上有欢迎，他要什么就给什么。

工人师，少共国际师，模范师，补充师。

组织耕田队，每村都有，有队长，使红军家里无困难，在前方

的写慰问信。

1932年六七月开始成立革命互济会。主任吴学深。扩大红军、慰劳救济、开展组织（广大民众性的组织），每月收2个铜片〔板〕。

1932年8月间成立杨殷县筹备处，主任肖仁凤，委员欧阳崇德、钟荣清、侯家波、肖培根、陈石田（女）、钟良申、陈万理、吴学深、陈伸林、杨成荣、黄传浪、雷××，等等。

组织人员，修建房子，用具，宣传工作，调配人员。

1932年9月^①间正式【成立】杨殷县（开了代表大会）。

县主席肖仁凤、汤志仁，副主席钟能申〔伸〕、陈石田（女），秘书沈光华（叛徒），文书雷震生（叛徒），土地部黄××、国民经济部×××，财政部雷××，教育部陈志刚、普通科长丘世信、秘书罗瑞煌，工农检查部杨成荣、文书吴世隆，内务部侯家波，对外贸易局并英、陈绍来，劳动部刘远鉴、副【局长】钟能申，粮食调剂局钟××、会计肖良模，军事部肖占春、谢亦田，裁判部钟顺枢，县总社陈绍来，政治保卫局廖全，收藏处巫承浩，县工联主任刘顺宾，革命互济会主任吴学深（最后换赖人梁），组织赖人梁，宣传楼占春，财政【部】丘福连，县委书记钟荣清，组织部×××，宣传部长欧阳崇德，妇女部×××，少共书记陈士宾（后），组织部×××，宣传部×××。

1932年春一次、12月一次，邓子恢来了，发行公债〈最大的一次〉。节约粮食，吃饭包吃杂粮，实行全县性的群众运动，每人节约一个月的粮食支前。

1933年春成立十二团，团长李正明^②，政委×××等，经常去

① 1933年8月下旬，杨殷县苏成立。见《中央革命根据地词典》，档案出版社1993年版，第182页。
② 江西红军独立十二团团长邹琦。见叶太春主编：《中共上饶地方史略1921—1949》（内部资料），1997年版，第97页。

打武索、黄塘，以后编入前方去了。1933 年冬又成立十三团〈团长〉，3 个营（二营长魏子根），300 多人，200 多支枪，经常在黄、武、石龙坑、西洋山一带打。

万泰游击连，在鼎陇区，900 多支枪，1 架轻机枪（时为1934 年）。

均村区：洽湖、均市、茂嵊、章贡、东山、坪源。

1930 年 5 月开始划阶级、打土豪、分田地，每人田 4~7 担（以村为单位）（茶山也在内折算，3~5 担茶山折 1 石谷田），当时指示地主最多只能有 10%（以村为单位）。地主无田分，富农分坏田，贫雇中农平均田，以贫雇农为基础，团结中农，孤立富农，打倒地主。

1930 年 5、6 月间开始肃反。

1931 年 8 月，三次战争（在高兴圩一带的），全区组织担架、运输队，凡是能扛的都去了。

14. 吴学深等谈的材料

吴学深谈的材料

吴学深，兴国均村公社黄田大队人，早在 1933 年任过杨殷县之革命互济会主任，筹备委员会委员等职。

均村区的早期革命活动和政权建立情况

1928 年冬，李寿春、刘光文、刘光全、魏如平、魏文明等人到东固接头，回来以后组织了均村秘密支部，书记李寿春。1929 年元月，他们又从东固带了枪回来，组织秘密赤卫队，晚上去抓土豪劣绅，要他们筹款，极坏分子就杀掉。1930 年 2 月 15 日，二十五纵队有数百人到均村来，〈插花〉成立了均村农民协会。4 月成立了第二乡政府和十一区区政府（茶园区），主席刘人龙，书记罗汉南。政府成立后就分青苗、打土豪罚款。地主不分田、富农分坏田，雇、贫、中农分好田，每人3—4担，茶山7担。

1931年第二次战争期间，均村、永丰、黄武等区失陷，苏区政府逃难至东固。反动派对人民进行反动宣传，说我们共产党见大人就杀，小孩就炒到吃，要这【一】带的人民去河西。当时的老百姓不相信他们的反动宣传，不去。7月我们的政府和军队回来了。

1932年4月成立均村区政府（包括茶园、鳌源），主席魏如平、书记李寿春，内务部长钟百年，军事部长肖占春，工农检察部长雷忠响，教育部长陈志刚，财政部长黄传浪，裁判部长吴学深，国民经济部长×××，劳动部长×××，土地部长×××，特派员韩德燕。

1933年8月成立杨殷县筹备委员会，主席肖仁凤，委员肖培根、侯家波、欧阳崇德、钟荣清等13人。

9月成立杨殷县，主席肖仁凤、书记钟荣清。

关于进攻黄塘的情况：

1930年3月15日，二十五纵队配合地方武装2000余人，总指挥罗炳辉，李寿春（指挥地方武装）和杨靖山的靖卫团打仗。他们有数百人，我们的军队从五佰到黄塘，天还未亮就将黄塘包围，敌人躲在大狮形，我们从上面烧秆逼迫他们投降，结果俘敌600余人，缴枪100余支。

关于打浪川的情况：

从1930年到1932年，我们打浪川有13次，最后才建立政权。其中较大的一次是1930年6月，分大圳、天子应、吊鱼台、黄垅坪、黄坑五路，共5000余人向浪川进攻，结果把高尧家的靖卫团赶往泰和，我们取得了胜利，毙敌数十〈余〉名。我方在战斗中因天气很热，在爬一个高山时热死了30余人，被敌人杀死了10余名。我方因死了数十群众，十分愤怒，烧其屋子20余所。

座谈会记录整理

参加者：吴学深、谢振缙、丘世信、林家鸿、刘清林

一、早期的革命活动

1928 年春，有刘光文、陈会隆、魏文明、刘光金、魏禹〔如〕平、罗伯 ×、李寿春等同志，由东古〔固〕到均村一带进行革命活动，散传单、贴标语。1928 年冬在均村河坝上杀了肖良仪（是永丰人，恶霸地主）。神秘活动以"刘菊秋"为口号进行联系。比如外面人来信写"刘菊秋先生收"，他们几个人都可收。1930 年发展到 48 名党员。

二、乡政府的建立

1930 年 2 月 15 日二十五纵队（由二、四团编来的）从东固来到均村，各村组织了农民协会，随即成立了二乡政府（属十一区——茶园区管，永丰为十区）。

二乡苏维埃政府主席魏禹〔如〕平，书记吴忠材，妇女主任杨秀英，少先队长杨达材，文书陈德美（后换陈庆福），工会主任李美材（后换张正春）。

二乡政府范围：中坊、茂嶝、洽湖（上安）、泮镜、石溪、平原、小章、东山、章贡、黄田、黄百、均村等十多个村。

当时主要工作：1930 年 3 月开始划分阶级，打土豪分田地，每人分田 4~7 担谷田（以自然村为单位，梓子山也在内折算，3~5 担梓子山为一担谷田）。当时政策，以贫雇农为基础，团结中农，孤立富农，打倒地主。地主无田分，富农分坏田，中贫【雇】农平分。划分阶级时指示，每个自然村地主成分不得超过全村户的 10%。

1930 年 5、6 月间开始肃反工作。

开展地方斗争。各村组织赤卫队，攻打黄塘、浪川、石龙坑等地，主要是与靖卫团作战。杨清山是黄塘的靖卫团长，宋 ×× 是浪川的靖卫团长，陈毓麟是石龙坑的靖卫团长。经常都发生战争，1930 年 10 月间在狗藏坑崃打一大仗，我们损失很大，牺牲了 200 多人，我们的指挥部都移到崇贤去了。12 月间二乡政府移到三坑，后来一直移到崇贤、南龙、枫边等地去了。

三、均村区苏维埃政府的成立

第三次战争胜利以后，我们立即恢复了许多地方。在 1931 年 10 月间成立均村区苏维埃政府，有均市乡、教富乡、坪源乡、东山乡、章贡乡、茂墩乡、泮溪乡、洽湖乡、罗坑乡、匡坊乡、苦竹乡、全坑乡等 13 个乡。

区主席魏禹〔如〕平，文书刘月香（后换到刘元绍，叛徒），少队部队长罗××，工农检查部长雷忠响，裁判部长谢茂生，内务部长钟柏元，妇女主任赖玉英，特派员韩德燕，军事部长肖占春，土地部长×××，财政部长方功全，国民经济部长×××，文化部长陈志刚。

中共区委组织：书记谢明正，组织部长吴继群，宣传部长×××。

少共组织：书记谢忠（叛徒），组织部长×××，宣传部长×××，革命互济会主任吴学深，反帝拥苏大同盟丘厚生（叛徒），工会主任刘顺斌。

1931 年 7、8 月间开始送地主到河背去，全区有 40 多个【被】送到河背去了，不到两个月就接到上级指示，停止了这个工作。

1931 年 8 月，开始第三次战争，战场是在高兴圩一带。全区组织了担架、运输队，凡是能扛能挑的都去了。

1932 年春，开始查田查阶级，按照中央发下来的指南去做。收租吃饭专靠剥削为生【的】划为地主，自己丰衣足食并有些剥削的划为富农，够食够用的为中农，缺少衣食农具的为贫农，靠劳力雇工寻食者或一无所有者为雇农。

1932 年 5 月为"红五月"，党号召我们扩大铁的红军一百万，党团员带头作用，全区这一次一共去参军的有 1200 多个，青年党团员除了在机关工作的个别青年同志外，全部都参军了。各地都非常热烈的欢送，敲锣打鼓放花炮，选送山歌手欢送他们，他们要什么，群众就会送什么给他们。

慰劳红军家属的工作。各村组织了耕田队，并且有队长，专门帮助红军家属耕田。红军家里的什么困难都要帮助他解决，有什么照顾的首先照顾红军家属。同时各村每户还要写慰问信给前方的红军，每逢节日也要送礼物给红军家属。

1931 年 6、7 月间，开始成立革命互济委员会，主任是吴学深。它是一个群众性革命团结友爱的组织。每个会员每月要缴 2 个铜板的会费。主要的工作有：扩大红军，慰劳救济工作，发展互济会组织。

四、杨殷县苏维埃政府的建立

1932 年 8 月间成立杨殷县筹备委员会，主任肖仁凤，委员欧阳崇德、钟荣清、侯家波、肖培根、陈石田（女）、钟能申、陈万理、吴学深、陈仲林、杨成荣、黄传浪、雷×× 等 12 人。

筹备委员会的任务是调配人员、修扫房子、准备用具、做好宣传工作等。

1932 年 9 月[①] 间召开第一次全县苏维埃代表大会，正式成立杨殷县，提名举手选举通过政府人员。

杨殷县政府组织机构

主席肖仁凤（后换汤志仁），副主席钟能申、陈石田（女），土地部长黄××，国民经济部长×××，财政部长黄传浪，教育部长陈志刚（下设两个科：①普通【科，】科长丘世信；②社会【科，】科长钟贞泗）、部秘书罗瑞煌，工农检查部长杨成荣，文书吴世龙，内务部长侯家波，对外贸易局陈绍来（兼），劳动部长刘远淦、副部长钟能申，粮食调剂局长钟××、会计肖良模，裁判

---

① 1933 年 8 月，杨殷县苏成立。见《中央革命根据地词典》，档案出版社1993 年版，第 182 页。

部长钟顺枢，军事部长肖占春（后换谢亦田），收发处巫承浩、秘书沈光华（叛）、文书雷震生（叛），县总社陈绍来，政治保卫局廖全，县工联主任刘顺宾。

革命互济会主任吴学深（后换赖人梁），组织赖人梁，宣传潘占春，财政丘福连。

县委书记钟荣清，组织部长×××，宣传部长欧阳崇德，妇女部长陈××。

少共书记陈士宾（后期时），组织部长×××，宣传部长×××。

1932年春推行过一次公债。

1932年12月发行公债的数目最大。中央财政部长邓子恢都来均村指示工作。开展全县性的群众运动，每人节约一个人吃一个月的粮食，支援前线。

1933年春，成立杨殷县十二团（团长李正明[①]、政委×××），这支军队很英勇，很能打的，经常到黄塘、武索一带打靖卫团。10月间编入前方去了，成为正式工农红军。1933年冬又成立十三团，分为三个营（二营长魏子根），共有300多人、200多支枪，经常在黄塘、武索、石龙坑、西洋山一带打仗。

均村区：洽湖乡、均市乡、茂塅乡、章贡乡、东山乡、坪源乡。

1934年万泰游击连在鼎陇一带游击，有900多支枪，1架轻机枪。

---

① 江西红军独立十二团团长邹琦。见叶太春主编：《中共上饶地方史略1921—1949》（内部资料），1997年版，第97页。

15. 刘江淮谈的材料

1930 年均村就有了赤卫队，一共 1300 多人，队长是刘步高。1931 年成立均村区苏维埃政府。

区主席彭明煌，区委书记毛会麟，财政部长宋金衍，粮食部长黄智彬，国民经济部长刘江淮，内务部长林××，裁判部长谢××，军事部长刘雄标。

均村区苏维埃政府的范围：茂墩乡、黄柏乡、上安乡、平原乡、东山乡、章贡乡、均市乡、中坊乡。

16. 余文生谈鳌源区革命斗争情况

（一）杨殷县的来历

杨殷是一个烈士（据说是女的），生前是均村茂团一带人。1928 年就秘密参加农民协会，革命非常坚决。后在高枧牺牲——被蕉坑的陈杰靖卫团打死。

1933 年 6 月 15 日，余文生因痢疾从部队转回兴国。在兴国住了 3 天。在兴国休息 3 天中，时兴国县主席王秉权 [①]（副主席肖仁凤）对余文生说："你不要回家，部队打了电话来，要给你区一级的干部。现在要划一个杨殷县，杨殷是一个最革命的烈士，为了纪念她，所以成立这个县，派肖仁凤同志为杨殷县主席，你到茶园区去任教育部长。"

---

① 1930 年 3 月，兴国县苏成立。历任主席有：肖能岩、严昭仪、温祥睦、胡承松、胡启瑯、吴家俊、钟世斌、陈重麟、杨道明、肖世榜、王纪烈、王清生。见《中央革命根据地词典》，档案出版社 1993 年版，第 181 页。

（二）鳌源区的成立与其组织人员

1933 年 6 月 19 日（阳历），鳌源区筹备委员会成立，主任钟采金，共 9 个委员（杨殷县筹备委员会主任肖仁凤）。

6 月 29 日，鳌源区苏维埃政府正式成立，区委会、区政府组织人员如下：

区委会。区委书记廖金福，组织部长陈德任，宣传部长余光煌，妇女部长池成秀，少共书记廖德星。

区政府。区苏主席钟采金，教育部长余文生，工农检察部部长林火葱，裁判部长罗执盛，内务部长王文仑，军事部长刘文才，土地部长王文慈，劳动部长谢远仁，财政部长朱宏德，文书刘利明，总务处长主席钟采金（兼），庶务长刘建伟。

鳌源区共辖下列各乡：鳌源乡（区直属乡）主席王绍红、书记陈厚兴，里溪乡主席×××、书记刘远绍，敖富乡主席刘利兴、书记吴远明，咸潭乡主席曾庚元、书记曾宪庚，牛径乡主席朱德胂、书记余邦杰。

鳌源区主席先后三人担任：钟采金、余光泉、余文生。

鳌源区委书记先后三人担任：廖金福、余光煌、刘远绍。

（三）鳌源区的苏代会与党代会

第一次区苏代会（叫建政大会），选举钟采金为主席（主要为通过）。参加大会的是各乡的主席、书记、妇女主任、工会主任及其区里干部的代表等人。选举方式举手表决。选举后，新任主席讲话，叫大家要多多帮助他，还讲一些扩大红军的事（这次大会为 1933 年 4 月召开）。

第二次区苏代表大会，于 1933 年 9 月召开，会议中心【是】选举余光泉为主席（参加人员与第一次同，共 40 多人）。

第三次区苏代会于 1934 年 4 月召开，选余文生为区苏主席（这时杨殷县主席汤志仁到鳌源区调查余光泉的情况，结果查出余光泉：①包庇地主，②奸淫妇女，③强迫群众当红军。于是撤掉余光泉〈为〉鳌源区的主席职务）。

鳌源区第一次党代会于 1933 年 4 月召开（这次叫建党大会），选举廖金福为区委书记。参加会议的是各乡的组织部长、宣传部长、妇女部长、工会主任及区里各部的党员部长等。

第二次党代会于 1934 年 4 月召开，选余光煌为区委书记。

第三次党代会于 1934 年 7 月召开，选刘远绍为区委书记。

（四）鳌源区的复分土地

1934 年春，鳌源区复查土地，时区苏主席余文生。主席召开了一个有贫农团、雇农团、土地部长、各乡主席、支书及〈其〉积极分子等共 300 多人参加的联席会议，开了 3 天。会议决定复查土地，好坏（产量高与低）搭配，重新分配，并强调以后不准再闹重分土地。

会后，土地部长、区主席、贫农团、雇农团等负责人分别到各乡督促调查，分派工作。

（五）鳌源区的慰劳红军

1934 年 7 月，县委令鳌源区发动人员与凑集食物到老营盘牛栀岭慰劳红军——三军团。鳌源区政府结果共凑集了 3 只猪、5 担米粿、粉泡，2 担布鞋与草鞋，2000 多条毛巾（各乡都集中在区里）等东西，全区以 50 多人组成一个慰劳红军代表队，主任余文生，东西随着代表一同到达预定的慰劳地点。慰劳代表队还组织了山歌组（四五个会唱山歌的妇女组成）、宣传组（会讲话的，一乡一个）。慰劳队到达地点后，食物交给军团部统一发给，同时唱歌给红军听。慰劳队主任余文生还讲了话，说他们辛苦、尽忠于党。由于红军当时不久就要北上，舍不得离开苏区群众，在慰劳队慰问的时候流下了眼泪（当时红军步步地撤退）。

（六）1934 年 9 月后的鳌源区

1934 年 9 月样子，白鹭四分区庶务长张文郁带了几千光洋投降广东军（国民党的），并把苏区的情况告诉了敌人。于是国民党广东军进攻杨殷县。杨殷县委就决定茶园寄人不寄谷——政府（包括工作人员）搬到茶园，在茶园各地东住一夜、西搞一夜，办公地点不定。时有十三团保卫政府机关及其人员。鳌源——寄谷不寄人——把浪川、龙坪、均村等各地的谷子都挑到鳌源存放，每天各地共有几百人挑到鳌源（每挑一担，打一张条子），时共收到各地几千担谷子。不久红军北上后，鳌源地区的谷子被地主霸占〈己有〉，大发其财。

1934 年 9 月，兴国县红军北上后，全县的残废军人都集中在鳌源陈兰生房子里，组成了一个残废医院，共 200 多人。过了一个来月，国民党广东军进攻鳌源，残废医院疏散，残废军人散在很少人去的老百姓家里。由于汉奸密报，有好多残废军人被杀掉了。

（七）杨殷县的苏代会与党代会

第一次县苏代会于 1934 年 3、4 月间召开，选汤志仁为县苏主席。参加会议的是各区的主席、书记、妇女主任、工会主任及其县里各部的代表等〈参加〉，共 50 多人（选举县苏主席，事先已提出了，各代表通过）。

第二次县苏代会于 1934 年 8 月召开，选钟恩桂（又说刘恩桂）为县苏主席。

第一次党代会于 1933 年 7 月召开，选王文早为县委书记，共 40 多人参加会议。

第二次党代会于 1934 年 1 月召开，选王启生为县委书记。

第三次党代会于 1934 年 5 月召开。

（八）十三团情况补充

1935 年元月 14 日，十三团与杨殷县的各级干部的一部分冲过了崇贤；15 日的〔有〕一部分没有冲过。

1935 年元月，在潭子坑开了一个会，曾山、罗孟文参加了这一个会议。会上曾山讲了话，说二、四团以东固为根据地，夺回兴、太、略 3 县苏区。十三团以西洋山为根据地，夺回杨赣苏区，要求坚决坚持，誓死不休。

17. 朱远忠谈武索区革命斗争情况

朱远忠，万安武索棠梓良境村人，现在万安县商业局工作。1930 年六月（阴历），良境村成立济众乡苏维埃政府，时在乡政府任勤务员；1931 年 2 月调稍坑乡任少共书记，八九月调黄塘区财政部任税务员；1931 年 5 月调武索区财政部任副部长，12 月转内务部任部长；1933 年 2 月武索区退到涧田，8 月参加杨殷独立营，任第二排第五班班长；1934 年 2 月【到】于都县赣南省政治保卫局学习一个月，调四分区分配工作，任杨殷县独立营特派员，7 月在涧田成立十三团，【在】团部任特派员。

一、武索区苏政府成立前情况

1930 年六月初四晚上（阴历），廖延飞带 12 条枪到良境，捉了 3 个土豪。

1929 年，良境村有一个秘密党支部，书记罗炳南，共 10 来个党员。

1930 年 7 月成立大蓼区，包括大蓼乡、棉津乡、漂神乡、小蓼乡。区苏主席曾立浪（大蓼区未公开前，就有一个秘密大蓼区，包括大蓼乡、小蓼乡、棉津乡、漂神乡、麻育潭乡。区苏主席曾立浪）。

二、武索区的成立及其组织

1933 年 5 月武索区成立区筹备委员会，主席刘彦椿、秘书任步安，共有 7 个委员（朱远忠等）。

筹备委员会成立后不到半个月，武索区苏维埃政府正式成立。共包括大岭乡、武索乡、棠梓乡、大蓼乡、小蓼乡、菊西乡、稍坑乡 7 个乡。

区苏主席刘彦椿、区委书记谢兴池、财政部长魏国根、副财政部长朱远忠（副部长经常下乡，还帮助、参加打游击）、内务部长刘世琦、文化部长朱远寿、土地部长朱远根、裁判部长朱远华（兼区苏副主席）、秘书任步安、国民经济部部长刘世涵、工会主席袁汉国、宣传部长陈文湖、军事部长朱远福、妇联主任许金兰、劳动部长任宏逊。

1932年秋收后（八九月）杨殷县成立。成立后，武索区划为杨殷县，区里的干部都没有什么变动（因区政府成立距杨殷县成立时间很短。）

三、黄（淦）武游击队情况

1933年5月成立黄武游击队，队长刘恒，全队30多人，共分3个班，20多条枪。该游击队打仗不大勇敢，怕死。结果成立后四五个月就叛变〔反水〕了——一天晚上队长（刘恒）到区政府开会，队里的唐辉林（现还在）、唐亦福等煽动带领20多人反水，从小蓼到万安投敌（棠梓模范排追赶，结果受敌人包围，未追到，但后来冲了出来）。还有几个队员叫他们反水没依从，结果被打伤。

该队在反水前，先后与国民党义勇军（3个中队，每个中队100多人，共四五百人）、万安保安师（主要与第四中队——100来人）打过仗。打败仗的次数不少。

四、棠梓乡模范排情况

棠梓乡原兴国管时，是一个模范乡，武索区成立后，仍为模范乡。该乡青年人都有枪，作田时，枪带到田里，发现敌情，即刻拿起武器消灭敌人。

棠梓乡模范排于1931年7月成立，共三四十人，全部有枪。队长朱远福（兼军事部长），共分3个班。

1932年2月，兴国东村模范营在武索警戒被敌人包围，从天未亮打到中午。棠梓模范排出动解围，结果模范排打死了敌人2个班长，打垮了敌人3个中队七八百人（其中有老百姓）的包围。

1932年10月，模范排7个人打垮了敌人1个排——国民党二十八师包围泰和独立营，模范排 7 个人渡赣江解围。国民党 1 个排在河边附近放哨，枪放在老百姓家里。7 个人看到岗哨后，就举枪打哨兵，同时连打了几排枪，又放了土炮，敌人听后就跑。结果泰和营全部脱险，渡过了江。7 个人还缴到敌人 3 条枪，5000 多发子弹及其【他】一些军用品。

五、武装保卫秋收情况（武索区）

1933 年 2 月国民党义勇队、保安师等联合进攻武索。武索区政府及其人员撤往涧田。除棠梓乡外，武索区几乎全部被国民党占领。除棠梓乡外，其他各乡的乡政府及其少数群众亦退到涧田，棠梓群众全部退到涧田。但棠梓的群众经常转回到棠梓，敌人进棠梓不敢在棠梓歇夜。其他武索各乡虽然乡政府存在，但不能回本乡——被国民党占领。因棠梓乡模范排经常与敌人打仗，很勇敢，故敌人不敢常驻棠梓。到后来，武索区实际上只有一个棠梓乡，区政府有时在棠梓办公，有时在涧田办公。后来区政府及其武索区的其他乡政府解散了，年轻的干部都参加了红军。

敌人占领大、小蓼，武索等地后，都筑了碉堡。由于敌人占领，时常骚扰，稻子还未全部成熟，武索、大岭、炉子等地就被敌人收去一两千担。棠梓早稻割好后，敌人几次偷到棠梓抢走（主要是曾玉祥的义勇队），但大都被模范排追了回来，只抢走几百担。

根据上述情况，于 1933 年原武索区的稻子完全成熟时，杨殷县土地部组织了秋收队，用武装保卫抢收。组织步骤先动员，后自愿报名参加秋收，报名很热烈，除有病、怀孕者外，一般都参加了秋收队。杨殷【县】除黄塘、武索两区外，其他五区共组织了3000 多人去武索抢收（去黄塘抢收的除外）。编制根据各区、乡的参加人数，依照军队的组织系统组织——营、连、排、班。

1933 年四月初六七（阴历）开始抢收，陆陆续续共抢收了八九天。主要是抢收武索、棠梓、大岭、炉子等地的稻子。

保卫抢收的武装是独立十二团的一个营（四五百人）和赣县挺进队——第一、第二队及棠梓乡的模范排 30 多人。独立十二团的一个营驻扎在小良嶂〔嵊〕（在后面守，人较多），挺进队与模范排驻扎在炉子嶂〔嵊〕（在前面）。发现敌人来偷袭、扰敌，山上就打土炮，一炮代表发现了敌人，二炮【表示】敌人已来了，三炮表示情况很紧张。往往是响第二炮时，抢收的群众就要挑着稻子（已割好的）走。有时山上我们的武装力量边与敌人交锋，下边仍旧继续抢收，非常紧张。有一天晚上就与敌人打起【来】，【一】直打到第二天的中午，而下边秋收队就从这天晚上抢收，【一】直坚持到第二天的中午。山上打得非常激烈，一直掩护到所有抢收群众全部撤出武索，进入涧田。

陆陆续续的八九天抢收中，白天只割了一个上午，全部是晚上割。割到天亮的只有一个晚上，其余的晚上有时是割到半夜或者只割了几个小时，由于敌人优势，不得不停下。晚上收割时，没有灯，全部摸黑割。收割时，以一个村子或一段田为单位，分别派一连或一排、一班人配合当地群众共同收割。军队亦有部分配合抢收。

秋收队吃饭在涧田吃，有时时间长不能回涧田，棠梓的群众就把饭送到田里吃，一天晚上半夜还送去了一餐稀饭。住亦是在涧田，在群众家里。

这次抢收共收回稻谷一万多担。棠梓全部抢收了回来（朱远忠一家就收到80多担），炉子收回一半多，大岭收回了三分之一弱一些，武索收回三分之一多些。

收回的稻谷全部挑到涧田晒干。晒不是秋收队晒，是棠梓的本地群众与武索其他各乡逃往涧田的群众及其乡政府人员〈晒〉。

晒干后分配是：棠梓的稻谷照原来所属的田算——谁的田原收得到多少，就分给多少（根据大约情况）；其他各乡的，供政府与跟政府走到涧田的群众吃用。

收割前，原武索街上有义勇军一个中队，100多人，收割时被我武装赶到刘罗彭，隔一条河；大岭街上的敌人被赶到文坑口，亦隔一条河。敌人被赶后，我们才突击抢收，但敌人还不远，故要武装保卫。

六、十二团的来历

1930 年十二月十五日（阴历）八路进攻洞田后，由泰和独立营、武索警卫排、黄塘教导连（即兴、赣、万边区教导连）组成独立七团，以后又招了些人，干部参加亦很多，共 1000 来人，团长袁先位[①]（独立七团于 1931 年春在黄塘编成）。不久，奉江西军区命令，独立七团改名为十二团，团长仍是袁先位[②]，政委魏子根。

1934 年二三月，十二团在洞田（一个晚上）编为六十二团，北上抗日。

独立七团警戒兴、万、泰边区；十二团主要警戒兴国的沙村、武索等地（武索后属杨殷县）。

七、黄塘区的成立及其组织

1930 年 5 月，黄塘区政府成立，共有黄塘乡、谢坊乡、狮岩乡、黄竹乡、石龙乡、大岭乡等。

七八月时，黄塘区区苏主席宋润清、区委书记雷开方、少共书记张庄华、妇女主任宋连秀、秘书唐日松、财政部长吴发从、裁判部长宋万贡、文化部长朱远寿、工农检察部部长宋清词、土地部长许智来（上述为 1931 年七八月时黄塘区的干部）。

杨殷县成立后，黄塘区划归杨殷县，时黄塘区区苏主席宋润清、书记谢建信、财政部长吴发从、裁判部长宋万贡、工农检察部部长宋清词、少共书记赖福全、妇女主任唐九英、秘书宋贤汉、特派员唐中荣。

八、武索警卫排

1931 年成立武索警卫排，当时属良口管，共 30 来人，排长宋

① 江西红军独立七团团长王佐农。见陈阜东主编：《吉安人物》，方志出版社 2004 年版，第 195 页。
② 江西红军独立十二团团长邹琦。见叶太春主编：《中共上饶地方史略 1921—1949》（内部资料），1997 年版，第 97 页。

清词，主要警戒赣口一带。

（武索开始成立政府时，属良口管。）

18. 任步安等同志谈武索乡革命斗争情况

访问对象：任步安、朱远恩、刘彦椿、刘文波

以上四位同志系万安县武索乡社田人，任步安同志在土地革命时期任武索区总务长兼秘书，朱远恩同志曾任武索区唐梓乡书记，刘彦椿同志曾任武索区首任主席，刘文波曾任武索乡主席。

一、武索地区的早期革命活动

1926年正月，万安曾于宇、康烈、萧××①、曾立奇、邓干清、刘琴生、刘厚光等开始闹革命，并且还成立了中国共产党万安党部局。1927年12月各地纷纷组织农民协会，武索地区也建立起了组织，由刘琴生（他当过万、泰、遂三县党部局的局长）、刘厚生、刘济军等领导。

1927年12月24日由萧素民、刘琴生率领农民协会会员1000余人，分三路（良境、上坑、磜上）进攻黄塘，与敌杨静山、王培恩、邱延龄等的反动军队战了一天。敌人藏在狮子岩里不敢出来。我【军】缴获三脚锚土炮一门。是日晚上敌人进行反攻，我军退在大岭真真庙吃早饭。不料反动靖卫团与大岭土豪劣绅煽动群众反水，杀害我农会会员300余人，总指挥萧素民光荣牺牲。12月27日，中共万安县党部派40余条枪来增援，为群众报仇，打进大岭，由〔出〕于民愤，〈敌人〉放火烧了一部分房屋。

1928年元月，反动首领邱延龄、黄振海等率兵捉拿我革命领

---

① 萧××，应为"萧素民"。见江西省万安县文史档案馆编：《中国共产党万安历史·第1卷·1919—1949》（内部资料），2011年版，第366页。

导人邓干青、罗章任两同志。邓干青同志就义时大声骂道："邱延龄我前世与你无冤仇，今时也与你无冤仇，我们革命的同志你杀不了"，高呼"共产党人杀不尽，共产党万岁！"

二、武索地区革命政权的建立

1930 年五月初四，涧田廖远辉、林鹏二人率赤卫军 800 余人来赤化武索。他们只有一条枪，多是鸟枪等武器，声势浩大，将匪邱延龄、郭【明达】赶到河西去了。当时成立了爱群乡、济众乡苏政府。

爱群乡（五月十二日建立）苏主席袁汉国，财政兼文书袁先才，妇女主任何启超，赤卫军队长宋清池，济众乡苏主席任国顺，文书任时新，财政刘彦森，妇女主任廖桂香，赤卫军队长刘彦椿。

七月间武索乡、稍坑乡也先后成立了政府，不过很不稳定，流动性大。

八月间爱群、济众两乡合并称为唐梓乡。

主席刘海清（朱先超也当过几天），书记任凤荣（当了几天就调朱远恩），秘书兼组织吴春先（武索区党组织发起人），土地委员袁基珣、刘彦梯，财政朱远恩，少共书记刘世和（兼赤卫军指导员），赤卫军队长朱清池。

十一【月】末，靖卫团首领邱延龄率兵进攻武索，此次〔时〕正是第一次战争将要爆发。我乡政府移进涧田，未得派人出外串通消息。刘声森、叶大发、罗宪昌、刘彦椿是通讯，刘世和坐家做联络站。

三、八路进攻涧田

敌人为了扑灭我革命的火焰，同时发觉我涧田地区存有 20 余条枪，又无弹药，企图缴获，于 1930 年十二月十五日一万余人分 8 路进攻我涧田地区。

一路去良境、坬下垅是邱延龄部（棉津也有）；

二路去晓岭，是邱延龄部下；

三路是黄塘的，由里仁坑来，系陈毓仁、杨静山、李怀珍部；

四路从坡头屋去高桥出，系郭献锦部；

五路从湖江面来；

六路走下村到昆仑过河去土公坑，系彭老七部；

七路走良口进；

八路走琮上来。

敌人在进攻之前，一切都准备好了，请了厨师到涧田后聚餐，还印发了"符号"以惜〔辨〕别红白。第一路先来进攻，其实我方早就得到了消息，与县保卫局【有】70条枪，还有4担子弹，埋伏在钟家祠旁的埂上，于是来一阵排枪，敌人退了，来自晓岭、里仁坑、湖江面、高桥、良口的敌人都先后被我军击退。战果辉煌，杀敌100余人，敌人淹死400余人，缴获枪5条，梭镖、刀子等不知〔计〕其数。参加这次战斗的我方军队并群众一共千余人。涧田的群众表现得很坚决，武索部分群众如刘彦标、刘承姑等其〔起〕初受骗出征，中途扯下白符号，带〔戴〕上红手套，调转枪头，猛杀敌人。

八路进攻的总指挥是林干强。我方由罗会南、林英超指挥。此时以后我政府搬来搬去。

四、乡苏政权的巩固和区苏政权的建立

1931年四月二十五日，二、四团，东河指挥部护送我政府部门回唐梓，将匪邱延龄又赶到河西去了，匪头陈毓仁在河中被打死，打沉敌船1只，打死敌人30余名，活捉敌班长萧天泽、排长杨静安2人，缴枪2支。五月上级政府满足了我们的要求，发了20余条枪给唐梓乡，从此编了一个警卫排，排长宋清池，指导员袁先仪，从此政权稳固下来。

五月间唐梓乡由黄塘区接管。

黄塘区当时管辖的乡有：武索乡、稍坑乡、大岭乡、石龙乡、唐梓乡、榭坊乡、黄塘乡。

八月又增设狮岩乡、庄下乡、黄边乡、菊溪乡。

黄塘区政府党组织名单：中共书记谢建浦，中共组织【部长】

谢光池，中共宣传【部长】陈文湖。

五、查田、查阶级运动

1931 年六月又开始分田、查田、查阶级运动，抽肥补瘦，并组织了人员去估田。这次只留了一石田为公田，每人 7 担 3 桶谷田，查出了地主、富农全家财产全部没收。唐梓乡一共查出了 5 个地主（刘同生、任辉洋、袁先祚、袁先桂、刘世辉）5 个富农（刘世相、朱元兆、任元华、刘彦南、刘彦秀）。

六、敌人围攻区政府

1932 年八月中旬，我黄塘区苏政府机关为了扩大赤化区，将政府移在大岭。反动首领邱延龄、郭熙德率领匪第四队等 200 余人，包围我区苏政府（真真庙）、区委会（同寿堂）。区主席杨邦泽、书记雷开芳、党组织部长巫海东、党宣传部长赖振林、少共书记庄昌华、少共组织夏月桂、宣传任步安一共 20 余人被困。当场惨杀雷开芳、杨邦泽同志，巫海东等十余人被俘，后也被杀，只有两三个人逃脱危险。

19. 任步安谈武索区政府人员构成、武索区的失陷与武装保卫秋收的情况

1933 年 7〔8〕月成立杨殷县，主席是肖仁凤。

1933 年 8 月武索区筹委会成立，王永桂、朱远珍、朱元赓、刘细妹、任步安、宋远秀、刘彦椿 7 人为委员，刘彦椿为筹委会主任。

是月成立区苏政府，扎在武索炉紫。区主席刘彦椿，财经朱远祯，总务兼文书任步安，教育朱远寿，内务刘世淇、何检妹，检查张日林，劳动任宏逊，军事王钧浪，裁判宋入贡，粮食刘细妹，经济刘世涵，工会主任朱远棣。

中共书记谢勋池，组织【部长】朱远圭，宣传【部长】陈文

湖，少共书记夏月桂，妇联主任许金兰。

武索区管辖的乡：唐梓乡主席陈文流、书记范元龙、少共刘世自，武索乡主席何建忠（接刘文波任）、书记罗永×，稍坑乡主席张老三、书记何肇桂、少共张道远，菊溪乡主席任海标、书记×××、少共黄开德，大岭乡主席罗鲜明、书记朱远清，小蓼乡主席郭××、书记曾日浪。

1934 年 4 月，区政府移到涧田。

小蓼乡、武索乡、大岭乡、稍坑乡等在 3 月间相继失陷，那时唐梓乡政府等工作人员都迁到涧田。3 月 17 日邱延龄率军进攻唐梓乡，我十二【团】与敌作战（十二团团长袁贤〔先〕位[①]、政治委员魏子根）。

1934 年 6 月在黄塘编武黄游击队，原区政府军事部长游联煌担任队长，区政府部分工作人员也编入队内。

1934 年 5 月我杨殷县独立营、兴国独立营在康克清同志的指示〔挥〕下与敌武索靖卫团和部分白军打，我方不幸牺牲五六人。

1934 年 8 月棠梓地区白。

1934 年 6 月，兴国派了 1000 多人到武索、唐梓地区进行抢收。我们割的时候割禾尾，不打就担走，一共抢了有两三天。抢到稻谷有几百担，这些谷都担到涧田去了。到前线保卫的有十二团和武黄游击队。

20. 张结旭谈泮溪区革命历史

张结旭，兴国县永丰人民公社人，任过杨殷县泮溪区粮食部长。

---

① 江西红军独立十二团团长邹琦。见叶太春主编：《中共上饶地方史略 1921—1949》（内部资料），1997 年版，第 97 页。

一、泮溪区的建立和政府组织机构情况

1930 年 3 月三坑乡成立苏维埃政府，1933 年 8 月成立泮西区苏维埃政府（包括泮溪、平南、上径、长竹、高枧等乡）。

苏府主席曾平山，区委书记曾太春，内务部长邱百荣，组织部长△△△，土地部长张声春，宣传部长△△△，工农检察部长曾牲愿，妇女部长△△△，财政部长余本驱，团区委书记廖△△，教育部长张声鉴，政治保卫分局特派员谢时兴，国民经济部长陈生彬，裁判部长谢正平，军事部长雷汉辉，劳动部长谢建秀，粮食部长张结旭。

二、〈张结旭谈〉泮溪区扩大红军的情况

经过宣传动员（一般方法），群众参军热情很高。杨殷县成立后泮溪扩大红军有 5 次，共 720 余名。第一次，1933 年 10 月，150 余名；第二次，1934 年 1 月，90 余名；第三次，1934 年 4 月，110 余名；第四次，1934 年 8 月，70 余名；第五次，1934 年 10 月，300 余名。编在兴国模范师，其中以上径、长竹的人特别多。

三、〈张结旭谈〉杨殷县的武装斗争情况

1934 年 10 月红军北上抗日，11 月兴国失陷，杨殷【县】仍然坚持了几个月。这段时期内发动群众搞坚壁清野，宣传群众将粮食藏起来，砻打掉，路破坏，另外组织侦探队，侦探敌情。政府工作人员配合军队组成游击大队配合十三团。

当时有武黄游击队，均村游击队，泮溪、永丰游击队长曾牲愿，政委谢时兴。茶园、鳌源游击队，他们的任务一方面警戒兴国的白匪，一方面警戒万安的靖卫团。1934 年 12 月，白匪五十九师从杨殷上径经过，我们截其龙尾，缴了几十支枪。1935 年元月广匪增多向杨殷逼近，我们与十三团失去联系，在敌占区坚持游击，至 1935 年 5 月才被冲散。

21. 刘昌荣谈泮溪区的成立

刘昌荣，兴国沙背大队人，现年60岁。在土地革命时期曾任赤卫队排长，1931年任永丰区宣传部长，1932年在杨殷县泮溪区内务部工作，红军北上抗日后曾调赣南省宁都白区工作训练班学习过，后任县粮食部副部长。

一、杨殷县泮溪区初成立的组织情况

泮溪区中共书记廖瑞庭，组织部【部长】曾△△（沙江人），宣传部【部长】△△△（妇女），妇女部△△△，少共书记杨国汉（后调雷凡庭、沈仁享），区工会主任巫生发。

区苏政府主席陈相干，内务部赖贤尧，国民经济部余本奇，裁判部曾善言，军事部杨贵发（此人现在世，是上井堋人），文化部张声浪，财政部△△△，土地部△△△，特派员谢世新。

当时每一个部有时5个人，有时3个人，区政府一共有50来个人。

杨殷县是1932年七月末（阴历）成立的。

二、白区工作训练班

1934年11月，赣南省在宁都城举办白区工作训练班，学习期限为2个星期，主要学习怎样进行白区工作。此训练班一共有20来人，大多数是贫雇农出身的。

（五）杨殷县各乡民间调访资料

1. 三坑乡苏维埃政府的情况

一、1929 年春季〈由〉谢良仁、雷家声等同志从永丰来到上迳〔径〕村，当时有〔的〕先进革命同志，上迳〔径〕村有曾宪章、李予盛、谢远盛，三坑村有王兴荧、丘伯云、丘厚桃，大塘村有雷震、杨桂发等同志领导暴动，【并】成立兴国县第十区三坑乡苏维埃政府，组织赤卫军、纠察队出发，赤化黄塘、浪川、七坊等地。经过艰苦斗争，〈对〉各种动员工作都争取了全县模范，得了很多奖旗。到了二次战争时，伪军六十、六十一师进驻兴国，又有靖卫团匪首石龙坑陈毓林、均村曾玉香、山龙谢传声、河岭吕运昌、洙坊曾方彬等匪首统率各地守望队，四面逼近三坑乡。【三坑乡】受了很大的摧残，〈经三坑乡〉【虽然】地方武装斗争【了】好久，结果【还是】无法抵御，1931 年 3 月，由区、乡苏维埃政府率领，全体干部及部分群众逃难东乡（党支部书记陈绍渠同志也在）。而原地群众受尽痛苦，被各方守望队牵去耕牛，全乡共计 49 头，宰杀猪 146 头，烧了房子 2 幢（余邦村、谢远有的），损失其他牲畜、衣被、铁、锡、竹、木家具不计其数。被国民党匪团长陈石庄杀了〔的〕革命同志，全乡共计 21 名，三坑村有王茂泉、丘质贵、赵光桂、丘质来、丘福连、丘长福、罗时藻、罗时蔺、罗会山、赵有鸢、丘厚椿，大塘村有罗会汗、罗会锦、陈连英、吴继春，上迳〔径〕村有谢远盛、曾宪明、余本棋、曾善愿、李予岭、李予先。

待二次战争胜利后，我区乡苏维埃政府率干群回家来，家中水洗如空，百无一有，真正病苦已极。以后三坑村的耕牛在洙坊，大水塘等地【被】赎回 3 头。

二、五次战争。伪军入境以后，国民党联保主任丘义忠、队长黄智海、刽子手陈庄泳进行血腥屠杀，被杀害的革命同志全乡共 × 名。三坑村有王茂群、曾得发、丘伯云、丘厚璜、丘厚桃、丘厚材、丘质贤、丘顺忠、丘福隆、赵光桐、谢老农、刘远香，大塘村有姜金书、雷海橙、曾寿林、李佐林、吴宝珍、杨成国、陈天汗、陈天德，上迳〔径〕村有李予盛、谢玉华、易锦元、易大元。妻离子散，无家可归，及受最残酷的肉刑。命悬旦夕的，三坑村有王兴胜、赵光彩、赵老涵、丘福万、丘厚樑、丘福铭、王茂桂、丘福彬、王胜姜、王兴燊、丘发祯，大塘村有杨桂展、雷震、曾得胜、罗炳龙、姜礼洪，上迳〔径〕村有余本龙、李瑞春、曾大安、李予光。被抓充当兵役及买兵索款的不计其数，被反动派放火焚烧房屋 1 所（三坑村丘世信、丘世松兄弟的），被反动派夺去耕牛全乡共有 65 头、猪 97 只，被敲诈银洋 1852 元。

1945 年 7 月 11 日早晨日寇北窜，适遇国民党军在我乡三坑村作战，炮声猛烈，被日寇毙死群众 1 名（丘福花），奸淫杀死妇女 1 名（郭五凤），捉去当挑夫的 134 名，其中【被】打死 7 名，三坑村有曾广胡、曾广源、丘福田、郭五凤，大塘村有陈瑞生，上迳〔径〕村有李予和，现在未回三坑村的有曾广惠、赵先、丘厚逢三名。全乡宰杀和牵走耕牛 107 头，杀猪 173 头，牲畜食尽，衣服、被、农具等大部毁灭焚烧，房屋光□，门壁都被破坏，沿途稻禾、板豆践踏喂马。经过三四天奸淫掳掠，群众流离失所，旋即后又被贪生怕死的国民党匪军洗抢东西，每家每户都水洗如空，灾情严重已极。在兴国县管辖之下，只有我乡遭受了这种灾情。

2. 三坑乡老同志座谈会

1933年6月成立筹备会，8月正式成立杨殷县。杨殷县建立以后的〔以〕〈主要工作就是〉扩大红军为中心工作。

一、杨殷县第二苏维埃代表大会的召开

1934年2月〈间〉召开了全县第二次苏维埃代表大会。地点在均村杨家祠。时间一星期。到会代表一共有120多人。大会主要内容：政治报告；改选县苏维埃政府组成人员（谢良谱当选为主席，这时县委书记钟昌顺）；扩大红军，决定16—40岁的全县人民全体动员；组织杨殷县苏维埃剧团（团长是钟贞泗，县教育部社会科长兼）；此团一共有30多个人，后来曾到本县各区、兴国县等地演出过，每次欢送红军时也要演出。成立县政治保卫局，广泛组织地方游击队，要求妇女同志也参加。政治保卫局有一个政治保卫队，有130多人、120多支枪。会议期间还有赣县、泰和、万安、兴国等县派了代表团来〈了〉，并且还赠送了锦旗。

二、发行公债的工作

1933年9月发行公债，中央财政部长邓子恢来均村指示过这一工作。为了更好的〔地〕完成发行公债的任务，县一级人员组织了几个突击队，各部的部长为队长到各个区去工作，每天要书面向县里会〔汇〕报，汇报推行的方式、成绩〈，其他成绩〉等，每隔三天队长回县开会，一个多星期的时间就完成了任务。购买公债最少的有四五元，最多的有四五十元。一个月之后，又开展了一个自动退回公债卷〔券〕的运动，把所买公债全部捐献给国家。邓子恢到过泮溪、黄塘开过会。他的工作可能有点过火了，有一点以"威胁"手段来动员，他说："如果哪个人有钱不买公债的，就把他押起来。"所以〈在〉《红色中华》（中央机关报）都【对他】提出过批评。在推行公债以后，又开展了一个节约粮食的工作，干部原来每天吃 1 斤米的，后来改食 12 两米。

三、文化教育工作

1931 年在兴国县办了 2 期省列宁师范学习班，培养教师工作，每期学习时间 3 个月。中央教育部长徐特立，江西省教育部长方纬夏。

成立杨殷县以后，每个村都办了列宁小学，7—14 岁的男女儿童全体上学，也有专门负责的老师，这时老师的待遇每天 1 斤米 1 角钱。14 岁以上的青年男女到夜校读书，有义务老师，课本由县教育部发。每天在人群集中的地方挂有画图识字牌，生产休息时也要认字，那时学习互助精神很好，知道一点就帮助别人。每逢圩日还要动员学生到街上去画〔化〕装宣传。

四、泮溪区扩大红军工作

泮溪区有上迳〔径〕、长告、泮溪、高枧、平南、茂塅等乡。

1933 年 10 月泮溪区有一次扩大红军最多，有 120 多个，3 天完成了任务。区书【记】、区主席也带头报名，有上迳乡三坑村全体男子（老的除外），都参加去了，到割禾时全是女人，女人来扛禾桶。

3. 隆坪人民革命斗争史

访问对象：隆坪木子坳老同志欧阳俊淮、钟能坚、史德胜、钟能玲

1928 年旧历正月间，泰和县丐坑的钟能俊、钟瑞佳两同志，因在泰和做革命秘密工作，被敌人揭破了组织，逃到兴国隆坪木子坳，从事革命宣传，秘密进行发展革命组织，串联钟能铜、钟能洪、钟瑞喜等 3 人加入共产党，前后在木子坳、吾镜组织革命运动，对地主们进行抗租、抗债等农民暴动，整整有一年之久。到旧

历十二月二十七日出发时，高举〈五星〉红旗，提出"打倒帝国主义，打土豪分田地，抗租抗债，打倒蒋介石"等的口号和标语，由吾镜组织了规模宏大、空前未有过的 300 余人的农民暴动，由钟瑞喜、钟能铜、钟能洪、韩斌、钟振士领队出发，由吾镜到隆坪的旗岭，捉到了土豪钟瑞冰，当时缴获揆栏（短枪）一支，将该土豪钟瑞冰【押】解到木子坳祠堂下押宿一晚，缴出豪〔毫〕子 3000多，罚给农民过年的早谷，有 100 余担。28 日〈由〉领队到永丰圩，当【时】在圩召开了大会，受到了群众的热烈欢迎，杀猪招待。钟能铜同志作了报告，【作】"说明我们是工农的队伍，我们要抗租抗债，打土豪分田地"等的宣传，会后当日回到隆坪的吾立圩宿营。29 日开到林山（小地名）焚烧大地主史传作的字张、借据约值 17000 多豪〔毫〕，罚到现款 1000 多豪〔毫〕；又罚到大地主史腾松的现款 800 多豪〔毫〕；当日又开到活龙，焚烧了地主黄传站的字张、借据约有万豪〔毫〕左右。

1929 年正月初三，派人到兴国县城里去侦察，发现城里有靖卫匪团，有来西乡"清剿"的动向。能铜、瑞喜、能洪三同志，除对留在家的诸同志们作了布置后，立即到东古〔固〕去与红军主力部队二、四团取好〔得〕联系，在家的诸同志为了保存实力，暂时解散了一下。旧历正月初八日，果然，敌人分三路进攻隆坪（一路由荷岭进，一路由上迳〔径〕坳出，一路由永丰过），大力对我【军】"围剿"。在吾镜、大连坑、隆坪、桐木坑、吾立、蓝坑等有过革命运动的地方，共烧了革命同志的房子 51 栋。九日，白匪进行"剿山"，捉到我同志郭仁子，杀在隆坪圩桥脚下，钟瑞来【被】杀在三江口船形子，王茂腾【被】杀在里坳的石坡子，一直"剿"到十一日才停止他们那疯狂、残酷的搜索。

二月初二日，我二、四团部队由东古〔固〕出发，初三日到达隆坪，四日绝〔清〕早出一排人在隆坪守营，其他有〔从〕蓝坑过吾立，去捉恶霸余本洋，未曾捕获，结果将该恶霸的房屋烧了，家产全部罚给群众。到回隆坪，打垮了荷岭的靖卫匪团（初四日上午）和反动的守放队（吕匪运昌率领的）共 600 余人，击毙敌人有 30 余人，打死土豪刘狸犲，焚烧了狸犲土豪的房屋，焚烧了该土豪的字张、借据有万余元，罚给群众的稻谷、布匹尽挑，挑不完的就烧掉了。战事结束后，我二、四团部队又回到东固去了。反动靖卫匪团又来进犯，四月荷岭的靖卫匪团来了"围剿"，后就经常不断地来"围剿"。六月二十五日晚，又来木子坳围屋，我钟瑞塭、钟焕任、钟何子、黄家坤、赖鸣福生等同志被捕，在荷岭崠被害。我同志为了要与烈士们报仇，就更加坚决，坚持战斗。九月匪团谢世修、陈大祥、吕运昌三匪首率队在高兴，我二、四团部队由东固出发，在高兴接火，这次打得匪军惨败，敌人被〈我〉消灭了一部分，逃掉了一部分。乘胜而起，我同志斗志更加昂扬，不断进行捕杀恶霸、地主、反动派。十一月间到区江捕杀了钟富追里、钟厚墩、钟厚嗣、钟超涵、钟福荣等 5 个恶霸、地主；同年十二月二十三日晚又捕杀了一个反动地主钟竹山。

1930 年正月二十八日晚，又带领 40 多个革命同志到鳌源的鱼山下捉到了【从】旗岭逃往〔走〕的地主、反动首领钟瑞冰；二月十六日晚又捉到了反动头子余本洋。同年三月兴国发展大革命高潮，全县成立政府，西乡为第四区，隆坪为第四乡，成立革命委员会（土地革命以前，农村经济情况，富农、地主的土地，占总土地的 80%；被剥削的群众，占总人数的 90% 都找不到生活和衣穿），书记兼秘书钟能铜、主席韩斌、土地委员钟振士，进行大规模的打土豪分田地，轰轰烈烈分好土地来莳田。四月正式成立苏维埃政府，主席是韩斌同志，书记兼秘书钟能桐，土地部长钟振士，财政部长刘远桂。这时发展了刘远珣、刘远桂、陈梅兴，钟能铃、韩斌等 5 同志入党。同时成立了共产青年团的组织，吸收了文兴琰、林德华、陈鸣煊、曾超乾等 4 人入团。军事部长钟能铭，工会组织也在此日成立了。工会委员长钟能铃、工会秘书曾百成，裁判部部长刘远珣，伙夫刘传训，交通李其风，妇女主任涂桂英。四月间毛主席在县城鸡心岭召开大会，宣布土地法，扩大红军自愿报名，到会的人朝地面，数目不知有多少。

五月〈间〉发动群众，组织了 600 余人的队伍，攻打浪川的匪军；六月〈间〉打黄塘，打七方的靖卫匪团。七月〈间〉乡政府改组，改选钟能铃为主席，刘远珣为中共书记，文兴琰为少共书记，土地科长钟能浪，秘书曾百成，交通李其凤，财政科长欧阳俊淮，工会委员长汤志仁，赤卫科长杜民山（杜任职不久后换刘声振），妇女主任王建元，裁判部长钟振士。六月〈间〉欧阳俊淮、陈干清、黄大昌等同志入党，八月〈间〉钟振士、钟能浪、钟振煌、唐纪奎^①、刘远钟 5 人入党，十月〈间〉吸收钟能坚、欧阳品民、刘仁作 3 人入党。同时前方打吉安，四区组织了预备队的一个团，攻打吉安，团长许存志同志。九月〈间〉打赣州，驻赣州的匪军首领马昆，因各种关系，打赣州未成。而后方继续打土豪，实行婚姻绝对自由等工作。十月〈间〉一次战争，龙江活捉匪师长张辉瓒，东湘打垮匪军谭道源。十月〈间〉伪军六十师、六十一师进攻兴国，伪军师长蒋光鼐、蔡廷锴，伪军利用蚕午〔食〕战术，到十一月二十九日进攻隆坪。我赤卫警械〔戒〕部队，因敌众我寡〈，悬殊太大〉被打散，〈被〉牺牲的同志有 12 人。伪军进行大烧、大抢、大杀。当时毛主席针对这种形势，指示我们要先诱敌深入，然后使敌崩溃的战术，来消灭敌人。后方进行晚间扰敌。敌人进入兴国时，苏维埃政府提出了瓦解敌人的口号："欢迎白军弟兄及下级官长来当红军""白军弟兄们你在山东、河南苦战，你得了什么？为什么你来打工农""优待白军俘虏""医治白军伤兵""士兵不打士兵""穷人不打穷人"等。西南办事处和四区六个乡政府适应战斗需要，都迁到隆坪。西南办事处主席严招仪，四区政府主席谢密，秘书杨崇芳，区委书记李其锦，工会委员长萧能龙，工会秘书李尚九，少共书记李洪玉，四乡政府主席钟能铃，书记兼秘书曾百成。政府带领大批群众，向西北逃避敌人的大力〔疯狂〕屠杀，

---

① 原文是"氵"加"奎"字，后文写作"奎"字。

后方的政策实行坚壁清野，往蓝溪、剃头应、鳌源等地迁扎。1931年旧历正月间，敌人分三路进攻鳌源。西南办事处同我乡政府及其他几个乡政府，带领革命同志由壕坑到长龙、六科。又前方侦察敌人到了高兴，又迁进坑，二月〈间〉迁到崇贤。同日敌人又进攻严潭，在崇贤宿了两夜营，又迁到方太，在方太住了一个时间；三月〈间〉敌人进攻方太，政府和群众迁入青布、里山、八丈；过几天敌人进攻八丈时，政府迁入白塘、白石、长岭等地。四月初红军主力部队包围了敌人的陈世翼、公秉藩两个师，消灭了这两个师，其余的匪军逃窜了。我方将此次的俘虏由四面八方放回敌区，突围的敌人六十师、六十一师看见俘虏回来，以为是我方部队，便闻风而逃，全部逃至赣州。四月十六日各地恢复苏区政权，此次【受】敌人临走时欺骗、恐吓群众，受诱而走的【群众】很多。政府针对当时的情况，进行写信、告群众书、宣传等送去赣州、万安等地，经动员后回来的〈约〉有80%左右，剩下一些反动头子就不敢回来。

同年六月，反动军队四十九师、五十一师伪师长罗伦、蒋鼎文又进行三次"围剿"。当时化区并乡，隆坪与荷岭乡合并为荷岭乡，乡苏维埃政府主席李嘉托，书记黄大昌，组织部长王家贞，秘书欧阳俊淮，宣传部长汤志仁，政府人员钟瑞坚，工会主任钟振煌。荷岭乡有风岗、上龙、荷岭、隆坪、吾立、泰宁等六个村苏维埃政府。风岗村主席李△△；上龙村【主席】刘福田；荷岭村主席蓝瑞洪；隆坪村主席钟能铃，书记兼秘书钟厚焕；吾立村主席钟怀岑，书记兼秘书朱宏标；泰宁村主席钟振士，书记兼赤卫科长钟能浪，秘书黄传浪。敌人进攻荷岭时，乡、村政府迁到隆坪；敌人进攻隆坪，乡、村政府迁到秦娥山。敌人在隆坪宿了一夜营。我游击部队，一路由大牯岭进攻，一路由南山峡进攻，一路由背石进攻，三面包围向敌射击。敌人不知我部队多少，便慌忙逃窜。二次战争，敌人一个师又进攻隆坪，我游击赤卫队，备有7支步枪，包括梭镖、鸟铳等约一排人在荷岭峡向敌反击（欧阳俊渭〔淮〕、曾庆柏、林荣洪、杜贵山等四人冲在最前线），打得敌人七零八落，打垮了敌人一个师，一直追到源形嵊。敌人恐慌得很，拼命地逃回兴国城里去了。这次缴获步枪一支，俘虏一名，机枪脚一副。这次战争胜利后，政府回到原地，日夜由游击队进行扰敌，敌人便死守孤城，结果该伪守军便与匪首蒋介石通电，告知"兴国被包围，不知红军有多少，要求增兵解围，挽救其生命"。蒋匪首便令蒋光鼐、蔡廷锴两个师由吉安来兴解围，走至高兴便与我军接火，我英雄的部队苦战了两昼夜，结果战争是胜利了，敌人又向吉安逃窜，在老爷盘被我军消灭了〈敌人〉一个旅。三次战争胜利后〈以起〉，一直到1934年八月以前，我兴国都无战火，苏维埃政府从事〈于〉扩大红军，扩大了模范师、模范少队、工人师、少共国际师、红军补充师等的队伍，发展了党的组织。同时发展、巩固、提高了革命互济会、反帝大同盟、妇女协会、儿童团、工会、雇农工会等革命组织。彻底划分了阶级，阶级分为富农、地主、土豪劣绅、中农、贫农、雇农、手工业工人等。严密肃反，赤色戒严。由抽多补少、抽肥补瘦，富农、地主分坏田的政策，进而彻底平分〈为〉土地。贯彻婚姻自由，动员捐献救济失业工人，声援上海牛兰同志的被捕事件等一系列的革命工作。1933年冬我红军向东行，解放了福建的顺昌、沙县、将乐、汪化等县，敌人的五〔四〕次"围剿"计划，因此而【被】打破了。敌人转变战略，采取乌龟、堡垒政策，步步紧逼，分六路进攻苏区，同时提出可耻的口号"攘外必先安内"，日本不打，打工农红军。1934年八月二十七日敌人进入高兴圩，毛主席则为了反对日本帝国主义的侵略，所以主张我红军北上抗日。

红军北上后，苏区的革命同志又在敌人的铁蹄之下，受着残酷的虐打，如大杀、大抢、没收家产、撒〔拆〕房屋，强迫写款等毒辣手段。老同志们并没有在这种困难面前低头，仍然坚持斗争，同时盼望着红军回来，不做反动工作，不参加反动组织，整整的经历了15年之久。在这长期艰苦的斗争中表现着顽强，一直到1949年七月。

七月〈间〉我们又得到了解放，在黑暗可怕的社会里，又天亮了，群众〈们〉【盼】得了为自己做事的党、政的复〔回〕来，无不欢天喜地乐莹莹地参加支前工作，建立支前组织，进行二五减租、减息，组织农会，划分阶级，平分土地，参加土改，复查、查田、定产，实行"双统三定""三反五反"等一系列的社会改革运动。1950年支援志愿军，捐献飞机、大炮援助朝鲜战争。同时每年都有一次响应扩充国防军的号召，历〔每〕年〈的〉【都有】优抚救济工作。1954年搞互助合作化，1955年建立初级社，1955、1956年转为高级社，1958年成立人民公社，现正朝夕不停，兢兢业业地为建设共产主义社会，搞好农、工、副业，改善人民生活而奋斗中。

二、

博生县 [①] 民间调访资料

---

① 1933年1月13日，为纪念宁都起义领导人、红五军团副总指挥赵博生，改宁都县名为博生县，县委、县苏政府随之改名。同年7月，博生县分设为博生、洛口、长胜3县，分别成立县委。历任（宁都—博生）县委书记有：赖金声、高秀峰、郭沁园、余泽鸿、谢志邦、罗金乐、张家亭、肖瑞祥、彭国辉（代）。历任主席有：涂德标、胡元生、傅华荣、汪木胜、赖玉生、廖维周等。1934年10月底，博生县被国民党占领。见《中央革命根据地词典》，档案出版社1993年版，第146、182页。

（一）博生县革命斗争情况概述

访张香林同志材料

张香林，苏区时博生县秘书长，洛口土地部长。

（本文中月份均是农历）

一、1933 年四月份改宁都县为博生县

七月划洛口、长胜县。

则宁都为 11 个区，洛口、长胜各 8 个区。

划县原因：因为战争，四面是敌人，行政宽了不易于管理，划小易于开展工作，接近群众。

1929 年二月份在东韶成立东洛办事处。（宁都县）

1929 年四月份成立宁都县政府，设在东韶。同年 8 月份，移到宁都。

地址：县苏在耶苏〔稣〕堂，县委在鬼子楼（1931 年）。

二、江西省政府，原在兴国

1932 年二月，军区、省委来【到】宁都，在鬼子楼，队伍住城里。六月，省苏来宁都，（曾先来）住耶苏〔稣〕堂。县迁太公庙。省苏、省委于 1934 年四月份迁到七里村，（因防空便利）军区住〔驻〕李园。

三、普选会议（二苏大会），这是自下而上的普选运动（第一次是自上而下的）

1933 年九月〈间〉各乡、区开始普选运动,〈9 月〉各县（博生、洛口、长胜）开工农兵代表会，十一月江西省在七里召开省大会，会期 7 天。①

内容：改省主席刘启耀（曾山调中央内务部长），发展国民经济、文化教育，继续查田查阶级，肃反、扩军、优属等。

全苏会：1933 年十二月下旬（1934 年 1 月 22 日—2 月 1 日），其中休息一天为劳动、优属。第一、二天毛泽东【作】报告，第三天朱【德】【作】军事报告，第四天周恩来【作】报告，以后讨论，还有代表发言〈了〉。

〈内容〉决议内容：1. 扩红军五万；2. 动员粮食，组织担架运输；3. 继续查田查阶级，抓紧肃反。

四、洛口县（县苏代会、党代会一般是定 6 个月一次）

党代会〈议〉：

时间	次序	内容
1933 年七月	一次	县罗国倬②
1933 年十二月	二次	发展党、检查质量、扩兵
1934 年二月	三次	调欧阳进淮为书记
1934 年六月	四次	扩兵、肃反为主

县苏代表会议：

---

① 1933 年 12 月 21 日至 29 日，在宁都县七里村召开全省第二次工农兵代表大会，选举刘启耀等 67 人为江西省第二届执委会委员，肖峰云等 15 人为候补执行委员，选举刘启耀、曾山、徐达志等 17 人为主席团成员，刘启耀为主席，曾山、徐达志为副主席。见《中央革命根据地词典》，档案出版社 1993 年版，第 175 页。

② 1933 年 7 月下旬从博生县分设洛口县，与此同时成立中共洛口县委，历任书记有赖世雄、欧阳进淮等。见《中央革命根据地词典》，档案出版社 1993 年版，第 147 页。

时间	次序	内容
1933 年六月	一次	划分政权等
1933 年九月	二次	普选工作等
1934 年一月		开县执委会（省主席团、党书记钟昌桃等二人来出席）传达全苏报告
1934 年四月		〈工农兵代表〉主要扩军

五、宁都县苏代会议（仅包括 1932—1933 年 6 月前，以后、以前不明）

时间	次序	内容
1932 年二月	一次	调胡荣华为公安局长
1932 年七月	二次	发展国民经济
1933 年十二月	三次	继续查田查阶级肃反等
1933 年六月	四次	调劳动部长（原缝纫社支书）××，工农监察部长肖富益，内务长何学应，教育部肖峰云

六、宁都党代会

县书记：一任余泽洪（湖南），二任谢志邦，三任罗金乐（兴国人）。

时间	次序
1932 年四月	第　次
1932 年九月	第　次
1933 年二月	第　次
1933 年六月	第　次

按：宁都苏代会议、党代会，【分别】在 1932 年前、1933 年六月后，可访问李副县长。

七、拆城墙

1929 年正月〈间〉（新年时）有〔由〕东韶、黄陂、洛口、蔡岗〈下〉来【了】上万人拆城墙，一月红第十二军在宁都（？）拆掉是要使敌人无所持，不能做堡垒，只〔因〕防水关系只拆了西门，南门、北门只拆部分，东门没拆。

宁都县：

1927 年三月〈间〉成立革命军事委员会，共 17 个人，王俊、彭湃为主任，江元祥为书记。成立后，没有设立办【公】地址，也未挂牌。共开过 4 次会：石上的砍柴江、宁都城考逢背等地开秘密会。

1929 年一月一日先拆南门、西门城墙，在拆西门的火药库时，曾拆到洋硝烧死 4 人。五月〈间〉拆东门、北门（只拆了一部分）时国民党的靖卫团到了。

1933 年 4 月〈间〉，省政府移七里，江西军区移李园里。

1932 年有彭怀县，设在固村，辖东龙、马头、固厚、固村等地区。

毛主席在开始拆城墙以后才来宁都。

1934 年七月间动员干部参军。

1934 年九月十九日国民党进攻宁都城。

红军北上时，由二十四师配合项英的兵部，由于都江口塘护送毛主席北上。

宁都县政府先设耶苏〔稣〕堂，后设太公庙。

苏区时做担架的地主、富农，头上要剃光一带头发为记号。

（二）博生县青塘区革命斗争情况

1. 何德宗等谈博生县青塘区革命斗争情况

何德宗，县委副组织部长；何祖均，县委总务处长；何钱森，区组织部长；何传淳，乡主席；何传波，区检查部主任；李宪明，区雇农工会主任；李仁锡，乡主席。

（一）1928年三月十八日〈大〉红军到青塘，是否毛主席自己也在这次，不知道。一是由赖村、青塘到宁都，一由赖村到宁都，二路进军在两个城门攻。打开宁都到回黄陂后，白军又回宁都。

1929年三月份，李韶九、段月泉从兴国桥头、山寮来到青塘，李韶九为团长，在青塘打王元家大土豪，起政府，李部由青塘绕坎田走，政府散了，青塘的绅士组织"保卫局"即靖卫团。

1929年四月初三靖卫团去烧坎田，一连几天都来了。四月二十五日，来烧青塘，坎田支书谢【昌】孺到南丰、黄陂颁〔搬〕游击队来烧，青塘、黄陂是澎〔彭〕湃、王俊领队，坎田是谢昌孺、刘老才子领队，南丰的是吴文生领队，青塘是白区，坎田是苏区，坎田在1928年就已红。

九月又是李韶九的兵到青塘来进街，敌人六十七、六十八、六十九团打算困李部。二团在赖村、谢村，一团在梅告〔窑〕（兴国），李部从赖村岩背，经过封锁线，经△石坰、青塘、南堡、东瓜面的山上经坎田到黄陂。李部因要过封锁线，3天未吃饭，到黄陂整队，但李部过时青塘是白区，有靖卫团。谢村也是白区，只有坎田和兴国的△△尽是红区。

1930 年十一月二十七日，红二十二军第五团来青塘圩，由宁都黄贯来青塘四处宣传革命，即着手起农协，成立区、乡苏政府。归〈于〉北区东乡办事处领导（设在古龙岗，是于都管，1931 年冬改由兴国管），青塘区政府在今乡政府（区委在今仓库），辖邮村、河背、石灰、谢村乡，青塘圩为赤水乡，坎田到 1933 年成立博生县才归到青塘。

二十二军在这杀 AB 团（可参考何△写的材料）（杀 AB 团到 1932 正月才停止），到十二月二十八日红二十二军又走，开到宁都。1931 年正月十一日又倒回来，目的是来保护政府。政府中干部都是正人君子，成分好的。1930 年干部多是二流子等，贫雇农怕〔被〕咬 AB 团，×是一红一白故未参加。二十二军在这里住了几天，就去兴国梅告〔窖〕。

二月份，朱总司令、毛主席带第一方面军来到青塘[1]，由黄陂、坎田到青塘，赖村、谢村都×〔驻〕兵，毛主席、朱总司令住在河背（青塘）△△△△，项英和毛主席共一个屋子住了一个多月，经过坎田、江口进东固、黄陂、东黄陂，到别处去发展，在青塘分完田才走，工作交给地方干部。

六月初五红军大队经过青塘去打赖村土围子，初七打开，一过初八敌人大队伍来了，因而红军退走。

赖村的土围子是 1930 年进【攻】的，1930 年冬就去围过。由东乡办事处的游击队和地方的游击队用挖地洞、放棺材炮打，未打开。死亡，双方都很多。1931 年的正月也打，由独立团、游击队和赤卫军配合打。

---

[1]　3 月下旬，毛泽东随中央革命军事委员会、红一方面军总部移驻宁都县青塘。见中共中央文献研究室编：《毛泽东年谱 1893—1949》（上），人民出版社、中央文献出版社 1993 年版，第 365 页。

三月初八，青塘返为白区，〈经过了好久的兵，〉苏维埃区乡政府都移往桥头樟木山，东固配合打公秉藩，打垮公秉藩后，在黄陂领到好多枪，政府都发了几支枪。

七月，国民党走在回青塘的路上，游击队经兴国山寮的马田背，围靖卫团的屋，活捉几十个，缴到敌人 2000 多支枪，1 支左轮，被捉的全部枪决，连中队、地主一起。

回到青塘恢复工作，整屯〔顿〕和发展组【织】——赤色互济会、反帝大同盟，乡里的贫农团，区职工联合会。

1932 年二月澈〔彻〕底分田即查田查阶级。

1933 年查过一次贪污，反对贪污，审查赔还，成立审查财政赔回委员会①。

（二）党组织情况

1931 年三月成立支部，最早是青塘区委会刘赞塘为书记。发展组织是秘密的，1931 年青塘区只有 30 多个党员。

1932 年才公开，在五一节时公开征收党员，摆桌子让大家报名，报名后经支部审查讨论，区委批准。

入党候补期贫农为 3【个】月，中农为 6【个】月，工人雇农无候补期，条件好，可缩短候补期，如△△△入党即是。

（三）第五次【反】"围剿"和北上抗日

在 1934 年北上时组织了运输队、破坏队、担架队、掩埋队，坚壁清野，阻止敌人前进。

北上后博生县委、县各机关初和省机关在 1934 年十月，在黄陂、蔡江、安福等地打游击，目的是要牵制敌人，但与中央留下之干部割断了联系。中央 ××× 须在原地打击敌人，中央就在瑞金的铜宝山坚持到 1935 年。在黄陂一带的，则坚持到十二月〈就〉被打散了。

---

① 原文如此。

敌人在青塘杀老干部，只〔仅〕青塘乡下【就】有 100 多人，光青塘大队就有 40 多人。

2. 何祖均等谈博生县青塘区青塘乡革命斗争情况

何祖均，博生县委总务处长、民政局【局长】；何寿敷，邮政局主任，特派员；王才勤，政府的经济部长，中央红军大学毕业；何祖△，土地部长。

何祖均说：

（一）1929 年冬黄陂、柴岗的人到这里来，组织了赤卫军，是王俊、彭湃他们派人带队伍走了，政府就散了。

起乡政府，青塘是归于都管（后归兴国），成立东乡办事处，组织了警卫营（？）。①

（二）到赖村打土围，牺牲了不少人，到 4 月才困〔打〕开。6 月国民党反动派从兴国来攻苏区，各政府机关都？② 6 月底活捉公秉藩于富田。

（三）1932 年青塘〈就〉归宁都管。因为宁都已红，这年冬彻底分田，分田后就成立农民协会、反帝大同盟、赤色互济会。

（四）五次【反】"围剿"。1934 年国民党八九十万人马来攻苏区，分两路，一路由兴国交△栎来，直接到宁都古龙岗老虎垴③；一路由广昌到宁都，目的是要割断省府与中央的联系。博生县配合省委各机关做坚壁清野工作，我们开到坎田，敌人九十四师专门来对

① 原文如此。
② 原文如此。
③ 老虎垴，应为"老虎脑"，后文写作"老虎脑"。见《江西省兴国县地名志》（内部资料），1984 年版，第 131、393 页。

付省委军区，省委在黄陂、柴岗一带打击敌人。曾山主席开会叫博生县的各干部不要跟省府，自己去打游击，省级机【关】后在口坑由三军团来接，跟上了大队，但有部分未跟上。博生县各机关则在山上打游【击】，搞一冬，这样被冲散（？）。①

何寿敷讲：

（一）民【国】十八年 5 月打了一次战，反动派是肖士芳的团长，我军是李韶九的队伍（李也是团长），有一千多人，很少枪。打败了倒回坎田、黄陂。

（二）青塘的靖卫狗子经常到坎田、安福去烧房子。青塘是何明亮为靖卫团队长，副【队长】为何荣梅。有个把人，与兴国的△口谢梅珍、吴德波，梅交赖村等地靖卫狗子有联系，以曾昭模为团总，1928—1929 年配合肖士芳来作战。

（三）民国十八年 3 月 15—18 日朱毛的红军，在宁都烧文帝祠为号，由赖村古龙岗到 22 日打开了宁都。

民国十九年 3 月 18 日，到〔倒〕回来起政府，9 月 19 日就起政府，插红旗。何明亮为他父在祠堂做寿，说我要接头，要烧我一家的房子，因而第二天红军又回来，从此就稳了。于北区派了朱贤谱、刘道干②来青塘，归于都管，直到设博生县才改由宁都管。

（三）1932 年省政府才移到宁都来，原来【在】兴国。

（四）【民国】二十三年 5 月、6 月、8 月扩军很多，5 月那次 95 人带去 91 人。

---

① 原文女足经。
② 刘道干，文中又写作"刘道仟"。

3. 黄家辉、谢世生谈博生县青塘区邮村乡革命斗争情况

一、邮村乡政权的建立

苏区时，邮村属青塘区领导，青塘区属博生县管。

1931年2月红十二军到此（由青塘下来），军政治委员下到各家访问，问群众的成分，他记下贫、雇农和工人成分的名单。然后召集一次群众大会，在大会上问群众这20多个人的成分是否对，大家是不是同意他们出来工作。又在其中选出谢世池、陈右喜、谢世生等7人为委员。推举谢世池为乡主席。

苏维埃政府建立后，就组织了警卫排，有两班人（20个人），脱离生产，专做保卫工作。钟彦房做队长。

警卫排成立后，就进行打土豪，缴了谢村土豪谢世兴的一支枪，打了陈大潘、宋谨昌、谢世民的土豪。打张振谈的土豪时，他自己逃走了，抓到他的儿子。杀了土豪宋谨焕和土霸宋杨古子（1931年4月）。

警卫排经常要跟靖卫团打火。离邮村只有里把子路的下坝底，就有受赖村指示的靖卫团。邮村乡政府左右面和门口要放7道哨（左右各3道，门口1道），并规定靖卫团来骚扰时放号铳2次。带着梭镖、土铳在田里作田的群众，听到号铳一响，马上丢下工具，拿起武器就冲前去与靖卫团打火，附近谢村的赤卫军听到号铳响后也赶来支援。还有区里的游击队80多人，也时常在这里。1932年10月赖村土围打开以前，邮村群众经常要跟赖村、原井靖卫团打火。

1932年6月独立团打赖村土围，邮村、谢村的赤卫军、警卫排也到打。第三天头上，白狗子来了，红军和赤卫军等退走，白狗子在邮村放火烧屋。当时青塘区政府也撤走了。同年8月，打败了

国民党第三次"围剿",青塘区政府迁回青塘。谢村起乡政府。10月邮村乡起政府。至1934年10月邮村乡主席换了很多,他们是:黄扬对—宋宝珠—谢世振—刘思样—艾昌管。

二、党的组织

1931年3月,十二军政治委员介绍谢世生、陈右喜2人入党,党组织秘密进行活动。支部书记刘赞塘。

1933年党组织公开接收党员。入党要填表,要介绍人,有候补期。雇农、工人入党只要1个介绍人,3个月候补期;贫农入党要2个介绍人,6个月候补期;中农入党要3个介绍人,1年候补期。每月交党费1角钱,每月初一、十五过组织生活。

党组织领导多项工作。

1931年谢世生介绍黄家辉加入青年团。

三、群众运动

(一)打土豪分田地

1931年政府成立后分了一次田,6担田一个人。6月反动派回来,被反动派收走了租也有。

1932年2月重分田地。邮村乡有邮村坪、老嵊长、里黄3村,约有1500人。每人分6担田。田分上、中、下3等,上田和雄(下)田搭匀。出榜公布,让群众知道。中农的田多一点不分掉,少则有补足,如果中农上田太多,则抽出一部分,补回下田。分田时,划出地主、富农20家左右。

1932年8月成立贫农团(起政府时有农民协会),贫、雇农和工人才可以加入贫农团。刘必换被选做主任。然后进行复查,有的中农成分改为地主或富农。

(二)扩大红军

1932年8月政府成立后就扩军,进行宣传鼓动,当兵的可以分上田。1933年红五月"扩大百万铁的红军"时,宁都县扩大了红五军团十四师一师一万多人。在扩军运动中,党团员起了带头作用。政府做了优待红军家属的工作,组织耕田队,先帮红属把田耕好，帮助红属解决困难。敲锣打鼓地欢送参军的，非常热闹。另外还组织有担架队、运输队、破坏队（白军进攻时，破坏桥梁和道路，以担〔阻〕其前进）、掩埋队（由会抬死人的人组成）、洗衣队和慰劳队。

开小差的士兵，动员归队。开了3次小差，又有破坏行为者根据中央法令处决。有黄赞款的老婆拖后腿、骂干部，被扣后仍不改，把她枪毙了。

1932年冬成立红色饭店，过往干部可住宿，有2个人管理。还成立了卖盐的消费社，有1个人。消费社和红色饭店在一起。消费社由群众集股，1块钱1股，资金有一两百元。军属和集股者可以多买一点盐。盐价开初是一元买二两，后来一元买四钱。群众熬硝盐吃，未组织起来。

1932年5—6月布置发行公债。冬，发行经济建设公债。

1933年春发行同盟胜利公债，因实【行】累进税，同盟胜利公债未收。

四、红军北上后被摧残的情况

1934年9月23日，白狗子（国民党匪军）来到青塘。9月29日，原井的地主、富农和反革命"铲共团"等专捉做过革命工作的人，在上村一次杀害革命同志八人（其中有女同志一名）。10月初二午饭后，黄家铃被杀，〈打死〉张万仁【被打死】。1935年2月艾德忠、艾德年在赖村被杀害。

干部的东西被洗，黄家辉被捉到原井，谢村打了两次。被罚款的很多，很多老同志被【迫】逃到外地，不敢回来。

4. 何德宗等谈青塘乡青塘大队油寮下革命斗争情况

何德宗，博生县委副组织部长，做过一×社的社长；何祖嵩，排长、赤卫队长，45岁；孙谦魁，村代表，53岁。

（一）1929 年 4 月 25【日】坎田的游击队来烧青塘的房子，烧了共 20 多栋（所说和坎田的材料符合）。

（二）1929 年旧历十一月二十【日】成立区政府，我们的大红军由黄贯来到青塘，驻在油寮下等地（油寮下在青塘圩后面几百米远处）。

青塘有靖卫团，靖卫团的各归宁都、于都、兴国 3 县联防办事处，团总是严渭臣①，分布在青塘、宁都、山寮等地。当红军来时，青塘、赖村、山寮、江口的四地方保卫局（即靖卫团）联合来打红军。青塘的团总是何明亮，中队长是何芝生，财政是何荣梅（与芝生是父子〈二人〉，在解放后【被】枪决，何明亮在解放前死了）；山寮的团总是曾旺槐，副中队长曾宪诉，正【中队长】曾庆仁（在苏区时被枪决）；江口团总【是】吴德波（苏区时已被枪决）；赖村团总是宋谨产。当天红军围黄贯（在里圣垌，离青塘十多里郊□），第二天来进行宣传说，更多的队伍来了，进驻青塘。

这次是二十二军把兴国山寮的靖卫团全部消灭，因为他们走不赢，躲进在屋子里。青塘、赖村【等】地的靖卫团都跑了，山寮的靖卫团被困在屋子里，红军要他们投降，可是他们不答应。几天之后攻下，活捉连中队长，把中队长曾庆仁、副中队长曾宪诉等 11 人全杀了。

政府在红军的领导支持下成立青塘区、乡苏政府，青塘区苏主席是何其生，进行打土豪和打赖村土围子（一说是第三军团打的）。二十二军在青塘住了 20 来天就上宁都（这次毛主席未来）。二十二军在青塘驻时杀了 AB 团，是本部队，白天关起来晚上审问，第二天就杀，在油寮下地杀了 40 多个。

在军队走了后，青塘为于北区东乡办事处领导（设在古龙岗），于北区东乡办事处是临时性，先于青塘，由一女干部（很能干，可能是大学生）△金领导，后正式□□，称胜利县，设在银坑——青

---

① 严渭臣，文中又写作"严卫臣"。

塘乡何乡长讲）。于北区东乡办事处调王太诚、刘道仟、黄世楼、谢荣楼等人来青塘工作。青塘区共辖谢村、何背、石灰、油村、赤水乡（青塘圩）。坎田比青塘前一年起政府，称怀德乡，还不是青塘管。

在坎田红的同年，即 1928 年，比坎田后几个月，青塘也秘密搞起来了，是到青塘接头的，由何其生、何其兰、何祖庆等 20 多人参加的，多是流流浪浪样的人，在青塘立脚不住，到坎田去了。

1930 年春二三月分田，到十一月红军来之前，青塘一红一白的复变。到十一月（阴历）十八红军大队来（？），由宁都黄贯来，头天不知是工农红军，以为是坎田游击队来，游【击队】烧房子，因而扰去抵火①，但第二天就有宣传，才进村（？），到十二月十几才走（与大座会的材料有矛盾）。

1931 年旧【历】二月二十几，毛主席和朱总司令亲自率第一方面军一、三、五、八军团等来到青塘，由黄陂经坎田到青塘、河背、谢村、赖村都扎有【红军】，朱总司令和毛主席住在河背忠王陂缎的秀才家，住了两个多月，〈去〉由兴国江口—蔡江、黄陂—宜黄。

1931 年正月也来了，由宁都经青塘—梅告〔窖〕—古龙岗—山寮，但毛主席等领导人自己未来。

1931 年五月进行选举，地富阶级异己分子没有选举权，资格审查经过出榜公布，这时间一年选一次产生代【表】，由代表中产生主席等。

1931 年六月初五第三、五军团来【到】青塘。第五军团是由宁都来【的】，三军团到水口就〔时〕来【了一架】敌机〈一架〉，丢了炸弹，炸死一百姓。六月初六去打赖村土围子，初七用钢炮打开一口，但六月初八敌人陈诚、罗卓英部来【到】青塘。从此起，青塘日夜过白军，有十五六天，由坎田、宁都、黄贯—青塘过，去

---

① 原文如此。

兴国。青塘变为白区，赖村土围子里的敌人就出来扰敌〔乱〕，政府人员就和游击队到坎田转东乡办事处、兴国一带，到七月才灰〔恢〕复。

打赖村土围子。〈从〉1929 年冬成立政府时，敌人就进【了】土围子。红军游击队把它围住，到 1931 年六月又大打，七月二十几【日】又灰〔恢〕复打。土围子是游击队和第七军打的，1932 年二月间才打开，把赖村、青塘的靖卫团活的都捉住〈，初躲进去地主等〉。下只土围子打下时，〈就〉缴枪 37 支，手枪 1 支。

1932 年查田查阶级，是据任弼时的文件来进行。他的文件是在 1931 年作好，不过是在 1932 年才进行〈的，〉彻底地〔的〕分田。

1932 年固厚开小差的很多，固厚本去了一团人（800 多人），由原固厚的区委书记领导，当时政委叫刘兴华，在他的带领之下 600 多人开小差回来，到山上为匪，当大刀会。在石城县边区，为了这些开小差的，中央派了一个团中央儿童局局长来到固厚，省、县党委都派人来搞这一运动。

同年大刀会在固原〔厚〕劫了几个乡政府，因而宁都县独立营、公安局都派军队专门来对付大刀会（何德宗讲）。

博生县有 13 个区①：江口（兴国划过来的）、青塘、虎〔湖〕背、安福、黄陂、蔡江、流南、会同、甚〔湛〕田、竹管嵊（即志墅区）、城市、梅江、江上〈，即成立博生县，原为十八区的划走了〉。

博生县第一任主席胡木〔元〕生、副【主席】傅华荣兼保卫局长。县委书【记】谢纪〔志〕邦，1933 年春成立的，八九月时县委组织部长是杨尚奎、宣传部长罗军乐、妇女会主任袁水玉、总务何祖均、团县委书记李美群、团组织部长夏裘焖。

---

① 李祖荣在《中央苏区行政区域的设置及其演变》中认为博生县设有 11 个区，与之相同的是江口、青塘、湖背、安福、流南、会同、湛田、志墅、城市、梅江，不同的是固厚。见李祖荣：《中央苏区行政区域的设置及其演变》，第 129 页。

三、
长胜县 [①] 民间调访资料

---

① 1933年7月从博生县南部析出部分苏区设立长胜县。随之成立中共县委、县苏维埃政府。县委书记洪名贵，历任县苏主席朱开铨、谢荣燕。隶属江西省委、省苏维埃政府。1934年5月后直隶中共中央局、中央政府。1934年11月，长胜县被国民党第十八军侵占，县党、政、军机关人员编入独立营和游击队坚持斗争。1935年6月停止活动。见《中央革命根据地词典》，档案出版社1993年版，第147页。

（一）长胜县革命斗争调访资料与整理

1. 长胜县土地革命时期的革命斗争材料整理（一）

一、党的成立及发展情况

只知最初组织区苏的潘定金[①]、潘固名[②]（堂兄弟，均是裁缝工人）是党员，至于他们是什么时候入党的不清楚。1930 年邓振锦奉二潘之派到黄陂去与彭湃、王俊接头，回来之后公开进行工作。后邓为靖卫团捉住，被枪毙。1931 年党公开，支书名叫曾省三。当时入党一般是贫雇农多。雇农入党一人介绍，贫、中农入党二人介绍。填表，写姓名、年龄、籍贯、本人简历，通过支部大会讨论，支部批准即可。候补期为 3—6 月，每月交〔缴〕党费 6—8 个铜板（或 5 分票子），三次不交〔缴〕党费【的】开除党籍。22（21）岁以上才可入党。资本家入党必须先革自己的命，把全部家财捐出为革命。组织生活一周一次。

成立长胜县（1932 年 7 月），当时县一级党组织机构是这样的：县委书记——洪名贵，宣传部和组织部。也有少共县委，组织机构与县委会同，儿童团归少共领导。区、乡均有党的组织，村内

---

① 潘定金，应为"潘定祯"，后文写作"潘定祯"。见《宁都文史资料·第 7 辑》（内部资料），1992 年版，第 45 页。

② 潘固名，应为"潘固铭"，后文写作"潘固铭"。见《宁都文史资料·第 7 辑》（内部资料），1992 年版，第 45 页。

或也有。

区为区委会，乡有党支部，村有的一村有一个党小组，或几个村合为一个党小组。少共组织区乡均有，区为委员会，乡为大队部。16—25 岁的青年参加少先队，一般为男青年。9—15 岁的青年参加儿童团。儿童团有团长，受少共领导。

二、苏维埃政府组织机构及活动情况

1929 年旧历正月初一（或初二）在瑞金与宁都交界地大柏地（麻子坳）清党（即国民党）刘士毅一师人与产党（即共产党）打过仗。红军由毛主席、朱总司令带领，只有 1000 多人，利用麻子坳四面皆山、中为平地又有小河的特点，红军在〔从〕山上向下打，刘士毅大败，老弱妇女都捡了不少枪。战争胜利后，毛主席和朱总司令即领军经过长胜，沿途写标语做宣传，当时有一条标语是这样写的：“千户不相连，万户欠我钱，穷人跟我走，月月八块钱。”红军每人身上都有一条长的通带〔袋〕，专门装打土豪的银洋的。打土豪得来的铜板则分与穷人。次年（1930 年）在赖坊抢过当铺。

红军来了，穷人欢迎拥护，地主劣绅与好吃懒做者逃到山里去了，组织守望队、靖卫团与红军对抗。

未成立苏维埃政府以前，1929 年开始由游击队领导打土豪。首先联络人了解好情况，半夜三更围住土豪住宅，进去叫他拿出钱物来，钱由游击队带走，东西、谷子等分与老百姓。

红军于东黄陂打败白军之后（1930 年），贫雇农公开组织农民协会。乡和村都有农协，乡、区农协由各村选代表参加。乡农协设【在】长胜，于是成立各级苏维埃政权。当时长胜区有五个乡（长胜、南笔、柴底、车头、田头），区苏设【在】长胜，第一任区苏主席为潘定祯（长胜改县后升为县裁判部长），第二任为潘固铭（后升为县检查部长），第三任为赖公秀（后为第一任副县长）。

长胜县是 1932 年旧历五月（或六月）成立的。县长〔县苏主席〕为朱开铨，副县长〔主席〕为赖公秀，第二任主席为谢荣燕。

当时长胜县辖9区，共△乡。

田头区：渡头、田头、琵琶形、黄坊、南笔〔必〕、车头、横〔璜〕山（三〔山〕头王）乡。

长胜区：太平、柴底、欧底、长胜、雷公、旱埚、果子园乡。

黄石区：江口、大岭、黄村、黄石、竹园、碛头、大雅、邱〔丘〕坊、陂塘垇乡。

戴枋〔坊〕区：高尾、坑头、彩江、金田、戴坊、鱼村乡。

葛藤区：葛藤、葛碛、元康、邱〔丘〕田、里迳、祠背乡。

固村区：固村、刘枋〔流坊〕、王枋〔王坊〕、新街……乡。

产田区、渡头区、瑞林区，上面3区今划归瑞金，具体辖乡不知。固村区则不全。

长胜县苏区组织机构：县苏主席、军事部，劳动部部长曾公连、副【部长】陈煜锟，土地部、财政部、文化部、内务部、裁判部（司法）、工农检查部（监察）、保卫处——保卫队（公安）。

群众组织：革命互济会，支前和优抚；县工会反帝大同盟，主要负责宣传；妇联，支前、优抚、扩军、宣传等。区级政、群组织情况与县略同。

乡苏设正副主席及文书，有贫农团、农协、妇女干事、赤卫队。

村苏，有主席、妇女代表、贫农团、农协、赤卫军等组织。

关于打土豪分田地的问题。如何划阶级？商人：中小工商业者，狗腿子（为地主算账和催租者）；土豪（地主）：不从事劳动，放高利贷，靠地租过活者。富农：自己参加一部分劳动，雇长工或短工，或收部分租者。劣绅："中间人"、"话事人"、律师、写状纸书及以势凌人者。

关于地主又因情况不同而有如下之别。

破产地主：原来有钱后搞垮者但仍不务正业；流浪地主：吸鸦片、赌钱、偷盗……；迷信地主：和尚、尼姑、斋公、道士、地理、算命、问神者。

小地主：^①；大地主：一般均有劣迹，不分田。

除大地主外，其余均有田分（分坏田）。当时的口号：打土豪、分田地、杀劣绅。没收土地，以乡为单位，土地不丈量，自报担数，以人为计算单位平均分配。没收地主的财物，钱交乡往上缴，其余分与农民，积极工作者多分。1931 年冬天分田，1932 年完。

从 1930 年起妇女开始剪发，1931 年大规模剪发和放脚。

关于经济问题。合作商店：入股数不限定，入了股的有股票，凭票买东西价钱低一点；富农、地主不能入股。1932 年第一次发行公债（当时的公债现在仍然能兑换，公债 1 元换 1 元，战争公债 1 元换 3 元）。中华苏维埃国家银行。币制：1 块光洋（花边）换 16 个毫子，1 个毫子换 16 个铜板，纸票有 5 分、1 角、2 角、5 角，后有 2 元、5 元。纸币代替硬币。

村各种组织的主要活动内容。儿童团：检查路条，白天放哨，没有轮到放哨的则念书。无路条者不能通过。

少先队：打土豪、查烟（大烟）、查睹〔赌〕、练操，查出烟睹〔赌〕鬼，戴高帽游村，烟具赌具烧掉；迷信敬神的食物查出吃掉，鬼神牌拆掉。赤卫军：查山、打敌人，每村可调动，哪村有事到哪村；平时生产，年龄为 26—45 岁，无枪，一个区的赤卫军只有一两支枪。耕田队：村有耕田队长，专为工属、军属代耕，除一切在家群众参加外，也把地主、富农及好吃懒做的人用来代耕。

三、红军北上后苏区情况

国民党军队来了，地方势力也随着回来了。区乡以上干部很多到山上去打游击，坚持了一年多，许多次被打散，逃亡在外区外县做工活命，过了几年才偷偷回家，有的一直到解放后才回来。

在苏区时代当过区乡干部的被骂为"大土匪"，一般干部则骂为"土匪"，家属被骂"大土匪婆"。"叫我们做什么就做什么，好似奴才一般"，做工无工钱，原来分配到的土地被没收〈回〉了，

---

① 原文空白。

而且进行倒算；没有行动自由，不能参加保甲组织，也没有选举权。国民党对老苏区加强封建〔统治〕，当过干部的买不到盐吃。抓住干部有的钻死，有的用刀割死，有的被活埋，如南必乡的聋古子；有的被敌人用绳捆住，丢潭中淹死；对于乡干部和少先队长（少共书记），抓住一定活埋，一般是坐监狱。①

四、存在问题

1. 党在秘密活动时期情况不知道，即使是半公开状态情况也不清楚，领导机关领导人物均搞不清楚，时间就更无从谈准确了。

2. 关于战争情况也很渺茫，尤其是长胜区几次反"围剿"时的情况更不了解。即使谈到关于与土围子的战斗情况也不清楚。

3. 关于敌人方面的情况，谈得很少，纵然谈也不过是概念化。红军来后农民的思想认识及表现也只谈些正面的好的东西。有的甚至于谈得不合逻辑（思想水平一样齐）。农村中阶级斗争情况非常抽象的〔地〕谈，因而不知道当时革命在农村中所引起的深刻变化。

4. 在革命过程中，人民群众的活动也谈得很不具体，如各种群众组织在革命活动中的作用，典型事例更没有谈出。

5. 红军北上后，人民的思想活动（包括干部）及反抗，也没有谈出矛盾与深化斗争方式的变更等。

6. 长胜区究竟与五次反"围剿"斗争的关系怎样，长胜区革命是如何发生和发展的，阶级敌人的活动怎样，群众是如何逐渐提高觉悟的，这一些都有待于进一步地去了解。

---

① 原文如此。

2. 长胜县土地革命时期的革命斗争材料整理（二）

一、党的产生与发展变化情况

1930 年，上面派湖南人周正到黄石来发展党组织，发现农协会中有积极分子，符合条件的便可吸收入党，首先参加的有邱良才、王先灶。邱良才本来工作很积极，后来被人咬为 AB 团，说他参加了社会民主党，被杀掉了。王先灶是先加入团，任过团支书，以后和邱良才一起在黄石贯堪圩上横街子入党，他们两人常和周正在一起开会，周正担任小组长。那时周正告诉他们说："党是从俄国传来的，俄国叫作俄罗斯，俄罗斯又叫苏联，苏是苏维埃政府，联是联邦共和国。"当时这个小组只有 3 人，党的内部记号是非常秘密的，只【有】党员自己才知道暗号是"同岳（兄弟的意思）、同学，C.P.（党）或 C.Y.（团）"，若党员相遇时便用这种暗号来辨别对方是真同志还是假同志。

入党条件：要贫雇农出身、工人出身，忠诚老实、斗争性强、工作积极，能遵守党的纪律和秘密。党的组织生活是规定在月中、月尾两次，不另通知，按时必到，雨雪不误，缺席者要检讨，每个党员到会后必须向组织上汇报工作情况。开会时，会场上常贴有列宁、马克思的相片。入党〈手续〉先由一或二人介绍都可以，开初不要缴党费（王先灶说他从未缴过），也不要开宣誓大会，在发的党证上画有镰刀斧头。

二、各级苏维埃政府（县、区、乡）的组织及工作情况

红军进入宁都后，1930 年县、区、乡都公开成立农民协会，乡农协由全体贫雇农组成，区、县是由各乡选代表组成。县里设有文化部、军事部、土地部、劳动部、财政部、内务部、工农监察部、裁判部、保卫局、国民经济部（？）、粮食部（？），各部设立部长一至三人，设置有长胜、黄石、葛腾〔藤〕、对坊、固村、田

头、渡头、产田、瑞林（划入瑞金县）等区，各区设有区主席。

长胜区：首任区主席潘定祯，裁缝出身，后提为长胜县裁判部长。二任主席潘固铭（潘定祯的堂弟），后提为长胜县的监察部长。三任区主席赖贡秀[1]，后提为长胜县副县主席。下设有长胜、大坪、柴底、欧底、雷公、旱埚、果子园等乡。黄石设有黄石、江口、大岭、碑塘埚、竹园、王村、丘坊、碛头等乡。田头设有田头、车头、渡头、璜山、南必、黄坊、琵琶形、南陂等乡。对坊设有对坊、高屋、鱼村、彩江、坑塘、金田等乡。葛藤设有葛藤、元坑、邱田、里迳、祠背、葛碛等乡。固村设有固村、王坊、新街等乡。

赵博生 1931 年"反水"（起义），本〔同〕年因痢疾身亡，毛主席为着纪念他将宁都改为博生县。[2]到 1932 年因地区大，为着便于管理，便把原来的宁都（这时叫博生）县划分为博生、长胜、彭湃（原在固村）[3]。博生县主席曾绍连[4]、政委聂绍良，彭湃县主席曾××、县委何布清，以后这两县又合并为博生县。长胜县首任县主席朱开铨、赖贡秀，二任谢荣燕、曾飞龙。

三、群众运动（工农、青、妇、扩军）的组织发展、活动情况

1. 工会

村、乡设有雇农工会，主任由村、乡主席兼任。县、区工会都

---

① 赖贡秀，文中又写作"赖公秀"。

② 1933 年 1 月 8 日，在江西南城黄狮渡战斗中，赵博生不幸右额中弹牺牲。1933 年 1 月 13 日，为纪念宁都起义领导人、红五军团副总指挥赵博生，改宁都县名为博生县。见《中央革命根据地词典》，档案出版社 1993 年版，第146、538 页。

③ 1931 年 9 月，宁都县分设为宁都、彭湃两县。1932 年 2 月，宁都、彭湃两县合并，再度成立宁都县。1933 年 7 月，博生县分设为博生、洛口、长胜 3 县。见《中央革命根据地词典》，档案出版社 1993 年版，第 146 页。

④ 历任（宁都—博生）县苏主席有：涂德标、胡元生、傅华荣、汪木胜、赖玉生、廖维周等。1934 年 10 月底，博生县被国民党占领。见《中央革命根据地词典》，档案出版社 1993 年版，第 182 页。

设工会长，下分女工部、青工部、劳动部，各部设立主任。失业工人另组织工会，失业手工业者均可参加，可领工联社会保险救济金。以后和其他工会合并为职工联合会，设立主任。当时瑞金县工会主任刘民正，长胜县工会主任曹泽炳。

工会工作主要是监督资产阶级，和资产阶级订立合同，提出增加工资（按该店的资本多少而定），减少工作时间，30岁以上的工作8小时，童工4小时，青工6小时，因青工除工作外还要下操、受训及其他的社会活动。

2. 农民协会

农协会是在游击队势力扩大之后组成的，也叫贫农团（？），凡是贫雇农都可以参加。农协会设有主席和文书，〈也就是〉当时的苏维埃政府白天在门口插有红旗，晚上便拔掉，以防靖卫团捣乱。

农协成立后，便开始查田、查产、划阶级——按照中央土地法规定，根据土质的好坏，以村为单位把所有的田分为甲、乙、丙三等（甲等田产是400斤，乙等350斤，丙等300斤），先由村里所设立的评田委员（5~7人）把全村的田和阶级评好，再按照人口分田。原则是地主恶霸不分田，富农分坏田，中贫雇联合起来不论男女老少都分同样多的田，口号是"没收地主，惩罚富农。"分田时村中田多就多分，田少就少分。那时最多的有每人分5亩的（如竹园乡），最少的可分7分5厘（江口乡营底村），中等的可分1亩2分5厘（黄石乡），这都是根据各村的具体情况【来定】。划阶级的标准是：凡有一定的土地，自己参加劳动，不剥削别人，有耕牛和一定数量耕具的划为中农；自己参加劳动，雇长工或短工，有土地出租的划为富农，在土地革命时跟着地主恶霸一块逃跑的叫做反动富农（余者是一般富农）；专靠剥削为生，自己不劳动，专雇长工，收租放债有很多田的划为地主；〈而〉在地方上势力很大，经常打骂农民，强横霸道的叫恶霸地主；有武器的在土地革命时逃跑的叫反动地主；抽大烟、赌嫖、替地主当狗腿，靠地主为生的叫流氓地主；祖上很有钱而到他手中因赌嫖抽大烟或因其他败家的叫做破产地主；有少量土地和农具，主要向地主租田过活，受剥削的划为贫农；一无所有，全靠做长工生活的就是雇农。要先划定阶级之后才开始分田。

3. 青年团、儿童团、少先队

青年团也和党组织一样设立支书（团支书）一或二人,【并设】组织部长,宣传部长。

儿童团村乡区县都有，设立团长，凡15岁以下的男女儿童都可参加，地主富农的子女不能参加；工作是检查大烟、嫖赌、路条等；都可以进列宁小学读书，一律免费。在欢【送】红军时都手持五尺许的卷有红绿纸的小木棒站在路旁。

凡15—25岁的贫雇中农的儿女都可参加少先队，村乡区县都设立队长，工作是检查大烟、赌嫖、站岗放哨，配合游击队红军打地主和对敌作战，到了年龄的参加红军，作用很大，当时黄石区的少先队长是王保仔（现还在黄石贯），王喜道（现在洛口工作）。

4. 反帝同盟和革命互济会

反帝同盟主要是反帝拥苏，工作大概是和革命互济会相同，另外还要写标语，化装宣传，演戏，组织俱乐部。

革命互济会在村、乡、区、县都有，各级都设有主任；凡是贫雇农不论是男女老少都可参加，以个人或整家参加都可以，参加者每人每月都要缴月费一个铜板；工作是负责收集、组织群众缴纳慰问品，宣传动员参加红军，慰劳红军军烈属，过年过节要买东西到军烈属家里去慰问，帮助挑水砍柴代耕。

5. 妇女联合会

农协会成立后，妇联也成立起来，村设妇女代表，乡、区、县都设干事，乡以上的还有专职干事办公。参加的条件是贫雇农出身，工作积极，斗争性强，凡18岁以上都可参加。

村妇【女】代表的工作是组织领导妇女生产，做鞋，做草鞋，带头剪发放脚，慰问红军，欢送红军，组织洗衣队。红军经过时送茶水，帮红【军】泼扇，背包袱，做看护员排队唱歌，如《送郎歌》："送郎去当兵，哥哥要小心，豪绅地主剥削我穷人""送郎去当兵，坚决打敌人，消灭反动派，个个有田分"；欢迎红军时便唱《欢迎歌》："五线咚咚，红旗飘飘，同志们真是好英勇，我们在这里立正敬礼唱歌来欢送，送你们前方冲，消灭敌人大举进攻，瞄准了，放放放，勇敢冲，冲冲冲，杀敌人，杀杀杀，革命胜利乐洋洋。"

四、就以上材料所还存在的一些问题

宁都成为苏区后的县长及其他领导人不清楚。

苏区的文化经济状况涉及得很少。

黄石初期党的领导人是否是周正，党的具体活动情况，发展党组织前的准备活动，邱良才、王先灶如何入党，具体时间以及后来邱良才如何被杀（具体时间地点），党以后在黄石和长胜的发展情况等问题都有待进一步了解。

彭湃县何时和博生县合并，为什么合并，工会的发展情况，工会的劳动部和县劳动部有无区别，农协和贫农团有无区别，有无雇农团的组织，这些也有待了解。

3. 长胜县各地访问记录综合整理初稿

一、各地党组织的产生和发展

1. 田头党组织的产生和发展

1928 年（民国十七年）8、9 月间宁都西门人江巨川在田头饭堂咀小学教书，他串通〔联〕周围的一些老师曾纯德、刘挺善（现在是地主），宁中毕业生崔达原和本校毕业班的一些学生，和周围一些能守秘密的群众经常开秘密会议，搞革命活动。有一次做长工的赖公秀听见他们在开会，便向江巨川探问。江巨川便叫他也参加开会，因而他便在一本簿上签了名，盖了章，就这时起他也就加入了共产党。入党手续很简单，初期也不用缴党费（以后要缴），只是江巨川对他这样说："共产党是由俄国传来的，入了党之后能够做官，到处都有饭吃。"赖公秀入党之后便经常是做些送信的工作，且送过一次信到洛口杨家祠堂的一个教师处（很可能是一个办事处）。当时田头党组织的一切工作都是受洛口党组织的领导。

1929年11月（民国十八年九月），接到通知要到洛口去开会，他们便化装收租（或化装其他），带着收租的各种工具前往，走到宁都流坊墟时遇见一个熟人刘定南（田头南布人），说洛口已经在捉共产党，于是他们便转头回去。但田头王坊村的老爷温廉铨也带人来捉参加共产党活动的人。当时刘挺善、曾纯德、崔达原都被押（江巨川见势不佳躲回宁都家里去了，赖公秀因未露面，没被捉），经过罚款（按家庭情况罚100、50现洋不等），写自新书后关了一两天便都放了。

2. 黄石党组织的产生和发展

1930年（民国十九年）上面派湖南人周正到黄石来发展党组织。首先是在农协会中发现积极分子，若符合工作积极、忠诚老实、斗争性强，能遵守党的纪律和秘密，出身于贫雇农和工人家庭者都可以吸收入党。当时黄石首先加入党的是王先灶（现在黄石担任生产队长）和邱良才（工作很积极，后被人咬为AB团被杀掉了）。

王先灶在入党前加入过共青团，并任过团支书，以后在黄石贯堪圩上横街子和邱良才一起经周正介绍入党，成立黄石党小组，周正任组长。开会时就只他们3人，当时周正这样对他们说〈过〉："共产党是从俄国传来的，俄国叫做俄罗斯，俄罗斯又叫苏联，苏是苏维埃政府，联是联邦共和国。"因为当时在黄石党还是秘密的，所以要用暗号来联系，若党员相遇时便用"同岳（兄弟之意）、同学、C.P.（党）或C.Y.（团）"来探问对方，以辨别对方是真同志还是假同志。

党的组织生活是规定每月月中、月尾两次，不另通知，地点是山洞里。党员按时必到，雨雪不误，缺席者要检讨，党员到会后都必须向组织汇报工作情况。开会时，会场上常贴有列宁、马克思的像〔相〕片。而入党〈手续〉是先由一或两人介绍，初时不要缴党费（王先灶说他从未缴过），也不要开宣誓大会，发的党证上画有镰刀斧头。

3. 长胜党组织的产生发展

长胜最早的党员是裁缝工人潘定祯、潘固铭两堂兄弟（其入党情况有待补充）。1930 年派邓振锦（后被靖卫团捕杀了）到黄陂去和彭湃、王俊接洽，回来后便公开进行工作。

1931 年党组织公开，曾省三任党支部书记，在群众大会上征求党员，并公开设立参加党、团和互济会、反帝大同盟等四个报名处。报名后便填表（写姓名、年龄、籍贯、个人简历等），经支部审查、讨论批准后即可，候补期为 3 ~ 6 月，每月须交〔缴〕党费（6 ~ 8 个铜板或 5 分票子），三次不缴党费便开除党籍，组织生活每周一次。

入党条件一般多是〔要求〕贫雇农出身〈的〉，21 岁以上者都可。雇农的介绍人只要一个，贫农或中农的要两个，资本家的子弟或本身也可入党，但必须先革自己的命，把全部的家产都拿出来交给苏维埃政府，否则就不行。

党证上写有共产党的十大纲：打倒帝国主【义】、封建主义；肃清地方一切反动武装及反革命分子；没收国外资本、企业和银行；取消一切苛捐杂税，实行统一土地税；实行男女平等【等】。当时党员学习或工作时都不愿意要知识分子（尤其是大知识分子）参加，主要是怕知识分子的两面手法。

4. 党内的组织状况

乡以上的党组织都是设立支部，村成立小组，支部设书记，小组设小组长，支部下还分有组织部、宣传部，各设部长一人。

1933年的中央〈党〉书记博古，组织部长罗曼〔迈〕①，白区工作部长陈云，中央苏维埃主席毛泽东，副主席项英、张国焘，全国总工会委员长刘少奇。

江西省委书记李富春，省委宣传部长肖瑞祥（后曾担任过博生县委书记），宁都县委书记罗金乐，江西省主席曾山②，长胜县委书记洪名贵，仁平区委书记肖宝三。

二、各地各级苏维埃政府（县、区、乡、村）的组织及工作情况

1929年2月（民国十八年正月初三），毛主席和朱总司令在大柏地大胜后，率军由瑞金经过长胜住了两夜，打了一家土豪（揭华棠）便到黄陂、东固去了。在墙壁上还留下"共产党打土豪分田地""千户不相连（困头眠），万户欠我钱，穷人跟我走，月月八块钱"等标语，但当时很多人都不太相信。

1930年（民国十九年）11月25【日】，罗炳辉率红十二军到长胜、田头等地，田头的赖公秀、崔达原、刘挺善、曾纯德、江巨川等便前去与红十二军接洽，酝酿成立苏维埃政府。在琵琶形苏维埃成立的影响下，迟三四天田头也就开始成立起苏维埃，为着找个大姓人出来撑腰，便推温勋堤当苏维埃主席，赖公秀和温斩钟子任土地委员，马公子任赤卫队长，温升任财政委员（政府中连崔达原、刘挺善共7人），总的领导是红十二军的一个政治委员（江巨川调到县里工作去了）。

田头苏维埃政府成立后（民国十九年十二月初三），首先就是打赖运保、陈安、温立万、温世球等很多家土豪。地方上的土豪劣绅都很害怕，纷纷四散逃窜（有的被抓回来杀了）。打土豪的钱归

---

① 1933年中共中央局书记博古，组织部长任弼时，后李维汉。见《中央革命根据地词典》，档案出版社1993年版，第126页。李维汉又名罗迈。

② 1933年12月江西省第二次工农兵代表大会选举刘启耀为主席。曾山、徐达志为副主席。见《中央革命根据地词典》，档案出版社1993年版，第175页。

公，衣物、谷子都散发给群众。农民都很高兴，同时一打完土豪后接着就进行分田。当时打土豪并没一定的标准，只要经过大家商议，认为他平时很有钱的便可以去打，发现其他地区有土豪的也可以去打。

1931年3月（民国二十年正月），红十二军离开长胜等地，仁平区政府在长胜成立，推潘定祯为区主席，区委书记肖宝三。接着其所属辖的长胜、田头、车头、对坊、琵琶、赖坊、白沙等乡政府也成立起来了。到8月（夏历六月），白军孙连仲部进驻广昌，二十六路军赵博生部驻宁都。仁平区政府便迁往靠近瑞金的山区固村（当时是1930年春成立彭湃县 [①]，后并为固村区）。1931年12月14日（夏历十一月）赵博生"反水"后（赵博生带一师人押着宁都伪县长陈志兴、大绅士温〔严〕渭臣、驻宁都靖卫团长曾志传等到瑞金去了），1932年1月区政府迁回长胜，改名长胜区，迁区政府于田头，共辖13乡，2月份又分为长胜、田头、固厚、对坊、黄石等7区，不久长胜便被划为县。

红十二军进入宁都之后，各级（县、区、乡、村）政府都公开成立（彭湃县就是1930年春成立的，县主席柯〔何〕在仁，以后划为固村区）。各乡、区都设立苏维埃，村设有代表，由贫农团选出，由代表组成乡农协，归苏维埃政府领导，在乡农协的门口还挂有牌子。一般在县下都设有文教部、劳动部、军事部、土地部、财政部、内务部、裁判部、国民经济部、粮食部、工农检查部，各部设部长一至三人。县委下除设有组织部、宣传部外还设有保卫局（长胜县保卫局长刘烈珠，于都银坑人；经济科长温崇仁；审判员刘黎民；田头区特派员曾郑榜，黄石区崔传㳙，葛藤区闻玉山），保卫局下又设执行科、经济科、侦察科，各区派有特派员。在侦察

---

① 1931年9月，彭湃县（以固村为中心）成立。中共县委书记有霍步青、古柏，县苏主席何在仁。见《中央革命根据地词典》，档案出版社1993年版，第146、182页。

科还设有两个审判员和两个侦察员。

长胜县共辖长胜、黄石、葛藤、对坊、固村、田头、渡头、产田、瑞林（岭）等9区（后3区现划归瑞金管），各区都设有各部和部长。

长胜区辖管长胜、大坪、柴底、欧底、雷公、旱垴、果子园等乡区。第一任主席潘定祯（后提为县裁判部长），二任主席潘固铭（后提为检查部长），三任主席赖公秀（叛）（后提为县副主席）。

黄石辖管黄石、江口、大岭、竹园、王村、丘坊、碛头、大雅、碑塘垴等乡。

田头辖管田头、车头、渡头、璜山（山头王）、南必、黄坊、琵琶形、南陂等乡。

对坊辖管对坊、高屋、鱼村、彩江、坑塘、金田等乡。

葛藤辖管葛藤、元坑、邱田、里迳、祠背、葛碛等乡。

固村辖管固村、王坊、新街等乡。

长胜县成立后第一任县主席是朱开铨（1933年11月调任会昌县主席），副主席赖公秀（1933年11月调任前方营部当文书）；第二任县主席谢荣燕，副主席曾飞龙。

长胜县政府在各阶段的具体工作。

苏维埃政权成立后首先就是打地方上的土豪分田地，根据中央土地法的规定，先由评田委员（5~7人）把全村（或全乡）的阶级和田地评好。把田分为甲乙丙（上中下）三等（甲田亩产是400斤，乙田亩产350斤，丙田亩产300斤）。原则是地主恶霸不分田（有说地主分坏田，有说地主只能开荒田），富农分坏田，贫雇中农联合起来，不分男女老少按人口平均分田，当时的口号是："没收地主，惩罚富农。"分田时按照各村（或乡）的具体情况，田多就多分，田少就少分，那时最多的有每人分三亩的（如竹园乡），最少的可分七分五厘（江口乡营底村），中等的可分一亩二分五厘。划阶级的标准是：凡专靠剥削为生，自己不劳动、雇长工，收租放债，有很多田产的划为地主。有钱有势的族长之类的称为恶霸地主；有钱有势又有武器，在土地革命时逃跑的称为反动地主；帮人当狗腿，无恶不作，靠地主为生的称流氓地主；祖上很有钱到他手中因赌嫖、抽大烟而败家的称破产地主。自己参加劳动，雇请长工，又有少量土地出租的划为富农；有武器，在土地革命时逃跑的叫做反动富农（余者称一般富农）。自己参加劳动不剥削别人，也有耕牛农具者划为中农。自己没有田或有少量田，主要靠租地主的田过活的划为贫农。专靠做长工，自己一无所有的划为雇农。分过田后在农村中便组织起儿童团（15 岁以下的男女儿童）、少先队（15—25 岁的贫、雇、中农的儿女）、赤卫队（30 岁以上的贫雇中农）、担架队、妇女联合会、洗衣队、宣传队等。

赵博生反水①，各地政府由山区迁往原地后又重新打地主，把地主所收去的谷子都拿出来交给农民；并响应党中央 1931 年提出的"扩大铁的红军一百万"的号召，大力动员群众参军；动员妇女剪发放脚，开办学校，并月月征兵；如期召开苏维埃代表大会，每 3 个月召开一次（党代表大会也是 3 个月一次）；每隔一至两年选一次村代表，由村代表选乡代表和乡主席，由乡代表选区代表和区主席，由区代表选县代表和县主席。杀 AB 团多是在军队里，政府机关只是常由上面派人来检查"罗明路线""立三路线""左右倾"等。

1932 年（民国二十一年）4 月在瑞金叶坪，由中央召开了查田运动大会②，凡区部长以上的干部及查田委员都参加。由毛主席作报告，毛主席指示说："到会的干部回去都要好好向群众宣传，查田就是查阶级，绝不是插起牌子重分田。"在这年便展开了全面

---

① 原文如此。
② 1933 年 6 月 17 日，中央苏区瑞金、会昌、于都、胜利、博生、石城、长汀八县区以上苏维埃负责人查田运动大会，在瑞金临时中央政府大厅开幕。毛泽东代表临时中央政府发表演说。见中共中央文献研究室编：《毛泽东年谱1893—1949》（上），人民出版社、中央文献出版社 1993 年版，第 439 页。

的查田运动。

1932 年（民国二十一年）冬—1933 年（民国二十二年）初开小差和离队的很多，县苏维埃政府便于 1933 年（民国二十二年）初成立了"鼓励离队、开小差的归队运动委员会"，动员一些离队的、开小差的归队。凡是上过前线的都一律不许在地方政府参加工作，仍要归队上前线，并收集地方武装，抽富农经济（罚富农的款）支援扩大红军。

4. 长胜地区几次英勇的游击战争与反动武装的斗争

一、长胜熟田庙的农民暴动

在北伐战争的影响下与当地人民受不过封建势力的压迫和剥削的情况下，长胜附近的熟田庙竖了革命——农民暴动的红旗，进行反封建压迫，打土豪劣绅的斗争。这【次】农民暴动是发生在 1927 年，贫雇农出身的宋金山和严仁秋二人在这年年底，串通〔联〕了 28 人在熟田庙开会起义，并竖起红旗招兵和进行秘密宣传，不到半个月就由 28 人发展到 130 多人。当时成立了一个大队（宋金山任大队长），下设二连六排，第一连连长由宋金山兼，第二连连长由严仁秋担任。第一排排长罗田锡，第二排排长温训房，第三排排长温训银，第四排排长谢笔财，第五排排长黄金标，第六排排长谢积盐。他们成立组织后，便在树木茂密的山上及下山附近打土豪、地主，把地主捉到山上后，要他罚款，打到地主家中时，把他们的衣物钱财没收，一部【分】现金作扩大武装用，大部分东西分给贫苦工农。因此得到当地贫苦工农支持与拥护，群众经常把地主情况反映给他们（注：宋金山在土地革命时病故，严仁秋因未跟上北上抗日红军，以后〔后来〕在家自缢死了）。

二、几次英勇的游击战争

1928 年 12 月在瑞金大陂里（大柏地）的麻子圳，"青党"（国民党）刘士毅一个师跟"产党"（共产党）朱毛领导的一个团打了一次大仗①，结果"产党"以少胜多〈的〉打败了"青党"军队，缴获了很多枪支。以后〔后来〕有人问刘士毅说："你的军队比'产党'多得多，为什么反而会失败？"刘士毅死不服进棺材地说："因为我跟朱德、毛泽东过去是同学，所以就让他【们】一着。"红军在这次获胜后（12月），从瑞金路过长胜。红军过后，大路边的墙壁上出现很多标语，如"共产党打土豪分田地！""千户不相连，万户欠我（们穷人）钱，穷人跟我走，月月八块钱"。这些标语口号给人民带来了希望和力量。但红军只从宁都经过，以后不知去向了（即从宁都过后到哪些地方亦不详）。

1929年春秋之间，农民兴起了抗捐、抗税、抗租、抗粮的高潮。这年11月红军第四军又从瑞金、会昌挺进到宁都城。这次红军一来，就深入群众了解谁是土豪、地主、富子（有钱人）；了解后，它就带着贫苦工农打土豪劣绅，把他们的财物没收过来分给穷人。这时绝大多数的贫苦工农都在红军的鼓舞下，都拿着柴刀、鸟枪、梭镖、土炮、马刀等武器，到处打土豪地主，闹得轰轰烈烈。但也有个别眼光短浅的胆小的和受到地主"有朝有日我们会扣你们（指农民）的舌筋"的威吓而怕参加斗争。

在农民暴动中与红军的宣传鼓励下，农民的武装力量有了很大的发展，各乡村都成立了游击队或赤卫队。1929年12月，黄石贯与长胜地区的游击队和赤卫队共1000多人，围攻躲藏在固厚的回龙寨的靖卫团（严渭臣领导的）。当时我们用鸟枪、土炮、马刀和几支步枪进行了两天的围攻。靖卫团因见农民越战越多，此地必难久守，开始突围，落荒而逃，还剩下一些东西。这次打死它一个王

---

① 1929年2月10日，农历正月初一，毛泽东、朱德率领红军在瑞金北部距县城约六十里的大柏地诱伏刘士毅两个团，这是红军下井冈山以来的第一次大胜仗。见中共中央文献研究室编：《毛泽东年谱1893—1949》（上），人民出版社、中央文献出版社1993年版，第284—285页。

排长，我们没有损伤一人，敌人逃到草鞋岭上去了。

1929 年 3 月（？）各村各乡的游击队和赤卫队 1000 多人，在欧底跟叛变了的躲藏在土围子里的黄镇中的靖卫团（有 200 多人）进行战斗。我们重重把土围子包围住，以后我们从山腰打地洞和用"土地雷"（"土地雷"是把棺材装满土硝，伸进到挖好的地洞中去），把土围子的围墙轰倒了几丈，我们就一拥【入】而冲进去了。敌人就边打边退，退到河边时，敌人无路可走了，结果敌人在河中淹死了很多。我们缴获〈到〉很多地主藏在土围里的财物，以后〔之后〕黄镇中带〈到〉残兵逃到【了】云石寨（时在 1929 年 5 月）（？）。

1930 年（？）七、八月间，我们的游击队和赤卫军有 1000 多人，又〈进行〉围攻云石寨黄镇中的靖卫团（有 200 人左右），这次共围攻了四五个月。当时敌人因粮食没有了，他们就用虚守的恶计（把子弹丢在火堆里烧，一烧就爆炸，好像有人在放枪；同时在火堆旁边又做好了很多"假人"，作为守兵。另【一】方面他们用布匹做绳索，一个个的从悬崖上吊下去而逃走），〈而〉从围攻力量较薄弱的悬崖上逃走了。以后围了一段时间时，寨内一枪不响，毫无动静，我们才发觉敌人逃走了。这次虽未打死打伤敌人，但缴获了他们很多财物。黄镇中从此逃到福建山上去了，直到 1939（？）年 9 月，红军北上抗日后，他为白军打先锋回到宁都。

1931 年 12 月（即赵博生同志"反水"——起义后），严维伸（渭臣）所领导的靖卫团军队上翠微峰山上了，由于各地游击队、赤卫军配合红军独立团（朱德同志领导的？）围攻这山头（这【时】赵博生起义军一万人多已调到瑞金编入五军团了），直到 1932 年才攻下来，把严维伸（渭臣）活捉了。我军是这样把它攻下来的：这山头，有二个〔两座〕相距不远、又高又险要的黄竹寨（即太阳山）和斜面寨（即翠微峰），黄竹寨柴多而粮缺，斜面寨粮多而无柴，敌人用布搭起"天桥"，把二寨所多余的柴粮互相从布桥上交往接济。我军围攻几个月后，就用石匠在石壁上凿眼，木匠就装木横档，群众就搬运木头，这样很快就搞好了能上黄竹寨的梯子。我军就从梯子上攀缘上去了，这山头被我【军】占据了。这时斜面寨的敌人，看到我们越打越多、越猛，同时他们因被困很久而失去了一切供应，结果敌人有很多人"反水"（起义、投降），这样很快把敌人打败消灭【了】。

1932 年在黄石、长胜一带，由郭金伦（在跟红军北上抗日的路上得病，于 1934 年 12 月回来了，他回来后，地主对他进行严刑酷打，如用线香火烧，把他的皮肉打烂后，再用蚂蚁咬。他以后在牢狱中挖洞逃出来了，〈他以后〉躲在山里隐蔽，解放后曾任长胜区工委书记，今在南昌学习）和孙文彩二人组织了"少共国际师"的一个连（长胜县），郭金伦任连长，孙文彩任政治委员。以后奉上级命令，把这一连人带到瑞金正式编入"少共国际师"，成为正式长征红军。同年，以城乡工人、手工业者为主，长胜县又成立了"工人师"的一个连。又以贫雇农为主，成立了"模范师"的一个连。这三个连都在同年（1932 年）带到瑞金，分别编入"少共国际师"、"工人师"和"模范师"，成为长征红军（"工人师"与"模范师"在长胜县的领导人不详）。

长胜县、博生县与彭湃县的游击队及赤卫队以及广大人民群众配合红军，〈曾〉进行了五次反围攻的斗争。第一次是在 1928 年的麻子坳，第二次是在 1928 年的东黄陂。第三次是在 1929 年的兴国龙冈，这次我们获胜后，游击队中流行几句歌谣："龙冈活捉张辉瓒，富田捉到龚炳寰（公秉藩），我红军追到水南"（"炳寰"二字不知是否如此写）。第四次是在 1933 年的福建沙县与洋口地方，第五次在 1934 年（五次反围攻的时间、地点、战争情况老同志不详记了。同时，1934 年的高虎脑战役也未谈清楚）。

5.1934—1949 年长胜县人民继续坚持对敌斗争

1934 年八、九月间，一方面因为白狗子〈用〉层层紧逼、步步为营与用"坚壁清野"的碉堡战和"左"倾机会主义在军事上的错误，另【一】方面党中央为了抗日救国，开始从宁都、瑞金、长汀冲破敌人的包围而北上抗日——长征。当红军离开宁都时，毛主席为了掩护红军北上抗日与保护老百姓而留下了一个师的红军。临走时，毛主席对留下打游击的红军和老百姓说："同志们，你们留下来打游击和保卫老百姓，以后我们抗日一定胜利，胜利后我们会来迎接你们。"又说："同志们，我们军民要坚决抗日，最后胜利一定归我们的。"红军离开宁都而北上抗日时，干部流泪送别，老百姓依依难舍，并问红军"你们什么时候归来？"

当红军撤退时，白军赶上了朱总司令。这时朱总司令穿老百姓衣服和步行，白军不认识他就是朱德，白军问朱德说："朱德往何方去了，走了多远了？"朱德同志从容不迫、神态自然〔若〕，机智地说："他过河去了，骑马的人便是。"结果敌人真往朱德同志所指的方向去了，他就因此脱险（这不知是否真有其事）。

一、红军走后，白色恐怖罩满苏区

红军离开苏区而去北上抗日后，国民党反动派就尽其能事的〔地〕、惨无人道的〔地〕大肆屠杀、抢掠、勒索、迫害。当地的地主恶霸在联保办事处的支持与纵容下，向农民"倒算"反攻，要农民在十年土地革命中所种的田，要逐年的〔地〕利上加利的〔地〕交地租，要农民的土地和耕牛给他。把老同志的家产没收，房子放火烧掉，因此迫得很多老同志老婆儿女饥寒交迫、流离失所，讨饭吃。如果把老革命同志捉到后，就施行严刑酷打，使用一些惨无人道的恶毒刑〈法〉罚把他们慢慢弄死。如封建恶霸张事伟把老同志郭志说〔述〕的四肢用大铁钉钉在门上和割掉他的耳朵而弄死了。

又如地主恶霸张和愉把老同志张事诏的肉一块一块割下来，除把肉割给喂狗外，还要迫着【张事诏】自己吃，结果【张事诏】被弄死。他又把张搭毛孜的 10 个指头斩掉，使他流血而死。地主用罚款方式，霸占老同志财产或强占老同志的爱人，或迫老同志给他做长工；骂老革命"老土匪"，骂老革命的爱人与儿子"土匪婆"与"土匪子"，迫得老同志全家不能抬头说话，任他侮辱打骂；又经常进行"清乡"，搜查老同志的革命文件证件等。这【些都】是国民党反动派欠下人民的血债。

二、坚贞不屈的苏区人民继续对敌斗争

苏区人民决不会因为敌人的残暴与迫害而停止〈自己的〉对敌斗争，更不会因为敌人残忍而害怕革命斗争，相反地，他们越残暴，人民的斗志越坚强。这从下列斗争史实可说明这【一】问题：①红军北上后，由各地各级干部、游击队、独立营联合组织起来的二十四师，〈便〉坚持斗争了几年。② 1934 年 7 月，长胜县党委便在黄石贯召开支部大会，会上洪名贵（县委书记）对党员干部及党员群众说："如跟不上红军，我们就组织游击队继续对敌斗争到底，几年后，我们的红军一定会回来的。"会后，党员同志就在黄石、长胜等地发动群众，又成立了一个独立营（有 2000 多人），进行打游击、杀地主。这年古历十月初十日一晚就杀了反革命地主 81 人（独立营领导人忘记了）。③ 1934 年长胜县由黄石迁到固厚的米藤背，继续领导指挥人民斗争，同时派崔家信（今在本地工作）到长胜、田头、黄石 3 个区进行宣传，组织群众继续战斗。在老历九月二十六日在田头的迳头村祠堂里召开群众大会，动员组织群众跟张事政组织的反动"大刀会"斗争。正开会时，有人说国民党反动军来了，于是这次又冒雨迁到黄石的山子围下继续开〈会〉，当时有县、区、乡、村革命干部 300 多人参加开会。会后曾派了些人出去放哨，但有些人动摇而逃跑回家去了，结果只剩下 50 多个党员干部跟 1000 多反动"大刀会"在鱼尾巴〔坝〕战斗（老历九月二十七日），因多寡悬殊〈太大〉而被敌人冲散了（这次由崔传祥同志领导）。以后这 50 多个人，有的回家了，有的被杀了，有的逃到瑞金铜包山上去了，当时铜包山有几千游击队【员】坚持斗争了一年多。游击队的粮食都由山上山下老百姓偷运供应的。④ 1939 年 10 月，黄石的屋背窝（国民党乡公所），宁都伪县府开来了一连国民党军队来这地方征兵。有天晚上，郭信芳、郭计书、郭学员 3 人就买了一只鸡、一坛酒、十只碗，发动二十多人喝血酒，作为同心协力把这一连反动军搞掉，以后就一传十、十传百地发动了千多〔余〕人参加，晚上每人拿一火把，带了几把土炮，喊杀连天地包围了伪乡公所，吓得他们发抖，不敢开枪。但以后因当地封建绅士的阻拦而休兵了。⑤ 1947 年 11 月在长胜鱼村乡，伪乡公所派所丁到这地方抓丁，有十几个壮丁事先埋伏在路旁，叫一声"打！"大家跳跃出来，杀死了 2 个所丁，逃走了 2 个。⑥钟民同志（已逝世）在福建山上坚持领导打游击四五年。以上这些事实都说明了苏区人民的英勇斗争精神。

6. 罗镇中、严锡振谈长胜县革命斗争情况

民【国】二十二年在黄石开过县代表大会，讨论扩大红军 17 个子①，每乡几个来参【加】。

黄长生△（上坊）、张华（上坊）、郭家有（坝底）。

民国十九年，黄才梯在红军朱德部下当排、连长，回到长胜来，协助政府打土豪，搞革命运动。至民国二十年三月间反水，带有〔了〕30 多个人，后有 100 左右。三十五军五月〈间〉就追，黄才梯被困进土围，五月初四打下，黄才梯逃走；十月间被困到云石寨，至民国二十一年二、三月间下【山】逃跑，出洞，到南丰、建昌、宜黄地区活动，带出好多地主。

---

① 原文如此。

（严卫臣【民国】二十年10月上斜面寨，至【民国】二十一年11月间才被困下来。）

民国十九年江巨川被杀（严卫臣部队进攻）。

固村、边斜、黄石贯、琵琶城、大雅坪、里迳、欧阳底土围、赖坊云石寨。

固厚严笑聚，长胜田头袁风山，瑞林区刘宽坤，游击队长，队员百数人，七八十条枪。

民国十七年八九月，起初，田头有个江巨川（宁都西门人，【民国】十九年在固村被杀）在田头饭堂咀教书，在宣传共产党革命，秘密开会。他告诉我，入党后到处都有饭吃！他说俄国有共产党，入党后就能做官，他介绍我入党，我给他送信，一次【送】到洛口办事处，当时江巨川在当老师。当时先在开会的有曾承德（江背老师）、刘挺善（老师，还在，地主）、崔达源（学生，在宁都【当】书记是毕业生）。〈我送信到洛口办事处，杨屋祠堂教书的。〉当时活动情况不明，只是不会吸收外面嘴多的人来参加。下年（【民国】十八年）九月我们假装收租到洛口去开会，走至宁都流芳脑①，就碰到有〔一〕个人（刘传义，待定，南布人），〈说：〉叫我们不要去，在洛口有人捉共产党。以后我们就没有去。回田头，在田头有王坊温廉铨老爷，带人出来捉，除江巨川（藏在宁都〈外，〉）和我本人没有被捉（因我面子上他们不知道）外，其他人都被捉去。用〔交〕钱后释放，承德用去100多元，【也有用了】几十元光洋的〈都有〉，看家庭情况而言，当时有部分人还写了自新书〈，被追散后，就没有说这些话了〉。

【民国】十九年冬〈有〉红军十二军（罗炳辉的军队）来后，我们原来这些人就接头（刘挺善等），来后静〔净〕是叫我们小姓的人。以后就叫温勋堤当主席（他大姓），建立田头苏维埃政府，

---

① 流芳脑，应为"流坊堖"，后文写作"流坊堖"。见《江西省宁都县地名志》（内部资料），1984年版，第331页。

（先是琵巴〔琶〕城打土豪，先四五天成立政府，温勋堤主席，赖公秀土地委员，温升财政委员，马公子赤卫军队长（带去打土豪），温暂墜子（土地委员）共7个人。当时十二军有个政治委员（×××）领导，当时有办事处主任（12月初三成立政府）打赖运宝、温立万、陈安、世球等很多家的土豪；十二军（【民国】十九年正月初）就走掉（钱为〔充〕公，谷叫群众随便去挑），没收他家的财产，当时地主逃跑，藏起来了，带动农民去打土豪，许大家想，认为有钱的就打土豪。[①]

管辖田头、渡头、果子园。当时没有分阶级，谁调查【到】有谁，就去打。△田改为长胜管（长胜县仁平区苏维埃政府），设回龙庵下，管车头、田头、高沙、对坊、赖坊、白沙、琵琶。民国二十年六月十几孙连仲的伪军来了，各地的政府被追散。孙连仲的兵（400左右）在宁都，当地豪绅地主马上组织靖卫队、守望队，与我们为敌，经常来劫政府。后我们就退进〔至〕瑞金江西、渡头。当时守望队、靖卫团有严卫臣、黄镇中、温拜扬，大雅坪张四维、黄石贯郭清辉、温老三，渡头邓观雄，长胜严卫臣（守望队），严卫臣是靖卫队，黄镇中的也是。老革命同志的被子都放在面前，当时敌强我弱。

改仁平区几个月后，改长胜区，迁田头改田头区。

【民国】十九年12月时长胜成立仁平区，改田头区后有13个乡，长胜又为田头管。于【民国】二十年11、12〈时〉长胜又开区。从此〈起〉固厚、固村、黄石、对坊、葛藤、竹窄等地都随着改为区。当时各处还有靖卫团、守望队劫队、乡政府。竹窄×区，郭志塱（党支书）被守望队杀死，后改志塱。以后各地赤卫队调起来，将黄镇中困上云石寨，经过3个多月困下来了，以后各处的政府就更安全了。

民国二十一年4月我到中央开会，见毛主席，开展查田运动，

---

① 原文如此。

查阶级（并非插牌再分田）。以后中央就号召要扩大一百万铁的红军，中央来了一张红星（像报纸），说我们有60多万了。长胜在7月间就划县，银坑【划为】胜利县，宁都划为博生县。

长胜县开办查田运动、军事、工农监察训练班，以后就整连整排开到前方，一定要扩大一百万铁的红军。11月就去前方去了，在瑞金补充师，住头20天，开过宁化；由于 × 打沙县，捉到伪师长卢兴邦；以后开回来打泰宁，带花后进医院，治好后，8月出来后就北上。民国二十三年9月30日红军开始北上。

长胜县〈所〉属〔辖〕长胜、固村、对坊、葛藤、田头、瑞林、黄石贯七个区，成立区后下设有乡、村代表。保护县的有琵琶城袁凤山，有几百【条】枪〈还在〉；铁树圳有严英遂，有两三百【条】枪；县有直属队，一百多【条】枪。凡属五六十户就有个乡，很多。

主席朱开铨、副主席赖公秀，至【民国】二十二年11月朱开铨调会昌任主席，我即调前方营里当文书；接着，主席谢荣燕，副主席曾 ××（葛藤坳人）。当时政府有军事部、裁判部、（有支库）①、总务处、教育部、工农检查部、保卫局，有四五十条枪，局长刘立朱（兴国人）。县委一任书记洪名贵（兴国或宁都人），县委有组织、宣传、教育部、青年团、儿童团书记、工会。

县委住在黄石贯屋背，裁判部住土围底，保卫局住油△岭，高陂塘住县政府。保卫局各区〈分〉有特派员。当时的主要工作任务是扩大红军、查田运动、实行统一土地税，查田运动上划阶级取经济。

打土豪、分田地、取经济，【甄别】当时哪些人是土豪，哪些人是劣绅，搞反革命斗争，发动群众。

各部门搞各部门的工作，没有合作，经济犯为裁判部【管押】，政治犯为保卫局管押。罚款为公，生活资料归群【众】，搞划阶级

---

① 原文如此。

时群众很热烈，就怕当兵。〈散给群众较多。〉

到瑞金开会，毛主席著查田运动指南，与各户算细账。划土豪，不劳专剥削，不管人多少，都雇工耕田；划富农，反对富农，以类次罚款取经济，〈这里根据〉有〈一〉部分剥削、〈有〉部分劳动，就划富农，雇工耕田，东西不分，田会分掉；地主无田分，开荒田，自食其力，富农分坏田；劣绅是姓氏间的族长，专有势力，做中人，穿长衣吃饭，划劣绅（等于恶霸），杀劣绅。

【管英】民国二十年11月在田头当区长（区是早就成立了），以田头为中心。田头区工作做得好，田头、渡【头】有两个模范营，每村有两班（十至二十个人）赤卫军；少先队、儿童团负责查路条，组织人数不明；另有组织妇女队。

当时共产党有十大纲领：1.打倒帝国主义；2.肃清地方一切反动武装及反革命分子；3.没收外国资本企业和银行；4.没收地主阶级的土地，耕地为农；5.打倒豪绅地主；6.取消一切苛捐杂税，实行统一土地税；7.联合全世界无产阶级，团结起来；8.实行男女平；等【等】。

当时对知识分子是隔离性的，认为他们【在】地主面前能进脚，而农民面前又逃脚，这样就放弃了他们。

党在各乡有支部，全片地区都属十二军，来后才成立乡政府，各地党支部都是随着乡政府建立才有（田头书记曾省三，已故）。

民国十八年10月间，联〔苏〕维埃政府还未成立时，有廖彬红军在黄陂，靖卫团在黄石贯。红军下，靖卫团是上，路中相遇就打起来了，靖卫团败到王坊，被红军追到琵琶城。当时严卫臣共有三四百人、三四百条枪；廖彬有100多人，打败敌方300多人，半夜打至第二天吃午饭，两方只伤无死。廖彬部队在田头住两天后，开往固村；江巨川在廖彬部队中当政治委员。

民国二十二年县成立鼓励离队开小差的归队运动委员会，开办训练班、开展查田运动、收缴地方武装、肃反、扩兵、取【消】富农经济。

第五次【反】"围剿"提出"有我无敌，有敌无我，没有子弹用牙齿咬他两口"。

【民国】十八年3月到赖坊没收当铺起先。【民国】十八年冬各地由十二军部队下来建立政府，组织赤卫军，开始打土豪、分田地。先登记土地，按分田原则进行分田。当时政府不很稳定。

【民国】十九年正月初三，瑞金上来个肖保山，带赤卫队、政府人员等，到大柏地打〈掉〉厘金、卡子，当场消灭。【民国】十九年6月被孙连仲追散。

【民国】十九年10月，宁都赵博生反水。各地建立了巩固的政权机构，继续开展查田、分田，地富、地主割去的谷夺回来，分给农民群众；打土豪，做肃反、妇女工作，宣传剪发放脚；开办学校，进行文化教育。建立政府两三个月，就进行扩兵，自己运动，初少，后多，【开展】文娱活动等，组织文工连。

【民国】二十一年4、5月间召开查田运动大会，区长、各乡乡长以上的会议。会议开3天，由毛主席亲自作报告。在瑞金叶坪召【开】会议，有一祠堂人在。毛主席说，组织临时查田运动委员会，宣传群众、发动群众、反映情况，是查阶级，不是插牌子分过田。复查开始，像土改一样，轰轰烈烈，长继〔期〕地搞。

民国二十一年冬至二十二年春，〈就〉鼓励开小差人员回队。扩大红军，任务重了。【民国】二十一年夏季，中央提出要扩大一百万铁的红军。【民国】二十二年就以扩兵为中心，离队、转业者全部归队，一直至〈到〉民国二十三年九月北方〔上〕。

村以上至县代表，以选举产生，以拳头表决。村选乡主席、乡代表；乡选区，区就选县，人数不明。一年半至两年选一次，代表会三个月一次。当时党委组织没有挂牌子，村有小组。

自民国二十一年后地方反动武装肃尽，大多数逃广昌、石城、福建边界去了。

7. 郭承芳、郭志金等谈长胜县的成立及其组织机构情况

郭承芳，高坑主席，后到过东龙、马头；郭志金，对坊模范营排长；郭家钟，中塘人，少先队□□；郭学桔，黄石贯人，加入工会；刘安太，陂塘脑①乡人，先当交通【员】，后任队长；黄宜发，黄石乡儿童书记；罗云△，中塘乡主席；邱全富，乡代表；刘安宜，中塘儿童书记、团小组长；郭志堂，黄石乡儿童团团员。

1933 年八月十几日，成立长胜县，地址在高陂塘。县委设在屋背窝，书记周金（湖南人，中央派来的和老县拨来部分人员来），大约共 20 余人，内部【设】组织、宣传、妇女部，设有 1 个文书，宣传部有部长，有 3 个干事；组织部【有部】长，有 3~5个【干事】；妇女部有部长，有干事共 3 人。〈周金、洪名贵（江背洞、兴国人）。〉

县政府，首先由朱开铨来该县当县长，二任谢荣燕，副主席曾广堂；财政部，部长云田寨人，七八个【人】；教育部部长廖清，七八个【人】（下同）；军事部部长△△△（瑞林人）；内务部，部长袁凤山（琵琶城人）；劳务部，□□□（葛藤坳人）；裁判部，部长罗镇中（设土围底）；保卫局，局长刘立珠（宁都坪头寨人），100 左右人，全部有枪；土地部，部长□□□（外地人）；工农检查部，部长　　（×××）；粮食部，□□□；总务处，处长邱克华（对坊王泥坑人）；收发处刘才澎（均田人，还在）；县少队部，队长王其庭，三四个人。

---

① 陂塘脑，应为"陂塘垴"，后文写作"陂塘垴"。见《江西省宁都县地名志》（内部资料），1984 年版，第 311 页。

少共县委（设在罗背窝），书记△。

长胜县管辖黄石、对坊、长胜、田头、葛藤坳、瑞林、产田、固村八个区。

黄石区的乡：竹园、邱坊、中塘、大岭、江口、璜村、黄石。

对坊区的乡：对坊、彩江、坑塘、均田、扶洲、风打树、鱼青、王元丘。

1930年长胜就有了区政府，十二月，由区主席肖保山（瑞金人）到黄石贯各地建立乡政府。黄石贯当时由王兴龙（钢臣，宁都人）、郭承锡（土围底人）到长胜去接头，带了红袖子下来，就算接了头，转来后就召开雇农会（头苦的人）。瑞林寨、产田地区先红，建立政府是我们这个地区，建立带头、瑞林，产田1931年才正式成立乡政府。

工作开展是对坊、带头，先打地主、打土豪。1930年十二【月】〈间〉打土豪打错了。以后各地都暴动起来了。工作也发展得更快，对坊建区最早。

1929年四月间由部队先打了部分土豪（由长胜下来）。1930年冬建立政府后，就开始打土豪，进行向有钱人捐款①。1931年八月间，〈就〉开始调查土地，开始划成分，十一月开始分田〈。1931年八月分完田后〉，1932年正月完成。二月宣传扩大红军，实行优待红军家属。1932年到处组织少先队、赤卫军、模范少队、模范营、耕田队、慰劳队、洗衣队，妇女各级有干事。1933年以后提出扩大百万铁的红军，专做扩军工作。1934年九月初七，出洞②，北上抗日。九月二十七日伪守望队、义勇队就来到地方上。

1931年三、四月间，随着政府建立，就开始建立党团组织。先是秘密活动，开会全是晚上（工作同志来介绍）。

1933年就公开入党、入团，公开活动。先侧面调查情况，填

---

① 捐款，这里是"派款""罚款"的意思。

② 出洞，方言，意指"出发"。

表，经过人介绍后，就入团、【入】党，介绍关系。党团起骨干作用，党团会经常在一齐〔起〕开会，经常会进行出演、检查，交团费，一个铜板。

还有加入互济会、反帝拥苏会，都要经过介绍手续。

8. 李文生谈长胜县革命斗争情况

1929 年一月初二日，红军经过长胜，五月起政府，后守望队又回来，6 个月以后又成立政府。长胜县长朱开铨，区乡苏维埃主席时调换，区苏主席先是潘定祯，后是潘固执①。区是分土地、内务、检察、财政、裁判〈……〉等部，区有工会，当时称职工联。

贫雇农成分才能加入共产青年团，要填表，一个介绍人，支部批准，报区、县。少共书记蓝胡根（瑞林区人）。地、富、反革命不能加入少先队。中共区委书记廖辅明，长胜乡支书廖金山。入党要一个介绍人，填表。

分田以前要查田，没有丈量，凭口报。无地主、富农之名称，只有土豪劣绅。每人分田 5 担。

乡、区有游击队，扩大红军一百万时，有赣东独立师，师长杨子宾，有 800 多条枪，1000 多人，到处打游击，没有固定的司令部。在瑞金九△与反革命军队打了一仗，反革命军队打了一些枪，打了一些土炮，一小时后打败了反革命军队。后来、赣东独立师派一连人（连长是湖南人，政治委员姓刘）到长胜县政府所在地黄石贯运弹药，在车头与黄匪镇中打了一仗，其时黄匪在车头搭台开大会，群众说红军来了，于是黄匪即打火，我方伤亡很大，连长和刘政治委员骑马走脱。

---

① 潘固执，应为"潘固铭"，后文写作"潘固铭"。见《宁都文史资料·第 7 辑》（内部资料），1992 年版，第 45 页。

陈诗焕，原上坊人，49岁，当年的村代表，现任生产小队长。

1929年十二月初十（古历），红十二军（罗炳辉）来到长胜，打土豪四五家，分猪肉、谷子给群众，写标语，做宣传。十二月份成立区乡政府，村有代表。

1930年开始分配土地，在分配土地之前，进行了查土地的工作，统计了人口、土地〈人口〉，每人平均分配。上坊村每人可分1.5亩（6担），是在1931年进行分配的，当时地主、富农都分田。地主、富农得坏田，中农的田多的须抽，少的不补。当时的阶级主要的有土豪、劣绅、富农、中农、贫农（地主这名字没有用，雇农很少）。

分配土地后，即进行查田、查阶级、肃反的工作。查坏人是支部决定，区裁判部批准，开公审大会，处决。1933年（？）开始肃反，公开的、暗藏的都查。查阶级和肃反是在一起进行的，此地没有杀AB团的事。

1930年（？）成立区乡政府，村设代表，1932年村代表改村主席，组织儿童团、少先队。1931年（？）毛主席提出扩大红军百万的号召，组织动员、宣传的工作，特别是动员妇女送郎参军。

1933年（？）宁都划县。

1934年上半年地主、土豪、劣绅、富农的家属（男子）到前方去抬担架、运输、挑担。

1934年有赤卫军（30—40岁）、模范营（25—30岁），模范营有许多（？）经过补充团一个月的训练后，便编入红军正规军开往前线。地方治安由赤卫军、少先队、儿童团维持。在1934年以前有游击队，每区、乡的游击队有一半是有枪支，一部分是梭镖、土枪、土炮。

1934年红军北上前，我们每区都组织有游击队，全县共有四五千游击队员，几省共有几万人，和国民党战了三四年。白天在山上，晚上下来打敌人的堡垒，领导人是项英。

1933年三月底我们还捉到许多（？）地主、富农、反革命分子，黄镇中从车头、田头那边冲过来，天亮时赶到区政府，把我们的人员打散，捉走了敌犯人。

1933年（？）五月把黄镇中困在欧底，打了3个多月，最后用挖地道，打土硝炮炸开一个大洞口，黄匪往【外】冲出来，逃往云石寨，在此被困，黄匪在天黑时又用小绳从后背山吊下来逃往广昌等外县。当国民党军回来时，黄匪便以国民党什么团长（十九团吧）回来，后来又当国民党的三十三旅旅长。

（夏培沅整理）

（二）长胜县各区革命斗争调访资料

1. 葛藤区革命斗争史料（1）薛慧元整理材料

一、政权建立和政权组织

1929 年正月初三红军由葛藤经过。沿途墙上贴着【的】标语写着：“万户欠我钱，千户不相连，穷人跟我走，月月八元钱。”1929 年 5 月，由葛藤的陈以和、肖伦修（别名肖金山）、熊上山 3 位同志召集农民开会，会议决定到瑞金△坑去和陈金标、肖保山、苏爱珍接头。5 月，在葛藤坳成立农民协会，农协主席肖金山，文书陈以和，财粮部熊上山。同时成立赤卫队，队长邱风山。1929 年 6 月葛藤坳成立乡苏维埃政府，乡主席肖金山，文书陈以和，粮食熊上山，财政邱风山。1932 年（？）成立葛藤区政府，区主席邹运文，土地部长郑文生，财政部长曾子文，少队部长罗福兴，工会主任温永龙，裁判部长黄山中，特派员严永员、肖风金。这时葛藤乡主席杜有何，支书余金标。

二、党团组织

1931 年 2 月，罗军长部下的事务长包宁同志介召〔绍〕陈以和参加共产党。支部书记陈以和，组织部雷振昂，宣传部熊上山。内有〈十个小组：〉新屋下、元坑、丰坑、礁头尾、百胜坑、上蕉、龙坑、丘田、里迳坵布河背①、增娄共十个党小组。1931 年 4

---

① 原文如此。

月支部书记由杜贺贤担任。1932 年葛藤成立中共区委，区委书记黄风池，副书记王德山，组织部刘共升，宣传部邹金发，少共书记王良森。

三、反动派对人民的摧残

1930 年 6 月，下斜坬的土豪勾结严渭成[①]杀害我革命同志崔△传柏，烧毁陈以和、邱风山等同志的房屋 16 间，第二次戴坊地主刘盛俊勾结严渭成烧毁葛藤街道全部。1930 年 11 月间瑞金九保[②]山河坅地区和反动王立先、钟运标等部队联合围攻葛藤坳苏维埃政府和游击队。我们政府只好秘密工作 2 个月。

红军北上后，反动派烧了房屋共 40 间，山林被烧毁，农具不计其数，被吃耕牛、毛猪、鸡鸭甚多，粮食 1120 担。许多革命同志逃亡外地，许多同志被罚款。

（整理者：薛惠元）

2. 葛藤区革命斗争史料（2）邱以平座谈记录

邱以平，苏区时任过葛藤区主席。

首先没有红军在我们地方时，是鸦片战争，当时是北洋军阀，在各处写款，经常发生冲突，到各地收鸦片、捐款，资产阶级雇军伐〔阀〕部队收款，扰乱各处地方，老百姓很残〔贫〕苦〈，闹〔各〕地区姓氏经常打闹〉。

---

① 严渭成，文中又写作"严渭臣""严卫臣"。
② 九保，应为"九堡"，后文写作"九堡"。见《瑞金县志》，中共文献出版社 1993 年版，第 87 页。

至 1927 年正月一日，红军在大柏地打胜仗 ① 写出各种标语后，群众穷苦的就议论，很喜欢，说朝点线香、夜点灯【地】在盼望。

1928 年没有动静。至 1929 年 5 月间首先是听到瑞金县肖保山（焰坑人）成立了游击队，当时的消息是说前年有红军由这经过，写了标语。现在各地都在组织游击队起义，如果不成立政府的话，说红军会来打。当时情况也是这样，因为当时各处都芬芬〔纷纷〕组织部队，情况〈当时〉比较乱杂、紧张一些。又看到游击队会打些土豪，同时标语上写的是：万户欠我钱，千户共相连，穷人跟我走，月月八元钱。因此，地方部分有钱又不算【太】有钱的人就〈会〉商议，为了保障安全，防止扰乱，就派出或推荐出贫苦的农民去接头。当时去接头的是葛藤肖金山、陈以和（地理），于 1929 年 5 月间到"焰坑墟"与肖保山（游击队）接头后，村连村的〔地〕建立农民协会。当时葛藤坳就先成立农民协会，〈任〉主席肖金山，文书陈以和（现还在，住赖田），由他两人到各村去进行活动，上焦、丘田、刘坑、龙坑、磜头尾、杨梅坑、大坑、新开岭、虎爪、严坑、半坑、八珍坑、赖田、山塘、陈屋迳等各村都建立村农民协会。村农民协会有〔由〕村主席、文书二人负责工作，【最】初几个月没有什么工作，下面也不知道怎样做。建立农民协会的同时，葛藤坳建立了游击队（20 多个人），各村〈就〉组织了暴动队，防止靖卫团来扰乱。当时附近不接头的村，就去打他（如打了对坊）。农民协会的经济来源是向有钱的派款，还没有阶级斗争。

1929 年 9 月间，葛藤坳〈就〉称乡政府，各村〈就〉改为村政府。在 9 月尾，里迳、老和乡政府建立。〈于〉10 月〈间〉，〈葛

---

① 1929 年 2 月 10 日，农历正月初一。毛泽东、朱德率领红军在瑞金北部距县城约六十里的大柏地大败国民党的刘士毅部队。这是红军下井冈山以来的第一次大胜仗。见中共中央文献研究室编：《毛泽东年谱 1893—1949》（上），人民出版社、中央文献出版社 1993 年版，第 284—285 页。

藤坳〉由廖彬（可能）指示在葛藤坳成立区。三个乡的区政府、各村临时选代表，各乡干部到葛藤坳开区政府成立代表大会（〈大约〉有 80 个〔人〕），廖林〔彬〕游击队都在。会议开了 3 天（准备开 7 天）。在 3 天会议中由廖彬作报告，内容是：告诉大家要巩固政府，扩大地方，号召大家站稳立场，资产阶级是死对头。开 3 天会后，瑞金靖卫团钟运标、王立先带领他【们】的兵由寺背〈就〉来，想到葛藤坳来劫代表会（说我们"土匪"）。靖卫团到里迳时，我们得到了消息，以〔然〕后我们就发动各村暴动队，和廖彬部队会合到里迳来抵抗敌人，在里迳打了一仗，我们失贩〔败〕了，〈打〉伤了〈我们〉3 个（1 个廖彬部队，2 个暴动队）【人】。靖卫团就在里迳、焦溪烧房屋，共打了 3 天，最后一天我们打胜了，敌人走了，捉住靖卫团 3 个〔人〕杀掉。

我们都叫靖卫团是"靖卫狗子"。廖彬的部队〈就〉转回葛藤坳【后】，会议被追散，没有结果。11 月时，钟运标、王立先的靖卫团由磜头尾、寺背一片又来进攻葛藤坳，廖彬部队与敌打了一仗就〔后〕撤回桥头。

当时政府被追散，有的干部藏在家，有部分干部跟廖彬走到桥头，想联系桥头看势行动，但没有做出主张；12 月又回到葛藤坳来，看当时情况不好，于是随着移逃黄陂。而璜村在杀 AB 团，至 1930 年正月，廖彬在黄陂〈杀〉【被当作】AB 团杀了，〈并杀掉部分兵，〉以后廖彬部队就散了，有部分逃回葛藤坳来了。肖保山游击队还在瑞金边界活动，正月带 100 多人来到葛藤召开会，告诉大家不要怕，就重新成立葛藤坳乡政府，由洪元龙任主席，〈肖金山等有很多在，〉各村政府又重新建起。2 月间十二军就【到】瑞金来了，由这同志带有五六十个部队【人员】，专住在葛藤坳领导，开始查田，分土地，划阶级，打土豪，没收地主经济，向富农抽经济，打反动富农，一方面搞土改，一方面成立游击队。葛藤就建立了游击大队，这同志走时放〔留〕下了 20 多支枪，大队长余玉辉（山塘人）（20 个左右人）。1930 年 4 月结束第一次分田，1931 年二、三月间又进行复查土地，重新分土地，长续不断地打土豪。1932年〈就〉扩大临时游击队，经常外调去打仗，配合红军打。1932年冬〈就〉开始扩军，1933年整年完全是做扩大红军工作，正月提出了扩大一百万铁的红军。1933年八九月间还在扩兵，扩大地方游击队。当时有乡游击队、区游击队，1933年10月就编成黄、对、葛游击大队，只有30多个人，几条枪（四五支），都是区干部（乡还有游击队）。11月初，区乡游击队〈就〉合编，共有100人左右，在寺背、瑞林、曲洋等地进行活动，在山上躲藏，经常捉个把子菜买，打击小部伪军。12月在瑞金上田，我们碰到红军二十四师，配合红军在洋溪打了一仗，两方损失很大。后黄石调国民党兵来时，二十四师就往上田、江面、渡【头】撤退。我们游击队没有跟上去，〈叫我们还〉【因】要巩固地方而留下来了。打洋溪仗后，我们只有20多个人了（其他的人就藏的藏、散的散），于是就分组上山藏。当时还规定在中焦①大石下有暗信来往（当时还会开党会）。来往信件逐暂〔渐〕消失了，当时说3个月会转来，打洋溪仗后，就解释我们，说叫我们好好保养身体，不要散掉组织，十年以内不要靠我们……

当时我们20多个人分了4组。我和罗镇中、佐尚林在一齐〔起〕藏，首先〔分头〕藏在山上，晚间〈会〉接近。1934年5月间，我〈就〉烂脚不能走，罗镇中自己割〔刻〕印造路条与佐尚林往长汀方向去了，后因批死了路条，又转来在山上藏，3人会合。佐尚林后到葛藤坳打扮做篾【匠】往福建外逃，只剩下我和罗镇中藏在山上。7月〈就〉化装卖药出口，到横江、鲁至斜、福建方向去了。在福建地区会到了很多老同志，佐尚林也会集了，在那方面进行抗兵，至1937年冬才回家来。

1933年9月宁都县政府又组织了游击队，曾广塘都在，县委

① 中焦，应为"中蕉"，后文写作"中蕉"。见《江西省宁都县地名志》（内部资料），1984年版，第352页。

书记洪名贵。初组织游击队时，葛藤坳的游击队经常会调出去打对坊、大洲塘等地方。

1932 年 8 月葛藤划为区，管辖葛藤、寺背、里迳、葛磜、元坑、△坊、鱼青 7 个乡。

3. 葛藤区革命斗争史料（3）邱以平、黄炳辉座谈记录

黄炳辉，当过红军。

1927〔1929〕年正月初一日，在大柏地麻子圳红军与白军打了一仗，当时红军有 300 多【条】枪，由瑞金来。在 1926〔1928〕年十二月三十日（大年日）晚，就到了麻子圳采取夺蛇脑的办法，正面在大柏地，左右山上在麻子圳旁，从早上开始打，至初一日下午才结束了战斗。当时葛藤坳群众还不知道做什么，还说大柏地过年怎么打了这样多的爆竹，以后才知道是在打仗，说清党与【共】产党打。红军得了胜利以后，就经过葛藤坳往宁都方向去了；自这次以后，隔一年来的时间都没有什么动静了。红军在葛藤坳经过时，写了标语，说："万户欠我钱，千户同相连，穷人跟我走，月月八块钱。"当时还有部分农民秘密追着红军去当兵了。

1928 年冬或 1929 年春，红军由宁都听说是由黄陂方向又回到大柏地来了。开会宣传大家说：我们上次由这经过，打了一仗，难免会损坏群众一些东西，或货物，被损坏东西的群众来领钱，作为赔偿群众。这次有些群众就去领赔偿钱，特别是被那些流氓冒领去很多钱；在大柏地有一家大店，损失了部分货物，叫他去领，他不去，说不要赔偿，以后红军拿了一百元光洋送到他家里去作为赔偿钱；也有部分群众真的损坏了东西不敢去领赔偿费。

农民协会的组织是由瑞金地区一步步靠近接过来的，在大柏地

建立农民协会后，葛藤坳就接头建立农民协会，葛藤成立农民协会后，是称葛藤农民协会，各村还有农民协会。

到 1930 年葛藤坳就建立乡政府，在建乡政府时，是召开代表会议。正当我们在开代表会时，靖卫团的反动兵就来追我们了，会议开始中途结束被追散，于是我们政府就向外移逃。首先到宁都桥头，后到黄陂，在黄陂又在杀 AB 团，以后我们就又回到葛藤坳来，建立政府。

当时，杀 AB 团很厉害。听说李天富自己是反革命，他们专掌握革命积极【的】革命同志的情况，他就说人家是 AB 团，将人家杀了。我们干部看到他的队伍来了，就走，不敢〈接〉见他。以后中央有个妇女〈罗慢〉在谈话中才知道李天富本身有问题，才〈没有开始〉【停止】杀 AB 团了。

当时瑞金那边就说杀社会民主党，黄陂上面就杀 AB 团。

4. 田头区革命斗争史料（1）赖公秀访问记录

一、田头革命的发起

民国十七年八、九月间，宁都西门人江巨川在田头饭堂咀任小学教师，他串通〔联〕周围的一些老师、宁中的学生及本校的毕业生等进行革命活动。有一次开秘密会时赖公秀听见他们谈起共产党，便打听共产党的情况，经江巨川介绍参加秘密会【议】，会议还吸收一些能守秘密的群众和学生参加。赖是江介绍入党（？），当时江说共产党是俄国来的，入了党之后能够做官，到处都有饭吃。开会时经常是江、赖、曾纯德、崔达沅①（宁中毕业生）、刘挺善（现在是地主）等人。赖曾送过一次信到洛口杨【家】祠堂的一个教师处（办事处）。

---

① 崔达沅，文中又写作"崔达原"。

民国十八年9月接到通知到洛口去开会，他们便假装收租为名前往，走到宁都流坊墟遇见刘定南（田头南布人）说洛口已经在捉共产党，于是他们回到田头。而田头王坊村的王爷温廉铨也带人来捉参与共产党活动的人，捉住了刘挺善、崔达原、曾纯德等（江巨川见势不佳躲回宁都家里去了，赖因未露面没被捉），都被罚款（按家庭情况100、50现洋不等），还要写"自醒书"，大概都关了一两天才放出来了。

二、苏维埃政权的建立

民国十九年冬，罗炳辉率红十二军到长胜田头等地，赖、刘、崔、曾等前去接洽，酝酿成立苏维埃政府。在琵琶形苏维埃成立的影响下，〈迟〉三四天【后】田头也成立起苏维埃，为着找个大姓人来掌持，便推温勋堤当主席，赖当土地委员（温斩钟子也是土委），马公子任赤卫队长，温升任财政委员（政府中连崔、刘共7人），总的领导是十二军的政治委员。十二月初三成立政府后便开始打赖运保、温立万、温世球、陈安等很多家土豪，地方土豪劣绅因害怕，纷纷逃走（有的被抓回来）。农民都很高兴，打土豪的钱归公，衣物、谷子都散发群众，打土豪的标准是大家商议，没正式划阶级，同时发现其他地区有土豪的也可以去打。

田头所管辖范围：田头、渡头、果子园、王坊。

红十二军走后（民国二十年正月）成立仁平区苏维埃，设在长胜，共辖长胜、田头、车头、对坊、琵琶、赖坊、白沙〈……〉等，几月后改名长胜区，区府设于田头，共辖13乡（包括长胜）。民国二十年11月又分为长胜、田头、固厚、对坊、黄石、竹笪〈……〉等区。民国二十一年〈便〉划长胜县。

长胜县共辖有长胜、固村、对坊、田头、黄石贯、葛藤、瑞林等7区。

长胜县主席朱开铨（以后调任会昌，民国二十二年11月）、副主席赖公秀（民国二十二年调往前方营当文书），第二任县主席谢荣燕、副主席曾××（葛藤坳人）。县府设有工农检查部、裁判部、财政部、支库、总务处、政务处、教育部。县委下设有保卫局（局长刘烈珠，兴国人），县委书记洪名贵，县委还有组织部、宣传部、青年团、儿童团，均设书记，工会设主席，保卫局在各区还设有特派员。

县府设于高陂塘，裁判部设于土围底，保卫局设在油剿岭。

各部门的任务，经济犯归裁判部，政治犯属保卫局管，各部门不大协作。

三、查田查阶级

4月〈就〉开始查田查阶级，主要是查阶级，那时我【到】瑞金开会，见了毛主席。毛主席发下来一本查田运动指南，内容很详，举很多各阶级的例子。划阶级标准是专门剥削的是土豪；有部分劳动，大部分是剥削者为富农。政策是打倒土豪，反对富农，联合中农。劣绅是地方有势力者，对他们：地主无田分，去开荒，杀劣绅。

（访问者：刘占云）

5. 田头区革命斗争史料（1）大牙坪 [①] 老同志座谈录整理

1928年正月十四日刘宽坤带着他的100多人的游击队伍从瑞林寨来到了大雅坪，先在下屋布打了曾国正、曾仕崇等几家土豪，再到上下贯打土豪郭贡明。虽没捉到土豪本身〔人〕，但土豪的家产全部被没收，房子也给予烧毁，并用石灰在附近墙壁上写有〔下〕"万户欠我钱，千户不相连，穷人跟我走，月月八块钱"的标语。当时群众因为怕土豪回来倒算都不敢去分土豪的东西，同时还跟着

---

① 大牙坪，应为"大雅坪"，后文写作"大雅坪"。见《江西省宁都县地名志》（内部资料），1984年版，第308页。

土豪一块逃跑、躲避。刘宽坤打了一下土豪便【到】瑞岭 ① 去了。

1929 年六月二十八日（古历），刘宽坤又率领二三百人由瑞林经过丁陂来到大雅坪，本想去打社公排的土豪张万诏，但经第一次刘宽坤到过之后，各地土豪都拉拢了当地农民准备对付刘宽坤或其他的游击队，而且事先土豪之间商量好了，若听到什么地方枪响，各地土豪便率所拉拢的农民前往救应。于是这次当刘宽坤的部队只到下岭垴时，当地土豪便首先向刘宽坤的部队开火，同时黄石贯、大洲塘、琵琶形、车头等横直十多里地的土豪都率众前来救应，总共有 1000 多人，用土枪、土炮、梭镖、大刀等杀死刘部 8 人，同时参加土豪这边作战的农民崔传弟（营底人）和吴枞女子（木屋岭人）也在这次混战中替土豪卖了命，混战的结果因众寡悬殊，以刘宽坤败回瑞林寨而告结束。

1929 年七月十七日（古历），大雅坪的土豪张万诏、郭有增、张事炜等勾结黄石、车头、琵琶形、大洲塘等地的土豪共同驱使被他们所拉拢农民两三千人，向红色区进攻，到白头公时烧毁了白头公的祠堂，并抢劫当地群众的东西。刘宽坤部无法抵抗，便和群众一道撤退，但有几个小孩被抓，强迫小孩的父母罚了款之后才放回，当地群众非常愤怒便将这情况向廖彬作了报告。

廖彬接到报告之后于七月十九日率领所部五六百人从丁陂来到大雅坪。土豪一方面调集大雅、车头、大洲塘、黄石、琵琶形等地的地方武装抵抗，另一方面派人到长胜去搬请严渭臣。等严渭臣的靖卫团开到时，廖彬因兵力太少被地方武装打死了两名部下，〈而〉退回瑞林去了。靖卫团的二三十名团丁也就乐无其事地享受了一顿佳宴款待和大量的草鞋费补偿。

1930 年十一月十八日（古历）大队正规红军 2000 多人，由黄陂来到大雅，土豪们这次不敢再驱使农民去替他卖命，而都分之逃

---

① 瑞岭，应为"瑞林"，即"瑞林寨"，后文写作"瑞林"。见《江西省兴国县地名志》（内部资料），1984 年版，第 65 页。

攞于荒山外地。红军只在大雅住了五六天便到竹园打土圩去了。

红军到时，隐蔽起来了的土豪便唆使在大雅街子上做纸扎卖的赖坊人赖文龙，去接合组织起假的苏维埃政府，由赖文龙任主席，由破产地主郭有田充当文书，流氓地主张万伦管理财政，并组织了四五十人的赤卫队，由贫雇农出身的张龙江担任队长。这个假苏维埃所做的工作也多是一些假工作，只是派了部分土豪的款作为公用，并没公开进行打土豪，这种【做】法完全实〔适〕合于土豪们原有的意愿（怕红军来打土豪，所以唆使赖文龙出来组织假苏维埃政府）。

当红十二军打开竹园土围走了之后，于十二月初十左右，张万伦、郭有田等合谋杀死赖文龙，为着怕上面追查便假造罪状："兹有赖文龙在瑞林补名杀死赤卫队长一名，带走大批款额，黑夜潜逃于白区，被我赤卫队捕获，因当时不明其身份，皂白难分，当场就被杀毙。"赖文龙死后便由张龙江担任"苏维埃"的主席。

1931年正月黄才弟率领所部打着"江西游击大队"的旗号来到大雅坪，和当地的土豪进行了一番勾结之后便到赖村水西星牛寨登山举起了白旗，同时大雅坪的"苏维埃"政府也就无声无息地被解散了。土豪们也在大雅插起白旗响应黄才弟（镇中），虽没公开地组织什么名堂，但实际上是属于靖卫团所管辖。到七月十四日，丁陂人肖广模由红色区大洲塘带20多个人进到大雅坪，打锣开会想宣传群众重新组织苏维埃政权。但当地土豪〈便〉联合车头、琵琶形等地的土豪，率领原来被他们所拉拢的农民，把肖广模带来的人都包围起来。当时肖广模想率众沿河岸向下游退走，但被一个流氓地主事先埋伏在路头，见肖广模等来时便打了一土枪，肖广模等不敢前进而退至河下。正想过河之时，大洲塘的土豪张事炜兄弟因听见大雅枪声也率领爪牙捣毁了苏维埃政府，杀死了苏维埃政府中的干部之后前来接应大雅土豪，而遇肖广模等于河下过河，便隔岸堵击，大雅等地的土豪随即率众赶来合击，结果因弹尽援绝，肖广模等二十几人就这坛〔样〕英勇地牺牲在河边，所带来的20多条枪也落入了土豪之手。从此后大雅坪正式组成了二三十人的守望队，由张事炜任队长，驻于大洲塘村。七月二十几日，驻黄石的大队红军前来攻打大洲塘的守望队，守望队见势不敌，便分散躲入农民家里。而群众还不了解红军的情况，四散逃走，正遇大河涨水，以至〔致〕淹死 50 多人。但红军并没有进老百姓的屋，也没杀死人，见守望队逃跑了之后便回黄石贯去了。经这次后，守望队便不敢驻在大洲塘，而改驻于大雅坪，因为黄石贯的游击队经常会到大洲塘来，守望队只敢隔岸打枪以作为防御。

1931 年十月间（古历）黄石贯游击队的势力壮大之后，守望队队长张庆坛便率领守望队奔上了赖村的金牛山，十一月被红三十五军歼灭。

1931 年十一月初十左右，红三十五军由宁都经黄石来到了大雅，重新建立起苏维埃政权，由张发生（坪头寨人）当主席，仍由郭友〔有〕田当文书，崔厚岳管宣传，虽然会打一些土豪或罚一些土豪的款，但工作还只是表面的。

1932 年二月（古月〔历〕）田头区政府正式成立，大雅划规〔归〕田头管。区政府知道大雅乡政府只是做表面工作的情况后，便派琵琶形人伊明山来当主席，温厚辉当文书（以后被划为地主），不久便换崔厚岳当文书，重新整顿了一番乡政府，开除混在乡政府工作的张万博、张家柱、郭承栏等，但他们不服，企图谋杀伊明山，被区政府发觉而把他们 3 人杀掉，从此后便开始大张旗鼓地打土豪，杀劣绅。伊明山的工作很积极，斗争性也很强，但因阶级立场模糊，被地主的美人计所迷倒，给地主的女儿，张承榜（也是地主）的老婆有意识地腐化了，实行私自打土豪、贪污等，到四月间被告撤职，但又不愿承认错误，强词抗拒交代，被判处坐牢 3 年，但仍不认罪并怒打守牢士兵，在这【种】情况下，政府才把他杀掉了。

伊明山撤职后便由李勋堂担任大雅乡政府主席，乡政府设立于新屋底，仍属田头区管辖。李勋堂是 1932 年一、二月间由潘固铭（长胜人）和刘本和（黄陂人）介绍入党的。最初只有 3 个党员，以后发展到十多个人，组成了支部。第一任支部书记由李勋堂兼任，以后改选由张万明当书记。

乡政府有一个党支部书记、一个文书、一个土地登记、一个乡主席，下面设有贫农团（主任谭义禄）专门查阶级、打土豪。另外还设有妇女干事（党妇女干事、团妇女干事各一个），也有团组织（团书记张和保，土围底人），少先队、儿童团、赤卫队、模范营、代耕队。

大雅乡共分 4 个行政村——上下贯村、社公排和石屋布合为一村、新老圪背为一村、大雅和土围底为一村。全乡共 300 多户，1300 多人，合计地主有 35 户，富农 11 户（地主富农的人口以每户 6 人，计其人口约 252 人）。

1934 年九月二十五日（古历）红军开始北上，在走之前进行了大杀地主富农，并颁布了八月二十五号命令，大量镇压反革命。九月二十九【日】由黄镇中带领白军进入宁都，长胜、田头、黄石便组成〔织〕独立营（【由】地方政府工作人员组成，非党团员的打发回家），开往固村便编为黄戴葛游击大队，在里迳山里打了三个多月游击。十二月初八在阳牌和反动派打了一仗，正好二十四师和独立七团也来参加。这一仗后反动【派】更加紧了对粮食和食盐的封锁。十二月二十日游击队退至铜宝山，十二月十八【日】解散了一部分，到 1935 年三月便全部解散了。

1934 年十一月二十日（古历）原来就驻在铜宝山上的独立七团和二十四师派了一排人到大雅，来时扮成白军并绑着一个工作同志走在前头，说要请守望队（义勇队）去打"土匪"，进村之后便活捉了连保主任郭友曾、义勇队排长张士辉及十多个义勇队员，解到了丁牌枪毙了。大队便到阳牌和游击队一起打白军，接着也退上了铜宝山。

红军北上后大雅乡被杀害的老革命：郭承英（村代表）九月被大刀会所杀，尸首被沉于河底。郭东女子（少先大队长）十月被杀但没杀死，治好之后，反动地主用剪刀和镰刀一块一块地把她割死了。张事添（贫农团工作）十月被杀。曾红女子（贫农团工作）逃到坑底，到十月份的一个晚上被杀了。崔厚城（村代表、炊事员）被用铁钉钉在门板上，尸首沉于河底。张万良（贫农团）被钉在荷树上，用刀割脚筋，在身上一块块地割，最后唆〔被〕狗咬死。张定博（贫农团、党付〔副〕书记）被杀几十刀之后才死。张事渭（团书记）被捉后家产冲〔充〕公，还要6块光洋，没有便杀。张事进（少先队长）捉住后被杀。张成树（贫农团）被打地雷公。曾珍材（少先队）、郭承连（主席）、曾国坤（村代表）、曾国明（村代表）、崔传榜（村代表）被打后病死，崔传珍（村代表）、张万坤（村代表，罗屋底）被杀后肠被挂在树上。陈维英（主席，罗屋底）、温正师（文书，罗屋底）外逃后被杀。

红军北上后外逃的老革命同志：李勋堂（主席）外逃至雅鹊△、固厚等地，1954年才回家。张事芬（贫农团）外逃至中塘、黄石贯，被捉去当伪兵，开小差回家。曾国昌（村代表）外逃丁陂等，被捉回来痛打一顿，又外逃直到十多年后才回来。张事钻（村代表）外逃山上，以后才回。

被毒打受残害的：曾朝女子（妇女干事）、郭细心女子（妇女代表）、温陂田人（妇女干事）、郭氏女子（妇女干事）、崔秀英（妇女干事）都是被脱下衣服用木棍、芳①条毒打，打昏后又泼冷水。

（刘占云整理）

---

① 疑为"萝芳"，萝芳，披针形，长2~6厘米，宽1~3.5厘米，先端急尖或渐尖，基部楔形，边缘有疏锯齿或全缘。

6. 陈英绅、陈明驹等老同志谈长胜县产田区革命斗争情况

苏区时的产田区，现在〈是〉属瑞金县瑞林乡管辖。苏区时产田是属长胜县的一个区，当时产田区管辖六个乡[①]：上坪、山炭、大尾、山溪、水发、产田。此材料是据访问陈英绅、陈明驹、陈英友、陈贤样、陈育怀、陈贤伙、陈英辉、王玉香、陈育彬、陈惟怀、陈喜林、陈育翠等老革命同志的记录整理出来的。

一、未成立政府时的情况

民国十三年起，地方上就有一些人，两三条枪，经常在各地收烟苗款和苛捐杂税、骗钱、见货过税，压迫人民，弄得人们不安。在人多时他们就不敢动，群众坚决反对他们，如有一次在船上收厘，船上的人民把靖卫团打下河里。

民国十六、十七年丁陂陈育良（原来是当土匪的）在水督下组织有十多人的三点会，陈贤炳在丁陂街上组织有十多人的三点会，他们二人都是流流浪浪的，参加成员都是吃鸦片、赌钱等不务正业的人。这两队时常抢人家的东西，没有枪，有梭镖等，他们日散夜聚，搞了一年多的时间。

民国十六年冬葛燕华由于都来到瑞林，瑞林是杂姓地区，封建势力比较薄弱；而产田地区土豪多，有土围和靖卫团，葛燕华只有四五十人，怕势力不及他们，因此没有到产田地区。

民国十七年四、五月间，葛燕华的部队来到产田向土豪和有钱的人捐了几百元钱，只吃了一餐饭就走了。民国十七年冬葛燕华

---

① 产田区管辖六个乡，此六个乡前后不一，不同的是产田乡与丁陂乡。编者注。

由丁陂来到山溪，在街上住招兵，并写了标语"千户不相连，万户欠我钱，穷人跟我走，月月八元钱"，住了一天就往瑞林去了。民国二十七年四月间在水口罗屋祠堂，葛燕华被刘宽坤打死，葛燕华的枪和人都被刘宽坤所得，葛妻也被刘所夺。刘宽坤的势力渐渐扩大，发展到100多人，以瑞林为据点，经常到各处打土豪、打靖卫团、烧房屋、抢东西。

民国十八〈、十九〉年五月初三，陈江的靖卫团到里坑村烧了房屋十几间，当时我们只有群众组织的游击队，不敢与他们打。杀了群众陈汉贵，说他的弟弟做了工作，捉叶英伟罚钱100元，〈和〉陈汉彩（村主席）130元。七月十六日丁陂靖卫团到里坑坝背村烧掉房屋四五十间。

民国十九年春，宋开炳的游击队有二三十人，由瑞林寨来到丁陂打土围。当时土围里有很多附近群众抵抗宋部，宋开炳没有打，在街上集了一下就走了。陈善炳和陈育良到桥头刘宽坤处接过头，带了红袖子，因此这时陈善炳有10多人的队伍，并提出了名单向土豪和有钱人捐款。丁陂就以陈英阿为首组织靖卫团（20多人）与陈善炳游击队对【打】，丁陂土围并与谭联系×带，陈善炳游击队被搞散，丁陂附近的地方又被靖卫团所占。丁陂靖卫团有10多条枪，以封建豪族姓氏来压住贫苦群众，使群众不敢起来革命。丁陂靖卫团经常到红色地区捣乱，红色游击队也常来打丁陂靖卫团（陈善炳是被谭万进枪毙的，谭是杨梅团的靖卫团头子，他带着四五十人来到丁陂捉到陈善炳，把陈枪毙了。谭万进在丁陂开了会——地方有钱人参加的，谭住了几天就走了。同时也有说，【民国】十九年春，宋开炳的红军打丁陂土围，在丁陂街上住了一天宋开炳就走了（陈育良是被刘宽坤杀掉的）。

产田区的上坪乡先红，在民国〈十六、〉十七年水口红了。上坪靠近于都边界，水口建立苏维埃乡政府后，水口乡主席赖明湛到上坪召开群众大会选出了代表。上坪是水口的一个村（上坪的里坑、横背、开山、王百、上坪为红色区，但上坪的中叙、赖沉还没有红，这二地等到打开丁陂土围时〔后〕才红）。

民国十九年五、六月间水口成立四乡政府，地点有龙窝塘、长沙、丁陂、白溪、瑞林。龙窝有陈育才和陈善田组织政府和游击队，丁陂有陈英培、陈太炳等【组织】游击队，山溪有陈太先、【陈】太崇，长沙【有】宋开炳，瑞林【有】曾国祥等，这些游击队受四乡政府指挥。游击队到各处活动，到处写标语，提出分田，田数也登记了，但没有分，向有钱人捐款。以红旗为号，每乡政府和游击队都有一面红旗。白溪成立乡政府时，陈育保【任】主席、陈太崇【任】游击队长。〈他们〉成立政府后能捐到款，于是地方流氓陈喜雄、陈太早、李氏田跟也就另外搞一政府，双方对敌〔立〕。后来陈喜文发信告诉四乡政府，四乡政府说将他们捉处，五月间将李氏田跟、陈喜雄捉住，带往瑞林寨，途中李氏田跟想逃，就将他打死在河里。

二、政府的建立和建立后的情况

产田区管辖6个乡，6个乡中上坪最早建立起政府，其次山炭、山溪，最后是水发、大尾和丁陂。后3个乡都是打开丁陂土围后才成立政府的。

上坪早在【民国】十七年冬就有桥头人杨柳芬来做秘密工作，和当地邹永常、刘松桃联系，并于民国十八年就成立了农民协会，公开活动了，民国十九年正月（或二月）转为村政府。

民国十九年五、六月间成立白溪乡时就成立了少先队、儿童团、赤卫军。七月间宁都大雅靖卫团△△△带着老百姓共几千人，到白头公来抢，将白头公老百姓的东西全部抢去，烧掉白头公三个祠堂，并杀死陈喜仪、【陈】喜曾两个群众。当时白溪政府和游击队因抵挡不住靖卫团就走到瑞林去，以后白溪就不红不白了，但游击队经常会来一下。过了两天大雅坪靖卫团到漂塘抢，因为漂塘红了，当时群众组织起来抵抗靖卫团，因之【靖卫团】没有抢到，并打死一个靖卫团的张事文和打伤了一个大岭上的人。

民国十九年白溪游击队在瑞林会合廖彬的部队，八月间回到白溪，发动全体群众共 1000 多人到大雅坪打靖卫团。当时廖彬部队在前，赤卫队第二，群众最后，但因大洲塘、黄石的靖卫团带着群众包围过来，于是白溪群众先退，被打死 3 人。廖彬部队由漂塘经丁陂回到白溪，以后游击队又回瑞林去。

民国十九年九、十月间，白头公的陈太先、陈太从到瑞林接头，在白头公成立了政府，在河下检查船抽款。后传出去说白头公有土匪，大雅坪靖卫团就发动七方群众和守望队约千人，到白头公抢东西（以"剿匪"为名），烧了三个祠堂，把群众的家产全部抢光，捉住群众陈世光杀死。以后白头公群众去赶集，李兆清又被捉所杀——"上说 7 月间"①。

在未打平土围前，水发、大尾不红不白，没有建立苏区政府。

民国十九年十二月红军三十五军来打丁陂土围，土围里有三东、七保、长沙的靖卫团和地主共几十人，有 10 多支枪，还有群众一二百人。当时因为攻土围还缺少方法，打了 20 多天（有说 10 多天）没有打下来，且受损失，以后三十五军到赖村。

民国二十年初八，二十二军来打丁陂土围，挖地道、挖墙脚，用硝炮炸土围，结果在二十三日打开丁陂土围。土围里的靖卫团和土豪在二十二日夜冲〔逃〕走了一部分，当场打死了 2 个，捉到几十个，解往赖村，一个多月后又将他们放了。二十五日红军二十二军到赖村打土围，留下特务连在丁陂，将土围里的东西全部分给老百姓，并招兵（丁陂有 2 人就去当红军），打开土围后（因各处土围都打开），〈因此〉地方上就平安了。于民国二十二年二月初，由瑞林区政府干部到丁陂帮助成立乡政府，丁陂乡主席陈英华。这时乡政府属瑞林区管（产田区成立后属产田管），这时水发、大尾是属丁陂乡管辖。每个村有 3 个村代表，其中有代表主任 1 名，经常到乡政府开会；开始发展党组织，由丁陂乡中共书记陈育进介绍，各村的部分工作同志入了党。

---

① 原文如此。

民国二十年正月初九召开群众大会，成立山溪乡政府（上面派林川谷来领导，半年后才走），选出陈英风为主席。二月各村选代表，选代表主任和贫农团主席，六月就有中共书记陈贤扶兼，发展党的组织。

山炭与山溪是同时成立乡政府的，它们比丁陂早，原先〈它们〉属龙窝乡的一个村，产田区成立后才将山炭、山溪划为乡。民国二十一年七月十五日，黄石贯派人来到大洲塘。大雅坪成立乡政府，大尾属大雅乡管辖，董塘也是，大雅乡此时属田头管。在大雅乡时大尾就有了党员陈惟英等，区政府派胡金彪到大尾发展团组织。

民国二十一年七月间划长胜县^①，八月划产田区。产田区主席郭承钗，第二任陈柏煌，【第】三任陈维英；中共书记赖明湛，少共书记揭福千，儿童书记刘白廉；军事部长叶春生，裁判部长王德清，检查部长谢荣定，土地部长谢荣煌，财政部长陈英先，特派员谭炎初、陈缩模，内务部和劳动部【负责人】未知。

产田区管辖 6 个乡：上坪、山炭、山溪、大尾、水发、产田。上坪乡 6 个村：里坑、璜背、开山、王百、中叙、赖沅。山炭乡 3 个村：山栏底、里鱼形、木榜排。山溪乡 3 个村：谢塘、山龙、火州湖。大尾乡 6 个村：竹山下、塘窝底、羊留塘、地咀坑、蛇头咀、石子头。水发乡 4 个村：寮下、芙茶、下里田、谢塘。产田乡 4 个村：赖屋、何屋、丁陂、下从山。

产田乡主席陈育桐，上坪乡主席叶××，水发主席陈喜林、中共书记陈育程，大尾主席陈惟英，山炭主席陈育昔，山溪乡主席陈英风、陈惟环，文书陈贤扶。

未划产田区时就开展了查田运动，划产田区后，在丁陂划阶级、扩兵，当红军的有谷和衣服发，大家都很愿意当红军。山溪乡

---

① 1933 年 7 月，从博生县分设长胜县。见《中央革命根据地词典》，档案出版社 1993 年版，第 182 页。

在【民国】二十一年二月开始分田，三月分完，边分田边划阶级；三四月〈就〉扩兵，五月山溪乡参加红军的就有 50 多人，以后长期扩兵、扩充模范营。山炭各种运动的时间都与山溪同，山炭土豪多，但没有打倒，乡主席和乡书记包庇当地土豪。大尾乡在大雅乡管时就进行分田、划阶级、扩兵，并分完了田；建立大尾乡后，就以扩兵为中心工作，并开展肃反运动；成立区后，继续发展党团组织。

打土豪的金银等上交，其他东西都分给群众。

当时农业收累进税，并收猪捐、酒捐等，汲到的钱也上交。区工作人员的伙食费是由县里发下来的，乡工作同志则从区里领来，村干部在家吃饭，村干部的伙食自己解决。区乡干部没有薪水，分伙食尾子。农业中的累进税、猪捐等都很轻。每年发一次公债。

1934 年三、四月间，江西军区来到产田在社背村住，有一班人（十多人）武器很多，步枪、机关枪等，有部分没有枪壳。八月间搬走了很多武器，但仍埋了一部分枪支，最后留下杜龙子（樑村人）一人，他当初是参加我游击队。以后〔后来〕开小差，在丁陂被敌诱通，他将我军区埋下的枪告诉了伪联保局，枪被敌人挖起来了，有 100 多支枪，杜龙子就出了〔拿到〕路条回到他家里去了。

陈英宣，原来是区政府〈工作〉的〈——〉财政部长，在 1934 年四月间听到白匪从广昌打来的消息，就叛变革命，逃跑到山上，集【结】了一些外逃的靖卫团和土豪劣绅，在里田组成反动的大刀会。有说在民国二十三年五月有大刀会，头子陈英宣，他是受了处分后叛变的。大刀会是地主武装，它有土枪、梭镖等，参加的人大部是地主富农，和一部分落后群众。五、六月间他们破坏红军扩军运动。红军走后，大刀会改为义勇队。

三、红军北上后的情况

民国二十三年十月间撤了区政府，组织产田游击队（在 9 月间水发乡和大尾乡的政府就撤了）。区、乡、村干部组成产田游击队，有 80 多人，九月间和田头游击队（六七十人）会合，组成产田游击队，队长是产田区的军事部长蔡春生，十月为胜利县管。十月十九日由产田到下坝，经过分坑、银坑，〈接〉见了胜利县的县长，【县长】当即下指示，叫游击队回莲花婉山去。

九月间水发撤了乡政府后，乡、村干部组成游击队。首先到同〔铜〕宝山，后听说于都有罗师长一师人（红军），由于都打回丁陂方面来，丁陂地区游击队就在于都大田与田头、黄石、长胜游击队会合，共 1000 多人，由罗师长带队，于十月返回丁陂来，数次打击当地义勇队。在十月游击队包围了以陈英宣为首的义勇队，包围在社背对面屋里，里面有 18 个义勇队【员】，包围了一天，义勇队向外冲，这时国民党军队来接应他们，他们冲走了，此时丁陂由游击队占领着。第二天游击队二三十人扮装成国民党部队，到大雅坪捉到伪联保局的十余人，将他们解到丁陂全部杀掉；同时在大雅狱中放了五个坐牢的同志，并挑到好几担盐。游击队又往曲洋方向去，丁陂就被义勇队占领【了】。

民国二十三年十一月红军独立第七团在产田住了三四天，有 1000 多人于产田的虎茶配合游击队，同国民党及反动地方武装打了一仗，敌人败，在大雅坪消灭了郭佳尤的守望队，郭本人也【被】捉到了。独立团向于都走。

民国二十三年十二月初一国民党军队来到产田。

民国二十三年十二月，宁都七方的反动地方武装带着人，说丁陂地区是土匪，把丁陂附近全部抢光，什么东西都抢走。

游击队在河树圳被敌人所围，结果一部分被敌人冲散，一人被敌所捉，一部分又回莲花婉，在莲花婉就〔又〕被敌人全部冲散，一些人走到瑞林。

反动派建立联保局，主任是原在土围冲走的劣绅陈英清（他从福建回来），〈就〉大肆残杀我革命同志。

被杀的革命同志有：陈惟英（区主席）、陈育炳（水发乡主席）、谭员九（特派员）、蔡福千（少共区委）、陈汉柏（看守员）、陈育秀和育明（耕田队长）、陈育捐（水发乡党支书）、赖甲珍（区工作）、刘积移、陈育皆、揭福田、温玉钗（耕田队长）、陈伟英。许多老同志被打，被迫外逃，许多老同志的家产被没收。

（薛惠元整理）

7. 郭志金谈长胜对坊革命斗争情况

1930年十二月在彩江坪参加一次群众会，初时散了个红袖子给我，后叫我当赤卫军的排长，负责放哨。1931年六月我们到阳溪①打反动派，回乡后仍是放哨。1932年二月〈间就〉参加到〔了〕对坊区警卫排去打云石寨。黄镇中跑走后，就去打翠微峰，打下翠微峰后就参加少共国际师，到寻乌、安远打了两个仗。1933年调我到中央彭阳学校受训一年，以后就跟着总司令部北上抗日。

红军到对坊。1929年正月间红军来，就听到红军的口号是"穷人不打穷人"，助穷人分田地，群众很喜欢。红军当时由大柏地来，在麻子圳与广东刘士毅的兵打了一仗，打败刘士毅兵。1929年正月初二就过对坊来了（朱总司令自己带的部队），经过对坊，往宁都去了，有3000多兵力，全都有枪。当时的兵头发很长，路过对坊时写了："打土豪、分田地，穷家兄弟不打，工农就【当】红军"。当时对坊双方都没有设政府，〈当时〉群众只知道说来了共产党，有土地分。

红军打土豪刘贤振。1929年四月，朱总司令的部队一部分三四十个人，又由长胜回到对坊来，打刘贤振（万户）的土豪，当时叫群众挑箩去挑谷，叫群众去分粮食。很多群众都随红军去打土豪，没有〔收〕的东西全部给贫苦群众。打完土豪后，并向土豪取款，叫他要拿1000块钱出来，当时没有谁答应，当即烧掉刘贤

---

① 阳溪，应为"洋溪"，后文写作"洋溪"。见《江西省宁都县地名志》（内部资料），1984年版，第347页。

振的一间房屋。红军随即又回到长胜去了，因为群众很多，查不清情况，虽【然】地主看红军走后，回来，但对人民分掉他的谷子、物品等也无法追究。

经过几个月没有什么动静，当时红军在〔从〕长胜开往福建那边去了。

1930年十月〈间〉红军（大军）〈听说〉到东黄陂来了，活捉【了】张辉瓒。〈于〉1931年正月〈间〉，红军（二十二军）的大部队〈就〉由宁都来到黄石各个地方。

黄镇中在红军大军来之前的一个月左右，假装红军到对坊来打土豪，捉走郭志华（老爷）、郭有恒（老爷）两人到田坑去。二十二军知道情况后，就追黄镇中，而黄镇中当时逃走了。二十二军住〔驻〕在黄石贯一个多月，走后，黄镇中就到处串集一些土豪到处活动，与红军对敌〔抗〕。

1930年十二月时，长胜区主席肖宝山〈就〉来到对坊建立乡政府，称苏维埃政府，当地群众就成立了赤卫军，进行放哨。当时【第】一任对坊乡主席是邱朗才，在乡政府有个粮食科、秘书、土地委员，共4个人。建立乡政府后，就开始革命工作，向有钱的人捐款。向土豪借〔捐〕款后，就进行查田、查阶级，当时有包庇土地的情况严查。

〈于〉1931年十月〈间就〉开始查田、查阶级〈了〉。1932年正月就分完了田，分田的方法是先查清土地数字，总数照算，按人口进行分配；当时的口号是"实行土地革命，彻底分清土地"；捉地主，一次再次罚款，没有〔收〕地主房屋，地主到庙里去住，没有〔收〕地主的东西分给群众。以后的工作，革命运动就像以上所反映的那样一样，不过当时乡政府是有押人、罚款的权利。

1931年十一月间的时候，朱总司令、李德等七八个同志，朱总司令骑的骡子，共七八匹马，有几十个卫士，由瑞金经过黄石贯，往青塘方向去了，当时群众都跑出来看。

1934年九月七日在瑞金、九堡整顿部队，出动北上抗日。1934

年十月红军北上后，在对坊打过一次仗，【民国】二十四年红军与伪军打仗，红军由洋溪撤退。

1931 年（或 1932 年）九、十月间，由对坊区政府主席，在均田村召开了一次群众大会，2000 多人参加，在吃中午饭时来了伪军一架飞机，发现目标后丢下了一个炸弹，打死一个群众〈，伤：〉（当时〈各地〉黄石都【归】对坊区管）。

对坊 1930 年建乡，1931 年十月（或九月）成立区，在成立区时，黄石、葛藤等地归对坊管；19 △△【年】划区。

（三）长胜县各乡革命斗争调访资料

1. 严锡振、廖世宣等老同志谈长胜葛藤区里迳乡革命斗争情况

　　1958 年 12 月 28 日下午到 29 日晚上，我们召集了里迳乡 5 位老革命同志进行了座谈，回忆苏区时代的革命斗争情况。参加这次座谈的老同志有严锡振、廖世宣、杨传信、王立英和罗镇中，同时我们还访问了彭步云、黄炳辉和邱以平等同志。

　　参加座谈会的老同志，把本地区土地革命时期革命斗争的情况作了全面系统的介绍，不仅着重介绍了本地区土地革命时期斗争的情况，而且介绍了土地革命前夕和红军北上后被摧残的情况。兹将会上的记录按问题的性质整理出来，以便参考。因时间关系，未能详细核对。虽然会后我们又多次向这些同志了解当时的情况，但仍难免有遗漏之处，事件之间也会有不够明确和前后矛盾之处。这有待于同志们，特别是老同志看后补充和改正。

　　一、苏维埃政府成立以前本地区的一般情况

　　在国民党反动统治时代，里迳属于伪宁都县对坊乡管辖，伪乡政府设在对坊。在葛藤坳驻扎有反动的保安师（约一排人），时常来里迳一带征粮、征兵，征收各种苛捐什税。当地土豪劣绅剥削很厉害，人民生活极端困苦。

　　先前这里一片土地（指里迳）多是姓郭的，地租一般是对半

分。地主来收租谷时，向佃户要吃要喝，吃喝不好就要大发脾气，连桌子也给打掉。流氓赌棍从瑞金下来讹诈小姓，没有借钱硬说你借了他的钱。大姓欺压小姓，封建宗族势力很是浓厚。而且反动派常来压诈〔榨〕，对没栽种鸦片的人，他们就拔几蔸〔莞〕栽到你田里，然后罚款。不仅如此，地主放债，剥削很重，每石谷年利5斗，高至一担，借债要用东西抵押，过期【则】被霸占。穷苦人一年累到头连饭也没有吃，过年关就像过牢关，小姓到十二月不敢来赶集。

北伐战争时期，1926年4月"北兵"来到里迳，扎在街上，有几十个人"蛮歪"。有的人看他们一下，就要打人家几个巴掌，住了几天就走了。当时里迳群众还知道有清党和产党，分左派和右派。

1927年正月初一日（注：这个年代是不对的，据毛选载，红军在1929年二三月才从井冈山下来。因老同志都这样说，故写下）毛主席的红军由瑞上〔金〕来，在大柏地麻子坳跟白军打了一仗，消灭了匪军刘士毅【一】师人。红军往长胜到宁都去了。

1929年正月十二日，于都桥头朱学九[①]游击队到渡头打土豪，捉到地主罗光栏老爷，押解往里迳。渡头姓氏封建势力集会群众，拿着梭镖、土铳追来，想用武力夺回。

朱学久部队来到里迳，正逢里迳群众"誏〔漾〕神"打土铳，被误为来夺罗光栏老爷，所以在坪布烧了两个祠堂，当天就走了。此后，在村政府成立前，就有各地的红军游击队来往里迳进行活动，如刘宽坤（万田沙心人），共100人左右；郭永明（黄石贯人），有20人左右；廖彬（长胜人），有200人左右；曾云楼（瑞林人），有一支小队伍；周品仁有一支小队伍；葛燕华有20人左右。这些队伍经常来往里迳活动。当时刘宽坤、廖彬的队伍有几十条抢，其他队伍大部分是梭镖、土枪。这些队伍经常在各地打些土

---

① 朱学九，应为"朱学久"，后文写作"朱学久"。见《中央革命根据地词典》，档案出版社1993年版，第363页。

豪、借款、罚款、宣传革命等，有时也会在里迳住上一两天，宣传打土豪、分田地等革命政策。里迳的群众在这样的形势〈影响〉下，受到了革命的影响和教育。红军游击队来了，群众就会集米集柴给队伍搞饭吃，有时紧张一些，群众则将自己做好的饭集起来给他们吃。贫苦农民听到打土豪、分田地，非常喜欢。瑞林成立四乡政府后，里迳群众希望早些接上头来，比如园竹贫苦群众常到雇农严锡振家里，要他去接上头来。有的说"我们怎么还【未】接到头来"，有的说"你要是怕，我送你去！"等。有一些经济情况较好的群众，怕别的地方游击队来此打掉土豪，又怕不起政府红军来了会吃亏，因此也想接上头来。

二、苏维埃政府的建立及其组织情况

1929 年二月间曾炳辉（二村人）曾去葛藤坳接头。后群众认为葛藤的武装力量没有瑞林四乡政府强大，四乡政府游击队有洋枪。三月（栽禾边）又派刘积才、罗福祥、严锡振、曾炳辉四人到四乡政府接头，带回一张字据，内容是准许里迳起政府，有困难互相解决，有事情会来援助等，字据上盖有四乡政府的印子。接头后每人带回一只红袖子，上面写有接头人的名字。

接上了头群众非常高兴，回来的 4 个人讨论起政府的问题，商量哪些人可以发红袖子。不久又在瑞林拿上一批红袖子，得了红袖子的人经常开会，过后自己买布做红袖子，做好后送到瑞林四乡政府盖〈章〉上"中华苏维埃政府"的章子。1929 年四月初三，瑞林四乡政府有 20 多人来里迳住了一晚，召开了大会宣传。五月村政府在坪布成立，刘积才任主席，罗镇中当文书，严锡振做贫农团主任，还有财政和事务长。

村政府起了以后，里迳红了，寺背那边还是白。为了防止靖卫团来骚扰，村政府发动里迳群众挖了通往寺背的道路，挖了几十丈远（寺背成立政府后，修好了，至今仍可看出痕迹）。

1929 年八月毛主席的红军从黄石到里迳去瑞金，某日中饭时到里迳，当时一面红旗插在廖世宣门口。毛主席、项英等同志做

〔坐〕在街口休息，看到廖世宣来了，很谦和地端凳子给廖坐。廖问"这是不是朱德的红军？"并说"新陂那边有土围，有靖卫团"。毛主席说："我们是到瑞金去成立中央政府的，不要怕土围，应该好好地做好工作，将来到瑞金去开会。"（毛主席没有问廖的姓名，廖也不知是毛主席）这次来的红军很多，里迳附近都扎满了。红军住了一晚就开往瑞金。

在村政府成立时，同时成立赤卫军，有三四十人，【成员】要成分历史好，年龄相当，家里贫苦的人才能参加。提出要成立赤卫军这个问题后，马上有几十人报名。

村政府成立后，开始打土豪。先打罗祥春、蔡太绍的土豪，罚款，并将一部分食物发给贫苦农民。

1929年十月村政府转乡政府，开了两天一夜的会，四乡政府主席谢××参加了会议。选好了乡主席、文书、贫农团主任、查田委员和土地部长。接着各村起政府，先选贫农团主任和查田委员，再选村主席、少先队长和儿童团队长。

乡政府设在河背，里迳乡属对坊区领导，管7个村子：中蕉、园竹、坪布、里迳、严坑口、鸭子岭下和寺背。

1933年8〔7〕月划长胜县，里迳乡也划归葛藤区管（1931年对坊划为对坊、黄石、葛藤）。1934年里迳辖4个行政村，即中蕉、园竹、坪布和里迳，其余3村划归寺背乡。

里迳乡政府的组织和领导人员的姓名：

乡主席：一任罗善室，二任廖发彬，三任王道琴，四任王玉香，五任陈大元，六任林光柳，七任严锡振，八任廖启彬。

文书：罗镇中—陈彦华—杨永红—罗美伦—严之东。

贫农团主任：尹志煌—曾广塘—林光柳—邱克池—廖启彬。

经济委员：罗子云—曾炳辉—罗运群。

土地科长：罗镇中—彭步云（分好土地后，土地科撤销）。

互济会主任：廖世宣—彭宏炳。

反帝大同盟主任：严锡振。

事务长：廖世宣。

特派员（干事）：×××。

妇女干事：郭秀英—郭步莲—余步莲—廖金莲—肖金莲。

赤卫军队长：黄道芹等。

工会主任：赖红春。

新陂土围打开前（1931年四月），黄华有、钟应标等的靖卫团经常来里迳骚扰。当时里迳所处的情况是三面白，只有葛藤一面红了。但里迳群众打起红旗后，一直高举红旗坚持斗争。

三、党团组织

最早来此发展组织的是葛藤孙明山，1929年八月黄石郭志署来此发展组织，1929年九月由孙明山介绍，廖世宣、廖高升、黄宽经、严志煌入党。团的组织同时发展，党组织在村干部、赤卫军中发展。党团组织发展很快，到1930年有党员110多人，团员近百人。

入党手续：一个介绍人、填表、不宣誓；逢八过组织生活，每月3次，秘密进行活动，没有暗号；入党有3个月候补期，表现好的讨论转正。每月缴党费一个铜板。在党组织生活时进行八条纪律的教育。党员要服从党的纪律，牺牲个人。

全乡有一个中共乡支部，每村有小组。通知了开会，不管落雨落雪都要到。中共乡支部有支部书记、宣传委员和组织委员。

支部书记：一任陈炎华（做了3个月），二任钟森山（做了一年），三任王永全。

党支部宣传委员廖高升，组织委员严锡振，团支部书记罗子云，宣传委员曾达生，组织委员曾绍良。团组织逢九开会，团费每月一个铜板。少共书记黄进城，儿童书记杨长生等。

1933年划乡时，4个村各村党员（已知的）名单如下：第一村（中蕉），廖高升、廖发彬、彭世贵、王永全、廖得池、廖池厚、廖池榜、肖金莲、郭步莲、郭秀莲、陈老三子；第二村（园竹），严锡振、钟少谋、曾炳辉（1933年复查时被划为地主，开除出党，逃瑞金，在九堡被反动派捉杀）、曾少育、曾少海、严锡忠、严永援、严志春、朱造游、赖基村、罗会赞、罗会林、罗运城、林起仿、林兴广、曾传宜；第三村（坪布），邹少椿、廖宝珍、邹家升、彭传仲、彭宏炳、蔡有发、彭步云；第四村（里迳），罗宏球、杨才信、罗光才、罗镇中、廖世宣、黄宽△、曾广发、廖启彬、刘钟松、曾广塘、陈育森、尹克煊、刘积才、陈长连、王昌秀、王立贵。

在1932年公开建党，党组织会领导各项工作，每项重大的工作，都在党内先讨论；第二天在团内讨论，党团联席会讨论；作出决议后，党团员带头执行，领导群众去干。

四、群众运动

（一）打土豪分田地

政府成立后，在1930年一二月分田。分田以前首先清查土地数目，没有丈量土地按老田面（原来田的面积）计算；同时还进行了抗债，借了地主、富农的债的人，向地、富要回借条，烧焚，地、富的田契、屋契、【岭契】都烧掉，中农贫农的契也烧掉，因此后来很多田地无契。

分田以村为单位，按人口平均分配。当时7个村的人口约2300人，土地数5000多亩，平均每人分约9担，山地最多15担田。田分甲乙丙三种，好坏搭匀。中农的田拿出来重分，地主没有田分，富农分坏田，各村留有公田。

分田时区里派下工作人员，根据剥削情况和政府法令划分阶级，划出的地主富农报区里批准，再打地主。现在已知的四个村的地主富农数字如下：第一村（中蕉），郭志有（地主）；第二村（园竹），曾兴和（地）、严锡蟠（地）、严志冬（地）、曾炳辉（地）、曾发芹（富）、曾发其、曾发亨、曾兴珠、罗运宾、罗会富、严曹仁、严朝贵、严永林、严锡辉（以上是富农）；第三村（坪布），彭钟礼（富）、彭青和（富）、邹永和（富）；第四村（里迳），曾发明（地）。

在 1933 年七、八月进行查田查阶级，查出了地主严志东、曾炳辉、罗会孚，一般群众瞒田的较少。

被打的地主富农，有不少投河自杀的，有的上吊，平时地富对群众打招呼，群众不理睬，个个革命坚决。

地富跟新陂靖卫团有过联系，富农钟运球在 1930 年四月初三日带新陂靖卫团来里迳搔〔骚〕扰，捉走群众彭于珠子（杀在河坝），抢走妇女饶蓝英。富农钟运球跟靖卫团跑了，地主黄彦涂逃往泰和马家洲。

政府对地富严加管制，把他们组成劳力队，村代表、少先队，特别是耕田队长管制他们劳动，替军属耕田、□□吃一碗茶水，带饭去吃。赤卫队自成立起就开始赤色戒严，白天有人专门检查路条，晚上由作田老表轮班放哨，曾经捉到过逃亡的地富。1932 年二月捉到逃亡地主罗贤△，还捉到过土匪黄镇中派来的侦探一名，当场杀掉。

在 1934 年九月根据上级的指示，集中地富一次杀掉了 15 个（打土豪分田地时没有杀地主富农）。

（二）经济建设方面

1931 年 5 月发行第一次经济建设公债，完成了几百块的任务。发行公债以前，党内开会研究，然后开群众大会推销。

1931 年征累进税，很轻，一亩田只交几斤谷，开初可用钱代，也可交谷，以后要交粮。公粮送到黄石仓库，乡里也可留一些。

1932 年发行第二次经济建设公债。同年三月里迳成立消费合作社，社主任廖世宣，采买王立先。消费社由群众集股组成，每股一元，经营各种消费品。当时上田兵工厂、印刷厂也到这里买东西。由于供销社办得好，能帮助群众解决困难，群众又要求成立粮食合作社。首先各村先召集党员开会讨论，作出了决议，认为成立粮食合作社可以帮助群众解决困难，冒钱的人家可以一升两升买零来吃。党内决议后，又在群众内讨论，群众非常同意，踊跃集股。1932 年七月成立粮食合作社，一桶谷一股，最多的是四股；股金由村长收齐送粮社，主任廖永怀。社员有购物的优先权。

消费社和粮食社月月有数算（乡主席、中共支书参加），照股分红，每年一次，分红时社员都蛮欢喜。地主富农也想加入，群众不准他们加入。

此外还组织了森林合作社、药材合作社（主任罗明有），还设立了招待所。

没有成立互助组和耕田合作社。耕田队耕公田，帮红属和干部家里耕田，40岁以上的人参加耕田队，它还代没有劳动力的户耕田。

打土豪分田地后不要交租，收一担得一担，还分到了地主的东西。成立合作社以后，生活进一步得到了改变，家家有余粮，粜粮做新衣服穿。当群众知道要完〔交〕累进税时，急着先交掉，有的问"我要交多少，让我早点子挑了来"。当公布累进税的数字后，群众不分男女老少把谷子挑到仓库（在黄石）去，人人欢天喜地。

（三）扩大红军

1931年提出要扩大红军，优待红军家属，并进行宣传，提出每人要准备当兵，干部自己带头。当时提出红军要打到南昌、九江，组织了担架队、运输队、慰劳队，有长期伕子、短期伕子。耕田队帮红属耕田，慰劳队帮红属解决困难：挑水、作（斫）柴、洗衫袄等。妇女组织洗衣队、欢送队、宣传队等，做鞋子、做草鞋、募捐、做果子、唱歌……敲锣打鼓欢送参军的。

从1931年起扩军是当时一项重要工作，在1933年三、四月，提出扩大一百万铁的红军这个口号后，扩军是一项中心工作，当时去参军非常光荣，欢迎欢送。

扩军任务由县分到区，由区分到乡，然后乡党支部开会讨论；第二次团内讨论，再党团一起讨论，把任务分给各村，号召党团员带头，进行宣传鼓动。首先宣传开小差的人归队，儿童见到开小差的人进行耻笑，骂他们做怕死鬼；群众都会唱讽刺开小差的士兵的歌，其歌词为："开小差的士兵，无缘无故回家庭，原来是工农，不该怕牺牲，父母妻子有优待，一切田地有人耕，快快归队，快快归队当红军。"

里迳乡扩军工作的方法是干部带头，带动群众。乡赤卫军队长召开村赤卫队长、少先队长开会作动员。干部在会上【发起】挑战，下去后动员群众参军，带头报名。乡里表扬好人好事，表扬先进村。各村之间展开挑战，到处宣传当红军的好处，"有前方才有后方"，政府照顾红军家属，洗衣队帮助〈军老〉红属，慰劳队帮助挑水、作〔斫〕柴、煮饭，耕田队按时先耕好红属的田地，有困难政府能及时解决。为了听取红属的意见和要求，乡政府规定每月十五召开军红属座谈会，开会前少先队、慰劳队做好"擂茶"，准备好花生、豆子、薯片、果子等食物，开会时军烈坐下吃茶吃果子。乡主席向他们解释，告诉他们的儿子或丈夫所在地及近况，要他们安下心来，同时还问他们生活上有困难没有，衣服有人洗没有，有没有人帮助担水、作〔斫〕柴、煮饭等。会后乡政府马上解决会上所反映的意见，没有做好工作的人要作检讨。这样一来，红属心里非常高兴，不肯拿衣服给洗衣队洗，而洗衣队却抢着洗。红属心里没有丝毫愁革〔怨〕，由于优待红属工作做得好，群众都愿当红军。

（整理人：夏培元、罗育群、刘占云）

2. 老同志彭步云谈里迳革命斗争情况

（朱学久到里迳）民国十八年正月十二日，里迳群众正在誏〔漾〕神抬菩萨出门的上午，突然由瑞金江面方向来了一队兵，拿着红旗，共有300多支枪。捉了一个人由里迳经过，在里迳休息了一下，后往留田洋溪方向去了（后来听说是宁都桥头朱学久的红军部队）。

（朱学久到里迳时群众的情况）朱学久的部队，当由瑞金方向来时，我们里迳很多群众正在䜣〔漾〕神，很热闹。群众看到来了部队，就向山上跑，不敢接见。等部队走后，群众回来时，菩萨也倒毁了一些，在群众门口、墙壁上，用石灰、墨笔写了标语："〈写□〉万户欠我钱，千户不相连，穷人跟我走，月月八块钱""打土豪分田地""劫富济贫""抗租抗粮""取消苛捐杂税"等。因为当时我们群众在䜣〔漾〕神、打铳、放土炮等，而朱学久的部队发生了误会。因为在渡头将罗光栏捉住解走时，渡头罗姓的姓氏封建势力，就召集群众拿着土枪、梭镖等想用武力夺回罗光栏老爷，随着红军走的路追来。因此，我们当时打铳、䜣〔漾〕神，红军就认为是夺人的来了，临走之时在里迳坪布村烧了两只〔座〕祠堂，以〔然〕后红军就走了。

（游击队的情况）自此以后，在建立政府之前，就有各地的小部分红军游击队，如刘宽坤（万田沙心人）（100人左右）、郭承明（黄石贯人）（20人左右）、廖彬（长胜人）（200人左右）、曾云楼（瑞林人）（小队伍）、周昌仁（几十个人）、葛燕华（葛坳①人）（二十个左右）、袁国标（万田沙心人，几十个人，后到过里迳）。这些游击队，当时大部分没有枪，廖彬、刘宽坤力量更强，有几十条枪。这些部队在民国十八年以后就经常会在里迳来来往往进行活动。郭承明的游击队在里迳活动更多，召集群众开会，宣传红军的政策主张。各游击队在各地会打土豪，向土豪借款罚款。群众听到就受到了革命的影响，贫苦的群众特别喜欢。游击队来住两天，群众就集米给红军吃。有时紧张一些，就集起群【众】做好的饭，给红军游击队吃。

（新建政权）当时群众看到这种形势，各村就有人去到瑞林寨接头（因瑞林早成立政府）。这主要是一方面看到革命的形势，另一方面考虑到我们这个地方不成立政府会吃亏，被别地打走土豪。

---

① 葛坳，疑为"葛藤坳"，后文写作"葛藤坳"。见《江西省宁都县地名志》（内部资料），1985年版，第344页。

在这种情势的影响下，各村群众就商议起来革命，分别去瑞林寨接头，焦知有刘积才，到瑞林接头最早，以代表一样去瑞金〔林〕寨开会。焦知刘积才、坪布彭金炳、中熊廖虞松就到瑞金〔林〕开会。各村为了保护自己村不受危险，都派人去接头。民国十九年春天，栽禾前，到瑞林开会后，每个人就戴着红袖子回来，当时还是秘密的，看到红军来了，就带〔戴〕起红袖子接见，红军走后又不带〔戴〕。带〔戴〕起红袖子就表示了我们地方已经是红了，成为赤色地区。给红军集米集柴、带路、反映情况，打通〔听〕消息等。

（1930年里迳）民国十九年摘木梓时，在焦溪〈就〉成立村政府，组织赤卫队；当时村政府的主席是刘积才、文书罗镇中。首先进行检查路条、放哨等，打些土豪。当时打土豪是要土豪的钱，不出钱就捉住罚款。【这】也是村政府的经济来源。

不久〈，几个月〉后〈就〉成立乡政府，进行查田分土地，分田分房屋，划成分阶级，原来只是打土豪，分阶级后就划地主、富农、中农、贫农、雇农等各个阶级的成分。

3. 访问黄石乡竹园村老革命同志郭志树、廖秀明记录整理

一、打竹园土围的情况

1930年初（民国十九年冬）红军罗炳辉部来到黄石贯。1931年2月（旧历十二月十五日）红军侦查连攻下竹园土围。在攻打土围之前，曾向竹园土围写条借30元，土围内的地主不答应，于是攻打土围。从早饭后打到半下午就把土围打开了。攻打土围时，打死了对坊一个姓赖的地主。这个地主和另外一个地主是从对坊逃到这里来躲避的。土围打开后，这个地主也打死了，另外还打死七个手上有火药味的守土围的人（共有11人，都是些流氓、坏

人）。在 1931 年初起了村政府，1931 年三四月成立乡政府，当时的竹园属石头乡管。石头乡一共包括四个村，石头、高坑、老村和竹园，乡政府设在竹园。乡政府有主席、文书和妇女干事，还有中共支部书记和少共书记。乡政府成立时，郭志洪任主席，郭有塘任文书，廖秀明任妇女干事；书记郭志祥，少共书记郭家祥。1934 年郭志洪、郭家祥被开除，文书调区土地部，改选郭志谈为主席，书记郭志祥兼做文书。当时每个村有 3 个代表，石头村是郭圣连等，竹园郭志兴、郭圣楷、郭圣谈，竹园贫农团主任郭志钊，老村郭家清等，高坑陈忠先、杨先正等。

二、分田的情况

1931 年 4 月（农历二月）开始分田。分田以前，进行查田，查清有多少田后，按人口分配。田分甲乙丙三种，每人分田 8 担，地主、富农分坏田。分田以村为单位。1931 年冬开始着手重分，1932 年 4 月分完，每人分 10 担田，地主不分田，中农的田基本上不分过，多的分掉。

三、贫农团的情况

竹园先有贫农团，后有村政府。打土豪、打富农由贫农团讨论，贫农团就是农会。加入农会要介绍，有农会证，上面要介绍人盖章，红布壳子，领农会证要交一斤半谷子。

四、扩军状况和乡妇女干事的工作状况

乡妇女干事的工作主要是做好慰劳红军的工作。开初参加红军是自动报名，1933 年提出扩大一百万铁的红军口号后，区里规定每乡扩军任务。乡〈是〉要欢送参军战士，十天一次。妇女干事负责筹办开茶话会，草鞋及其他慰劳品，同红军一同送到区上。当时石头乡没有组织洗衣队、拍扇队等。有的群众不太愿意去当红军，妇女则做动员工作。参军的新战士，每人有夹衣、棉衣、袄发给。有的开小差回来，开小差两三次不枪毙，但动员归队，如不归队则要补回欢送时慰劳品的钱（其中包括棉衣、袄的钱）；连开小差五六次的人，抓去枪毙。

五、红军北上后的情况

红军北上后，国民党和地主反革命摧残老革命同志，竹园村被杀3人——郭志说、郭志谈、郭志年。曾在红军中当过伙夫的郭圣全和黄石乡妇女干事陈秀贞也被杀，陈秀贞没有【被】杀死。

郭志说同志曾担任过乡主席、区土地部长和长胜县土地部长，1934年十月初五日地方反动武装义勇队（队长张事维，大雅坪人）在坑底（老村）（此地名有待核对）捉住他，同时杀死郭志谈。反动派把他捉住后，从黄石街上押解过，当时郭志说在街上高呼："毛主席万岁！"反动的义勇队把他绑住，挖了他的眼睛，割下他的耳朵塞进他嘴里，砍断了他的脚跟，然后捆在门板上，沉下了河底，连尸体也未找到！反动地主没收了他的家产，逼他母亲改嫁，捉他的妻子受刑。当时他妻子已怀孕在身，快要临产，受刑后流产生下了一个男孩，反动派看到后，把这个婴儿丢在外面，活活冻〈哭〉死【了】。反动派说："要斩绝革命者的后代！"后来他的妻子也被迫改嫁。郭志说被惨杀时年仅25岁（一说21岁）。1929年瑞林寨刘宽坤起义时，他便来往于瑞林与黄石之间，互〔通〕报信息。

郭志年曾在县土地部工作，红军北上后，地主报告反动派国民党匪军，被抓在宁都杀害。郭圣全被捉在黄石遭杀害。

陈秀贞曾任黄石乡妇女干事，反动派把她抓到黄石杀头，在她颈上连砍3刀，只剩下气管没有砍断，后来醒过来了被救活；今在瑞林区（瑞金县），颈上留下刀痕！

1934年冬逃亡在外的地主恶霸回来了，他们把参加过革命工作的人的家产全部搬掉，并强迫"自新"；要革命者做东道【主】（请酒），罚款（三五十元不等）；写自新书，要贫雇农挑谷子给他吃，骂革命干部是"土匪"，老同志走路不敢抬头。

1934年12月反动政府派下了"别动派"，一保一个，都是18～25岁的人，腰上挂有驳壳枪。它的任务就是"劝说"地方地主武装"不准"打骂和处死老革命，让老革命"自新"。

说明

苏区时的产田区，现今属瑞金县瑞林乡管辖。苏区时成立长胜县后划产田地【区】，产田区管辖六个乡：上坪、山炭、山溪、水发、大尾、丁陂。六个乡中上坪最早建立政权，因上坪靠近于都边界。当水口建立政府后，上坪就成立了农协，其次是山炭、山溪、白溪，他们在民国十九年5、6月间，【在】水口成立四乡政府时建立了政权，而丁陂则不同。丁陂封建势力〈数〉大，土豪多，土豪劣绅们利用封建姓氏（丁陂是一姓之地）和宗族观念欺压贫苦农民，阻挠革命的发展。同时丁陂有一个土围，以陈英阿为首的靖卫团利用土围保护有钱人。三东、七保、长沙的靖卫团也会来丁陂。因此丁陂直到民国二十年正月二十三日二十二军打开丁陂土围后，丁陂才建立起乡政权。水发、大尾地区也建立起政权来了（这两地未打开丁陂土围时，是不红不白）。自从二十二军打开土围后，产田地区的政权就巩固了。

（夏培沅整理）

4. 访问璜村乡老同志记录

一、建立政府前的情况

1929年冬刘宽坤、刘义环在瑞林起义，举起红旗。刘宽坤表面上是红军，组织了二三十人到各地打土豪、抢东西，有时不分情况，且没有什么组织，抢到东西就分掉，因此就有人跟他，跟他的大部分是游游荡荡、不务正业的人。1930年冬刘宽坤的兵来到黄石贯，抢了商店的东西就走，又回瑞林寨。严谓成在大坪组织反动武装，他经常到黄石贯来。黄石贯组织了守望队，以郭垣为头子。刘宽坤、严渭成都经常来黄石贯，但很少打。1930年10月刘宽坤的兵来到了璜村，同时带了很多农民，打郭承郎土豪。当时刘宽坤没有抢东西，当日退到黄石贯。

1931年2月红军温连长带来了100人左右，到璜村建立政府。

二、建立政府后的情况

1931年2月建立璜村乡政府，同时岭头也建立了乡政府，这时属田头区管。璜村乡主席：第一任郭承波，【第】二任主席郭承△（这时岭头已并璜村管），【第】三任主席周家煌，第四任郭承松，【第】五任崔明亮。划了黄石区后，璜村乡属黄石区管，璜村乡有5个村。成立区后，乡里才有党支部和团支部。党支部书记，第一任是郭志绅，第二任郭显明。

1931年（或1932年）春，郭诗连带来三十五军的士兵，有一两千人来到璜村住了几天。诗连父亲是土豪，其父被红军捉到，诗连要杀其父，因诗连随红军走了，其父就是后来由红军杀掉的。^①诗连的哥【哥】是靖卫团的，在瑞金。以后不知他的情况了。

1934年五、六月间，璜村住红军补充师，石城等各处的兵都会送到这里来，营、团、师要补充就会来接兵。因有当兵的家属来，所以设有招待所，补充师走后，就住〔驻〕有医院——设医院。

1934年冬在大岭上开过一次大会，几十万人，部队几万人（有说一、三、五、七军团），政府群众都参加大会，有人说毛主席、朱总司令都在这里开大会。

红军走后，国民党黄镇中来到这里，杀死郭志柳和郭学瑜两个老革命同志。

（整理者：惠元）

———

① 原文如此。

（四）长胜县黄石贯留田村革命斗争调访资料

留田老同志封怀烈访问记录材料

封怀烈，苏区时曾任留田乡儿童书记。

民国十九年正月，桥头刘宽坤来。因为留田是宁瑞交界，当时，刘宽坤的兵也会来，靖卫团严卫臣也会来，一下靖卫团，一下又红军。洋溪先红，王坑是白。靖卫团会到严田烧屋，红军即刘宽坤的兵就会到王坑烧屋。五月在牛角山的宁瑞交界的山栋上，刘宽坤的兵与靖卫团打了一仗，刘宽坤败了，回瑞林寨去了，六月初六日又回到王坑，烧掉 20 左右间房屋，此时靖卫团【在】黄石贯。刘宽坤的兵在洋溪未红之前正月十五日烧掉洋溪，乱枪打死 3 个老百姓。烧洋溪的原因是因刘宽坤要洋溪那些万户（即土豪）的款和粮食。当时派出代表答复出款，后即〔来〕廖德荣、廖启△、廖启栏 3 个土豪构〔勾〕通靖卫团来打刘宽坤，以此抗拒出款，所以【刘宽坤】返回洋溪时烧屋捉人。

1931 年二月由廖德芦等 3 人在黄石贯接头成立乡政府，在成立彩江乡召开代表会议后，才成立各村村政府，成立了胡屋、彩江、留田等各村政府。

留田村政府一成立就开始打土豪，初打了邱克辉 3 家土豪，当年实行分田。在这时没有什么战斗了，刘宽坤据说〈是，〉红军说他不是正式红军，在马鞍石由〔被〕大队红军打掉〈他〉，靖卫团也被逼上斜面寨。地方工作很安〔平〕静地进行，以划阶级、进行阶级斗争和扩兵为中心，进行革命工作。至1933年六月情况就比较紧了，进行扩兵，以少共国际师、赤卫军的两种名义，进行扩大工作。八月初第五次反"围剿"在东黄陂开始了，各地都进行总暴动。均田全区八月一日开出一团到宁都补充师，我也去了。团长是廖步高，将兵带到宁都后，自己开小差回家，后说他是"AB团"，枪毙了。补充师在宁都住一个月后，就开到瑞金，进行军事训练。九月国民党就到了宁都，我们补充师就开到江面兵工厂领武装、炸弹。后到河风上宝与朱总司令的部队汇〔会〕合，开了全军团大会。朱总司令在开会【时】说：现在五次"围剿"，因为我们力量弱，我们到蒋介石屁股上攻他，三年就回来，大家要有决〔信〕心，于是部队就北上去了，进行抗日。

1931年七月留田有3个党员。

红军北上时，1933年九月初，地方干部全部组织起来了，成立黄、对、葛游击队，全部都是区、乡地方干部组织起来的。在固村、同胞山、打油坪、老禾坑、里迳等地进行活动。

1934年正月黄对葛游击队合并，在洋溪与国民党大队军打了一仗。当时国民党做了3个堡楼，一个清晨，我游击队由江西渡头，由里迳两路想来黄石贯，早上我尖兵到洋溪看到了敌人的炮楼，当时义勇队还在土围底〈开〉打仗，到当日下午打下了第一个炮楼，太阳下山边时就攻下了第二个炮楼，两方损失的人有四五百，第三个炮楼没有攻下，当天晚上就没有打了。红军撤退，不知道往那〔哪〕里去了，有部分人被打散逃了，有部分【人】就跟上走了。

在土改时，群众的热情很高，以后到扩兵时，大家都去当兵了。土改时由于群众热情高，没有跑掉一个地主，东西也没收得彻底。

1928年正月十四，刘宽坤的兵来（100多人，〈有〉部分【有】枪），由瑞林寨来到大雅坪（当时是游击队），在石屋布打曾国正、曾仕崇的土豪，和〔在〕上下贯打郭贤明家的土豪。没收东西，烧他的房子，并写了石灰标语宣传革命说："万户欠我钱，千户不相连，穷人跟我走，月月八块钱。"当时群众与土豪都走了，〈当时〉土豪不肯罚款就烧他的房屋。有东西群众都不敢分掉土豪的。

打土豪后，就回瑞林寨，因瑞林寨比我们先成立政府。他们走后，我们这个地方就没有什么动静了。

1929年六月二十八日，刘宽坤的兵（二三百人，群众也来了。共有二三百人）。又从瑞林经过丁陂来大雅坪，想到社公排打张万招的土豪。但是，当时各地的土豪就拉拢农民（黄石、璜村、大洲塘等），横直十里左右地的群众，共有1000多人，用炮、梭镖抵御刘宽坤的兵，在下岭脑①打仗，打死了土豪方群众吴枞女子（木屋岭上人）、崔传梯（营底人）；红军方面被打死8个。〈以后〉刘宽坤的兵败回瑞林一带。

七月十七日，以张万招、郭有增、张事炜为首，发动群众2000多人，进攻红色区，到白头公劫了红军游击队，烧掉很多房屋，抢走当时群众很多东西，抓住几个小孩，罚款后释放。当时群众就报告【了】廖彬的军队。

七月十九日，廖彬的部队（几百人）由丁陂来到大雅坪打当地反动武装。而土豪方就到长胜报严卫臣靖卫团的兵，在靖卫团没来时，廖彬的部队被土豪合集的当地反动势力打败，红军牺牲两名。

1930年十一月十八日，红十二军（1000多人）由黄陂来到大雅坪。这次地方反动势力就不敢抵抗，逃了。红军住了五六天就走了，去竹园打土围。大队红军来时，当地土豪（张万伦、郭有电）要赖文龙（赖坊人，做纸扎卖的）和红军接头，成立乡苏维埃政府，赖文龙主席，郭有佃（破产土豪）文书，张万伦（流氓地主）当财政。当时并组织了赤卫军（四五十人），由张龙江当队长，做假工作，只派部分土豪的钱公用，没有公开进行打土豪。当时土

① 检阅相关材料，有"下岭"，不见"下岭脑"和"下岭垴"，"下岭"见《江西省宁都县地名志》（内部资料），1985年版，第310页。

豪指使这样做，是怕十二军红军会回来打土豪，过下眼睛。

十二军打开竹园土围就走了后，于十二月初十边，当地土豪张万伦、郭有电就将乡主席赖文龙杀掉，说赖文龙（罪状）：照〔造〕得赖文龙一名，先年在瑞林补名，特杀队长一名，带走局内经济大洋，黑夜逃走，走至反动地方，不知何人，不分清白，只得杀毙。贴了罪状，怕上面来追实情况。赖文龙被杀后便由张龙光（本地人）任主席。

1931年正月黄镇中叛变，带有100左右人，由大雅坪经过，去赖村水西，到金牛寨登山。大雅坪的政府就解散了（黄镇中在罗屋还打了土豪），到赖村后，就公开挂白旗上山。

1931年正月黄镇中反水，大雅政府被解散，当地土豪张事炜等就组织靖卫团，插白旗。当时靖卫团没有什么公开名目，也没有起什么伙食。七月十四日，大洲塘的红色游击队20多人由肖广模（丁陂人）负责带到大雅坪来，想宣传群众打锣开会，重新建立政府，被当地土豪合集姓氏封建群众（车头、附近各地都来了人），将红军围捆〔困〕，20多人全部被杀，枪被缴去。当时红军败至河下，打了半天，红军没有子弹后，才被害。肖广模当时在大洲塘被杀，当时因当地土豪看到大雅坪游击队被围困，大洲塘土豪张事高兄弟带动土豪等人，杀大洲塘政府干部。

红军游击队被土豪劫去后，大雅坪就正式成立守望队（有二三十个人，张事炜队长），住在大洲塘村。七月二十八日，黄石贯的大队红军就追捉守望队，【将其】四面包围，守望队藏进屋内，群众看势逃跑，碰大河涨水，淹死了50多个群众，【但】没有捉到守望队。当时红军没有进屋，没有打死人，红军当日就回黄石去了。这次被追后，守望队就回到大雅坪来，住在大雅坪，不敢到大洲塘去了。黄石贯游击队（红军）经常会到大洲塘来打守望队，而守望队就在大雅坪河边抵防，经常来回打枪。

1931年十月间，红军势力兴旺后，大雅坪守望队由张庆谭（队长）带往赖村上金牛山，在赖村由〔被〕红三十五军打败缴械。

十一月十日左右，红军三十五军由宁都方向来到大雅坪，成立苏维埃政府，主席张发生（坪头寨人），郭有电当文书，崔原岳当宣传，经常会去打土豪，罚土豪的款，当时还是做表面工作。

1932 年正、二月时田头成立区政府，知道大雅坪做表面工作后，就派伊明山（琵琶形人）来大雅乡当主席，温厚辉当文书，划打土地后①，换崔厚岳当文书，整顿了大雅乡政府。原在乡政府工作的狗腿张万朴、张家柱、郭承栏等人被开除。这些人不服，企图诬告【杀】害伊明山。后由田头调查将张万朴、张家柱、郭承栏杀掉。

伊明山未受害后〔前〕，就大张旗鼓地打土豪了。1932 年三、四月间，但伊明山因嫖张承榜婆（地主媳妇，地主女），私打土豪，贪污搞腐化被告，不认错【被】杀掉。后任主席李勋堂，乡政府建在新屋底，属田头区管辖。就在这时，1932 年正、二月间，由潘固铭（长胜人），刘本和（黄陂人）介绍李勋堂入党。有 3 个同入党，成立支部，以后发展到十多个党员，一任书记李勋堂兼任，二任【书记】张万明。

当时乡政府，一个中共书记、一个文书、一个土地登记，乡主席，下设贫农团 7~9 人转〔专〕查阶级打土豪，贫农团主任谭义禄〈，妇女干事（党、政府都各有一名）〉。这次政府成立后，就稳定了，随即开展各个革命运动。

大雅坪在初成立政府那一次管到琵琶、罗屋、地咀坑、岭逐、莲塘、湖田坝等除营底村江口管外的附近地方。1932 年田头成立田头区后，管的范围〈就〉更小【了】，琵琶〈就〉另划乡，成立长胜县后，就划黄石区管（1933 年春成立长胜县）。

大雅乡 4 个行政村，300 多户，1300 多人（上下贯村、社公排连石屋布、新老圪背〈一个村〉、大雅连土围底〈连一个村〉）。

地主 35 户，富农 11 户，中农 、贫农 、雇农、地富按每户 6

---

① 前文"大雅坪老同志座谈录整理"与此段有相同记载，应为"划为地主后"。

人计算，共有人口 282 人①。

红军北上后，革命同志被杀名单。1934 年一年，九、十、十一月【为】多。郭承英（村代表），九月被大刀会杀，尸首沉河。郭东女子（少先大队长），十月杀了两次，第一次没杀死，治好后，又被杀，用剪刀杀，用镰刀杀。张事添（贫农团），十月被杀。曾红女子（贫农团），十被杀，晚上偷杀的（原逃到坑底）。崔厚城（村代表，炊事员），钉在门板上，杀后沉河。张万良（贫农团），用铁钉被钉在柯〔荷〕树上，用刀割脚筋，被〈杀,〉【放】狗咬死。张定朴（贫农团，土地部××，党副书记），被捆住，杀几十刀。

将被杀、未被杀的人：张事谓（团支书）、张事进（少先队长）、张事△（积极分子），被【张】和庚捉住，家【产】冲〔充〕公，六元光洋请人杀，没有人去杀，张和庚自己用枪动手杀，被他爱人拖住，三个同志【幸】未被害死。

张成树（贫农团），被打地雷公，说要杀他，姓氏争往未被杀。曾珍材（少先队长），家里说要杀他。郭承连（主席），万铅（地主）说要杀他。曾国坤（村代表），良红（富农）说要杀他，罚去30 元光洋。曾国明（村代表），用钱换出的。崔传榜（村代表），被打后病故。崔传珍（村代表），被打，家芳说要杀他，刀都磨好了，后未被杀。

外逃：李勋堂（主席），外逃雅鹊搜、固厚等地，1954 年才回家来，罚 63 元光洋。张事芬（贫农团），外逃【在】至中塘、黄石贯，被捉去当伪兵，开小差回家。崔家信（县劳动部工作），外逃船上，不敢经常在家出〔露〕面。廖胜沣（主席），外逃【在】里迳山里死了。曾国昌（村代表），外逃丁陂，后回来被打，外逃十多年。

被残害受刑的：曾朝女子（妇女干事）、郭细心女（妇女代表）、温陂田人（妇女干事）、郭氏女子（妇女干事）、崔秀英（妇

---

① 计算错误，实为 256 人。

女干事），脱下衣服，用木棍、芀条打，泼冷水等。

罗屋村被杀：张万坤（村代表），在家被杀，杀的〔得〕肠在岭上拖，挂在树上，游肠。陈维英（主席），被杀。温正师（文书），外逃被杀。

外逃：张事钻（村代表），外逃山上，后回来。

普遍逼迫老革命同志家罚款，如营底张珍罚掉〔被罚〕75元，卖掉房屋土地等家庭财产、欠债等。

四、

胜利县[①] 民间调访资料

---

① 1932年1月21日，红三军九师攻下于北区，消灭了土豪劣绅盘踞多年的上宝土围。为了庆祝这一胜利，同时为了适应斗争需要，苏维埃临时中央政府决定，改于北区为胜利县，成立中共县委和县苏维埃政府。历任书记的有：钟圣谅、严重、胡嘉宾、金维映、杨尚奎、李明辉、刘列晨、管让晁、赖传来。历任县苏主席的有：钟铁青、刘作彬、赖文泰、邱作汉、潘叶迪、刘法良、谢先策。1934年红军主力长征后，兴国、胜利两县苏区大部为敌所占。11月，胜利县西南部苏区与兴国县东南部毗邻苏区合并，设立兴胜县。1935年3月因游击战争失败，兴胜县停止活动。见《中央革命根据地词典》，档案出版社1993年版，第145、181页。

（一）胜利县革命斗争调访资料

1. 胜利县革命史

主编：朱春根、彭适凡

一、土地革命前的社会状况（1927年以前）

军阀混战和封建割据势力剥削压榨下的人民生活

于北地区在土地革命前封建势力是非常顽固地存在着，整个于北都是处在封建地主势力的割据之中，大小土围在几十个以上。其中以上宝、马安、赖村为主，以上宝为封建势力集结中心。于北地区人口约有18万〈余〉人，其中绝大部分是贫苦的农民，在军阀与地方封建割据势力的层层压迫剥削下，长期过着牛马般的痛苦生活。

（一）土地占有关系

〈就〉于北地区的土地分配是极不平衡的，绝大多数的农民缺地和少地。占人口11%的地主富农（地主占7%，富农占4.5%）却占耕地80%以上，而占人口89%以上的广大人民，只有20%的土地。

就是在地主富农占有土地中也是极不平衡的，城岗一个地主谭浪堂，自己拥有土地万余亩。土地高度集中的现象极为严重，而且是在日益剧增发展中。我们在平安、银坑地方也作了一些调查，一般的地主最少的平均都100担以上，300担为普遍。当时银坑乡洋塘村全村有土地2137担，除去祠堂、庙宇、公堂的公田1030担外，还有 1107 担，而全村有 108 户人家。其中地主〈占〉14 户，平均每户 80 担以上，占全部田地的 62.1% 以上；富农 6 户，平均每户在 30 担以上，占全部田地的 16.8% 以上；中农有 8 户，平均每户不到 17 担，占全部田地 12.6%；贫农 76 户，平均每户只有 2 担地，占全部田地 14.6%；其余 4 户为雇农，全没有土地。再从下面两个表来看看：

（1）土地革命前洋塘村的土地分配情况

户口 \ 成分	户数		人口		土地	
	户数	百分比	人数	百分比	担数	百分比
雇农	2	6.4%	5	3.4%		1
贫农	17	54.8%	87	59%	30	5.9%
中农	4	13%	16	10.8%	74	10.5%
富农	2	6.4%	8	5.4%	100	19.6%
地主	6	19%	32	21.6%	258	57.8%
合计	31		148		508	

（2）土地革命前新塘尾的土地分配情况

户口 \ 成分	户数		人口		土地	
	户数	百分比	人数	百分比	担数	百分比
贫农	6	86%	23	85%	13	43%
地主	1	14%	4	15%	17	57%
合计	7		27		30	

以上这些例子虽然调查计算不很准确，但从里面可以完全看出在革命以前占 90% 的广大贫苦农民，却占不到 10% 的土地。

（二）农民在封建势力剥削压榨下的悲惨生活

广大贫苦农民为了生活，不得不向地主富农〈来〉租田种，忍受着残酷的剥削。在革命前这里的农民除了受地主的地租剥削和高利贷剥削外，还要时常受到军阀混战的破坏和天灾的威协，各种苛捐杂税的掠夺。

1. 地租剥削

一般地租为对半分租，但各地不一，有的是三七分租，平安地区为普遍，有的是四六分租，银坑地区多为二八分租，不论荒年和歉收都不得减租，地主阶级就是这样利用广大的土地对农民进行残酷的剥削。一般的农民是没有租田的资格的，必须要有家产，有的要交押金，或要找一个能够抵挡得起田租的人来作证，或者是要将自己的一小块土地的契子作为押【金】，或者要替他做了几年长工才能租到，然后由双方当面议定租额，租额决定后，如遇灾荒和歉收也一样的照交地租。贫苦的农民纯粹是无产者，就租不到地主的土地来耕，只有做长工，否则只有活活地饿死。

狼心狗肺的地主有时利用灾年和一些机会，随时索回土地，以提高 30% ~ 40% 的租价另租给别人，平安乡地主张复祥就是这样。张复祥家里有 3 兄弟，以张复祥为大，贫农张复浪租了他家十多担田来耕，每年四六分租，几年后贫农张复浪把他的田种肥了，而地主张复祥看到农民每年收入增多了些，他还认为不能满足他的剥削要求，眼红起来了，结果想出了办法，夺回他的租田。就在一年秋收中，张复祥 3 兄弟轮流到贫农张复浪家中来收租，张复祥来收了一次，接着他的老二又来收了一次，老三又来收一次，共来收 3 次，结果贫农张复浪把全部收入交给了他还不够，最后地主张复祥说你交不起我的租，我要把田收回去。

贫苦农民凡是碰上灾荒年头，收成不好，交不起地租时，地主就可以随时掠夺农民的家产，迫使农民将自己的一小块土地卖给他作为交租，有牛就拉牛去，有猪就赶猪，鸡鸭家禽、被窝锅头一扫光，总总掠去。平安乡联群村地主张炳垂就是这样的一个，在 1925 年旱灾中贫农张德忠就是被他剥削压迫〈下使〉得家破人亡，最后没法，只有当乞丐讨饭吃。

2. 高利贷的剥削

地主除了通过地租剥削外，还进行了残酷的高利贷盘剥。高利贷的剥削一般有两种形式，一为谷债，一为钱债。谷债利息最低的是 50%，即割禾前或今年冬借地主一担谷（100 斤），到割禾后，或明年春要还本利 150 斤；高的为 100%，即借一担要还两担，平安乡地主张复祥就是一担要还两担的。更凶的是按旧谷的价钱还，每年青黄不接时，地主阶级不顾人民的死活，拼命地抬高谷价，每担最高要十元，到新谷上市时，农民为了补充些生活资料，但地主富商却又拼命地压低谷价，一担只值两元，而当农民割了禾后，必须按旧谷借时的价来还，这样借一担谷，在几个月后就得还四担、五担不定。地主阶级就是这样对农民进行掠夺剥削，农民在急用时也不得不上这样的当。

洋塘村贫农陈广枢（解放后成为地主，苏区前是贫农）向地主谢方融借了 300 元，每年交利 15 担谷给谢方融（当时谢地主家里有四人都不劳动，全靠剥削为生），他不肯收钱，农民有谷一定是要谷；如若还钱，则看谷价高低，按原价或现价折钱，即借 300 元，每年还利 75 元。贫农谢芳玲曾受过无数次这样的剥削，今年 5 月间借地主五担谷（500 斤），过两个月后，7 月割禾时就要还利两担半（250 斤），若还不起，过了一年本利要还 1125 斤才了事。

地主阶级对农民敲诈剥削掠夺的例子举不胜举。平安乡联群村地主张炳㛃在 3 月间借了一担谷给农民，7 月间割禾时他的狗腿子来追债，农民还了一担半（本利在内），但他的狗腿子都说要什么追债税，追农民多交 0.75 担（75 斤），这样农民还债共两担多（225 斤），受着重重的盘剥。

农民要向地主富农借谷借钱更是一件不容易的事，穷的人根本就没有开口借贷的资格，一般的贫农是借不到的，中农借贷比较容易些，因为贫雇农是无产者，没有条件借，借时必须立下契约，帮他做长工或短工，和【提供抵】押品，没有抵押品就很难借到。这里地主放钱债的利息也高低不一，有加一、加二、加三的，最高为加五息。更残酷的是当农民还得起债时，他不追，有时故意不收下（交一部分时），等到他的本利相等于农民家产，或者是数目大，农民还不起时，或是当灾荒、青黄不接、年终，地主就带领他的狗腿子一起来，日夜逼债，掠夺其全部家产。在这样的恶毒手段剥削下，广大农民被逼得家破人亡，卖屋、卖田，卖掉自己的老婆子女来还债的，在于北地区革命前是经常出现的。

地主阶级也利用开当铺来剥削掠夺农民，平日利息二分，但到每年春或青黄不接时便提高到三分、四分。

3. 苛捐杂税的负担

于北地区的广大贫苦农民除了受地主的欺诈、剥削以外，还受着当时军阀政府的种种压榨。当时反动政府捐税的名目很多，有房屋税、油菜税、烟税、屠宰税〈……，〉等等，达十余种。

此外还有最厉害的鸦片税，于北地区在土地革命前两三年中很多地方都开始种上了鸦片，但反动政府却又在人民身上加上了鸦片税。当时鸦片税很重，每亩平均要十几元〈多〉，最高的达三四十元。每年2月反动政府派人来收鸦片税，农民交不起时就抓去坐监牢，倾家荡产，掠尽农民家产。由于于北地区很多地方种了鸦片，所以社会上搞得乌烟瘴气，鸡飞狗走，人民生活不安，出现一片混乱的现象。抽鸦片的人增多，主要是地主豪绅和流氓（一般农民群众不抽）、懒汉。流氓多，赌钱、盗贼多，造成社会一片混乱，生产凋零。加上在1925年，于北地区很大〔多〕地方发生了旱灾；1926年前各地军阀互相混战；1926年冬，广东军阀张发奎打了败仗，败兵经由于北地区，又大肆掠夺，使得于北地区人民处在暗无天日的水深火热之中。

4. 地方封建势力对人民的压榨

于北地区最大的特点是封建势力互相割据，土围林立，各自为政，收买枪支建立地主武装。土地革命前各地军阀互相混战下，这一带的封建势力得到了培植，再继之后，以国民党反动统治，它又更加蔓衍〔延〕和壮大起来了。地主、恶霸、土豪劣绅互相勾结军阀和反动势力，对农民欺凌、勒索敲诈、【实施】种种"无法无天"的罪行。上宝和马安为中心的封建势力就好比一个小王国一样，那里的恶霸地主就是无天无法、无恶不作，简直就像一个土皇帝一样。有的勾结军阀，以自己私人地主武装任意向人民征收捐税，任意逮捕农民和加刑罚，这种现象当时在于北地区是很普遍的。上宝乡恶霸钟邦昆，与马安乡地主恶霸钟楷瑞就是当时闻名于整个于北地区的反动头子。

一次反动军阀赖仕横的船兵路经东水，本派罗坑石下地主甘常先（前清监生）请人去拉纤，但他却无故地强迫贫农管浪晁【拉】。管浪晁不服，可恶的甘常先即开了100多张请帖，拉拢所有的地主豪绅，威胁说："你不去！就要大摆酒席，钱由你出！"在这种封建势力互相勾结联合威迫下，这次苦工又落在管浪晁身上。

5. 阶级矛盾日趋尖锐及农民的群起反抗

农民受到封建剥削，受着反动政府的种种苛捐杂税的榨取，同时还受到地方的土豪恶霸的勒索、敲诈、压迫，加上军阀混战，各种反动势力的残酷掠夺，〈于北地区人民〉在这种暗无天日、走投无路的情况下，于北地区人民毅然地站起来，〈开展了〉与反动势力作斗争。

（1）车头人民的"闹灾荒"暴动

1926年春，青黄不接时，于北地区农民贫困不堪，就在这时有三点会头子——陈久煌（赣县陈龙人）、钟老三等率领60多个贫苦农民，首先在车头乡韩信峡起来"闹荒"——捉杀土豪，打开仓库；后一直打到马安和赣县九山、陈龙一带。从此沿途农民蜂拥而起，相继加入暴动队伍。如车头樟树下的农民，闻起义队伍一到，立即打开地主方德树的粮仓，挑去了120多担谷。以后这些农民都加入了起义队伍，这支起义的队伍都是纯〔淳〕朴的农民，没有枪只有梭镖、木棍、锄头。后不幸在赣县社埠祠堂内被地主武装围困而告失败了，当时队伍有300多人，这次失败共死伤20余人。

以后年年闹饥荒，每当青黄不接之际，农民总是 50、60、100 人不等集伙拥至地主家里要粮，地主豪商见形势不妙，只好"老老实实"地发一些谷子给群众。如一次寨下石有管姓 90 多个农民挑着 90 多担箩到地主管仁来家里要粮，管仁来没法，只得每人发了一点谷（最多的 1 担，最少的 25 斤，一般 50 斤）。还吃了他一顿饭，群众才返去。像这样"闹荒"的事件各地各姓都有发生。

（2）平安农民抗缴鸦片捐的暴动

土地革命前几年，平安一带农民多栽种了鸦片，但是鸦片税非常重，而且是一年比一年高。在 1924 年（民国十三年）平安乡石榴坪村有人口 80 多人，国民党派给它村的鸦片税款就达 800 多银圆之多，这年收成又非常〈的〉不好，农民逼得没法，只得卖田卖屋。1926 年六、七月间，银坑保卫局专门管理鸦片税的豪绅钟世鸿和国民党军队一营人勾结（营长唐副官、连长李炳南）到处征收鸦片税。有一天，李炳南带领一连人到平安征收，每户要征收十元。在这种苛捐下农民缴不起，反动政府军队就到处抓人，激起群众愤怒，就自发地组织起来，拿起了梭镖、土枪、锄头和反动军队打起来。反动军队就开枪镇压，打伤打死农民张祖潘等五六人。这样更加激起了平安广大农民群众的愤怒，不顾一切冲向敌阵杀敌，并放号炮，得到了桥头农民的支持，最后把反动军队赶出村子，并一直追赶到银坑钟世鸿家里，一把火把他的房子烧掉，这总算为大家出了一口气。

通过这一斗争的胜利，广大农民群众深深地体会到只有组织起来进行坚决的斗争才能求得生存。如有农民说："以后不怕了！要想饿死我们，必先把那些税富佬打死！""税富！""税富！""我就是要粮食！"

二、党组织的建立，桥头的农民暴动及其革命武装斗争的发展

（一）党组织的建立与活动

1926 年于（都）北桥头人朱学久、钟声楼在南昌读书。1927

年由丘迪（中共党员，后改名丘倜[①]）介绍他俩入朱德同志办的军官教导团学习。在党和朱德同志亲切教导下，他们很快就加入了中国共产党，成为一个坚强的无产阶级战士。自蒋介石、汪精卫先后叛变革命后，轰轰烈烈的大革命失败了。为了中华民族的解放事业，为了挽救革命的失败，使革命推上更高更新的阶段，1927 年 8 月 1 日，朱德、周恩来、叶挺、贺龙等同志在南昌举起了革命的火炬，从而开创〈立〉了中国现代革命史上的第二次国内革命战争时期。

八一起义后，中共秘密江西省委下令各地党团员一线从城市转入乡村，从事发动和组织广大农民群众的革命工作。当时在省农民协会工作的邱倜和在省商民协会工作的李晓峰同志也先后秘密返回了家乡——于都县。也就在八一南昌起义的革命风暴中，朱学久、钟声楼遵照党的指示回到了于都桥头。回来后，他们就积极地秘密进行革命活动——发展党的组织，向群众灌输革命思想。自此时起，以桥头为中心的于北和以里仁为中心的于南两个红色革命据点建立起来了。

学久、声楼返家后，背叛了自己地主阶级立场，断绝了有钱有势的亲戚朋友，以访亲拜友之名，串通一些贫苦工农和一部分知识分子，如李华官、钟声祥等，整天东奔西跑地向群众进行"打土豪、分田地"的革命思想教育。那时桥头一带栽种鸦片，而鸦片税非常重，因此他们总是鼓动群众起来抗税。由于他们天天秘密宣传，一传十、十传百，革命思想就逐渐传播开来。在 1927 年年底，桥头人民就局部地开始了抗税、抗债、抗粮、抗租的斗争。

1927 年十二月（阳历 1928 年 1 月），朱学久、钟声楼以谢方湖、钟亦珠、钟圣祥、李华官、钟先桐、朱志贞、朱炳涛、谢方圣等为骨干，组织了秘密的党支部——这就是革命的司令部。秘密党支部成立后，就分别在水背、黄泥坑、凡荣、江背等地发展党的组织，

[①] 丘迪、丘倜，应为"邱倜"，后文写作"邱倜"。见《中央革命根据地词典》，档案出版社 1993 年版，第 475 页。

使党的组织——党小组遍布在整个桥头地区。到 1928 年二月时，整个桥头地区有 5 个党小组——杨屋、水背、坝背、黄泥坑、江背，共有党员 40 多个。随着革命司令部的建立，桥头地区的革命活动就更有领导、有步骤地向前发展着。在 1927 年冬，就开始组织秘密"农民协会"，并在水背村成立农民协会"临时办事处"，来领导农民运动的各项工作，据估计到年底时参加农协人数已达 600 人之多，并且愈来愈广泛地向前发展着。

在桥头地区党组织的建立及革命斗争日益发展着的同时，于南里仁一带农民也在邱倜、李英、邱方周、李晓峰等人领导下逐渐发动和组织起来。在这段日子里，两个地区的党组织都一直密切地联系着，特别是 1927 年 10 月赣南特委肖韶同志来到于都后，于都党组织的领导核心就更加强固起来。肖韶同志一到于都后（肖韶同志多驻在里仁一带），就召开了一系列的党组织会议，检查和布置各地深入发动群众建立农民协会的工作情况。是年十二月二十九日（阳历 1928 年 1 月），特委派邱倜、雷震中（真名李骏）到桥头布置工作，那晚，在桥头朱屋村朱家祠召开党组织会议，与会者有：朱学久、钟声楼、李华官、钟奕珠①、李华长生、钟声祥、何新桂和邱倜、雷震中。会上除朱学久、钟声楼等同志【除】进行了又一次生动的革命教育外，还具体讨论了发动和组织群众抗租抗债、抗粮、抗税，焚烧契约的问题，获得枪支的问题，以及发展党组织的问题。这个会从晚饭后一直开到深夜两三点钟才结束。第二天，邱倜、雷震中又返回里仁。到十二月年关②二十九日晚（阳历 1928 年 2 月），特委肖韶又在于都县城大西门外李晓峰同志家里召开党组织会议（朱学久、钟声楼也参加了）。这次会议主要是汇报各地革命活动的进展情况。肖韶同志最后要求各地党组织加紧组织农协，并尽早把非党的农协主席吸收到党内来，以便在最短的时间内在于

---

① 钟奕珠，文中又写着"钟亦珠"。
② 原文写作"门"内加"关"字。

都掀起汹涌的红色风暴。

朱学久、钟声楼接受了特委指示，返回桥头后，就更广泛深入地发动群众，革命活动也由秘密转入公开。1928年一月十六日，在朱屋上村"朱氏宗祠"内公开召集第一次农民协会会员大会，共有300多人参加。祠堂门口贴有"反抗烟苗税"的巨幅标语。会上朱学久、钟声楼以极其激动的语气号召贫苦工农积极地行动起来，进行"打土豪、分田地""抗租、抗债、抗税、抗粮""焚烧契约"的斗争。就这样，从八一南昌起义带来的火种终于在桥头地区开始燃烧起来了。自此，革命的影响大大扩大了，群众性的阶级斗争也风起云涌地向前发展着。也就在这种新的革命形势下，地主、资本家和所有反动分子开始惊慌起来了。这时，以钟朝增为首的地主反革命集团，企图组织反动力量一下扑灭这刚刚燃烧起的革命火焰，扬言"要把声楼捆起来。有声楼就没有我，有我就没有声楼"。然而既已燃烧起的炕床上的干柴又怎能让它熄灭呢！不仅不可扑灭，相反愈燃愈烈，以至有把他们卷进火堆烧成灰烬之危险。故不久以钟朝增为首的一些反动分子都纷纷逃往县城马安、里仁、上保宝一带，企图进行顽强〈地〉抵抗。

1928年一月二十八日（阳历1928年3月）乘桥头周围三四十里群众均来桥头赶圩之机会，钟声楼在圩中酙堂上〈有一次〉发表了极为激昂的演说："社会上为什么少数人不劳动反而丰衣足食？而我们大部分人整天劳动却吃不饱穿不暖，还要受欺侮呢？这就是地主土豪的剥削……我们穷人必须团结起来，'打土豪分田地'，烧毁契约……"这次听到声楼讲演的约有千余人，他们深为他的真挚生动的演讲而感动，【甚】至有不少贫苦穷人偷偷地掉下心酸的眼泪。这次的演讲使革命的思想很快地传播到了数十里外的平安、樟木山、庙坪、坝子上等地，为以后党组织的发展和革命斗争〈的〉推向高潮创造了极为有利的条件。

朱学久、钟声楼等在进行前述一些更广泛的发动群众工作的同时，还在党组织系统内召开了一系列的会议，准备武装暴动。现据我们了解的材料，仅在一月内就分别召开了4次会议。在1927年一月二十七日（阳历1928年3月）晚于声楼家右边河坝上的一次会议上，决定继续深入地发动和组织群众准备暴动。会后还分工：朱学久负责桥头一带，钟声楼负责江背、赤竹坑，李华官、吴祖英负责桥头圩、杨屋，钟先桐负责茶叶口、黄泥坑一带。

在进行上述一系列的艰苦细微革命活动后，桥头地区的群众觉悟空前提高，革命暴动的时机也日益成熟，人民能清楚地预见到：更大规模的革命风暴快来了！

（二）桥头农民暴动

在桥头农民暴动之前，首先爆发了以里仁、步前为中心的于南暴动。

于南里仁、步前一带的农民在邱偶、邱方周以及赣南特委肖韶同志亲自领导下，〈于南的〉农民运动以极其惊人的速度向前发展着。到1928年春，农民运动不仅继续蓬勃开展，并逐渐掌握了武装，在西部一直发展到罗坳，南部发展到新陂、瓶塘、黎村，东部发展得更广。1928年二月初十日，里仁的反革命分子陈△洪由里仁逃至县城，勾结里仁一带地主阶级当权派刘伯纯，企图逮捕邱偶、邱方周等领导人，破坏已蓬勃发展起来的农民运动。这消息被我党知悉，即先下手为强，在里仁一时就集合了千余农民，首先杀死了陈△洪、刘伯纯这两个家伙。当晚以步前为中心的西乡农民也组织起来，杀了罗坳大恶霸赖烈标以及鲤鱼大地主熊梦兰四叔侄。自此，以里仁为中心的南乡和以步前为中心的西乡农民暴动就轰轰烈烈地开展起来了。十三日，南乡和西乡共集合了农民万余人，在肖韶、邱偶、李骏的领导下，手执梭镖、土铳、鸟枪（只有唯一的一支枪），浩浩荡荡地向县城进发。时城内驻有国民党匪军张梦汉一团人，见我农民暴动队武器简陋粗糙，张匪派两支匪军由小西门、北门冲出。小西门而出的一支匪军因受到起义农民的猛烈反击而退缩至城内，北门的一支匪军虽也遇到暴动队伍英勇顽强的反击，但最后由于农民暴动队伍作战经验缺乏，加之武器简陋而使暴动遭受挫折。死伤农民共40余人，烧毁房屋4所，其他所受摧残和损失甚重。里仁暴动揭开了于都县农民武装暴动的序幕，从而大大鼓舞了全于都县人民的革命斗志，在时间上加速了各地党组织革命武装暴动的发展。同时也使国民党反动派和一切地主阶级大为吃惊，他们纷纷组织以〔与〕农民相对抗的反动武装——靖卫团（如十七日银坑的反动武装靖卫团就成立了），疯狂地向广大农民群众进攻。

然而反动派的残酷屠杀与镇压更激起了群众的无比愤怒，他们更清楚认识到，反动派到底是反动派，只有团结全县、全国的工农兄弟，向敌人进行残酷的革命斗争，才能取得革命暴动的胜利。从而他们对地主阶级的斗争更为坚强。事实上，里仁、步前的红色风暴也并没有被反动派所扑灭。相反，农民运动还是一直向前扩展着。以〔如〕吴子喜同志组织的赤卫队，经常与步前、禾峰等地的靖卫团展开斗争。也就在这长期艰苦的斗争中，于南人民的革命势力正在日益发展和壮大。

里仁暴动暂遭挫折后，以肖韶同志为首〈的的〉，邱倜、李骏、李晓峰等都于十六日秘密〈的〉来到了桥头，催促和策划于都县的第二次农民暴动。十八日，肖韶同志派交通去吉安东固请七、九纵队来参加暴动（这是八一起义后，吉安地区特委赖经邦同志，收编东固地方土匪段启凤的武装而改编成的一支地方革命武装，共计40余人、40多支枪。第七纵队队长段起凤，政委赖经邦兼；第九纵队队长梁麻子，政委为吉安地特委委员曾天龙）。二十日，七、九纵队来到了桥头，二十一日以桥头为中心的于北农民暴动，在朱学久、钟声楼和特委肖韶领导下开始了。二十一日早在桥头圩背松山坑内举行了以党团员为骨干，总共400多人的群众大会。参加大会的群众每人均手持梭镖、土铳、鸟枪或锄头。会上朱学久、钟声楼都以其固有的豪迈风格、饱含的革命热情发表了极为激动人心著名演说。在他们演说里，都再一次提出了"打土豪、分田地"响亮口号。最后朱学久宣布"于北桥头的暴动开始了，我们的目的是要攻下于都，不消灭于都的张梦汉匪军，就不能巩固暴动成果……"于是全民沸腾，四周群众闻之也先后拥入会场，连离桥 10 多里、20 里的平安、樟木山、琵琶垅、大坑、新城等地农民闻之也自动组织，迅速赶来，加入起义队伍。这时起义群众已达千余人之多。当场每人发一条红布条系在胸前纽扣上，以示暴动队伍之标志。

随即配合七、九纵队向于都方向进发，但在中途受到上宝靖卫团的阻止，于是改变方向攻打上宝土围，打了两天未下。二十六日于都县的张梦汉匪军来到上宝，吹着进军号。我暴动队误以为是上宝靖卫团头子钟楷瑞，故意吹号装作国民党军队。当时九纵队队长梁麻子凭自己经验对学久说，前面有国民党的援军。但是学久一时还不相信，待仔细观察后，国民党军队果真来了，忙着调集队伍应战，相互激战了一天多。二十八日，起义群众只好跟随七、九纵队而向兴国、吉安东固方向退去。国民党匪军和上宝、马安石等地的反动靖卫团来到桥头后，即大肆地屠杀革命群众。仅被匪军用毒辣的风车送烟办法而死于石山洞里的农民，就有 16 人之多。这些强盗们还疯狂地进行抢劫，并从新屋一直烧到桥头的江背，〈给〉桥头人民的生命财产受到了巨大损失。

然而和里仁人民一样，英勇顽强的桥头人民，并没有被反动派的一时凶残所压倒。他们在革命斗争的实践过程中，清楚懂得反动派的任何疯狂和嚣张都仅是暂时的，最后的胜利一定属于人民的。因此他们仍在党和朱学久、钟声楼领导下，毅然地擦干了眼泪，埋葬好了同志的尸体，继续高举着革命义旗向前赴去。自那时起，桥头党组织的活动就在秘密中向前发展着。这时以里仁为中心的于南和以桥头为中心的于北两股农民运动巨流，正以它青春的活力，磅礴于全于都县。

（三）党组织的发展、红色政权的建立及革命武装的壮大

1928 年二月于都里仁、桥头两次农民暴动遭受挫折后，里仁、桥头等地的党组织活动也暂由公开转向秘密，然而就在秘密过程

中，党组织更为日益地发展和壮大。到 1928 年八月间，建立了以桥（头）、新城为中心的于（都）宁（都）瑞（金）兴（国）边区的党组织网。以后党组织更以不可挡之势向四周发展着。

1. 党组织的发展和红色政权的建立

暴动前，1927 年正月元宵之日，新城党小组〈就〉在新城赖仕英家里成立。参加成立仪式的有谢先俪、李江兵、余邦贵、赖仕英，另外朱学久、钟声楼、仲学翔、李华官、钟先同[①]、钟铁青等也列席。会上念了誓词六句：严守秘密、遵守纪律、服从命令、牺牲个人、永不反党，如有反党，天诛地灭。桥头暴动后，赣南特委派雷震中同志留在桥头一带做党的秘密工作，主要活动于桥头、新城、寨脑、大坑一带。在他的领导下，党组织更进行了有计划的活动。三月间，在兴国寨脑（离桥头 8 里），〈由〉雷震中同志〈开始〉举办【了】第一期党团员训练班，训练时间为一星期，第一期人数 10 余人。训练班学习内容主要是武装马列主义革命思想和掌握建党建团的方针方法。结业后，【学员】分别【被】派赴到周迳、庙坪、长衫、东村、莲塘、马长峯、江背洞、樟木山、古龙岗、煤窖、青塘（以上属兴国）、马安石、平安、赖村、江口（以上属宁都）、瑞金等地发展党的组织。到三月底时，在兴国的庙坪、坝子上、东村、莲塘已成立了党支部（庙坪最早〈的〉发展的党员是陈至书）。以后逐渐发展建立起支部的有周迳（最早被发展的党员是洪立基）、江背洞（最早被发展的党员是丁拔同）。这些地区成立党支部后，即积极领导当地农民掀起农民运动。也就在这时，新城、大坑、坝子上、东村、莲塘、周迳、樟木山等地的秘密农协都相继组成。这是我们较详细地掌握了〔的〕平安地区党组织的发展过程：1928 年正月，平安（离桥 20 里）张子良（又称张业中）、廖品

---

① 钟先同，应为"钟先桐"，后文写作"钟先桐"。见《中央革命根据地词典》，档案出版社 1993 版，第 524 页。

生、张复辉、张德昆、赵春、赖超宇等到桥头与朱学久、钟声楼联系。是年四月间，桥头暴动虽遭挫折，但党组织已发展到十余人，成立了党小组。以后又陆续发展了钟永丰、张业汉等6人。七、八月间成立了党支部，支部书记张子良（以后张子良赴井当坑发展党组织，故由张家鑑继任）。这时秘密农协也建立起来了。十一月间，桥头李华官来到平安，在白地背召开了一次群众大会，号召农民行动起来，抗租、抗债、抗税、焚烧契约……自此平安一带农民运动更迅速地开展着。党组织为了更好领导不断高涨着的农民运动，同月于安子前成立了"平安办事处"（主席钟复仕、文书刘有陈），专门负责领导各村农协工作。党组织也就在推向农民运动于高潮过程中大大壮大了。这时平安9个村都成立了党支部，共有党员50余人。

随着党组织的日益壮大，农民运动的蓬勃高涨，1928年八月间赣南特委又派张文焕、李晓峰两同志来桥头做党的工作。党组织考虑到支部的分散和愈来愈多的发展，为了更好进行领导，故成立"中共于北特支委员会"。特支书记为张文焕，地址在樟木高卷，后移至兴国的池屋，但一般特支都没有固定地点。当时张文焕、李晓峰两同志晚上回屋内睡觉，白天又手提篮子，内放些笔墨纸张到山上办公——但就在这样极端艰苦的环境下，于北特支委员会很好地领导了各地党支部，使于宁瑞兴边区的农民运动更深入地开展起来，为红色革命武装的建立和扩大打下极为有利的基础。

同年十二月，赣南特委肖韶派谢家喜和古柏（这时为于都县委书记）两同志来桥头指示工作。那晚，在桥头水背樟屋开会，参加者有谢家喜、古柏、张文焕、李晓峰等十余人。会上谢家喜、古柏两同志，正确地估计了当时以桥头为中心的于宁瑞兴边区革命运动的形势，建议扩大党的领导机构和成立红色的政权组织——革命委员会。初有人提议取"中共于宁兴瑞边区委员会"和"于宁兴瑞边区革命委员会"。后谢家喜等同志觉得这名称有些局限性，除4县以外的秘密党组织就不便来此联系，这就有碍于党的事业，故他提议，改于北特支为"中共于北特区委员会"，^① 另成立"于北特区革命委员会"^②（于北特区委仍属赣南特委领导，那时赣南特委是秘密的）。会后不久，这两个组织就正式在桥头木湖塘成立。于北特区委书记张文焕，后因张文焕调任十六纵队政委，故由雷震中继任，于北特区少共书记赖来葵，于北特区革命委员会主席许代英（真名谢芳圣）。

于北区革命委员会的成立，我们应该看成是里仁、步前、桥头广大农民暴动和暴动后坚持长期斗争的产物，是于宁兴瑞边区人民在党的领导下艰苦斗争的产物。它的成立，鲜明地表明了在于都县的土地上破天荒地建立起了工农红色政权，以后这个红色政权，不论在任何艰苦的年月里，它都以极其旺盛的生命力坚强地屹立着、扩展着。1932 年中央苏区江西省的一个重要组成部分——胜利县的红色政权就此发展而来。

于北革命委员会的成立，标帜〔志〕着桥头地区的群众革命运动已发展到一个新的阶段。以后，在于北特委和于北特区革命委员会领导下，于宁兴瑞边区一带农民的土地革命斗争更加深入地开展着。那时各地不仅普遍建立了农民协会，而且有的地区还建立了"办事处"（如平安），统一指导各村的农协工作。此时的土地革命斗争内容，一般还是进一步发动和组织群众抗租、抗债、焚烧契

---

① 1928 年 8 月，中共于北特区委在桥头成立，领导兴国、于都边界地区人民开展武装割据斗争，建立了以桥头为中心的桥头革命根据地。特区委隶属于中共赣南特委，亦受中共赣西特委指导。书记先后为：李骏、钟学祥、钟圣谅、钟学湘。1931 年 6 月后改称中共于北区委，书记钟学湘，隶属中共赣南特委。1932 年 1 月在其基础上成立了中共胜利县委。见《中央革命根据地词典》，档案出版社 1993 版，第 145 页。
② 1928 年 8 月，于北区革命委员会在于北桥头盘螺石成立。1929 年下半年，曾一度称"兴于边界革命委员会"。主席先后为谢芳圣、钟品山、谢振春。1930 年 3 月在其基础上成立了于北区苏维埃政府。见《中央革命根据地词典》，档案出版社 1993 版，第 181 页。

约、捉拿土豪、罚款缴枪……其目的是"大长革命者的志气,大灭反动派的威风"。只有桥头地区局部地开展"分田地"运动,那时除打倒一些土豪劣绅外,还没具体划分阶级,土地是一律平分(工人也分田),平均每人四担半谷田(2.5 担谷田相当一亩)。这种土地革命斗争虽进行得很不彻底,然而在改善劳苦大众生活及发动群众方面却起了很大的促进作用。

更大规模更激烈的阶级斗争是从 1929 年以后开始的。1929 年二月间,于北特区革命委员会在琵琶垅开会,由钟学祥主持,会议决定成立于北特区苏维埃政府①。这时于北特区革命委员会书记钟圣谅,少共书记朱人久。于北特区苏维埃政府【主席】钟铁青,秘书赖赓。开始只有 3 个乡政府:第一乡,桥头乡;第二乡,樟木乡;第三乡,平安乡。以后,随着革命武装的迅速壮大发展,红色的乡级政权组织也逐渐发展成 7 个:第一乡,桥头乡,主席朱学宣;第二乡,樟木乡;第三乡,平安乡,主席张复仕;第四乡,瑞林寨乡;第五乡,银坑乡;第六乡,曲洋乡;第七乡,下坝乡(1929 年 10 月后,下坝、瑞林寨反水)。

特区苏维埃政府的地址初仍在桥头,到 1929 年四月间,才迁到坪头寨店下办公。

从〔在〕于北特区革命委员会基础上建立起来的于北特区苏维埃政府,又清楚地表明在革命斗争过程中,红色政权的扩大和巩固。这些刚成立起来的区、乡级红色人民政权,一开始也和以前的革命委员会一样充分发挥其无产阶级的专政作用,发动了广大群众更大规模地、更深入地进行激烈的阶级斗争——杀土豪、分田地,镇压反革命。在这一系列激烈的革命斗争中,革命武装扩大了,红

----

① 于北区苏维埃政府于 1930 年 4 月在于北区琵琶垅成立。主席先后有:谢振春、洪昌缪、钟铁青。1932 年 1 月在于北区基础上设立胜利县后,于北区苏政府撤销。见《中央革命根据地词典》,档案出版社 1993 年版,第 181 页。

色政权愈异〔益〕巩固了。

2. 革命武装的壮大

从 1928 年二月桥头暴动起，到 1932 年 2 月中央苏区胜利县的成立，是党组织从桥头地区迅速向邻县发展的时期，也是农民革命运动由暂遭挫折而逐渐向高潮发展的时期。在这段时期里，党的组织和农民运动在活动形式上是由公开到秘密，再到公开地发展着。尽管如此，但仍〈是以〉证明【了】毛泽东同志的辉煌理论——"星星之火可以燎原"的无比正确。随着党组织的日渐扩大，土地革命的逐渐深入，人民革命的武装也开始建立，从而迅速地发展壮大。

1928 年二月的里仁、桥头两地的农民暴动〈，虽然〉并没【有】失败，暴动以另一种形式在进行着。然而在暴动的实践过程中，广大革命群众开始体验到暴动之所以遭受暂时挫折，是由于还没有建立起一支坚强的革命武装，要想求得革命暴动的胜利，就必须"以革命的武装反对反革命的武装"。因此，朱学久、钟声楼退回到东固一带后，很快就着手创立人民革命武装的工作。尽管这个工作极为艰苦、复杂，然而到 1928 年五月底，由桥头党组织直接领导的第一支正规革命武装——第十五纵队终于在兴国东村宣布成立。初 20 余人，10 余条枪，队长钟声楼，政委朱学久，后改为金万邦（枪的来源——暴动时群众缴到马安靖卫团一条枪，收编兴国土匪头子管开炳、刘书相 10 余条枪）。[1]这支革命武装虽很年轻力小，然而一开始就发挥了工农子弟兵保卫人民胜利果实的卓越作用。

八月十二日，反革命分子钟朝增带 4 个伪丁来桥头圩收屠宰

---

[1] 1928 年 6 月，赣南工农革命军第十五纵队在兴国鲤公寨成立。纵队长管开炳，党代表朱学久，参谋长钟声楼，受中共于北特区委领导。1929 年 1 月该纵队编入江西工农红军独立第四团。见《中央革命根据地词典》，档案出版社 1993 版，第 237 页。

税。朱学久即乘机率领 9 条枪、二三十人来到桥头圩，结果缴到了枪 4 支，并捉到 2 伪丁，其余 2 个弃枪亡命了。

八月十五日，学久又带十五纵队来到桥头。这天正值桥头当圩，队伍一到桥头即打土豪钟宗彩，缴了他 1 支枪，罚了他 1000 元银圆，并将其布店中的布散发给当圩群众。当时群众无一不欢天喜地。当天还罚了土豪刘秋芳款 1000 元，又捉到上宝土豪钟良作（来赶桥圩），罚款 300 元。

九月二十五日，兴国靖卫团 15 条枪，20 多人，大摇大摆地来到坝子上收粮。那晚朱学久又率领十五纵队和 100 多群众包围了坝子，首先用巧妙的方法把敌人的哨兵砍了，然后四周包围的群众，在汽油桶里点燃起大爆竹，愚蠢的敌人以为是大炮和机关枪响，吓得四肢发抖，说："枪挂在墙壁上，你们拿去！"就这样，我们又缴到了 15 支枪。

由于这三次斗争的胜利，特别是坝子上那晚斗争的胜利，使十五纵队的威望名扬四方，因而也大大推动了各地区阶级斗争的发展。

是年十一月初六日（阳历 1929 年 2 月），七、九纵队和十五纵队会师于东村。下午四时许 3 支革命武装出发，路经江背洞去进攻兴国城。初七晨，兴国城已全被我军占领了，捉到兴国城大土豪吴大鹏，结果缴到枪支 210 多条，子弹几担谷箩，还把一家当铺店内衣物抛散给群众——这是兴国县城的第一次解放。

兴国县城的解放，是于宁兴瑞农民运动的伟大胜利，是广大农民群众的一件大喜事。因此这一胜利，反过来又促进群众性革命运动新的发展，也就在胜利的凯歌声中，于北特区革命委员会于桥头成立了。兴国的解放〈，这〉和革命委员会的成立应该看成是于宁兴瑞边区的农民运动已发展到一个新的阶段的标志，也是广大工农大众史无前例的两件大喜事。然而反动派终究还是反动派，"人民厌恶的就是他们喜爱的；人民喜爱的就是他们厌恶的"。兴国城解放的消息【被】传到于都后，国民党张梦汉匪军又来到桥头，望

〔妄〕想屠杀尽我们革命的桥头人民，然而在黄天脑都遭到桥头地区农民赤卫队的猛烈反击。十一日，匪军又来进攻，这时肖大鹏率领着七、九纵队已经赶到，故很快打退了敌人进攻，保卫了桥头人民安全。

由于初十、十一两次反进攻战争的胜利，缴到匪军枪 28 支，故于同月二十八日，在兴国寨脑成立十六纵队。初有四五十人，枪 30 多条，队长钟先桐，政委张文焕，参谋长兼军需李晓峰——这是直属于北特区领导的第二支正规的农民革命武装。到十二月十八日，在坝子上又有土匪曾老四的十多条枪来投，故人数更为扩大。为了调动曾老四的积极因素，党组织令他为队长。

这时各地的阶级斗争正在剧烈地进行着，江背洞人民在当地大土豪李老七的残酷剥削和压榨下，不断自发地起来进行斗争，然而由于当地党的组织还仅是刚刚诞生，农民运动还没开展起来，因而每次都失败了。十二月十九日，十六纵队应江背洞农民的请求开往江背洞，把这个深为群众恨绝的大土豪李老七提而杀了，为群众争〔出〕了一口气，因而受到江背洞人民热烈欢迎。也就从此时起，江背洞在十六纵队帮助下组织了农民协会，以后这带的土地革命斗争也就轰轰烈烈地开展起来了。

1929 年正月初二，在东村召开了党团员活动分子会议，由于北特区委雷震中和工农红军独立第二团政治部主任李文林两同志主持。会议决定以十五、十六纵队为主，组织工农红军独立第四团，【第四团】初六在莲塘西坪上正式成立。十五纵队——第一连，十六纵队——第二连，兴国城岗第四大队——第三连，又从桥头、东村、坝子上一带的赤卫军中各抽出些枪（桥头抽出 30 多条）——第四连。独立第四团团长段起凤，政委金万邦，政治部主任鄢日新。

就在编成独立第四团那天，接到前委毛泽东同志来信，"调队会师于东固"。于是初九独立二、四团抵达东固圩，十日二、四团各送 2000 银圆给了红四军，十一日会师于东固罗坑沙坝上。[①] 会上，坚持了长期斗争的工农革命武装才第一次直接接受毛泽东同志和朱总司令的亲切教导："反动派天天叫打倒朱毛，打倒没有呢？现在不仅没消灭，而且越来越多，今天你们大家又都是朱毛了……"领袖们这番辛勤〔殷切〕的教导，至今还犹新地铭刻在当年独立四团军需处长李晓峰同志的心上。短短六七天的会师中，幸福地欢聚，亲切地教导，尽情地畅谈，红四军和红二、四团兄弟战士们建立起〈来〉了亲密的友谊。也就在这基础上，红二、四团深受红四军高度的革命道德品质和铁的纪律的感染。自此这两支红色的革命武装就更以它青春的活力，担负着人民军队的巨大使命。他们在欢度元宵佳节后，第二、四团才暂别了亲爱的毛主席和朱总司令。

自毛主席和朱德同志率领红军下山建立赣南革命根据地后，由于桥头一带是当时赣南农民革命运动〈最〉发展【最蓬勃】的地区，故在很长时间内，桥头地区一直成为红四军、红五军的革命根据地。如 1929 年一月，相当于独立二、四团与红四军会师于东固的时候，彭德怀同志率领红五军来到瑞金瑞林寨。这时红五军只有 200 多人，100 多条枪，同时经济也较困难。彭总去信要求桥头党组织支援，接信后，于北党组织即发动群众，募集银圆 100 多元，并由雷震中亲自去迎接。红五军来桥【头】后，人民看到自己的红军子弹很少，又分赴各地以 1 元钱买 5 颗子弹之代价，购买了几百元钱的子弹。虽然如此，但红五军的困难还没完全解决，加之国民党匪军二十六、二十七两团紧紧跟踪，于是彭德怀同志接受了钟声楼的建议，于正月二十五日攻下了于都城，消灭匪军一营人，缴获

---

① 1929 年 2 月 17 日，毛泽东同朱德率领红四军抵达吉安县东固地区，与江西红军独立第二团、第四团会合。2 月 22 日，毛泽东在红四军同江西红军独立第二团、第四团会师联欢大会上讲话。见中共中央文献研究室编：《毛泽东年谱 1893—1949》（上），人民出版社、中央文献出版社 1993 年版，第 285—286 页。

枪支220多条，子弹几担谷箩和4000多元银洋。参加这次攻于的还有桥头赤卫军300多人。自此，红五军的实力大为加强——桥头地区的农民就是如此积极地帮助咱主力红军。

又如在1929年八月间，红四军配合红二、四团在桥头粉碎了国民党匪军六十八、六十九团的进攻，缴获敌人枪支300多条，打死打伤敌人很多。从这时起，桥头大路马等地办起了红色医院和红色兵工厂。以后红四军、红五军的伤病员都抬至此治疗，坏枪也抬至此修理。由于红四军留下一部分枪，故在九月间，桥头农民群众又成立了二十七纵队，百余人，中队长为红四军留下养病的军官甘霖同志担任，政委朱学久，参谋钟声楼——直属桥头地区党组织领导的又一支农民革命武装。这支革命武装与国民党匪军和反动的靖卫团展开长期艰苦的斗争，到1930年八月间才编入二十二军。

必须指出，前述一系列正规军的农民革命武装——十五纵队，十六纵队，独立二、四团，二十七纵队……都是在于宁兴瑞边区革命运动的深入和"全民武装"运动开展的基础上逐渐形成发展的。在那段艰苦曲折的革命环境里，在四周反革命武装（国民党匪军和地主阶级的靖卫团）〈处于〉包围的情况下，要想建立、扩大和巩固红色政权，保卫土地革命斗争的卓越成果，仅仅建立正规的革命武装是不行的，还必须普遍建立起群众性的自卫性武装。因此那时一直掀起着"全民皆兵"的热潮，不论男女老少都〈无一不〉参加到赤卫队、少先队、儿童团等武装行列中去。如1929年二月平安成立的赤卫队——七、八大队就有1500多群众。他们当时的口号是："生产不忘作战，作战不忘生产"，平时没事时则耕田种地，田坎上则放着梭镖、土铳等；有事时则集中起来作战，休息时拿起锄头进行生产，因而"生产战斗两不误"，从而才保证了革命事业的不断发展和胜利——于宁兴瑞边区的人民就是这样巧妙地把自然斗争和阶级斗争两大使命辩证地统一起来。

从上述农民革命武装的发展过程看来，清楚地证明了毛主席的"新生力量是不可战胜的"光辉原理。尽管在革命初期，农民武装如何〔非常〕幼小，但随着党组织的日益发展，土地革命运动的蓬勃开展，革命的武装也就必然向前发展壮大，革命武装的壮大和土地革命的深入，红色的革命政权则越趋巩固，而红色政权的越巩固，又加速了农民运动和农民武装斗争的发展。这就是第二次国内革命战争时期革命斗争发展的辩证规律。

（四）赤白斗争的伟大胜利及胜利县的成立

1928 年二月里仁、桥头两地燃烧起革命烽火后，于北地区的革命形势即更汹涌澎湃地向前发展着，到五月间正式的红色革命武装十五纵队创建后，革命的力量更为壮大。然而随着革命力量发展，革命斗争的任务也日益繁重，这主要由于反动势力这时也发生了变化。桥头暴动后，各地的土豪劣绅纷纷组织靖卫团来和农民革命的烈火相抗衡，其中以反革命分子钟朝增为首的桥头一些反动分子跑到谢屋围、马安、上宝等地组织反革命的靖卫团，离桥头最近（只离十里），他们构筑碉堡，修建土围，企图进行长期的顽抗。因此从桥头暴动之日起，革命与反革命的相持局面即以形成，因而也就开始了长期艰苦而复杂的赤白斗争，这种赤白斗争相持达三年之久，一直到 1931 年十二月十五日攻下了最顽固的封建堡垒——上宝土围后，才算基本结束。由于上宝一带的反革命武装较为集中，加之又处在桥头之南门口，因而与上宝反动靖卫团的斗争就很自然地成为当时赤白斗争中的主要内容。在长期的赤白斗争过程中，根据斗争的发展，大致可分为三大阶段：1. 打开谢屋围前后的斗争，2. 逐个消灭马安土围的斗争，3. 攻下上宝土围的斗争。现分别叙述于后。

1. 赤卫队与谢屋围靖卫团的斗争（1927 年二月—1929 年十二月十五日）

谢屋围离桥头六七里，因而是介于赤白之间的地区，在这围内有群众 200 余人，大多是贫苦的农民，土豪很少。在桥头暴动前后，这地区就一直成为赤白争夺的据点。"面对着燃烧起来的革命烈火，谢屋围周围的人是积极前去投入，〈还〉是站在他们后头指手画脚地批评他们，还是站在他们的对面反对他们呢？"（毛主席：《湖南农民运动考察报告》）这将是对每一个人的本色考验。一些反动分子虽不敢明目张胆地进行活动，却偷偷地与上宝靖卫团联系，企图也组织靖卫团。然而广大的劳苦群众都接受了革命的检验。在桥头暴动前，这里的谢振春（那时在桥头圩富商店里做工）就和朱学久、钟声楼接上头。暴动前，钟声楼派谢振春返谢屋围做好两件事：①给暴动队伍烧好开水；②暴动队一到，即挂起两面白旗（面上写"投降"两大字）（若挂红旗会引起上宝靖卫团的注意），后来谢振春果真这样做了，因而暴动时，谢屋围给予暴动很大支持。以后谢振春开始发展党的组织，最初参加的有谢芳叔、谢芳瑞、钟志高、钟世晨等。后来又很快在黄天脑上成立了秘密农民协会，主席为方德友。当时秘密农协〈,〉【及】谢振瑞、谢芳瑞、谢振瑛等人经常到桥头一带把一些打土豪的钱发给谢屋围的群众，故贫苦大众革命斗争决心和信心就更大【了】。

就在谢屋围一带群众开展革命斗争的同时，五月间，一些以谢容连为首的反动分子〈就〉从上宝借来了十余条枪，开始在土围内建立靖卫团。六月十五日，谢屋围党组织〈就〉派谢振荣到桥头请赤卫队。十六日天还没亮，谢屋围土围就被我桥头的赤卫队30多人、20多条枪和附近群众包围了（队长吕元浪）。待天亮谢屋围内反动派开门时，赤卫队和群众就乘机冲进去，结果缴到了敌人全部武装，并没收了土豪的全部财产，谢荣连①也【被】押到桥头枪毙了——就这样，在群众秘密配合下，取得了赤白斗争的第一次胜利。

打开谢屋围后，就成立农协办事处，从此谢屋围内外的群众在办事处领导下，开展了轰轰烈烈的"打土豪分田地"的伟大斗争。当时打开围子后，即把土豪的财务、谷子分发给群众，是年冬天就开始分田，平均每人8担谷田。

---

① 谢荣连，文中又写作"谢容连"。

打开土围之后，开始组织赤卫队，有十余条枪。这时上宝的靖卫团天天来攻打，来得少时，就用梭镖、马刀对待他们；来得多时，就用枪。有时上宝、马安石、七坊的靖卫团联合进攻，就放号炮。号炮一响，桥头、江背的赤卫队就会赶来支援，每次都最后把他们打败。有一次，上宝靖卫团来拆房子，我们就缴了他们一支枪……由于谢屋围人民这样顽强的斗争，以后又随着革命武装斗争的频繁胜利，于是桥头党组织就发了他们30余条枪。以后，上宝的靖卫团就较少来烧杀了，但谢屋围人民还是时刻提高警惕，带着枪出去生产，靖卫团来就集合而击之——这样相持了七八个月，直到1929年正月底，国民党匪军来攻打谢屋围。

1929年正月二十八日，国民党六十八团从赣州来攻打谢屋围，这天只来了一营人，结果【我们】打退了他们的进攻。二月八日，六十八团全都来了，并且配合七坊、马安石、上宝的靖卫团来攻打，总共千余人，这时我方的赤卫队、红色警卫营2个班共60多人（30余条枪）以及群众200多人都退至屋围内，由警卫营的政委张复卫任总指挥。后在匪军用钢炮、迫击炮、机关枪的轰击和扫射下，土围被轰倒一大截，随即【匪军】想爬墙进来。在这危急万分之际，谢屋围内的群众表现出来极为英勇顽强的精神，他们看见白军爬墙就用开水、石头、铁耙抵抗，这样从早晨坚持到下午6时左右，匪军死伤100余人（还打死他们一个营长），我们的土围还是完整地屹立着，最后敌人见无法攻下，只好收兵。这时我们的枪也有些打不得了，国民党仍在四面高山包围，故当晚围内队伍和群众全部撤往桥头。第二天国民党匪军来后，把所有房子都拆了，留下了〔的〕几个走不动的老人和伤员也被捉的捉、杀的杀了。

撤走后的谢屋围人民，在桥头受到桥头人民的热情接待和亲切慰问，并把打土豪回来的粮食、衣物、用具等发给他们。十余天后，能劳动的群众就会偷偷地返回土围周围莳田，还会回来放哨。以后谢屋围群众就和桥头群众更紧密结合起来，为了共同的命运，对上宝、马安石的反动派展开了更激烈的斗争。

2. 上宝、马安的封建堡垒及其被最后肃清

（1）上宝、马安石地主武装靖卫团的建立

桥头暴动之后，上宝、马安石等地的地主阶级，受其〔其受〕革命烈火【的】威逼〔震摄〕，〈加之〉以钟朝增为首的一些地主阶级分子纷纷逃往上宝、马安石一带，后即拉拢当地的土豪劣绅，因此反革命的武装靖卫团就相继在上宝、马安【石】两地组织起来了。

上宝的地主阶级也在钟朝增的催促下，很快在1928年三、四月间就开始组织起了靖卫团，初只有30余人。在组织反革命武装同时，以钟邦昆为首的反动地主集团，还积极进行修建土围，把土围加高到三丈多〈宽〉高、一丈多宽，在四周又挖掘水沟，企图与桥头、谢屋围的革命武装长期顽〔对〕抗。

到1928年冬，革命之烈火已在赣南各县点燃起来了，兴国、赣县、瑞金一带的一些反动地主阶级被熊熊的烈火烧得无处逃往〔可逃〕，只好远道缩退到在他们看来较安稳的上宝土围来。1928年冬，有赣县靖卫团百多人逃来。1929年八、九月间，又有兴国江背洞张修贤率领靖卫团100多条枪来投。以后还有于都的水头、汾坑、大罗、马安石、银坑、狗井等地的"税商"率领他们的靖卫团陆续逃至上宝土围，企望〔图〕逃生。

桥头暴动后，在马安石地区，首先组织靖卫团的是以钟楷瑞为首的钟氏地主集团，这支反革命武装原来有1300人，钟楷瑞当队长。以王永佃、王永洲为首的王氏地主集团看到钟氏组织靖卫团，于是也组织起来。当时村里有罗继江等20余人参加，这支反革命武装队长为王永佃、王永洲两人。他们的枪开始是由王永奇到广东贩卖来的八部响快，回来卖一些给钟氏集团，又卖一些给王氏集团。地主集团为了筹款买枪，〈为〉向贫苦工农进行敲诈勒索。如地主钟邦连得知贫农钟良源家里养了一头猪，就强迫良源出40元买枪。良源的妻子不肯，就要拿她的锅头、帐子。地主集团为了兴建土围、构筑碉堡，也强迫群众为他们做苦工。到1929年春，以

钟朝增为首的钟、王两姓地主集团的土围就有大小 5 个之多——片坑土围、西汾土围、大罗土围、围子岗土围、小车〔茶〕江土围。当时兴国江背洞、赣县七坊逃来的地主武装也分布〔躲藏〕在这些土围里。

（2）马安石土围的逐个击破和顽固的封建堡垒——上宝土围的最后消灭

自桥头暴动之日起，桥头、谢屋围一带人民和上宝、马安石等地靖卫团的赤白斗争一直坚持了达 3 年之久。1931 年我们取得了第三次反围攻战争胜利后，主力红军即速转入肃清红色革命根据地内部残存的封建堡垒，以便巩固已建立起来的赣南红色革命根据地。因此从 1931 年十月始，这地区的赤白斗争就以其空前的规模激烈进行着。

主力红军三军九、八、七师在地方武装赤卫队和广大群众密切配合下，从 1931 年十月开始了对马安石、上宝土围的全面包围。以前从马安石跑去桥头参加革命的罗继红同志也跟大军从桥头回来，组织了 40 余人的工作团，负责人是洪昌高、钟铁青。红军帮助工作团发动群众组织贫农团，并领导群众打土豪分田地〈的斗争〉。九师全面包围了上宝、马安【石】等地的土围后，首先在十月二十一日攻打西汾土围（这里【有】地主王有佃的靖卫团）。打了一天，打死了他们两个团丁。当晚这个土围的地主率领靖卫团逃到大罗土围。打散西汾土围后，又打片坑土围。这时围内有钟楷瑞的靖卫团、外地逃来的地主和当地被骗进去的一部分群众，总共四五百人，100 多条枪。包围了它十多天，我们的军队一边在外挖筑工事，一边进行政治宣传，以后许多群众都偷偷逃出土围。在一个晚上，钟楷瑞见四面包围，就设法从土围南面逃走，跑到两三里路远的山上，即被我军包围，江背洞张修贤和钟楷瑞的靖卫团枪都缴了，还缴到很多地主的金银财宝，只有钟楷瑞、张修贤等反动头目跑往上宝土围了。打了片坑土围后，就打头巾寨，包了两三天，用烟熏到石洞中，故他们自动出来投降，缴了枪。之后，在十一月三日又打大罗土围，围了十多天，打开了，缴获枪40多支；打了大罗土围后，再打围子岗土围，这个土围内有七坊逃来的靖卫团数百人，没几天这里的反动武装和地主也逃往上宝去了，接着又打开了小茶江土围。〈从此，〉经过一个月左右，马安石附近的封建堡垒全部被我军消灭，外地逃来和当地的反动武装缴了一些，还有些逃到上宝去了。十一月间，九师即集中全力开始围攻上宝，八师来驻马安圩，帮助工作团、贫农团进行"打土豪、分田地"等群众工作。

在我红军逐个消灭马安【石】地区的反动土围过程中，上宝土围即被我红军和赤卫队包围。那时相互发生了一些战斗，到十月底，全部彻底肃清了马安【石】地区的封建堡垒后，十一月十五日三军九师就开始了对上宝土围的全面包围，即日起土围之门也就闭上不敢外出，因此我军发动赤卫队和群众紧紧围困，四面挖沟逼近。到十二月十日时，壕沟已挖得离墙很近了，围困的反动武装惊慌失措，内部极为混乱，被围三十余天，水泄不通，粪坑已满，大小便遍地皆是，卫生极坏，故疟疾、痢疾很流行，每天要死十多人。

在这段围困日子里，反动头子钟邦昆曾4次用飞机运送大批食盐和子弹给围内反动派，但丢下的盐只有地主才有份，广大贫苦工农只得眼巴巴望着，没法只好吃藏〔脏〕菜喊〔碱〕水，故他们内心迫切地期望红军早日把围门打开。

那时围内团丁，每月十多元薪饷，天天吃好的。但日子长了，大队长钟楷瑞曾多次要那些地主豪绅拿出钱来作为靖卫团薪饷，但那些爱钱如命的地主们都说："我蛮苦啊！我蛮苦啊！"大家都叫苦，苦声连天，搞得钟楷瑞也没法——地主阶级内部就是这样勾心斗角，矛盾重重。〈也就〉由于这些情况，【更】主要是我军工事的逼近，土围命运很快就要完蛋了，加之我军不断宣传，军队还去信钟楷瑞，要他投降，最后钟楷瑞逼得不【得】以，于十二月十五日天蒙蒙亮时，亲自偷偷把围门打开，主力红军随即冲进，所有的反动武装，1000多条枪全部缴械。被地主阶级强迫居于围内的贫苦农民，很早就盼望红军的到来，当红军进入围后，内心无一不欢天喜地。时有钟邦炕同志，身有几尺儿子出生时的红布，就撕碎散发给群众，最后留下1~2尺，就全扎在自己头上。红军团部负责人看到说："这同志不红就不红，一红就满头都红。"

由于兴国、瑞金、赣县、银坑等地的地主豪强都逃集于此，成为一个"土豪窝"。因此打开上宝后，不仅大小便遍地皆是，而且金银钱宝也四散各地，特别粪坑里更多，最后共缴到银洋几万元，缴到金银、鸦片共70多担。

就这样，最反动的，反革命武装最集中的，也是这带地区最后的一个封建堡垒终于【被】消灭了。

到此时，我们的主力红军总共消灭了西汾、片坑、大罗、围子岗、小茶江和上宝总计6个封建堡垒。由于这一系列斗争的伟大胜利，又为了更好地领导以银坑为中心的这一地区的革命斗争，故在1931年十二月年底（阳历1932年2月）在平安赖背正式宣布胜利县苏维埃政府的成立。[①] 这是以桥头为中心的于宁兴瑞边区人民长期斗争的最后胜利，也是全国工农幸福生活的缔造者——中国工农红军的又一次伟大胜利。

三、胜利县成立后的政权建设及革命运动的蓬勃高涨

（一）胜利县的基本概括〔况〕

胜利县是第二次国民革命战争时期在赣南革命根据地开辟基础上〈而〉建立起来的，它的建立，是于宁兴瑞边区人民长期坚持赤白斗争的产物，也是中国革命运动不断发展中的必然产物，它本身的名字，就清楚标志着它成立时的历史背景和时代特点，胜利！不仅意味着是三次反围攻战争的胜利，是红色政权区域内残存的反动封建势力最后被肃清的胜利！而且更展示着中国的革命必将从胜

---

① 1932年1月21日，中共胜利县委、县苏维政府成立。见《中央革命根据地词典》，档案出版社1993版，第145页。

利走向胜利。历史发展的事实正是如此，从 1932 年 2 月胜利县成立起，中央苏区人民在党和毛主席的直接领导下，取得了政治、经济、军事、文化等一系列的伟大胜利，从而大大巩固了红色政权，扩大了革命武装。

胜利县是中央苏区〈的〉一个不可分割的组成部分，它是以于北为中心而从兴国划出几个区而成的，位于于都的东北部。北与兴国相界，西南与赣县交界，东面与瑞金接埌〔壤〕，东北与博生县相毗邻。地势多山，山山相接。已开垦耕地面积只 24 万亩，人口较密，全县总共 18 万人。若以耕地面积计算，则平均每人只有一点三亩。胜利县的物产和矿藏极为丰富，农作物以水稻（除赖村区有一部分晚稻外，均只有早稻）、番薯为主，次之还有花生、豆子等。矿藏有煤、钨、银、锰、铀、石灰石等。

胜利县管辖的地区有：银坑、平安、车头、桥头、仙下贯、马安石、江口、曲洋、赖村、三贯、半迳（以上原属于都）、梅窖、古龙岗（以上原属兴国）等 13 个区，102 个乡。1933 年 3 月县界调整时，江口区划归博生县管辖。在 13 个区中，由于桥头、平安两地革命历史最早，在长期艰苦斗争岁月里，接受了党和毛主席的亲切教导，群众觉悟很高，也锻炼了一批坚强的无产阶级革命干部，故一切工作都很顺利，成为苏区时胜利县的模范乡。只有江口、赖村区，因阶级斗争进行不够彻底，地主恶霸的威望还没完全打下，群众没发动起来，故各项工作较差。

（二）政权组织建设

1. 胜利县政权组织情况

1933 年 2 月胜利县在平安成立后，由于革命运动的发展和工作的需要，从平安迁到银坑。这时银坑、马安【石】、曲洋、平安、车头、仙下贯、江口、梅窖、古龙岗等地方先后成立了区、乡级的人民政权——区、乡苏维埃政府。这种比于北特区革命委员会、于北特区苏维埃政府更扩大更巩固的一系列新的人民政权，一开始就发挥其〔出〕强大的生命力，在镇压反革命，肃清一切坏分子，从而巩固无产阶级专政方面起了巨大作用。在 1932 年胜利县刚成立不久，由于"打土豪、分田地"运动的开展和肃清上宝、马安石反动堡垒的胜利，胜利县财政掌握了大批的鸦片。当时县主席钟铁青拉拢县委书记钟圣谅，口头上说要焚烧鸦片，暗中却勾通〔结〕兴国鸦片贩子李华佩和朱为葵，打路条要他们运往白区去卖，因而猎取了大批赃款，事后被发觉，新的政权给予了他们严厉的制裁，头子钟铁青也被枪毙了。

新的革命政权就是这样坚强地打击着一切反革命分子和坏分子，保卫着人民的利益，也就在这斗争中，新的政权的威信空前提高，从而大大推动了以土地革命为中心的各项群众运动的开展。

胜利县首任县委书记钟圣谅，以后依序是严仲、胡家宾、阿金（金美殃）、李明辉、谢列振、邹书提。胜利县首任苏维埃主席刘作彬（临时的），以后改选钟铁青，再以后依序是赖文泰、洪长高、谢先东。[1]

县苏维埃代表大会，是全县最高权力和执行组织，现将胜利县的三次县苏维埃代表大会情况略述于后：

第一次，1932 年 2 月在银坑召开，大会时间 3 天。大会讨论内容是：选举法、土地法、婚姻法（这是中央提出的三大政策法令），以及如何开展赤白斗争、阶级斗争的问题。

第二次，1933 年 2 月，在（银坑）银窝召开，大会内容是：检查土地法、选举法、婚姻法的执行情况，还讨论了"发行国民经济建设公债""扩大百万铁的红军"等问题。会上还改选了县主席。

第三次，1934 年 3 月在银坑召开，大会主要讨论"扩大红军"问题，并改选了主席。

---

① 胜利县历任中共县委书记：钟圣谅、严重、胡嘉宾、金维映、杨尚奎、李明辉、刘列晨、管让晁、赖传来。历任苏维埃政府主席：钟铁青、刘作彬、赖文泰、邱作汉、潘叶迪、刘法良、谢先策。见《中央革命根据地词典》，档案出版社 1993 年版，第 145、181 页。

2. 胜利县群众运动情况

农村中乡级〈的〉群众组织情况（县、区、乡的组织系统另列表示之）：

①反帝拥苏大同盟。从 1931 年起，开始发展会员，中农以下才可参加，富裕中农要经过审核批准才可加入。参加之人要一人介绍。每月每人缴会费一铜板，除作为开一些大会的开支外，余均上缴。

②赤色互济会。是农村中农民的一种经济上互助性的〈一种〉组织，中农以下均可参加。每人每月要缴会费 2 铜板。红军家属及贫困会员有小困难时，由会费补助；大困难，由此会发动大家募捐。从白区投来的群众，首先也由此会解决吃住问题，各种家具发动会员帮助。

③工人支部。一乡一个。工人包括学徒、帮工、独立劳动者。"工人支部"参加者为竹、木、理发等手工业工人（师父不能参加），每个工人要到区劳动部订劳动合同，否则要押起。工人支部领导工人向资本家——师父、老板进行斗争。那时师父、徒弟的收入一般平分，有些师父会稍高一点。

④村妇女代表——乡妇女协会。家庭成分在中农以下的妇女才能参加。

⑤儿童团（16 岁以下）。任务：白天站岗放哨，查路条；突击搞卫生；催促开小差兵上前线。

⑥少先队（16—25 岁）。地主、富农、富裕中农子弟不得参加。少先队中分模范少队和少先队。模范少队——少先队中的优秀分子；少先队——一般的青年。任务：生产、支前、晚上站岗。每晚全区都有统一口令，如"打倒敌人"等。

⑦优待红军家属委员会。主任 1 人，委员 5～7 人，由群众选举。专门负责有关优待红军家属的工作。

⑧慰劳队。队长 1 人，队委 5～7 人，负责发动和组织群众慰问前线士兵的工作。

（三）革命运动的蓬勃高涨

胜利县成立后，意味着胜利县人民的革命运动已进入了一个新的阶段，自此，它和整个苏区一样，开始了一个暂时相对的稳定时期。在这个新的革命时代里，革命形势给当时全苏区的人民提出了一个极为重大的任务，就是要在政治、经济、军事、文化等各个方面做好全面充分的准备，以粉碎国民党反动派〈必将重来的〉更疯狂、更残酷、更大规模的"围剿"。面对着这一新的革命历史任务，有着光荣革命斗争传统和丰富〈的〉革命斗争经验的胜利县人民，和全苏区人民一样，在党和毛主席的英明领导下，进一步更彻底地开展了轰轰烈烈的"打土豪、分田地"、扩军、肃反、购买公债以及慰劳支前运动，从而使革命推向更新的高涨。

1. "打土豪、分田地"

这是土地革命斗争中最根本、最重要的斗争内容。由于胜利县所包括的地区"赤化"的时间先后不一，因而各地区的土地革命斗争也有迟早之别。最早开展"打土豪、分田地"革命斗争的，当然是桥头（1928 年春），次之谢屋围、新城、樟木山（1928 年冬），再次之有平安（1929 年 5、6 月间）。以后，随着革命武装斗争的发展胜利，到胜利县成立前，还有梅窖、古龙冈先后开展了土地革命的斗争。因此胜利县成立后，领导大部分地区的农民开展轰轰烈烈的"打土豪、分田地"运动，实现数千年来农民的迫切愿望，仍然是革命政权的根本任务。也由于桥头、谢屋围等地区实行土地革命斗争较早，故在进行"打土豪、分田地"的一些具体做法上和以后略有不同，但大致步骤是相同的。

当一地区"赤化"后，每村即成立贫农团（贫农团由贫雇农参加，但也要 1 人介绍）以领导每〔各〕村的土地革命斗争。首先是发动群众"打土豪"，然后在贫农团的领导下，划阶级。划定阶级后，即在贫农团下设立分田委员会，负责分田具体工作：丈田，在丘田上插上牌子，写上：收货〔获〕谷数，原主是谁；然后才实行分田，胜利县一般地区是在 1931 年冬开始分田的。

划分阶级的标准：地主（土豪）——游手好闲，出租土地过活；土地虽不多，但放很多高利贷者；靠管公堂为生。富农——占有土地，但数量不及地主多，剥削情况亦有，也没土豪多，与地主最大不同点是参加些体力劳动。中农——不欠债，不放债，占有生产资料，特点是自给自足。贫农——有一小部分土地，但大都租种地富土地，受别人剥削，终年不够吃穿。雇农——无田无地，靠出卖劳动力过活，大多为长工。

政策："以贫雇农为基础，团结中农，反对富农，打倒地主。"

原则：①近者为业，以原耕为主。②以多补少，抽肥补瘦，死抽生补。③地主、富农分坏田，地主的财产和富农多余的生活资料没收（1928、1929 年即分〔已〕分田的桥头、平安等地地主一般不分田）。④一般以区为单位分田（1928、1929 年桥头、平安等地以村为单位）。⑤全县各地每人分田数有 3.5 担、4 担、5.5 担不等（头巾乡每人 4 担谷田，马安【石】乡每人 3.5 担谷田）。⑥每乡留出红军公田——20 担、30 担、40 担谷田不等，由各地区【据】土地多少而定。公田多由干部、突击队耕，其收入为现今天公共积累性质，一般作为补助红军家属及贫苦农民之用。⑦师父不分田，一般工人（指学徒、帮工、独立劳动者）分田。

"打土豪、分田地"的革命运动，在整个胜利县于 1932 年四、五月间全部结束。由于这一激烈的阶级斗争开展，全县每一个角落的人民都被发动和组织起来，他们都亲切地感到党和毛主席是真正的救命恩人，因而对苏维埃政权给予巨大支持，从而大大巩固了红色的人民政权。但是，由于进行土地革命斗争的经验较缺乏，加之有些地区受到"左"倾路线错误的影响，特别是最早实行分田的桥头、谢屋围等地区，根本就没有建立贫农团的领导核心，因而有些地区在一定程度上阶级斗争不够彻底的。如有些地方还有漏网的地主富农分子，有的土豪劣绅的威风还没完全打下，另一方面也有一些中农和富裕中农【被】错划为富农甚至地主。因此在 1932 年 6 月间，每〔各〕乡的查田委员会主任到中央瑞金开过查田运动大会回来后，即雷厉风行地开展了查田运动。经过查田运动，查出了很多漏网的阶级异己分子和漏网的富农分子，从而更彻底地打击了封建势力，纯洁了革命队伍，更进一步巩固了苏维埃政权；另一方面纠正了一些过"左"的错误做法和分田中的一些偏向，从而更广泛地调动起了群众的积极性，使苏维埃政权的各项工作全面深入地向前开展。

2.镇压反革命，保卫胜利果实

胜利县人民在取得了"打土豪、分田地"的伟大胜利后，革命热情空前高涨，县苏维埃政府所公布和实施的各项政策无一不受到广大群众的热烈支持和拥护。但是在当时的革命形势下，阶级斗争开展得愈激烈，反革命（包括土豪劣绅、靖卫团、大刀会、特务、混入革命军队的 AB 团等）的活动也就会愈疯狂。在我们彻底粉碎了反动派的第三、四次"围剿"后，革命的红色政权日益扩大和巩固，因而混入革命队伍的 AB 团活动更为疯狂。为了巩固红色政权，纯洁革命队伍，确保苏区的安宁，从 1933 年开始肃反运动，杀了一批反革命分子，打击了反革命的凶焰，巩固了后方政权。但由于"左"倾错误路线的影响，以及镇〔肃〕反政策和干部政策中的宗派主义纠缠一起，因而扩大了打击面，特别是一些反革命分子，利用我们的一些"左"的措施，专咬积极的革命干部为"AB 团"，因而〈被〉陷害了一些忠实于革命的好同志，也〈必然〉给革命事业带来了不应有的损失。

3.扩军和优属

胜利县人民在获得了土地革命斗争的伟大胜利后，生活有了很大的改善。他们为了保卫自己的胜利果实和求得全国工农兄弟的彻底解放，从"赤化"之日起，就开始实行"全民武装"——组织模范营（壮年人）、模范少队（青年中的优秀分子）和少先队（一般的青年）等群众性的武装，到中共中央提出了"创造百万铁的红军"的伟大号召后，广大青壮年积极迅速地响应了这一号召。自那时期，数以万计的青年拜别了白发苍苍的父母，吻别了新婚不久的娘子而走上了战斗的前线。

马安【石】乡支书曾庆佃，年17岁，在听到中央指示后，即在全体模范少队大会上公开报名，并向大家宣传。会后又挨家挨户进行个别动员，他住的石湾村有20户，青年只有10个，结果被他动员上前线的就有8个。也就在这次扩军中，马安区西汾乡仅在4月17日那天就有70多个青年参军。

大规模的扩军运动在胜利县总共3次：1932年4月，全体模范少队上前线，胜利县1师人，共1500人——第一次扩军。1932年6月，全体模范营上前线，胜利县1师人（实际还不到1师人）——第二次扩军。1933年4、5月间，组织工人师上前线——第三次扩军。

在一、二两次大规模扩军后，地方上又重新组织赤卫队和少先队。第三次扩军后的任务就是经常地扩军和宣传开小差的人归队。胜利县各区平日扩大的战士随〔即〕时送至宁都黄村（因在此设有补充师）集训，后根据需要补充主力红军。1934年9月，中共中央决定大力扩大红军，因此把在瑞金的高级班、政治理论班、党校、红军学校的学员分配到各县突击扩大红军。在高级班学习的管浪晃（车头胜利县车头区人）同志也返回胜利县开展扩军工作。但因10月主力红军就开始北上，故中途停止，只扩大了2000多人。

在苏区时代里，广大人民和今天一样把参军看成是无上的光荣和神圣的责任，因此每当有新兵入伍时，总是锣鼓喧天、鞭炮轰响地热情欢送着，嘴里还纵情地歌唱当红军的光荣：

当兵就要当红军，处处工农来欢迎，官长士兵都一样，没有人来压迫人。

当兵就要当红军，帮助工农打敌人，买办豪绅和地主，杀他一个不留情。

当兵就要当红军，退伍下来不愁贫，会做工来有工做，会耕田来有田耕。

当兵就要当红军，冲锋杀敌好为人，消灭反动国民党，治国民欢好欢心〔欣〕。

正因群众对红军的无比热爱，故苏区时代胜利县的优属工作也是很好的。全体区乡干部，每当星期日〔六〕和星期天下午都要去为红军家属劳动。上午有人报名参军，下午就派人帮他家里做工、砍柴、挑粪等。1931 年 2 月，管浪柱同志是车头区罗坑乡最早参军【的人】之一，乡政府发动和组织全乡全部劳动力数百人为他家突击劳动一天，结果不仅全部田翻了，而且粪肥堆满坑，木柴堆成山。当时有个别青年不愿参军，优抚队就先帮他家里做工、挑水、砍柴……后来他被群众的热情感动了，就〈会〉自动地上【了】前线。

4. 购买公债，热烈支前

由于红色革命武装的迅速激增，苏区建设事业的恢复和发展，中央苏区的开支日趋增大，从 1932 年始，苏区共发行了 3 次公债，现将胜利县发行的 3 次公债分别叙述于后：第一次，1932 年 7、8 月间，全县发行额 13 万元，票额有 5 角、1 元、2 元。这次富农买得最多，地主没榨清的也要买，贫雇农买得最少，干部要带头。第二次，1933 年 7、8 月间，全县发行额达 70 多万。这次开始是收钱，后来改为一律交谷，2 元钱折 1 担谷，故有"借谷运动"之称。为了完成这次公债任务，全体干部都没空在家过年。第三次，1934 年发行战争公债，后因北上而没完全实行。

胜利县人民深深懂得，要想守卫自己的胜利果实，过好幸福日子，不仅要动员自己青壮年上前线，而且必须在后方热烈地支援他们，使我们的红军能更好更快地打击敌人。因此他们慰劳红军的热情极为高涨，尤其是妇女同志更是慰问红军的先锋。他〔她〕们每人每月至少要做布或麻草鞋 1 双，党团员做 2 双或 3 双。有的妇女慰劳给红军募送礼品，竟翻箱倒柜，把箱角内的钱都搜出来。全县每月至少要组织一次慰问队去前线慰问，每次均有两三百人。1933 年 7 月，仙下贯区委组织了 43 人挑着 43 担礼品到东湖、三村池（宜黄、乐安一带）去慰问模范少队，足足走了 3 天才到达。

胜利县人民还积极参加了支前工作，1933 年，打开福建羊口①时，胜利县派 2000 多伕子挑胜利品。不久，打开沙县时，胜利县派了 6000 多伕子到沙县去挑胜利品。

（四）经济建设的辉煌成就及人民生活的大大改善

苏区革命时，胜利县农民获得了土地、耕牛和农具，再不受封建军阀和地主豪绅的残酷剥削和压榨了。这种封建生产关系的打破，使生产力得以长足的发展，广大农民耕种在自己的土地上，热情异常高涨，加之苛捐杂税的取消、水利事业的兴修、水旱灾害的减少，故粮食生产大大增加。据估计，全县 90% 的农民都有余粮或杂粮，他们除卖给国家、购买公债之外，还有多余的谷喂猪，故那时胜利县各区的养猪事业是很发展〔繁荣〕的。

虽然那时国民党对苏区实行严密的经济封锁，环境较艰苦，又要大力支援前线的革命战争，但苏区除了缺少食盐、布、药外，其他任何东西都不短，因而广大农民生活大大改善。仙下贯罗坑乡管伯平就是一例，土地革命前，他家有 3 口，租佃地主 20 多担谷田耕，除租谷外，还有年年增长着的还不清的高利贷，只好度着 3 升米吃 26 天的痛苦生活。土地革命后，分到了田、房屋和耕牛，年年丰衣足食，在借谷运动时，他还出借了 3 担。像管伯平生活水平【得到】这样改善的人，胜利县是不可计数的。总之，"拿起禾镰没饭吃"的悲惨时代已经一去不复返了。当时苏区人民才真正经历着不愁吃、不愁穿的幸福年代。

胜利县人民在经济生活大大改善的同时，文化生活也逐渐丰富起来。在土地革命前，这带农民只有 20%【的】人识字，80% 以上的均为文盲，特别是广大的劳动妇女，在封建宗法制度和男权思想的束缚下，更是一字不识；而仅有的几所小学校也只是地主豪绅子弟所专有的场所。土地革命后，广大农民不仅在经济上翻身，且做了文化上的主人，那时每村都设有识字班，农民晚上不开会就是学

---

① 羊口，即"洋口"，与沙县接壤，与文义相符。

习，夜学班主要是采取"能者为师""以民教民"的群众路线办法，深得群众欢迎，故学习劲头特别大，效果也良好。据统计，胜利县仅两年左右的"赤化"时期就改变了过去农村那种文化极为落后的面貌，有 80% 左右农民现在已摘掉"文盲"的帽子了。仙下贯罗坑乡乡主席管仁松，开初只字不识，两年后不仅能看报，还能写信。

农村中的学校，区完小较少，但几乎每村都有一个列宁小学。列宁小学教师只是尽义务，照样分田。

课程：列宁课本（浅显的政治理论）、口语、算术、音乐等。列宁小学的上课制度：早上两小时劳动，上午上课，中饭后又劳动，下午又上课。学生绝大部分是儿童团团员，系着红领巾。没有红布就用菩萨庙里的红布旗撕碎来做。在党教育下的苏区时代的新生一代，从他【们】的幼年起，就开始接受"打土豪、分田地"的革命思想教育，开始参加当时的革命斗争实践。他们白天生产、读书，还要站岗放哨，平时还经常组织歌咏队、戏剧队到街头巷尾进行宣传和慰劳红军。在党的教育下的新生一代，也是最活跃的一代，他们课前课后，会前会后都要唱歌。因此在整个红色区域里，到处都听得到欢乐的笑声和嘹亮的歌声。

四、红军北上抗日后，国民党的黑暗血腥统治和胜利县人民的艰苦顽强斗争

（一）兴胜县的成立和人民游击战争

1934 年 1 月，在兴国横坑成立兴胜县，县主席为曾瑞生，县委书记为江由宗。① 县址先后【设在】龙西山、九山、南山、莲塘等地。在 1935 年 6 月兴胜县解散，最后，又在马安区崇脑成立中

---

① 1934 年 11 月，中共江西省委、省苏决定将兴国县东南部苏区和胜利县西南部苏区合并，新设立兴胜县。中共兴胜县委书记江由宗，县苏主席曾瑞生。1935 年 3 月初，因国民党军队进攻，游击战争失败，中共县委、县苏停止活动。见《中央革命根据地词典》，档案出版社 1993 年版，第 145、181 页。

心区，包括马安、三贯、仙下贯 3 个区，这时胜利县的最后一块红色区域，直到 1936 年 2 月（阳历）才被国民党军队占领。

这时，国民党军队正从四面逼近，区、乡、村各级干部及部分家属就组织了游击队，有 1000 余人，并有部分干部经常化装为农民、工人、捡狗粪的叫花子、小贩，专门到白色区侦察敌情和敌军的行动方向。此外，还成立兴胜独立营，有 300 多人、200 多支枪，准备突破敌人封锁线，转移到东固一带去打游击。那时独立营在前面打，游击队和群众在后面跟。1000 余人从马安【石】出发，经过九山、华山、安子洞，正当冲过坝子上敌人封锁线时，仅冲过数百人，有数百人在安子洞、江背洞一带被敌人包围截住，有的则被冲散。已冲过的数百人（约 600 多人），又经过城岗到方泰，在方泰驻扎了七八天，并召开了一个排长以上的干部会议，〈约〉七八十人参加，在会上胜利县主席谢先策讲了话："同志们，国民党军队'清剿'后就会走的，我们还要打回去，在原地建立政府。"继之，又开往崇贤、太垅、桥头岗，当时省政府驻扎在桥头岗，由省长曾山同志领导当地群众与敌人进行了英勇顽强的反"围剿"斗争，牵制和打击了敌人部分力量，使我军主力顺利北上。为了更有力、更全面地打击和牵制敌人，省政府指示各县把地方武装进行一次整编，秋后，各回原县进行游击和组织力量打反攻。

胜利县收到指示后，即带领了个独立营，准备折回胜利县打反攻，由营长凌步循、政治委员钟圣祥率领。[①] 当队伍回到兴国樟木山牙石寨时，就被敌人两个团和樟木山、东村两个地主武装团围困，在围困的数天中，我军和敌人进行了顽强的斗争。因寡不敌众，无法突围，故在 1935 年旧历正月十六上午，在樟木山的牙石寨山上全部被俘。

---

① 胜利县独立营于 1934 年 9、10 月间组建。营长凌步循，政委钟圣翔，后赖传来。1935 年 2 月因遭国民党军队进攻，战斗失利而被打散。见《中央革命根据地词典》，档案出版社 1993 年版，第 242 页。

但在另一方面，英勇顽强的胜利县人民，虽和党中央、毛主席暂时的告别，然而他们始终牢记毛主席的教导："只要坚持斗争就是对红军的伟大贡献。"因此，从 1934 年 10 月起，胜利县就开始组织了游击总队，各区组织了游击分队，各乡组织了游击队，分别在边区的深山丛林里进行艰苦顽强的游击战争，给予敌人以沉重的打击。例如仙下贯游击分队有 200 多人，再加上全区各乡游击队共有 1000 多人，分散进行游击，那时是"挑起锅炉"，这个山头转移到那个山头和敌人作战。当敌人来到水头时，区游击分队就配合各乡游击队分五路去骚扰敌军，以仙下贯马路边一路，车头、新联、土地坑各一路，水头乡楼梯岭一路。结果给敌人重大打击。最后这支游击队于 1935 年 3 月间在赣县九山被敌军包围而冲散了。又如车头区游击分队在肖翰堂同志领导下，在仙下贯一带山上，坚持了两月之久的艰苦斗争。他们在严寒刺骨的气候里，露宿在山头上，披星戴月、忍饥挨饿地在各处放哨和侦察敌情，有时衣服湿透，有时几天不能吃上饭，睡不上觉，从这山头翻到那山头，随时准备着和敌人斗争。这种可歌可泣的艰苦顽强的斗争事迹真是不胜枚举。

（二）国民党的残酷屠杀和人民处于水深火热中

1934 年红军北上抗日后，胜利县人民重新陷入国民党反动派的白色恐怖统治之下。过去逃到白区的恶霸地主和反动分子又随着国民党军队卷土重来，这些反动分子依靠国民党反动派的支持，又恢复了反动政府，拉拢了一些狗腿子和帮凶爪牙，组织了"联保"办事处及实行了保甲制度来压榨、蹂躏人民，并成立了"铲共委员会""清乡委员会""义勇队"等反革命组织，向我苏区革命军队进行疯狂的、惨无人道的大屠杀。

（1）在政治上实行白色恐怖的统治

反动派刚一踏上红色的土地时，就对苏区的革命干部和革命群众进行了大规模的逮捕和屠杀。凡是在苏区当过干部的同志，不管男女老少，没有一个能幸免，都在不同程度上遭受到反动派魔爪的〈杀害和〉摧残。我革命干部被屠杀最多的地方是桥头江背村，因它是暴〔爆〕发革命较早和领导革命最坚决的地区。反动派回来后，桥头地区一带划特区加以封锁，将这些地区污蔑为"土匪窝""土匪头子所在地"，随时可以对人民进行逮捕、拷打、屠杀。企图通过封锁线，摆脱敌人的血腥统治而被抓住的革命同志，【被】屠杀不知其数。当地有座山，山顶有一大石洞，直通深谷，叫做天心岩。反动派抓到革命同志，〈经〉严刑拷打后就绑【在】天心岩，从高达十丈的洞口推下深谷，被杀害的同志摔得粉身碎骨、血肉模糊，连尸体也无法收殓。如当时所知被害者有李华官、戴福佐、戴福连、钟继贤等七人。又如桥头乡钟声翔①（独立营政委）同志，1935 年 1 月 16 日（阳历），在兴国樟木山牙石寨被俘，解回桥头办事处后，由义勇队队长谢占连严刑拷打，审问了数天。他在敌人面前表现了忠贞不屈、至死不渝的精神，致使敌人无法可施，最后决定把他绑赴〔在〕桥头石山顶上用刀杀死。钟同志不愿死在敌人的刀下，趁天色已晚看不清楚，打算拖着押解他的敌人跳下悬岩，同归于尽。结果敌人松了手，没有拖下去，自己却跌在一丛竹林上，未被跌死，第二次被敌人捉住，砍作五块。钟同志就是这样光荣壮烈地牺牲了。同时遭到杀害的还有谢连望、谢登成、林甫生等同志。被逮捕严刑加以审询〔讯〕勒索的有钟先渭、钟宗荃、钟福生、钟圣焕、谢正生、朱人陈、李宗就等 13 人，以后陆续不断地增加。

在 1935 年 1 月初（阳历），银坑区营下乡廖起禄同志（区军事部长）被国民党义勇队抓到银坑洋步桥办事处，由义勇队队长何远波用严刑拷打，连续审问了 3 天 3 夜。在审问中有帮凶何宗事、何钻眼、张世迎 3 人，在严寒的冬天下，把廖起禄同志外衣全部脱

---

① 钟声翔，应为"钟圣翔"（又名钟声祥），历任胜利县独立营政委、胜利模范师师长、胜利县游击司令部副司令等职。1934 年底，在游击斗争中牺牲。见《中央革命根据地词典》，档案出版社 1993 年版，第 523 页。

掉,仅剩下一条单裤子,光着赤膊用绳子把手脚吊起来,用火烧肚皮。何远波还用狰狞的嘲笑说:"怕你冷了,跟你烤火。"等肚皮烧出了油,又用冷水浇到上面,用竹扁担打得遍体鳞伤,又打"地雷公"(即用夹棍夹手指头),当时廖同志的手指头被夹得裂开,鲜血淋漓(除此之外,还有破腹挖心、剥皮、碎割、肢解、锅蒸、活埋、踩杠子、灌辣椒水等酷刑)。但是,在这种情况下,并未吓到革命群众,廖同志始终咬紧牙关,忍受着各种酷刑,有时被打得昏过去,不回答反动派提出的问题。为什么这样坚强呢?他说心里总是在想着入党誓词——"牺牲个人,永不叛党",以及毛主席在北上抗日前所说的话:"要坚持斗争下去,红军不久就会回来的。"他坚信革命一定会胜利,宁死不屈地忠诚于革命事业,坚决不向敌人低头屈服。这样三番五次地用种种酷刑逼供,最后毫无结果地用脚镣手铐把他送进班房。在坐班房期间没有饭吃,连水都没有喝,仅靠家中老婆一〔每〕天送餐把饭去吃。当时被义勇队关进去杀害的革命干部有钟世榜(区主席)、张前金(区特派员)、张香成(看守员)、刘在银(乡团支书)〈……〉等,仅该乡一次就〈被〉杀害了8个革命干部。

在国民党反动派的残酷屠杀和摧残下,就连年轻的妇女干部也不轻易放过。当时营下乡团支书杨桂华同志年仅21岁,也没有逃过敌人的毒手。1935年正月二十二日晚上,在家里被义勇队抓去。当晚义勇队队长钟世叶审问,在审问如果不回答问题或回答得不能使钟世叶满意时就命令帮凶肖香提、张宣彬两人用竹扁担浑身上下乱打,当时把杨桂华同志一双脚直〔趾〕骨头处打得破皮烂肉、鲜血直流,红肿得不能行走;两只手臂和背心也被打得青一块紫一块,两只手腕也被绳子捆得麻木不仁。至今手脚上仍留下创疤,到变天时,经常发酸发痛。经过数次提问得不到结果,一直关到二月初十才释放回家。

(2)在经济上的勒索和压榨

国民党反动派在疯狂大屠杀的同时,还对人民进行了反攻倒算，把过去苏区分给贫雇农的土地全部夺回，还要从头开始算租，连本带利、利上加利地算回，〈和〉各种苛捐杂税的压榨，逼得人民倾家荡产，【不少人】服毒自杀。国民党横行霸道，到处抢夺，放火烧毁房屋，任意辱骂殴打，罚做苦役……〈等等，〉经过这样大肆搜刮勒索后，弄得人民妻离子散、家破人亡、无田可耕、流离失所，过着吃不饱、穿不暖、求生不得、求死不能，牛马一般的生活〈，悲惨境地〉。

此外，还实行了最毒辣的所谓"自新"政策，强迫革命干部和群众自行登记，缴纳所谓"自新费"，党团员罚金、倒算、补工等等。在革命最坚决的地区，反动派明目张胆〔明火执仗〕、横行霸道地大肆抢掠。

我们可以从下列的事例中，看出国民党反动【派】的罪行：〈例如，〉营下乡义勇队队长钟世叶把肖香溢（乡主席）的革命残废证、党证都缴去了，并要他交 4 元"自新费"（"自新费"有从数元多至一百多元的不等，根据具体对象而定），不交就要挨打。保长陈世荣曾卖他到于都去当过 3 次兵，【后】因残废被退回；有一次要他出 52 元壮丁费（家中有五兄弟），结果东拼西凑还卖了 4 担谷子才缴清。又如张世唐在第五军团十三师打南丰，带花返家，没法随红军出口〔征〕。当回到家里后，保长张前福说他是"土匪"，要抓他去当兵，吓得【他】连夜逃到别村。因找不到他，【保长】就把他老婆抓去抵押，把家里的门封了，两只鸡、四斤油也拿去吃了，结果被保长逼得没办法可想，只好把一条耕牛卖了 32 元，缴了 30 元的壮丁费才放了〔赎回〕老婆，【自己才】从别村回到家里。但在第二年三、四月间，又把他的老弟抓去当兵。

1935 年正月初五，贫农谢方球（银坑区主席）在和丰打游击，被冲散后便回到家里，当时走到银坑就被地主谢方融勾结保长把他抓去，要他出 130 元才写保单，放了了事。当他家里借到 130 元交给了联保，预计第三天即可释放，谁知凶恶的敌人〈不但〉吞没了这样的"买命钱"，〈结果〉在 1935 年二月初五晚上，把谢方球解到银坑鲁芭窝车垅杀害了，同时被杀害的还有戴福蓝（胜利县裁判部长），还有一个干部（别名"灯炒客"），都是桥头人。国民党反动派企图灭迹，把3人尸体推下数十丈的深谷，可是第二天就被附近农民上山打柴发觉，将尸体吊上来掩埋了。

又如罗坑乡地主麦仁川的婢女刘抬发，苏区时与贫农麦浪胶自由结了婚。麦仁川回来后，强迫麦浪胶送还刘抬发！夫妻只得含泪相别。这还不算，【麦仁川】另外还向麦浪胶勒索了80块钱。又如营下乡地主刘明忠，回来后向贫农郑承彬倒算，把他的一头耕牛牵走了。又如贫农肖香溉，苏区时分到反水富农四担谷田，红军北上后，被富农回来要去了三桶谷子（75斤）。

根据以上事实，仅就桥头、江背两个乡的统计，给反动派抢去的耕牛有323头，全乡被勒索去的光洋有两万余元，其他物资（如衣服、蚊帐、猪、鸡、粮食等）无法统计。

如桥头乡麦永球为了缴〈不起〉罚款，嫁了自己的老婆，还欠下了还不清的高利贷。又如李日奎、李宝云便逼得无法可走，只得自缢和服毒自杀。又如保长赖方海，经常叫刘贤基（银坑乡副主席）去为国民党军队挑担子到葛坳、于都、兴国等地，作为补工罚役。

贫农谢芳玲在土地革命时全家分到土地24担，1934年红军北上后，所有土地又全部被地主夺回。一家人无以为生，只得在富农谢朝春家里做了两年长工，才向富农租到17担田来耕，每年要交8担多谷的地租，后因天旱交不上租，又被富农收回。为了延续生命，不得不到外面去做苦工（挑煤炭、挖煤炭、摘茶子，到外地割迟禾或借债做点小生意），在青黄不接时就吃番薯渣和挖野竹吃。这一带的农民都是过着吃不饱、穿不暖，在饥寒交迫中挣扎着活下去。如1939年贫农谢芳瑚因不能生活下去，逼得将自己的儿子卖给谢声琪，得谷50担藉以为生。1946年10月间，贫农谢芳玲也被迫将自己的儿子出卖。还有很多农民为了谋生，背井离乡地流浪到广东、福建等地去寻找生活，一直到解放后才重返故乡家园。

在国民党的暗无天日统治下，高利贷的盘剥也很重，形式也很多，最普遍的是放谷、放钱、典押、卖青苗等等。当时农民在青黄不接时，向地主借一担谷，到收割时，仅数月之久就要还 3 箩。有的高达借一担还两担，即或〔使〕是在割禾前半个月借的谷，也得在割禾时还上 50% ~ 100% 的利息。其他的剥削程度可想而知。

此外，国民党政府还实行各种苛捐杂税来剥削压榨人民，简直搞得乌烟瘴气、民不聊生。如人头税、户口税、壮丁费、自卫费、保甲费、保学费、卫生费、保长津贴谷、征购谷、屠宰税、烟税、赌税、盐税、油茶税、粮税、办公费、地产税、房屋税、营业税、所得税……名目繁多，举不胜举。

（3）文化上的毒化教育

在文化上进行了阴谋毒化的愚民政策。在农村中，办立所谓"保学"，在教学内容中强迫向儿童、青年灌输反共反人民的法西斯教育。如教师们问："共产党要不要肃清？"学生们一定要照着回答说："要。"而且散发了很多反苏反共的书籍，并要学生们服从一个领袖、一个党、一个政府的独裁统治思想，封锁一切进步消息的来源，使学生们完全受着毒化的教育，并用强迫和利诱的手段骗取学生和群众参加反动党团及特务组织，无数青年被骗入污浊的泥坑中不可自拔。

虽然国民党反动派采取了种种卑鄙毒辣、残酷压榨、欺骗利诱等手段，但是胜利县的人民并未【被】吓倒或向敌人屈服（除极少数叛徒外），而【是】坚定了革命的意志和胜利的信念，向〔与〕敌人进行了不屈不挠的斗争！他们永远记住毛主席的教导："革命是长期的、残酷的，但最后革命的胜利一定是属于人民的。"所以他们在敌人的严刑拷打和屠刀下，宁可牺牲自己，【也】绝不投降敌人。胜利县的人民宁愿在苦难和屈辱中，忍〈气吞声的〉受敌人的折磨和煎熬，但他们心中却蕴藏着一个美好的希望和等待——毛主席和朱总司令，总有一天会带着自己的红军胜利归来！

（三）地下党组织的发展与人民迎接解放胜利的前夕

地下党组织最早的来由，据说首先在泰和一带活动，在未到达于都（原胜利县范围）之前，有两个人发展组织。由于在泰和活动期间不够严密，被敌人发觉，抓去杀了一个，后来仅剩下一个姓龙的同志（真名罗芳，化名龙腾飞），随即逃到赣县山区里，找到了一个叫刘绪成的（是一个造纸师父〔傅〕，他曾在贡布乡迳子村石人山涂英琢家中被困造过迷信烧纸），龙同志通过他的关系，来到了贡布乡，经介绍认识了涂英琢，并住在他家中，秘密进行发展地下党员工作。

当时采取的方式是通过亲友串联，回忆对比，物色曾受过国民党反动派、地主残酷压榨，吃过苦的人和他进行个别谈心，从谈心中了解情况，引导他吐出苦水来。例如向他们谈〈谈〉过去苏区如何好，贫苦工农当家作主有田有地，有吃有穿，生活过得很好，行动自由，有情事权，不受任何人剥削压迫。自从国民党反动派来了以后，又恢复了反动政权，贫苦工农被剥削得一无所有，终年过着牛马不如的生活，缺衣少穿，痛苦不堪。特别是国民党反动派到处乱抓壮丁和苛捐杂税，弄得人民日夜提心吊胆，不敢安身落屋的对比方式，借此激愤他、同情他，使他能吐出心中苦水，说出在这个年头苦日子难过。开始接触时，不能马上说到入党问题，直到认为忠实可靠，再把来意说明，告诉他是红军朱总司令派来苏区找老革命同志做工作的，并说我们红军已经到了什么地方，马上就有出头之日了。再就是通过亲戚朋友互相串联，逐个发展（但当时发展对象时，有个别地方很少顾虑到个人历史和成分问题，甚至伪保甲长都可以参加）。被发展为党员的必须填表，表的内容有：姓名、性别、年宁〔龄〕、籍贯、家庭成分、住址、个人历史、现担任什么职务、何人介绍等栏。加入党后应严守秘密，不可告人，连自己的父母、爱人也不可相告，以免泄密导致生命危险。党员必须进行以下各种调查工作：调查哪些人受过苦、坐过牢，受过靖卫团的打击；哪些人最反动，担任过什么职务，是否有枪，哪些地方有几多枪支；哪些人是有钱的大资本家、大地主；在老革命同志中，有哪些人反水、"自新"；国民党有哪些哨路。收到这些有关材料后，把它放在竹扫把中，在赶圩时，给老龙送去或直接向他汇报情况。

龙同志到贡布乡后，首批发展的党员有刘绪成、涂英琢、涂才龙等人，其次有邓重伦（原马安石人，后迁往兴国鸟仙崇）。以后陆续发展的有：谢登发（现任县委农工部长）、谢联仪、谢登银、涂才瑞、钟起徽、谢芳城、刘时穗、谢洪连、谢方坤、谢方喜、涂才达、洪明銮、刘时祥（现任银坑烟厂厂长）等十余人。其中邓重伦是在 1949 年 4 月 11 日夜，由龙腾飞到兴国的义屋找到〈邓重伦，〉【并】发展他为党员【的】。邓重伦开头有些犹豫不决，经过解释就同意了。【龙腾飞】并在他家里住了半个月。龙腾飞〈并〉经常到泰和一带进行活动，继之又到桥头一带活动。

龙同志活动到〔自〕1949 年 4 月底以来共成立了 3 个支部：①黄生坊支部，书记张传宗，组织委员李辉辉，宣传委员李凤飞、邓重伦、李辉清、李来狗、李华宗等七人。②桥头支部，朱志是、李沃文、戴福佑〈……〉等。③贡布支部，书记涂才龙〈……〉等十余人。

其中党员以刘时祥同志发展得稍晚，直到 1949 年 5 月间才由涂才龙同志介绍入党。刘时祥同志参加党组织时，是在贡布乡迳子村梗古楼涂才龙家里，当时仅有涂才龙和龙同志在场。〈有〉会上龙同志讲话："我们解放大军快要到了，以前的老革命同志不会再受摧残，我们贫苦工农马上就有出头之日，现在我们应该做好迎接解放大军的准备工作，积极调查了解，有几多反革命分子，有几多枪支武器，敌人有哪几路哨口，哪些人做过什么反动工作……〈等等〉"，并说："我们现在的政府是人民政府，不是苏维埃政府，我们应做好以上的工作。"

第二次会议是在贡布乡迳子村石人山涂英琢家里召开的，参加人数有 20 多个。龙同志在会上讲了话："同志们，现在解放军已快到了，大家应注意保密，任何人不能乱说，应继续积极做好调查工作，设法搞到枪支，我们这些人应当忠实可靠。毛主席北上抗日临走前曾说过'我们红军以后还会回来的'，现在就快要回来了。"

〈在〉1949年七月〈间〉，解放大军已到了于都，贡布乡地下党组织为了迎接解放胜利，配合我军进行缴械工作，曾由支部率领一批党员跑到兴国县左别迳缴到伪联保处十多支枪，防止了敌人进行破坏活动，取得了初步战果。接着龙同志又亲自到马安【石】、桥头等地进行宣传工作，每逢当圩时，站在圩上向广大群众进行宣传，告诉群众说："解放大军已到，大家不要恐慌，不要乱走，安下心来生产，解放大军很公平，做事又公道，大家不要害怕。"

解放后，以上3个支部已停止了发展，有的支部已停止了关系，但贡布乡曾在解放后召开了一个党员大会，在水古坑成立支部，当时的支部书记仍是涂才龙同志担任。在1949年8月间，涂才龙同志调银坑区工作，后支部书记改选刘时祥同志担任。在刘时祥同志的领导下，曾发动广大群众为党做了些工作，例如支前工作，备军粮，发动群众帮助解放大军做运输工作、焚烧契约、反霸斗争、成立农协……对支援前线和政权建设起到了一定的积极作用。

那时银坑已成立了区政府，区长是马飞良，还有潘文发、孙树俭等同志，均是南下干部。因龙同志要调外地工作，故将整个地下党组织，全部移交给马区长领导，一切活动均依照区指示执行。由于党组织内部不纯，很多投机分子混入党内，道德败坏，违法乱纪，不服从区的领导，擅自成立支部，盲目发展党员，给党的荣誉带来很大的损失。为了纯洁党的内部，在马区长的领导下，及时地进行了一次整顿工作，将党内不纯分子全部清除出党，恢复了党在群众中的威信，〈深深地〉受到了人民的爱戴。

解放后，胜利县人民像全国各地人们一样，欢欣鼓舞地来迎接这伟大解放战争的胜利，人民又重新掌握政权，在自己的土地上进行耕种，过着幸福美好的生活！国民党反动派暗无天日的血腥统治和封建制度残酷的剥削〈和〉压榨已经彻底崩溃，永远一去不复返了。人民心中牢记着毛主席在北上抗日离开苏区所说的〈话：〉"反动派要我们的瑞金，我们将来就要他们的南京、北京"的愿望已经实现了。胜利县的人民重见天日，从苦难和屈辱中解放出来，重新投入了党的怀抱。他们常年以来所进行的艰苦顽强、英勇不屈的斗争，今天已经取得了空前的、辉煌的、伟大的胜利！

（整理：詹俊杰）

2. 钟宙声整理的胜利县革命斗争情况

在 1926 年八月间朱学久、钟声楼等人于南昌朱总司令举办的军事教导团里学习，朱总司令当团长。在学习期间朱、钟受到了朱总司令革命思想的影响，回到了于都桥头后开始进行秘密的革命活动。据说在以前还有一个叫赖师左的老师（朱学久的老师）在课堂上讲什么是共产主义，共产主义就是新的革命主义，以后说他是 AB 团，被杀掉了。

1927 年正月，在焦子巷（坑上）成立农民协会，参加者有 1000 多人，由朱学久、钟声楼、朱学基等人负责，当时还举行了仪式，有记录，在会上公推了朱学久为临时主席，会议从吃完早饭后，一直开到一点多，除了地富、土豪劣绅外均可参加。

又于 1927 年八月间改农民协会为革命委员会，那时军事、政治、经济一把抓，并选出主席谢正椿，党支书朱学久。在同年 10 月，主席改选为孙永洪担任，又于 1929 年二、三月间改"革委"为于北区，区主席是钟铁青，党方面的工作是朱学久、钟声楼两人担任，地方上的行政工作是由钟奕珠担任，团支书是谢△△，文书是赖赓。当时他曾对群众说：桥头很富裕吧？群众回答：桥头很苦。他又说：苦就应该想办法，我们广东有办法（他是广东人）。

到 12 月里问土豪要钱用，如果不给就把土豪拉到山上，给了就放回去。于北区成立后就分乡分村，桥头是第一乡，樟木山第二乡，坪头寨第三乡，△△子石下第四乡，△△第五乡，第六乡曲洋。

1930 年十二月十五日打开上宝，成立胜利县，初拟成立众发县（另一说法，在未打开上宝之前就成立了胜利县），主席是刘作彬，书记是钟圣谅。全县人口约 16 万多人，开始时 10 个区，后来发展为 13 个区。

1926 年 7〔九〕月钟声楼、朱学久由南昌军事教导团毕业回来，当地十月曾为他们接风，做了军装、军帽、皮带等，还借了骒马。在十一月间他们就秘密进行工作，发展党组织，开始有六七人在一起开会（又一说是 12 人），包括钟声楼、朱学久、李华官、谢方厢、吴华长生、钟奕珠、钟声湘、何新桂、李华荣、朱道榜、肖大鹏、邱铣、雷震东等人参加会议。

在 1927 年正月十六七〈就〉公开成立农协，召开群众大会，贴标语：抗租抗粮抗……打土豪分田地，焚烧契约，无产阶级要和资产阶级作斗争，工农团结起来有饭吃、有衣穿，不让土豪地主剥削。当时有钱有田的就发慌了。当时群众问声楼，地主不肯拿出田来分，他说花了雪白银洋买来的怎么办？声楼说到时候就会肯，不肯时就把他们的田扒掉，到那个时候大家都有吃有着〔穿〕，国民党的军队来了我们就一齐去打，烧了烂屋就做新屋住。声楼还说：我们打土豪分田地，烧掉数千年遗留下来的痛苦，大家都有饭吃、有衣穿，工农群众受封建压迫，大家要起来，我们不要怕，是地主人多还是工农群众人多，地主占百分之几，工农群众占百分之几？地主为什么有钱，我们为什么没钱？大家起来了就会有。我们为什么天光做到夜都没有钱，是被苛捐杂税剥削去了，还要收烟税。

当时在大会上号召愿意来就来，不愿意来就算了（参加农协组织），来了的就标上红带子，〈当时〉有 200 多人参加，二月就标上了红布符号。当时参加大会的有 1000 多人。

在 1927 年二月初发动群众打于都（驼旗宣传大家要起来，要打开于都才有用），当时人数有一两千人，只有几条枪，初二、初三打了两天，初四靖卫团就从赣州调来，兵分三路，向桥头包围，一路是兴国，一路是坪头寨，一路是临坑（黄田脑），群众被分散，钟声楼、朱学久等就逃到兴国东村，暴动失败。白军把桥头的民房烧了三分之二，牛、猪、鸡牲畜、家禽等物抢掠一空。特别是声楼、学久住的江背村，所有房屋全部烧光，并说：这是"土匪"头子住的地方，应一起烧光。

声楼、学久跑到东村（兴国）后，就和梁麻子、曾天龙勾通〔结〕上了，叫一连人，约七八十个人，30 多条枪。到八月初五回到桥头，缴到于都县派来催粮的 4 支枪，抓到的人当晚也杀掉了。当时缴枪的情况是声楼、学久从东村管开炳手里借到一支驳壳枪（管开炳和管开谷原来在福建当土匪，后来改变过来），一个人拿枪，一个人拿空皮枪套，就是这样搞到 4 支枪。八月十五日又抓到土豪钟宗采交出枪一支，罚了 800 元花边，把他的布搞出了让群众去检〔捡〕，李久梁交出了三支枪，李应盛交出□□□枪一支。八月二十五日又抓到各乡土豪罚款、制军衣、发军饷，又罚了地主谢河连 1000 多元，除了制军衣和发军饷外，还把钱发给桥头群众买锅及没有饭吃的人，又回到了兴国。当时在东村还有良村张飞雄、东固曾贺庆都来了。在九月间兴国靖卫团开到坝子上驻扎，拟到桥头抢东西。当时钟声楼、朱学久带领几十个人约有 26 支枪去打坝子上，朱学久说："今天打坝子上，生也在坝子上，死也在坝子上，由管开谷带头打正面，李盼世包抄。"一到坝子上，靖卫团放哨的就问口令，管开谷回答说："杀猪的。"第二句问口令时，就回答"老百姓"，第三句问时就放了一枪，把哨兵的枪缴下，坝子上就打开了，杀掉靖卫团 50 多个人，搞到了十多支枪。这次一仗打出了名，接着就成立了十五纵队（1927 年十月间），以后就□山打游击。十月间第十五纵队配合红二团攻打兴国，十五纵队打东门，二团打南、西、北门。当时十五纵队有四五十条枪，120 多人，红二团约

有四五百人（4 连人），有 320 支枪。打开兴国后，在兴国驻扎了 3
天，缴获几百支枪，还捉到 5 个会造枪的师傅。又在十二月十三日
由靖卫团谢排长从于都带领一排人来打江背，十二日就有人到东村
报信，十五纵队就打上红旗，有几十支枪，分两路，一从正面，一
从侧面包抄。靖卫团十三日早上来了，被十五纵队（另外有人说还
有二、四团参加了打江背？）包围住了，排长逃掉，捉到几十个杀
了，缴到了 30 多支枪。在十二月十六日靖卫军又从临坑派了军队
来领尸体，我军又退守到兴国。

　　以〔此〕后在 1928 年到 1929 年期间，由革命委员会成立了于
北区，经常和敌人打，并在白区进行工作，宣传他们过来帮助白区
工农群众组织起来，关心他们的生活，争取些可靠的人为我军反映
敌情，通风报信。

　　1928 年二、三月间，在黄龙宫有刘光昆所组成【的】土匪有
二三十支枪，后编为第三大队。当时十五纵队说他们是土匪，不愿
意编入，就编了二、四团。1928 年把刘光昆打掉，收编入红军。

　　到于北区成立后势力范围一天一天扩大，群众都起来了，驼
〔驮〕了梭镖，约有三四千人，有四五十支枪。当时主要的任务是
打上宝（当时有孙连仲部下赵博生，有一师人反水过来），从 1930
年九月打起，一直打到十二月十五日才打开。敌人方面组织了 7 支
联防：桥头靖卫团钟相增，银坑刘世帐、杰村、马安石、水头、分
坑①、仙霞贯②、于都县。当时四面八方的土豪都集中在上宝，约有
几万人（据说还有白军六十八团）。我军方面是第三军团七、八、
九两〔三〕师和地方武装赤卫队、游击队配合作战。上宝打开后，
缴获很多枪支，搞到很多钱。打开上宝时抓到一个大土豪，把他带

---

① 　分坑，应为"汾坑"，后文写作"汾坑"。见《江西省于都县地名志》（内
部资料），1985 年版，第 87 页。
② 　仙霞贯，应为"仙下贯"，后文写作"仙下贯"。见《江西省于都县地名
志》（内部资料），1985 年版，第 99 页。

到城岗，叫他在（羊梅岭）土围外动员靖卫团投降，结果被城岗的靖卫团开枪打死了（叫米芥子，钟介瑞）。

（关于成立胜利县有两种说法：一说未打开上宝以前就成立了胜利县，一说打开了上宝就成立了胜利县，有待核对。）

在1932年胜利县就组织了少共国际师，胜利县有一团人，随即开到宁都省里集训，在宁都编成了一个模范师。1933年冬回胜利县，1934年七月就成立了游击队独立营，有四个大队，一个大队约有120人左右，专门打外面，独立营营长赖传东〔来〕，指导员钟声湘〔祥〕[①]，独立营有四五百人。

打到1934年年底，国民党军队已到桥头，游击队独立营就退到兴国小州岗，和兴国独立营编在一起，编成"兴胜"游击队，有1000多人、1000多支枪。1935年正月初一，白军又和我们打，在兴国白子堂山上被白军包围一天，晚上游击队就突围往东村转移，初二早上又被包围，结果游击队就四分五散了，有的逃回家，把枪埋掉了。

3. 关于胜利县党组织的成立及武装斗争情况访问朱谓材等同志的材料整理

朱谓材，54岁，苏区胜利县县委副书记；朱志清，60岁，苏区胜利县劳动部部员；朱俊海，49岁，苏区乡主席；朱志隶，50岁，苏区党支部书记；谢振生，69岁，苏区区委书记。

桥头的朱学久、钟声楼原在南昌读书，白天读国民党的书，晚

[①] 胜利县独立营于1934年9、10月间组建。营长凌步循，政委钟圣翔（又名钟声祥），后赖传来。1935年2月因遭国民党军队进攻，战斗失利而被打散。见《中央革命根据地词典》，档案出版社1993年版，第242、523页。

上读马克思主义。他们于 1926 年一月间返家，返家后即开始向四周群众【灌】输革命思想，并串通〔联〕一些较话得事的知识分子，在十二月于桥头虎头山脑座谈，组织共产党问题，当时大部分同意，但也有少数的以钟朝员为首的反对。1927 年正月，正式成立党支部，开始成员为：学久、声楼、谢方△、钟声湘、李华官、朱志琼、钟先桐，朱炳涛、谢方顺等人。

正月，在朱屋上村"朱氏宗祠"内召开农民协会，四周都有农民同志参加。在大门口贴有"反抗烟苗捐"大字——这是最早的一次农民协会。

二月初二，公开地组织农民协会，在松山坑场上举行第二次规模更大的农协会，参加会的人均佩有红带子。朱学久等号召贫苦工农积极加入农协。

二月初三，组织起来的贫苦工农暴动队开始攻打上宝，因钟朝增已逃至上宝参加靖卫团去了。

二月初四，钟朝增带靖卫团来镇压桥头武装暴动，在桥头一带大肆烧杀、掳掠，在虎头石山里烧死我们很多人，自此之后，暴动暂时受到压制，以后党的活动转入地下工作。朱学久、钟声楼逃至吉安、吉水、东固、永丰一带，与段起凤、钟老槐、管开炳等洪家头子联系上，朱学久等就从钟志槐[①]处借来了 12 条枪。八月十二日，伪县政府派 4 条枪来桥头收鸦片捐，朱学久乘机带武装包围桥头，就缴获了这 4 条枪，打死伪丁 2 人，捉到 1 人，并把桥头圩上资本家的（布店）布匹抛出来给老百姓。

八月十五日，朱学久领导的武装暴动队又突然来【到】桥头〈一次〉，捉到几个土豪，缴他们的枪，罚他们的款（这些土豪的枪是 1926 年张发奎的军队路经桥头时，其兵士腐化成性，开小差卖

---

① 钟志槐，应为"钟老槐"，后写作"钟老槐"。见《东固根据地与中国革命道路的开辟》，中共党史出版社 2008 年版，第 610 页。

给土豪的），因此朱学久的武装暴动队枪就十多支了。由于这两次胜利，就在 1927 年八、九月间成立十五纵队，队长钟声楼，党代表朱学久，后来增加政委钟声祥，[①] 初共有 50 上下人（有不少是背刀子的），以后人数逐渐增多。

1928 年三、四月间，十五纵队和段月泉的队伍合并为二、四团。以后朱学久调到赣西南特委去了，以后〔后来〕肃反时被杀。在组织二、四团同时，地方上另外组织农民赤卫军，专门在上宝、江背放哨，以保护桥头群众。

1927 年八月间，张文藻、李小凤两同志到桥头来做党的工作（可能是赣南特委派来的），八、九月间，成立秘密革命委员会，主席许代英（实为谢方〔芳〕圣）—钟先锋—谢怀春，政委朱学久，秘书李华安。会址在婆罗石、新圩子一带（有说十二月成立临时革命委员会）。

1927 年十一月，雷震中率武装在这里与靖卫团打一仗，自此成立党政组织。这时东村、江背洞均属这里领导——这时机构可能是于北特委。

1928 年三、四月间，在兴国灾佬（离桥头八里）举办秘密党团训练班，由雷震中（真名李政）主办，学习建党、团方式，有三四十人，开办一星期，学员中江背洞有杨柳芬，东村有陈亦平。

1928 年五、六月间成立于北特区委员会（自此东村、江背洞另成立区委会），区委会书记钟学祥。[②] 特区委员会成立不久，就成立于北区革命委员会，主席钟品山、谢振春（两人不知谁在前，也

---

① 1928 年 6 月，赣南工农革命军第十五纵队成立。纵队长管开炳，党代表朱学久，参谋长钟声楼。见《中央革命根据地词典》，档案出版社 1993 年版，第 237 页。

② 1928 年 8 月，中共于北特区委在桥头成立。书记先后为李骏、钟学祥、钟圣谅、钟学湘。见《中央革命根据地词典》，档案出版社 1993 年版，第 145 页。

有说潘月铁），地址在桥头木湖塘。[1]那时半迳乡、水瑞乡、葛坳乡一带土匪、反动派很多，经常红、白交锋〈之地〉，故在1929年于北区为了更好领导这地区的斗争，〈故〉于北区特委派出一机构——于北特支去领导当地斗争。1928年，于北区包括第一乡——桥头，第二乡——樟木山，第三乡——坪头寨，第四乡——谢屋围。

1929年，于北区特委书记改为钟圣谅，于北区苏维埃政府主席改为钟铁青。这时因于北区扩大到银坑、曲洋，为了便于领导，地址移至坪头寨，这时正是杀AB团之时，杀了很多同志，一次杀70多个。1929年，土改要划分阶级，地主的家产全部没收，凡家里有人因AB团被杀得〔的〕、反动富农家属，财产也没收，另外那时禁止鸦片烟，吃烟者要没收，因此于北区革命委员会财政部收集了很多鸦片烟（在桥头一带，1927年暴动前普遍栽种；1927年暴动后，我们党禁止栽、吃鸦片后，但在1929年时少数人还保有旧鸦片土）。当时钟铁青、钟圣谅两人勾结兴国贩烟商人李华佩和朱为葵，打路条给他们。由于钟铁青、钟圣谅两人在肃反中大肆乱杀人，又贩运鸦片出卖，加之作风不好，平日像国民党官僚一样，故有群众上省告状，结果于北区委和于北区革命委员会全部撤职，钟铁青【被】押往省政府，不久押回于北区枪毙了，钟圣谅叛〔判〕徒刑。

1930年十一月间成立胜利县。[2]那时因城岗、上宝两大反动堡垒均被攻下，于北区的靖卫团全部肃清，故称胜利县。县主席刘作斌〔彬〕、赖文泰、胡长高、谢先东〔策〕。[3]县委书记严仲〔重〕、

---

①　1928年8月，于北区革命委员会在于北桥头盘螺石成立。主席先后为：谢芳圣、钟品山、谢振春。见《中央革命根据地词典》，档案出版社1993年版，第181页。

②　1932年1月21日，胜利县成立。见《中央革命根据地词典》，档案出版社1993年版，第145页。

③　胜利县历任主席：钟铁青、刘作彬、赖文泰、邱汉作、潘叶迪、刘法良、谢先策。见《中央革命根据地词典》，档案出版社1993年版，第181页。

胡家〔嘉〕宾、阿舍〔金〕（金美映〔维映〕，女）、李明辉、刘列振〔晨〕，副书记朱谓材、邹书堤。[①]

胜利县包括：桥头区、安区、银坑区、马安石区、仙下贯区、车头区、曲洋区、赖村区、樟木区、古龙岗区、江口区、梅窖区、三贯区——13 个区。

县址：〈开始在〉坪头寨—银坑。

那时胜利县模范乡是桥头、坪安、樟木，工作较差的是江口、赖村（以上是桥头党组织发展及武装斗争的发展线索）。

（一）扩军运动

1931 年，工人师（全部是工人）；1932 年红五月，少共国际师，少共国际师〈前后〉，每区经常备有一个模范营，调补出去一营，又重新组织一营。

（二）土改

1928 年分青苗，这次没划分阶级，一律平分，工人也分田，平均一人四担半谷田。没有建立贫农团核心领导。

1929 年划阶级，富农分坏田，地主不分田，这次因土地多些（地主不分田），故每人分 4 担 7 斗 5 升谷田。工人分一半。建立了贫农团核心领导，划阶级。

1930 年查田运动，没收 AB 团成员是富农的家产、土地，一般富农分坏田，地主不分田，每人五担谷田。工人分半数。这次也有〔由〕贫农团领导。

三次分田都有分田委员会，自第二次以后，分田委员会是贫农团中的一个组织。

1926 年八、九月间钟声楼、朱学久从南昌读书回来，不久就发展党的组织。

---

① 胜利县历任书记：钟对谅、严重、胡嘉宾、金维映、杨尚奎、李明辉、刘列晨、管让晁、赖传来。见《中央革命根据地词典》，档案出版社 1993 年版，第 145 页。

暴动前（1927年正月）〈约〉三四个月，【开了】第一次会议：×月×日晚肖行依到钟声楼家里吃茶闲谈，当时什么都谈，谈天谈地，到了深夜，钟声楼对肖说这一次叫你来开会，接着就从声楼家里出去到出门岗地方开会。到会的人有：钟声楼、朱学久、李浪天（即后来的雷震天）、钟先铜[①]、李华官、钟圣棋、钟先荣、肖行依等七八个人。开会内容首先是钟声楼讲话：【说】我们是无产阶级，国民党害得我们好苦，说共产党是割富济贫的，也说了抗租、抗税、抗粮、抗债，打土豪分田地，最后才说成立共产党，才是我们的出路。钟声楼说后第二个讲话的是朱学久，他说：只要我们坚决，有钱的人少，贫〔穷〕人多，九个贫穷的一定能打倒一个富的，还指出了哪些是富的，如钟声采……会后决定大家要严守秘密，什么人都不要说，连老婆也不能〈对他〉说，永不反党。回去后要大家发动群众，向群众宣传说明国民党是如何不好，土豪是怎样剥削群众……这次会议一共开了四个钟头。

第二次会议：在下岗开会，参加的人仍然是原来第一次参加的人，这次会议离第一次只有十几天。开会的内容：是要找忠实可靠的人来发展党的组织，选择对象要查到哪些人的弱点和苦处，哪些人欠地主的债最多，哪些人最苦，这样找他来谈话，先不要谈参加共产党，特别是趁收债过年关，他们受苦最痛的人，帮他找出苦处，用对比法，找出各个的弱点，然后启发他消灭国民党收债收税的人。会后分配任务发展党团员，但没有规定每一个人都发展多少个。

第三次会议：在钟声楼家右边河坝上开，这次到会的除了上两次的人外，还多了一个钟宗炳（由钟先棋、钟先融二人发展的）。这次会议内容仍然是谈发展党的组织。

以后经常隔了十多天就〈又〉开一个会，最后开了一次会议决

[①] 钟先铜，应为"钟先桐"，后文写作"钟先桐"。见《中央革命根据地词典》，档案出版社1993版，第524页。

定暴动。这一次会议内容一方面是发展组织工作，一方面组织、宣传、鼓动、发动群众暴动。会后分工负责，朱学久负责桥头一带，钟声楼负责江背、赤竹坑，李华官、吴祖英负责桥头圩、杨屋，钟先桐负责茶叶口、王泥坑一带。

1927年八月间，张文焕、李小风两同志来桥头做党的工作（可能是赣南特委派来的），这时党的组织已由5个支部发展到7个左右（桥头、琵琶珑、坪安、水背、新城、樟木、江背等）。由于党的组织扩大，就在1928年二、三月间时，〈就〉改于北特支为于北特区委【员】会，以此相应的政府组织就是于北区革命委员会，开始在桥头木湖塘成立，后移至婆罗石源坑子，以后又移到大坑，再移水背。于北区革命委员会主席是许代英（真名谢芳圣）—钟先锋—谢振春，于北特区委书记钟学湘。这时革命委员会是公开的，区委会是不公开的，区委会除书记外，还有组织、宣传各一人。

1929年二、三月间，随着党组织的日益扩大，又改于北区委会为于北特区委员会，以此相应的政府行政组织，也就改为于北区苏维埃政府，地址在桥头。于北特区委员会书记钟学湘，于北区苏维埃政府主席谢振春（有说是潘月铁）。于北特区苏维埃政府初包括3个区：第一区桥头区，地址在婆罗石；第二区樟木区，区委书记邱云峰，包括7个乡；第三区坪安区。以后逐渐扩大银坑区、曲洋区等。

1929年□月于北特区委书记改为钟圣谅，于北区苏维埃政府主席改为钟铁青，这时因于北区扩大到银坑、曲洋，为了便于领导，地址移至坪头寨。

在1930年□月间，初拟改于北区为"众〔忠〕发"县（即用向众〔忠〕发之名为县名），后因各地捷报传来，特别是宁都赵博生（孙连仲部下之参谋长率领一师人）在11〔12〕月14日起义过来，接着成立了胜利县。因这一胜利，经决定故改于北区为胜利县。成立胜利县时上宝尚未打开。开始成立时主席是刘作彬，党支书是钟圣谅，以后主席依次改选为赖文泰、洪长高、谢先东〔策〕。以后的县委书记是严仲〔重〕、胡家〔嘉〕宾、何〔阿〕金（金美秧〔维映〕）、李明辉、刘列振〔晨〕，副书记朱伟林、邹书堤。

胜利县开始〈是九个区，〉包括坪头寨、梅窖、车头、桥头、仙下贯、曲洋、古龙岗、江口、临坑等 9 个区，后来发展为 13 个区，包括临坑、桥头、坪安、马安石、仙下贯、车头、曲洋、赖村、樟木、古龙岗、江口、梅窖、三贯等〈十三个区〉，一个区约有 8 个乡，全县人口约 16 万余人。当时胜利县的模范区是桥头、坪安、樟木，工作做得较差的区是江口、赖村。

（访问者：彭适凡、郭行增；整理者：彭适凡）

4. 李晓峰同志口述胜利县革命斗争史

1925 年于都县里仁人邱侗（后改为邱迪）在黄浦〔埔〕军校读书，不久在军校入党，后因参加军校的学生运动，经常闹风潮，被蒋介石开除，同时【被】开除的有很大一批人。这时毛主席和彭湃同志就在广州收留这些人，举办"广东省农民讲习所"，受〔搞〕政治、军事训练。到 1926 年五月间，开始北伐，"农民讲习所"的成员也就随着北伐军分赴各地去，名义【上】办国民党【的】工作，实际做党的革命工作。邱侗也就在这时返回了故乡——于都县。

邱侗首先找到洪尚志，吸收他入党，以后就有计划地领导于都县城的学生运动。在领导学生运动过程中，邱侗团结、培养了一批青年学生和青年教师：昌村中学——肖大鹏、黄剑峰；于水中学——李骏（后化名雷震中）、陈濠、张浩；于阳小学——张文焕、尹绍伦、赖群、罗烈芬、邓六顺、余景文、高克勤、杜子刚。以后逐渐吸收他们入党。这些青年学生在党的领导下，首先，于 1926 年六月间组织了学生联合会，以便直接领导于都县的学生运动。

也就在那时，党组织还发动裸强女子学校女学生成立妇女联合会。然而，由于当时女学生都出生〔身〕于地主、资本家、富农家庭，结果妇联虽成立，却为剥削阶级所把持。

我也就【在】那时由邱倜介绍入党了。

1926年十月，武汉党组织来信，要派四人到武汉农民讲习所受训。当时被派去的有肖大鹏、李骏、陈濠、黄景风。不久，赣州陈赞贤同志也举办农民讲习所，党组织就派于阳小学张文焕等八位同志前去受训。

这些同志被派去不久，接着就成立总工会——下有缝业、理发两个工会（缝业工会会员3个，理发工会会员4个），地址在于都县城的钟家祠（现在的招待所）。

到此时，党组织迅速地发展着，于都县的各界群众也在党的领导下逐渐和发动组织起来。这时地主、资本家看到这种愈益发展着的革命形势，开始惊慌起来，但口头上却装作正经，大骂道："他妈的！一般鬼样的东西，还办什么党什么会呢！"

也就在十月间某天晚上，伪县公安局的巡岗李十世老和李伟文两天到缝衣工会会员刘德福店里捉赌，结果捉去了几个赌徒，把刘德福的师父也捉去了。第二天，刘德福设法救出师父，就请示总工会邱倜、洪尚志等，最后决定以总工会、学生联合会的名义集体赴县政府请愿，并事先拟好十个条件：①当场释放；②披红挂彩；③打爆竹送出大门；④把到捉赌的巡岗监禁起来（余6条不记得）……那天去请愿时，本只有20多人，但后面却跟了几百个群众。伪县长罗培慈见势头不妙，误几百人均是请愿群众，故十个条件全部答应，马上就照办了——这是于都人民最早的一次革命斗争。

由于这次斗争的胜利，党组织和总工会的影响大大扩大了。通过这次斗争的胜利，生动地教育了群众：必须组织起来向反动派进行坚决的斗争，才能求得生存和自由。当时有很多群众说："工会有这样大的本事，可以和县政府对抗，我也要加入去。"于是县城及城郊很多群众都纷纷要求加入工会（大多数是工人），工会的组织大大发展了。就在群众运动高潮时，邱方周跑到邱家祠来教训邱倜不要"闹"。邱倜不但不听他的话，还说："你背上已刻上了'土豪劣绅'四个大字呢！"邱倜随即拿了一堆马列主义书籍给他看。第二天，邱方周对邱倜乞求似的说："怎么办？"邱倜就要他在城郊福田寺门口贴上招牌"于都县农民协会筹备处"，发动和组织农民群众加入农协，【说】这样农民兄弟就会支持你〔他〕。最后邱方周真听其侄子的话，照实做了。就这样，县农民协会的组织又成立起来了。

在县农民协会成立〈之〉后不久，又接着成立商民协会。这时我就在商民协会工作。到这时，被我党领导的群众组织就有学生联合会、农民协会、总工会、商民协会。

1926年十二月，南昌成立省农民协会组织，来信要邱倜返南昌工作，并派二农协代表李纪龙、刘纪荣去。

是月，由于于都革命斗争日剧〔益〕发展，国民党从赣州派刘赓（原赣州第二师范学校教员）到于都任国民党县党部书记。刘赓到任后，执行了一系列有利于地主、资本家的反动政策，但我们4个协会一直坚持斗争。有一次，国民党派给于都县的军饷数20万，在伪县政府开会分配任务支前，我们4个协会负责同志就先在总工会内开会，会议决定由我出面向地主恶霸斗争，把以往摊款的常规：恶霸地主30%，商家70%翻过来，即地富要出70%，商家出30%。后来伪县长罗培慈召开会议，讨论分摊20万军饷的方案。会上地主刘叔伦提出旧的分配方法：地富30%，商家70%。随即我站起来说："叔伦兄！现在我们革命就是穷人革富人的命，商家大部分都是穷困的，出这样多款岂不要关门！有些商店如惠济堂、荣庆堂、周瑞堂虽然资本雄厚，但都是地主开的，犹以地主算。我认为分配方案应该翻过来。"结果二人拍桌大吵起来，最后由于我们四个协会成员的支持，罗县长也无可奈何，终于通过了我们的方案——这是第二次斗争的胜利。

不久，伪县长罗培慈因贪污逃跑，伪省政府派杨峰林同志来接替县长（杨县长是白皮红心的党内同志）。杨县长一到任，于都县城的士绅老爷们曾两次给杨县长送礼，但都受到杨县长的拒绝。我们看到这样"怪"的县长，也想试试，就以四个协会的名义向他献礼，果然，我们却受到他的热情欢迎和接待。以后伪县政府提出了一个革除于都恶习的方案，开会讨论，结果由于我们有 4 票（农协、工会、学生联合会、商民协会），对方只有 2 票（国民党党部、妇联），有利于人民群众的都被通过，有利于地主恶霸的一条也没通过。这样地主、资本家大为不满，他们的代理人——国民党县党部书记刘赓上报赣州，说于都县共产党活动疯狂。之后我们知道就把他捆起来游街——【这是】第三次斗争的胜利。

1927 年三月间，组织青年干社（党的秘密组织），正逢那时，不幸听到陈赞贤同志被害消息。党组织决定捉拿几个恶霸地主罚款，以作开追悼大会之用。参加那天追悼大会的有两三万人，由杨县长、张浩、邱方周和我主持。

三月后不久，在南昌成立省商民协会，秘密省委来信调我到南昌省商民协会工作。到南昌后，邱倜带我们到西湖东亚酒楼秘密省委处报到（时省委书记刘九峰），那时来报到的只我一人为中共党员，省委希望我当选上省商民协会的常委，以利党的工作。适逢那时，发生省商民协会和市商民协会共争一个房子为会址的问题，省委就要我在讨论会址会议时，首先出面坚持这房子应给省商民协会为会址，以便引起〔获得〕各位委员的信任。后来在会议进行中，我和南昌市大资本家李预展开了激烈的斗争，后由于省商民协会全体委员支持，我的意见胜利了。就由于这次出头，以后选常委时我有 120 多张票而当选了（他们还不知道我是共产党）。那时各地的商民协会大都为国民党所控制，于是在四月间，由我做特派员到赣州去改组商民协会。因那时赣州的商民协会也为国民党所控制，但这消息被国民党知悉，因此轮船一靠赣州岸时，岸上早已站着国民党清党军。我见势头不对，速改装为一般旅客而幸运的〔地〕逃出去了，事后才知道真是想捉我。

八一南昌起义【爆发后】，秘密省委下令各地党团员一律隐藏到农村去，改装农民，仍发动和组织农民协会的工作。我和邱偶等也就剃光了头返回了于都县。

在八一起义前，于都桥头人朱学久、钟声楼两人在南昌读书，后由邱偶介绍他俩入朱德同志办的军官教导团。在军官教导团内，由我和邱偶介绍他们入党，也就在八一南昌起义前后，他俩也返回了家乡。

1927年八月二十号〔日〕左右晚，在里仁圩下龙田邱偶家里开党组织会议，到会的党员有20多人，主要是分配各人的工作。会开到中途，国民党来捉，我们都逃脱了，只有邱方周同志不幸被捕而押往赣州。

九月二十五号〔日〕左右，又在下龙田开了一次党组织会议。

10月间，秘密中央（上海）派吉安人肖韶同志来于都做党的工作——赣南特委（肖韶同志以前是继任陈赞贤同志的赣州总工会委员长）。肖韶同志一到于都后，紧接着开了一系列会议，到十二月年关二十九日晚（阳历1928年2月），又在我家开会。这次朱学久、钟声楼也来，这次会议主要是汇报各地发动群众、组织农民协会的情况。肖韶同志要求各地加紧组织农协，并尽早把各地农协主席吸收到党内来。

1928年正月初三，又在于都塅子下袁振标家里开会。会上，特委主张正月十五日乘打花鼓、玩龙灯、闹元宵之日〔时〕开始暴动，目的是夺取匪军张梦汉的一团人枪（属于敌刘士毅部下的队伍）。当时大家都没作声（其意是不太同意），只有洪常志说："古书上云：'不教民而战，使民弃之！'"特委一听大发脾气，随即开除了他的党籍。特委的主张，最后仍由于大家不同意而没有被采纳。会后几天，党员张志雄（工人）向我报告，说有一开小差兵在他家，有一条枪和120发子弹，拟以12元之价出卖。当时我去请示特委肖韶同志，结果特委批准了，要我先把自己2床被褥送至当铺，后当了10元，我又加上2元，就买了这支枪，保存于袁振标家里。

二月间，邱方周同志因军阀张发奎和广东军阀陈继棠混战于赣州一带而越狱返于。大土豪陈△洪、刘伯纯知悉方周回来了，就在于都县城于政丰客栈商议说："邱方周回来了，就有办法！"这话被团员黄状花子听到，速跑去告诉邱方周。邱方周等决定先下手为强，要所有党团员都跑到里仁去。那天下午这两个家伙坐着轿子来到了里仁圩林德望店内住，正准备吃晚饭，我们群众一拥进去而杀之。随即我同特委到西乡布置暴动工作。初十晚，又把大恶霸赖烈标杀了——西乡罗坳人；又杀了西乡鲤鱼大地主熊梦蓝四叔侄。从这时起，西乡、南乡的农民暴动就轰轰烈烈开展起来了。党组织为了更好领导西、南两乡的农民暴动，成立了西乡农民暴动指挥部（由特委肖韶、李骏和我负责）和南乡农民暴动指挥部（由邱偁、邱方周、李英等负责）。十三日，西乡和南乡的暴动队共有几万人，手执梭镖、土铳、鸟枪向于都县城进发。时城内有国民党军张梦汉一团人，见农民武装简陋粗糙，就派两支匪军从小西门、北门冲出。小西门一支匪军因受到暴动队唯一的一支枪的反击而退至城内。北门一支匪军也遇到我农民武装英勇反击，最后由于农民群众缺乏作战经验，加之武器简陋而失败。匪军捉到我暴动农民十余人，打死了我方十余人。

暴动失败后，于都的大部分领导人都逃往于北桥头。十六日我同特委肖韶同志也秘密离开了于都西乡步前，十七日路经银坑（这天银坑的地主阶级正在成立靖卫团）来到桥头。到桥【头】后，特委催促朱学久、钟声楼尽速组织群众准备暴动。十八日朱学久派人到东固请七、九纵队来。二十日七、九纵队来到了桥头，二十一日开始暴动，暴动队向上宝进发，时马安石靖卫团派人赴于都城请张梦汉解救。二十六日张匪的军队来了，二十七日相互激战了一天。虽然暴动队进行了顽强抵抗，最后起义群众于二十八日向东固方面退去。国民党匪军来到桥头后，大肆〈的〉屠杀革命群众，焚烧房屋和抢劫财物，致使革命斗争受到暂时的挫折。

　　前述的七、九纵队历史——1927年八一起义后,吉安地区特委赖经邦同志为了建立革命的地方武装,设法收编了吉安县东固地区的大土匪段起凤的部属,约40多人,改编成七、九纵队,每队各20多人,各20多条枪。七纵队队长段起凤,政委赖经邦兼;九纵队队长梁麻子(肖大鹏),政委是吉安地区特委委员曾天龙。[①]七、九纵队成立后,主要是活动于吉安、永丰、兴国、于北等地区,进行打土豪。1927年二月间参加桥头暴动。1928年6—7月间,在吉水白沙被靖卫团包围,情势十分危急,后〈由于〉在赖经邦、曾天龙同志的率领下,坚决冲出了敌人包围圈,虽〔但〕牺牲了几个同志,不幸曾天龙同志也在这次突围中牺牲了。

　　桥头暴动后,朱学久等逃往东固一带,继续进行建立革命武装的工作。在二月暴动〈时〉与马安石靖卫团打仗时,农民捡到了靖卫团枪一支。后又收编了兴国土匪头子管开炳和一个姓刘的共十多条枪。就在1928年五月底,于兴国东村成立了十五纵队,约二十多人(其中大多是原来的土匪,只有几个是兴、桥之农民),十余条枪,队长钟声楼,政委朱学久,以后改为金万邦。[②]十五纵队主要也是打土豪,以后的枪支和人数也就逐渐扩大。是年八月十二【日】,钟朝贞带4个伪丁来桥头圩收屠税,我十五纵队乘机缴到了4支枪。九月间,十五纵队驻于樟木山一带,后又返东固。

　　是年十一月初六(阳历1929年2月左右),七、九纵队来到东村。这时七、九纵队共有枪200多条,驳壳几十支;第十五纵队也开来会师于此,吃过午饭,〈约〉下午4时许,3支武装出发开往江背洞去攻打兴国城。初七晨武装队伍就占据了兴国城,初捉到

---

① 1928年1月,江西工农革命军第三师第九纵队成立,李育青任队长,金万邦任党代表。见《中央革命根据地词典》,档案出版社1993版,第237页。
② 赣南工农革命军第十五纵队于1928年6月在兴国鲤公寨成立。纵队长管开炳,党代表朱学久,参谋长钟声楼。见《中央革命根据地词典》,档案出版社1993版,第237页。

大绅士吴大鹏，要他挨家挨户去叫资本家把枪交出来，否则要枪毙他。结果缴到了枪210多条，子弹几担谷箩〔箩〕，还把一家当铺店内的衣物全抛出来，发给群众——这是兴国城的第一次解放。兴国城被攻下消息传到了于都城，于都的反动军队开来进攻桥头。初十，反动军队与我桥头赤卫队武装战于黄天佬。桥头赤卫队派人去兴国请七、九纵队来。十一月十一日，反动军队又来进攻，这时肖大鹏带领七、九纵队赶到桥头，结果打退了敌人进攻，保卫了桥头人民安全，缴到敌人28条枪，交给我和张文焕同志，埋藏在大路马山上。

十一月十三日，就在桥头，七、九纵队合编为工农红军独立第二团，开初几个月的团长为段起凤，不久改为李韶九，政委金万邦，政治部主任李文林（李韶九、李文林均为党员）[1]。这时有600人左右，枪500多条。十一月二十日，独立第二团开往东固、永丰一带。

十一月二十五日，开始把埋在大路马山上的28条枪取出洗净，到二十八日，就在兴国寨〔礤〕脑成立十六纵队，有四五十人〈左右〉，枪30多条，队长是钟先桐，政委张文焕，参谋长兼军修〔需〕是我。[2]就在十二月十八日，在坝子上有土匪曾老四的〔带〕10多条枪来投（还有1支手枪），曾老四【被】封为一个中队长。

十二月十九日，十六纵队开往江背洞，路上缴到莲塘一个打枪的地主武装共30多条枪。在江背洞，又把深为群众所痛绝的大土

---

[1] 1928年9月，江西工农红军独立第二团（由江西工农革命军第七、九纵队合编而成）成立，李文林任团长兼政委，段月泉（又名段起凤）任副团长，刘泽民任参谋长，曾炳春任政治部主任。见《中央革命根据地词典》，档案出版社1993版，第238页。

[2] 赣南红军第十六纵队于1929年1月在兴国礤脑成立。纵队长钟先桐，后为曾老四，党代表张文焕。见《中央革命根据地词典》，档案出版社1993版，第237页。

豪李老七捉而〔住〕杀了，并缴到步枪 5 支，手枪 1 条，这样就受到广大群众的热烈欢迎。自此时起，江背洞农民也就开始组织农民协会。十二月二十六日，第十六纵队开往庙坪，在庙坪过年。

1929 年正月初二，十六纵队开往莲塘。初三，独立二团和十五纵队也从吉安开回莲塘、东村。初四，在东村召开党团员活动分子会议，由桥头特区委雷震中和第二团政治部主任李文林主持。在会上，桥头特区委主张把十六纵队、十五纵队合编为游击大队，李文林主张合编为工农红军独立第四团，结果后者的意见被通过。

初六在莲塘西坪上正式合编：十五纵队——第一连；十六纵队——第二连；兴国城岗第四大队（50 多条枪）——第三连；又从桥头、东村、坝子上一带的赤卫军中各抽出几条枪（桥头就抽出 30 多条枪，共 50 多支枪）——第四连。工农红军独立第四团团长段起凤，政委金万邦，政治部主任鄢日新，参谋长黄志道（真名刘倍云），我为军修〔需〕处长。①

是日下午，庙坪交通送来毛主席的"调队会师于东固"的信。初八，二、四团动身，初九十时许抵达东固圩。这时毛主席、朱德住于东固罗坑。初十，二、四团各送 2000 银洋给红四军（四团的钱是由我亲手交给朱德同志的）。十一日，会师于东固罗坑沙坝上。② 会上，朱德同志演说："同志们，反动派天天叫打倒朱毛，打倒没有呢？现在不仅没有打倒，而且越打越多，今天你们又是朱毛了……"毛主席在会上也向我们进行了很久的、亲切的革命教育。

---

① 1929 年 2 月，江西工农红军独立第四团（由赣南红军第十五、十六纵队合编）在兴国莲塘成立。团长段月泉（又名段起凤），政委金万邦，政治部主任鄢日新，参谋长刘泽民。见《中央革命根据地词典》，档案出版社 1993 版，第 239 页。

② 1929 年 2 月 17 日，毛泽东、朱德率领红四军抵达吉安东固地区，与江西红军独立第二团、第四团会合。见中共中央文献研究室编：《毛泽东年谱 1893—1949》（上），人民出版社、中央文献出版社 1993 年版，第 365 页。

十五日在东固过元宵。

十六日红四军离开东固，路经白沙—瑞金—古城，向福建滕〔汀〕州进发。是日，二、四团返回赣南。这时彭德怀同志第五军从瑞金瑞林寨派交通送信来桥头，因为第五军经济发生困难。接信后，雷震中会集100多元银洋，到瑞金去接到桥头来。这时红五军缺少子弹，于是桥头群众分赴各地，以1元钱买5颗子弹之代价，买了几百元钱的子弹。不久，国民党二十六、二十七团追来，红五军开往兴国茶岭。这时钟声楼、张文焕和我又被调回茶岭开会。彭德怀同志觉得敌人在后面跟着不好，不如打一仗，使之不敢再跟来。当时钟声楼说这样化〔划〕不来，不如进攻于都县城，既可解决军饷，又可缴到大批武器子弹。彭德怀同志同意了声楼的意见，于是以一天一晚的时间，于正月二十五日来到于都县老东门，由易继天（以前省农民协会组织干事）找来一些楼梯，爬墙而入。这时城内有匪军一营人（营长姓刘），结果缴到220多条枪，几担谷箩〔箩〕子弹，4000多元银洋。随同红五军前来打于都的还有桥头赤卫队300多人。红五军这时只有200多人，枪100多条。缴到的枪，给步前农协30多条，里仁农协40多条。

1929年四月初几，红四军来到于都东门城外，在城门外沙背上开群众大会，于都县革命委员会正式成立，主席张文焕。另外又成立于都赤卫队，120多条枪，由第四军派一个军官——刘永和当队长，张文焕兼政委。

八月间，红四军又回于都仙下贯—银坑—坪头寨。不日，二、四团驻于桥头朱屋村，毛主席和朱德同志的军队驻于琵琶垅。这时，国民党匪军六十八、六十九团向桥头进攻。在红四军和二、四团的密切配合作战下，结果缴到敌人300多条枪，打死打伤敌人很多。我军也有些负伤，就在桥头大路马临时办一个医院。第四军军官甘霖也留在医院养病，第四军还留下一部分枪，在八、九月间，就成立二十七纵队，开初有100多人、100多条枪、3个分队，中队长甘霖，政委朱学久，参谋长钟声楼。①

那还是在国民党打下武汉后，国民党军队开始裁军，这时罗炳辉在白军中任营长也被裁。罗返吉安后，重访故友王钧于吉安（这时王钧是朱培德部下的一个师长，驻守于吉安）。王钧要他当吉安五市联防靖卫团总。那时东固一带土豪劣绅都逃集于吉安，就纷纷要求罗团总带兵到东固去，"见人就杀，见屋就烧，那里都是'土匪'，没有一个好人"。罗炳辉带团丁到东固后，不见人影，只有几个残弱的老人，于是带兵返吉。那些反动阶级听到罗炳辉没有屠杀工农群众，就大为不满，在王钧面前告状。而罗炳辉也一肚子气，心想：他妈的！当这样一个小小的官还要受这样大的气！于是他请求王钧再增加200多条枪和大批子弹（原来只有400多【支】枪），说愿意第二次一定完成这使命。于是罗炳辉带兵由富田来到东固，正逢那时红四军和二、四团由桥头打胜仗返回东固，罗炳辉却在东固热烈地迎接红军，就这样，罗炳辉投降〔诚〕了。事后，罗炳辉的靖卫团和独立二、四团合编为第六军，军长罗炳辉，政委黄公略，下分四个大队，共3000多人。②

1930年四、五月间，开始"扩大百万铁的红军"，这时第四军分出三个军：第一军——军长林彪；第十二军——任忠考（还有一军不知）。

第六军也分出三军，其中第三军中的八师，是原来的独立二、四团，军长黄公略。

---

① 1929年冬，赣南红军第二十七纵队成立。纵队长甘霖，后谢芳湖接任；政治委员朱学久，后李骏接任。见《中央革命根据地词典》，档案出版社1993年版，第239页。

② 1930年1月中国工农红军六军成立，由东固、延福、兴国和罗炳辉的江西工农红军独立第二、三、四、五团和永新、宁冈、莲花等县赤卫队合编而成。军长黄公略，政委刘士奇，政治部主任毛泽覃，参谋长曾昭汉，罗炳辉任红六军第二纵队纵队长。见《中央革命根据地词典》，档案出版社1993版，第213、509页。

1930 年正月，国民党匪军段云山一个混成旅来攻兴国，时红军四、五、六军都在，结果把敌这旅全部消灭。

是年三月，红四、六军开回桥头，国民党六十八、六十七团又来进攻（中有上宝一带靖卫团）。这时红四军驻于琵琶垅，红六军驻于朱屋村，开始是二十七纵队先接火，结果缴到敌人枪支几百条，打死打伤敌人很多。战争结束后，军部命令群众把国民党匪军被我打伤的伤病员，也抬回我方医院治疗。毛主席和朱军长还亲自到病房慰问，说愿意回者可以回去，留下当红军也欢迎。对那些回去的，军部又命令群众抬送到桥头与上宝交界之地（赤白交界之地），让上宝的反动派来接。

同年四月初几，于都成立县苏维埃政府，主席吴子喜。这时赣南特委调二十七纵队，【及】肖大鹏和我返于，成立赣南暴动总指挥部，肖大鹏为司令员，特委丛润中兼政委，我为军需处长，朱学久为参谋长，^①另调雷震中为二十七纵队政委。

一天，赣县七方的靖卫团开来，进攻于都，到达了王龙西。肖大鹏率二十七纵队的第二中队，猛烈抵抗，很快打退了敌人。刚一打退，又说东乡的靖卫团来攻，在朱学久率领的第三中队英勇反击下敌人又失败了。这场战斗一结束，又有水头靖卫团来攻，最后集中全力也把敌人击退了——就这样一天打退了敌人 3 次进攻。

1930 年，开始"扩大百万铁的红军"，红军大大发展。六、七月间，陈毅同志率领由信奉、瑞金的赤卫队组成的一、二两团人来到于都县城，正式成立二十二军，军长陈毅。我被调二十二军任军需处长（这时肖大鹏也被调往吉安任二十军第一中队中队长，自此赣南暴动总指挥部解散）。

1930 年十月间，毛泽覃同志来于，组成赣南办事处，主任李

---

① 赣南暴动总指挥部于 1930 年 5 月在于都成立。总指挥肖大鹏，参谋长朱学久，军需处长李晓峰。同年 8 月后撤销。见《中央革命根据地词典》，档案出版社 1993 版，第 234 页。

茂森（前兴国县主席），我又被调回任财政部长。不久特委、赣南办事处均迁往信奉西河。过些时，省委又来函要特委迁回于都，另在信奉西河成立西河行委（直受省委领导）。这时毛主席派邓毅刚来信奉组织三十五军（这时省委驻在兴国宵基窝[①]）。

1930 年八月间，瑞金土匪杨斗文（300 多条枪）投降，同二十七纵队开到信奉；不日，张文焕在安远县车子圩编成的二十八纵队（1930 年四月间，赣南特委丛润中调张文焕赴安远县组织二十八纵队）和钟声楼在桥头组织的赤卫队（只有红缨枪，其中还有一连妇女）也都来到信奉。杨斗文的部队和二十七纵队合编为第三团，团长杨斗文，政委谢方胡〔芳湖〕[②]；二十八纵队和钟声楼带来的赤卫队合编为第四团，团长张文焕，政委钟声楼，[③] 这两团共〔一〕同编入二十二军（因原来二十二军只有一、二两团人）。

几个问题：

（一）赣南特委发展变化线索

1927 年冬，秘密中央派肖韶来于任特委，领导赣南农民运动。

1928 年三、四月间，秘密中央又派王琼夫妇来于任特委。是年冬，赣南特委迁往赣州，不幸特委在赣州田螺岭下被反动派发觉，共牺牲了 40 多位同志，王琼夫妇均壮烈牺牲。

1929 年彭德怀同志打开于都后，肖韶同志回于任特委，我也

---

① 宵基窝，应为"宵箕窝"，后文写作"宵箕窝"。见《江西省兴国县地名志》（内部资料），1985 年版，第 109、151、161、206、279、285、349 页。
② 江西工农红军第三团：1929 年 8 月由赣西游击队第一大队和北路游击队第二大队合编，成立赣西红军第三纵队。同年底，改称为江西工农红军独立第三团。团长杨武东，政治委员袁振亚。见《中央革命根据地词典》，档案出版社 1993 版，第 239 页。
③ 江西工农红军独立第四团，由赣南十五、十六纵队和江西工农红军独立第二团部分指战员，于 1929 年 2 月在兴国莲塘合编而成。团长段月泉，政委金万邦，政治部主任鄢日新，参谋长刘泽民。见《中央革命根据地词典》，档案出版社 1993 版，第 239 页。

就调回特委组织部工作，地址在于都县水逞背—河甸—步前。另外还有特委委员罗秀蓝、谢家喜，这时于都县委书记李尚清（真名古柏）。

1929年七、八月间，于都县城反动军队李营长，在西乡疯狂地捕捉革命党人。此时赣南特委东一个、西一个，我也就在那时离开了特委。

1930年四月间，赣南特委丛润中调二十七纵队，肖大鹏和我回于，成立赣南暴动指挥部，调张文焕同志赴安远县车子圩组织二十八纵队（丛润中同志何时起任特委，我不知）。

1931年冬，二十二军因杀AB团问题而解散。陈毅军长调任赣南特委，地址初于都。

自此三次战争结束后，成立了中央政府，以后赣南特委就不曾听过。

（二）二十五纵队的由来

1929年正月初六，在莲塘成立工农红军独立第四团后，桥头地区就没有了地方革命武装。于是就在桥头组织农民赤卫队，编成二十五纵队，有50多人，枪50多条——这些枪是红四军和彭德怀同志的红五军留下的，队长钟先桐，政委雷震中。[①]

这篇回忆录是李晓峰同志费了一天多时间口述出来的。由于记录者能力有限，加之又来不及经李同志亲自审阅删正，故错误之处一定很多，尚有待于今后李同志的亲自修正补充。

（访问和整理：彭适凡）

---

① 赣南红军第二十五纵队于1926年9月成立，由兴国崇贤、城冈、莲塘、工村、官田、桥头和宁都部分赤卫队、游击队组成。纵队长邱超群，党代表肖以佐，参谋长肖正彦。见《中央革命根据地词典》，档案出版社1993版，第238页。

5. 二十七纵队革命斗争情况——钟圣贵等同志访谈记录

访问对象：钟圣贵、钟福声、钟学悠、赖传谨、谢方诏、钟先洲

一、二十七纵队的组织活动

二十七纵队是地方性的武装，表面看来是二十七纵队，实则二十七纵队当时主要是第四大队组成的。第四大队是为平头寨、江背洞、东村、曲阳^①等地赤卫队合编成的。二十七纵队是受朱学久、谢方胡〔芳湖〕指示的。组成二十七纵队之后就去打上下谢，因为军事技术不高，子弹又缺少，虽这地的靖卫团只有十多支枪，住在肖土围，但打了七八天还没有打下。再打王蛇关，这地的靖卫团跑了。二十七纵队就在此住了一晚，捉到三只〔个〕土豪交给当地区政府，到瑞林寨休息。1929 年 11 月回到桥头整顿队伍。过几天又打古龙江〔冈〕，这天正是古龙江〔冈〕当圩，圩上好多人，所以没有和靖卫团的军队打，进街上去就回到王塘，受到当地群众的土铳阻击，有三四人受伤，又退到中村，得到中村赤卫队支援才脱险。后来就到东村、连塘圩休息，再打山岭、梅屋，都打下了，又打艮〔银〕坑、狗井、七方等地，1930 年 7 月左右，二十七纵队〈就〉改编成于北游击大队。

二、于北游击大队的活动

1927 年 7 月编为游击大队之后，在 8 月就到瑞金肃反，肃反后经过瑞林寨，这时瑞林寨反水，所以攻打，打下，再打瑞金下坝、胜利，又打九保，这时还有二十四师和当地赤卫队配合攻打。

---

① 曲阳，应为"曲洋"后文写作"曲洋"。见《江西省于都县地名志》（内部资料），1985 年版，第 76 页。

在这天早上三点钟就吃早饭，准备打九保，这时上级说："因九保反水，所以要攻打。"在天亮时就开始打，于北游击大队打正面，一冲就到了九保街上，冲进去之后，反水群众看我兵力不多，所以叫杀连天，这时大队长带"花"，二十四师（杨志钢为师长）看我们败了，他们也就逃跑【了】，所以这次失败。打了瑞金之后又到瑞金肃反，这时很多地方反水，于北区就写信要游击大队回去，这时经过瑞林寨，〈党的〉反水群众都把牛、猪搬到山上去，要反水，所以这次就把所有反水的地方都打得安定下来了。在1930年11月就到曲洋编成红色警卫营。

三、红色警卫营的组织和活动

1930年11月，于北游击大队和桥头赤卫队在曲洋合编成红色警卫营，营长是谢贵荣、政委赖传来，分3连，有200多支枪，有240多人。编成红色警卫营之后，〈到〉打刘家土围和石土围，打开。接着又打上下谢土围（上次未打下），这时还有三军团配合，所以打开，这时〔次〕是每个人头上捆一把禾草，以防子弹，冒着子弹冲上去。冲不下，后来就改为挖地洞，并用棺材装硝运到土围子下去爆炸，结果打开了。后来又打葛坳土围，打开。又打杨梅头土围，因这个土围最顽固，所以未下。又配合当地赤卫队打大田土围，胜利后到兴国的良村、十万洲一带活动。还到赣县活动。在1931年三、四月间〈就〉把红色警卫营调到兴国谷箩坪改编成独立团。

四、独立团的组织和活动

1931年三、四月间，在兴国谷箩坪编成独立团，团长李介师①。这时有400多人，是以红色警卫营为基础，还调了兴国、赣县等地的游击队和赤卫队来合编（这时谢贵荣留下在地方上扩大武装，后来又另编了红色警卫营）。独立团参加了第三次战争，以后

---

① 李介师，应为"李介思"，后文写作"李介思"。见《中央革命根据地词典》，档案出版社1993版，第415页。

来到于都一带活动。在 1931 年八、九月间，又以这个独立团为基础和兴国、赣县的独立团，在赣县磨刀合编成独立第六师，师长为李介思，政委为李炳生。① 这时有 1000 多人。在 1931 年过年时独立第六师打赣州，未下。在 1932 年二、三月间就在杨梅头编入第三军团第七军第十九师。

五、于北区游击大队的组织和活动（后来另组成的）

在 1928 年 12 月间，编成红四团以后，钟先桐〈又〉留到〔在〕地方发展地方武装。这时江背（胜利县的江背）有赤卫队是对付上宝、古石坑、银坑的靖卫团。赤竹乡的赤卫队对付麻安石、七方的靖卫团，钟先桐回来之后，在这两个赤卫队中抽了一部分赤卫队，在 1928 年冬又编成于北区游击大队。在 1929 年 2 月时就改为第三大队，队长为△林。3 月间三大队打银坑，在 1929 年 4 月第三大队编入红四团。

（访问者：颜德志，郭行增；整理者：郭行增）

---

① 中国工农红军独立第六师，又称红军赣南独立师，1931 年 6 月成立。由兴国独立团和于都独立团合编而成。师长李介思（李介士）。见《中央革命根据地词典》，档案出版社 1993 版，第 226 页。

（二）胜利县各区革命斗争调访资料

1.打开上宝前，上宝周围的赤白斗争（1927年2月—1929年12月15日）

访问对象：钟亮银、张俊干、罗九涵、谢振玉、谢汀连、谢方茂、方公喜、张继洋、方公亮

（一）打谢屋围以前谢屋围周围的活动

在1927年二月桥头暴动之后，这里就有谢振瑞、谢灿连、谢振瑛、方得友等人到桥头与朱学久、钟声楼等取得秘密联系。他们都是晚上去开会，〈他们又〉回来【后】秘密组织农协。开始时的农民协会有十多人，农会主席方得友，他们秘密地到附近的王田脑山开农会，这时方得友在会上说：我们是处在红白相交的地方，靖卫团时常来抢劫，我们只有加入红的一面才能减轻贫苦农民的负担。这样的会一共开了3次，并决定勾通〔串联〕谢屋土围内的贫苦农民来合攻谢屋土围，结果沟通〔串联〕了谢振英、谢芳伦、谢登棠、谢灿连（都是贫苦农）。农民协会开始时是秘密的，直到打开谢【屋】土围之后才公开，这时农民协会进行送开水等支持打上宝土围，打开谢屋围之后【农民协会】就扩大【了】。

（二）赤卫军和群众打开谢屋土围的经过

〈谢屋土围在〉1928年五月间，有些富裕的人〈就〉到上宝去加入靖卫团，他们在那里搞到枪，有十多人。他们回到谢屋土围，

准备组织谢屋土围靖卫团，集中吃饭，还有些有钱的反动群众里也在里面。〈在〉1928 年六月十六日，天还没有亮，桥头就来了赤卫队，队长吕元浪（于北区赤卫队），30 多人，20 多支枪，藏在围子门外，并先勾〔沟〕通了围内的人。在天亮时，谢屋土围内守门的开门，这时谢振英、谢芳伦、谢登棠、谢灿连就把石头搬在门边，使门不易关，赤卫队和群众就剩〔乘〕机冲进去，进去之后关到门来，在里面斗争。这时土围内的反动头子里谢容连，是他指挥，我们进去之后缴了十多支枪，土豪的东西都没收。

（三）打开谢屋土围后的活动

打开谢屋土围之后就成立了办事处，是受桥头乡的领导。办事处主任是方公棠，李华宪当文书，谢灿连当采买，钟良林当少先队长。打土豪等得来的东西都交给办事处。打开围子之后分了谷，这时没有作田的分到 4 担谷，在当年冬又分了田，由贫农团负责，每人分到 8 担谷田。

打开谢屋土围之后，赤卫队有十多支枪。这【之】后上宝的靖卫团天天来攻打，他们来得少时，我们就用刀对付他们，有时来得多时就用枪；有时上宝、七方、麻石的靖卫团一起来，我们就放号炮，这样桥头、江背的人就都会来帮助，所以把他们打败。有一次上宝靖卫团的人来拆房子，我们就缴了他们一支枪。从此于北区政府就更相信我们，认为是真正【的】革命群众，于是就发给了 30 多支枪给土围内，于是我们的武装大起来了，上宝靖卫团也就少来，我们就带枪出去搞生产，有时来了就打起来。这样相持了七八个月，在 1929 年正月底国民党军就来进攻。

（四）谢屋土围又被白军攻下，和群众逃至桥头

在 1929 年正月二十八日，国民党的六十八团从赣州来攻打谢屋围，这时只来了一个营，结果我们打死他们 3 个，打退了他们。在 1929 年二月八日，六十八团全团都来了，并且【有】七方、麻石、上宝的靖卫团来〔的〕配合，这些地方的群众也来抢东西。他们的军队有 1000 多【人】，他们用光炮、迫击炮、机关枪来攻打土

围，打了一会〔阵〕之后，把土围打底〔低〕了，〈于是他们〉就爬墙进来。这时周围群众 200 多都〔人〕在土围内，里面的武装只是 30 多个赤卫队【员】和 7 支枪，赤卫队长方公煌，警卫队有两个班在里面，有 20 多人和枪，政委张复卫总指挥。群众看见土围攻破就拆房子来阻口，看见白军爬墙就用热水和石头去抵抗，这样从早饭时一直打到下午 6 时左右，消灭敌人 100 多，还打死一个营长，我们也牺牲一个谢班长。敌人无法攻破，所以收兵。这时我们的枪也有些打不得了，国民党兵又四面包围，所以当晚就在〔将〕围内的群众全部撤到桥头，钟积连一个人守在南门阻击，群众从北门撤出。守在山上的国民党军也时而会放枪，当晚国民党兵不管〔敢〕下来，在第二天天亮下到土围，把房子都拆了，留下了〔的〕几个走不动的群众和伤了的人也捉的捉，杀的杀。

谢屋土围的群众逃到桥【头】去，开始十来天的生活是困难的。这时政府救济粮食，打土豪得来的东西也分给逃去〔来〕的群众，并把〔给〕逃去〔来〕的群众分好住所。过了十多天，能劳动的群众就会回到土围周围地方来莳田，莳到三分之二的田，十多天之后生活就靠自己解决，万一有困难的政府也会解决，生产用的工具是向桥头群众借。在桥头时和桥头的赤卫队一同来打上宝，打了十多次，群众打不胜，就派红色警卫营来打。

（五）三军团配合群众打上宝的经过

1929 年八、九月间，我们的三军团八、九师来了。这时还有桥头的群众也来了，兴国瑞金等地也有游击队来参加打上宝，专就武装部队就有几千人，还有群众也有几千人。三军团来了之后，马上把上宝围住，〈从于都方面来，所以〉△村等地的靖卫团也【被】围在里面，还有上宝姓钟的群众也【被】包围在围子内，所以围内人数有上万。三军团来了之后就挖工事，桥头等地的群众也来了，主要是放哨，帮助做工事，还有就是宣传（因为有些是亲友关系，宣传的作用更大），这时赤卫队也有几千人，红色警卫营（钟声楼为营长）有三四百人，有时会调动。这样包围和做工事，围了

3 个月，土围内的人没有办法，死的人越来越多。国民党的飞机来了三四次，丢下了盐和子弹几十包，最后一次还来了信说：赵博生已经起义了，没有人来支援，请自己作主。由于围内死的人越来越多，我们的攻〔工〕事又做到了墙角下，外面又加紧宣传，他们又无后援，所以在 1929 年的阴历十二月十五日，上宝围门打开了。

（整理者：郭行增）

2. 关于上宝土围斗争的情况

被访问人：钟邦炕、钟邦族、彭桂华

　　1927 年二月初三桥头开始暴动，梁麻子带领了队伍来打上宝，在这时候上宝内还没有组织靖卫团，〈当时〉只是由上宝里有钱有势的人收买了上宝内的贫苦【农】民，当时地主豪绅请他们吃酒，煽动他们和梁麻子打。当时老百姓就在他们（地主阶级）收买下，用土枪、梭镖和梁麻子带领的队伍打起来。后〈由于这样〉【来】有钱的人便开始买枪，祠庙、公堂都籴〔粜〕谷到赣州去买枪，组织靖卫团。在桥头暴动后，上宝的有钱人又开始把上宝的土围加高加宽，开始组织靖卫团时，人数只有 30 人（2 班人，每班 14 个）。马安石的地主也组织了靖卫团，就与上宝联合起来，当时由钟楷瑞负责（他是马安石大地主）。后来在 1928 年三、四月间赣县的靖卫团首先跑到这里来，人数 100 多〈人〉，枪三四十支。后 1929 年九月间，兴国方面的靖卫团也逃到这里来，当时由张修贤当队长，人数 100 多，枪也有 100 多支（张是兴国江背洞人）。从此后，上宝便集中了兴国、于都、赣县 3 个县的靖卫团，包括〈各地的靖卫团有：〉七坊、江背洞、马安石、水头、汾坑等地的靖卫团和地主阶级有钱有势的人都陆续逃入〔进〕来了。从此上宝的靖卫团便有 1000 多人，枪 400 多支，整个靖卫团由钟楷瑞为团总。上宝里面的靖卫团做一切事都是由钟楷瑞、张修贤、钟邦昆这一帮人决策（钟邦昆是上宝的大地主，他在宝内开烟铺，很有钱，后跟国民党六十八团走到南昌去了），钟桃瑞（楷瑞哥哥）当靖卫团的中队长。

上宝靖卫团在紧急战斗时，参加的人有 500 多，经常出动时〔的〕只有 300 多人。

1928 年旧历六月间，从赣州方面开来了国民党的六十八团，到桥头去打我军。当时上宝的靖卫团也出动参加，到了桥头后发现找不到我们一个人，而上宝靖卫团早熟悉情况，知道中了我军埋伏，所以早就从右翼的山头逃回去了。〈而〉匪军六十八团的匪徒就拼命地到处抢东西，不相信被我军包围，结果六十八团的匪军大部被我军（当时是三、五军团）包围了。在观音圳地方开火，六十八团匪军死伤很多，打了一次大败仗，只有少数部分向南逃了，我军也追了 20 多里。有一部分约 100 多人逃不及便逃入上宝，来匪团长也逃入来〔进去〕了，没有等逃入完就关起门来了，还有很多匪军在土围外面，当时匪六十八团被我军打得四处都逃散了，光在上宝周围被我军打死的就有 50 多人。这次我军也缴获了很多武器和银圆。过来几天后，我一、三、五军团走后，六十八团的匪军才从上宝逃回去，当时上宝里很多有钱的地主豪绅也一起跟着逃到赣州、南昌去，钟邦昆就是其中之一。

自从二月桥头暴动后，上宝的靖卫团和革命势力曾经坚持了两年多的斗争，从此之后，双方也没有来往了。国民党匪军一来，上宝的靖卫团又配合出发扰〔骚〕扰桥头方面。而红军一来，桥头方面的群众又配合向〔与〕上宝和附近的靖卫团作斗争。其余平时赤白界线双方放有哨，上宝的老百姓种田时靖卫团放了哨在周围。

上宝的土围建于清咸丰七年，到了 1927 年二月初二后上宝地主阶级又把土围加高加宽，外面的壕沟也加深。开始组织靖卫团，钟楷瑞一次到赣州买枪 380 多支。

1929 年九月中旬红军来到前，上宝里一共住了两万多人。后因卫生不好，人过多，曾把 3000 多贫苦群众赶出去。从此里面住得除了原来围子里的贫雇农外，其余大部分是地主富农，有钱的人占多数。

1929 年九月间我红军陆续来到，开始包围上宝，这时候上宝的靖卫团还是在围的外面筑工事，和我红军打。到了十月后，离打开上宝有 40 天的时间，围子的门尽封闭不能出入，被围期间老百姓在内闲着没事干，白天就是吃饭睡觉。由于围困时间久，里面人又多，卫生又不清洁，发生了很多传染病，每天死亡人数很多（平均十几人）。在围子里老百姓生活很苦，吃不到盐，国民党虽几次投下盐来，但只是地主阶级能吃上。在上宝被我军围困时〈间〉，国民党飞机曾几次到这里投东西，其〔共〕投了 4 次，【有】几十包盐和子弹（子弹用棉被包好投下），据说是由跟六十八团逃跑到南昌的钟邦昆搞来的，【钟邦昆】坐飞机来投盐，子弹是谢鼎芳（水头人）【搞的】。每次来都是一架飞机，后来一次被我红军打中左翼旁后速〔逃〕跑，以后也就不敢来了。当时每次投下的东西，也有投到土围外面，被我军捡到的。

1929 年旧历十二月十五日早上五点钟，上宝被我军打开，据说是由钟楷瑞与我红军接头后自动打开的。原因是这样，由于被我军包围两个多月，我军的军事压力大，当时已经用挖地道方式挖到围墙脚下，准备用爆破围墙，钟楷瑞看到形势不对头；另外是钟楷瑞与上宝地主阶级发生了矛盾，当时地主富豪们都不愿意给钟楷瑞发〈给〉靖卫团的关饷，上宝的地主们当时说，钱就没有，要鸦片就有，都装窖；另外是又听到宁都赵博生反水投降红军影响了他们，加上宝内被长期围困，卫生不清洁，传染病流行，死亡人数日增，加上我红军的政治宣传。结果钟楷瑞便在十五日天未亮就打开了中门，让我军进去，便吩咐其所有的靖卫团不要打枪。我红军便派了一连人，尽是拿手枪和马刀〈的〉进去，进去后马上上围墙，一边叫缴枪，一边进行宣传。当时进去后马上贴布告，红黄色的标语到处都是，5 个人一组到各家各户去进行宣传，说红军不杀人，不打不骂人，士兵不打士兵等。

　　同时由外面的人（贫农团）把这里的人作了登记，地主、富农、贫农等分清楚，开3个门要围子内所有〈的一切〉人都〈要〉出去，贫雇农从西门和北门出去，地主阶级有钱的从南门出去，都绑起来。东门关到，中门放了枪，出去时一律要检查，贫雇农可带一床被和自己的衣服，每一个都挂上了红带子出去。靖卫团缴了武器后，站好队，由红军作处理。重要的扣留下来，不重要的每人发一套衣服和四元钱叫他回家去。从当天上午起一直走到晚上〈止〉，上宝里的人才走完出去，共计一万七千多人。

　　地主富农有钱的一律扣起【来】，要交出钱和枪才放。后来要他们交代历史，把罪大的，而且顽固的、反动到底的、不愿交钱交枪的，一共镇压了几十个。从打开后起，一直搞了一个多月。

　　上宝由一军团进行了清理调查工作，过了几天后，一些老婆婆才能进去，回原家住。其他的都由胜利县当时的乡政府、贫农团招〔照〕顾安排这些人的住、吃问题。上宝的土围由桥头一带及贫农团派人来拆围墙，直到过了5个月后，才能搬回来。

　　打开上宝，我军缴获了很多财产，光是鸦片和银圆就有七八十担。打开后的第二天，红军三、五军团就开起〔走〕，留下一军团负责清理和保守〔卫〕〈，去打赖村，打赣州了〉。钟楷瑞也被我军封为营长，后受军事指挥出去打赖村，结果在打杨梅【岭】①靖卫团时，叫他去向靖卫团宣传而被打死。

　　上宝打开后第二年，1930年二月进行土改，平均每人分5担，小地主、富农分坏田，大地主没有田分。

（整理人：李德智）

---

①　杨梅【岭】，文中又写作"羊梅岭"。

3. 攻打上宝土围斗争情况

土围子〈的历史经过我们询问〉从什么时候起才有，据老年同志说从咸丰七年就开始了筑土围。因为那时也发生过暴乱，在大路排围子脑筑了一个小土围。当时围内有几千人□过了乱军袭击，安然无恙地躲过了这一难关。所以就有很多地方来仿效这种【做】法。

上宝的土围子是在那时建起的。上宝的靖卫团建立，是因桥头发生暴动后逐渐武装起来的。在 1927 年二月初三梁麻子（仁杰）曾带领了 100 多人和上百支枪到上宝打过一次，当地的地主豪绅为了进行抵抗，就写捐款和谷款，卖谷子到赣州去买枪或到赣州国民党那里去领枪（一次领了 80 多支枪），组织成地主武装——靖卫团。上宝靖卫团团长是钟楷瑞，中队长是钟桃瑞，还有大土豪钟邦昆等人操纵大权。开始〈成立〉靖卫团仅两班人，一班 14 个，加上靖卫团的头子〈约〉30 余人。上宝土围子周围面积有一华里半，房屋宗祠有 20 余栋，临时搭盖的竹棚到处都是。土围有中门，东、南、西、北四门，共有 5 个门，门上都用铁皮铁钉钉牢，枪弹不易打穿。土围高〈约〉三四丈，宽一丈左右，上面盖有亭子走廊，走廊上盖有瓦，下雨照样子可以行走。土围四周挖有数尺宽深的水圳，以阻攻破土围，并把土围加高加宽。

在 1927 年四月间，段月泉曾率领一部分人又来打过一次，但未打开，仅影响了一下而已。

以后陆续不断和桥头一带进行地方武装斗争，断断续续、打打停停相持了两年多，直到 1929 年九、十月打起，至 1930 年十二月十五日才打开。这一次攻打上宝有红军三军团八、九两师人和桥头、坪头寨、兴国等地的赤卫队约 2000 多人配合攻打。我军方面白天黑夜都进行挖工事，想把壕沟挖通到土围墙脚，然后用土硝炸开土围，一共在四周挖了十几条壕沟，有的即将接近墙脚水圳。
【有一次】有的〔人〕将水圳挖穿，因〔撤〕退不及〈曾〉被淹死
十多人。土围被我军团团围困了四十多天，里面没有食盐吃，蔬菜
也很少，加上疫病（疟疾、痢疾）流行，每天均有上十个人死亡。
当时卫生很差，到处都睡满了人，粪坑都拉满了。当时靖卫团头子
和地主豪绅之间也有矛盾，靖卫团团长向地主豪绅写捐款，发靖
卫团丁的饷，但地主豪绅都"叫苦连天"，不愿出钱，并说要钱就
没有，要鸦片就拿去。同时又搞到飞机丢下的传单说："赵博生已
'反水'，没有兵力支援。"我军又做了一些宣传工作："只要打开土
围，当官的仍当官，当士兵的仍当士兵，绝不打人、杀人。"由于
以上种种原因，靖卫团头子钟楷瑞看形势坚守顽抗不了，只得写信
出来，愿意打开土围门，放我军进去。开始我军不相信，恐其有
诈，后来钟楷瑞就亲自出来联系，约定时间开门，还丢进来〔出〕
了100多个红袖章。在十二月十五日天快亮的时候，钟楷瑞就把土
围门打开，带领我军一连人进入土围，并命令靖卫团不要开枪。那
时豪绅地主仍在梦乡〈，不知不觉地就占领了土围〉，有些人还以
为是靖卫团又增加了人数。接着我大军就占领了土围，没有损伤一
个人，也没有花一枪一弹（在围困期间，敌人用飞机运来数十包盐
和子弹）。

围子内部的情况：集中了赣县、兴国、于都三县的靖卫团，
三县靖卫团大队长是钟楷瑞、钟邦昆和钟桃瑞。兴国队长是张修
贤，有100多人，100多支枪；赣县队长是一个歪嘴，有100多人，
四五十条枪，连于都靖卫团人数和枪支在内，总共有四五百人，
400多支枪，加上各地逃亡来的豪绅地主，约有一万七千余人。开
始约有两万多人，由于里面人数多，又没有盐吃，疫病流行，就放
了几千贫苦农民出来（在打开围子前一个多月），到十月初五【后】
就不敢再开围门了。因为我军四周都架有机关枪，有时还有吊炮进
来，再加上我军工事筑到了土围附近，敌人感到惊慌失措。在未打
开围子的第一天，钟楷瑞就对群众说："不要到处乱跑，各人都进

各人屋子里。"

打开围子后，我军首先进入的一连人手上都是拿的短枪、驳壳和马刀等，叫靖卫团不许开枪，赶快缴枪。接着一个一个都缴了枪，戴上了红袖章或标上红带子；叫一般老百姓都标上了红带子，站到红军这一边，叫老百姓不要害怕，无产阶级贫苦工农不用怕，红军不打人、不杀人，士兵不打士兵，穷人不打穷人，并在墙上贴满了标语，组织了宣传队，挨家挨户进行宣传。当时有一个农民叫钟邦炕听到红军宣传后，就把自己生儿子剩下的一块红布撕下一块，在身上标了红条子，余下一两尺缠在头上，〈被〉我军【战士】看见说，"这个同志呱呱叫，不红就不红，一红全头都红起来了"，并告诉群众吃完早饭后，有枪的有钱的一起缴出来，可以回家。

继之就进行了清查工作，把靖卫团、地主豪绅、贫苦工农等都分类排队，分3个门出去。事先我军都掌握了地主豪绅、靖卫团首要分子名册和枪支清册等，并配合当地熟悉的群众分别进行检查放行，以免坏分子漏网。贫雇农站好队走西【门】北门，地主豪绅、靖卫团走南门（东门下锁，中门守卫和堆放枪支）。罪恶重大和顽固的，不配合缴枪交钱的就捆起来，一般的都释放了。靖卫团的士兵每人发四元做路费，还发了套便衣，对他们特别优待。贫雇工农没有吃的，还可以打条子领到谷子吃。从早饭后走起，一直走到晚上才走完。捆下的地主豪绅经过审问和考察了个人历史，并镇压几十个罪恶重大的坏分子。地主有的听到围子打开了，就把银洋、金子用布袋子装起来，丢到粪窖里。后经打捞清理出银洋几百万元，金子、鸦片也很多，一次就担了七八十担。

我军打开上宝后，即前往打赣州，仅留下一部分人，在土围内驻扎了四个多月。以后把围内卫生搞好了，成立了乡政府。贫农团把土围子拆掉才让群众搬进来居住，并发了粮食和衣服给贫苦工农。

那时，因钟楷瑞打开围门未造成伤亡有功，被我军封为营长，继之就带领地方武装去攻打赖村等地土围。当钟楷瑞到羊梅岭土围做宣传工作时，〈就〉被靖卫团哨兵开枪打死。

该乡是1930年二月进行分田的，四月才蒔田。一个【人】分到五担谷田，大地主没田分，小地主、富农分坏田。当时贫农团（上宝村）主任是谢芳林，副主任是谢方价，上宝乡主席是陈明珍。

打开上宝后，胜利县也迁来排脑办公，县长是刘作彬，县委书记是钟圣谅，办了一个多月后又迁往临坑。

注："当土围被困时，随六十八团逃往南昌去的大土豪谢邦昆和国民党勾结，用飞机运来四次食盐、子弹数十包。"盐空运来后，只有地主可得到，贫苦工农分不到。

4. 马安石地区苏维埃政权建设

访问对象：刘孔修、邓振轮

桥头暴动后第二年，1929年开始革命，马安石一带集中了赣县、于都、兴国三县的靖卫团，当时靖卫团人数几百人，枪也有几百支。1931年11月红军七、八、九三个师（三军团）打到这里来，马安石的一带土围由八师打，圩背由七师打，上宝由九师打（另一说是马安石地区这全是由九师打开的，打开后第二天八师才来打）。当时马安石土围的靖卫团，赣南逃来的队长是陈兴召、钟楷瑞，西汾靖卫团队长是王有凤之子。打开了十多天后马安石一带的土围（西汾、太罗围、马安）都自动逃到上宝围子里。11月马安石打开后，各村选出组织贫农团，当时有兴国方面的同志来帮助负责组织，主席×××。1931年11月村政府也成立了，接着1932年1月，乡政府也在马安石成立，当时主席是赵国胜。村政府的工作：【上】报地主富农捐款，收集所有的武器。

1932年打开上宝后，成立胜利县，接着区、乡、村苏维埃政府组织也相继成立。马安石村政府主席周承周，燕子窝村主席 。①

马安石开始是乡政府组织，包括5个村，燕子窝、脚行村、石湾、马安、段子，乡主席为林白修，后马安转为区，他便当区主席。1932年2月成立区政府。马安区苏维埃政府组织：主席林白修，副主席 ，区委李×祥，裁判部谢德生,（政治保卫局)〈也即〉特派员刘桃生，工农检察部部长管祥程（任务是检查地主、富农枪支和乡政府贪污腐败的）。割禾时成立财政部 ，国民经济部文书钟良豪，土地部部长邓扬瑞，工会主席彭腾湾，军事部 ，文化部 ，粮食部 。

马安区包括八个乡：马安、贡布、莲塘、小罗、西汾、高坑、上宝〈八个乡〉。

乡苏维埃政府的组织。乡主席，正： ，副： ，支部书记： ，财政： ，文书： ，【及】伙夫共6人组成。

1931年三、四月间，胜利县召开第一次苏维埃代表大会，先选出九人区代表委员，然后选出乡代表，每50个人中选1个代表。后召开乡代表大会，后再开大会选出主席。

村代表是由全村选出来的，开大会时，提出名来，由大家投票选出来。当时每村有三四百家，人口700多人，选出代表4人。村代表的任务：布置工作、扩军、派担架、分田地、支援前线、凑钱、凑粮、凑药，收集草鞋等。

1932年2月开始分田，组织了土地委员会,（区土地委员）委员王有园，先计〔划〕阶级，是根据生活好的计〔划〕为地主富农，按地区以村为单位，按人口平均分配，每人平均3担半到5担，生补，死了抽出，分田只分一次，后来进行了一次查田运动。先在各人的田里插了牌子，然后计〔划〕分阶级，查田时才查出地主，

---

① 原文空白，本页中有许多原文空白处，不再一一标注。

把他【的】东西没收，人扣起来（罚款）。当年地主没有分田，富农分坏田。第二年地主富农分坏田。分田当年不用交公粮，第二年有土地税，每担田收12斤，马安区收入5000担，由仓库主任管理，后由粮食部领导。

在1932年1月乡政府成立同时，马安石编游击队—小队—大队—独立营（区政府成立后成立），3月间编为独立团，胜利县的（当时每个村有6个，每乡有30个）。

马安区游击队成立时只有80人，枪〈支〉几条，当时负责人为兴国的李九龙，到1934年12月29日国民党匪军来后，区政府解散，都集中到游击队去了，人员增加到120多人。

1933年扩军运动，马安区凡是16岁以上24岁以下的都编入了少共国际师，马安区当时有2万多【人】，每乡就有2000多人。1933年模范营，50岁以下16岁以上，开始是模范少队，后发展为模范营、少共国际师、独立营、独立师。

扩军运动中一个月有时扩军几次，多为两次，每次一个村的参加人数就有30多人。

（整理人：李德智）

5. 刘孔修等同志谈马鞍〔安〕石附近的武装斗争和政权建设情况资料

主要访问对象：刘孔修，1932年参加革命，【曾任】村代表、区粮食部长、游击师事务长；刘有×，【曾任】村代表、乡长；邓振伦，1927年参加革命，【曾任】交通员、贫农团主席、工农检查部长；唐桂英，1930年参加革命，【曾任】妇女代表、妇女主任。

座谈参加者：罗可瑝、刘富从、罗可碻、余义有、钟永煌、罗可机、钟福×、钟福瑞、钟良均、钟楼瑞等十余人。

（一）桥头暴动后，马安人民的一般动态

桥头暴动后，马安姓钟的大姓组织靖卫团，经常压迫群众，群众对靖卫团很仇恨，【但】没有什么武装和〈秘密〉反抗，有不少群众逃到桥头，如刘明清、刘春生、邓振伦……他们到桥头后，经常到马安来打听靖卫团及国民党的消息，告诉桥头党组织。如邓振伦把打听到的消息告诉桥头党小组长钟邦琴。

在马安石未打开以前，群众没有什么秘密组织，如农协、暴动队之类。

（二）攻打马安

1931年10月，三军的七、八、九师来到了马安一带，八师围住马安的土围，九师围住溪背的土围，七师围住上宝的土围。1931年11月6日，除上宝土围外，其余的土围都被我军攻开，打死了一些驻守土围的靖卫团。大部分靖卫团都逃到上宝去了。

（三）建立政权

桥头组织了一个工作队（有不少原是马安逃到桥头的人）随红军来到马安，红军打开了一个地方，工作队就帮助地方上建立政权。一打开一个地方，就组织贫农团，基本上以村为单位（即后来的村），贫农、雇农等人才能参加贫农团，贫农团内设主任、文书各一人。如石湾贫农团主任为罗可求，头巾寨主任为罗可苏、文书刘传×，溪背主任唐有福，铜罗主任彭腾万、文书彭腾芳，小江【主任】为罗为球。

这时贫农团主要工作【是】分土地，搜集武装（梭镖、土铳、鸟枪之类）打土豪，没收地主珍藏的东西，废债、抗债，强迫地富捐款。

上宝未打开时，成立了6个乡：马安、上宝、贡布、头巾寨、大罗、西汾。马安乡乡长开始为邱兴周，支书为廖宝款。下分5个村：燕子窝村（村主席邓振伦、文书为钟槐堂、财政为钟良谭），段子脑村（村主席为钟良突）、脚行村、石湾村、马石村（纪塘村）。

头巾乡乡长开始〔依次〕为彭腾芬—罗继义—唐有福—彭腾

万—周谷梁，文书【依次为】刘传×—罗可珠—钟良邦—罗×浪—余义有。

头巾乡下分4个村：头巾、溪背、小江、铜罗。

建立〈了〉村政权时取消了贫农团，成立乡时（在1月）就编了游击队，每村1个游击小队，有6个人。

1932年2月成立马安区，区主席为林白秀，文书为赵万中；设了总务处，区政府文件、印信为总务处掌握，当时负责人为管方程；政治保卫局，与今公安局职权相同，负责人为刘道生并兼特派员；裁判部，4月开始查田，又成立土地部，邓杨端负责；工农检查部，管祥程负责，其职责与今监察组织相似；国民经济部；工会：雇农工会和手工业工会。

马安区区长：林白秀—郭兴得—何清傅—彭腾芳—郭昌林—彭腾万；区委书记：洪名贵—王有岁—廖宝款—李宝祥—钟得荣—何得兴。

成立区时，由各乡游击队编为独立营（地方武装），由当时区长负责。

这时马安区除前6个乡外，又增加了莲塘、高兴2乡。

（四）地方工作

（1）分田

红军部队与工作团帮助贫农团进行土改，打开一个地方就进行土改，未打开之前就划好阶级。分田原则是以原耕为主，每人3担半谷田，以乡为单位，如头巾乡每人就4担谷田，马安乡每人只有3担半谷田。贫苦农分好田、肥田，富农分坏田、瘦田，地主没有田分，要他们去开荒。

（2）查田

在1932年三四月又开始查田，因为以前土改时有隐瞒田现象。

查田时，区成立了土地部，各乡也有土地委员，开始在田里插一块牌子，牌子上写好田能产多少谷，原来是属谁，现在属谁。再进行分田，地主有田得，仍是得坏田。"死抽生补"，当年谁死了，田里谷割下来归地方仓，生的在当年补谷（很少），多为在第二年补田。

（3）扩军

参军是经常有，1932 年燕子窝村去了 2 次，一次 12 个，一次 25 个，共 37 个。1933 年 6 月，西汾乡一次有 60 多个参军，开始每扩军时数量不多，由负责干部分片区搞，后来任务重时，就是党团员先报名，互相挑战。胜利县一共有少共国际师、模范营、模范师、工人师，到最后一次扩军，几乎所有青壮年都参加了。

（4）妇女工作

农村有妇女代表，乡有妇女主任，区有妇女书记。

①动员男人参军：宣传他们参加红军的光荣，家中有优待，向家属宣传，不要扯后腿，在前方很好，后方有优待，家中事情由我们负责。

②做鞋子：分草鞋、布鞋，派一次每个妇女做一双，一村有 100 多双，一年派七八次。

③慰劳红军：红军打下赖村时，妇女组织慰劳团，前往慰问。挑了许多果子、花生等慰问品，还要表演节目。

④募捐：用募来的钱做荷包、红袖子、袋子……送给参加的青年，捐钱是自愿的，没有强迫。

⑤优待军属：组织妇女代耕队，帮助红属耕田，帮助挑柴、送衣、担水、煮饭……

⑥派挑夫：有长期伕子与短期伕子之分，长期伕子为期 9 个月，多是派地、富、流氓分子，短期伕子【为】较老的贫苦农民、老年【人】（伕子：是帮助军队挑东西【的人】）。

（5）土地税

由区仓库主任带领会计到各村去收土地税，将收到的土地税一起运到区仓库。在收之前，组织选收委员会。当时按人收，一人〈大约〉30 斤左右。

（6）代表大会

1932 年三四月，马安区开了第一次工农选举大会。区成立了选举委员会，由邓振伦为主任委员。各乡成立选举委员，从正月开始搞起，每 50 个人选一个村代表，各乡开群众大会选乡代表，乡代表到区选举县的代表，当时马安区只选了邓杨端到县里去开会。

（五）兴胜县

1934 年 7 月在兴国横坑成立的，县长为曾瑞生，书记为江有忠，财政部长为林通宪。不久国民党快来了，改为马安中心区，只有马安、先〔仙〕下贯、△贯三区，负责的仍照前，由马安移到燕子窝，再移到龙须山。国民党来了，区乡干部及其家属、群众组织、游击师，由大屋坑—樟树坪—赖××，分两部，一部为彭腾万领导到大塘，一部到东村、田头东村，还有红军，准备与红军一道突围到东△去，不幸在江背洞被围打散。

6. 罗继红等同志谈马安区革命斗争情况

罗继红，曾任赤卫队队员、游击队班长、马安区区长；朱小兰（曾任妇女主任、妇女书记、游击队队员）

罗继红同志在 1927 年 2 月间曾在马安当了 3 个月靖卫团团丁，后来听到马安石〈山〉靖卫团头子王永△说："到桥头去好，那里打土豪、分田地，婚姻自由。"〈后来，〉朱小兰同志也听到他娘家（桥头）说："打土豪，分田地，婚姻自由选择，结婚不要钱，穷人有吃有穿，有好日子过。"那时，继红就偷偷地跑到了桥头和桥头取得了联系，以后经常和桥头通风报信，反映敌情，白皮红心地做秘密通讯工作，送信的时间，利用在外放哨的时间；有时没有时间送就找了一个叫彭学材的送去，如果遇上紧急情况就漏夜赶到桥头送信。送信内容主要是反映靖卫团的活动情况以及国民党军队和靖卫团互相勾结前往进攻桥头，通知桥头做好准备，以便迎击或退却。另外，在靖卫团内秘密进行宣传工作，再通过亲友串联方式，叫他们驼〔驮〕枪逃到桥头那边去。当时发展组织的对象是〔要〕对革命最坚决、成分好，工作积极，斗争心强，没有顾虑，能打破情面。向他们宣传打土豪、分田地的好处，婚姻自由的好处。为什么会有的有、没的没？说明是受了封建地主的剥削和压迫，穷人给富人当奴隶的结果。以上的工作均收得〔到〕了一定的效果。现简述如后：秘密交通传递信件有3个人参加：钟良生、罗继义的父亲、罗继红，信件来往均由继红转。例如：① 1927年3、4月间，曾由于都方面来了国民党军队三连人。继红即趁放哨时间把这个消息告诉了桥头钟昌三、钟声楼、朱学久等人，那时在江背附近观音圳处和敌军打了一仗，共缴到敌人100多支枪（时间有待考证）。又如：②在1927年割禾边，国民党军队从兴国方面来了600多人，仅驻扎了一日，没有打就走了。③由桥头来攻打马安，继红曾带过路，在鼓动靖卫团班长、团丁方面，钟继红曾首先在马安土围内驼〔驮〕了一支枪到桥头去。那时是1927年10月间，接着就有一班班长罗可久带领一班人逃出土围跑到桥头。〈第〉二班班长刘大花面也想带一班人跑出来，但被敌人发觉了，结果被枪毙了，还枪毙了一个团丁（那时围内团长是钟楷瑞，约一连人）。同时继红同志还谈到靖卫团内部的堕落腐化的生活，那时，该地赌博风很盛，靖卫团为了便于向地主豪绅要钱挥霍，甚至故意虚张声势，造成紧张空气，自己假写红军标语口号在围内张贴。

马安乡基本情况：有塅子脑、燕子窝、石横〔湾〕、畎〔纪〕塘、决杏〔脚行〕5个村。全乡男女共有1000余人，乡主席何清传，乡支书罗永埠（全乡约有20多个党员）。

马安区有9个乡：马安、莲塘、高兴（高坑）、西汾、大罗、乱石、头巾、上宝、贡布。

区委书记：王有△、洪长高、洪明贵、钟立基；区长：罗继红、林柏秀、何清传。

区里设有：青年部、组织部、经济部、宣传部、粮食部、裁判部、武装部等；区委会、少共青委、工会、妇联。

7. 银坑区革命斗争情况

访问对象：谢芳玲、张业讲、彦起禄、肖春×、陈桂香、杨桂华、张业德、刘贤芹、刘贤基、曾华连

土地革命前农民生活情况

这里在革命以前，占90%以上的贫苦农民，受着军阀和封建地主势力的重重压迫剥削〈下〉，〈农民〉过着非人类的牛马生活。

平安乡洋塘村贫农张业讲在革命前全家6人（老婆和4个孩子），老婆因脚烂生病8年多，没有钱来医治，自己一人劳动，靠做长工短工和挑东西领些工钱来维持生活，主要是帮资本家挑担来生活，不论刮风下雨，不论昼夜寒冬，为了生活而不顾死活地去干，但是生活还是很痛苦，每天只能吃上一些杂粮、番茹〔薯〕之类，半饥半饱地维持下去。家里只有一间破烂的小屋，其他什么东西都没有，冬天没有棉被和衣服。

由于家庭贫苦，所以也租不到地主的田来耕，因为租地主的田来耕必须要有一点家产，凭文凭，或有〔以〕土地契的把契子作为押证，否则地主不相信，恐怕农民还不起租来。因此就在革命前几年中做了两年长工、短工，给地主干活，受地主的剥削。

1928年革命后，成立了苏维埃政权，全家分到了土地30担，生活从此好起来了，在分田中广大群众看到他很苦，也特别照顾，自愿多分一些东西【给】他，〈互相〉帮助他，没收地主的财产〈自己〉也分到了衣服。没有钱，当时政府救济和借贷给他，借钱不要

利息的。分田后自己劳动自己得，开始不用交粮，后也只交很少的公粮，大约 10% 左右，从而自己 30 担田什么都种了，除种禾外，还种了高粱、番茄〔薯〕、油菜等其他杂粮，什么都有吃了。没有油吃，自己种〈有〉油菜又解决了，也可以种出其他的杂粮来卖，所以钱也有了，从此生活有了保障。后来自己参加红军时，家里又得到政府和群众的优待和帮助，家中的一切当时政府都处理得很好，政府很关心我〔他〕们，家里孩子小，老婆又做不了什么，春耕和割禾都由〔有〕群众来帮忙。

地租剥削

革命前，洋塘村贫农谢正莫、黄月灯两人租了新塘尾地主谢方融的田来耕。当时各租了五担地来耕，受地主的剥削很重，每年交租 2 担半（5 担谷田每年只产 4 担），也即是说种地主 5 担谷田，每年可以产 400 斤谷，而交地租要 250 斤谷，另外还有其他的消耗，自己实收 150 斤谷。农民一年忙到晚，吃不饱穿不暖，还要经常受地主的欺凌。

高利贷剥削

革命前，地主阶级除了地租剥削外，还进行高利贷剥削，进行放谷利、钱利，高利贷剥削更为惨〔沉〕重，这是农民受剥削更重的一种剥削形式之一，地主放高利贷，这里都是加五利的，不论时间是不是一年都是一样，今冬借一担谷来吃，明春就要还一担半。向地主借谷或借钱，还是一件不易的事，一般的贫雇农是借不到的，中农借就容易些，因为贫雇农一般是无产者，借地主的谷要有条件的，首先立下契约，或要有押品，否则是很难的，当农民在年终没有谷过年，或是在三、四月间青黄不接时，农民向地主借，而地主很较活〔狡猾〕地说：借就没有，我也很苦（事实上地主是有的），不过我可以帮你想办法向□□□借，不过〈要〉利息很高，要其他财物或土地契作押品。农民在这样的生死挣扎的处境中也只能耐〔忍〕受这种剥削。

洋塘村贫农陈广枢（解放后成〈立〉地主，苏区前是贫农）向

新塘尾地主谢方融借了 300 元来生活，而每年 12 月就要还利息
15 担给地主谢方融（〈当时因为地主〉谢方融家有 4 个人，都不
劳动，全靠剥削为生）。他不肯要钱，农民有谷一定要谷，不过
〔没谷〕还钱也可以，按市面上的每担谷价钱算（借 300 元，每年
还利 75 元）。

贫农谢芳玲，曾受过地主的无数次这样的剥削。〈今年〉5 月
间借地主 5 担谷（500 斤），到七、八月间割禾时就要还利 2 担半
（250 斤），若还不起利则过了一年后就要还本利 1125 斤。

这里把革命前于北区银坑乡的土地分配情况〈就下〉列几个表
来看：

（1）土地革命前，新塘尾的土地分配情况

户口 成分	户数		人口		土地	
	户数	百分比	人数	百分比	担数	百分比
雇农	2	29%	6	26%		
贫农	4	57.1%	17	63%	13	43%
中农						
富农						
地主	1	14%	4	15%	17	57%
合计	7		27		30	

新塘尾：全村 7 户，人口 27 人，土地 30 担。

地主：谢方融，家里共 4 人，占土地 17 担。贫农：谢芳玲，
家里共 6 人，占土地 4 担；谢彩连，家里共 5 人。雇农：谢定连，
家里共 3 人；谢芳琨，家里共 3 人。贫农：谢振笙，家里共 3 人，
占土地 3 担；谢芳瑚，家里共 3 人，占土地 3 担。

地主谢方融，占土地 17 担，租给谢正篁、黄月登各 5 担，自
留下 7 担请人耕。另外在银坑还开了商店，家里放高利贷。

（2）土地革命前洋塘村的土地分配情况

成分　　户口	户数		人口		土地	
	户数	百分比	人数	百分比	担数	百分比
雇农	2	6.4%	5	3.4%		
贫农	17	54.8%	87	59%	30	5.9%
中农	4	13%	16	10.8%	74	10.5%
富农	2	6.4%	8	5.4%	100	19.6%
地主	6	19%	32	21.6%	258	57.8%
合计	31		148		508	

附：公堂占有土地46担。

地主：谢芳荣，人口4人，占土地27担；肖汗森，人口6人，占土地45担；肖起昊，人口5人，占土地35担；肖汗灯，人口6人，占土地55担；肖汗桂，人口8人，占土地60担；谢朝春，人口3人，占土地36担。

富农：肖汉融、谢朝针。

（3）土地革命时第五乡（银坑乡）第一村洋塘村土地分配情况

成分　　户口	户数		人口		土地	
	户数	百分比	人数	百分比	担数	百分比
雇农	4					
贫农	76				162	14.6%
中农	8				140	12.6%
富农	6				187	16.8%
地主	14				688	62.1%
合计	108		570		2137	

附：公堂有土地1030担。

1934 年红军北上抗日后，这一带土地又被国民党占领统治，国民党反动派一来到就进行白色恐怖的统治与镇压，对革命干部和同志惨无人道地大肆屠杀。1935 年正月初五贫农谢方球（以前是长坑区主席）在和丰游击队冲散后便转回家里，还没有转回到家里，当时还在银坑就被地主谢方融勾结国民党连保长，把【他】抓去。抓去后，便说要联保，要他出 130 元才写保单，才能放出了事。就在当时谢方球家里借到了 130 元交给了当时国民党，预计第二天谢方球就可以出狱，谁知凶恶的敌人不但掠夺了这批〔笔〕钱，就在当晚（1934 年二月初五晚）把谢方球偷偷地介〔解〕到银坑鲁芭窝车坑杀害了。这晚被杀害的革命干部共有 3 人，另一个是桥头的戴福蓝（胜利县裁判部长），还有一个是"灯草客"，也是桥头人。国民党反动派把革命干部杀害后企图不使人知，就把他们 3 人的尸体推下几十丈深的深沟去，企图灭迹，可是第二天附近的农民群众到山上打柴，发觉后用电筒照下去，把一个人用绳吊下去才把 3 位革命烈士的尸体搬上来。

国民党反动派来后，不但残杀革命的干部和群【众】，对农民也进行更残酷的统治和剥削。对人民大肆掠夺，强迫这里参加过革命的人交"自新费"（价钱不定，看在苏区时做过什么干部，有 3 元〈的〉、5 元、7 元、10 元、几十元到一百多元的），每年要交保长谷（每人要交 15 斤到 20 斤），当时贫农谢芳玲租有地主 5 担谷田来种，每年收入 400 斤谷，交地租 250 斤，还要交保长谷 15～20 斤，自己实收入 125 斤，每年还要壮丁钱，谢芳玲本来是独子，依照国民党抽壮丁规定是不应抽的，但【还是】强迫他每年〈要〉交 3.5 元（国民党币要几十元）。另外当时的苛捐杂税名目很多，有灶头捐（户户捐）每月都要一元几角不定，征购谷（市面上每担价 5 元，而只给一元五或几角而已），屠宰税、烟税、盐税、油菜税等十多种税目。

贫农谢芳玲在土地革命时全家分到土地 24 担，1934 年红军北上抗日后，国民党来了，谢芳玲的 24 担土地又失去了，被地主夺去了，从此又过着牛马般痛苦的生活，只得做贫农。当时租不到地主的田耕，后来在富农谢朝春家里做了两年长工，后谢朝春才租给他 17 担田来种，每年要交 8 担至 9 担谷地租，后因天旱交不上，又被富农谢朝春收回了。贫农谢芳玲就是在这样饥饿交迫之中挣扎着，这里一带的农民也是如此过着痛苦的生活，1939 年贫农谢芳瑚因生活不〈能〉下去了，被迫将自己的儿子出卖（卖给谢声琪得 50 担谷）来维持生活。

1946 年 10 月间，贫农谢芳玲也被迫【卖掉】自己的儿子〈出卖〉来维持生活。国民党反动派来后，迫逼得农民家破人亡、妻离子散，很多这里的农民为了谋生到广东、福建各地去找求生活，这些人到 1949 年解放后才回到自己的家乡来。

（整理人：李德智）

8. 桥头区革命斗争情况：党的活动及政权建设

一、兴于交界地区党组织的发展线索

在 1926 年 8 月间朱学久、钟声楼等人于南昌军事教导团里学习毕业返家，那时朱总司令当教导团团长。在学习期间钟声楼、朱学久受到了朱总司令革命思想的影响，回到于都桥头后，即秘密地进行革命活动，灌输〔传播〕革命思想，发展党的组织，并吸收了一些当地小学毕业的知识分子参加。

据说在这以前，还有一个叫做赖师左的当地老师（以前是朱学久的老师）曾在课堂上讲过什么共产主义。他说"共产主义就是新的革命主义"，以后说他是 AB 团被杀掉了。

当钟声楼和朱学久从南昌教导团毕业返家后两个月（即 10 月间），该地曾为他们接风，并备了骡马、军衣、军帽、皮带等物迎贺他们，11 月份就开始了一系列的秘密工作。声楼、学久返家后，会同钟先桐（于都县城回来的中学生）等知识分子，以访亲拜友之名串通〔联〕一些较话得事的当地知识分子，如肖兴△（是声楼去南昌学习前的学生）。那时白天钟声楼、学久总是东跑西跑，很少在家，和人谈话的内容都是宣传革命思想。那时桥头一带种鸦片，但每年要缴很重的税（一般都是几十元），故声楼、学久就说："怕什么？我们不缴税，我们要抗租、抗税、抗粮，国民党来收税我们就打他们。"农民听到不要交税，心里都很高兴，并说："不交税就好了！"由于声楼、学久等天天的秘密宣传，一传十、十传百，革命思想逐渐传播开来了。在1926年底，桥头一带就开始有农民骚动，一次国民党伪县政府谭委员带兵来收鸦片税，结果农民不交，并追谭委员等打，一直追到银坑，把银坑大地主钟四鸿的屋给烧了，后来又捉到大财富钟品山（学名叫钟先锋），要他交出1条枪，并罚款1000元。

声楼、学久等与〔向〕此间群众传播革命思想，同时还发现一些可靠的知识分子和贫苦工农，如钟先桐、李华官等。于1926年12月7日夜在虎头山脑石山下座谈组织共产党的问题，当时大部分同意，只有以钟朝增为首的少数几个地主阶级分子不同意，也就在同月□日正式成立了中共桥头地区党的组织，成员初有：钟声楼、朱学久、谢方△、钟声湘、李华官、朱志琐、钟先桐、朱炳涛、谢方圣等人。

钟朝增是二房，钟声楼是长房，〈开始〉毕业回来，因分配学租谷的问题两人发生激烈的争吵，因声楼一房人数较多，故分得的租谷较多，朝增就愤为〔懑〕不满。一次在钟氏宗祠内，朝增、钟圣芳（二房，是个大地主）与声楼长房人打起来了，结果因声楼长房人多，朝增、圣芳只好从后门而逃。朝增自此就逃到于都县城，勾结靖卫团驻扎上宝与农民对抗。

1926年12月，由于桥头地区党组织的基干已经成立，以后就分头在各村（水背、黄泥坑、△茶、江背等村）发展党的组织，召开党的会议，使党的组织——党小组，分布在整个桥头地区。（下面是各村党组织的几次开会材料）那时开会都是极秘密的，只是一个听一个，叫开会还不敢公开叫，只是拉拉衣角。这时期，党的代号是 C.P.，团的代号是 C.Y.。

（一）1927 年正月，江背村召开党的会议

暴动前，1927 年正月在江背召开了 3 次秘密会。

第一次会议：1927 年农历正月初十晚，肖行依到钟声楼家里玩，吃茶闲谈（因为肖与钟声楼家相距很近，同时钟声楼在未到南昌训练学习前曾做过肖行依的老师，所以钟从南昌毕业回来后肖就经常到钟声楼家里玩）。当时什么都谈，钟声楼总是说国民党怎么怎么不好，苛捐杂税、债务重重等，地主、土豪劣绅剥削等。到了深夜，钟声楼拉一下肖行依的衣服，意思是叫肖一同到外面去，这样便从声楼家出去走到出门岗地方。钟声楼便对肖说这一次叫你来开会，这一次到会的人有钟声楼、朱学久、李浪天（即雷震天）、钟先桐、李华官、钟圣旗、钟先荣、肖行依等七八个人。开会的内容首先是钟声楼讲话：我们是无产阶级，国民党害得我们好苦，又说共产党是割富济贫的，也说了抗租抗税、抗粮抗债、打土豪分田地，最后才说成立共产党，才是我们的出路。钟声楼说完后第二个讲话的是朱学久，他说：只要我们坚决，有钱的人少，贫穷的人多，十个人才有一个有钱的，九个穷人一定能打倒一个富的，当时还指出了哪些是富的，如钟声采……会后决定大家要严守秘密，什么人都不能〈对他〉说，连老婆也不能说，永不反党，回去后要大家发动群众宣传，说明国民党是如何不好，地主豪绅是怎样剥削群众……这次会议一共开了一个钟头左右。

第二次会议：在正月十八九日晚，在下岗开会，参加开会的人〈数〉仍然是第一次参加的，开会内容是说要发展党的组织，找对象要找忠实可靠的，选择对象要查到那些人的弱点和苦处，了解哪些人欠地主的债最多、哪一个最苦，这样找他来谈话；先不要谈参加共产党，用对比的方法，启发他回忆在年关受的各种税租捐债等苦处，然后帮他找出苦处，挖出根源，启发他今后一定不能这样下去，一定要消灭国民党地主收租收税的人。会后分配任务发展党团

员组织，但没有规定每一个人都发展多少个。

第三次会议：在 1927 年正月二十七八晚开，这次是在钟声楼家右边河坝上开的。这次到会的除了上两次的人外，另外还多了一个钟宗炳，他由钟圣棋[①] 和钟先荣二人发展来的。这次会议内容仍然是谈发展党的组织。

以后开会经常隔十天八天不一定，最后一次会议决定暴动。这次会议内容：一方面是发展党组织工作，一方面是发动、组织、宣传发动群众准备暴动。这次会后分工负责，朱学久负责桥头一带，钟声楼负责江背、赤竹坑，李华官、吴祖英负责桥头圩、杨屋，钟先桐负责茶叶口、黄泥坑一带。

（二）1927 年正月黄泥坑召开党的会议

1927 年正月二十日晚左右，在黄泥坑油槽下开会，参加会议的有刘金河、刘子雄、刘有灯、钟先桐、钟先泮共 5 人。开会的内容是准备武装暴动出发，做好宣传动员工作，发动群众，组织马上出发去打上宝，有什么事马上向钟先桐汇报，继续抗粮抗租、抗税抗债。

1926 年十二月二十九日有十余人在桥头朱家祠堂开共产党组织会议，与会者有朱学久、钟声楼、肖华官、钟奕珠、华长生、钟声湘、何新桂、肖大鹏、邱铁、雷震东（最后两人系赣南特委派来的）等 12 人〈参加〉。

在会上朱学久、钟声楼相继讲话，并组织了讨论。讲话和讨论内容：打土豪分田地，抗租抗债抗粮……男女平等，动员和调查有枪支的拿出来集中，焚烧契约，而且解释参加会的人并不是所谓"长毛贼""土匪"，而是真正地为无产阶级服务。今晚开会，任何人不得泄露秘密，应遵守纪律，如有人被捉到，不能招认，打死也不能说共产党开了会。现在不仅是我们这个地方革命，全世界都要开始革命，大家不要害怕，我们要做好宣传工作，秘密进行扩大

---

① 钟圣棋，文中又写作"钟圣旗"。

党的组织，一个一个扩大，任何人有枪支都可以清查，查到了就要。并可汇报哪里有几多队伍、有几多枪，动员或邀他们参加我们组织，男女都可以参加，但对地主、富农应认识清楚，划清界限，不能把共产党内部的事向他们说（当时在党内已按财产和收入多寡划分了土豪劣绅、地主富农，对外则未划分阶级）。他们家里有枪就问他们要，不要和他们说什么。有些与地主富农有来往的人，应认识清楚，做贼当土匪的人不要和他们随便讲，他们容易动摇，只要有钱，他们就会跟地主通风报信，泄露秘密。朱学久当时还反问参加会的同志，〈同〉他所讲的话大家是不是都记得？并找一两个人回答。又问所讲的事情好不好，大家要不要做，如果认为不好就不要做。当时大家都说好，怎么【会】不好呢。这个会从晚饭后起，一直开到深夜两三点钟才散会。当时开会都在晚上，白天不开会。开会以前一个通知一个，说明开会地点，到时各人到指定地点〈会〉参加会议。如果要介绍别人参加会议，必须事先征求上级同意，说明原因，经同意后才能参加，否则不能参加。当时所做的工作是向党组织汇报情况，了解哪些人有枪支，哪些人和哪些人有联系，哪些人欢喜革命，哪些人反对革命。知识分子也可以参加革命，但应看他家里的情况如何。革命的事要大家齐心合力来做。当时参会的情况，中间挂一个列宁像，并指着说这是革命的主人，那时不敢呼口号，也没有宣誓。在通过一系列的党组织活动后，党的组织迅速地发展着。到1927年二月暴动时，全桥头地区有5个党小组：杨屋、水背、坝背、黄泥坑、江背，党员〈约〉有40多个。在举行上述一系列党组织会议后，党的力量逐渐发展，党的影响也较深入人心，故在1927年正月起就开始举行公开的农民协会大会。

1927年正月十六七日在朱屋上村朱氏宗祠内召开第一次农民协会，四周均有农民参加，在大门口贴有"反抗烟苗税"标语，会上号召"打土豪分田地""抗租抗粮抗税""焚烧契约"等。自此有钱有田的地主、资本家发慌了。

当时地主集团以钟朝增等人为首，准备组织力量进行镇压，摆酒请当地的青年群众吃饭，有的参加了，有的没有参加，并声〔放〕言："要把声楼捆起来，有声楼就没有我，有我就没有声楼。"

又于1927年二月初二日在松山坑地方召开了群众大会，经过第一次大会互相串联后，参加的贫苦工农比以前更多了。宣布：在会上讲了什么话，要求大家都能按照这些话去做；我们共产党的组织要靠大家来成立，并说要打开于都才有用；我们要打倒反动派土豪劣绅，分田地，焚烧契约，没有饭吃，没有钱用，都可以问政府（农协）里要；谁报告谁有枪的有奖赏，不管任何人的契约都要拿出来焚烧，不拿出来烧的，以后查出来了要受处罚；并动员地主富农有钱的要拿出钱来，不打他们也不骂他们，拿出来就革命，不拿出来就不革命，并说群众人多力量大，地主富农不拿出来也不行；有反动派来捉人，可以报告，反动派来了，大家可以去打，如果有人和反动派通风报信，任何人都要枪毙。当时就正式宣布了农民协会成立。在会上还号召愿意参加工农革命的就报名参加，家里有刀子、土铳都可以驼〔驮〕来，任何人不能阻止。我们不是当兵，我们是当工农革命军，参加工农革命军的由军队里发饷，参加地方上工作的由地方上发饷，打土豪劣绅得来的钱，工农革命军可得百分之三十，百分之七十上缴政府，捉到的土豪劣绅都应解到农民协会。

两次农民协会大会后，二月三日，即开始攻打于都、上宝。

1925年冬以前，新城李红兵在兴国东观学堂念书，黄家煌在那儿教算术。1925年冬黄家煌带侄子黄家鉴和李红兵到赣州去，主要是学习些马克思列宁主义著作（那时他们有很多马列主义书），并搞些宣传工作。原因国民党追捉陈赞贤，故李红兵又返回兴国县东观学堂读书，黄家煌也跑了。

1926年七、八月间，黄家煌到新城找李红兵，以后就时而来新城时而去。

1927年正月十五，在新城赖仕英家开会，参〈加开〉会的有钟声楼、朱学久、钟奕珠、钟学湘、谢先伦、李红兵、余邦贵、钟先桐、赖仕英、李华官、钟铁青等，在会上还念了誓词六句。另外声楼、学久在会上还宣传苏联制度优越：共同生产，共同分配，没有穷富之分，将来我们这里也要用机器生产。

1927年三月间，新城一带也已成立公开的农民协会，参加会的主要是靠得住的，再靠得住的就吸引〔收〕他入党、团。

1927年农历正月二十八日，正当是桥头圩当圩日，钟声楼和朱学久就在戏台上演讲，由于朱学久不善于讲话，由钟声楼一人演讲。当时钟声楼站在戏台上，身穿了一件破旧的棉袄，很有精神地演说，他说我们穷人要团结起来，打土豪分田地，烧契约，我们要进行抗租、抗税、抗粮、抗息、抗债，又说现在全世界都要革命，不是我们这个地方要革命……

当时由于是当圩，附近各地的人，庙坪、大坑、樟木、坪头寨等地也有很多人来赶圩，也都听了他的演讲，当时在台下听的人有1000多。由于钟声楼会讲话，又很有精神，声音又大，吸引了所有当圩的人来听。那时钟朝增也挤到人群中到台下，以讥讽的口吻辱骂钟声楼，说："你身上穿的是破烂的棉衣，连棉花都漏出来了，穷的要死，还站在台上演说鼓动群众闹事。"

1927年二、三月间，在兴国寨脑（离桥头八里）举办党团训练班，参加人数有十多人，训练一期时间为一星期左右，〈主要〉主办人为雷震中（真名李俊），朱学久、钟声楼等也有参加讲课。训练班内有马列主义书籍，还有油印的书、材料，学习内容主要是为什么发展党的组织、如何发展、发展谁、向什么地方发展，等等——这是最早的一期。

自第一期后，以后办了好几期，其中一期是1928年三、四月间，这期有三四十人，学员中江背洞的有杨柳芬，东村有陈亦平。

自第一期训练班举办后，受训成员分别赴周迳、庙坪、长衫、马长紫、马安石、兴国县城、江背洞、樟木山、古龙岗、江口、梅窖、赖村、青塘、瑞金等地相继成立和发展党的组织（其中李红兵就是一个）。在周迳首先发展的是洪立基，江背洞首先发展的是丁拨同。从此党的种子就逐渐播开了。这些地方发展党组织，成立党支部最早的是坝子支部、庙坪支部。

到 1927 年三、四月间，党的组织发展到 5 个支部，桥头、新城、大坑、坝子、庙坪支部，故成立于北特支（1928 年七八月成立十五纵队后才成立于北特支）的党组织，领导上述 5 个支部。特支初在樟木高卷成立〈的〉，以后移到兴国池屋。特支书记为张文焕。1929 年初，桥头成为红四、五军的根据地。

1927 年八月间，张文焕、李晓峰两同志来桥头做党的工作（可能是赣南特委派来的），这时党组织已由 5 个支部发展到 7 个支部（桥头、琵琶垅、坪安、水背【支部书记钟先芳】、新城【支部书记赖仕英】、樟木、江背【支部书记钟先荣】）。由于党组织的扩大，就在 1928 年二、三月间时，改于北特支为于北特区委员会，以〔与〕此相应就成立政府组织——于北区革命委员会，开始在桥头木湖塘成立，后移至婆罗石—源坑子—大坑—水背……那时总是移来移去，看何地更稳当就移那儿。于北区革命委员会主席许代英（真名谢芳圣）—钟先锋（钟品山）—谢振春，于北特区委书记钟学湘，团委书记李立宁，这时革命委员会是公开，区委会是不公开的。革命委员会领导下，没有设乡，只有 7 个农民协会：黄田偲农民协会；赤竹（江背）农民协会，主任为钟学城；朱屋下村农民协会，主任朱伟才；等等。每一农民协会有一个党支部。

1929 年二、三月间，虽见党组织〈的〉日益扩大，但觉得于北特委这个牌子太大了，因为上级领导的有赣南特委，故改于北特委为于北区委员会，以〔与〕此相应的政府行政组织也改为于北区苏维埃政府，地址在桥头。于北区委员会书记为钟圣谅，于北区苏维埃政府主席为钟铁青，秘书为赖赓，团委书记为朱人久。于北区苏维埃政府包括：第一乡桥头乡，乡主席为朱学宣；第二乡樟木乡，第三乡坪头乡，第四乡谢屋围乡，第五乡曲洋乡。

这时银坑虽设立乡，但是是红白争夺之地，成为拉锯似的地方。

随着战斗的胜利，以后于北区苏维埃政府就迁至坪头寨。

在此以前，还有宁都孙连仲部下之参谋长赵博生率领一师人于

1929 年（1930 年）11 月 14 日起义过来，[①] 当时相继成立了石城县（巩固胜利之意）和博生县。

1930 年十二月十五日早晨，我军又将上宝土围子打开了，[②] 那天上午正当于北区讨论县名时就接到了打开上宝的胜利消息，因胜利捷报不断由四面八方传来，当时有人提议命名为胜利县，大家都随声附和，一致同意，故决定改于北区为胜利县。

成立胜利县的第二天，就由坪头寨迁往上宝排脑办公。把打开上宝土围后的工作处理完毕（即处理土豪劣绅和一些清理工作），又迁往临坑办公。

成立胜利县时主席是刘作彬，县委书记是钟圣谅，以后主席依次改选为赖文泰、洪长高、谢先东〔策〕，以后的县委书记依次改选为严仲〔重〕、胡家〔嘉〕宾、阿金（金美秧〔维映〕）、李明辉、刘列振〔晨〕，副书记朱伟林、邹书堤等人。

胜利县开始区域范围为坪头寨、梅窖、车头、桥头、仙露贯、古龙冈、江口、曲洋、临坑等 9 个区；后来发展为马安石、赖村、三贯、樟木山、临坑、桥头、坪头寨、仙露贯、车头、曲洋、古龙岗、江口、梅窖等 13 个区。每〈一〉个区平均有 8 个乡左右，全县人口约 16 万余人。

当时胜利县的模范区有桥头、坪头寨、樟木 3 个区。工作做得较差的是江口、赖村两区。

二、胜利县的地方工作

（一）扩军运动

1931 年工人师；1932 年红五月、少共国际师；1933 年，模范

---

① 赵博生于 1931 年 12 月 14 日和董振堂、季振同等率部 17000 余人在宁都起义，加入工农红军。见《中央革命根据地词典》，档案出版社 1993 年版，第 538 页。

② 1932 年 1 月 21 日，红三军攻占上宝土围。见《中央革命根据地词典》，档案出版社 1993 年版，第 59 页。

少队 1500 多人。先调集各区模范少队到于都县城进行野营演习，到第三天下午开全队大会，县委书记号召大家上前线，最后问大家："可不可以全体模范少队上前线"，大家一致呼曰："可以！"以后就检查，合格者都上前线去了。

一般 10 天一次扩军，紧张时 7 天一次，全县最多扩军一团（1932）。

（二）土改

1928 年：分青苗，这次没划阶级，一律平分，工人也分田，平均一人 4 担半谷田。后有建立贫农团核心领导。

1929 年：划阶级，富农分坏田，地主不分田。这次因地主不分田，工人分半田，故每人分 4 担 7 斗 5 升谷田。这次建立了贫农团核心领导。

1930 年：没收 AB 团成员是富农的家产土地，一般富农分坏田，地主不分田，每人 5 担谷田，工人分半数，这次也有贫农团领导。

（三）发行公债

第一次：1931 年，建设公债。

第二次：1933 年，建设公债。

第三次：1934 年，战争公债。

（四）慰劳红军

胜利县组织五次去慰劳红军——一次到东王陂，一次到东固，最多一次 300 多人，少【时】有 100 多人。

二月四日，暴动时（1927 年）党组织派朱为适送秘密信到于都棺材寨的党组织去，但不幸中途被靖卫团杀【害】于梓山潭头。

（三）胜利县各乡革命斗争调访资料

1. 胜利县南乡（里仁）革命斗争调访资料

访问对象：林拔秀、胡育发、胡积玉、胡瑞其、李流民、黄瑞兴、丘伯清、管兆兴、陈继贤、吴恩仔、杨德盛、管镜秋、黄石生、赖镜英、李焕群、张声铺、林树立、洪夫达、张德明

一、里仁群众在革命前的生活情况

在里仁暴动之前，这里贫苦农民占 80%～90%，他们的生活都很苦。这里地主的剥削很重，许多贫苦农民根本借不到地主的谷和钱，贫苦农民要借债的话，首先要请好担保人，还要写好抵当，否则不借。地主借出的谷、钱，利息都很重，借一担谷还三箩，这是一般的。借十元钱，一个月就要利息二元，如管兆兴向地主舒瑞托借十元钱，过一个月之后还了十二元，管兆兴在借时还先写好了抵当。如果借债还不清的话，就把房子、猪、家具都拿光。

这里的贫苦农民大部是向地主租田种，租了田，逢到天灾人祸还不起租，下年就不给种了。租还是要利上加利，如在正月十五日元宵节晚上演的"收租谷"一戏，就真实地反映了当时当地地主对农民的剥削压迫情况，穷苦的农民受地主的剥削有的家产拿光，田也没有种，这也没办法，只有苦叫。这种情况之下，农民的希望很少，只有革命是唯一的道路，于是里仁暴动也就发生了。

二、党领导下群众组织的成立及群众运动的发展

1926 年间，邱倜在六月从广东回到于都，回来之后发展了洪尚志为党员；后来就进行组织学生运动，先组织于阳小学、于水中学、昌村中学三个学校学生进行活动。在八月初在于阳小学召开学生联合会，有 300 余人，由邱倜和洪尚志掌握〔主持〕召开的，在会上邱倜说："农林协会是代表资产阶级的协会，我们要组织工会、农会、学生会代表无产阶级。"洪尚志讲了关于三民主义、共产主义、马克思主义的问题。在当天晚上，又在于阳小学高克床房中召开会议，东乡有张浩、肖裴，南方有张文焕、林树立、高克床、尹绍伦，西乡有李骏、杠子江，北乡有刘若珍、刘志雄，由邱倜掌握〔主持〕。邱在会上说："你们是青年人，开会之后，分下去，你们是否管谈话工作，是否管组织农民协会。"其中有的人说："现国民党有枪，有兵，我们组织农民协会，会捉我们。"邱说："不要怕，我们可以公开，他们资产阶级可以组织农田林协会，我们就可以公开组织农民协会，代表无产阶级，放假之后，你们回去就应开始组织农民协会。"会上成立了学生联合会筹备委员会，不久就成立了学生联合会。

1926 年十月，里仁党组织接到武汉党中央来信，派了肖大鹏、李骏、陈濠、黄景风到武汉农民讲习所受训，接着又派了张文焕等八人到赣州陈赞贤同志举办的农民讲习所学习。

这些同志派去不久，接着就成立总工会，下分缝业（3 个会员）、理发（4 个会员）两个分会，会址设在于都县城的钟家祠（现招待所），邱倜为负责人。

于都县群众组织和群众运动的迅速发展，使得反动力量恐慌起来，于是在十月二日晚，伪县公安局派巡警李十右、李伟文等以捉赌为名，到缝衣工会捉走的会员刘德福师傅及几个工人。刘德福请示总工会洪尚志，他们为了打退反动势力嚣张，更好地发展群众运动，树立工会、学生会在群众中威信，决定〈总〉工会、学生会发动工人、学生集体赴县政府请愿，并将拟好的十个条件提出来：①

当场释放被捉工人；②披红挂彩，恢复名誉；③打爆竹送出大门，把捉拿工人的巡警关起来……那天请愿本有几百群众跟着，伪县长罗培兹慑于群众威力，见形势不妙，十个条件全部接受。由于这次斗争胜利，工会、学生会影响迅速扩大，使群众认识到组织起来力量大，〈能〉与反动派作坚决斗争，才能使自己从压迫和剥削中解放出来。于是许多群众都加入工会，绝大多数是工人，也有城市平民，许多原先胆小的学生也加入学生会，因此工会、学生会组织很快就扩大【了】。

正在群众运动高涨时，绅士邱方周跑到邱家祠来教训其侄子邱倜不要去闹。邱倜说："你背上刻着'土豪劣绅'四个字。"方周不但没去训其侄子，反而怕群众运动会搞到自己头上，于是乞求侄子，"那我怎么办？"邱倜给一些马列主义书他看。过几天，方周明白了一些道理，家〔加〕上邱倜不断教育，他答应了邱倜要求，在城郊福田寺门口上贴上"于都县农民协会筹备处"。于是许多农民都来加入农民协会（因为他们看到工人加入工会【的】好处），县农民协会也成立了，县农民协会主席邱方周。

县农协成立不久，党组织又在资本家中活动，成立商民协会，派李晓峰加入进去，进行工作。

当时国民党伪县委书记段绍林看到学生都起来了，想向青年学生进行麻醉教育，到于水中学说："你们学生要好好读书，你们天天这样闹下去，发生了事我们概不负责。"当场学生就站起来要捉他，段绍林拼命动〔逃〕跑，当时有1000多学生去追赶，未捉到。

三、农民协会的组织发展及活动

在放寒假前〈就〉开了一个学生筹委会，在会上分配了各回各乡发展农民运动，组织农民协会。不久邱倜又到南昌工作，当时南方学生张文焕、高克庆、丘茂成、林树立、尹绍伦回到南方从事发展农协工作。回来之后在赖屋开会，组织南方筹委会。组织之后，在会上讨论：①农林协会是代表资产阶级，农民协会是代表无产阶级；②向土豪劣绅作斗争；③向无产阶级联系起来，走群众路线；

④找对象要找最贫苦的农民。会后，尹绍伦和邱偶看见赖森和为人老实，又贫苦，就要森和加入农民协会，劝他说："加入农民协会就可以不还租、不还债。"赖森和有些不相信这样的话，于是他说："哪里有这样的事，我们种了一背〔辈〕子的田也没有听过租了田不还租，借了钱不还债，什么农民协会，我不加入，我种我的田。"以后邱、尹经常和赖森和谈，劝赖不要卖牛去还债，还告诉他："今后要废债，卖牛的钱可以去做衣穿。"林树立又劝赖，所以以后赖森和同意加入了农民协会。加入之后，邱要赖去了解当地地主、土豪的剥削情况，了解谁的罪状大，并要他去教育群众，把群众组织起来。林树立还发展了林道行为会员，高克庆发展了本姓3个，这是1927年正月的事，这时邱偶已下南昌工作。

学生运动的同时，里仁的农民也在不断地发展党组织〈，学生回来之后就接〔结〕合工作〉。1926年六月间，邱偶从广东回来之后，一方面从事发动学生运动，又一方面从事发展工人农民活动。在八、九月间，党的组织就发展到里仁周围，在里仁开始有了党的根苗，开始时发展了林晓春、管永元等人，〈已经〉成立了支部。到十二月时，已经有了三个支部：里仁一个支部（管永元为支书），上下村一个支部，下陇田一个支部。对贫苦可靠的人就不断地发展为党员，对地主是斗争。如在十一月十几，林晓春对里仁圩的吴恩仔（贫苦农民）说："你家是很苦呀！听说有共产党呀！参加好不好？你们这里的地主舒瑞托好恶啦！你有没有本事去打他。"当时吴恩仔说："他的姓大，我的姓小；他有钱，家门大，怎么敢打呢？"林晓春说："我告诉你一个办法，交一支枪你，在黑夜没有人的地方就打他一枪，你就跑，就没有人家知道呀！"

在十一月二十日晚，林晓春叫恩仔去玩，结果到里仁新管屋牛栏楼上开会，有邱偶、管丁发生、管春福、郑标、尹绍伦、林晓春、朱来发子、罗带发、管永元、吴恩仔等十人，为邱偶掌握〔主持〕。邱偶说："表现好的人就发展组织。"还分配了林晓春负责到里仁工作。十二月初在寨子脑开会，有尹高长生、尹绍伦、林晓

春、林又洪、赖森和、管永元等 20 人，为林晓春掌握〔主持〕会
【议】。林晓春在会上说：①发展党员，争取一天一个；②向地主写
款，决定舒瑞托地主写款 100 元，不久就交了 30 元；③决定陈礼
洪、刘江波、舒瑞托三个地主要杀掉。最后鼓励说，大家不要怕，
我们大队伍马上就来了，现在我们有枪，你们放大胆子工作。

　　十二月十五日在里仁新管屋的牛栏楼上又开了一次七八人的党
员会，邱俩掌握〔主持〕开的，决定发展组织。这时〔次〕正式发
展了吴恩仔；打击地主恶霸，决定杀舒瑞托。同时在水镜又开会，
决定杀洪老四、陈礼洪。总之，在学生运动的同时，里仁的工人农
民也同时在活动。到十二月间学生放寒假开始回家活动，发展农民
协会，这时就和农村中的党组织配合起来了。到 1928 年二月暴动
的时候，这里的党员很多，不过支部还是 3 个。

　　〈在〉正月二十日左右，丘茂成、张文焕领导 30 余人，丘茂成
拿了一支神旗到寨子脑道堂"请愿"，当时登记了道堂的财产、用
具，并对里面的农民李杠长（生）说："这里的东西不准农林协会
拿去，今后不管谁拿都要得到农民协会的许可。这些东西以后农民
协会使用。"请愿之后，开了一个会，把各村的筹备委员会分回到
各村去组织农民协会执行委员会，上村有林树立、赖生和①、林道行
为正式委员，洪天达、林列圣为后〔候〕补委员；下村有肖祖昌、
陈翰西、丘仕林、肖二寿、张林陀为正式委员；下陇田有丘茂成、
丘则成、丘来楷、黄福生、胡魁元为正式委员；里仁有郑标、罗郑
和生、林晓春、管希玺、管永元为正式委员；新四坑有尹绍伦、胡
春为正式委员。成立执行委员会之后讨论：①向土豪劣绅乐〔勒〕
捐；②评谷价，每担 6 豪〔毫〕（当时谷价在青黄不接时要四五块
银圆一担）；③要求地主"二五"减租。如当时向地主洪德宣乐捐
了 500 元，但后来没有拿，农协就发动会员去他家谷仓买谷，洪亦

---

①　赖生和，应为"赖森和"，后文写作"赖森和"。见《中央革命根据地词
典》，档案出版社 1993 年版，第 615 页。

无法。参加农会的都可以买到谷，如上村有农民协会就买到了谷，可是上陇田没有农协，便没有买到谷，【这】刺激了上陇田农民也组织农会。

〈在〉三月底在赖森和家组织了暗杀团，有 23 人，赖森和负责，有成员洪德豪、郑可谷、黄九昌、郭赖发、洪杜生、陈德林、张林托、赖南斗【等】。赖森和说："要听指挥。"当时还决定捉杀洪老四、郑〔陈〕礼洪、刘光波、舒瑞托。十天之后想杀陈礼洪，结果张文焕劝说："现杀一人不能解决问题，还是不要杀。"所以没杀，以后陈礼洪就走了。

〈在〉四月初成立县农民协会，在于都大佛寺成立，选了邱方周为主席，张文焕、李骏、肖大鹏、林晓春、丘如嵩为常务委员。在会上邱方周与国民党县党务书记段绍林争印，邱方周争胜了。本地的农民怕国民党会捉起邱方周来，于是就有 1000 多人到于都城中去接邱方周，当时邱方周搞了几十桌饭给到县城农民吃。

四、农民协会被摧毁

〈到〉五月国民党"清党"，钱大均一师人开到于都来"清党"，来捉邱方周。在捉邱方周的前一天晚上，在下陇田学校中开了一个会，主要是讨论提高警惕，防止国民党捉人。在第二天来捉时，有一百余人（一连）都有枪，这时本地的农民都来了，派了一个代表对邱说："农民要来救你。"邱方周劝说："你们不要来抢救，来的话怕你会吃亏，我也危险。"于是农民就没有来了。国民党军就把邱方周和侄女媳舒伯善、侄子邱治陶捉去了，还打伤两个农民和打死一个捞粪虫的。农民协会从此受到打击，一些比较出面的领导人都逃走了，只留下了高克庆、刘经动、陈智才、管丁发生、管希玺在本地从事秘密的农民工作，主要是向农民进行秘密宣传。六、七、八月这一段时间，工作都很冷淡，八月时张文焕等陆续回家，还不管〔敢〕活动。

五、秘密革命活动重新发展

到 1927 年九月时赣南特委派了个特派执行委员——肖韶来到

上村赖森和家，赖森和带【他】到林树立家，过了几天〈就〉在大坑召开【了】一次会议，参加者有张文焕、赖森和、尹绍伦、丘茂成、林树立，为赖森和组织开会，肖韶掌握【主持】。肖韶在会上说：①恢复于都工作，②叫大家不要怕，要继续大胆地工作。

在十月初十日左右，在寨子脑召开一个赣南执行委员会，有10余人，于都东南西北方的一些领导人都参加了会，计有朱学久、钟声楼、邱倜（这时从南昌回来）、肖大鹏、李骏、杜子江、张文焕、丘茂成、尹绍伦、赖森和、高克庆等人〈参加〉，赣南特派员肖韶掌握【主持】这个会，有十个暗杀团放哨，会开了七天七夜。主要负责主持会的是肖韶，会的内容是：要重新组织农民协会准备暴动。以后肖韶就一直留在这里指挥暴动，暴动以后就离开了。

在1927年十二月二十日左右，在江营里屋背开了一个会，为李骏掌握【主持】的，这会主要是说明在国民党城乡委员会工作的陈智才（共产党员）来配合活动，准备暴动。

在十二月二十四日，在上角开了一个20余人的干部会，邱倜负责的。邱在会上要大家回家发动群众，准备在正月十五日组织花鼓活动和演戏，要发动群众一起来，工作做得好坏就要看十五日的人来得多不多。

〈在〉十二月底，在老坑屋开群众大会，有四五百人，邱倜负责。邱在会上说，大家参加这个会很踊跃，【只要】我们斗争，将来只〔会〕有解放的一天，将来没有田的有田耕，没有老婆的不要钱可以讨老婆，鼓动群众斗争。

在1928年的正月初三日，又在于都墈子下袁振标家开了一个会。肖韶主张十五打花鼓时暴动，洪尚志却说："不教民而战，使民弃之。"肖韶当时大发脾气，当即把洪尚志开除出党，因大家不同意这天暴动，所以决定先打花鼓看看暴动的时机成熟了没有。

正月十三日先送通知，去通知各地的人在十五日来里仁圩打花鼓，十五日晚上利用元宵节之日，里仁附近各地的群众在晚上都来到了里仁圩上，共有2000人左右。在这个晚上，各地组织了花鼓

36台到里仁圩来表演，是邱迪、张文焕、尹绍伦等指挥的，并且指使〔令〕管兆兴等人表演了一幕"收租谷"的戏，这幕戏主要是反映地主对佃户的剥削压迫情况，这天晚上一直闹到天亮。在活动时地主很不满意，农民看了就很喜欢，所以这次活动是成功的。

六、革命群众公开活动及里仁暴动的发生

在闹元宵节之后几天在水镜边开会，有二三十人，为赖森和掌握〔主持〕的，会上决定向生活较好的人进行乐〔勒〕捐，乐〔勒〕捐的钱用来制红缨枪、红旗、红带、红手〔袖〕筒等准备暴动用的东西。会后进行乐〔勒〕捐，生活较好的洪天达一人就捐了235元光洋，△仁8担，还有许多人捐了钱，都是准备暴动用的东西。暴动前几天，在新管屋和新田村各开了一个党员【会】。邱倜在会上说："这几天就要打于都了，你们不要怕，我们的大队伍到了新丰，马上就会来了。"这次会后不久又在水镜开会，张文焕在会上说："谁杀到地主恶霸的有奖。"这以后，有革命同志捉杀陈礼洪，结果他知道了就逃走了，后来又回来了，被革命群众发现，结果100多人就追杀陈礼洪。追到新管屋一家农民家中，准备杀掉他，可是这家农民怕联到〔连累〕自己，于是不肯，陈礼洪就被放走了。他逃到于都联络刘伯纯，刘这时又遇见了一个伪连长，陈对刘说："里仁发生了问题，农民追杀我。"刘说："这个事情只要和邱倜说就可解决。"当时刘给钱到伪连长，勾结伪连长，二月初八日，被我们的秘密侦察黄状花子发现了，于是就回来报告。里仁的群众知道陈礼洪是去请军队了，于是通知各村准备暴动。并在初九晚上邱倜发出通知，要各村的负责人来开会，讨论暴动。上村来了赖森和，下村来了丘仕林，罗石磴来了尹达光，生田坑来了尹绍伦，上陇田来了江贵长，下陇田来了丘茂成，邱倜叫各村的人回去之后立即组织暴动。回去之后，各村马上就放了哨。〈在〉1928年的二月初十，里仁、水镜等地群众四五千人都戴了红带子，领导的人戴了红手〔袖〕筒，妇女也参加暴动。当时李英组织了暴动队一百余人。暴动的群众都是用土炮、鸟枪、红缨枪，还有两支左轮，到里仁圩杀了恶霸地主刘伯纯、陈里〔礼〕洪两人，杀了之后放号炮表示杀了他们。第二天水镜就把洪德宣和他的儿子洪三子捉起来了，捐了 2000 元款，在十二日杀了洪三子，十三日杀了洪德宣。这时各村的农民都到地主家去挑谷、杀猪、杀鸡、杀鸭、挑油，各村煮了饭给革命的群众吃。

七、革命群众攻打于都城

〈在〉二月十二日南乡（里仁）、西乡、步前的群众攻打于都城，南乡（里仁）有三四千人，领导者是张文焕、邱倜、赖森和、陈智才等人，李英领导的暴动队也去了。打了两天，城内国民党派了两个代表来骗说："工商联给 2000 元钱，六十八团给十支枪【给】暴动者，叫他们不要打。"结果有少数的群众受骗〈了〉，回去了〈少数〉。这时南乡的队伍分三路进攻，只有靠西边的一路有少数〈的〉过了河，多数队伍都在河对面没有过去，土炮发射的炮弹都打不过河，只打到河中间去了。到十六日因为天下雨，我们的土枪土炮都不可以打了，同时国民党的六十八团军在城内用机枪扫射，西乡就死了一些人。在这种情况之下，攻城的群众就退。这时城内国民党公安局和张模涵连长（六十八团）一个连的兵力追来，追到里仁之后，看见里仁没有人，只有几个老头，结果杀了几个，又把开会的房子和一部分民房烧了，张文焕、赖森和、洪天达的房子都【被】烧了，以后国民党就回去了。在暴动期间有新坡、东乡、西乡等地的人来这里联系，西乡（步前）在这里暴动的第二天（十一日）就暴动了，十二日〈时〉攻打于都城。

八、打于都失败后的情况

在打于都失败之后，里仁的一些领导同志都逃至外处，张文焕也〈就〉组织了暴动队出去打游击去了，从此里仁的革命活动暂时停止【了】。

（访问者：谢昌祥、林和生、颜清志、郭行增；整理者：郭行增）

2. 澄江区米迳乡、铜鼓乡革命斗争史资料

一、政权的建立

1930 年铜锣一些青年人到坪头寨参加游击队。

1931 年正月初，二十二军从兴国来到铜锣圩打土围，打了 7 天没有打开，经黄石干到瑞金去。

铜锣土围内当时住有青塘来的靖卫团 30 多人，匪团的排长死去，这班靖卫团是在 1930 年冬到此过年的，土围内有大地主肖腾△。

二十二军走后，靖卫团和肖腾△等赶快走进赖村土围，群众把土围于二月份挖平了。

当二十二军撤走后，住桥头的六连到铜锣来宣传红军分田抗债，"千户只管眠，万户欠我钱"等，叫大家不要怕，放心大胆起来革命。因此，红三军团到了葛坳时，就有肖兴裕、肖兴伴、肖兴伸等人到葛坳与三军团接头。三军团来到后（正月）起政府（属米迳乡领导），组织赤卫军。

1931 年二月三军团肖篩明军长①的兵从桥头来打米迳土围，未用武力，〈用政治〉宣传红军的主张、政策，【称】如果不出来你们土围里这些人就要【被】杀光，姓肖的就被灭族（因肖姓与张姓撕打一次杀了不少人），因此土围地主在夜晚逃跑了，肖臣栋、肖臣

---

① 肖篩明，疑为"肖思明"。肖思明（1915—2007），土地革命战争时期，任红三军九师政治部组织科直委青年干事、宣传科文化事业股长兼宣传中队长。中华人民共和国成立后，历任山西军区代司令员，华北军区干部部副部长，军政治委员，河北省军区司令员，第二政治委员，新疆军区政治委员，武汉军区政治委员，1955 年被授予少将军衔。调访期间，肖思明已是少将军衔，疑口述人将肖思明少将军衔带入 1931 年的战争描述之中，以示对肖思明将军的尊重。关于肖思明将军简历见《中央革命根据地词典》，档案出版社 1993 年版，第 466 页。

萼等就出来和三军团肖军长接头，未攻即破。

接着在老屋里组织了工作团，三军团的兵走后，澄江靖卫团常常会上来扰乱，三月初五日上来包围了我们，把我们办公的东西都抢走了，【我们】也打死了一个靖卫狗子。

三月初七日在十字路成立了乡政府，乡主席：肖臣栋—肖时理—肖时睡—肖让△—肖相伶—肖相仟—肖万△。

1931 年冬在十字路成立了米迳办事处：主席谢容梅，文书黄才仟，裁判部长邓宪裕，特派员葛远良，土地部、财政部、粮食部、工农监察部回忆不起来。

1932 年三月打开澄江土围，四月间米迳办事处移到澄江区（属胜利县管）。

区委书记：管让兆—黎明正（后调县委书记）。文书：江元卫。区主席：林时亿—葛拔来—葛志标—葛志科—罗学区—肖长伸—肖让△。土地部长：肖长训。粮食部长：葛贻官—肖亨林。文化部长：谭礼银。裁判部长：谭万李—刘里朱。组织部长：刘昌容。财政部长：林盛材—曾继加。宣传部长：肖臣先。工农监察部长：葛远良—葛志标。妇女部长：江金秀。军事部长：肖相仟—黄万才。工会主任：刘宪伦。工会劳动部：刘恩塅—肖爱清。

澄江区包括下列八乡：铜锣乡、米迳乡、浮竹乡、澄江乡、洋梅头乡、葛坳乡、上老乡、塘泥坳乡。

铜锣乡原属米迳乡管，当时包括 5 个村子：铜锣一村、石衍下至长家岭二村、米迳三村、下坝四村、留田五村。1932 年五月成立铜锣乡，也有五个村：铜锣、布下、寨下、石街下、留田。

乡主席：肖心△—肖恒△—肖△思—肖正托—肖长菊。

浮竹乡乡主席：黄芹才—黄家海（其他各方面的材料暂缺）。

二、党的组织

1931 年米迳肖臣伶、肖时理、肖正坤等人由邓尺明介绍首先入党。

入党有六个条件：（1）服从命令，（2）严守秘密，（3）努力工作，（4）牺牲个人，（5）……（6）永不叛党。1932年打开了澄江土围后，党组织公开，铜锣最先入党的是肖正却、肖长伸。〈于〉1932年冬、1933年党组织公开，在纪念大会上征集党员，每一次大会设有征集党员、【征集】团员、扩大红军等三个报名处。

每乡成立党支部，下设若干党小组。每个党员有党证（1932年冬），定以每月过组织生活，每月2次，每个党员要缴党费半角。

米迳乡中共支部书记肖相佺，铜锣乡中共支部书记肖正思—肖正却。

三、政权建设

1.打土豪分田地。政府成立后1931年二月开始分田，铜锣当时有1000人左右，每人分田8担，米迳2500人左右，每人分田5担，田分上中下3等，上等田和下等田搭匀，中农和贫雇农一样分田，反水富农和地主没有田分，有也都是一些很下等的田。分田首先得由贫农团研究。

大地主肖腾△、肖长腾、肖长裕等收租谷500石左右，共划地富47户。

1932年二三月在上老开了一次群众大会，会上宣传分田抗债等问题，还进行了游行示威。

同年五月在铜锣丘开了一次规模空前大的群众大会，东塘、水西、连子、赖村（有部分人）、浮竹、上老、澄江、米迳等乡的群众一万人左右打锣鼓来开会，参加大会的人按划好位置站，不敢乱走动，纪律非常好，由葛坳桥头的人主持，这次会议杀了地主肖腾△和葛坳的一个地主。

2.地方武装的建立。1931年成立政府后，地方武装力量组织起来了。10—15岁儿童团，16—23岁少年先锋队，24—35岁为模范营，36—40岁赤卫军，铜锣成立了四个中队，同时组织了游击队。

3.扩军。1931年成立政府后，1932年开始扩军，口号是"扩大百万铁的红军"，到处进行宣传动员，亲串亲、邻串邻、友串友、父母动员儿子，妻子送丈夫参军。在扩军运动中，党团员和革命干部起了带头作用，政府做了优待红军家属的工作，组织耕田队，先帮军属把田耕好；儿童团帮军属砍柴，帮助军属解决各种困难。参加时募捐果品，开募花会、欢送队，打锣敲【鼓】欢送参军，非常热闹。当时米迳当红军的有三四百人，现在烈士 200 人左右，1933、1934 年最为踊跃，整连整营出发。

另外组织有担架队、运输队、洗衣队和慰劳队。

1932、1933、1934 年都发行了经济建设公债。

四、红军北上后被【摧】残的情况

1934 年九月红军北上抗日后，白匪回来组织义勇队，专门敲打老干部，老革命干部逃在外面不敢回家。曾任区主席的肖臣栋、肖亨通、肖月绿、△△△被打死。肖六笔被地主打得九死一生，一年后惨死。肖访△、肖恒△、肖思△、肖长菊、肖坎△等的家产全部被洗【劫】。又有很多老同志被地主抓去打得九死一生。有的被抓去坐牢、吊打，他本人走了，家属都会【被】抓去，如肖长兴婆（访△、让△的母亲）就是被抓去吊、打指尖等。很多老干部逃在外地不敢回家，如米迳肖相仟在外 8 年不敢回家（他是共产党员，【曾任】军事部长、乡主席、区委书记等）。有的逃在外面至今未回的，如肖长菊、肖长伸等 3 人。

罚款的就更多了，劳捐杂税老干部多出，抓壮丁尽是抓老干部家里的人，经常骂老干部是"土匪"，"你不叫喊同志们了吗？"老干部经常受摧残。

五、

公略县 [①] 民间调访资料

---

① 1931年11月，为纪念黄公略烈士，在吉安东固与吉水水南一带苏区建立公略县，书记毛泽覃，县苏主席李衍星。1932年3月，公略中心县委在水南成立，与中共公略县委合署办公。辖万泰、公略、永丰县委。书记毛泽覃、钟循仁，县苏主席胡海、胡发鑫、刘声伦等。1933年8月，永丰、公略、万泰、新淦、龙冈五县党代会决定撤销公略中心县委，成立中共永丰中心县委。1934年4月，中共公略县委在水南召开党代会，选举李滕辉（后叛变）为书记。1934年10月，因国民党军队进攻，公略县苏维埃政府被迫解散，1935年3月，中共公略县委停止活动。见《中央革命根据地词典》，档案出版社1993年版，第154、155、186页。

（一）公略县革命斗争史材料汇集（一）①

一、1924—1927 年第一次国内革命战争时期

1.北伐前的政治经济状况

（1）政治上，帝国主义军阀土劣对人民的统治

北伐前吉水县的政权是由全县最大的土豪劣绅，如王雨匡（前清举人）、宋雪樟（清朝县官）、郭金声（秀才）、李字连、徐元浩、陈宋初等把持，什么事情都要经过他们，他们说的话县长都要听。乡村的土豪劣绅也都来巴结他们，他们勾结在一起，把持了教育会。教育会本来是个维持地方教育的机构，师范生、中学生每人每学期可从这里【获得】补助钱，作为学习、参观等费用，【这笔钱】他们都不发给学生，【而是】〈把这笔教育费〉都吃掉。【他们】有事就回一下乡村，无事又坐到城里来吃白饭。

白沙的土豪劣绅组织了一个保卫团，张景江为团长（后病死），以后罗广森、郭春和为团长，〈包括了〉周仁、周循、廖鹤梅、廖彩庭、罗铨藻、罗松等大土劣掌握了白沙的政权。

张景江掌有白沙地区最大的权力，专门调戏、侮辱、奸淫妇女。有一次，因奸淫妇女而引起火灾，烧毁白沙半条街，老百姓都不敢作声。

（2）经济上，帝国主义军阀土劣对人民的榨取

罗广森是白沙最大的土豪，全家共有田不下 2000 担，单是白沙附近就收得 1000 多担谷，还有茶山收得千余担，在白沙街上开

① 本文所录为各种访谈材料的集合，多有不一致之处，原文照录。

有油坊、杂货、酒饭、馆子等店，都是大店铺，占全白沙街店铺的 1/3，约〔有〕20 余家。他用各种各样的办法强占、收买农民的土地，他先与地方上小土豪勾结，然后假造田契，拿到吉水县伪政府去用行贿的办法盖上公章，这样便将农民的土地强占去了。要打官司又打不他赢，如果说好话哀求他，就还可能得到几个钱；如果不说好话就一个钱得不到。对于不卖田给他的人就用不放水、在田坎上砌石头的办法，使你田里没有水，又没有草皮做肥料；如果动了他一块石头他就找到了借口，迫使你不得不卖给他。他就用这些办法使自己成为白沙田最多的大土豪。张景仁〔江〕死后，他就成为土豪中的头子。他又用买新谷、新油、新麻、蔗糖等来剥削农民（即在这些东西还未熟之前收购），便宜一半到 2/3。雇有十几个长工种田，其余的田出租，长工在天晴才有工钱，下雨就没有。最强劳动力的长工一天工资只有一角钱左右，差一点的只有四五分钱。

白沙放高利贷最利害的土豪就是周仁，其追债方法非常恶毒，利息 30%～50%。例如有一个农民向他借了债，人死了，家中无人，只有一个出了嫁的姐姐出了一副棺材准备埋葬死者。周仁得知此人死后，仍说有办法收债。他带人到死者家里，把尸体抬出，要扛棺材去卖作为还债。死者姐姐说这副棺材是她出的，人已死〈人〉，债也就没有〔不用〕还。周仁说："死了也要还债，没有钱还，就要扛走棺材抵债。"要死者姐姐出这副棺材的钱作为还债，不还就把棺材抬走，结果逼到了这副棺材钱。又有一个妇女，丈夫借了他的债买谷吃，后来病死，女的改嫁，周仁还〈到〉向女的追债，说："你丈夫借债买谷吃，你吃了一半，他死了你要还一半，你不还就要到我家去做长工还债。"结果逼回了这一半债。除放高利贷外，他也开了很多店，收买新谷、新油等，共有田 1000 多担，做有一幢九进的房子，是白沙境内最大的房子。

郭春和〈就〉专门进行挑拨是非，制造打官司，替别人做状子，包揽地方事务，从中得到大笔的钱。

高利贷很重，有借三长四、借三长六的利息。

在土劣的压迫剥削下，人民生活是"手握禾镰没米煮"，租土豪的田种，有田的也只是一点坏田，耕牛要借，借债一担要还三箩到两担，割禾时交租，还耕牛租和借的债，也就没有剩下吃的了。如蓝湖村有地主一家（张景江之子张孝德）、中农四家、贫农四五十家，全村共六七十户，有土地 500 担。张孝德一户占田三百多担，四家中农 100 担，其余 100 担是几十家贫农的，他们租张孝德的田种，对半收租，很多人做短工，有些人出外做长工。没有吃就借，一担还三箩，靠做短工、砍柴卖、吃杂粮，半饥半饱过日子。一套衣服要穿九年，新三年、旧三年、缝缝补补又三年；一双鞋子要穿三年；没有一个做新被子的，只有补被子的，冷了就盖蓑衣，这是普遍的现象；棉衣多半是在结婚时借钱做一件，以后就不知哪年有新棉衣穿；肉一年只有端午节、中秋节和过年有一点吃，平时只有搞点田鸡（青蛙）、蚌等作为荤菜。

沙田乡有 5 个代表区，19 个自然村，现有〈人口〉279 户、981 人，全劳动力 249 个、半劳动力 59 个；地主 9 户，富农 3 户，中农 68 户，贫农 171 户，雇农 2 户，手工业 2 户，其他 26 户；耕田〔牛〕（能作田的）227 头，水田 5581640 亩[①]，旱地 234.28 亩，周围约 15 里。

1925 年，杨梅塘村，23 户，〈人口〉94 人，劳动力 31【人】，耕牛 19【头】；田亩：自有 344 亩，租人 51 亩；主要收入：稻谷 98750，花生 3600，芝麻 4000，其折谷 6400，合计 105150，每人平均收入 1023；主要支出：交租 2044，完粮 6245，捐税 4600，耕牛农具 12420，共计 25305；生活所得 79845，每人平均所得 849[②]。

蓝湖村共 67 户，只有 3 家不参加革命（一家地主豪绅，二家贫农），中农十六七家，其余全部是贫农，雇工 4 人，工人 3 人（木

---

① 水田"5581640 亩"约 3721 平方公里，这与"周围约 15 里"明显不符。尊重原文，照录。

② 此段中不少数据缺少单位，且不合常理。尊重原文，照录。

匠 2 人，缝衣 1 人）。全村土地约 500 亩，地主占去 60 亩。当时人口 300 人左右，地主在街上开杂货酒店、药店、肉店、图案店、银店，高利贷油钱、谷钱一担还一担半，不还利翻利，3 年后还 7 担。罗广生[1]就是以 10 两烟土取得十万富的，借谷割禾[2]不让还，要等到二三月才【让】还，那时谷价贵一半。

北伐前是豪绅统治，设有统治机构，吉安府—吉水县—文昌乡四十一都—红头里—上村堡—胜祝南岗社。当时每一都都有几个绅士，发生事情找绅士解决。如果有关别都的事情就与别都合并解决，事情大了就全乡各都的绅士【协商】解决。

土地大多数是绅士的，占 60% 以上，有的绅士无田，专吃冤枉。农民只有一点土地，生活贫苦，因地大多数是公堂的。义富村只有 100 余户，每年给地主送租千余石，农民无力还债，房屋、田地全【被】地主绅士占有。当时绅士、地主看见某农民有好田、好房子，就借债给〈农民〉【他】，等到所借的债将与房屋田地价格相等时，绅士、地主【就】不借〈给农民〉【了】，就要开始收债，这样农民无力还债，于是自己仅有的一点房屋田地给绅士、地主霸占了。

农民在租绅士、地主的田时先要有押金，否则不租给农民。租谷相当重，农民在好年成才有一半收入，只一般的年成要缴 2/3 的租谷，在受灾年租谷又〔也〕不能减少。当时还分铁板租——每年不变；软租，看禾收租，一年收三次租，早中晚三季稻。总之人民生活痛苦不堪。

当时地方上主要是豪绅地主在这里（东固）统治，地方上最大的地主【是】徐汉平、刘良民，农民生活苦到了家，多数人苦，而好的就好到了顶，有田有地。最大的地主刘良民几代都不种田，家有万斤粮，年年都是满仓。

---

① 罗广生，与前文"罗广森"疑为同一人。
② 此句指借了谷子，却不认借谷人在收割谷子的时节还谷子。

老百姓很苦，耕种他们的田地，我家当时就种了几十亩田，但田租重，因此我们还是年年辛苦。当时一亩田只能收三挑或两挑半，可是就要还两挑（170 斤）谷子给地主。最好的年成收五挑，但地主租子也要增加；如果年成不好，也给同样多，如果要减少，嘴都会说破。很多人秋收后还了租，就没有吃的了；有的也只能留一点种子，而种子都没有留的也有。

没有吃，没有种子，于是向地主豪绅借，当时就是借 1 担还 3 箩。大地主徐汉平他要 1 担还 2 担，所以要老百姓生活很苦，吃菜当饭，到了二、三月间每个人【每天】只能吃一碗稀饭。

2. 马列主义在农村中的传播及其与农民群众相结合

（1）农村知识青年首先觉醒

〈白沙〉郭梅，吉水县白沙人，家中贫农。北伐前在其伯父的帮助下在吉安阳明中学读书，在学校中接受了革命思想，学习马列主义革命理论，积极参加革命活动，在学生时期加入中国共产党。在阳明中学毕业后到北京朝阳大学预备班学习了一年，在 1925 年因伯父死无力升学，回家进行革命活动。1926 年担任白沙吉水县立第六小学（初小）校长，积极传播马列主义理论，组织学校里的教师阅读《新青年》《共产党宣言》《唯物史观》等书刊，在农民中进行宣传。1926 年 7 月成立了白沙党小组，担任小组长。1926 年 7 月北伐军攻占吉水后，1926 年 9 月白沙成立了国民党白沙区党部，大批共产党员打入党部从事革命活动，郭梅担任了白沙区党部的常委。1927 年 2 月，为了更好地开展农民运动，郭梅被上级党委选送到武汉毛主席举办的湘鄂赣农民运动讲习所学习。在国民党叛变革命后，革命重心转入农村，大批党员从城市转到农村继续进行革命活动。1927 年 10 月，郭梅从武汉回到白沙，进行恢复和发展党的组织，组织发动农民运动，成为白沙地区革命运动的领导人。

田畯，水南村背人。17 岁时（1921 年）便入吉州中学读书，在这段时间内入党，读了两年左右转入南昌匡儒〔庐〕中学。1925 年下半年在水北创办"改进小学"。后在星子县被张辉瓒的兵捉住，解赴南昌审问，坚强不屈，结果英勇坐电椅牺牲（1930年，时26岁）。

赖经邦，东固人。1925年于江西省立吉安第七师范学校接受和学习革命理论，学生时期加入了中国共产党，毕业后在吉安做小学教师。1926年北伐军攻下吉安后，接受党的指示任吉安县教育局的巡学员。国民党叛变后，1927年7月中旬见机回到东固。

龚荣，吉水水南三甲村人。在省立第七师范读书时加入党的组织。1925年下半年，龚荣同志由省【立第】七师范读书回来，与西团乡杨金芳、张德辉秘密进行革命活动。

赖经邦在东固进行革命活动，领导建立了东南游击队。1928年5月指挥打枫边【时】，不幸牺牲。

胡家驹，吉安富田陂下人。原在吉安省立第七师范读书，与赖经邦是同学。学生时期入党，毕业后在吉安教书。国共分家后到泰和教书，搞暴动活动。1927年12月由泰和回到陂下，发展党组织，做暴动工作。

田畯在1926年8月去黄埔军官学校学习，1927年3月回来。

（2）党组织开始建立

在北伐前各地有一批青年在外读书，这批知识分子和青年学生接受了革命思想的影响，学习了马列主义理论，先后加入了中国共产党。当时，吉安的省立第七师范、吉水的文昌中学等学校都建立有党组织。1926年上半年，白沙的张孝宣、蔡肇先加入了中国共产党。1926年7月他们暑假回家，在郭梅的组织下成立了白沙党小组，组长郭梅，党员四人：郭梅、鄢发、张孝宣、蔡肇先。

1926年在改进小学有党的组织，具体情况不明。

（3）涧东书院与改进小学的创办

1925年龚荣毕业于吉安吉洲〔州〕中学。当年他与师范生张秀里回到水南，在嶂山改进小学教书。一个学期后小学迁往水北泷江书院，当时的招牌是"吉水县泷江改进小学"。当时高级生20多人，低级生50多人。校长曾震挂名的，从未来过，教务主任龚荣、英文地理教员田畯、体育教员杨金芳、军事政治教员杨明和、语文教员罗世英、算术教员刘守总、珠算教员尹安，另有教员张德辉、张秀里，其中除刘守总、尹安、张秀里外，其他都是党员。学生中无党员，只有团员，有团支部，支书钱莹、团小组长钟仁。

1926 年冬召开秘密党团员大会，龚荣主持会场〔议〕。会议内容讨论维持社会治安问题，要搞枪来，当时没有了公堂公社的款子，派人到县里去买枪。

〈要〉经常派人到农村去做农运，专找农村贫苦的知识分子做工作。那时有老师带些学生到农村去工作，先找穷知识分子谈话，跟他们谈为什么现在生活这么苦、社会这么乱。看看他们态度如何再做进一步谈话，但不发展党员，只要他们秘密组织农协，一个串连一个。

有 6 个教员，其中 5 个是党员。

1925 年下半年改进小学开办，教师有田畯、龚荣、杨金芳、张德辉、尹里祥（非党员），后有罗世英、赖炳辕、王自安等人（均党员）。开始有学生十七八人，在第二学期有学生二十三四人，不能公开活动，在学校进行宣传教育，坚决打倒帝国主义，争论平分土地等问题，后提出打倒资本家。

学生除上课外有时集会，讲打倒帝国主义。

高级班学生 23 人，低级【班】50 人，共 73 人。1926 年正月成立党组织……当时提出口号：打倒苛捐杂税，打倒帝国主义，打倒资本家，坚决革命，不怕死，不怕流汗流血。

赖经邦给在涧东书院的教员汪安国寄些《资本论》《共产主义与共产党》《响〔向〕导》……有关马列主义的书籍。在 1926 年赖经邦写信叫汪安国到吉安去，问汪安国："你看了这些书的看法怎样？它的思想内容怎样？"同时，介绍汪安国加入共产党。

当时涧东书院的校长刘士其，教员刘经化、汪安国。

1925 年下半年在嵿山村龚家祠办改进小学，名誉校长曾震，教务主任田畯。

（4）共产党员打进国民党【党】部进行活动

1926 年 7 月北伐军攻占吉水后，派来陈泽（共产党员）为县长，国民党公开建立了县党部，县委书记罗世英（共产党员）。

1926 年 9 月白沙成立国民党白沙区党部，书记蔡肇先（共产党员），常委蔡肇先、郭梅、张孝宣（均共产党员），执委鄢发（共产党员）、周世贤、罗富凯、张孝皇。①

开展活动，向土劣借钱，支持北伐军军饷。首先向罗广森借800 元，周仁 800 元，廖鹤梅、郭春和各 500 元，廖彩庭 300 元，共借四五千元。

1926 年 11 月成立白沙区农民协会，主任张孝雄，秘书张孝皇。各村都成立农民协会，方园〔圆〕达 50 里的农民群众都发动起来，东南到永丰的沙溪、藤田，西北至丁江、水南。

1926 年 11 月正当土豪收债时，我们组织进行减租减息，缴夺土豪在北伐前买的 4 条枪，成立了白沙区农民自卫军，十几人，队长张孝宣。

1926 年 12 月吉水县县长陈泽到白沙巡视工作，并带来谢冬生（共产党员）任自卫军队长。陈泽在白沙十来天，很赞扬〔赏〕白沙人民的斗争精神，同时叫大家注意，土豪不会放过我们，布置了工作：要禁烟禁赌，破除迷信，办小学，继续减租减息，妇女要剪发放脚。

向土豪借钱，他们不得不答应了，但又不拿出钱来，背后说闲话"现在天牌打做地牌"。我们建立武装后再向土豪借钱，利用武装力量借钱。

1926 年 11、12 月白沙发展了张孝皇等知识分子党员。

1927 年正月，正当赌钱的时候，我们就开展禁烟禁赌的工作，开始进行了宣传，无效，于是捉到吸烟赌博的头子打 500 板屁股，同时首先打毁烧毁了白沙新万寿宫、九都共有的真君菩萨，在乡村

---

① 张孝皇，文中又写作"张孝煌"。

发动农民〈打〉，共打毁三四百，宣传剪发放脚，以自己的老婆为先例。

1927年3月，每都建立一个初级小学，继续进行宣传组织工作。

1926年郭梅在农村中展开活动，进行宣传，说共产党要和豪绅地主斗争，要在中国实行共产主义，要赶走国民党不良分子。看形势，共产党一天天发展，国民党一天天失败，要打倒腐败的国民党等等。

郭梅和张孝宣、鄢发、鄢开真、张孝雄等五人商议，经常开会，研究了一个多月，决定用扎根串联的方法，几个人分工包干某一地区。鄢发、鄢开真负责河陂、金滩、城上等地，郭梅负责水西、河口、下井、木口、直安等地，张孝宣负责螺田、杨家寨、下头元、城陂、阿井等地，张孝雄负责桥上、蓝湖、立胜、街上等地。【至】1927年2月各村基本都联系上了。

在国共合作时，水南开过减租减息誓师大会，贴有对联："革命的向左转，不革命的滚开去。"

吉水县长陈泽派田畯、张贵和、钱荷①、钱初维在水北居院堂开会成立党部，陈泽还讲了话。

1926年11月他们在水南街上曾福和店中起党部（成员龚荣、杨金芳、曾召水②、罗秀、赖八儒、夏侯义清、李树村、邓鉴、吴子鉴、温念赞均知识分子、党员）。当时以陈泽为首的一批青年人是左派，而以肖老昆、赖以立、赖珠支等一批劣绅是右派，成立党部后，排挤了他们。

1926年11月成立党部，招牌是国民党党部，实际上是共产党，但也分左右派。龚荣等是左派，那时曾写过这样的对联"革命的向左来，不革命的滚开去"；有钱的官僚军阀、土劣是右派，他们有

---

① 钱荷，文中又写作"钱何"。

② 曾召水，文中又写作"曾招水"。

权的都参加了国民党。

1926 年由县里买回 20 多条枪，有几条左轮，成立了白沙人民自卫队，队长杨明和，四五十人，任务是保卫党部，听龚荣指挥。

他们向地主筹款买来十几条枪，平时过节日，五一、三八就组织学生游行示威。

1926 年 12 月陈泽到水南检查工作，当时工作主要是捉反动派、罚款、禁烟禁赌。

副队长罗炳，他们曾打过白水、丁江等地的靖卫团。

水南区党部扎在万寿宫，自卫队指导员杨金芳。

水南区党部书记田畯，副书记龚荣。

北伐军打下吉安后，左派国民党和共产党联合抓着吉安政权，成立县政府，县【长】周作范（党员）……机构也多是党员负责，吉安县政府全部被我们控制。

1926 年吉安县县长谢西南，书记高克念。

二、初期农民运动

1. 农民协会的成立

（1）在国共合作时，水南开过减租减息誓师大会，贴对联：
"革命的向左转，不革命的滚开去。"

（2）1928 上半年有杨金芳、张德辉、许△、钱何、吴子健在西团、曹坑、岳坑、李坑成立农民协会，在万寿宫有共产清理机关，清理有钱的二流子、赌徒……

1925 年 11 月间，组织了农民协会，提出了打土豪、分田地口号。在地方上打二流子、鸦、嫖、赌，对革命不利的人，把他们捉起来，慢慢发展，有土枪、土炮，成立游击队。

1926 年有 C.Y.（团）、C.P.（党），参加有欧阳兵、欧阳修，周时△，同时【有】欧阳生、谢炳山……

1926 年 1 月红枪会、靖卫团打我们，组织中断。5 月 1 日以庆国庆节为【名】，又组织、召开了群众大会，提抗租抗债。龚荣因家庭好，提出减租减息，□提出抗租抗息，全场上叫，革命者从左边过来，不革命者从右边滚出去。

1926年4月—1927年8月开始在西团、三甲、王竹坪组织农协，发展党员。起初以结兄弟会为召号，参加者须喝血酒、烧香、盟【誓】，接着成立了党的小组和支部，发动农民抗捐抗粮，打土豪。

（3）1926年2月在东固成立东固九区农民协会，常委良〔梁〕必方。上面发下了9条枪，但【协会内部】成分复杂，有革命的，也有反革命的，后期渐被反动势力所操纵。

九区农协【成立】时，有党支部〈的〉活动。

1926年国民党叛变后，共产党员转入地下活动。

（4）山甲①村农协龚荣负责；沙田刘亦文、刘加△〈同志〉负责；杨梅塘、茶壶陂由钟仁负责。除三甲村外，其他农协人较少。

（5）1928年成立九区农民协会，其中有刘经化、梁必方、曾炳春、胡明光等人，梁必方为常委，公开活动，破除迷信，禁止赌博和鸦片，减租退债等。

（6）1927年2月成立九区农民协会，有高克念、赖经邦、刘经化帮助建立农民协会，常委梁必方，副常委唐道燧，委员罗宗清（党员）、吴贞（党员）、刘明辉、唐道荣，秘书刘经化、段玉林，做党内工作，工作是捉土豪和捣乱分子。

（7）九区农协会，实际上参加都是有钱人，无钱不能入。

2. 群众运动

（1）当时工作，主要是捉反动派、嫖、赌，禁烟，捉到以后就罚他们的款子，用这批钱到吉水换枪十几支……人民自卫军打过白水、汀江等地的靖卫团。

（2）1925年下【半年】，三甲村开始成立农协，主席严红清，

---

① 山甲，应为"三甲"，后文写作"三甲"。见何友良：《苏区制度、社会和民众研究》，社会科学文献出版社2012年版，第39页。

劳动委员、筹备委员二人，全村都加入了农协，共 100 多人。过了一年开始分田，以原耕为主标准，抽肥补瘦，抽多补少，以村为单位，划田划阶级，每人 5 亩，工人不分，地主不分，〈以砍柴为生，〉富农分坏田。

（3）1927 年党组织受到破坏，但还有一些农民协会，端阳节时吴立千（子建）为首的革命同志领导向义富进攻。5 月 22、23 日何△△烧了围坑、西团、三甲村的房子。

（4）1926 年 6 月在水南万寿宫召开了农民协会扩大会议，参加人数 200 左右。这次会组织了"水南革命委员会"，墙上大写着"革命者从左边进来，不革命的从右边滚出去"。会后在街上进行示威，高呼"打倒资本家，打倒地主，打倒土豪劣绅"。

1926 年龚荣领导水南农民群众约五六百人，在水南进行示威，抗议地主阶级剥削，提出减租减息等斗争口号。

〈结束后去的。〉

（5）党部政委龚荣，打党部还被抢去 1300 银圆。

（6）1926 年 3 月在白沙本滩村组织行动委员会，提出"抗捐、抗税、抗粮、抗租、抗债"和"反帝、反封建、反迷信"五抗三反的响亮口号。4 月打泷江伪乡保〔靖〕卫团首赖竹之失败。7 月在水南成立党部。11 月在水南街举行第一次游行示威，到会 3000 余人。冬天，5000 余农民在水南街举行第二次游行大示威，捣毁天主堂，打伤了△△△神父雷元照，罚银圆 5000 元，以此款购了 80 支枪，成立人民自卫军。

以后有多人叛变，大恶霸肖昆柱、曾瑞轩闯了农协而失败。[①]

（7）1926 年三甲村在龚荣领导下，组织了宣传队、妇女会。龚修善同志领导，经常夜晚到水南街上秘密张贴宣传标语，提出打倒帝国主义、土豪劣绅，取消一切苛捐什税等。妇女会由曾△娇领导。

---

① 原文如此。

1926年7月农民协会势力渐大,农民〈在〉踊跃参加,其中以三甲村的声势最大,遂开始向豪绅土豪斗争。当时捕杀土豪邓伦明,劣绅何老当,三点会头子曾××、刘传△,土匪雷立民等。

1926年8月全乡农民都加入水南第一次游行示威,成立人民自卫军,捕杀了伪官吏胡饶香、李狗仔二人。

1927年正月,正当赌钱的时候,我们开展禁烟、禁赌工作。开始宣传无效,于是捉到吸大烟、赌徒的头子,打500板屁股;打毁烧毁了白沙新万寿宫、九都共有的真君菩萨,在乡村发动农民,共打毁三四百【个】;宣传剪发放脚,以自己的老婆为先例。由于宣传工作做得不够,引起一些思想落后的农民闹不通,不满意,烟鬼赌棍更为不满,土豪劣绅就乘机活动。

3. 新旧势力的斗争

(1)1926下半年龚荣等在水南街上曾福和店中起党部。当时陈策为首领所带的一批青年人是左派,而以肖老昆、赖以贡、赖珠支等一批劣绅是右派。成立党【部】后,排挤了肖这批人。当陈策走后,肖在1927年7月开始打党【部】,结果罗秀被活捉,龚、杨逃东固。

(2)1926年冬成立党部,实际是共产党,有左右派,龚荣左派,曾写对联:革命向左来,不革命滚开去。有钱的官僚军阀、土豪劣绅是右派,他们参加了国民党。

(3)1927蒔田涨大水时开始打党部,原因:共产党反对烟、赌、娼、抢、偷,管那些地痞流氓,他们不听话就捉起来,并叫学生去打鸦片馆、抢烟袋。因此义富的肖老昆为首,纠合了地痞流氓来打党部。

一天晚上两点钟左右,水南突然有枪响,乱纷纷的,全校师生想过水南去,但无船,天亮时才过河。看到自卫队房子已空,人跑光了,枪也没有了,杨明和被打死在楼上。后学校开了追悼会,不久,龚、杨离开了学校。

(4)平时过节,"五一""三八"组织学生游行示威。同年靖卫团长肖老昆和土匪何金山纠合了地方四大姓，钱、刘、曾、夏打党部，打死了张厚尧及其他很多人。

（5）1926【年】下半年罗炳叛变，带领了肖老昆、赖珠支的靖卫团，来包围了党部和人民自卫军，打死了杨明和，十条枪也缴走了，并在书院活捉了龚荣……第二天靖卫团又捉龚荣全家三代都杀了，妻子有孕，被破肚，拿出孩子挂在树上示众。

（6）民国十六年8月打党部，主要参加者：老派（国民党右派）靖卫团，团长肖昆树，副团长曾朝桂，加上肖、曾、赖、夏四大姓的流氓。

自卫队副队长勾结肖排长叛变，肖排长打死自卫队队长杨明和，二人带枪到西团，宣布反水，于是带队伍下吉水去了。

打党部中，松山△△△也叛变了，参加了打。当时群众还编了一只歌骂他："松山△△△本是读书人，他的父亲教书，吉安市有名，为人做事心不正，要为劣绅。"

打党部龚荣负伤，杨明和牺牲，张中乡、罗秀留下教书，其余人逃。

（7）1924年蔡肇先在白沙创办了吉水县立第六小学（初小），自任校长，有教师三人，鄢发、戴长坛、赖兆鹏，学生100多人。在此以前，白沙土豪劣绅办有吉水私立白沙集贤小学（高小），罗松当校长，廖鹤梅为教导主任，教师有许赞文、彭梅寒，学生五六十人。两个学校有点新老斗争的性质，不过不显明。

（8）1926年9月成立党部后，开展活动，计划借钱。首先向罗广森借800元，郭春和、廖鹤梅各500，廖彩庭300，共四五千元。他们虽然不愿意，但又没有掌握政权，不得不答应，但又拿不出钱来，赀后说间语，"现在天牌打地牌"。我们拿不到钱又没有办法，于是组织农民协会，成立了白沙区农民协会，让最穷又苦的坚决革命，有能力而又厉害的张孝雄做农协主任，张孝煌为秘书。接着各村都成立农协，方圆50里的农民群众都发动起来，东南到永丰的沙溪、藤田，西北至丁江、水南。

11、12 月正当土豪收债时，我们组织了减租减息斗争，缴夺了土豪在北伐前的 4 条枪，成立了区人民自卫军。

12 月，我们建立了武装，向土豪要钱。罗广森抗租坚决不交，便将他抓到党部吊起。答应交，我们便将罗广森扣起来作抵押，限三天之内交钱，否则没收家产。农民看到我们有力量，更发动起来。周仁住在离白沙十里，陈泽派张孝宣去拿钱，周仁看到罗广森交了就只好交钱。并从他家搞来 6 支枪，另 4 条交给那时的区分部。周世贤、郭春和抗拒不交逃跑，被抓住送到吉水狱中，三个月后交了钱才放出来。

陈泽指示：大家注意土豪不【要】放松，要禁烟、赌，破除迷信，办小学，继续减租减息，妇女要剪发放脚。

（9）1927 年 2 月白沙的土豪劣绅罗广森、郭春和等集中在周仁家里开会，准备乘机打党部。初十接到陈泽县长的命令，要白沙人民自卫军协同吉水县农民自卫队，和水南人民自卫军到冠山剿匪，白沙的人民自卫军就离开了白沙。11 日，罗广森等土豪劣绅乘自卫军走了的机会，带领土豪劣绅、烟鬼、赌徒、流氓和一部分想乘机抢点东西的落后群众，共 100 多人，带了鸟枪、土炮，前来打党部。当时党部有个哑巴伙夫，看到很多人冲来就高叫，我们都跑了。有一个区分部书记戴俊和一个未去围剿的自卫军甘仪根牺牲，党部所有东西都被打毁。我们立即将情况上报给县，县里命令自卫军潘金山队长带了 30 多条枪，一部分队伍前【往】镇压敌人，协助革命工作。敌人都逃往吉安。我们对牺牲同志开追悼会，建了纪念塔，又恢复组织。

（10）1927 年 7 月，国民党叛变，7 月初派了王烈做伪县长，陈策同志走了。国民党进行"清党"，开始提"欢送共产党出境"，接着提出"清党反共"。7 月 13 日，我们派了张孝煌、罗富凯去吉水探信，路上被土豪廖鹤梅捉住，罗富【凯】逃走了，张孝煌〈仍〉被抓送吉安坐牢。我们农协〈开会商量，〉在鄢发家开会【商量】，【会后】剩〔留〕下张孝宣、张孝雄收拾文件、印信等，【此时】被敌人包围了屋子，张孝宣从侧门逃到邻屋顶上躲了，张孝雄未走掉，拿了一棍子拼，终因寡不胜众被捉，其弟孝△也被捉，接着张孝贵、张孝玉、刘继生等先后被抓，押在万寿宫吊打，倒吊、灌尿和大粪，要他们说出张孝宣在哪里，他们坚决不说。当时革命青年、革命干部的家都被抄没，其父母捉去罚钱，傍晚下暴风雨，在农民帮助护送下，张孝宣化装成一个打渔〔鱼〕的，渡过了河，鄢发被冲散。14 日白沙当圩，敌人准备这天杀死张孝雄，得知【后众人】挖墙〈打破〉，全部冲出去了，曾继雄、张孝煌【被】押往吉安。

罗广森等回来后，又组织了保卫团，自任团长，到处捉人、绑票罚款，抄了革命者的家产 100 多户。

1926 年党部内存新班和老班子，党做了农民工作对土豪不利，土豪发动落后农民分三路，正面进攻万寿宫，孝雄只带了几十人，分散在各地，身边只二人，拿了手枪和一个土炮。孝雄向打党部【的】大叫："谁敢来打？"〈后面就有人包抄，老乡不要走，后面就有大军到，见势不对，就〉准备炮打了几发，几路农民都吓跑了。

打党部人散了，孝雄等几十人，接着【把】区党部六支枪夺过来，后因反动势力大，把枪埋到山上。他退到吉安，遇有家乡【人】在县府工作，通过县保打进县衙门工作。不久遇到郭梅，密谈了工作，想把白沙土豪罗广生、罗有权打倒，于是和县府搞收获工作的罗权、罗荣商议，首先动手偷到县长邹松的一支能连打 50 发的自动快手枪。

为了打倒土豪罗广生、罗有权，发动了吉水、白沙写状告状，说罗家横行霸道，枪杀、奸、霸等。另当时吉水县长邹松是白沙人，他和罗家都办小学，但没有罗家人多，有矛盾，结果把罗广生、罗有权扣押枪毙了。

1927 年 2 月各地都有农民协会。

4. 知识分子党员由城市转入农村秘密活动

7 月 15 日政变前赖经邦回东固来了，以后高克念、曾炳春、汪安国等也先后回来。1927 年，领导东固人民起义，联合段月泉。

赖经邦等创办了东固义学之后，首先在东固组织一个秘密农民协会，以后各地在当地万寿宫组织秘密农协。刘经化、刘林贤、刘镇邦领导组织殷富农协，有几十个人。

民国十二〈、十〉三年，赖经邦从东固回来，发展刘经化、曾炳春、刘经邦、袁振亚为党员，又把农民中靠得住【的】发展党员，最早有吴相贞、钟兴玉、刘品祥、孙茂纪、史明阳。

1927 年秋天，肖有凤①在国共分家以后，从吉安回来，在陂下开杂店。胡家荣在小学里教书，他们发展党员，贴标语，成立了一个特支，支书胡显福。

胡家荣于 1927 年 7 月从吉安回到泰和教书，一边教书，一边做暴动工作。1927 年 12 月由泰和回到陂下，做暴动工作。

三、大革命失败，地方反动势力高涨，革命转入秘密活动

1. 大革命失败后的政治形势

1927 年三甲村群众在严红清领导下，配合泸源山内游击队，围攻余家村，捉流氓肖雪保、肖平子等（反动粮差）。4 月又捕杀下车恶霸曾道志，5 月又捉罗坑劣绅张德珍。

5 月 25 日国民党匪军 2000 余人围攻三甲村，群众以土炮鸟枪、梭镖奋勇抵抗，毫不畏惧。由于敌人强大，全村人退入深山，青壮年都参加了游击队，老幼躲入亲戚家中。烧了房 38 栋，衣物全尽。

7 月龚荣父亲、爱人、兄弟被敌人杀害，计杀绝三代。其父被祭反革命，其妻怀孕被剖腹掏出孩子，挂在树上示众。

2. 党组织的恢复发展及其活动

（三采②）最初是赖经邦到这发动群众。1928 年成立党支部，支

---

① 肖有凤，文中又写作"萧有凤"。
② 三采，地名，应为"三彩"，后文又写作"三彩"。见《江西省吉安县地名志》（内部资料），1987 年版，第 73 页。

书邹远兢，党员有胡明光、林前春、林发明、丁克玲、丁克珠、罗林生。

1928 年三、四月间，地下党由陂下到水口，以后再发展到富田。这时陂下的胡兰芳在陂下组织了一个特支部，胡兰芳搞组织（或是宣传），特支是秘密活动，专做党的工作、宣传党的政策和领导富田办事处（特支，前有水口、陂下支部，胡兰芳负责）。

1928 年 5 月（或是 6 月）成立富田办事处，王孙福做处长，颜特做党支书。

1928 年 8 月间党内成立了阳田支部（富田地区），有 5〔4〕个党员：曾守候、曾守生、曾浩璋，曾守招是支书。这时富田坎坑都有了支部，均属特支领导。

1927 年"七一五"政变后，东固在吉安的党员先后回到东固。1926 年入党的有赖经邦、高克念、曾炳春、汪安国。1927 年有段玉林、刘经化、黄启秀、胡明光等人。

1927 年下半年东固和南龙成立一个支部，称东龙支部，设在圳上脚头山，负责人赖经邦、段玉林、高克念，有 20 ～ 30 个党员。各地成立小组，有东固、南龙、河凤坑、圳上、江口等党小组，每组 3 ～ 5 人。

1927 年下半年东固周围的富田、值夏、陂头、枫边，泰和的桥头冈、永丰的潭头、上古、下古、吉水的白沙、盘山、丁江、葛江、兴国的崇贤、高兴圩等地的土豪劣绅组织了靖卫团，向东固人民进攻。

1925 年 2 月东固乡成立党支部，书记刘昌祥（东固冻坑人，贫农）。1925 年内发展党团员 11 名，有史明杨、吴兆祯、刘发英、钟新伦、戴希贤（小学毕业）、段瑞生（团员）、李会风、刘贵涛、刘昌宽、孙勤眉、吴兆瑞。

大概在民国十二〔、十〕三年赖经邦来东固运〔活〕动，发展了刘经化、曾炳春、戴希贤、刘振邦、袁振亚，他们又在农民中把靠得住的农民发展进去，最早有吴兆祯、钟新伦、刘昌祥、吴超祯、孙茂纪、史明杨、刘桂陶等，以刘昌祥负责。

当时樟坑、河东、河西、江口圳、三彩、圳上都有党小组，党员会每月 3 次，这是规定的，如果临时有会事再召开〔开会〕。

当时规定以下五种人不能入党：①立场不稳的；②地富分子；③嘴巴喜欢乱说话的；④贪小便宜的；⑤抽鸦片赌钱的。

分工负责：刘经化负责东固一带，赖经邦负责△△、江口、河枫坑一带，曾炳春负责野猪坑、寻南前、安潭一带，汪崇贤、李会凤负责大南坑、德溪坑、源头、富田、筲箕窝一带，每人每月要介绍 2 人入会。活动方法：先确定对象，然后到他家用找东西方法拉起话来动员入农会，讲地富剥削、入会好处。

1927 年 7 月 15 日蒋汪叛变革命后，吉安发生捕杀共产党员事变，赖经邦此时回到东固，后高克念、曾炳春、汪安国等人也回到东固进行革命活动。

1927 年下半年在东固圳上角头山 ① 成立东龙支部（东固和南龙），由赖经邦负责，党员有高克念、曾炳春、汪安国、刘经化、段玉林、黄启秀、胡明光、戴希贤。主要工作：扩大革命组织，进行革命宣传，组织秘密农会和地方武装。1927 年底和 1928 年初东龙支部发展了党员 20～30 人，成立了五个小组：东固、南龙、河枫坑、圳上、江口。

1928 年 5～6 月成立东龙区委会，高克念负责，下属三个支队：大南坑和安乐支部，支书汪安国；东固和樟坑支部，支书是刘昌辉；南龙和黄沙支部，支书史明杨。共有党员百多人，半公开半秘密地活动。党组织活动：三天一次小组会，5～7 天一次支部会。支部会上研究工作情况：对目前国内外形势的报告及组织发展情况，学习报告，进行宣传工作。每次会从夜晚开到鸡啼。

1927 年国民党叛变以后，大量屠杀革命同志，吉安县主席谢武南和工会主席梁一清同志都遭枪杀，县委书记高克念、教育局巡

---

① 圳上角头山，文中又写作"圳上脚头山"。

学员赖经邦、码头工会主席曾炳春等同志见机预先逃回乡，会同永丰县委书记袁振亚同志，并邀集地方人士段月泉、刘经化、黄启秀、刘正邦、刘任贤、杜义训、汪安国、吴兆贞、胡海、胡明光等30余人在东固涧东书院开第一次党员大会。后在附近的鸟坑、冻坑、后龙山洲上、屋背及神背坪等荒山野地，于半夜里继续开了多次会，计划发展党员、扩大组织……1928年2月成立红色曙光社领导机构，以胡鸣岗为党支书，高克念担任政治，赖经邦指挥军事，杜义训管理文书。

村背党组织自民国十七年上半年建立，主要活动分子是钱何、钱雄、田畯、钱△等，他们在外读书时就加入了党，并受党组织秘密【委】派去吉安县剿匪训练班学习。之后，回来组织活动。这时，张德辉、杨金芳在西团就有地下党的活动，于是成立党小组，钱何当小组长，张德辉便在罗坑成立革命委员会（后迁移扩大到水南），党小组发展了张维周、钱祚堂、钱忠堂、杜君财、杜顺员、杜宏贵、△△、张修仁等人，成立支部，钱祚堂当书记，团组织随之建立，□□钱忠梁担任团支书，共发展了200多团员。

1924年11月白沙办事处鄂发、郭梅来泸源下马石吸收了8名党员，成立泸源支部，书记邱声祖、胡益寿二人。

1927年底与东固接上线，1928年上半年西团发展了党员，开始建立党组织。

1928年正月，杨金芳、龚荣、郭梅、鄂发等人从东固回来，在罗家段挖出了过去埋下的9支枪，秘密发展农民协会。

民国十七年西团一带有党组织，发起人主要是张德辉、杨金芳、龚荣，党支书张德辉，团支书钟日柏。西团的革命组织当时受东固赖经邦、谢义昌等〈革命组织〉【人】的领导。

1928年虹门村由吴世道、夏侯彭寿、夏侯礼发展革命组织，成立一个党支部、一个党小组，有13个党员，受西团张作△领导……同时发展团组织，一个团小组，5个团员，团小组长李金娇。

泸源党组织的建立是从成立农会起建立的，当时由农会出面，党支部从中工作。

双坑（泸源）党的建立是在 1928 年 5 月。第一批党员古清荣、王达日、张维发、周世甫、欧阳森、陈修竹、罗贤发、吴锡厚等人，支书王达日，后是张维发、吴锡厚。1928 年下半年发展第二批党员曾宪忠、陈乐海、古清秀、钟在福、曾广洋（女）、赖承桂、萧况章等。1929 年下半年发展第三批党员胡承球、吴桃英（女）。以后活动公开，秘密时党的代号叫"西批"（C.P.）。

1928 年二、三月间，龚荣、张德辉、杨金芳、郭梅、鄢祥普、鄢发、邱林春等同志从东固回来，受赖经邦的领导。

1928 年 1 月，龚荣、吴利汉、张德辉、杨金芳等从东固回来，原地方上〈活动的〉有鄢发、曾昭树在活动。从第七纵队回来的有曾忠祥、罗发润、邱发普、曾兴万、曾文德、曾发祥、曾炳万、罗原明（都是农民出身，互相串联）。发展党员有邓学友、吴德荣、杨士界。

1928 年 7 月 4—11 日召开党员大会，整个水南一带各村都有代表 1—3 人参加，就在此时游击队副队长勾结敌人，排长姓杨的不愿投降被杀，正队长也被打死，龚荣被捉。

富田

1928 年 1 月发展第一批地方党员；2 月成立陂下支部（15 人），三个小组，书记胡显福；4 月成立水口支部，书记郭林顺；5 月成立富田支部，书记匡君铨；9 月成立杨〔阳〕田支部（5 人），书记曾守昭；10 月成立新安支部（5 人），书记刘仁秋。

开始党和团合起来，团员有胡发坚、胡建灿等。

1928 年下半年成立了陂下、富田、阳田、水口 4【个】支部。

1927 年下半年，潘先志、林德辉在东固大年坑入党，由汪应彬领导，后三人回到花岩发动工作。1928 年上半年秘密组织党支部，发展了党员匡和贵、匡由昭、匡家喜、林贞恩、田年香，支书匡由昭，那时工作主要是串连联。

1928 年 7 月发展了一批党员〈……〉。

1928 年正月第一批入党：胡显弟、胡发坚、胡建才、刘全新、刘先照、刘先玉、刘传光、胡发增、罗振炬、郭世建、刘仁秋、曾守模、曾洪栋、匡家乾、匡家昊、胡森鉴、梁端杰、曾春英、曾季秀。

1928 年陂下、下坪、坛炉三地建立一个支部，支书胡显弟，支部工作：写标语、发动群众抗租抗债、发展党员。1929 年 7 月公开。

1928 年上半年，陂下和富田共支部，【有】党员胡先祠、匡由绕、匡君全等十余人。

胡家驹原在吉安教书，加入了党。1927 年 7 月回来，在泰和教了半年书，边教书边搞暴动。1927 年旧历十二月，由泰和回陂下做暴动工作。

1928 年四、五月间召开党员大会，参加会议的有刘全新、胡兰芳、胡显迪、胡显簇、罗增炬、胡家驹、胡家主、胡显军、匡由芬、胡家荣、胡发森等人。赖经邦、曾炳春从东固来参加会议，成立陂下支部，胡显军当支书，有党员十几人。以后由陂下发展，成立富田、阳田、江背（水口）、新安支部。

1928 年 4～5 月建立富田党支部，党支书胡显福，委员匡君全、梁家福，支部有党员四五十〈个〉人。

水南

1928 年 12 月燕山（水南）成立党小组，党员五人。

1927 年下半年龚荣、张德辉、杨金芳、吴子坚领导西山一带农民的革命工作，有时晚上到水南贴标语，做宣传工作。【标】语："水南街都是小穷人，应当个个参加革命。"

1927 年国共分裂以后，田畯、钱何、张维州① 三人（知识分子）从吉水回到水南，秘密进行活动。他们首先发展龚荣、赖苗等人入党，成立党支部，后又发展许多党员，分头到各地发展党组

---

① 张维州，文中又写作"张维周"。

织。龚荣负责水南、三甲村一带，张德辉、杨金芳负责西团一带，田畯、钱何负责大烧桥以上，直到与吉安（庐陵）交界处，支书龚荣。1927年9月，钱何在村背（现西团）小学教书，秘密组织农会并发展党组织，11月发展了钱初塘、钱初纬二人入党，成立党小组，钱何负责。

1927年7月打党部，罗寿被捉，龚荣、杨金芳等逃亡东固。

1928年下半年有秘密的党组织，支书杨金芳，委员5～7人，有罗秀、许起腾、许起凤、许文波、张厚桂、罗田梅。支部下设有小组，5人以上可组织小组，当时廖南村有小组（9人）。

1928年党员邱仁存，在乙元组织土地革命，8月〈吴禄生〉发展了13人：吴禄生、欧阳平、吴福生、杨春生、夏侯福涛、胡义清、陈茂华（李明德）、龚启连、胡华荣、胡利连、黄茂盛、胡开道。工作是：报信、探听四周的敌情、报告邱仁存。当地有反动组织：红、黄学会，太氛会，守望队，义勇军，保卫团。

1929年4月成立松山支部，支书赖正良，有赖正凤、正祥、大雄（已参军）、张祖茂等党员。活动：发展组织"五抗"斗争，打土豪、打红学会。

白沙

1926年12月郭梅回来，于1927年正月初八第一批发展了4个党员：张孝雄、孝宣、鄢发、开真。他们分工活动，于1927年2月【在】各地组织了农会。

1927年12月28、29日左右，白沙成立党小组，党员：张孝宣、孝雄、郭梅、黄家发、廖化灿、鄢发、鄢开真，组长张孝雄。大家分工到各地活动发展，黄家发负责桥上一带，孝雄负责蓝湖街上一带，孝宣负责螺田一带，廖【化灿】负责廖家村一带，鄢发负责城上、金滩一带，开真负责河背一带。

1928年4月成立白沙支部，分3个小组，19个党员，书记张孝宣。蓝湖小组组长张孝宣兼，党员5人；金滩小组（包括戴坊、城上），组长鄢发，党员6人；罗陂小组（包括仓坪、横江），组长戴方考，党员 8 人。

1928 年 8 月中旬，白沙木口成立支部，党员 27 人，团员 17 人，支部下分 4 个小组，每组 5~7 人。

民国十六年（国共分家前）春天，郭梅从武汉回来，在金滩村组织秘密党。此时东固派占天龙来协助建党，2 月间成立金滩支部，书记郭梅。

富田特支

1927 年下半年，成立特支。特支最早活动人：萧有凤（国共分裂前夕，1927 年上半年从吉安到富田陂下）、胡家荣（吉师毕业，1926 年回陂下教书）、胡家驹（吉安教书，1927 年回陂下活动）。特支设在陂下，书记萧有凤，特支直接受东固革委会领导，赖经邦、戴希贤、汪安国常到富田指示工作。

1928 年 7 月特支召开各支部委员会议，研究成立办事处，会议决定成立办事处。

1928 年 7 月特支（书记胡显福）召集了阳田、水口、陂下、富田等支部的支书、组织委员、宣传委员的会议，研究如何攻下富田。会上决定利用王善金，把他拉过来当处长，这样才可制服地方封建反动势力。同月成立富田办事处，处长王善金。

1927 年秋天，萧有凤在国共分家以后，从吉安回来，在陂下开药店，胡家荣这时在小学教书，他们发展党员，贴标语，这时成立一个特支，支书胡显福。1928 年 7 月间发展了一批党员：胡显军、胡森楷、胡蓝芳、罗振距、罗振钹、胡显橱、胡显弟、胡森鉴、胡显福、胡显相。

特支支委有萧有凤、胡荣、胡显福、胡蓝芳等人。

3. 红色政权的成立与发展

1927 年农会开始秘密活动（东固六渡），活动人有朱积发、黄传斌、杨尧英、曾小春，多在偏僻小屋和山背开会。

三彩地方最早有赖经邦、刘经化来发动组织农会，最初参加的人有胡明光、罗宗清等。

1928 年 7 月下旬成立富田办事处，王孙福做处长，颜特做党委书记。

1928 年二、三月间，富田有农民协会，是从东固来的，一有农会时就是公开【的】。

1928 年 2 月，东固成立革命委员会，主任罗宗清。九区农会瓦解，9 支枪被我们夺了过来。

1928 年五六月，东龙支部改为东龙区委会，由高克念负责，组织委员是段玉林。东龙区委会的范围：永丰、秦菜坳、东固、南龙，党员 100 余人。

赖经邦等创办了东固义学之后，首先在东固组织了一个秘密农会，以后各地在当地万寿宫组织秘密农会。刘经化、刘林贤、刘振邦领导组织了殷富秘密农会，有几十人。

1925 年 3 ~ 4 月成立革命委员会，是区一级组织，主任罗宗清，地址万寿堂；委员赖经邦、曾炳春、刘经化，成立时就公开。

1926 年 2 月，成立东固农协，公开活动。常委钟新伦，执委孙勤眉、刘昌宽。工作主要是向地富写款，方法是派人到地富家去说明要捐钱，最多 100 元，最少 10 元，共捐了 8 家，300 元。

民国十四年秘密组织农会，河东由刘昌祥负责，河西是钟新伦，后是我（孙勤眉）。当时江口、南龙都有农协。最初农会活动是建设和宣传工作，把村里人进行排队，指出哪些人先入会，哪些人后入会，以后农会公开才都可以入，只是二流子、烟瘾和土豪劣绅不能入。我们势力大了后找一些土豪劣绅要财要钱。

1927 年下半年在东固成立秘密农会，发动群众，扩大组织，酝酿打土豪，抗租抗债。

1928 年 2 月成立东固革命委员会，领导东固、南龙、富田等地的革命活动，主任罗宗清。

1928 年四、五月间，各地农会蓬勃发展，从秘密走向公开，先后成立了 24 个，入会农民达 1 万 4000 多人，进行打土豪、抗租抗债等活动，开地方豪绅的仓库，烧毁借条和契约，豪绅地主们的谷米和用具任农民担去和使用。

4. 秘密农会和以后的公开活动

1928 年 8 月的一个晚上,在万寿宫后面的十硕丘开大会,宣布成立农会。

1929 年十月初十晚,吴子坚领导水北周源、赵家渡、东田等地农民暴动。在赵家渡到东田的仁边开会,会上组织通过党支委和常委。常委是温智赞、朱超锦、吴△锦,支委吴立一、梁清连、温智连、梁对海。会上决议打土豪、分田地,杀反革命刘宪连、吴△△。

1928 年 5 月暴动,建立农民协会,进行抗租抗债,公开活动,在 1928 年 2 月与东固接上头。

农民协会主要是发动群众抗捐、抗税,打土豪分田地,打地富及资本家。

1928 年龚荣在三甲村组织农协,〈这时〉上车曾宪朝、曾就龙等 15 人于 1928 年 5 月 1 日与龚取得联系,在上车组织农协,开始打土豪劣绅,抗租抗债。

1928 年春,泸源山下恢复了农会,并公开提出"抗租抗息"等口号,5 月间农协带领首先打开王家大财主。

1928 年 5 月建立双坑(泸源)农会。双坑是从黄竹坪发展出来【的】,黄竹坪是由邱珏活动的。双坑农会由古清荣、王达河、张维发、周世甫、欧阳森、陈修竹、罗贤辉、黄锡厚等人组成。在古家祠所下召开的,当时参加农协要斩香喝血酒,喊口号:"万众一心,牺牲个人,站稳立场,永不叛党,如有反党心,甘当受罚。"(那时的农协出面,实际就是党的组织,很多会员都是党员。)农会成立后一直是做组织发展工作。

农会发动群众,主要是运用"打土豪、分田地,抗租、抗债、抗息、抗粮,取消苛捐杂税,士兵不打士兵,穷人不打穷人"等口号。

1929 年 9 月,水北夏侯标、夏侯其寿、唐文贵、夏侯丰耀 4

人接到上车曾贤永、曾昭述的信，后到上车开了一次会。1929 年
11 月由水北夏侯标、夏侯其寿、唐文贵、夏侯丰耀 4 人发起在朱
渊阁开会。当时有夏侯联干、联学、郭发富、夏侯任、夏侯彬、夏
侯亲寿、丰福、丰宣、八元、辉望、天寿、丰香、善松、福生、肖
道佐等人参加。会上由三甲村派来的赖大榜讲话，问："你们知道
今天来这是开什么会吗？""不知道。""我们今天开的是穷人会，
是我们无【产阶】级的出路……"赖又指出了当地有土豪劣绅，我
们要打倒他，如果不打倒他，让土豪劣绅知道了我们有组织，我
们就要吃亏。会上选举了执委三人，夏侯任等；常委三人，夏侯丰
耀、其寿、唐义贵。参加者举行宣誓、喝血酒、斩香，斩香时一边
斩，一边各人嘴里说："如有反叛之意，照香而行，一刀两断。"就
这样成立【了】农会。会后吴子建领导大家带梭镖去捉土豪夏侯德
禄父子，并在当晚送到西团。第二天上午农会召集，一家一个人在
朱渊堂开会，西团派东埔刘大邦参加并讲了话。水北农协打了四次
土豪，本村、上滩头、保祠堂，每次都有二三十人，自执梭镖、马
刀等。

　　1928 年二三月，龚、张、杨、郭、鄢祥普、鄢发、邱林春等
人从东固回来后进行串联，发展组织工作。当时以吃血酒、烧香、
斩香等形式发展农协会会员，对农民秘密进行宣传活动。内容大
致是：穷人翻身，抗租抗债，打土豪。最初发展，排上有邱顺祖，
山下村有杜振△、杜忠桂、杜宏谷、杜宏玉、杜义彩、杜宏梅、杜
先材，黄竹坪【有】杨绍贵、陈义春、陈文炳、欧阳生、欧阳琇、
陈英。发展这些人后，常常同村子的人在深夜秘密开会。内容：发
展会员，会员的情况介绍，报告地方上的土豪情况，还深夜到水
南街上等地贴标语"打土豪，分田地""抗租抗债""穷人不打穷
人"等。

　　1928 年 3 月在王竹坪、下马石、山下村有农民协会。山下村
常委杜忠贵，执委杜宏玉、陈偕春；王竹坪常委欧阳生，执委陈
英、陈义春（下马石不知）。在地方上秘密打土豪、杀猪、开仓、

不还租、不还粮、不还债，或者配合游击队一起去搞，地主们找不着头目。

1929年一二月农会公开，这时水南白沙各村都有农协，于是组织一个大队的赤卫军，由白沙、螺坊、下马石三个地方组织了一队赤卫军，凡是25~45岁都可参加，下分三个中队—三个支队—三个班。大队长欧阳琇、副大队长胡益寿、政委杜宏吉到冠山水北等地配合游击队打靖卫团、红相会、黄学会、红学会等反动组织。

入农会的有：罗福生、罗烈、罗世援、罗明喜、谢开余、胡显庆、张友林。1928年8月在里坑成立农民协会，龚荣主持会议，讲打土豪，选出常委罗烈、执委罗世援。

西团在1928年4~5月有农会，邓学友为常委，曾丙万、吴德荣为执委。

水北周坑、超家渡、东田村于1928年5月革命，领导人吴子坚（周坑人，即吴立汗），领导农民打反动派，杀了4个人。由于八纵队何司令叛变，攻打周坑、西团三甲村，在周坑杀了8个群众、烧屋、抢东西。5月革命失败。

1928年8月间，松山村赖大昌、大境、大海、正凤、正财、正良、大池、张祖茂8人秘密去西团接头（西团在6月成立了革委会，主任杨金芳、张德辉，委员许义、曾昭树、许起腾、罗秀、钱何等7人）。西团接头回来后，进行了个别活动，杀死了本村赖大鹤（流氓）。不久就带领100多个本村农民到西团开会，主持会议的是杨金芳、张德辉等人。会议内容主要是组织农会、赤队。在会上唱了一个歌（暴动歌）："我们大家来暴动，消灭恶地主，农村大革命，杀土豪、斩劣绅，一个不留情，建设苏维埃，工农来专政，实行共产制，人民庆大同，无产阶级世界革命最后的成功。"会后回家就公开组织农会（11月），会员300多人，主席（指导员）赖大金，常委赖大昌等；并组织赤队（70多人），队长赖正良，副队长赖正凤；少先队30余人，队长赖大海；儿童团20余人，队长赖大煌。

富田

农会发展快，但无领导，经常互相打架。这时东龙区委会来骂我们没组织好，上面来的有戴希贤、汪安国。因此在 1928 年 5 月正式成立农会，开始抗租抗债。

1929 年 8 月成立农会，常委胡发运，执委胡兰芳，开始暴动。7 月间上面就派毛泽覃、胡清泉同志来了。

1928 年 8 月公开成立农会（花岩），挂了牌子，贴了标语。农会常委潘先志，执委林贞恩，秘书胡成汉。农会成立后就开始打土豪、划阶级。1929 年八、九月间分田地。把全部田拿出来登记，然后根据好坏分为上、中、下三等，每人得上田 1 亩、中田 1.5 亩、下田 4 亩，工人同样得，富农得下田，地主不分田。

1929 年七八月公开组织农会，常委刘子坚，委员刘孙芳、刘孙镇。另组织了儿童团、少先队、赤卫队、妇女会、宣传队、画壁队、裁判员、贫农团，公开召开群众大会，唱暴动歌，抗租抗债。

富田匪君全、匪由饶同陂下胡先池、胡先策、胡发兴等联系，于 1928 年秘密组织农会。

（1928 年上半年成立富田办事处）同年农会公开，在办事处领导【下】进行工作，提出抗租抗债，收回借条契约。

1928 年旧历七月，汪耀明（大年坑人，由富田来的）来枫塘组织农会，最初找胡家兴、胡耀兴等人，用扎根串连办法发动组织群众。七月二十九日成立枫塘乡农会，（枫塘附近五个小村组成）常委郭训坤，委员彭锡山、胡家兴、胡耀兴、彭竹仔、夏贤菊、刘金玉等人。

水南

1928 年有元的陈德俊、潘挺云等七八人到西团接头。10 月，伍景福、伍景文到有元接头，在有元坑开会，四五十人参加。西团派张宗隐来，掌握开会并讲话，讲要大家参加开会，讲革命好处，要打土豪分田地等。开会时还唱了一个歌："工农兵，工农兵，联合起来向前进，杀尽敌人；我们前进，我们暴动，杀向那个帝国主义大本营。"

1928年上半年，有杨金芳、张德辉、许义、钱何、吴子建在西团的糟坑、里坑、岳坑成立农会。

1928年12月南塘下村组织农会，由彭文山来找王景文、张良富，讲革命好处，最初只4人入会。1929年2月农会公开，会员有二三十人。

1928年5月周坑成立农协，有常委、执委，吴子【鉴】、温志赞、朱以锦主要领导。

1929年10月4日，水北周坑又暴动。

〈捉韩达子经过，打红学会〉

1927年下半年龚荣从东固回来，与杨金芳、张德辉秘密组织农协，是各村联合组成的。

1928年11月松山组织农会后就捉土豪，捉到邱先学，搞到300多元（银洋）。

白沙

1928年正月白沙秘密组织农会，以城上、金滩、戴坊、方源为根据地，南湖、粟生为外围，组织可靠的农民〈约〉四五十人，成立白沙农会，主任吴伶福，还准备扩大，土豪知道了〔后〕逃往吉安。同年2月农会公开，出了一笔钱，救出了张孝煌，由他专门负责发动农民，搞农会工作。白沙附近一带一直到东固都组织了农会，以保卫东固。七纵队经常来活动。

1928年4月白沙成立支部后，党员在各村串联农民，秘密组织农会。8月农会在各地公开，会员都佩戴胸章。各村先后成立农会，当时东到罗田（30里）、南到龙头（10里）、西到罗坊（30里）、北到横江（20里），约100多个农会，1万多农民参加，到处"红旗艳艳"。农会公开提出抗租抗债，收回借条契约。

1928年夏，白沙木口村农会成立，主席陈仁玲、陈志元等7人。

5. 革命委员会

1928 年 4 月成立革命委员会，在里坑，9 月移往店背孝思堂。

1928 年 6～7 月，里坑成立革命委员会，9 月迁到西团。1929 年 10 月又迁到孝思堂，开始公开活动。1930 年春迁到水南，主席曾宪永。

民国十七年七、八月间派人去东固接头，找到赖经邦等接上关系；9 月成立革命委员会，负责人张德辉、杨金芳、刘章注、钱何、龚荣等扎在西团。与此同时成立了区党部，书记龚荣、钱何。同时成立自卫军，队长杨明和，七八十人，70 支枪。区党部搞了一年左右，便被国民党打垮。

1929 年 7 月，杨金芳、曾贤永、罗寿、曾昭述、罗烈、罗福生、张德辉在西团成立革命委员会，书记杨金芳，主席曾贤永，秘书曾昭述。

1929 年 2 月成立革委会，由杨经芳、罗福生、罗烈、曾贤永负责，他们 1927 年从东固回到西团，曾贤永任主席，杨金芳任组织。

1927 年冬成立革委会，半公开，领导办事处。1928 年上半年常委会公开，设在店背村孝思堂。委员会成员有龚荣、张德辉、杨金芳、吴子剑、曾招恕〔述〕、罗寿、曾贤永、钱何、袁荷保。

1930 年有革命委员会，党的区委会机关（即红潮社），书记王清林。这时各村有党小组。

1928 年成立革命委员会，由张德辉、许义、刘章注、钱忠塘、许起腾负责，革委会成立时东固还派人参加。革委会下设办事处：泷江办事处在 1929 年上半年成立，处长 ×××，书记刘章注，开会做肃反工作，地点在村背；昌江办事处，1929 年 8 月成立，在水南；两江办事处，在福音桥。各地开会发展组织。

民国十七年 11 月成立水南革命委员会，扎在西堡祠，主席曾贤永，书记杨金芳，秘书罗立。革委会没挂牌，在西团是公开的，在水北就不公开。革委会下有一支游击队。民【国】十九年 4 月打唐云山后，革委会迁到孝思堂。

1928 年在西团成【立】革委会，杨金芳、张德辉二人负责。

1928 年 4 月成立革委会（水南），在西团里坑，书记张德辉、主席曾显荣（张厚贵），委员曾昭细、杨金芳、罗秀、罗烈、罗福生。8 月革委会迁到西团。

革委会是杨金芳负责，20—30 支枪，40—50 人，在店背。

白沙

1929 年 11 月上旬，在芳源曾家祠开农协代表大会，成立白沙区革委会，没有了白沙办事处，下领导卢源、水南两乡办事处，委会主任刘寿禄，秘书张孝宣。同时成立白沙区党委会，书记颜壮行，秘书吴△△。后有了特支。

1928 年 2 月成立革委会（白沙），地【址】在黎坪，主席吴伶福，书记鄢发，委员张孝宣、罗湖宽、陈孝滋、鄢开真、张孝雄。

民【国】十七年 5、6 月间成立革命委员会，扎在廖家，主任李福兆，7 月公开活动。

办事处：欧江办事处，1928 年 8 ~ 9 月成立，主席罗寿；上江办事处，1928 年 8 ~ 9 月成立，主席刘章注；泷江办事处，1928 年 11 月成立，主席罗寿；两江办事处，1928 年 10 ~ 11 月成立，主席张家永；泸源办事处，1928 年 8 月成立，主席胡益秀。

民国十六年，张德辉来这里（西团）成立上江办事处（在沙田），书记刘章注（沙田人），处长刘豪杰，有组织、宣传部门。当时以扩大红军为中心工作，搞了半年左右便解散了，成立第一乡、第二乡。一年后，两乡合并为村背乡，乡长刘先维，书记戴启南。

1928 年 8 月成立泸江办事处，设在下塘，主任胡益寿，委员有胡延年、邱顺祖、杜义容、杜宏吉，进行秘密活动，有事向办事处汇报，办事处可调动游击队，协助农会工作。

1928 年七八月在大坪上成立欧江办事处，活动是以枇杷仑为中心，主要负责有罗琇[1]，次有张宗款、张有林。工作内容：收集

---

[1] 罗琇，文中又写作"罗秀"。

有关敌人活动、搞武装、搞农协，调查地方上的革命者与不革命者。

1928 年九十月，成立泸江办事处，设在火烧桥，由罗寿、赖竹藻负责。

1928 年 11 月有两江办事处，由张宗显、张俊负责，设在富源桥，后迁两江口。

1928 年在下马石万寿宫组织两江办事处，书记王清林，主席刘开定，组织罗富生（唐光尧），团书记邓树怀。

1928 年 12 月成立两江办事处（在两江口），主席曾贤永（正）、赖大昌（副），任务主要是发展组织（即农会、赤队、少队、儿童团等），领导农民打土豪分田地。1929 年 7 月杀死枧埠刘腊眼、刘梅豆腐（流氓）后，就迁到枧埠。

农会活动内容：1929 年正月开始第一次分田（松山），打了赖大保土豪，分田以原耕为基础，没田地的分公堂、社会的和土豪的土地，中贫农土地不动，分得不均。同年 10 月进行第二次分田，全村土地打乱分，每人得田 3.7 亩，分田人数 320 人，地主土豪得田。

1928 年 11 月斗争公开，将两江办事处改为泸江、泷江办事处。泸江办事处主任是刘樟注[1]，书记钱何；泷江办事处主任杨金芳，书记罗寿。张德辉、张守印、许义、吴子坚、曾招述等都在两江办事处内工作，办事处里有赤卫队，保护治安，消灭红鹤、黄鹤和伪保卫团。

富田

1930 年 6、7 月间成立富田办事处，处长王善金（非党员），文书郭世建，委员胡显福、匡由招。

1929 年下半年成立富田办事处及农会，随即各部门分了工，并召开群众大会。

---

[1] 刘樟注，文中又写作"刘章注"。

1928 年成立富田办事处（党组织领导机构）。它属东固革委会领导，负责人戴希贤。

办事处

1928 年四五月成立"东固革命委员会富田办事处"（在富田匡家），领导人大多数是东固来的，处长王善金，文书郭世连，办事处工作主要是发动群众，组织农会，捕捉犯人等。

1927 年下半年，先后成立四个办事处，带有半秘密性质。最早是欧江办事处（后改泸江），在西团，赖桓召负责；再成立两江办事处，在上村，负责人张俊；再成立泷江办事处，在水南，赖文昌负责；上江办事处最后成立，在村背，田承运负责。

1929 年杨□□、张□□、许义、钱何、吴子建等在里坑成立办事处，张德辉为书记。11 月成立泸源办事处（在下马石）、泸江办事处（在里坑）、两江办事处（在两江口），进行秘密活动。

1928 年上半年泸江农协秘密转为办事处。同年下春，泷江转为办事处，已公开，欧江迟一年。泸江的领导人杨金芳（主任）、张德辉、罗烈、罗富生、钱雄、钱何，泷江的领导人赖大干（委员）。办事处工作也是打土豪、分田地，但主要是筹款。

革委会迁孝思堂后（【民国】十九年 4 月），成立两江办事处，扎在上村、△昌头、水南一带，两江办事处负责人是张忠永。与此同时，成立了泸江办事处，罗秀、赖寒早负责，扎在火烧桥。办事处是扩大革命的一种组织，办事处受革委会领导。

1929 年二三月成立两江办事处，处长刘章注，书记罗寿，设在枧铺[①] 下。4 月间分为泸江与泷江办事处，泸江在火烧桥，泷江在泷江乡（改水南卫生所内）。

1929 年冬各地成立办事处。两江办事处负责人张宗荣、文书钱雄，泸江罗福生，泷江曾招细。

---

① 枧铺，应为"枧埠"，后文写作"枧埠"。见《江西省吉水县地名志》（内部资料），1984 年版，第 243 页。

1929 年 2 月成立泸江、泷江、上江办事处。泸江办事处主任曾贤均，秘书罗烈。泸【江】办事处管华石、水北、松山、上下皂。

1930 年成【立】两江办事处，在河背。

1930 年上半年成【立】两江办事处，主任张子荣 ①。

白沙

1929 年 5 月成立白沙革命办事处，扎在黄竹坪，主任王白先，作为政权组织，受特支领导，负责领导农民打土豪，宣传十大政纲，组织儿童团、少先队、赤卫军等工作。

1928 年 10 月成立泸源、罗田办事处，这办事处管百多个村，办事处归白沙领导，罗【田】办【事】处主任张孝宣，团负责人刘福贵；泸源办事处主任鄢开真，团负责人黄国先。

民【国】十六年成立白沙办事处，专门抓土豪，做宣传工作。办事处后便成立革委会。办事处时规定每个党员要发展一个人，成立革委会时还是一个支部，书记吴江，30 多个党员；成【立】区政【府】时有区党委，书记是吴江。

6. 党组织从秘密走向公开

红色曙光社设在忠义祠。

1929 年春东龙区委会分开，成立东固区委会，书记刘经化。3 天一次小组会，5 天一次支部会。支部会上汇报、研究工作情况，谈国际国内政治形势。

1927 年春在忠文寺成立曙光社（九区农会也在那里），牌子上写"九区农协曙光社"，社长胡会蛾。

在曙光社里，把财产归农民所有，管制不良分子。

1928 年有红色曙光社，刘经化负责，秘密活动。1929 年公开，书记胡明光。

红潮社—区委会

1928 年 10 月 11 日成立红潮社，杨金芳等人负责。

---

① 张子荣，前文写作"张宗荣"。

1931 年 2 月红潮社改为区委会，区委书记曾昭述—罗福生—田心富—李华界。

1928 年 10、11 月间，在西团有红潮社，秘密活动由杨金芳、龚荣、张德辉负责，其他还有罗福生、许义、罗琇，书记龚荣。1930 年 5 月搬到蔡招贤家，讨论组织苏维埃政府。到了水南后，书记杨金芳，后是王近仁，委员有袁学宝、曾招述、罗福生、王近仁、吴利民、李福怀、刘长生、许起腾、李英（妇女部），下分组织部、宣传部、妇女部。1931 年 2 月改区委会（仍在原地办公，后迁天主堂），以后又迁到仙僻坛（又迁天主堂，又迁水南街）。书记田先虎、李华楷，委员王在润、吴利武、阮九英。

1928 年 8、9 月间水南成立区党部，书记龚荣，有组织部、宣传部、妇女部、青年团、儿童团、雇工会等组织机构。

1928 年有红潮社，秘密的，领导杨金芳，以后转为区委会。

1929 年上春有区党委，书记王庆林，最早支书杨金芳（后罗秀、曾招水〔述〕，最后才是王庆林）。

红潮社在 1930 年 9 月受赣西南特委指示，在松山村成立，社长刘长生，是一个专门杀 AB 团【的】组织，扎了半年后就成立区委，书记田承恩。

泸江办事处在西团，杨金芳、曾召水〔述〕领导，大约 1928 年底改为区委会，红潮社就是区委会。

1930 年成【立】红潮社，设【在】华山下，书记龚荣，委员张德辉、唐宏贵、曾招细、杨金芳。1931 年改区党委，书记龚荣。

1929 年冬组成红潮社（区委），成员有杨金芳、曾招细、曾招杰、钱何、罗福生，书记罗福生，秘书罗烈，刘大声任事务长。

白沙

1929 年正月，白沙成立特支，郭梅负责。郭【梅】从东固兵工厂带回 24 支土造枪，在城上成立白沙游击队（三四十人）。

1929 年 8 月成立红潮社，地点：蓝湖张家。书记吴江，团书记阮瑞芬，组织部阮瑞章，宣传部张孝雄，文书罗胡宽。红潮社主要工作：发展组织，掌握当地情况，领导办事处及各村工作。

1929 年 11 月成立中共白沙区委会（红潮社改），书记阮瑞章（吴江调走别地），组织部长郭元绍，宣传部张孝雄，文书罗湖宽，妇女部陈鸾英，少共区委书记阮瑞芬，组织李裕恩，宣传梁××（学徒）。

四、毛主席、朱总司令率红四军到东固

1929 年正月初八，毛主席第一次来东固，群众欢欣鼓舞，放鞭炮欢迎红军，自动组织洗衣队。初十到螺坑召开了红军与地方武装会师大会，【红军】送了二挺机枪给二、四团，二、四团送了三担子弹给红军。这次会对二、四团教育极大，不仅改变了士兵的作风，更鼓舞了战斗信心。

毛主席走后【，东固】马上成立了苏维埃政府，开始分土地。

1930 年三四月毛主席第二次来东固，[①] 帮助农民插秧。看到 1929 年 6 月被崇贤反动派煽动群众所〈被〉烧毁及抢去耕牛等破坏情况后，拨下了几百条耕牛、种子，几千元做房子，几千元做棉衣，帮助群众恢复发展生产。

（1）二、四团会见毛主席

刘经化写信把二、四团从伊金、三辽调到螺坑与红四军会师。刘经化、曾炳春带领二、四团于 8 月 13 日到螺坑，送了三担银圆，未收，子弹就要。毛主席在螺坑住了六七天，就从大年坑口经长井、白茅寺、水南、干山、峡江到永丰乐安【，再】上福建去了。

1930 年 6 月【，毛主席】第二次从福建到东固，这次来的红军有一万多人，称红军（军长罗炳辉）有五六千【支】枪。东固的

---

① 1930 年 3 月 10 日，毛泽东、朱德率红四军和红六军第二纵队到达东固。见中共中央文献研究室编：《毛泽东年谱 1893—1949》（上），人民出版社、中央文献出版社 1993 年版，第 324 页。

少先队还到迎接。东固街上还挂了红旗，家家打爆竹，群众送米、送菜给红军。毛主席和红军在东固住了两三天，从大年坑口出发，沿长井—白茅寺—水南—干山—峡江—汀江—永丰（住了两三夜〔天〕，打靖卫团获胜）—新干—樟树—三湖—醴陵【的路线】，准备攻打长沙。

1月8日到东固，12日到螺坑，16日走，1000多人，在螺坑坳坝开大会，与二、四团会师。14日开的，大会场中央扎有一阳台，毛主席、朱德在会上都讲了话。[①]毛主席、朱德住螺坑杨老况屋厅上，后经东固走。开会群众□□参加。

1月8日到东固，9日休息，10日试机枪，走火射死郭师麟母，当即给20元银洋、10元银毫（共30元）作为安家〔葬〕费。11日走，从富田经水南去白沙。紧接着国民党刘士毅领兵追来，经东固。

第一次来东固：4000多人，穿得破烂，各色衣服都有，枪3000多，机枪100多，很缺子弹，背的多为空弹壳。朱德住在刘家祠堂，毛主席住街背仓库（王△△的店子）。初九到螺坑，开大会，上午10时开起，午饭后才散。会上毛主席、朱德均讲了话，刘金华、高克念也讲了话。当场赠给二、四团机枪各2挺，二、四团初送银洋，不要，送子弹去，笑纳。当时红军每人身上背了七八十尺布，是打下瑞金缴得的，起初是便宜出卖。毛主席得知后下令不准收钱，并解释说："东固的百姓为解放军做了许多事。"于是红军纷纷解下身上布匹赠予穷人，总计几万尺之多，农民大为感动。

---

① 1929年2月17日，毛泽东、朱德率领红四军抵达吉安县东固地区，与江西红军独立第二团、第四团会合。2月22日，毛泽东在红四军同江西红军独立第二团、第四团会师联欢会上讲话。见中共中央文献研究室编：《毛泽东年谱1893—1949》（上），人民出版社、中央文献出版社1993年版，第284—285页。

第二次来东固：从兴国来。有上十万人，每人有枪，也在螺坑开了大会，还有地方干部和群众参加。毛主席在会上说要创造百万铁的红军，要建立中央政府，建立苏维埃。这次在东固住了十多天，住在万善堂（已被烧毁），朱德住在顺德堂（现在的食堂里）。

（2）对群众的教育作用

东固人民两次看见毛主席的队伍，看见毛主席对地方的关怀，鼓舞了群众的斗志。以前还有人怀疑地方武装及党的力量，至此看见红军强大，看见毛主席对地方党组织的关心，于是放心了。红军纪律对群众也很有教育作用。

第二次，1931 年旧历三月二十七日由广昌来，住了两夜就打九寸岭①、埠头。

十五日下午离开螺坑，因刘士毅军赶到枫边，毛主席留了一个口子让刘军进，十八日刘军到了，【红军】后面打爆竹，前面打抢，四面包围了【刘放】，〈于是〉打得他落花流水，缴了许多枪炮。【之】后毛主席开往福建去了。

螺坑会师时毛主席讲话内容，说明【了】革命的意义和红军的发展及革命的必然胜利，大大鼓舞了二、四团全体人员革命胜利的信心。

1928 正月初四晚，毛主席路过水南，在西团住过一夜。

1929 正月十九日，朱总司令由永丰去富田，在水南住了一夜，召开过群众大会，讲过话。

1930 年 8 月中旬，毛主席从水南那边来，带了 40 多个人，30多【支】枪，还有 2 挺机关枪，中午时分到达木口，趁吃午饭前的

---

① 1931 年 5 月 16 日，毛泽东、朱德率领红军在观音崖、九寸岭两个隘口追歼公秉藩部和王金钰部，这是红一方面军第二次反"围剿"中的第一个胜仗。见中共中央文献研究室编：《毛泽东年谱 1893—1949》（上），人民出版社、中央文献出版社 1993 年版，第 372 页。

一个多小时做了一个木口调查。① 首先问我：家里多少人吃饭？我答：三人吃饭。又问：欠了多少债？答：欠30多元。问：担任什么工作？答：担任土地委员。问：入了党吗？答：已入党。问：你村杀了多少反动派？答：杀了四五个。问：是什么人？答：彭家先、彭培均、彭昌虚、彭家俊。问：村政府的干部吃公家的饭还吃私家的饭？答：都吃自己家的饭。问：如何工作呢？答：村政府没有多少工作，有事就开开大会，不妨碍生产。毛主席将我的话一句句都记入本子，此后还询问了村政府各个干部家里的情况。待战士吃过中饭后，毛主席就带队离木口往白沙那边去了。

1929 年冬（老历没有过年）毛主席到富田（打唐云山后来的）②，召开群众大会，区政府主持会议，接受罗炳辉投诚。③

1929 年正月二十五日，毛主席领〔率〕1000 多红军到富田，住了一个多月，毛主席住在明贤祠。在富田高地园召开了群众大会，四乡群众都参加，有一万多人。毛主席讲话约一小时〈久〉："贫雇农团结一致，抗租抗债，打倒土豪劣绅。"朱总司令讲了约半小时："打土豪分田地""扩大红军打吉安"。

五、知〔识〕字班的材料

访问对象：唐可达（64 岁，苏区当过知字班教员，现为店员）

访问整理：△△△、陈怀山

---

① 1930 年 11 月 21 日，毛泽东同古柏、谢维俊经水南到白沙，在木口村吃午饭，调查了村政府委员的成分及本村所杀反动分子的成分。随即整理出《木口村调查》一文。见中共中央文献研究室编：《毛泽东年谱 1893—1949》（上），人民出版社、中央文献出版社 1993 年版，第 352 页。

② 1930 年 2 月，毛泽东、朱德率红四军折回富田休息和训练，准备歼灭来犯的唐云山部。见中共中央文献研究室编：《毛泽东年谱 1893—1949》（上），人民出版社、中央文献出版社 1993 年版，第 322 页。

③ 1929 年 11 月 15 日，罗炳辉率部在吉安值夏起义，加入红军。见《中央革命根据地词典》，档案出版社 1993 年版，第 509 页。

一次战争前夕，白沙街上青年妇女七八个人知道我认得一些字，便拉我出来教她们知字，都是在晚上教，一晚上□多钟，教两个字，扫盲性质。当时白沙街上像这样的知〔识〕字小组还有两三个，都差不多的情况。七八人一组，人来了就教几个字，没有来就算了，完全是自愿的，但缺席的很少。

教了半个月左右便发生一次战【争】，打张辉瓒，于是知〔识〕字班停止了，我也暂离白沙街。

六、打土豪分田地

1929 年三四月东固第一次分土地。

以村为单位，打乱分，好坏搭配，平均每人分六石（三亩）；地主不分田，只有耕种坏田的使用权，没有所有权，富农分坏田，半工半农者分全田，茶山亦平分；没收地主富农的全部财产，按情况分配给农民；留公田作为红军和出生人口的补田。

1929 年 8 月割禾之后进行调整，抽多补少、抽肥补瘦，实行累进税：贫农、工人、雇农 8%，中农 13%，富农 18%，地主 24%。

1930 年春天查田查阶级，纠正偏差，调整错划阶级，查出了隐藏地主、富农。

第一次分田每人得 14 担（共 7 斗田），没有划阶级，只有富农，没有地主，富农财产全没收，分坏田，山里工人同样分全田，矿工、码头工人没有分田。

1929 年以前抗租抗债。

1930 年第一次分田，好坏打乱分，每人 12 担，地富分坏田，工人一样分，地富住坏屋。

第一次分田，东固每人平均分 6 亩（12 担），手工业工人分一半，地富分坏田。

第二次是查田查阶级，查出一部分富农来，实行地富扫地出门（空手出门），没收地富耕牛、农具、财产，并且还要他捐款，将地富送入高山。手工业在这次没有分田。

白沙 1930 年 4 月第一次分土地，划了阶级，以村为单位，以原耕为主，抽多补少，抽肥补瘦。

1932 年 7 月查田查阶级。

白沙 1928 年割禾后第一次分田：每人 5 石，留公田 8 亩。

划阶级为：地主、富农、中农、贫农、雇工、工人。

工人没有田分，地主没有田分，财产全被没收，富农有田分，只抽他多的部分。

1930 年上半年复查，青苗不动，割禾后再调整。

白沙廖家村：1930 年旧历正月开始分田，每人 3 亩 5 分地，原耕为主，好坏搭配，抽多补少，抽肥补瘦，划了地主、富农，其余没有划，一样分田就是，地主不分田，富【农分】坏田，工人也无田，以村为单位。

1932 年送地主出境，老实地主便留下。

分了一次田后，准备进行一次查田查阶级运动，但因五次战争爆发，没有进行。

水南沙田：第一次分田地未划清阶级，当时有 140 多户，320 余人，平均每人分得土地 8 石。

白沙城上：1929 冬开始分田，雇农分好田，富农分下田，地主不分田，自己开荒生产，田分上、中、下三等。

1930 年冬查田查阶级，1931 年 3 月又查过一次。

富田：1929 下半年割禾后，种油菜时〈间〉分第一次田。

1930 上半年第二次分青苗。

1929 年秋天第一次分田，没有明确划清阶级，当时口号是"不交租，不还债，大家分田地"。

1931 年查田查阶级。

1930 年，田分上、中、下三等，每人 3 石，上、中、下各 1 担，有公田，留给退伍士兵和难民用，中农田地不动，半工半农者全分田。

1931 年春第二次，好坏搭配。

1929 年八九月第一次分田，把田全部登记，分上、中、下 3 等，每人得上田 1 亩，中田 1 亩半，下田 4 亩，工人一样分，富农分下田，地主不分。

1930 年 4 月第二次分田，分青苗，主要是好坏调整。五六月查田查阶级，查出"黑田"要罚。

富田△△农头：1929 下半年分田，好坏打乱分，每人分 8 担，地主没有分，开荒生产，富农分坏田。1930 年抽多补少，抽肥补瘦，地富一样分坏田，工人农民一样分。

富田△联：1929 年打乱分，每人 12 担。

1930 年调整，仍分 12 担。

地主不分田，富农分下田，工人分全田，小贩本人及其妻不分田，其子女分田。

1929 年正月分田，每人得 6 石 3 斗（3 亩 8 分田），没划阶级，工人与小商人没有得田，留了公田，中农田不动。松山村 320 人，平均每人不上 3 亩。1929 年冬彻底打乱分。第三次划阶级调整，第四次查田查阶级。

水南乡：1929 年分田，每人 4 亩，工人照分，地富【分】坏田。1930 年调整，好坏搭配。1930 年分田，已划阶级：地、富、贫、雇、工人。

村背：1930 年第一次分田，最多分到 6 亩。1930 年春开始分田。1932 正月开始查田查阶级。

水南：1930 年 12 月间在泸源一带分田，7、8 月间在店背一带分田，时间先后不一，以村为单位。泸源每人 6 石（3 亩多）、水北 5 石、店背 9 石，多少不一，不管大人、小孩或刚出生的田数一样，柴山不分，木子〔梓〕山（茶山）每人 2 石，实际上年成好可收 10 石。杜先林家 3 个人，分 6 担茶山，有一年收到 20 多担，只泸源有木子〔梓〕山才有分，其他无木子〔梓〕山的没有茶山分。

分法：首先划好阶级，工人、雇工分好田，中农、贫农好坏搭配，地富分坏田；地主和反动富农东西一律没收，富农农具、谷子等只没收一半，对于破产地主、富农则分得比一般地富略好一点的田。再则全部打乱分，好坏来搭配，如果分的地太远，不愿要，要自己原耕地也可以，但须经过群众大会评定同意才行。

没收的房屋、农具、耕牛等经群众大会评定，谁穷分给谁，多半分给工人、雇农，贫农也得一些。

1932 年 1、2 月间中央颁布了土地法，根据册上划阶级的标准实行查田查阶级，过去一些隐田户被查出来了，查出不少地富，如周、赵、田 3 个村，共有 90 户左右，经查阶级后，由富农升为地主的 3 家，由贫农升中农的有十几家，然后实行抽多补少，抽肥补瘦。1932 年实行累进税。

地富由乡裁判委员或村代表负责管制，监督生产，外出请假。

七、红色政权的先后建立（时、地、机构、负责人）

1929 年 1 月成立东固区苏维埃政府，主席段起凤、政委刘经化，下设裁判部、肃反委员会、土地部、文化部、内务部、国民经济部、劳动部、监察委员会、财政部、山林水利委员会、军事委员会。各部分工如下：肃反委员会执行肃反具体工作，对坏人调查捕捉；裁判部审查和判决各种案件；土地部贯彻土地政策，领导分田，查田查阶级；文化部领导文化教育、宣传卫生等工作，开展文娱活动，配合慰劳红军，扩大红军工作；内务部管理民政事务，人民生活福利、安全等工作；国民经济部，计划安排苏区经济发展工作；财政部负责贸易、物资交流，掌管财政收支；劳动部负责调配、组织安排本区劳动力和生产工作；监察委员会，监督和检查党政各部门的工作，处理群众意见；山林水利委员会，保护山林，兴修水利；军事委员会领导地方武装和扩军支前等工作；互济会，对贫苦农民进行救济、互助。

1929 年 2 月成立各乡苏维埃政府，东固乡主席钟新伦，下设各委员，基本上与区相同。

团书记刘后堤（段起凤当不久任团长，调胡海当）。

1929 年二三月，由富田办事处改组成立工农兵联合富田苏维埃政府，主席尹礼宣，以后是曾洪栋，区党委书记王安国。以后各乡成立乡政府，村有村代表。

东固区苏维埃地跨泰和桥头岗、兴国大龙、永丰上方，扎在刘家祠。

东固区苏维埃政府主席段起凤、副【主席】傅月泉、宣传罗宗清、粮食吴兆贞、土地委员胡海、文教杨良远、组织胡明光。

1929 年成立东固乡、和风乡、江口乡、王沙乡、杨桥乡、同治乡、启富乡、罗坑乡、六渡乡、南坑乡、三彩乡、潭连坑乡、安乐乡、上风乡等 18 个乡。

1929 年 5 月水南正式成立区苏维埃政府，乡村政府这时已普遍建立。吉安县苏维埃政府亦紧接着成立，驻天主堂内（后改公略县迁村山村）。

1929 年 5 月水南在西团乡店贺村召开了苏维埃代表大会，正式成立区苏维埃政府。

1930 年正二月成立白沙区苏维埃政府，主席刘开庭，书记颜壮行，秘书吴刚。区府下设有土地、文化教育、军事、粮食、财政、裁判、劳动等部和肃反委员会。

1930 年 7 月白沙区政府并入水南区，水南区苏维埃政府主席刘开庭。

1930 年成立区府后，接着成立乡苏维埃政府，有白沙、泸源、清华、木口、银田等 10 乡。

1930 年 3 月成立杨家寨乡苏维埃政府，主席廖纪球。4 月成立螺田乡苏维埃政府（主席陈美贞）、大水乡政府（主席许浪远）。5 月成立螺田办事处，主任胡延龄、秘书张孝宣，办事处相当于区政府。

白沙区苏府人员：主席刘开亭、文书刘××、土地部陈志元、财政部吴信福、裁判部李才培、文化部 ①、军事部廖其均、妇女部罗湖宽爱人、工会主席张立高、儿童团长黄国光、少先队 。

1929 年冬，在彭江成立木口乡苏维埃政府，主席李衍新、书记陈兴德、文书曾亮（当时称秘书长，后改文书）；乡府组织机构：文化委员、武装委员、土地委员。

水南区苏维埃政府主席刘开庭、文书钱何，区府机构：军事部、土地部、工农检查部、财政部、文化部、裁判部、劳动部。

1929 年白沙成立了白沙、白水、螺田、螺背、南坪、清华、木口等乡政府。木口乡最初属三十八都，成立政府后属白沙办事处领导，历时一年，后曾属水南区领导，最后又属白沙区，水南也划属白沙区来。

富田

1929 年七、八月间成立了苏维埃政府，主席尹里宣、书记胡显福。

1929 年下半年成立富田区苏维埃政府，主席尹里宣、书记胡显福。

1929 年 8【月】成立了东固区，富田一带只有纯化区。1929 年 9 月纯化分为纯化与富田两区。1930 年 2 月成立北溪、花岩乡，12 月两乡合并为花岩乡。1931 年 11 月花岩乡划入富田区。

1929 年七八月水南、白沙两区合并，主席刘开庭。

1930 冬成立了吉水县政府，1931 年 9～10 月改公略县。

1929 年 4 月水南成立 9 个乡：水北乡（一乡）、水南（四乡）、上下东（六乡）、松山（八乡）、虹门乡、富元桥、火烧桥、村背乡。

乡干部分：组织委员、文化委员、财务委员、肃反委员、宣传委员、土地委员、互济委员。

1929 年 3 月成立区政府，主席曾宪永。

---

① 本文有多处空白，原文如此，不再一一标注。

1930年二三月成立水南区苏维埃政府，主席曾宪永，书记曾昭试，扎水南天主堂内，区府下设：组织部、宣传【部】、粮食【部】、文化【部】、劳动【部】、国民经济部、妇女委员会等。四、五月间成立水南第四乡苏维埃政府，主席吴利民、书记李佛槐，后接着成立村苏维埃政府。

1930年成立区苏府，主席张厚贵、书记许起凤、宣传部长田承、土地部长夏侯伯望、教育部长田厚肥、军事部长赖先明、肃反委员会主任刘发兴、组织部　。

1930年5月成立水南区苏府，扎水南天主堂内，主席曾宪永。

接着成立了乡，有10乡，后并为7乡。

一乡下马石、二乡村背、三乡西团、四乡火烧桥、五乡水南、六乡虹门、七乡富源桥、八乡青山、九乡水北、十乡燕山。

打开吉安后改为：下马石乡，设在万寿宫，主席黄乾道；村背乡　，主席汤国荣；西团乡　，主席刘开定；火烧桥乡　，主席杨邦寿；水南乡　，主席刘家栋；虹门乡　，主席温志连；燕山乡　，主席许庆栋。

水南区组织：裁判部、军事部、土地部、文化部、粮食部、内务部、工农监察部、财政部、劳动部。

乡组织同上，叫委员。村政府则有〈了〉3—5个代表分别负责（初也叫委员）。

各种群众团体的建立（模范儿童团）

与区苏维埃同【时】建立的群众组织（1929【年】）：工会组织领导工人运动，管理工人生活福利和调配工作；农协组织和领导打土豪分田地、农民运动等群众性工作；妇女会领导妇女参加生产、慰劳、支前、宣传、扩军等工作；反帝大同盟宣传拥护学习苏联，反对帝国【主】义的奴役，支持组织各地群众的反帝斗争；儿童团组织教育儿童，操练，配合打流氓地痞，破除迷信，禁烟禁赌，站岗放哨；少先队组织训练青少年，配合赤卫队，维持治安，参加游击。

儿童团 7—15 岁，少先队 16—23 岁，赤卫军 24—45 岁。

区儿童团部 5 人组成，设正、副团长各 1【人】，组织、宣传、文书各 1【人】。乡儿童团部 3 人组成，设正、副团长，团下分小队，人数不定。

东固成立区模范儿童团、少先队，衣帽由区发〈的〉，【有】蓝布单衣，还有邦〔绑〕带（一概蓝色）。少先队红袖梭镖，儿童团是红飘带、木枪（均发的）。出操时装备全穿起，每天上午上课，下午练操或活动。一年有两三次全赣西南的总会操，在水南碑头操，东固总得第一名。一次朱总司令经过东固，听到以为是哪里的正规军在出操，问是那〔哪〕个队伍，操得这样整齐，看见原来是儿童团，很是称赞。

模范少先队与模范儿童团是经过选拔年岁较大、能力较强、思想进步的【人】组成，人数各 20 多。

1930 年白沙区群众组织有农协、贫农团、雇工会、工会、少先队、赤卫军、儿童团、互济会、妇女生活改善委员会、反帝拥苏大同盟、青工学徒会等。

水南沙田：本村赤卫队 50 余人，队长刘家楫、刘先培；少先队 28 人，队长刘全干、刘全太；儿童团 24 人，队长刘全训、钱忠蓝；妇女队 29 人，队长叶国英。消灭唐云山时，我村有赤卫队 50 余人协助打，都拿梭镖，帮助红军带路搜索。打吉安我村赤卫队参加了 5 次，每次连先锋队人数有 70 余人参加，多做支援战地工作。

五次【反】"围剿"时，我村大搬粮食往四十都储集，成立避难委员会，主任刘万兴，委员蓝龙昆、唐光耀、刘全发、刘先维、钟立何等，利用做生意的办法来支持当时〈的〉避难群众的伙食费。

木口互济会情况：主要是救济灾民，例如某家烧了房子便及时救济。一般情况下必须经过党组织研究提名，经群众通过才可发给救济物资款项。

经费来源主要是由会员捐集，当时规定每个会员每月捐 5 个铜钱，家里较好的则多出些，此外打土豪没收得来的财产也由互济会掌管。

富田乡 1929 年七八月组织：儿童团、少先队、赤卫队、妇女会、宣传队、画壁队、贫农团。

富田：互济会、反帝大同盟、贫农团、工会、少队、儿童团、赤卫队、宣传队、妇女会等。

妇女组织：区苏维埃有妇女委员 5~7 人，乡苏有 5~9 人，村也有妇女委员。

妇女也编队编班，每一村编一分队，分队下又有班，7~9 人。主要工作是慰劳红军、送慰劳品、做布草鞋。【做鞋】任务由上面分配下来，每次都在 100 多双，全年最多一人有做 20 多双的，并在鞋上写上做者的名字。此外还帮红军家属做工作，有的妇女还上前线做宣传工作（对白区妇女谈话），身体好的还抬担架。后方许多妇女参加莳田耘田等农业劳动。

工会情况：区工会里有雇农工会（主任吴里志）、手工业工会（刘开苗）、店员工会，区工会主任余月生，乡里有工会小组。

工会号召工人带头参军，发动群众做好拥军优属工作，并组织群众与地主斗争，向地主要款。

乡有妇女部，有一个指导员，还有妇女委员；村有妇女代表，小村一人，大村有二至三人。每月到区接受做布草鞋的任务，回来召开妇女委员、妇女代表开会，布置任务，每人每月一双，扩军时由乡送给队伍。

水南：反帝大同盟、拥护红军委员会、互济会、工会、妇女会、儿童团、少先队。

八、地方肃反

1929 年冬，地方开始肃反，对象：地主、反革命、流氓、地痞、迷信不化【者】、烟【鬼】、赌鬼、顽固不改者，有的死刑，有的劳改，轻则教育，以后常有类似肃反。

民【国】十九年旧历八月毛泽覃来东固，开始肃反。区肃反主席是林千春。肃反对象是：烟、赌、和尚、道士、算命八卦、造谣破坏者，主要是地主。全乡捉了三四百人，杀了100多，其中地主占2/3，其他多为造谣破坏，赌钱不劳，吃大烟不改者。群众对这次肃反的看法是：应该肃，杀了地主分得的东西才有保障。肃反的方式是：个别审问、罚款、受刑、枪决。

1929年八月十三日打开吉安，八月十五日调吴禄生到吉安肃反。吴在吉安住了一星期左右回来，捉了十几个地主家属回来。

1930肃反对象：地主富农和投机分子，赌、嫖、懒汉。

（二）公略县革命斗争史材料汇集（二）①

一、地方革命武装的建立及其活动

1. 地方革命武装的建立：东南游击队（建立及收编段起凤、游击活动）

赖经邦，东固人，1925 年毕业于江西省立吉安第七师范学校，读书时期加入了中国共产党，毕业后在吉安做小学教师。1926 年北伐军攻下吉安以后，接受党的指示，任吉安教育局的巡学员。1927 年 7 月中旬，回到东固。这时东固已组织有九区农民协会（吉安县第九区农民协会），赖经邦回到东固以后，以汪精卫为首武汉国民党政府，继蒋介石之后叛变革命，大批地屠杀共产党员。接着吉安的国民党以朱世贵为首也大批捉杀共产党员，于是他不能回到吉安去，就在东固进行革命活动。不久，高克念、曾炳春等革命同志也回到了东固。赖经邦和他们一道，把九区农会的 9 支枪夺取过来，连同自己原有的 2 支手枪，由赖经邦领导，组成了东南游击队。

为了发展革命力量，扩大武装，在当时认为最好的办法是争取段起凤来参加革命。段起凤是永丰县丝毛坪②人，出身农民，练得一手〔身〕武艺，后来就做拳师，以此谋生，曾到过福建一带教

---

① 本文所录为各种访谈材料的集合，多有不一致之处，原文照录。

② 丝毛坪，应为"丝茅坪"，今吉安永丰县丝茅坪，后文写作"丝茅坪"。见何友良：《苏区制度社会和民众研究》，社会科学出版社 2012 年版，第 39 页。

打，在那里受到红枪会、大刀会的影响，参加过一次抢劫，回家后就用三点会的名义纠合一些门徒，打着"劫富济贫"的旗号，在蜈蚣山一带进行抢劫活动，他们由几支枪发展到20多支枪，共有30多人。1927年10月党组织派段玉林（段瑞生），利用宗族关系把段起凤规劝过来，不久段起凤就率领门徒参加【了】革命。

段起凤被争取过来以后，东南游击队的力量扩大了，队员有四五十人，有30多支枪。这年11月，在赖经邦的率领下，东南游击队进攻富田，【欲】捉拿大恶霸王初曦，不料被他先逃走了，游击队在没收了他家的东西以后，放了一把火，把他的房屋烧毁了。

烧了恶霸王初曦的房子以后，队员们革命信心大大增强。1928年5月又攻枫边，枫边在东固的南部，当地驻有徐子文的靖卫团。赖经邦指挥游击队很快把枫边打下，俘虏了许多靖卫团分子，但赖经邦不幸在这次战斗中牺牲了。接着游击【队】在枫边进行组织和发动群众工作。两个月以后，枫边的群众组织起来了，赶跑了豪绅地主，建立了自己的政权。

6月，东南游击队乘胜攻打崇贤。崇贤驻有罗焕南的靖卫团，他们的人数比较多，力量也比较强，共有200多人和200多支枪。东南游击队的领导人段起凤、刘经化、曾炳春、罗宗清等都亲自参加战斗。由于游击队员们的英勇战斗，结果把比较强大的靖卫团也打垮了，缴获了靖卫团的大部分枪支。

东南游击队的几次战斗都获得了胜利，势力一天天壮大，【枪】由30多支发展到五六十条，人数增加到100多人，活跃在东固的周围，经常捉杀土豪，给靖卫团以猛烈打击。

2. 地方革命武装的壮大

（1）独立第二团的成立及其游击活动

1928年9月，七、九纵队击溃了"五圩联防"后，由于力量的壮大，七、九纵队就受赣西南特委的指示，在永丰元福乡合编成独立第二团，李韶九任团长，曾炳春当政委，参谋长是李文林，^①共有 1000 多人，七八百条枪〈口〉。10 月初，队伍从朱岭经崇贤来到了高兴。高兴的靖卫团早听说二团要来打高兴，就〈都〉先逃走了。二团在高兴打了几个土豪，以后就一直开到永丰圩……八号把兴国城攻下，城里的官僚逃得不留一个。二团进入兴国城。

兴国县早在 1927 年谢云龙就组织了总工会，发展了会员，并且有了党的组织。"七一五"国民党叛变以后，兴国县的总工会被反动派捣毁，党组织也就转入地下活动。

这时敌人全逃跑了，二团入城后，李藻、李嘉中等党员也开始了公开活动。兴国县的总工会和其他革命组织都全部恢复了。兴国县又成了革命活动的中心。

二团在兴国扎了五六天，恢复和发展了革命组织，以后就开到江背洞（今江背乡）发展农运工作。在江背洞的魏家祠堂里，召开了一次群众大会，有 200 多人参加。会上向群众讲解资产阶级和无产阶级两条线路的斗争，讲共产主义，讲革命后发展和红军的胜利，群众听了心里"很欢喜"。兴国人民在这时都动员起来了，革命信心大大增强。二团在江背住了 3 天，从张木山开到城岗，在城岗缴了靖卫团 30 多条枪，后又开到莲塘圩和良村，一路上每到一处就写标语、贴布告，组织发动群众起来革命。

（2）独立第四团的成立及其游击活动

1928 年 12 月在良村成立红军独立第四团，团长段起凤、政

---

① 1928 年 9 月，江西工农红军独立第二团（由江西工农革命军第七、九纵队合编而成）成立，李文林任团长兼政委，段月泉（又名段起凤）任副团长，刘泽民任参谋长，曾炳春任政治部主任。见《中央革命根据地词典》，档案出版社 1993 年版，第 238 页。

委袁振亚，[①]共三四百人，有三四百条枪。第四团是以谢云龙在崇贤组织的第一大队、教导队以及红二团的一部分人员枪支组成的，其中以第一大队为基本力量。

1929年旧历正月初八日，毛主席来到东固，红二、四团在罗坑石鼓秋河坝上与毛、朱率领的红四军会师。毛、朱率领的红四军是从井冈山来到东固的，红四军共有五六千人，他们都穿草鞋，扎绑腿，每人都背一支枪。会师时，毛、朱都先后讲了话，毛主席讲革命的意义和红军的发展，以及革命的必定胜利，大大鼓舞了二、四团的指战员，增强了他们革命胜利的信心。

（3）红二团活动

1929年正月，红军主力二、四团攻了义富残敌几十名，当时反动保卫团、红学会受到一次严重的打击，以后就逃了。

1928年冬，井冈山派李韶九、李文林来成立二团，团长李韶九、政委李文林，几百人，200多条枪，整编好接着开到崇贤，住了一天一夜，去高兴打进兴国，缴了300多支枪，活捉伪县长等人。在兴国住了两天，赣州白兵来了，二团又开回东固，到永丰，把永丰游击队在良村编【成】红四团，人数1000多〈人〉，枪有几百，二团力量强，四团力量弱。编四团后，先后打过永丰、兴国、泰和、广昌、横△等地，次次战争都胜利，缴获了很多枪，后二、四团有几千人，几千支枪。

毛主席红军到东固，当时穿【得】很烂，二、四团支援红军，每人给红军一件棉衣，红军在螺坑住了几天，开【了】几天会，毛主席说："今天队伍小，以后会扩大，看现在多少人参加红军，现在吃苦，以后就会好。"朱总司令也讲了话。以〔之〕后毛主席送

---

① 江西工农红军第四团，由赣南十五、十六纵队和江西工农红军独立第二团部分指战员，于1929年在兴国莲塘合编而成。团长段月泉，政委金万邦，政治部主任鄢日新，参谋长刘泽民。见《中央革命根据地词典》，档案出版社1993年版，第239页。

两挺水机枪、【很多】子弹给二、四团。后毛主席来把二、四团编为三军七师，军长黄公略，七师师长周子均（在打吉安前在瑞金一带编的）。

二十军是各地区游击队编成的，军长曾炳春。

（4）七、九纵队

在丁油打一仗，失败。转到石山高休息2个【月】之后，10月【到】东固打靖卫团，得胜又回石山高，过八都打乐安，此时10月（1928年）改编成二团，团长李文林，1000多人，有连、排组织。11月打乐安，打了点把钟就打开了，缴获一批枪弹，入城后还【做】了宣传工作，经两天后由宁都过兴国的东村莲塘。12月打兴国，在东村吃过早饭后，队伍开往兴国县城，打开兴国后缴获100多枪弹，并没收了两家当铺的财产，分给穷苦百姓。

七纵队主要活动地点，伊金、三辽〔僚〕、圳上、陵金山一带。

九纵队主要活动地点，永丰、白沙一带，政委郭梅。

七、九纵队的活动是写标语，捉土豪，领导群众抗租、抗债。

七纵队队长王龙生。

1926年9月打崇贤。崇贤的靖卫团有200多人和枪，靖卫团团长罗焕南。崇贤被打开，全部缴获敌人的武器。这时也派人在崇贤发动群众，很快崇贤人民也爆发革命，组织起来。

七纵队当时有500多人，200多支枪，没有枪的都拿刀，不脱产，无事在家来耕田，有事就打仗，有枪的全脱产。士兵都穿军装、【戴】红袖章，上面还有五角星和镰刀斧头，写"东固第九纵队"字样，每月有12元军饷，生活很好。

在东南游击队的力量日益壮大的基础上，1928年6月在东固成立了第七纵队，队长段起凤、政委曾炳春[1]，共100多人，有五六十

---

[1] 江西工农革命军第三师第七纵队，于1928年2月在东固成立。吴江任队长，赖经邦任党代表。见《中央革命根据地词典》，档案出版社1993年版，第236页。

条枪，成员都是东固人，在东固周围的一经、三蓼〔僚〕、坳上、界军山一带。七、八月间曾到永丰打红相会、大刀会等封建反动组织。在攻打永丰石马靖卫团的十多天战斗中，取得了辉煌的胜利，活捉了靖卫团的两个头子、十多个土豪，还缴获了很多枪支，东固革命委员会主任罗宗清同志不幸在这次战斗中牺牲。

第九纵队成立以后，段起凤写信给在泰和紫阳山一带进行抢劫活动的孙道发，动员他也参加革命。在段起凤的〈说服〉影响下，不久孙道发就带领他的70多人的队伍和50多条枪，来到东固投入革命。〈在这〉同时，驻在良村的靖卫团团长梁麻子，在革命力量日益壮大的影响下也自〔主〕动〈的〉写信给东固革命委员会，要求放弃反动立场，为革命立功。东固革命委员会欢迎梁麻子进入革命队伍，梁麻子率领他的靖卫团120多人、100多条枪，从良村来到东固。孙道发和梁麻子到了东固以后，和第九纵队一道进行游击活动，到处打击敌人。

1928年7月，七、九纵队攻打"五圩联防"（富田、值夏、陂头、永安、新圩）。"五圩联防"是国民党反动派组织的专门对付东固地区革命武装的地方反动力量，他们纠合300多人、200多条枪，由罗炳辉统率，经常到各处镇压革命运动。七、九纵队首先进攻值夏。敌人听说东固的"土匪"来了，一个个都吓得溜跑了。七、九纵队便撤回到富田，接着派出侦察去窥察敌人的踪迹，后来探知敌人躲藏在新圩的羊角庵，当晚就派出队伍去包围羊角庵，到天亮时，七、九纵队把羊角庵围住了，开始向敌人射击，枪声一响，"五圩联防"的队长带着十几个人慌忙越墙逃跑，其余的人全部活捉〈起来〉，枪支也全部缴获。七、九纵队的力量一时空前壮大，革命声威鼓舞着人民斗志。

（5）八纵队

1927年，一些北洋军阀中残留下来【的】和一些开小差的士兵，有100多人，六七条枪，以何金山、赵金彪、张小水为首在冠山为匪（均河南人），何金山与郭春和是拜把兄弟。1927年2月陈泽亲自率领吉水县农民自卫军和水南白沙的农民自卫军共 100 多人，七八十条枪前往冠山剿匪，结果将敌赶〈跑〉到富田、永丰、乐安一带〈去〉。

1928 年 2 月革命力量日渐强大，群众都发动起来了。这种情况下郭春和要何金山等假装革命，与七纵队联系，七纵队答应了要改编他们，何不愿意，另编成八纵队，不与七纵队驻在一起，暗中与吉水县反动政府联系，准备公开叛变。

1928 年 4、5 月间，白沙群众在栗善开会，八纵队乘机公开叛变，进入白沙捉到张孝禄。

八纵队叛变，在山上捉到张孝煌、项大方、廖声涛等六七个党员，押到白沙。割下张孝煌的耳朵，要他自己吃，然后割他的脚筋，穿洞用牛拖往牛头村，张孝煌一路高呼"中国共产党万岁""苏维埃政府万岁""各位同志不要恢〔灰〕心，革命是要胜利的，他们也要死，我先死，他们后死"。敌人在牛头村将他破肚割手脚处死，尸体被分成五股，他家里两三天都不敢去【收尸】，收尸时还有一双脚找不到。项大方等同志也一样高喊"中国共产党万岁""革命成功万岁"。

八纵队受改编后，并没有改变原有的抢劫、【强】奸作风，不遵守纪律，不听从指挥，内部也有矛盾。一次何金山带了十多人到水南被马连长打死，后队伍又反水，被七纵队捉到在河边打〔杀〕了 9 人。

（6）兵工厂

1929 年正月，郭梅从东固兵工厂领回 24 条土造枪，每支枪有 3 粒子弹，还有 5 支鸟枪，搬到城上成立白沙游击队，队长郭国招、副队长邓尧厚、政委张孝宣，有三四十个人。

（7）红军学校

1927 年 7 月，红军学校在东固涧东书院成立（由赖经邦、曾炳春、刘经化 3 人提出），校长郭梅，有郭幺团等三四个教师（教□），学生 100 多，都是招收当地的青年（要有文化的），并要学习军事、政治，三操两讲，学习期间不一定，学好了就【向】上级调动，校址设在螺坑。

（8）吉太游击队 [①]

① 1928 年 6 月成立吉泰游击队，30 多人，30 多条枪，队长徐有生，政委黄 ×× 。

② 1929 年下半年办了一期军官训练班，校长刘铁超，学习时间五六个月，学生 20 多人，毕业后分配到游击队工作。训练班在红色军事学校成立后取消。刘铁超调到二十军当军长，曾炳春政委，参谋长胡灿。

③ 1930 年上半年在陂下成立红色军事学校，它的前身是教导队。校长金万非，政委陈东立，军事教官周世均，学生 120 多人，毕业后担任部队军官，办了一期迁到清〔青〕原山。

④富田游击队发展变化。1928 年组成赤卫军，后编为吉泰游击队，五次战争期间有花岩游击队、富田游击队、公略游击队、儒林游击队、纯化游击队。

⑤ 1928 年 5 月富田农协正式成立后，没有武装，感到不好活动，于是请东固帮助。这时东固召集了富田地区的地主豪绅开会（到东固去），在这个会上把他们扣留了。〈如是，〉地方同志带着教导队下来缴了陂下地方武装 20 支枪，富田的 10 支（这时曹有凤带着打土豪没收的银圆 100 多【元】逃走了），于是展开了杀土豪打恶霸的活动，要钱有钱，农民协会普遍发动起来，在这个基础上于 1928 年冬天成立吉泰游击队，30 多条枪。东龙区委派来队长徐有生，吉泰游击队后归泰和管，以后又编到二十军去了。

⑥ 1929 年 7 月间成立了吉泰游击队，队长黄有生（非党员），30 多支枪（陂下 10 条，富田 20 条），30 多人，到泰和、莆田、罗家圩等地活动，和罗炳辉打仗，第二年改为泰和游击队。

⑦ 1929 年下半年成立青年干部学校，校长刘铁超，时间 5 ~ 6

---

① 吉太游击队，应为"吉泰游击队"，下文称"吉泰游击队"。

个月，共 20 多人，结束以后都分配在游击队工作。这学校只办了一届，后成立红色学校，〈则〉取而代之。

⑧ 1930 年 5 月成立赤卫队，工作是打游击，用鸟枪、梭镖缴获敌人的枪。1931 年 2 月成立花岩游击队，队长罗华连，先有枪一支，后发展到 120 多支枪、80 多人。花岩乡周围有靖卫团就要去打。后枪上缴给东固区去了。

⑨ 1928 年正月，毛主席、朱德领导的部队由井冈山来到东固，与东固赖经邦、段起凤、曾炳春、胡海等接头。1929 年 7 月成立吉泰游击队，队长徐有生。1930 年 4 月编成红二、四团。

⑩ 1928 年上半年成立富田办事处。办事处成立后，即组织吉泰游击队，20 多人，号称三支枪，其实只有一支能用得的，其他都是鸟枪、梭镖，队长徐有生。

⑪ 成立政府【后】即刻（1929 年）组织游击队。它比东固游击队迟，它的前身是赤卫队，队长是罗华阜，游击队队长林凤喜。二次战争结束后成立的，称富田游击队，100 多人，队有三排，三班一排，枪 10 多支，鸟枪、花枪较多。

⑫ 1928 年六、七月间成立吉泰游击队，有 30 多人、30 多条枪。

⑬ 1930 年上半年第二期教导队结束，改为红军学校，设在陂下郭林堂，毛主席为名誉校长，金万邦为校长，政委陈东立，军事教官周时昆，有学生 160 多人，学习一年毕业，分派到军队中做军官（连以上干部），此学校在陂下住〔驻〕一年就搬到青源〔原〕山去了。

⑭ 1929 年冬天，组织了富田游击队，10—20〈多〉支枪，20余人，不久（同年冬天），组织了吉泰游击队。在 1930 年上半年和东固编成了十纵队，下分四、五、六团，罗炳辉也过来了。发展到 1930 年时，在富田成立第三军，黄公略为军长（在八乡联防前即有十纵队）。在十纵队后一个月，就有了富田游击队，开始 20 多支枪，在陂头缴了枪，共有 70—80 支枪，吉泰游击队也有 70—80 支枪。

3. 地方武装

参加打吉安的游击队、赤卫队经整编训练后，于 1930 年 8 月 22 日编成二十军，军长曾炳春[①]，当二十军成立后立即提出扩大铁的红军一百万。

1929 年旧历正月初八日，毛主席来到东固。红二、四团在螺坑与毛主席、朱总司令率领的红四军会师，毛主席和朱总司令都讲了话，大大鼓舞了二、四团全体指战员，增强了他们革命胜利的信心。二、四团送了 3 担银洋给红四军，表示慰劳，还送了 4 担子弹给红军，解决了红军弹药不足的问题。红军送了两挺机关枪给二、四团。

白沙于 1929 年编成白沙警卫【连】，有 100 多人、40 多条枪，连长郭国招，指导员鄢开真，警卫连势力发展很快，不久受上级命令调到河西，编入别的队伍，那时有 200 多人、百条枪。

1929 年冬在泰和罗家圩将永丰游击队、泰和游击队、白沙游击队合编为十纵队，队长许光洪，指导员刘××，共 100 多人，六七十支枪。

1930 年初将永新（莲花）纵队，富田纵队，二、四团与十纵队合编成第六军，军长黄公略、政委毛泽覃，[②]共三千多人，每人都有枪。1930 年 6、7 月间第六军改为第三军，军长黄公略、政委蔡会文，共 3000 多人，分为 3 个师——七、八、九师。二团和富田纵队改为第七师，四团和十纵队改为第八师，永新纵队改为第九师。

---

① 中国工农红军第二十军，于 1930 年 6 月成立，在吉安陂头由永新、吉安、吉水、安福、莲塘、泰和等县的红军游击队和地方武装赤卫队合编而成。军长曾炳春，军委书记兼政委刘士奇。见《中央革命根据地词典》，档案出版社 1993 年版，第 216 页。

② 1930 年 1 月，中国工农红军第六军成立，在万安县将东固、延福、兴国和罗炳辉的江西工农红军独立第二、三、四、五团，永新、宁冈、莲花等县赤卫队合编而成。军长黄公略，政委刘士奇，政治部主任毛泽覃，参谋长曾昭汉。见《中央革命根据地词典》，档案出版社 1993 年版，第 213 页。

二十军由地方武装编成，白沙警卫营即编入二十军，此外还有泰和、沪凌〔庐陵〕等地的地方武装。

二十军、十二军都是在陂下、泰和一带组织起来的武装。

1931年二次战争后，成立富田游击队，100多人，队有三排，三班一排，枪10多条，鸟枪、花枪多。

吉泰游击队于1930年上半年和〔在〕东固编成了十纵队，下分四、五、六团，罗炳辉也来了。到1930年下半年在富田成立第三军，军长黄公略（八乡联防前就有十纵队）。十纵队后又组织富化游击队，开始20多支枪，在陂头缴了枪，共有70—80支枪，吉泰游击队也有七八十支枪。

1932年成立公略独立营，以后又改公略独立团——公略独立第五师。[①]

1930年二三月成立游击队，队长许义，后编成水南游击队。

1931年旧历一二月，水南成立警卫营，由水南、白沙、下富田3地游击队组成，营长郭国招、政委罗荣海，有200支枪、300人。经常打汀江岛一带，又配合工农红军在东固一带打二次战争，打了一天一夜。当时警卫营任务，阻击敌人……警卫营以后发展到五个连……三次战争后，警卫营改编为江西红军独立第五团，由下富田、白沙、中鹄、水南、罗家圩几个连组成，团长易章本，政委不知，有400多条枪，六七百人，有机关枪1挺、80多人，教导队50余人，共编成第五团（公略第五团）。

1930年5月，水南游击队有一排编入二十军，还有二三十人留在地方，枪二三十支。

编四团后，先后打永丰、兴国、泰和、广昌、银坑、横坑等地，次次战争都胜利，缴了很多枪，后二、四团有几千人、几千

---

① 1932年1月，中共公略县委将白沙、水南、中鹄、富田、罗家5个区的红军警卫营编成公略县独立第五团，易章本任团长。见《中央革命根据地词典》，档案出版社1993年版，第248页。

【支】枪，二、四团后改编到三军七师，军长黄公略，七师师长周子均……二十军由各县、各区游击队编成的，军长曾炳春。

水南游击队配合红四军打唐云山，获大胜，光水南游击队就缴枪百余支。

水南游击队配合二十军打吉安……打开吉安后，冬天水南游击队改为白沙警卫营，营长郭国招、政委罗永海，共有 300 多枪，下面三个连：水南一连，白沙一连，富田一连。

1930 年成立三个团：独立一团、二团、三团。独立一团团长易章本，有 3 个营、千多人、千多支枪，过泸江后便向新干、丰城一带发展。1931 年发展武装，成立新干独立营，有 300 多人、300 多支枪……在新干一年多，成立了苏维埃政府，主要活动打靖卫团，打红学会。

1930 年 5 月水南游击队编了一个支队到二十军里去，剩下一个支队在地方活动，打击敌人。

警卫连在汀江、乌江、冠山打击敌【人】的靖卫团……二次战争前，3 月间成立警卫营（水南、白沙、下富田三个连组成），营长郭国招、政委罗荣海，有 300 多人、200 多支枪，打汀江、乌江一带。二次反"围剿"中配合红军主力在东固阻击敌人的围攻……后增加了罗家圩、苦富、观音岩三个连，成立独立第五师，即公略第五团……共有六七百人、400 多支枪，师长萧克、政委××，团长易章本、政委××。独立第五团 1931 年参【加】打罗家圩，活捉敌人 314 名。1932 年正月初一打吉水墨台，缴了 8 支枪，又到永丰八高打靖卫团。

1929 年组织了东固警卫连，三次战争以后组织了东固游击队，五次战争组织了东潭独立营，坚持到国民党到东固。

水南区党部成立后，为发展地方武装曾想尽办法，刚好那时敌人在吉安办了一个"剿匪训练班"，党就派钱何、钱颂等人去吉安打进去，班里有八九支枪，全为打进去的党员掌握。几个月后在一次"剿匪"中枪支全被搞过来了，党部力量也就发展壮大起来了。

1929 年冬组织燕山游击队，□来五支枪，有二三十人，游击队主要是打红学会。

钱何、钱颂、李出△在"剿匪训练班"学习。第一次永新"剿匪"，借着"剿匪"把敌人的枪全部夺过来了。

水南游击队有四五十条枪，百余人，打保卫团、义富、红学会。

1929 年冬夏成立水南游击队，地点西团，20 余人、几支步枪和土枪，后发展到陂头、水南一带打土豪。1930 年正月在衡田领枪，是毛主席、朱总司令发的，水南十几支，白沙十几支，后参加打唐云山战争，曾化普为队长，后是曾少辉，指挥杨经芳①、张得辉、曾昭试。1930 年 5 月，水南游击队有一支队编入二十军，剩下一支队在水南，有二三十人、20 多支枪。

1928 年〈在〉3、4 月【间】在周坑成立游击队，队长吴××，领导吴子鉴，40 多人，10 条枪，目的是打反动派、红学会，打苛捐杂税。

1929 年冬成立水南游击队，有百余人，百多支枪，枪是黄陂领来的，队长刘万兴，他们专门在当地打白军、靖卫团、红学会，以后改编成警卫营，营长刘××，这时有千多人和千多支枪。

1928 年 9 月左右，从东固运来军饷，枪七八支，10 月成立教导团，负责【人】杨金芳、许起腾、许义，训练时间为两三个月〈左右〉（毕业出来在游击队活动）。

4.各地游击队

白沙

1926 年 11、12 月间，缴夺了土豪在北伐前买的 4 条枪，成立了区人民自卫军，有十几个人，张孝宣任队长。

1927 年正月，陈泽县长要白沙人民自卫军协同吉水县农民自卫队和水南人民自卫军到冠山剿匪。

1929 年 9 月初，白沙游击队和水南芦江游击队合在一起，共

---

① 杨经芳，文中又写作"杨金芳"。

二三十条枪，联同农民共两三百人去围攻新万寿宫，张孝雄、张孝禄带领〈去〉，分三四路包围到了墙脚下，郭国招开枪打伤了卫兵，卫兵进去关了门，我们说要一个个打死他们，罗凤祥答应缴枪。

1927年打党部夺得6条枪，当时反动势力大，枪就埋起来。1927年底、1928年初和东固七纵队接上头，这里又起来6条枪加2条短枪共8支枪，于1928年起事，探到哪里有枪就到哪里，【在】水白、白沙、永丰、水南等地游击、袭击保卫团。白沙保卫团驻在万寿宫，游击队打不进去，用洋油烧，敌人发觉后冲出来，使游击队受到一次损失。

1928年8月有20多条枪，组成七八十人的白沙游击队，队长鄢开真、政【治】指导员吴万何。

1929年编成白沙警卫连，有100多人，40多条枪，连长郭国招、政委鄢开真。编成警卫连后，势力发展快，不久受命调到河西改编，那时有百多人、百条枪，编后白沙剩下十多支枪、几十人。

1929年白沙游击队队长许光洪、指导员鄢发，共30多人、30多条枪，冬在泰和罗家圩将永丰游击队、泰和游击队、白沙游击队合编为十纵队，队长许光洪、指导员刘××，共100多人，六七十支枪。

白沙游击队同年春成立，40多人，30多支枪，指导员郭梅，改编后郭梅、鄢发都到五团去了。

5. 各地游击队组织及其活动

1928年冬，龚荣、杨金芳成立教导团（训练班）〈三四个月〉，9条枪（土枪2条，洋枪7条），以后发展为水南游击队，30支枪，四五十人，队长许义、政委许起腾。后与白沙、阜田游击队合并为警卫营，后编入独立团，团长易章本。

游击队是以水南为一队，有20多条枪，打吉安和义富时，大家都是团结一条心，不动群众和俘虏的一点东西。

1928年冬由警卫连（负责人欧阳森、陈修竹）、赤卫队（队长古清秀），联合攻义富，当时义富防守得很好，赤卫队用 3 架楼梯从屋上打过去，这才打开，打开后杀了很多猪，连肉都挑走了。

1928 年冬伍景福、伍景文（后叛变）到东固当兵参加游击队，当时只有几十人、十几支枪，胡献△与赖经邦负责，胡为团长，后扩大到百多人、四五十条枪，到富田圩打大地主王崇熙，后来王崇熙请了几千国民党军队来，我们被冲散，在 1929 年回到盖陂村。

1928 年 9 月开始有队伍，队长许易、曾中祥当中队长，23 条枪，60 余人。后打罗家圩，缴获敌 84 条枪，当时敌人有靖卫团，100 人，副团长罗××，我们给罗副团长 600 块钱，结果罗反水，这样全部枪归我们，于是在 1928 年 11 月成立水南游击队，以后经常【在】义富、丁江、乌江、吉水、冠山、竹山……一带。1930 年正月，水南游击队、白沙游击队合并成立三十二纵队，134 条枪，300 余人，队长鄢开真，指导员刘开庭，后打吉水、水东一带。1930 年 6 月，队伍编二十军，△△一个连，富田一连。

1929 年 8 月成立水南游击队，队长许义，共 50 多人，还有 2 个号兵、30 多支枪，专门打义富红学会、保卫团。打时带领群众拿梭镖，每一次都有上千〈多〉群众参加。以后游击队力量逐渐壮大，向丁〔汀〕【江】、乌江一带发展，扩大苏区，并捉土豪。1930 年成立三个团：独立第一团、独立第二团、独立第三团。独立第一团团长是易章本，有三个营、千多人、千多支枪，过芦江后向新干、丰城一带发展。1931 年在新干发展武装，成立新干独立营，有 300 多人、300 多支枪。三个团配合新干独立营共同作战，在新干有一年多，成立了苏维埃政府，主要活动还在打保卫团、红学会，三个团在新干驻了一年多，后经丰城。这时敌人派了几个师来包围三个团，敌人用"诱敌深入"办法，敌人力量大，三个团分散，免得受损失。我们第一团分散走时，先将全团驳壳枪集中，化装便衣队，走在前面，大队便走后面，不久又退回新干，领导新干独立营。第一团回新干时，敌李向荣率领保安师，在后追踪，团部探听

〔知〕敌人在离我们只有十里路的地方驻扎下来，便决定晚上攻打歼灭他们。当时我们一团和新干独立营的力量合起来并不够，晚上团部派传令兵送信到新干独立营，准备互相配合，同时攻击。敌人放哨严，信不能传进去。传令兵回团部，当晚团部决定一定要把信送过去，便又派了人员去，终于把信送到了。我们赶早吃饭，吃完后便去打，机关枪首先登上了上〔山〕头，扣着敌，第一团、新干独立营前后夹攻，把敌保安师全部捉到，师长李向荣也被捉。

党校：1928年在陂头有个党校，是赣西南特委开办的，李挥邦负责，吉水、泰和、儒林、永丰都有同志学习，内容是"列宁主义"，发了油印。毛泽覃、彭清泉都给他【们】上课，时间为50天，毕业后都分配到省、地方工作。

青年干校：校长刘铁超，时间五六个月，共20多人。结束后，分配到游击队工作，开办了一届后改为红色军事学校。

后田畯派许义、许起腾打入保卫团去为内应，配合教导团打垮保卫团，获得许多枪支，于是成立了水南游击队，队长许起腾、许义，指导员杨金芳、张得辉，后调许起腾当政委，许义为队长。水南游击队这时固定人数五六十人、五六十支枪，每个人【都】有枪。

在革命委员后成立水南游击队，刘万兴当连长，20条枪，连群众几百人，打红学会前后△、丁〔汀〕江、乌江一带后变成警卫连，连长刘万兴，200余人，100多条枪，又打白沙、乌江，打罗凤祥靖卫团后，打吉水墨台、陂下、吉安。

打开吉安后第二年，我参加了公略县警卫连，连长林凤起，百多人，百多支枪，主要是保卫县委会。

水南游击队经常在泸〔庐〕陵一带抓土豪，一次抓土豪募款达1000多块现洋。打义富，主要也是水南游击队参加，打过不知多少次，曾山也打过。

1929年正月，20多个水南游击队配合红四军打唐云山一旅，获大胜，光水南游击队缴获枪支百余条，西团一村参加打唐云山的就有五六百人,地方武装及农民一起配合红四军出动。

同年 4 月配合打吉安,在 8 月才打开吉安。

打开吉安后的冬天,水南游击队改为白沙警卫营,营长郭国招,政委罗永海,共 300 多支枪,连伙夫共有 400 余人,分三个连,水南一连,队长官特昌,指导员许义,白沙……

二、为巩固苏维埃政权而斗争

1. 地方武装的壮大

（1）配合红四军打唐云山

1929 年正月十九日,朱总司令由永丰去富田,在水南住了一夜,召开过群众大会,讲过话。革命势力逐渐壮大,在七、八纵队的协助下成立了革命委员会两江办事处。正月间匪旅唐云山部进攻,与我战于宝华山。在东固方面的一、二、三、四纵队迎击,与〔在〕地方赤卫军、少先队、农民的配合下,不到一小时即将其全部击溃。敌往吉安、值夏逃去。红军追上,将其全部歼灭。

1930 年正月二十五日,反动派唐云山用一个旅的兵力,开始进水南一带。〈可是〉不久,〈该旅都被〉我红军第四方面军,配合地方武装,仅一天时间【就】消灭了这个旅。消灭【敌人】后,立即回到阜〔富〕田,一切赤卫军和地方工作人员接着进行恢复工作……当时还提出口号,"不让敌人占领一寸土地",同时进行一切组织准备,发动群众准备打吉安。

1929 年冬天,毛主席、朱德同志从福建的汀州来,当时有四、五、六军,二、四团也参加了,一起打独立旅。唐云山从万安来,带有四个团,两团留在陂下,两团在水南。毛主席也有四个纵队,一个留在东固,有三个纵队从富田到水南,打垮了敌人两个团,七纵队在陂下也打垮了敌人两个团。这次多些用牵制敌人主力办法进行,打垮了唐云山后,退到富田休息。

打垮了唐云山以后,罗炳辉来投降〔诚〕,编成了十二军。

毛主席到了福建汀州,后来到富田和敌人唐云山的独立旅碰到了，我们消灭了唐云山的队伍，由永丰、乐安、吉水、水南到值夏。

唐云山的部队从永丰、汀州来水南，我们〈的〉率队从四面包围，只剩水北没包到。敌人头天晚上来，第二天早饭就败逃……一路由汀州逃跑，一路从值夏逃，共打了一天，下午四五点钟在值夏结束，缴了很【多】枪，捉到很多俘虏，后放了。

水南游击队，群众配合红四军打唐云山……单西团村参加打唐云山的就有五六百人，地方武装及农民一起配合红四军出动。

1930年正月二十五日打唐云山。二十五日唐云山攻水南，当街被打死2人。革命委员会在西团放哨，当街人回来告知唐云山部情况，立即接到消息告知富田红军（晚一时到三时出发），从白沙向水南包围，在白沙打了几枪，追着反动军下来，结果缴到100多支枪、机关枪10多挺，第二日追到值夏。

1930年正月二十四日，国民党反动派军队唐云山，从南昌、吉水来到水南"清剿"红军主力部队。当日晚上张德辉、杨金芳等二人亲自拿豆灯上富田，找毛主席的主力红军。二十五日早晨红军主力部队第四军到了水南，上午8点左右开始和敌人作战，一个多钟头，将敌人一直追到施家边，打垮敌人一个师……红军到水南住了一夜，再回到富田。

1928年反动派成立了八乡联防到东固一带烧房子，以罗炳辉为首……打唐云山后，罗炳辉的队伍就来投降〔诚〕，在富田开了欢迎会。

1928年9月，组织八乡（值夏、陂头、尤安、富田、东固、白沙、水东、永和）联防，罗炳辉是联防的团长。在阳田我们的十五纵队由王尤生（队长）带领和教导打阳田。当时十纵队只有八九条枪、九十个人，教导队有百多支枪、百多人，配合地方武装打他们。但这时敌人有300多人、260多支枪，敌人被打跑了，但是临走烧了房子，抢了东西。同年11月间毛主席带了队伍到富田来了，在富田开群众大会，罗炳辉投降〔诚〕。这时毛主席在群众大会演说，说"我们红军是要吃苦的，所以我们能战胜敌人，你们能到这边来，一齐革命就不要怕苦……"

（2）九次打吉安

5月20日左右，开始发动了第一次攻打吉安，由吉水、吉安、安福、沂县的赤卫军、少先队、游击队配合北路指挥部，队长刘倍，170多支枪，加起来有300多支枪的武装力量和一万多刀、矛攻打。当时敌人的兵力名字上叫新编第三师，师长邓英桂，实际只有四个团，大概一个旅，300多人，不过在装备上比我方好，绝大部分是美式装备，敌人兵力分布，吉安城一个团，天化山一个团，螺子山一个团，珍珠山一个团，在这些山的附近挖了壕沟。而我们根据敌人摆布情况，也采取了三路进攻，北路指挥担任进攻珍珠山，吉安、安福攻天化山，吉水攻螺子山。于5月20日左右的一天晚上，我们将兵力调到离目的地不远的地方进行了埋伏，快天亮时我们采取了全面的进攻。可是由于敌人的装备和地形好，重要的【是】我们不是〈一下〉为了消灭敌人，而是为了牵制和不让敌人出来进攻苏区，另外是为了避免损失，所以没有采取苦〔强〕攻，立即退回战地。

第二次在1930年6月初，这次敌人的兵力和摆布上仍未变动，但阵地有了加强，增加了几条沟，而我们的力量，除吉水方面增加了永新的赤卫队、少先队、游击队共100多支枪，其他仍未变动。在攻打的战术上也同样采取第一次的打法，三面进攻，利用快天亮有雾时进行，可是仍未攻下，原因同第一次。

1930年6月14日，我们发动了第三次进攻。敌人的兵力和摆布上仍未变动，但在原沟的基础上加深加宽了。我们方面除减少了吉水、永新的赤卫队、少先队、游击队，其他相同，未攻下原因相同。

1930年6月27日，我们发动了第四次进攻。敌情未动，只有吉安城下架起了一道铁丝网。我方情况与未攻下原因相同。

1930年7月初，我们发动了第五次进攻。敌情未动，只在吉安城下增加了第二道铁丝网。而我方增加了永新的地方武装，吉安附近到处插上了红旗，水南那边，由吉安河对面，插到白沙、水西……红旗把吉安城全包围了。在这些插了红旗的地方，经常有人走来走去，并放排枪和松树炮，经常不断的吹归队号，以此来吓敌人，使敌人摸不着我们的底子。

1930年7月14日，我们发动了第六次进攻。敌情未动。我方减少永新兵力，增加了新喻赤卫队、少先队、游击队，未攻下。

1930年7月底，我们发动了第七次进攻。敌情未动，城外增加了第四道铁丝网，天化山、珍珠山、螺子山增加了两道铁丝网。我方增加了湘东独立师、永新的兵力，减少了新喻和安福的部分兵力。这次兵力都扎在离城3华里远。重新分工，北路指挥部和吉水地方军攻螺子山，独立师、永新、安福攻天化山，吉安等地攻珍珠山……独立师很快把珍珠山攻下，并攻破了吉安城的第一道铁丝网。但当时没有注意到铁丝网有电，因此牺牲了一些同志。另螺子山、天华山事先没做好充分准备过沟的工具，所以冲到身边，不能过沟，加上敌人炮火强大，以至〔致〕未攻下。

1930年8月初，我们发动了第八次进攻。敌军左右攻势上有很大增强，城外增加了7道铁丝网，天化山、螺子山、珍珠山，增加了3道铁丝网，沟挖深到一丈多，沟里打满了钉子。我军增加了曾炳春的二十纵队，其有1000多【支】枪。北路指挥部和吉水打螺子山，二十纵队、吉安、安福、永新打珍珠山，独立师在后面牵制湖南来的援军。这次打吸取了上次的教训，每个赤卫队员都带一把禾草、一把柴刀，并有的拿楼梯，过沟有的拿竹篙，断电流……战斗开始，战士们表现出高度勇敢，在开枪冲锋时又采取了棉车战（即将棉被用水弄湿扎在车子上，冲锋的战士随后前进）。〈这样〉结果我们很快冲破了敌人第一道防线，可是铁丝网太多，沟深又宽，加上敌人火力特别猖狂，当时为了减少损失，因此没有再攻。但刚一结束，北路办事处接到毛委【员】和朱司令由湖南那边一路赤化快到吉安的消息，这个消息〈传达〉震动了吉安周围几十里的人民，每个战士忽然增加了无比力量，他们都高呼"毛委员万岁""朱司令万岁"。1930 年 8 月 12 日，毛泽东□派了三军黄公略、四军林彪（毛主席、朱司令没有参加吉安战斗），〈当〉三、四军一到的第二天，天化、螺子、珍珠山等地都架起来电话。当时邓英柱知道黄公略、林彪来了就着了慌，一面急忙加强防守，一面急忙向蒋介石求援，一面准备逃走。当时蒋介石派了八九架飞机，一面扰我后方，一面企图保护他们。刚刚晚 8 点钟，我三、四军配合原来的兵力和其他战斗工具，进行了强烈的进攻。不到 2 个小时，十时就攻占了吉安城，可是一进城，敌人坐早已准备好了的船往南昌走了。

当敌人走后，各县的赤卫队、少先队，都到吉安捉隐藏在吉安的反革命分子，罪大恶极土豪劣绅分子，有的在吉安当场镇压了，有的带回原地镇压。

参加打进吉安的游击队、赤卫队，留在吉安整编，训练组织工作，这样一个多月。

攻打长沙后，由第一军团和第三军团攻打吉安，林彪的第四军打螺子山，第三军打天化山。红军打神冈山，打了一天一夜，第二天天刚亮，红军开进吉安城。

（3）省政府成立和迁移情况

红军打下吉安后，立即成立了县苏维埃政府、中共吉安县委，下设总工会、工人纠察队、儿童团、少先队、赤卫队、妇女会等。

赣西南特委迁到吉安，改为省苏维埃政府，主席曾山，书记李韶九[1]，江西军区司令员陈毅、参谋长刘铁超。当这些政权成立后立即做肃反工作。

1930 年 10 月省政府从吉安迁到富田，二次战争从富田迁到东

① 1930 年 10 月上旬，由赣西南党、团特委和工会组织合并的江西省行动委员会在吉安城成立，隶属中央总行动委员会，同时受中共红一方面军总前委领导，行委书记李文林。同年 10 月 7 日，江西省苏维埃政府在吉安城宣布成立，主席曾山。见《中央革命根据地词典》，档案出版社1993年版，第131、175页。

固筲篓〔箕〕窝。

打开吉安后，取消赣西南特委，成立省政府。我们在吉安住了一个月。敌人又攻占吉安。省政府退到富田，当时李韶九、高克念、刘△、△特都在那里。

富田事变一个多月后，曾山回到富田，整顿了江西省政府，后迁往筲篓〔箕〕窝，不久宁都暴动，又迁往宁都（第一次战争结束时到筲篓〔箕〕窝，书记李富春）。驻地，万寿宫。

（4）富田事变（略）

2. 黄陂肃反与第一次战争活捉张辉瓒

（1）黄陂肃反（略）

（2）第一次战争活捉张辉瓒

1930年底，国民党发动第一次"围剿"，匪师张辉瓒部，过水南、西团等村，【我】受损失很大。后我引敌深入，将匪部击溃，敌逃于永丰、龙岗，张辉瓒被活捉。

1930年10月12日，反动派以张辉瓒为首的江西省总指挥带领了的三个旅，另一个指导团，从南昌到白沙，经过水南住了一夜，开到龙岗樟头，企图围攻红军根据地——东固。我红军一、三军团采取诱敌深入办法，利用地方武装活动，打击敌人，我军用一个快包抄，分两路包围敌人。敌人告讯张辉瓒，他认为是小土匪不要紧。当我们发出冲锋号，张才知【是】正规军，急于准备反击，但时间不许，全军被俘。张辉瓒企图化装逃跑，未遂。我军于1931年2月，在东固召开了一个群众公审张辉瓒大会。根据群众要求把他杀了……

蒋匪帮于1930年12月派了十万人马，分头从乐安、永丰、吉安来围攻我军。当时毛主席和朱总司令也集中了一、三军团主力，亲自指挥埋伏于东固及附近的坛头、龙岗一带，等到敌军先头部队约四万人侵入龙岗时，出其不意猛烈包围袭击敌人，9小时内就把它全都消灭了，接着迎击进军，又歼灭它半个师，胜利地粉碎了敌人第一次"围剿"。战果：消灭敌军近两万，缴获枪炮弹药无数，并俘了伪第八师师长兼前军总指挥张辉瓒，并送东固苏区人民公审，处以极刑……

3. 九寸岭战斗

1931 年 2 月敌公秉藩部发动第二次"围剿"，被我军击溃。

一次战争失败后，蒋介石派陈诚、罗卓英为首的三个师、一个旅发动了第二次"围剿"。敌军分三路进攻苏区，一路由吉安到水南、上阜田，攻打富田。我军集中兵力在富田和东固交界的九寸岭，消灭了敌人两个团，接着追击守卫在九寸岭的整个师，我们追到下富田，消灭了这个师，并抓到了该师师长公秉藩。但因当时△管人不注意，被他化装成一个伙夫逃走了（当普通俘虏释放了）。①

1931 年 5 月，伪师长公秉藩率队到达富田，即向东固进犯。毛主席早已准备好了，先在东固领导红军帮人民莳田，党随后号召群众组织起来，分别担任向导、侦察、运输、担架、交通、送茶慰劳等工作，再把主力军屯驻于富田到东固必经之路的九寸岭一带险要地方，等候投入战斗，见敌军爬到那两座高山来了，我军突然枪炮齐鸣，好像雷霆万钧，震得山摇地动，转眼间敌军尸体狼藉，堆砌遍山遍地，到处都是。

第二次战争从富田开始，活捉了公秉藩。敌人逃到水南，被我军追上，一师（三旅九团）全部被歼灭，武器都缴了。

1931 年 6 月，二次战争发生在九寸岭，追下富田，当时我军三、四、五军团，【同】敌军公秉藩的部队，打了一天半，敌人由水南退下吉安，敌人丢了很多东西逃走。红军不要东西，只要枪弹。

1931 年 5 月国民党几个师的兵力向这里发动进攻，伪敌总司令何应钦。红军第一方面军独立师、独立团都参加了战斗，〈以及〉地方的赤卫队、游击队都参加了扰敌工作。战争是晚饭后开始打起

---

① 1931 年 5 月 16 日，红一方面军的红三军、红四军围歼进入富田白云山下的公秉藩师活捉公秉藩，但被他趁混乱逃脱。见《中央革命根据地词典》，档案出版社 1993 年版，第 48 页。

来的，未天亮前结束。活捉了公秉藩，因为不认识他，被他混为俘虏逃走了。敌人残兵从水南、白沙方面逃走，这次俘虏敌人有五六千人，缴获枪支一万多，大米白面都缴获很多。

三、公略县的建立与各项工作的蓬勃发展

1. 公略县的建立

1931年7月4日，黄公略在东固方渡螺坑牺牲。[①]

9月15日左右，在松山村开追悼黄公略大会，成立公略县，县委会设在天主堂，县政府设在松山村。主席李衍新〔星〕—胡发鑫—刘新〔声〕伦（1933年2月）—曾洪栋—胡海，副主席刘开庭。县委书记毛泽覃—钟循仁[②]。

（1）公略县迁移

1932年3月公略县从水南迁往陂下。原因：受省委指示，保存有生力量。还开大会告诉群众做到坚壁清野，粮食和家全部搬上山去，厨房用的家具也放入水中，连砻谷的砻也要藏起来。总之，不让敌人在苏区得到一点东西。

1932年10月公略县又从陂下迁回水南，县委会【驻】天主堂，县政府住〔驻〕万寿宫。原因：四次战争结束后，扩大红色区域，向白区发展，不让敌人占领红区一寸土地。

1934年4月中旬，公略县政府从水南迁到东固与泰和交界的桥头岗的廻龙州。

公略县委书记：毛泽覃、李福槐、匡守达、钟循仁、李腾辉、胡发鑫。县委组织部长：李腾辉、彭兹发。县委宣传部长：钱恩

---

① 1931年9月15日，黄公略在吉安东固镇六渡坳山峡，遭敌机空袭中弹牺牲。见《中央革命根据地词典》，档案出版社1993年版，第567页。
② 1931年11月，公略县成立。从中共公略县委到中共公略中心县委，书记：毛泽覃、钟循仁、李滕辉（后叛变）；从公略县苏到公略中心县苏，主席：李衍生、胡海、胡发鑫、刘声伦等。见《中央革命根据地词典》，档案出版社1993年版，第154、155、186页。

龙、匡家乾。

（2）公略县范围和区分

范围：东——冠山、白沙、螺田与永丰交界；南——方石岭、罗家圩；西——罗家圩、水东；北——水东，吉水南门外十几里的桥口竹山、冠山。东西 180 里，南北 170 里。

区分：

水南区，主席张孝贵、曾宪永、钱炸辉、刘开庭、张厚桂，书记许启凤、许文波、曾照述、罗福生、田心岗、李△华。

白沙区，主席刘开庭（1930 年 7 月并入水南），书记颜壮行。

东固区，主席段起凤、胡海、刘经化，书记胡鸣△。

富田区，主席尹利宣、曾洪栋，书记田显福。

陂头区，主席　　^①，书记　　。

水东区（后是中鹄区），主席　　，书记　　。

寇山区，主席　　，书记　　。

罗家区，主席　　，书记吴立敏。

儒林区，主席　　，书记　　。

罗田办事处　　。

折桂区，主席刘景春，书记　　。

中鹄区，主席郭大福、易楚生、施明解，书记毛泽覃、蔡△渠。

潭头区　　。

纯化区　　。

公略县副主席：刘新楠、曾洪栋。

（3）县政府组织机构及其领导人（每部都有一个文书）

土地部：胡家早、胡海、袁甚泉。军事部：罗英云、胡克堂。

---

① 原文空白。本文有多处空白处，不再一一标注。

妇女部：贺一①、王银姬。国家保卫局：万正享、曾昭明、曾昭森。
总务处长：裴清鉴。财政部：梁宋乐、赖林相、周有全、胡海元；
副部长：廖华全。儿童局：刘任西、张仁本、宋克锦。文化部：曾
××。工农部：　　　。文书记：胡正耀。少先队：　　　。裁判
部：曾昭银。国民经济部：袁世全。粮食部：钱宗耀。劳动部：
　　　。内务部：　　　。工会：　　　。

（4）成立公略县大会的标语（对字〔子〕）

广州暴动不死，平江暴动不死，君如今尽牺牲，真乃祸从天落；
革命战争有功，游击战争有功。

大会开了一星期左右，第二天朱总司令又召开了会议，宣布成
立公略县。

公略县委设有：组织部、宣传部、妇女部（贺怡）。

（5）公略县成立的情况

1931年8月在瑞金召开中华苏维埃政府全苏维埃代表大会，
会上决定纪念黄公略同志，在水南成立公略县。1931年9月公略
县在水南成立，成立前毛主席和朱总司令亲自到水南，指导成立公
略县的一切工作。毛主席在开会时说："要选举革命坚决、对革命
有贡献、有文化、阶级成分好、斗争性强的人来担任工作。"朱总
司令主持开会。在开完会后第二天朱总司令说："我们要扩大武装，
不让敌人占据一寸土地，每个人要牺牲一切向前发展。"公略县成
立时非常热闹，放爆竹，贴对联、标语，还演戏。

公略中心县委领导泰和、永丰县。

成立县政府，开了7天会，全体代表为200人，选出7~9人
为委员，先投票选县委，后投票选县政府。

公略县政府精简〔减〕人员：公略县政府各部门共112名工作
干部，连同炊事员和洗衣服的共有120名左右。1933年割禾以后

① 贺一，应为"贺怡"，后文写作"贺怡"。见《中央革命根据地词典》，档
案出版社1993年版，第531页。

（7—8 月），公略县进行了一次裁减工作人员，各部门工作人员都减少了。

黄公略的牺牲：1931 年八月初四中午，黄公略同志被敌机枪毙命〔射中〕牺牲。当时黄公略同志在东固的六渡罗坑屋内，见敌机来了，叫大家疏散，自己跑出屋外，刚到□下，就被敌机扫射牺牲。敌机当时 3 架，还放了几个炸弹。【黄公略】死后【红军】在六渡买了一只棺材，放在山上（人不在棺材内），结果【棺材】被老百姓偷去卖了，以后又在泰和买了一只棺材埋到那里。

【黄公略】在受伤牺牲时〔前〕，还叫"大家继续努力革命"。

当时永吉太〔泰〕特委在东固，书记毛泽覃，毛泽覃同志【闻】讯赶到六渡。黄公略同志在牺牲前交代毛泽覃同志暂时负责指挥三军。

政治保卫局：是镇压地主、富农、坏分子及一切反革命的机构。每个区苏维埃都有一个特派员，一个特派员都领导 10 ~ 20 条枪（相当于现在公安局），逮捕犯人。判决是政治保卫局和裁判部共同商议决定，整个保卫局有 200 人左右。

2. 彻底肃清暗藏的反革命分子（略）

3. 扩军、支前、优抚

扩军：打开吉安后，到处扩大红军，普遍展开了【扩红】，每次会都离不了动员参军。个别谈话，妇女委员、妇女主任到处宣传，生产、吃饭都跟着宣传。家里没有参军的，也须把军属的田地搞好，才能给自己耕种。此后经过几年时间【青壮年】差不多都参军了，经过模范营上前线后，留下的都是残弱和妇女了。

扩军大概每年有两次到三次，每次都是几个到十几个〈左右〉。1932 年 5 月 2 日，模范营上前方，全区去了千人左右。前后走的〈共计〉人数，根据 9 个村统计：五竹坪，有 300 左右人口，青年参军 40 ~ 50 人；水北，百户走了 50 ~ 60 名；山下，90 户，参军50 人；店员，100 户，走了 50 余人。

每次走都有欢送，办酒席，打帜旗，唱戏，送毛巾、奖品、鞋子等。

1932 年，模范营上前线，我们编出了一二百人。

宣传：讲革命好，打垮敌人，不愁吃、不愁穿。全田村 110 人，参加红军 15 名，参加担架队 10 多人、洗衣队 2 人、运输队 10 人，慰劳红军时送米。

当时工人要带头参军。发动群众，做好拥军拥〔优〕属工作。

扩军工作，乡主席亲自带头参加，党团员带头，当时村背乡就去了 280 名。

扩大百万红军，我村（留田村）参加人数 44 名，另有妇女 2 名。

当时人人参军，16—45 岁的全部参军，共七八百人。

扩大红军时大家开会，小会报名，报名数字要超过需要的数字，一次起码走一营人（三四百人）。1933 年少共国际师上前线。

1930 年以后，主要任务是扩大红军，花岩乡共有 1300 多人，扩大红军 90 多人，后花岩乡因还粮和扩军得到了两块银牌。

有一次一位青年谢培发以身作则，宣传动员别人，共十多人参军。

妇女在家做宣传、动员、慰劳等工作。妻送夫、母送子参军很多。

苏区革命时，常有扩军任务，上面布置多少，即刻要完成任务。苏区革命时，板塘村共有人口一百四十五人，参加红军有 30 多人。当时参军是党团员带头，被算者之一〔富田枫塘村〕的胡崇垣是个拐子，当时也参加了红军。妇女也参加红军，在医院里做护工、洗衣服等。

支前：组织有洗衣队、担架队、慰劳队，都到前线去。如有红军经过的地方，烧水、送鞋子、送□的，募捐、慰劳、杀猪。

破坏队：凡有敌人进攻时组织破坏队，剪电线、拆桥、挖路。有一次战争时，因路上挖了一个大坑，敌人掉下去，自己踩死不知多少。

妇女工作是慰劳红军，送慰问品，有〈布草鞋及〉草鞋、布

鞋等。由上面分配任务，每一次都在 100 多双，全年最多的人做有
20 余双，少者亦有十几双，并在鞋上写上自己的名字，有的还是
用花线绣的名字。除做慰劳品外，还帮助红军家属劳动；有的妇女
也上前线参军，做宣传工作（找白区妇女谈话），为军队洗衣，给
伤病员烧开水、煮粥等工作，身体好的也参加了担架队。

慰劳队工作：烧开水，慰问伤病员，捐钱买果品、食物、毛
巾等。

洗衣队工作：到游击队、红军驻地洗衣服。

宣传工作：对俘虏兵、伤兵，写标语，宣传各项会议意义，动
员参加红军。

优抚：地方上优待红军家属，挑水、砍柴、种菜、代耕；有困
难互济会解决，村解决不了有乡，乡解决不了有区。

妇女每年都做两双鞋，互相之间竞赛，比好比快。

4. 经济建设、文化建设

经济建设：1932 年、1933 年各发行了一次公债，一般人买了
5 元，少有〔的〕1 元，多有 7 ~ 8 元。

1932 年第二次【分田时】抽多补少、抽肥补瘦调整。

1933 年查田、查阶级、查土地、查经济、查雇工，以抽多补
少、抽肥补瘦为原则，查出了一些富农。

关于互济会的情况：互济会主要是救济灾民，例如某家烧了房
子，某家死了人等救济，对象经过党组织研究提名，经群众通过。

互济会经济来源：主要是由会员捐集得来，当时规定每人会员
费每月捐 5 个铜钱，家庭较好的则多出些。此外打土豪，没收得来
的财产也归互济会掌握。

公略县的水利建设：在富田修了三个陂，在坪田郊东（新安
乡）开了一条渠，在东固修了两个陂。

第三次【反"围剿"】时，1931 年 7 月里国民党军队经过沙田
〈时〉，【由】反动派赖超群领队，多是义富村的红学会，烧掉沙田
村房子 48 栋，令人痛心入骨。

1931 年，查田查阶级。

买公债三次。

三次战争后，敌人侵入东固苏区时，为报复 7 次失败的深恨，并想把它变为"不毛之地"，使我军不能再利用东固险要之地势作战，于是发动兽性，下令进行所谓"三光政策"，把东固及附近几十里地的人民杀光、房屋烧光、物资抢光。那时东固群众全部躲入深山中里面去了，只有〈很〉少数被捉到的受了害，还没有达到"三光"，其余"二光"都被它做了了。敌军退后，群众归来，所有田园的生产作物，已破坏干净，村落里只剩下断墙倒壁和烧掉 300 栋房屋变成的废料、损坏的器物残渣以及瓦砖灰烬，掺杂了不辨人畜的零星白骨，到处堆积，其余什么也没有了。个个只有含恨忍痛，互相帮助，搬集废料，因地架设以暂住，采摘野菜以充饥，惨状难以形容。这次牺牲是无法统计的，也是我方一大损失。后来毛主席关怀救济，发来了现款 3000 元和很多衣物、粮食、耕牛、种子，才得重新生产，逐渐变原。但是革命并未间断，且更坚强。

1931 年 7 月国民党六十一、六十六师从东固经过，大烧房屋。

文化建设：泸沅乡有一所小学，有学生 70—80 名，还办了一个互济会医院。

每村有列宁小学，五竹坪小学 20 个学生，1 个教师（其他学校大致相同）。

中央发下书，〈上课形式，〉【学生】都系〔是〕贫农子弟，地主富农不要〔收〕。学生上学不要钱，纸笔墨配备；教师没有薪水，自己带饭吃（有土地的代耕）。

有识字班、夜校，每村都有，也是列宁小学教师，组织最多的人数 20 名，识字唱歌。

当时唱歌最流行，每开一次会后，都唱歌、讲故事。学校属文化部管，文化部时常下来检查工作。

1932 年水南街上成立夜校和剧团，官禄生任团长和校长，夜校班有 6 个小组，200 多人，每晚上课。

一个村有个小学，区有中学，晚上有识字班，男女老少都要读书。

党校，1928 年在陂头有个党校，是赣南特委开办的，李挥邦负责。吉水、泰和、儒林、永丰都有同志学习，内容是"马列主义"，发了油印。毛泽覃、彭清泉都给他【们】上过课，时间 50 天。毕业后都分配到省、中央、地方工作。

青年干校，校长刘铁超，时间 5 ~ 6 个月，共 20 多人。结束后分配在游击队工作，只办了一届，后改为红色军事学校。

5. 人民生活的改善

有酒有肉尽吃尽用，没有赋税负担，没有劳役之苦，物价大跌，100 多元买 1 担谷，人民生活大大提高。没有家庭生活顾虑，积极报名参军，响应创造铁的红军一百万的号召，田西青壮年有一半参加了红军。军属优待无微不至，包耕、包产、包生活。军属缺什么给什么，想什么有什么。

互济会有药店，凡是病了的人都可以去治疗，但药需自己买，干部报销。

分田后，大家吃饭是不成问题。即使苦一点的，政府有借贷所，还有互济会帮助老百姓，利息很低，有钱的可存入，生活好的不能借。当时困难的就是盐和布匹、医药，因为受国民党的封锁。肉有吃。

四、五次围攻，红军北上

五次围攻时，我村政府大搬粮食往四十都储集，成立了"避难委员会"，主任刘万兴，委员蓝龙昆、唐光跃、刘令发、刘克维、钟立河等，利用做生意的办法来支持当时的"避难群众火〔伙〕食费"。

1934 年 10 月，中央苏区宣传部长张闻天发表了《告江西群众书》，说：三年内红军一定回江西，现在红军北上抗日，地方老根据地留陈毅、项英等迁〔牵〕制敌人，我们不要怕革命艰苦，只要坚持革命一定能成功。

红军北上后，当时党中央书记张闻天发了一道《告江西群众书》，说：项英、陈毅都留下，项领导瑞金的武装，陈领西方面军，共有20万人要坚持下来，所有的地方干部和机关武装一齐留下。红军一定要北上，日本人来了我们要全力抵抗，三年后我们一定会回来的。后方把敌人迁〔牵〕制得好，就可以减少前方的力量。我们革命只要不怕艰苦，革命一定能成功。

地方留下了独立二、四团由曾山带领，还有十三团，和陈、项领的军队都在泰和紫瑶山一带活动。后二、四团到新淦（说是北上后解散了），当时敌人五师人围攻十三团和西方面军，十三团被缴获，西方面军走了。

红军北上，毛主席指示留三处游击队钳制敌人，分散敌人力量。项英留广昌，曾山领导江西挺进队在福建游击，胡海在东固活动，胡发新负责公、万、兴独立团。

五、游击队的活动情况

江西省委原有三个作战分区，第一作战分区乐安，第二公略，第三赣州，由胡海领导群众开展游击活动。

那时公、万、兴成立了特委，书记徐达志。

1934年10月，敌人逼近富田。那时富田、泰和一带有4个独立团，第一团在抚州，二、三、四团跟江西省委走，初在公略县，曾山领导。二、三团后到新淦，在乐安与宗代方又打了一仗，无法突破敌人的封锁线，只得回到富田。这时就与胡发鑫领导的游击队合并组成富田游击队（胡发鑫原是公略县主席，后调任兴丰县委书记，犯错误后又调任省委国民经济部长，敌人进攻时又调任公略县委书记，因他对这带地形很熟，所以留下领导打游击）。

富田游击队流动很大，今天在这，明天又跑了很远，很活跃，共有几百人。后苏区都失去了，游击队的人也走的走，死的死了，最后只剩下80人在花岩石一带活动，后被胡登清叛变破坏。

　　胡登清原是第三作战分区主任，后不知怎么脱离了红军回到家里。他原在陂下大地主胡承平家学染布。这时胡承平任国民党富田联保主任，胡承平利用胡登清与胡发鑫很熟，就拉拢胡登清，要他去捉胡发鑫。因此胡登清就来到花岩石找胡发鑫。胡发鑫不知胡登清已叛变，他还带领了几十条枪积极□在给同志们上政治课说：我们的野战军一定能反攻回来□□，我们一定要坚持。后胡登清秘密写信告诉联保主任。

　　有一次胡发鑫不在，李召贤带了几十条枪藏在花岩朱□坝，被联保主任带的兵包围了，缴了我们的枪。李召贤等被俘押在联保，关了几天后放了回家□□。胡发鑫一人仍在花岩石活动，只有一条枪东跑西跑，后失踪。这支队伍一直坚持到1935年春才被打散。

　　1934年八九月，红军北上了，只剩下公略县独立营在打游击。营长胡发鑫，500多人，300多支枪。后开小差走了很多，1935年5月被敌军打散。

　　5月20日左右富田成立地下游击队，以花岩乡为主，当时仅有16人、4支枪（坏的）。任务【是】扰乱敌人，捉拿伙夫担（买菜的炊事员），此外还活捉国民党军队所谓的切蛇尾。当敌人队伍走过，跟不上队伍后尾的几人或十多人就被游击队截袭消灭。扰敌工作，经常打伤敌人。

　　这支队伍7月解散。因当时区政府已迁到泰和桑坑，区政府给游击队的指示说："坚持得住就坚持，坚持不了就开到泰和桑坑。"结果游击队没有去，只去了十七八个逃难的老百姓，他们在那做生意买卖。

　　五、六月间公略县组织了地方游击队七八百人、五六百支枪，到吉永太一带敌人地区游击。当时队长郭某，队伍从泰和出发，在吉安、吉水一带活动，从泰和到富田花岩住一夜，到四十都△井寨（吉水）住一夜，再回花岩住一夜，到水口乡、焦园住一夜，到吉水草坑住一夜，又回花岩住了两夜，到四十都住一夜，再回花岩东头、龙尾样游击了几个月。由于斗争艰苦，生活环境差，有些不坚定分子受不了了，脱离队伍的人不少，结果回到泰和只有三四百人。

第二年上半年由公略县委书记胡发鑫亲自领导游击队六七十人分两路深入敌区扰敌，破坏敌人。胡发鑫领几十人、30多条枪，从泰和走陂下过封锁线到花岩。李召贤领几十人、30多条枪，从泰和走△田过封锁线到花岩。任务【是】捉地主、反水群众，扰乱敌人，破坏敌人武装，没有和敌人正面作战。

六、"公略独立营"本末

1934年9月编成公略独立营，【有】300多人、200多支枪，还有1支机关枪、10多支手枪，营长胡发鑫，副【营长】石德急。活动地点【在】水南、莴山、冠山、富田一带。

一次较大的战争，地点【在】埠头。敌方：白沙、水南、新塘、伝下、埠头5个保卫团联合有200多枪、300多人。经过：自上午8点打到下午1点，敌逃，我军直追到埠头街上，敌死伤20多个，我【军】伤1人。

1934年12月，此队伍走散，只剩下5人，胡发鑫、黄方肿、曾新龙、曾××、廖荣金，5人窝在老石坑云灵庵商量。胡发鑫介绍我们到白沙找胡神云（当过区主席）、曾立△、黄国太、李怡来。这时敌人正在逮〔搜〕捕我们，于是我们5人躲在深山不出，过【了】三四月之久，敌发动搜山【，我们】被捉。

红军北上后，胡发鑫曾带领了200多支枪，在各地打游击。这支队伍是水、白、灌组成的，其中有个□矮子当团长。1935年上春他叛变了。队伍就迁往东固去了，直到1937年这支队伍才遭破坏。

东固于1934年上半年组织了公万兴独立团，团长胡发鑫。江西挺进队胡海领导，东潭独立营营长唐思明。以上都由胡海统一领导，在东固一带坚持活动，迁〔牵〕制敌人。

1935年三、四月间，公万兴独立营和东潭独立营先后被敌人打散，或转移了。1935 年二月初二国民党进入东固。

1934 年冬在于都富△组织中央游击大队，政委钟秀田。当时留下了陈毅、项英等人，他们在安原〔远〕一带窜山，半月多没饭吃，【靠】吃野菜、竹笋生活。国民党"清剿"厉害，项英、曾山等转移【到】广东去了，有些人被俘，解回原籍。

地方由胡发鑫领导游击队在花岩活动（有百多人和枪，分两个队），名字常变动，叫过吉太游击队，纯化、富田独立团……后胡登清、郭烈方、李胜辉、李绍发等叛变，队长罗特跃被捉，胡发鑫也被捉（途中逃了后失踪），游击队【一】直活动到 1935 年 3 月止（游击队员有被捉、有被杀的）。

胡发鑫领导的公万兴独立团，于 1934 年十一月初八夺回 10 余头耕牛，缴得 2 支枪。当时规定 15—50 岁的都参加游击队，妇女做坚壁清野的工作，能搬的东西都搬走，不能搬的则埋藏或破坏，人也躲入深山中。

1934—1935 年间地方赤卫军，少先队配合游击队扰敌，捉伪保长，多晚上出动。春挺进队经常到潭头，黄龙岗一带扰敌，坚持了一年多。胡海从 1934 年 5、6 月间来东固领导游击队活动，1935 年二月初八被捉。

【七、白色恐怖】

1. 国民党来后对革命群众的残杀

1934 年 4 月 4 日国民党军队进入富田，抢杀破坏很大，捉了很多干部，约〔有〕几百人。

1934 年红军北上后，国民党对老根据地实行了空前残酷的血腥统治，老根据地人民遭到了无比的浩劫。据调查，沙田乡的革命干部被捕杀的 9 人、被严刑拷打的 42 人，群众被杀的 21 人，被烧房屋 28 栋，被敲诈银洋 2284 元，被抢去粮食 2258 担，被宰杀耕牛 68 头、猪 96 只，被破坏农具 265 件，其他如衣物等件损失可计其数。沙田乡各代表区受摧残情况如下：

项目 数目 代表区	烧毁房屋（栋）	被捕杀的		被抢粮食（石）	严刑拷打的（人）	敲诈银圆（元）	宰杀牲畜（猪）	【宰杀】牛（头数）	破坏农具（件）
		干	群						
第一代表区	3	2	3	120	1	265	5	3	25
第二代表区	×	2		98	4	185	3	4	21
第三代表区	38	3	13	750	9	740	50	27	133
第四代表区	38	1	5	840	12	530	23	28	41
第五代表区	3	1		450	16	564	15	6	45
合计	82	9	21	2258	42	2284	96	68	265

根据地人民受尽了屈辱，常被骂为"土匪""土匪婆""土匪窝"。抗日战争时，国民党到处抓兵、担〔抓〕伕，派粮派款，苛捐杂税达30余种之多，再加上地主恶霸的残酷压迫剥削，老根据地人民的生活、生产急剧下降。土地产量1948年比1925年减产40%左右。大部分贫苦人民生活是半年野菜半年粮。由于生活艰苦，营养不足，疾病流行，死亡率急剧增加，肥沃的田亩变成了一片荒地。如受摧残较□的第一代表区，1925年有96户，291人，田有1232亩；1948年只有65户，166人，1125亩。如摧残最重的三甲村，1925年有32户，122人，435亩；1948年只有18户，48人，286亩田。

水南、西团、三元等地被烧房屋609栋，被杀干、群312人，宰牛528头，抢走毛猪2568头，粮食7580石，银洋28800元，被奸妇女74人。

反动派杀害人民、破坏我组织的几种方法：

（1）组织清乡委员会、惩共委员会、守望队、暗杀团、靖卫团、保安团与行营、别动队，并实行保甲制。几保成立一保联办事处，地主豪绅通过这次〔种〕方法来捕杀我干群。

（2）反动派通过威胁、利诱的手段令其投降，西团现有苏区干部中有11个投敌，当过伪乡、保、甲长。

（3）利用叛徒开黑名单。

（4）残害手段：开肠破肚、割耳、割脚筋、打地雷公、用洋油烧、灌辣椒水、踩杠子、活埋、用石沉河等。例：特派员刘万兴同志被捕后，反动派将他高悬于树上，割耳逼他自吃，后实行开肠破肚，拿肠挂于树上示众，并洋洋得意地说："哼！共产党杀他个精光了。"

2. 经济上的统治

红军北上后，地主夺回土地进行倒算，逼农民交 3—4 年的租。如西团乡店背村刘运崇等 3 人，被曾瑞丰□逼走谷 150 石，另又有追加屠税、保甲经费、办公费、月捐、壮丁谷、乡保开会的伙食费、公丁津贴等 30 多种苛捐什税（经常有逮捕、打吊、罚款的可能）。

3. 人民的顽强精神

西团游击队班长曾忠祥同志临死也未暴露党组织的秘密，于被绑赴刑场途中高唱国际歌，在就义前高呼"共产党万岁！毛主席万岁！"

三元乡前苏维埃主席、区土地部长廖德才曾被捕多次，被判了30 多个月的徒刑。他在狱中组织群众，于 1937 年 7 月越狱救活了30 多个同志。

罗仁运同志，当他被敌人杀了一刀而未死时，曾几次想死去，但他想起来共产党，想起来毛主席，他又挣扎着站了起来。他说："我不能这样白白地死去，我要挣扎，要斗争，要生活得更倔强、我要□□来成一把锋利的尖刀，插进敌人的心！"

西团乡坑村军属刘秀英说："红军定会回来的，红军回来后可以给我们出气。"根据地的人民将苏维埃时期的票子、公债券都很好地保存着。这次兑换老票就有 54 万余元。

1938 年有了泰和松山集中营，抗日战争紧张时搬到富田，1943年迁莲田，1945 年迁到南昌。当时集中营先后关了三四百人，其中有廖承志、广东省委书记张义彬（后因受重刑而病死）、李志强、林△、李埶山等。曾守昭在集中营负责种菜、杀猪、放牛、担尿粪等，并给同志们送饭。在狱中有△添元、姚△、△△△、王冲△、刘神璋、吴建叶组织秘密活动，研究秘密文件和考查〔察〕哪些【是】好同志，哪些叛变了，领导斗争要增加伙食、改善生活。廖承志一定要会张义彬，也就会到了。廖和姚△研究叫姚保山（集中营警士）送封信去重庆，结果何香凝来找廖没找到，她就向中央政府要儿子，1942 年廖被放出。

在集中营还要给我们上课，什么"总裁宣言""总理遗嘱""三民主义""中共不法行为"等，我们同志讲，通是放屁。

廖承志、△△△、刘光太、胡△△出来后，想偷敌人两团武器北上。刘△△出来后在富田当乡长，缴了王炎 60 多支枪，发动了□□结果又垮了，走不成。1944 年廖等一起走了。

国民党进东固后，在雪溪坑捉到 900 多【名】党员，进行审问，并叫胡海指出哪些人担任何职，胡不说，敌用残〔酷〕刑。九百党员都坚强不屈，没有一个投降，大家都说"要杀就杀"。

敌人采取暗杀的方法。他们叫党员到山上砍柴，在山上就暗杀，后反说他们开小差了。一天一批共杀死了几百，只放了 100 多【名】妇女，其余没杀的都送往九江去了。

狱中生活。每人每天二两米，吃的汤菜都是和泥混煮的。吃过饭的碗用狗去舔，算是洗碗，很多同志被饿【死】、病死。

国民党来后，首先是用软化手段，同时组织保甲，以后就捉干部，没收他们的东西，进行吊打，罚做苦工。租一斗田，好的可收二担，交租三桶；差的收一担，交租一箩二斗。捐税有猪牛捐、门牌捐、还粮、人口税等，流动商税、户口税。

4. 地下活动情况

国民党来富田以前，比较坚定的几个党员即组织了应付办法。国民党来了以后，即组成了富田临时支部，负责人匡田焰、匡家乾。组织的目的，是为了继续散布革命种子。参加者只有八九人，每个人都有代名，领导人胡发彩。在 1936 年上半年，他曾派人来枫塘接头，党的工作，党员相互交换意见，探听敌情，捉反动派、叛徒，攻敌人碉堡。

抗日战争时在吉安设有新四军办事处，它曾派人与地下党建立了联系，并指示说：胜利终归是我们的，现在的红军比苏区时更多得多，你们要大胆去做，去发动群众起来斗争。当时每个党员每月有四五元办公费。此时县委书记石坚。这时发展了几个党员，有的党员遭到逮捕坐牢，如匡家乾，结果斗争坚决又获释放。地下党的斗争【一】直坚持到解放。

解放前夕反动地主王炎（当时富田乡长）与其他地主研究，要杀老干部。地下党得此消息后，都跑了。解放后镇压了王炎。

1938年新编第四军贺怡同志在吉安成立了通讯处，她与吉安取得了联系后，又成立了地下区党委的组织。

抗日战争时期，1937年国共合作时，新四军在吉安设有办事处，领导开展了地下活动。在富田成立了富田中心区委会，向东固发展。由匡显顺和曾守昭来东固组织成立小组，钟跃龙【任】组长，党员有廖志鋈、杨相求、杨相岚、张新奇等十余人。当时开了两三次会，研究扩大组织，共产党要混入国民党中进行活动，同时准备组织暴动。

1938年，由于内部不坚定分子颜明昆叛变投降敌人，做了伪富田乡乡长，把名册交给了国民党，党员有的被捉，有的强迫去"自新"罚款，组织被破坏。

一年多以后，项英、陈毅领导的中央苏区后方办事处从福建、赣州迁到了吉安，贺怡写信到富田，要党员去开会（执有党证的都可参加）。当时胡登清也出席了会议，会上被人检举，胡登清要求党挽救他。陈毅同志说：这要看你的功劳大小，你如把李召贤他们被缴去的几十条枪搞回来，几时拿来几时恢复你的党籍。胡登清回来后组织党团员活动，后被联保主任发觉捉去坐牢。

1936年上半年，后方办事处迁来后，富田的党组织又有了活动。几十个党员组成了东富区委，书记刘克召。那时富田是王颜

〔炎〕当联保主任。他发现富田有党的活动，就找李召贤、曾守召二人谈话（那时党已发展到几百人）。李、曾不承认，后不敢在富田而逃往吉安。

1937 年成立了驻吉办事处，书记石坚。他们派李召贤到遂川去做党的地下工作，以划船做掩护；派曾守昭①到丰城农民团去工作。曾阶级立场不稳，带领大批钱逃跑了，半路被国民党抓住押到泰和□□□，【之】后他就叛变了。

李召贤在遂川工作一年多，后在报上看到他也叛变。1949 年春他逃跑了。

后来富田扎了很多反动武装。党组织的活动也就慢慢地隐藏起来，不敢公开活动，但仍在暗中反抗，进行抗租，反对捉壮丁，或告诉农民逃壮丁。

1934 年八九月红军北上了，只剩下公略县独立营打游击，营长胡发鑫，500 多人，300 多条枪，后开小差的走了很多，1935 年5 月被敌军打散。

1937 年，有驻吉办事处时，富田地下党的活动有党员匡家乾、钱思元、钱思友、胡承汗、胡发茂、胡家桌，东富书记肖来湖。当时他们想扩大武装，与红军、游击队接头，大概活动了两三年后被罗作明、李召贤、李藤辉、郭烈方等叛变破坏了组织，在丰城被敌人缴了 30 多支枪。

老党员知道解放军要来，就开始活动，不让地主反动派逃跑，过去吃了他们很多苦头，现在要报酬〔仇〕。

解放时有张茂生、刘会云、曾敬思老党员等领解放军去包围反动的机关，缴了朱国章大地主的枪。

1936 年国共合作，由郭潜、魏水侦、贺怡、李会才、石坚、李发谐等组织了吉安新四军驻吉办事处，有几条短枪，【但】被国民党缴去了，【后】经过新四军驻赣办事处（南昌）派魏水侦去交

① 曾守昭，文中又写作"曾守召"。

涉才还回来。

1937年2月间贺怡找着了梁必甚，又派了肖来△、顾明昆回到地方上来发展组织，找到匡先盛、匡保盛、匡君松、曾守召等联络地方上的老同志。凡是国民党时吃了亏的、没叛变的都可发展。上面发了党章党纲进行宣传，在富田成立了中心区委，向太后、东固、吉水、仝下、陂头等地发展，梁必盛担任了纯化区委书记，匡先盛在东固，匡家全在泰和，曾守昭在吉水。

1937年7月内部叛变，王美卿叛变，向富田恶霸（乡长）王炎告发了地下组织。王炎找曾守昭谈话（曾是当时是中心区委书记），曾没讲并报告报〔办〕事处，经研究就把曾调外地工作去了（丰城等地）。

1937年6月组织了中心区，下有阳田、东固等支部，当时有20多个党员，其他地方也发展了党员，但没有组织起来。曾守昭到东固发展了廖志鳌、李相源等，以后〔后来〕颜明昆叛变。1939年捉到100多人送东固去了，只剩下梁必盛□□到松山集中营去了。

国共合作时发展的党组织。东固一个小组，组长钟跃龙；下坑、安△、大发一个小组；富田一个小组；阳田、坪田一个小组，组长刘仁云。东固小组开了两三次会，讨论扩大组织活动。

第二年快要暴动时，颜明昆叛变，杀了仝下一个老同志，做了富田伪乡长，把名册交给了国民党，曾守奏、曾奏贤被捕，组织遭破坏。

1937年3、4月【间】，仝下人颜明昆在芦江河组织地下党组织，由匡显顺到东固殷富长基湾找廖志鳌，再由廖发展杨相球、杨相岚、钟耀龙、张新奇，成立了一个党小组，匡显顺负责。小组开了两次会，讨论要把保甲长和乡公所的枪归我们管，又讨论了宣传工作，发展党员，后颜明昆叛变，组织被破坏。

（三）公略县革命斗争史

序言

1931 年国民党反动派不甘心一、二次"围剿"的惨重失败，又向我苏区人民发动了第三次大"围剿"。黄公略同志，在调兵往瑞金途中，不幸于东固六渡螺坑中弹光荣牺牲，这是革命的一个重大损失。为了纪念公略同志，党中央决定将吉安、泰和、吉水、永丰西部的红色地区划出，成立公略县。县址设在水南松山。

公略县包括：东古①、富田、水南、白沙、水东、中鹄、折桂、俪林②、罗家、冠山、纯化等 11 个区，约 90 平方公里，10 万人口，垮〔跨〕吉安、泰和、吉水、永丰 4 县。这一带地区多崇山峻岭，气候温和，盛产稻米、茶油，其他【如】花生、红薯等杂粮也极为丰富，但交通不便，离大城市远，【敌人】统治力量较弱。大革命时期曾经受了革命锻炼的公略县人民在土地革命时期最早燃起了革命的烈火。当公略同志光荣牺牲后，又踏着〈黄〉公略同志的血迹，高举红旗继续前进。

大革命时期，水南、白沙及东固一带，于 1926、1927 年就展

---

① 东古，应为"东固"，后文写作"东固"。见李祖荣、章克昌：《中央苏区行政区域的设置及其演变》，《江西社会科学》1983 年第 3 期。

② "俪"同"儒"，后文写作"儒"。俪林，应为"儒林"，后文写作"儒林"。见李祖荣、章克昌：《中央苏区行政区域的设置及其演变》，《江西社会科学》1983 年第 3 期，第 129 页。

开了轰轰烈烈的反帝反封建的斗争，村的豪绅地主的威风扫地，革命取得了一定的成就。不久，蒋介石、汪精卫公开叛变，使革命遭受挫折，被迫转入地下活动，一部分革命知识青年，由城市转入农村，组织秘密活动，继续坚持革命斗争。

1927 年南昌八一起义和秋收起义后，掀起了第二次国内革命战争的高潮。以东固为中心的白沙、水南、富田等地，迅速响应，组织起来，发展地方武装，开展游击活动，革命的烈火又熊熊地燃烧起来了。1927 年 8 月成立了东龙支部，领导东固一带革命活动。1928 年创建了东南游击队，不久发展为七、九纵队，红二、四团。革命蓬勃开展：打土豪、分田地；红色政权在各地纷纷建立；红色地区不断扩大，革命风暴，如疾驰的闪电，扫向一切反动统治和黑暗势力。

公略县于 1931 年九月中旬（阳历 11 月）成立，至红军北上后，仅 3 年多的时间，但在第二次国内革命战争史册上，却留下了光辉的一页。红二、四团游击过泰和、永丰、兴国、赣县、宁都、银坑等地，并曾一度参加打开过吉安，给敌人以沉重的打击。在扩军、支前、优抚、购买公债等一系列的工作中，作出了巨大的贡献，地方经济文化建设也取得了辉煌的成绩。

1934 年 10 月，主力红军北上后，以公略县委书记胡发鑫同志所率领的公万兴游击队，到处牵制和打击敌人。虽然国民党反动派对公略县人民进行了残酷的镇压和血腥的屠杀，但人民没有屈服。抗日战争时期，他们又组织起来，进行斗争。公略县人民始终坚信党、毛主席和红军是一定会回来的，黑暗总要过去。1949 年公略县人民听说红军渡过了长江，便纷纷自动〔发〕组织起来，夺取了伪政府的枪支，筹粮筹款，迎接解放。

终于在同年 7 月 15 日实现了愿望，盼到了解放，从此在党和毛主席领导下，积极进行各项建设，〈永远〉过〈着〉【上了】自由幸福的生活。

一、第一次国内革命战争时期（1924—1927 年）

（一）北伐前的政治经济状况

1. 政治上帝国主义、军阀、土豪劣绅对人民的统治

在大革命以前，帝国主义、军阀和地方上的土豪劣绅互相勾结在一起，统治着中国人民。整个江西为军阀孙传芳所统治着，帝国主义的势力也侵入到农村。在吉水县的水南（后属公略县）边建有天主教堂。土豪劣绅更直接掌握了地方政权，统治着广大劳动人民。

"吉水县的政权是由全县最大的土豪劣绅王雨匡（前清举人）、宋雪樟（前清县官）、郭金声（秀才）、李字连、徐元诰、陈宋初等把持，什么事情都要经过他们，他们说的话县长都要听。乡村的土豪劣绅也和他们勾结在一起。"

白沙的土劣势力是吉水县最大的，他们"组织了一个保卫团，张景江为团长，包括了罗广森、郭春和、周仁、周循、廖鹤梅、廖彩庭、罗铨藻、罗松等大土豪劣绅，掌握了白沙的政权"。他们在地方上强占农民土地，霸占别人财产，无恶不作。"张景江掌有白沙地区最大的权力，专门调戏、污辱和奸淫妇女。有一次因奸淫妇女而引起火灾，烧毁白沙半条街，老百姓都不敢作声。"可见其统治之厉害。

2. 经济上帝国主义、军阀、土豪劣绅对人民的榨取

（1）土地占有关系

在封建军阀、土豪劣绅的统治下，土豪劣绅占有了大量的土地和财富，他们和地方官吏互相勾结，强占强买。而广大农民仅占有一点土地，许多人被迫变成一无所有的无产者，成为雇工，过着牛马不如的生活。

从白沙蓝湖村的情况来看，"全村共 67 户，有土地 500 担左右，豪绅地主张孝德（张景江之子）1 户，就占有土地 300 担，占全村土地的 60%。没有富农。中农 16 户，占有土地 100 担，占全村土地的 20%，平均每户 6.25 担。贫农 43 户，占有土地 100 担，占全

村土地的 20%，平均每户 2.3 担。雇农 4 户，手工工人 3 户，完全不占有土地"（见下表）。

土地革命前蓝湖村土地占有情况表

成分＼户数	户数		土地占有数	
	户数	百分比	土地担数	百分比
地主	1	1.5%	300	60%
中农	16	24%	100	20%
贫农	43	64%	100	20%
雇农	4	6%		
手工工人	3	4.5%		
合计	67		500	

从上表可以看出，地主仅占全村户数的 1.5%，却占有全村土地的 60%。而占全村户数 88% 的中贫农，仅占全村土地的 40%，还有 10.5% 的户完全没有土地。这种土地占有关系是多么的不平衡和不合理。

"白沙最大的土豪罗广森，全家共有田不下 2000 担，单是白沙附近就收得千多担谷，还有茶山，收得千余担。"大土豪周仁，也"有田 1000 多担"。土地高度集中在少数土豪手中。

土豪劣绅对土地的掠夺方式是多种多样的，手段非常毒辣。以白沙占有土地最多的罗广森来说，其强占土地的方法是"先与地方上小土豪勾结，然后假造田契，拿到吉水县伪政府去用行贿的办法与伪官吏勾结好，盖上公章，这样便将农民的土地强占去了。农民要打官司又打不赢他"，只好成为他的佃户。他看到好田，不强占就要强买，"对于不卖田给他的人，他就用不放水，在田坎上砌石头的办法，使你田里没有水，又没有草皮做肥料，如果动了他一块石头，他就找到借口，迫使你不得不卖给他"。有的土豪"看见某农民有好田、好房子，就借债给他，等到所借的债将与房屋、田地价格相等时，就不借给农民，而要开始收债。农民无力还债，于是自己仅有的一点房屋、田地也给绅士地主霸占去了"。

土豪劣绅用各种毒辣手段霸占和强购了农民的土地。这□农民只好租种豪绅地主的土地，受他们的剥削。"农民在租豪绅地主的田时，先要交押金，否则不租给农民。"那些交不起押金的农民，租不到田种，只好去做长工，受着更重的剥削。

（2）在土豪劣绅残酷剥削下的人民生活

豪绅地主占有大量土地，对人民进行残酷剥削，其方式多种多样，基本上有如下两种：

a. 地租剥削

豪绅的土地有一部分是雇长工耕种，但大部分都是出租给农民耕种。地租很重，各地收租比例不一。

白沙乡蓝湖村地主张孝德是"对半收租"。

水南地区地主"一年收三次租，即早、中、晚三季稻"，并分有铁板租与软租两种，"铁板租每年不变，软租看禾收租"。"农民在好年成才有一半收入，一般年成要缴 2/3 的租（占收入的66.7%），在受灾年租谷又不能减少。"

东固地区"当时一亩田只能收三担或二担半，可是就要交二担谷子给地主（占收入的 80%～100%）。最好的年成收五担，但地主的租子也要增加。如果年成不好也要交平常一样多。假如要减少，嘴都要说破"。（注：每担 85 斤）

对长工的剥削更重，罗广森"雇有十几个长工种田"，"长工在天晴才有工钱，下雨就没有，劳动力最强的长工一天工资只有一角钱左右，差一点的只有四五分钱"，其劳动价值几乎全部被剥削去了。

b. 高利贷剥削

豪绅地主从农民身上收到大量租谷，又用来放高利贷，盘剥农民，利息都很重，一般的达 50%，重的达 100%，即"1 担要还 3 箩到 1 担还 2 担"。

　　豪绅地主又利用青黄不接，农民最困难的时候，大量贷放油钱、谷钱，"买新谷、新油、新麻、蔗糖等等，便宜1/2到1/3"，从中剥削农民获取暴利。白沙的大土豪罗广森、周仁就是进行这类剥削的典型。

　　豪绅地主追债的手段也是非常恶毒的。有的对还不了债的农民就"利翻利，三年后一担还七担"；有的"农民无力还债，于是自己仅有的一点房屋、田地全给豪绅地主霸占去了"。罗广森借谷给农民，"割禾时不让还，要等到二三月才还，那时谷价贵一半"，从中剥削农民。

　　最恶毒的要算白沙的大土豪周仁。这里仅举两个例子："有一个农民向他借了债，人死了，家中无人，只有一个出了嫁的姐姐，买了一副棺材准备埋葬他。周仁得知后，带人到死者家里把尸体抬出，要扛棺材去卖，作为还债，说：'人死了也要还债，没有钱还就要扛走棺材抵债'，结果逼死者的姐姐出了这副棺材钱才没有把棺材扛走。""又有一个妇女，丈夫借了他的债买谷吃，后来病死，女的改嫁，周仁还向女的追债，说：'你丈夫借钱买谷吃，你吃了一半，他死了，你要还一半，你不还就要到我家去做长工还债'，结果逼回了这一半债。"从这两个例子就可见其狡猾和恶毒的程度。

　　豪绅地主从来不劳动，但是"家有万斤粮，年年都满仓"。他们把这些剥削来的钱挥霍享受，过着寄生虫生活。大土豪周仁"做了一幢九进的房子，是白沙境内最大的房屋"。他们还开有很多大商店。罗广森"在白沙街上开有油坊、杂货、酒店、馆子等店，占白沙街店铺的1/3，约〔有〕20余家"。张孝德"在街上开有杂货、酒店、肉店、图案店、银店等"。周仁等土豪也开有店铺。他们垄断了地方商业贸易，从中再一次剥削农民。

　　在豪绅地主的重重压迫剥削下，人民生活痛苦不堪。民间流传着的"手握禾镰没米吃"，这句话就是人民生活的真实写照。"农民的生活苦到了家，多数人苦；而好的（指豪绅地主）就好到了顶，有田有地"。农民"租土豪的田种，有田的也只是一点坏田，耕牛要借，借债要一担还三箩。到割禾时，还了地租、牛租和借的债也就没有剩下吃的了""有的也只能留下种子，种子都没有留下来的也有""很多人做短工，有些人出外做长工""没有种子，没有吃便向豪绅地主借，一担还三箩"。同时"靠做短工、砍柴卖，吃菜和杂粮半饥半饱过日子"。在穿的方面，"一双鞋子要穿三年，一套衣服要穿九年：'新三年旧三年，缝缝补补又三年'。棉衣多半是在结婚时做一件，以后就不知哪年有新棉衣穿。没有一个做新被子的，只有补被子。冷了就盖蓑衣，这是普遍的现象。肉一年只有端午节、中秋节和过年有些吃，平时只有搞点田鸡（青蛙）、蚌等作为荤菜"。

将豪绅地主与人民的生活比较一下，真是有天地之别。也正因为人民身受这样重的剥削压迫，所以他们在革命斗争中也就十分坚决勇敢，为革命贡献出一切力量。

（二）马列主义在农村中的传播及其与农民群众相结合

1. 马列主义在农村中的传播

（1）农村知识青年首先觉醒

在豪绅地主的统治下，有部分农村青年出外求学，寻找革命真理。他们在学校中接受了革命思想，学习了马列主义理论。在党的教育培养下，先后加入了中国共产党。1925年以后，他们先后从城市转入农村工作，与农民群众相结合，成为农民运动的重要组织者和领导者。下面简单介绍一下东固、富田、水南、白沙四个地区革命运动的几位领导人和他们进行的革命活动。

"赖经邦是吉安县东固人，青年时在江西省立吉安第七师范学校读书，学生时期接受和学习革命理论，于1925年加入中国共产党，同年毕业，在吉安做小学教师。1926年北伐军攻下吉安后，接受党的指示，任吉安县教育局的巡学员（督学），利用这一工作进行革命宣传和组织活动。1927年7月国民党叛变，赖经邦见机回到东固"，成为东固地区革命运动的最早领导人之一。"1928年5月在指挥攻打枫边的战役中不幸牺牲。"

"胡家驹是吉安县富田乡陂下村人，原在江西省立吉安第七师范学校读书，与赖经邦是同学，学生时期入党，毕业后在吉安教书。国民党叛变后到泰和教书，搞暴动活动。1927年12月由泰和回到陂下，发展党组织，与东固革命取得联系，组织农民暴动。"是富田地区的领导人之一。

"田睃是吉水县水南乡村背村人，1925年下半年前先后在吉安、吉洲中学、南昌匡儒中学读书，在这段时间内加入中国共产党。1925年下半年在水南创办'改进小学'，任教务主任，从事革命宣传和组织工作。"1926年8月去黄埔军官学校学习。1927年3月回到水南，继续领导水南的革命斗争。"在土地革命时期，曾任星子县县委书记。1930年不幸"被张辉瓒的士兵捉住，解赴南昌审问，坚强不屈，结果英勇坐电椅牺牲，当时只二十六岁"。

"龚荣是吉水县水南乡三甲村人，在江西省立吉安第七师范学校读书时加入中国共产党，1925年下半年回到水南。"在改进小学教书，与田睃、杨金芳等同志一道进行秘密革命活动，是水南地区革命运动最早领导人之一。

郭梅是吉水县白沙人，家庭成分贫农，"在吉安阳明中学读书"，加入中国共产党。"1925年回到白沙"，1926年担任白沙的吉水县立第六小学（初小）校长，"积极传播马列主义理论，领导建立党的组织"。"1927年2月郭梅被上级党委选送到毛主席在武汉举办的湘鄂赣农民运动讲习所学习"。国民党叛变后，郭梅于"1927年10月从武汉回到白沙"，进行恢复、发展党的组织，发动、领导农民运动，是白沙地区的重要领导人之一。

这批农村知识青年在回到农村后，开始都是通过办学、教书等方式在农村中传播马列主义革命理论，联络农村的知识分子，介绍《共产党宣言》《唯物史观》《资本论》《共产主义与共产党》《向导》《新青年》等马列主义书刊给他们阅读，在他们中间宣传"打倒苛捐杂税、打倒帝国主义、打倒资本家，坚决革命，不怕死、不怕流血流汗"等等，启发他们参加革命。然后进一步在农民群众中展开活动，进行宣传，说"共产党要和豪绅地主斗争，要在中国实行共产主义"，把农民发动起来，他们又成为农民运动的组织者和领导者。

（2）党组织开始建立

在革命思想的影响下，马列主义真理广泛传播，一批农村知识分子接受和学习了马列主义革命理论，先后加入了中国共产党，在农村中也开始建立了党的组织。

"1926年张孝宣、蔡肇先（均白沙人）分别在吉水县文江中学和吉水县立高小加入中国共产党。"7月他们放暑假回家，在郭梅的组织下"成立了白沙党小组，组长郭梅，党员四人：郭梅、鄢发、张孝宣、蔡肇先"。

1925年下半年田畯回到水南，创办"改进小学"，"教师有田畯、龚荣、杨金芳、张德辉、尹礼祥，只尹礼祥不是党员。后又增加教师罗世英、赖炳辕、王自安三人，均党员。"（注：张德辉后叛变）在学校中也建立有党的组织。

（3）改进小学与涧东书院的创办

"1925年下半年，田畯在荷山村龚家祠创办改进小学，名誉校长曾震，教务主任田畯，教师有田畯、龚荣、杨金芳等五人"，在学校中建立有党组织。"校长曾震是挂名的，从未来过"，只是要他出办学的经费而已，"开始有学生十七八人"。

"1926年上半年，改进小学迁往水北泷江书院，改名'吉水县泷江改进小学'。当时高级班学生20多人，低级班学生50多人"。"1926年8月田畯去黄埔军官学校学习"，教务主任由龚荣担任，同时"增加了教师罗世英、王自安、赖炳辕，均党员"。

田畯、龚荣等把学校作为传播革命理论的场所，"在学校进行宣传教育"，争论平分土地等问题。同时经常"有老师带些学生到农村去工作，先找穷知识分子谈话""看看他们的态度如何，再做进一步谈话（但不发展党员），只要他们秘密组织农民协会，一个串连一个"。这样，通过改进小学就在水南地区播下了革命的种子，对启发水南人民起来革命起了很大作用。

东固的涧东书院是所民办的村学，当时有"教员汪安国、刘经化"。赖经邦与他们联系，"寄些《资本论》《共产主义与共产党》《向导》等马列主义书刊"给他们看。"1926年，赖经邦在吉安介绍汪安国加入了中国共产党"，从此这所学校也成为传播马列主义理论的场所。

（4）共产党员打进国民党党部进行活动

北伐以后，各地都先后建立了国民党的党部。为了更好地进行革命活动，大批的共产党员打入到国民党党部内进行工作。

1926年7月北伐军攻占吉水后，成立了中国国民党吉水县党部，"县长陈泽、县委书记刘作辅（后叛变），及县党部成员全都是共产党员"，完全掌握了吉水县党部。同样"吉安县政府也全被我们控制"。

"1926年9月成立了中国国民党白沙区党部。"白沙的共产党员都打入到党部担任工作，以便从事革命活动。党部"书记蔡肇先（共产党员），常委蔡肇先、郭梅、张孝宣（均共产党员），执委鄢发（共产党员）、周世贤、罗高凯、张孝煌"。

"1926年11月成立了中国国民党水南区党部"，水南地区的大批党员也打入区党部工作。区党部书记龚荣就是共产党员。

由于大批共产党员打入了国民党党部，所以这些党部的性质起了根本的变化。"招牌是国民党党部，实际上是共产党"掌握，但是一些"有钱有权的官，像军阀土劣也都参加了国民党"，所以"也分左右派"。共产党员以左派出现，左右派之间展开激烈斗争。"当时曾写过这样的对联：革命者向左来，不革命的滚开去"。由于打入国民党党部的共产党党员很多，所以共产党在党部的力量很强，"排挤了他们（指右派）"，控制了党部，并以此名誉进行了许多革命工作。如领导建立了农民协会与人民自卫军，开展了减租减息、禁烟禁赌、破除迷信等运动。在这些共产党员的发动、组织与领导下，农民运动也蓬勃发展起来了。

2. 初期农民运动

（1）北伐军来后的农民协会

田畯、龚荣、赖经邦、郭梅等同志一面创办学校，开展马列主义的宣传；另一方面，又打进国民党内部，利用国民党党部，秘密组织和发动群众，把马列主义和农民运动紧紧地结合起来。1926年冬天，龚荣即在三甲村，发展严红清、龚修善、龚齐换、龚齐柱等五名秘密农协会员。本年底和1927年初，以结兄弟会为名，号召群众，宣传打土豪、分田地，启发群众的阶级觉悟，相继在沙田、杨梅塘、王竹坪、茶壶陂等地，发展了秘密农协会员。入会者须烧香、喝血酒盟誓，表示革命的决心。与此同时，在白沙等地有郭梅、鄢发等，也进行了秘密的组织和活动。

当北伐军迁驻吉安等地后，地下组织人数相继增多，结合了禁烟禁赌等活动，势力日益增大。在北伐军的领导下，各地于1926年冬和1927年春，纷纷公开成立农民协会。

1926年11月成立了白沙区农民协会，张孝雄任主任，张孝煌为秘书。接着白沙一带50里以内的各村，如沙溪、藤田、丁江等地也相继都成了农民协会。

1926年底，水南的三甲村、沙田等也成立了农民协会。三甲村农协会主席严红清，分劳动委员、筹备委员各二人。沙田农协会由刘亦文、刘加△同志负责；杨梅塘、茶壶陂农协会由钟仁贤负责；三甲村农协会在龚荣同志亲自指导下，声势最为浩大，差不多全村100多人都全参加了，组织了妇女会（由龚荣妻曾涓娇带领）、宣传队（龚修善带领），经常于深夜到水南街上贴宣传标语，提出了"打倒土豪""打倒帝国主义""取消一切什税"等口号，并开始向土豪劣绅进行斗争。此时驻吉北伐军，发下了20条枪，派了阳明和（共产党员）任队长，在地方上组织了农民自卫队，大概有40【人】左右〈的人数〉，驻扎在水南曾福和店，保卫着党部，配合农民进行活动。

1927年2月，东固也成立了九区农民协会，常委梁必方，驻吉安北伐军发下了九条枪，在地方上进行革命活动。

农民协会相继成立，一方面它是农民运动的产物，但当它成立之后，又进一步推动了农民运动向前发展。因此，在各地农民协会成立之后，农民的反帝反封建的斗争，更加发展起来了。

（2）农民运动的高涨

在农民协会成立的前后，各地都有反帝反封建的斗争，最初是零星个别的斗争，以后慢慢地发展，特别是农民协会成立之后，就形成了有组织的游行示威等规模较大的运动。此时，农民运动发展到了高潮了。

开始农民以捉赌、禁烟、禁嫖、打流氓、罚款等方式进行斗争。1927年正月，正当赌钱的时候，白沙农民协会开展了禁烟禁赌的工作，开始进行宣传教育，但无效；于是进一步捉拿吸大烟和赌徒，捉到之后，每人打500板屁股，打毁和烧毁了白沙新万寿宫里、九都共有的真君菩萨。此时，在乡村各地也普遍发动农民，一同来进行斗争，并宣传剪发、放脚。通过这些形式，又进一步发展到捉土豪，进行梆〔绑〕票等活动。

1926年9月间，白沙农民发动向土豪劣绅借钱，向土豪罗广森借800，郭春和、廖鹤梅各借500，廖彩定300，大概共四五千元。初地主土豪不愿拿，但看到农民有势力，又不敢不拿出来，他们讲"现在是天牌打成地牌"（即是倒过来了）。11月间成立了农民协会，势力更大。12月开展了减租减息的斗争，缴夺了土豪四条枪，成立了农民自卫队，张孝宣任队长（后陈策派了谢冬生同志来任队长，他是共产党员，又懂军事），农民有了自己的武装。土豪罗广森拒不交钱，就把他抓到党部，吊起来，限三天交钱，否则没收家产。其他土豪看见罗广森有例在先，只好老老实实地交钱，并从他家收〔搜〕出了六条枪。地主郭春和抗拒不交，企图逃走，但被我们抓住，送吉水坐了三个月的牢。最后，还只得拿出钱来，才放了他。

1926年5月1日，在水南以庆祝节日为名，召开了群众大会，提出了抗租、抗债的口号。会场上用大标语写着"革命者从左边进来，不革命的从右边滚出去"。运动又向前发展了一步。农民看见斗争的声势越来越大了，参加的人数更加广泛。三甲村农民协会开始捕杀了土豪邓俗明，劣绅何老当，三点会头子曾××、刘传芝及土匪雷立民等。

运动发展继续深入和广泛了。此时也正当北伐军进入吉安斗争的高潮时期，因此在左派势力强大的地方，或是共产党员所掌握了的农民协会，更进一步组织了农民，进行了轰轰烈烈的反帝反封建的斗争。

1926年8月，水南农民协会在万寿宫召开大会，参加人数3000左右，会后组织了示威游行，高呼"打倒资本家""打倒地主""打倒劣绅土豪"，抗议地主阶级的剥削，提出抗租抗债口号。同年冬，又在水南街上又举行了第二次大的游行示威，参加人数5000，比上次更加前进了一步，提出了反对帝国主义的口号，捣毁了天主堂，打伤了意大利神父雷元照，并罚他银圆5000元。两次〈的〉游行示威斗争，取得了巨大的胜利。这阶段，算是大革命时期群众运动发展到了高潮了。

（3）新旧势力的斗争

上面所谈农民协会，都是在北伐时期由北伐军或借国民党党部的掩护下建立起来的。党部和农民协会内部的成员复杂，有进步的，也有反动的，因此，就存在着左派与右派之间的尖锐斗争。这种斗争，表现在内部，也同时贯穿在一切工作和群众运动当中。斗争越发展越尖锐，有的是左派占优势，有的为右派所超〔操〕纵。斗争形式也很复杂，当时不管大会、小会，贴标语、写对联，到处都是"革命者从左边进来，不革命者从右边滚出去"，看出当时争斗的尖锐和复杂了。

1925年蔡肇先在白沙创办了吉水县立第六小学，和罗松原办的吉水私立白沙集贤小学，就有新旧斗争性质，不【过】在当时表现还不明显。

运动发展到了高潮。当我们提出口号，一时不能为群众所接受时，土豪劣绅利用这个机会拉拢流氓、地痞，乘机活动。1926 年党部的新班和旧班斗争很尖锐，为左派占优势，做了很多农民工作，对土豪不利，于是土豪劣绅煽动了落后农民分三路进攻万寿宫（党部），张孝雄等只有 3 个人，带了一只〔支〕手枪、一门土炮，无法对付，只好拦住他们大叫，"谁敢来打，后面有人包抄，大军马上就到"，发了几发炮，才把他们赶走。后张孝雄等把党部 6 支枪缴夺过来了。

1927 年 2 月白沙土豪劣绅罗广森、郭春和等，又集中在周仁家中开会，准备乘机再打党部。初十正好接到县长陈策的命令，要白沙农民自卫队协同吉水农民自卫队和水南农民自卫队到冠山剿匪。白沙农民自卫队就离开了白沙。11 日罗广森等土豪乘此机会，纠合了赌徒、流氓和一部落后群众，共百多人，带了土枪、土炮，前来打党部。当场有区分部书记戴俊、农民自卫队战士甘仪根牺牲。党部所有东西被抢光和打毁。后县里命令农民自卫队长潘金山带了 30 多条枪来镇压，敌人才【被】打散逃亡〔往〕吉安。同志回来后，为牺牲的同志开了追悼会，又恢复了组织。

水南也同是如此，新成立的党部，龚荣、杨金芳为首的左派势力，和以肖老琨（肖琨柱）所代表的地方四大姓（肖、赖、曾、钱）相互有着尖锐的矛盾，斗争一直在进行。

1927 年 3 月【的】一个晚上，水南农民自卫队附〔副〕队长罗炳和肖排长叛变，勾结了肖老琨，纠合了地痞流氓打党部。当晚把农民自卫队队长阳明和打死，把党部和自卫队的枪支一齐抢走，逃到吉水，投降了敌人。待第二天学生和龚荣等回来后，党部已被打。大家怀着沉痛的心情，为死难的同志开追悼会。

东固九区农民协会后来也为豪绅地主所操纵，形成无钱的穷人不能入农民协会，农协会开会不让农民参加。在这种形势下，以赖经邦（七一五政变后由吉安回来）为首的左派势力，即和九区农协展开了斗争，不久掌握了九区农协的 9 条枪，撤销了九区农民协会，成立了新的农民协会。

这种斗争，日趋尖锐。随着全国形势的发展，蒋介石于1927年4月12日公开叛变革命后，地方革命势力也走入了隐蔽和低潮阶段了。

（三）大革命失败，地方反动势力嚣张，革命转入秘密活动

1. 大革命失败后的政治形势

蒋介石、汪精卫公开叛变革命，在全国各地大势〔肆〕屠杀和逮捕共产党员，施行白色恐怖。在白沙、水南等地的反动势力也随即更加嚣张起来，大肆打毁〔砸〕革命团体和机关，屠杀共产党员和革命群众，使革命遭受挫折，群众生命财产受到损失。但是广大的劳动群众，为保获革命的胜利果实，为抵抗反动势力的残酷烧杀，仍不断同反动势力作顽强〈地〉斗争。

1927年5月24日，水南地方上以肖老琨为首的四大姓，纠合了反动武装何金山及地痞流氓打党部。龚荣同志因此受伤，逃往东固去了。其他革命同志也随即逃走。革命不得不走向秘密阶段。在打党部第二天，即5月25日，何金山又带领2000余匪徒围攻三甲村。三甲村的群众在严红清的率领下，拿起了鸟枪、土炮、梭镖，奋勇抵抗。但因反动势力实在太【强】大，寡难敌众，只好带领群众避入山中。反动势力也越来越猖狂了，放火烧毁了三甲村、西团和周坑的房屋。三甲村39栋房子烧毁了38栋，连厕所都烧了，只有离村较远的一所〔幢〕祠堂未烧，全村财产一切化为灰烬，存下一堆黄土。

烧毁了三甲村之后，反动势力又到处逮捕人，杀害革命群众。同年7月，龚荣同志全家7口，被杀了6个，计杀绝3代。其父被杀去祭反革命，其妻正在怀孕，被剖腹掏出孩子挂在树上示众，残酷到了极点。但三甲村的秘密农协，还一直在坚持活动，直到土地革命时期。

白沙于7月间也发生包围和攻打农协会。张孝雄、张孝煌等七八个同志被敌人抓住押在万寿宫，用毒刑拷打，灌尿灌大粪；家

属都被捉去罚款。其他同志只好逃往外地。地主恶霸纷纷回来，组织保卫团到处捉人梆〔绑〕票，抄革命者家产100多户，无恶不作。群众在党的领导下，利用各种机会打击敌人。这时伪政府县长邹松与罗广森有矛盾，群众利用这点告了罗广森的状，因状纸太多，在群众的压力下，被迫枪毙了罗广森、罗有森，斗争取得胜利。

2. 知识分子党员由城市转入农村秘密活动

1927 年 7 月 15 日以后，全国各地共产党员遭到国民党的屠杀和逮捕，被迫转入农村进行秘密的革命活动，为掀起一个更大的革命高潮而奋斗。

"七一五"政变前后，赖经邦、曾炳春、汪安国先后回到了东固，在东固进行革命宣传活动，发展了共产党员，组织农民协会，进行打土豪等密秘暴动。郭梅从武汉回白沙，胡家荣、胡家驹也先后回富田活动。白沙、水南党部被打后，龚荣、杨金芳等同志也逃到东固，为再一次回到水南、白沙，开展更大的革命活动，掀起更高的革命高潮而作准备。此时虽是革命的低潮和密秘阶段，但全国形势发展对革命有利。紧接着南昌八一起义、秋收起义之后，在湘鄂赣边区建了红色的政权，帝国主义与军阀之间互相混战，全国都像布满了干柴，分布在各地的星星之【火】，很快地燃烧起来。第二次大革命的风暴，又来到了。

二、第二次国内革命战争时期（1927—1937 年）

（一）1927—1929 年党领导下公略县人民为建立红色政权而斗争

1. 党组织的恢复发展及其活动

（1）党组织的恢复与发展

1927 年"七一五"国民党报复以后，各地共产党员都从城市转入到农村继续进行革命活动。"东固地区的共产党员赖经邦、高克念、曾炳春、汪安国在这时先后从吉安回到了东固。"他们回到东固后，秘密进行活动，发展了"段玉林、刘经化、黄启秀、胡明先等人"，于这年"在东固圳上角头山成立东龙支部（东固和南龙），由赖经邦负责，党员有高克念、曾炳春、汪安国、刘经化、段玉林、黄启秀、胡明先、戴希贤"。东龙支部成立后，便在东固一带"进行革命宣传，秘密组织农会，扩大革命组织和建立地方武装，把九区农会的9条枪夺取了过来，很快的〔地〕建立了东南游击队。1927年底和〔至〕1928年初，东龙支部发展了党员20~30人，成立了东固、南龙、和丰坑、圳上、江口五个党小组"。党的组织开始在农村恢复和建立起来。

1927年下半年，环绕在东固四周的富田、陂头、值夏、枫边、桥头冈（泰和）、潭头、上古、下古（永丰）、水南、白沙、盘山、汀江、葛江（吉水）、崇贤、高兴圩（兴国）等地的土豪劣绅们，害怕东固地区的革命力量，便"纷纷组织了靖卫团，向东固人民进攻"。

但是，革命的火焰是任何反动势力都不能扑灭的。就在东固地区革命力量日益扩张的时候，富田地区的党员"叶有凤、胡家荣、胡家驹"，也在富田秘密"发展党员、贴标语"，进行革命活动。

"1927年下半年"，他们在"富田陂下成立富田特支，书记叶有凤"。"特支是秘密活动，做党的工作，宣传党的政策"。东固地区"赖经邦、戴希贤、汪安国等人常至富田来指示工作"。从此，革命的火焰又在富田地区燃烧起来。

正当党组织在东固、富田两地相继建立的时候，"1927年12月28日郭梅在白沙也恢复了党组织，成立了党小组，发展党员有张孝宣、张孝雄、黄家发、廖化灿、鄢发、鄢开真。党小组长张孝雄（他是第一个被发展的农民党员——编者）"。小组成立后，就开会讨论发展组织，进行活动的问题。当时"大家分工包干，到各地去进行活动，黄家发负责桥上一带，张孝雄负责南湖、白沙街上等地，张孝宣负责螺田地区，廖化灿负责廖家村，鄢发负责城上、金滩，鄢开真负责河背，郭梅负责与东固的联系，他经常来回走动"。

他们把革命的"星星之火"在这些地方点燃。

水南地区的党组织，在1927年国民党叛变被捣毁以后，共产党员"龚荣、杨金芳等逃往东固"，水南的革命活动暂时停止了一个时期。1928年1月，他们"从东固回来"，继续进行革命活动，秘密地用"互相串联"的方法，"在西团发展了党员""有邓学友、吴德荣、杨士介"等人，"开始建立党组织"。

至此，党的组织又重新在这一带地区恢复和发展，各地之间又互相联系，革命势力就迅速地壮大起来。

（2）红色政权的成立与发展

革命的根本问题就是政权问题，要彻底推翻反动统治，必须首先建立无产阶级的政权，农民协会、革命委员会和各地办事处的成立就是无产阶级政权的早期形式。

1927年11月，东固一带在党员赖经邦等人的活动下，"成立了农民协会，有赖经邦、曾炳春、刘经化、汪荣崇、李会凤5人，赖经邦负责"，秘密到各地去进行"组织发展工作"。"每人每月要介绍工人入会，发展组织的方法是：先确定对象，然后去找他，和他讲地富的剥削，讲入农会的好处"。赖经邦和刘经化还到"三彩地方发动组织农民协会"。东固地区的秘密农民协会，除了"发动群众、扩大组织"外，还"酝酿打土豪，抗租抗债"。

东固的秘密农会成立后，白沙、水南、富田等地接着也先后成立了秘密农会。

1928年2月，白沙地区的党员，以"城上、金滩、戴坊、方源为根据地，南湖、粟生为外围，组织可靠的农民〈约〉四五十人，秘密成立白沙农民协会，主任吴俭福"。

"龚荣、杨金芳、张德辉、邱林春等人，也在这时在水南各地，以喝血酒、烧香、斩香等形式发展农民协会会员"。不久，"杨金芳、张德辉、许义、钱何、吴子建在西团糟坑、里坑、岳坑成立农会"，"邓学友为常委，曾炳万、吴德荣为执委"。他们在"排上村、山下村、王竹坪、下马寺等地发展了15名会员，并在这些村庄上建立了农会组织。他们时常和这些人在深夜秘密开会，内容是发展会员、会员的情况介绍、报告地方上的土豪情况等；还深夜到水南街上等地方张贴'打土豪、分田地''抗租、抗债''穷人不打穷人''水南街上都是小商人，应当个个参加革命'等标语"，同时还"在地方上秘密打土豪、杀猪、开仓、不还租、不还债、不还粮"。"5月间在富田也正式成立了农民协会，开始抗租抗债"。

"各地秘密农会成立以后，为了加强领导，更好的〔地〕开展革命活动，于1928年2月，东固成立革命委员会，主任罗宗清，领导东固、南龙和富田等地的革命活动。""革命委员会设在万善堂，委员赖经邦、曾炳春、刘经化，是区一级组织"。东固革命委员会成立后，为了迅速的〔地〕在富田开展革命活动，于"5月在东固召开了富田地区的地主豪绅读书子弟会，在这个会上把他们全部扣留起来。于是富田地区的干部就带着教导队到陂下来，缴了陂下的地主武装（枪20支）"。富田地区的革命活动，一时蓬勃开展起来。

"与此同时，白沙的党员在黎坪成立了白沙革命委员会，主席吴俭福，书记鄢发，委员张孝宣、罗湖宽、陈考滋、鄢开真、张孝雄。"

六、七月间，在水南西团的里坑村成立了水南革命委员会，主席曾贤永，书记张德辉，委员曾昭禧、杨金芳、罗烈、罗福生。9月，革命委员会迁到"西团""西堡祠"内。"1929年10月，又迁到店背村孝思堂，开始公开活动。"

各地革命委员会的相继成立，有力的〔地〕推动了革命活动的开展。农民协会受着革命委员会的直接领导，很快地从秘密转为公开，革命运动又在各地蓬勃地开展着。

"1928年4月间，东固地区的农民协会迅速发展，先后成立了24个农民协会，入会农民达一万四千多人，进行打土豪、抗租抗债等活动，开地主豪绅的仓库，烧毁借条和契约，豪绅地主们的谷米和用具任农民担去和使用。"东固农民协会在那时要地主豪绅们捐款，"共捐了八家，三百元"。农民协会公开了，人人"都可以加入到农会里去，只是二流子、烟痞和土豪劣绅不能入"。

东固地区农民协会的公开活动，迅速地扩张到了其他地区。

在白沙，"1928 年 8 月，各地农民协会都公开活动，会员们都佩挂证章。当时东到螺田（30 里），南到龙头（10 里），西到罗坊（30 里），北到横江（20 里）的大块区域内，成立了一百多个农会，有一万多农民参加，个个拿梭镖，到处红旗艳艳。农民协会公开提出抗租抗债，收回借条契约"。

和白沙一样，富田地区的农会这时也公开进行活动。特别在东固革命委员会召开了富田地区地富的会以后，陂下的地主武装消灭了，"富田的农民协会就普遍暴动起来，展开了杀土豪、打恶霸的革命活动，要钱有钱"。农会组织遍布各地，"农会有常委、执委，另外还组织了儿童团、少先队、赤卫队、妇女会、宣传队、画壁队、贫农团，公开召开群众大会，唱'暴动歌'"，还领导赤卫军会同地方游击队打靖卫团。

水南农民协会公开后，到处开群众大会。"1928 年 8 月，松山村农民赖大海、赖正良等八人带领本村 100 多农民到西团开会。大会由杨金芳、张德辉主持。11 月，松山村农会会员发展到 300 多人，并组织了赤卫队（70 多人）、少先队（30 多人）、儿童团（20 多人）。"1928 年 10 月，有元村的农民四五十人在有元坑开大会，西团派张宗隐参加，会上唱了歌："工农兵、工农兵，联合起来向前进，杀尽敌人，我们前进，我们暴动，杀向那个帝国主义大本营。"

"这年冬天，龚荣、杨金芳领导水南各地农民协会的赤卫军到水北捉韩达子。""韩达子是专门收苛捐杂税的，为首的叫叶老昆（叶昆柱）。十一月初七日，各地农会和游击队就探听好了，初八日韩达子会到水南街上来收捐税（初八日赶圩），因此通知好各地武装，做好埋伏，有十几条枪埋伏在上车，另通知各地农民协会准备好捉韩达子，当时只有水北没通知。初八那天，韩达子带了红学会的 20 多人、十几支枪，到水南街上来收屠税，当他一走进街上，游击队就四面包围（只有水北没围住），游击队先开枪，打散了敌人，韩达子就往水北逃，跑过了河"，他就"躲到一个木桶里"。"龚荣和杨金芳带领游击队和赤卫军追到那里"进行搜索，"把韩达子从木桶里揪出来，先割掉他的左耳朵，后又割掉他的右耳朵，最后把他杀死"。

捉杀了韩达子以后，农民不再交捐税了，但反动的封建势力——"红学会"却经常来骚扰。农民协会就领导赤卫军会同地方游击队天天去出击。"1928 年 11 月，杀了红学会 13 人。""1929 年正月十三日，又和红学会打，敌人走错了路，碰上了朱总司令的队伍，结果敌人全被打垮，烧毁了敌人的营房，俘虏了他们全部人马：二百多人，四五十支枪，还有一挺花机关。"

富田花岩乡的农民协会在"1928 年 8 月公开以后，挂上了牌子，贴了标语，常委潘先志、执委林贞恩、秘书胡成汉。接着就进行打土豪、分田地，没收土豪的全部东西，土豪的田地也全部没收过来，分给贫苦农民"。

各地农民协会的公开活动，使革命形势空前高涨。从"白沙附近一带，一直到东固，都组织了农民协会"。革命的"星星之火"在这片广阔的土地上，已成为"燎原之势"了。

红色区域的不断扩大，适应新形势的红色政权组织形式——办事处，也就先后在各地出现。最初，它还是以秘密活动的形式开展工作，扩大红色区域。"1928 年 7 月在富田特支的领导下"，"成立了'东固革命委员会富田办事处'，地点在富田匡家，主任王善金，文书郭世连。办事处工作主要是发动群众，组织农会，捕捉犯人等。""它属东固革命委员会领导。"富田办事处成立后，革命活动就更加轰轰烈烈地进行了。

"同年 8 月，在下塘成立泸源办事处，主席胡益寿，委员有胡延年、邱顺祖、杜义容、杜宏吉"。办事处负责领导"游击队和农民协会工作""管辖附近一百多个村庄"。各地"有事向办事处汇报"。

"9 月间在沙田成立上江办事处，主任刘豪杰、书记刘章注。"接着"在大坪上成立欧江办事处，主席罗寿。工作内容是收集有关敌人活动情况，搞武装、搞农会"。

"10 月在火烧桥成立泸江办事处，由罗寿、赖竹藻负责"。

"11 月成立泷江办事处。"与此同时，"在富源桥成立两江办事处""主任张家永"。"以后两江办事处迁到两江口。"

"1929 年 5 月，白沙成立了白沙革命办事处，扎在黄竹坪，主任王国光，作为政权组织，负责领导农民打土豪，组织儿童团、少先队、赤卫军等工作。"

办事处是"扩大革命的一种""政权组织""它受革命委员会的领导，"它的"主要任务是发展组织，领导农民打土豪、分田地"，到各地"筹款"。并开展白区工作，扩大红色区域。办事处是作为红色政权的雏形出现的，以后在这基础上各地就都建立了苏维埃政权。

（3）党组织从秘密走向公开

1927 年底和 1928 年初，东龙支部建立了东固、南龙、和丰坑、坜上、江口 5 个党小组后，革命活动迅速在东固地区开展，党组织的发展就像雨后春笋【般】先后在各地建立起来。

"1928 年 5—6 月间，在东固成立东龙区委会（由东龙支部改为东龙区委会），高克念负责。区委会下属三个支部：大年坑和安乐支部，支书汪安国；东固和樟坑支部，支书刘昌祥；南龙和黄沙支部，支书史明阳。"

"党组织每三天开一次小组会，5～7 天开一次支部会""如果临时有事就临时通知召开"。"支部会上研究工作情况，听取目前国内外形势的报告和学习报告，汇报组织发展情况，研究组织发展工作，每次会议从夜晚要开到鸡啼。"当时，在组织发展工作上，"除了有党派的人不能入党外，还规定以下五种人不能入党：①立场不稳的，②地富分子，③嘴巴喜欢乱说话的，④贪小便宜的，⑤抽鸦片、赌钱的"。

"东龙区委会和所属三个支部共有党员一百多人,半秘密半公开地在各处进行活动",发展组织和建立革命武装。

"1928年2月富田地区成立陂下支部,党员15人,分为3个小组,支书胡星福。""4月,又在水口成立水口支部,支书郭仁顺。""白沙在这时候成立了白沙支部,书记张孝宣,下分3个小组:南湖小组,小组长张孝宣(兼),党员5人;金滩小组(包括戴坊、城上两村),小组长鄢发,党员6人;罗陂小组(包括仓坪、横江两村),小组长戴方孝,党员8人",共19人。

"5月,成立富田支部,支书匡君铨。""水南地区党组织在这时也开始在芦源双坑村建立,发展了王达日等8个党员,成立了一个党小组,王达日任小组长。"

富田党组织迅速发展,7月间,富田特支(这时特支书记是胡星福)召集了陂下、水口、富田3个支部的支书、组织委员和宣传委员的会议,研究成立富田办事处的问题。在用人方面,经过详细讨论,决定利用地主王善金,用他来担任办事处的主任。因为王善金是地方上豪绅中最有权势的人,利用了他,就可制服其他的豪绅,更好的〔地〕开展革命活动。同月下旬,成立"东固革命委员会富田办事处"。不久,上海党中央派毛泽覃同志和彭清泉同志来到富田,对富田的工作作出了许多指示,使富田的革命活动更加迅速地向前发展。

这时,"东固地区的三彩、河东、河西等地都建立了党小组"。

这个时期党的活动还是"写标语、发动群众抗租抗债和发展党员",指导各地的工作。

"8月,在富田又成立了阳田支部,支书曾守招[①],有曾守招、曾守侯、曾守生、曾洪璋等5个党员。坟坑在这时也有党支部。""白沙木口乡,这时也成立了党支部,有党员27人,下分4个小组,每组5~7人。"

---

① 曾守招,文中又写作"曾守召""曾守诏"。

"9 月，成立新安支部，支书刘仁秋，有 5 名党员"，属富田特支领导，"10 月水南虬门村吴世道等人这时也成立了一个支部，有 13 个党员，并发展团的组织，有一个团小组，5 个团员，小组长李金娇"。

"12 月，水南燕山乡也成立了党小组，5 名党员。"

党的组织星罗棋布，扎根在每个角落，领导着广大人民群众向土豪劣绅进行猛烈冲击。由于党组织的迅速发展，革命力量的日益壮大，党组织也就逐渐地从秘密走向公开。

"1928 年下半年，东固成立红色曙光社，设在忠义祠，刘经化负责，秘密进行革命活动，领导东固地区的党组织。""10、11 月间，在水南西团成立了红潮社，由杨金芳等人负责。"红色曙光社和红潮社都是相当于区一级的党委机关，其"主要工作是发展组织、掌握当地情况，领导办事处及各村工作"。曙光社和红潮社的成立标志着党组织的迅速发展和红色政权的逐渐巩固，革命活动在这时也已经完全公开了。

"1929 年春，东固地区的东龙区委会分开，在东固成立了东固区委会，书记刘经化。""曙光社在这时公开活动，书记胡明光（即胡会蛾）。""这时，白沙成立特支，郭梅负责。"

"8 月，白沙又成立红潮社，地点在南湖村，书记吴江，团委书记阮瑞芬，下设：组织部，阮瑞章；宣传部，张孝雄；文书，罗富欢。"

"11 月成立中共白沙区委会（由红潮社改），书记阮瑞章（吴江已调走别地），下设：组织部，郭元治；宣传部，张孝雄；妇女部，陈鸾英；文书，罗富欢；少共区委书记阮瑞芬，组织部李裕恩，宣传部梁××。"

区委会公开领导各地的革命活动，党组织在这时完全公开。水南的红潮社以后也转为区委会。东固地区的曙光社和水南的红潮社以及其他地区的区委会，都在这时酝酿着将各地办事处建立苏维埃政府。这一带地区的人民，在党的领导下，经过这一个时期的革命斗争，打垮了土豪劣绅，摧毁了一切反动势力，每个人所希望的苏维埃政权很快就要在这块红色的土地上普遍建立起来。（这就是未来的公略县政权的根基）公略县就是在这样的基础上建立和发展起来【的】。

2. 地方革命武装的建立及其活动

（1）地方革命武装的建立

a. 东南游击队

大革命时期，白沙、水南人民群众，在共产党领导帮助下，曾组成了农民自卫队，做了很多工作，"协同吉水县农民自卫队到冠山剿匪"，还打过土豪敌人。蒋介石叛变后，敌人猖狂一时，残杀共产党人，人民自卫队的枪大部分被敌人所夺，而有些革命群众跟着党转到农村秘密进行活动；有的一时不敢活动就把枪埋到地下，如"白沙埋了六条枪""水南埋了八条枪"，待机再建武装。

武装是革命的工具，要革命就要想法得到武装。白沙、水南反动势力较大，东固较弱。"赖经邦回东固不久，就和陆续来的高克念、曾炳春一道，在革命群众帮助下把九区农会的九支枪夺取过来，连同自己原有的两只手枪，由赖经邦领导，于1927年8月间组成了东南游击队"。

为了发展革命力量必须扩大武装，在当时最好的办法是争取段起凤来参加革命。

段起凤是永丰县师〔丝〕茅坪人，出身农民，练得一手武艺，后来就做拳师，以此谋生，曾到过福建一带教打，在那里受到大刀会、红相会的影响，参加过一次抢劫。回家后，就用三点会的名义，纠合一些门徒，打着"劫富济贫"的旗号，在蜈蚣山一带进行抢劫活动。他们由几支枪发展到20多支枪，共有30多人。

"1927年10月，党组织派段玉林（段瑞生）利用宗族关系把段起凤规劝过来，不久段起凤就率领门徒参加革命。"

段起凤被争取过来以后，东南游击队的力量扩大了，队员有四五十个人，有30多支枪。这年11月在赖经邦的率领下，东南游击队攻打富田，捉拿大恶霸王初曦，不料被他先逃走了。游击队在没收他家的东西以后，放了一把火，把他的房屋烧毁了。

烧了恶霸王初曦的家以后，队员们革命信心大大增强。1928年5月又攻打枫边，枫边在东固的东南部，当地驻有徐子文的靖卫团。赖经邦指挥游击队很快把枫边打下，俘虏了许多靖卫团分子。但赖经邦不幸在这次战斗中牺牲了。接着游击队在枫边进行组织和发动群众工作，开展革命活动。两个月以后，枫边的群众组织起来了，赶跑了豪绅地主，建立了自己的政权。

6月，东南游击队乘胜打崇贤，崇贤有罗焕南的靖卫团，他们人数比较多，力量比较强，共200多人和200多支枪。

东南游击队的领导人曾炳春、段起凤、刘经化、罗宗清等都亲自参加战斗。由于游击队员们的英勇战斗，结果把比较强大的靖卫团也打垮了，缴获了靖卫团的大部分枪支。革命的火焰从此在崇贤燃开了。

东南游击队的几次战斗都获得了胜利，势力一天天壮大，由30多支枪发展到五六十支枪，人数增到100多人，活跃在东固的周围，经常捉杀土豪，给靖卫团猛烈的打击。

b. 各地游击队的建立

东南游击队不但壮大了自己，重要的是给全县地区的革命群众树立了榜样，增强了革命的群众信心。在东南游击队影响和帮助下，各地先后又从〔重〕新恢复和建立了革命武装。

1928年初，在白沙跟着党的秘密活动，把埋在地里的6支枪取出来，和从吉安带回的2支短枪，共8支枪，加上梭镖、刀矛，重新建立了自己的革命武装——赤卫队。当时为了扩大革命武装，到处打听哪里有枪，就到哪里打土豪。如向白沙、永丰、水南等地袭击保卫团，缴了敌人枪，逐渐壮大了自己队伍。于"同年8月组成了20多支枪，七八十人的白沙游击队，队长鄢开真，政治指导员吴万河"。

1928年正月杨金芳、龚荣等人从东固回永南，把埋在地下的8

支枪取了出来，利用这批武装和农民赤卫队的刀矛去黄竹坪山上，打土豪、绑票……在皇坑还捉了3个土豪，搞到款1000余元。以后连续打了几个月土豪，直到1928年四、五月间，在偶堂下成立了教导团，时间三四个月，40余人，杨金芳、许起腾等人负责，有10条枪。再去打地方靖卫团，有一次打靖卫团，因先有我方许义打入敌人内部，结果在内应外合的情况下打败敌人，缴获了3支枪。由于武装力量渐渐扩大，于1928年9月在皇坑成立了水南游击队，队长许义，政治指导员许起腾，有20多支枪，40多人。游击队成立后，经常在汀江、乌江、龙江周等地打敌人，还打义富保卫团肖琨柱。在地方与黄学会、红学会经常斗争，并得到地方赤卫队的配合。游击队除保卫革命活动，打土豪、靖卫团、红相会等外，还经常进行革命宣传工作，到水南等地宣传贴标语等活动。

富田地区，随着农民协会成立，有了赤卫队，但缺乏武装而感到难以活动。于是请东固帮助，由东固革命委【员】会，于1928年6月请富田地区的地主豪绅到东固开会。在这个会上把他们扣留了，地方同志趁机带着教导队到陂下缴了地主武装20支枪。在富田缴了10支枪，还没收了土豪的财物，从此成立了吉泰游击队，30多支枪，三四十人，队长徐有生。

（2）地方武装的发展壮大

a. 七、九纵队成立，各地靖卫团被打

在东南游击队的力量日益壮大的基础上，"1928年6月在东固成立了第七纵队，队长段起凤，政治委员曾炳春，共100多人，五六十支枪，成员多为东固人，活动在东固周围的一经、三蓼〔僚〕、坳上和养金山一带。七、八月间曾到永丰打红相会、大刀会等封建反动组织"。同时"还打了水南红相会，缴到6支枪"。接着又攻打石马靖卫团，在十多天战斗中取得了辉煌的胜利，"活捉了靖卫团的两个头子，十多个土豪；还缴获了很多枪支。东固革命委员主任罗宗清同志却不幸在这次战斗中牺牲。"

在打垮永丰石马靖卫团以后，接着回到东固养金山，"成立第九纵队，队长李文林，政委袁振亚，共二三百人，200多支枪，成员多是永丰人，也有吉水人。活动在永丰沙门寺一带，也常到水南、白沙一带"。

第九纵队成立以后，段起凤写信给在泰和紫阳山一带进行抢劫活动的孙道发（孙雄），他把他自己改邪归正的情况告诉了孙道发，动员他参加革命。在段起凤的说服影响下，不久，孙道发就带领他70多人的队伍和50多支枪，来到东固投入革命。〈在这〉同时，驻在良村的靖卫团团长梁麻子，在革命力量日益壮大的影响下，也主动写信给东固革命委员，要求放弃反动立场，到革命队伍来。东固革命委员会欢迎梁麻子进入革命【队】伍。梁麻子率领他的靖卫团120多人、100多枪，从良村来到东固。孙道发和梁麻子到了东固以后，和第九纵队一道进行游击活动，到处打敌人。

1928年9月，七、九纵队攻打"五圩联防"（富田、新安、新圩、陂头、值夏）。"五圩联防"是国民党反动派组织的，专门对付东固地区革命武装的地方反动力量。他们纠合了300多人、200多枪，经常到各地镇压革命运动。"七、九纵队首先进攻值夏，敌人听说东固的'土匪'来了，一个个都吓得溜跑了。七、九纵队便撤回到富田，接着派出侦探去窥察敌人的踪迹，后来探知敌人躲在新圩的羊角庵，当晚就派出队伍去包围羊角庵。到第二天天亮时，七、九纵队把羊角庵围住了，开始向敌人袭击，枪声一响，五圩联防的队长就带着十几个人慌忙越墙逃跑，其余的人全被活捉过来，枪支也全部缴获。"七、九纵队的力量一时空前壮大，革命声威鼓舞着人民的斗志。

在收编孙道发前后，还收编了在冠山一带抢劫为生的何金山匪部。1928年革命日渐强大，群众发动起来了。假装革命的何金山与七纵队联系，要弃暗投明。"他们原是1927年一些北伐军中残留下来和一些开小差的士兵，有100多人，六七十支枪，以何金山、张小水为首（均为河南人）在冠山一带抢劫。"在何匪要求下，七纵队答应了收编他，他不同意改编，结果另编成八纵队。受编后并没有改变原抢劫、奸淫作风，反而不遵守纪律，不听从指挥，而至公开叛变，捉杀革命干部，如白沙张孝煌、项大方等。何匪罪行引起革命群众愤怒，七纵队在群众协助下，很快肃清了何匪，取消了八纵队番号。

b. 红军学校和红色兵工厂

七、九纵队成立后不久，在安塸成立了教导队，由东固革命委员会领导，队长李界农，指导员陈××。教导队共有五六十人，五六个班，都是由当时每个农会派选一人去的，主要学习军事和政治，每天三操两讲，学习 6 个月就毕业。毕业后由上级领导分配到各游击队工作，在学习期间也参加游击战争。教导队在打完吉安以后，便改为红军学校。教导队在当时为革命培养出许多优秀的忠于革命的干部，正确地领导着各地游击队的活动。

教导队是红军学校的前身，是为培养和训练革命干部而创办的。自 1928 年下半年各地先后都开办了同类性质的训练。如水南1928 年冬成立了教导团（训练班），由龚荣、杨金芳负责，训练时间三四个月。"1929 年 12 月改为红军学校，地址设在水南孝思堂，于 1930 年 2 月抽了赖光明等 30 人到陂下红军学校学习。""富田1929 年也成立了青年干部学校，共 20 多人，办了 1 期，校长刘铁超"，训练出来的人分派到游击队工作。"富田的青年干部学校，于1930 年改为红军学校，校址初设陂下敦林堂，吉安被打下后，迁到吉安青原山。""东固也办了红军学校，地址设在螺坑。"

七、九纵队成立以后，于 1928 年秋在东固红军根据地养金山。当时国民党反动派内流行一首歌谣，其中有"大'土匪'住在井冈山，小'土匪'住在养金山"二句。我们就在这里办起了最早的红色兵工厂，这工厂全是土法白手起家办起来的，兵工厂虽小，"都有修配车间和制造车间"（洪雨龙口述），它不但能修理枪炮，而且能制造土枪土炮、弹药，支援各地游击队。"1929 年郭梅就从东固兵工厂，领回 24 条土造枪。每支枪有 3 粒子弹，还有 5 支鸟枪，扩大了白沙游击队。"

c. 红二、四团的建立及其游击活动

1928 年 9 月，七、九纵队击溃了"五圩联防"以后，由于力量的壮大，七、九纵队受赣西南特委指示，在永丰元福乡合编成独立第二团，李韶九任团长，曾炳春当政委，参谋长李文林，共有 1000 多人，七八百【支】枪。10 月，队伍从朱岭经崇贤开到高兴。在朱岭、高兴的靖卫团听说二团要来打高兴，就都先逃走了。二团在高兴打了几个土豪以后，就一直开到永丰圩……在永丰圩还开了土豪的仓，发粮食救济贫苦人民。靖卫团逃到上枧坳，二团追到那里，敌人又跑了，二团烧了那个庙上的八角亭。二团又开到龙坪圩，靖卫团先跑，二团直冲到兴国，10 月 8 号把兴国城攻下。城里的官僚逃得不留一个，二团进入兴国城。兴国县早在 1927 年谢云龙在党指示下就组织了总工会，发展了会员，并且有了党的组织。"七一五"国民党叛变以后，兴国县的总工会被反动派捣毁，党组织也就转入地下活动。二团进城后，李藻、李嘉中等党员也开始了公开活动。兴国县的总工会和其他革命组织全都恢复了，兴国城又成了革命活动的中心。

二团在兴国驻扎了五六天，和兴国党共同恢复和发展了革命组织，以后就开到江背洞（即江背乡），帮助地方发展农运工作。二团在江背住了 3 天，便经张木山开到城冈，在城冈缴了靖卫团三十多支枪，后又开到莲塘圩和良村再回东固。在东固住了 2 天开往白沙，遇敌一团转开水南，又遇敌一团后便转大银坑，敌人二团来包围，双方打了一仗，我军几个伙夫被捉，失马十多匹，便退回东固养金山，整顿了队伍，发动好群众。曾炳春亲自指挥再开往白沙，在各地赤卫队、游击队配合下，击溃了敌人，夺回了马匹，还缴枪二百多支，新驳壳【枪】16 支（洪雨龙口述）。

在打下兴国后，11 月在永丰良村成立红军独立第四团，团长段起凤，政委袁振亚，共三四百人，三四百【支】枪。第四团是以谢云龙在崇贤组织的第一大队和教导队、红二团的一部分人员、枪支联合组成的，其中以第一大队为基本力量。

各地游击队的发展

红二、四团建立后，各地游击队随着革命形势高涨也有很大发展。水南、白沙于1929年在原有游击队的基础上，先后成立了警卫连。"水南警卫连有七八十支枪，百多人，连长刘万兴，指导员赖光明。""白沙警卫连有百多人，40多支枪，连长郭国招，指导员鄢开真"。这两个连为基础，加下富田一个连，"于1931年春成立水南警卫营，有300多人，200多枪，营长郭国招、政治委员罗荣海"。在成立警卫连、警卫营的同时，各地还留有游击队。警卫营以后发展到五个连，"三次战争后，警卫营改编为江西红军独立第五团，由下埠田、白沙、水南、罗家圩、苦富等五个连组成，团长易章本，政委×××，有400多支枪，六七百人"。富田的吉泰游击队，"于1930年初和永丰、泰和、白沙等地游击队合编为十纵队，100多人，70多支枪，队长许光洪，指导员刘××"。

赤卫队、游击队、警卫连、十纵队等地方武装，先后配合红军打唐云山敌部。一、二、三次战争，攻打吉安更成为主力，在各次战役中都显出他们英勇的革命气概。

（二）1929—1934【年】红色政权的建立、巩固及公略县的成立

1. 毛主席、朱总司令率红四军先后来到东固等地

1929年旧历正月初八，毛主席和朱总司令率领红四军第一次来到东固。这支队伍"穿得破烂，各色衣服都有"，带有机枪100多挺，每个战士都背着枪，但子弹很缺，背的多为空弹壳。初九在东固召开了群众欢迎大会，初十就到螺坑召开了红四军与地方武装（二、四团）会师大会。大会场中央有一阳台，毛主席、朱德都先后在台上讲了话。毛主席在大会上说明了革命的意义和红军的发展及革命的必然胜利，大大鼓舞了二、四团全体人员，坚定了革命必胜的信心，并且就在大会上当场交换了礼物，红军送了2挺机枪给二、四团，二、四团送了3担子弹给红军。大会自上午10时开至午饭后才散。毛主席的队伍在螺坑住了六七天。毛主席、朱德住在

螺坑杨老况家里，当时红军每人身上背有七八十尺布，是打了瑞金缴得的。起初士兵们将布便宜卖给百姓，毛主席得知后立即下令不能收百姓一文钱，并对士兵解释道："东固的老百姓为前方做了许多工作，给了我们许多帮助，我们不能收苦难百姓的钱。"于是战士们纷纷解下身上的布匹赠予穷苦百姓，估计大约赠了几万尺。农民大为感动，送茶送水，妇女们自动组织洗衣队赴螺坑帮助红军战士洗衣。

15日敌追兵刘士毅军赶到枫边，下午毛主席便率军离开东固螺坑，经永丰、乐安上福建那边去了。不几天，刘士毅军就追至东固，扑空而去。

1930年初（旧历年前）毛主席率领1000多红军到达富田，在富田高地园召开了一个群众大会。4个乡共有一万多群众到会。毛主席讲话达一小时之久，主要内容是号召"贫雇农团结一致，抗租抗债，打倒土豪劣绅"。朱总司令讲了约半小时之久，说的是"打土豪、分田地，扩大红军，打吉安"等。在这个会上还接受了罗炳辉的投诚。

1930年三、四月间毛主席第二次来东固，帮助农民插秧。当东固遭到1929年6月崇贤反动派煽动落后群众烧毁房屋，抢光耕牛，导致生活及生产严重困难的情况时，及时搞下几百条耕牛及种子款项等。东固人民重修起房子，添补了衣衫，恢复了生产。这次来东固的红军有一万多人，称十二军。东固的少先队还到迎接，东固街上还挂了红旗，家家打爆竹，群众送米送菜。这次来也在螺坑开了大会，还有地方干部和群众参加。毛主席在会上说要创造百万铁的红军，要建立中央政府，建立苏维埃政权。这次在东固住了十多天，毛主席住在万善堂（已被国民党烧毁），朱德住在顺德堂（现在是公社食堂）。

毛主席率队伍两度来到东固，对当地群众，特别对当地武装起了极大的教育作用。过去还有人怀疑地方武装及党的力量，至此亲眼见到红军的壮大，见到毛主席对地方的关怀，于是放心了。群众坚定了革命的意志，红军的艰苦朴素作风更感染了东固的地方革命武装，过去地方武装——"二、四团里排级以上的干部口袋里少不了银洋"，自与红军会师后改变了享乐腐化的军阀作风，进一步明确了革命的目的，初步树立起吃苦耐劳的作风。

1930年10月中旬，毛主席从水南那边来，带了40多个武装，中午时分到达白沙木口，趁吃午饭的一个多小时作了一个木口调查。首先找到当年木口乡政府的土地委员刘兴文问道：家里多少人吃饭？刘答：三人吃饭。又问：欠了多少债？答：欠60多元。问：担任了什么工作？答：土地委员。问：你村杀了多少反动派？答：杀了四五个。问：是些什么人？答：彭家先、彭培均、彭昌虚、彭家俊等。又问：村政府的干部吃公家的饭还是吃私家的饭？答：吃私家的饭……此后又询问了村政府各个干部家里的情况，直至战士们吃过中饭后才带队离开木口往白沙那边走了。

毛主席在同年内还先后路过了水南、白沙。毛主席每到一处，对当地革命都有着极大的鼓舞和推动作用，在毛主席到达过的地方不久后，即先后成立了苏维埃政权，革命活动蓬勃开展起来。

2. 苏维埃政权的建立及各项工作

（1）各地苏维埃政府的纷纷建立

1929年1月毛主席离开东固不久后，就成立了东固区苏维埃政府，书记刘经化，主席段起凤（段不久后调任四团长，胡海接任）。区政府下设：土地部、财政部、劳动部、内务部、文化部、国民经济部、军事委员会、肃反委员会、监察委员会、山林水利委员会等。各机构职掌如下：土地部贯彻土地政策，领导分田、查田查阶级；财政部负责贸易、物资交流，掌管财政收支；劳动部负责调配、组织、安排本区劳动力和生产工作；内务部管理民政事务，人民生活福利安全等工作；文化部领导文化、教育、宣传、卫生等工作，开展文娱活动，配合慰劳红军、扩大红军工作；国民经济部计划安排苏区经济发展工作；军事部领导地方武装和扩军支前工作；肃反委员会执行肃反具体工作，对坏人进行调查捕捉；监察委员会监督和检查党政各部门的工作，处理群众意见；山林水利委员会保护山林、兴修水利。

东固区苏维埃政府，【驻】扎在东固刘家祠内，东固区地跨：泰和桥头冈、兴国大龙、永丰上方。

随东固区苏维埃政府成立之后，于 1929 年 2 月成立了各乡苏维埃政府，计有：和丰、江口、黄沙、杨桥、同治、殷富、螺坑、六渡、南沅、三彩、安乐、上枫、潭连坑等 18 个乡。

1929 年七、八月间成立了富田乡苏维埃政府，主席尹里宣，书记胡显福。这时富田一带属纯化区，1929 年 9 月左右纯化区分为纯化与富田两区，于是富田乡苏维埃政府扩大为富田区苏维埃政府，主席尹里宣，书记胡显福。

1930 年 2 月成立白沙区苏维埃政府，主席刘开庭，书记颜壮行，秘书吴江，土地部陈志元，财政部吴信福，裁判部李才培，军事部廖其均，妇女部罗富欢之妻，工会主席张立高，文化部×××。

成立白沙区苏维埃政府后，接着先后成立了各乡苏维埃政府：1930 年 3 月成立杨家峰乡苏维埃政府（主席：廖记球），4 月成立了螺四乡苏维埃政府（主席：陈美员），大水乡苏维埃政府（主席：许让远）。同年内先后成立了白沙、白水、螺四、螺背、南坪、清华、木口、泸沅①、银田等 10 个乡政府。

1930 年 5 月成立水南区苏维埃政府，驻扎在水南天主堂内，主席曾贤永，书记徐启风，宣传部长田承恩，土地部长夏侯伯望，教育部长田厚胆，军事部长赖光明，肃反委员会主任刘万兴。

继水南区苏政府成立之后，接着成立了乡苏政府 10 个：

一乡苏维埃政府：下马石；二乡苏维埃政府：村背；三乡苏维埃政府：西团；四乡苏维埃政府：火烧桥；五乡苏维埃政府：水

---

① 泸沅，应为"泸源"，后文写作"泸源"。见《江西省吉安县地名志》（内部资料），1984 年版，第 250 页。

南；六乡苏维埃政府：虬门；七乡苏维埃政府：富沅桥；八乡苏维埃政府：松山；九乡苏维埃政府：水北；十乡苏维埃政府：燕山。

打开吉安后，以地取名，合为7个乡：

下马石乡，主席：黄乾道；村背乡，主席：汤国荣；西团乡，主席：刘开宣；火烧桥乡，主席：杨邦寿；水南乡，主席：刘家栋；虬门乡，主席：温志连；燕山乡，主席：许庆栋。

各乡干部有组织委员、文化委员、财务委员、肃反委员、宣传委员、土地委员、互济委员等。乡下设有村政府，村政府则由3—5个代表（起初也名委员）分工负责全村事务。

1930年7月白沙区政府并入水南区，水南区苏维埃主席是刘开庭。

（2）各种群众团体的组成

与苏维埃政权建立的同时，各种革命的群众团体也先后建立起来了。1929年东固地区群众组织有工会、农协、妇女会、反帝拥苏大同盟、儿童团、少先队、赤卫队等；富田有儿童团、少先队、赤卫队、妇女会、宣传队、贫农团、互济会、反帝大同盟、工会等；1930年白沙群众组织有农协、贫农团、雇工会、工会、少先队、赤卫军、儿童团、互济会、妇女生活改善委员会、反帝拥苏大同盟、青工学徒会等；水南有工会、妇女会、儿童团、少先队、反帝拥苏大同盟、拥护红军委员会、互济会等。

工会：组织领导工人运动，管理工人生活福利和调配工作；

农协：组织和领导打土豪、分田地等农民运动及群众性工作；

妇女会：领导妇女参加生产、慰劳、支前、宣传、扩军等工作；

儿童团：组织教育儿童，操练、站岗放哨、禁烟禁赌、破除迷信，配合打流氓地痞等工作；

少先队：组织训练青少年配合赤卫队维持治安、打游击等；

反帝拥苏大同盟：宣传拥护学习苏联，反对帝国主义奴役，支持和组织各地群众的反帝斗争。

群众团体总计不下数十种，今以常见的几种重点加以介绍如下：

儿童团：7—15 岁；

少先队：16—23 岁（24—45【岁】为警卫队）。

区儿童团部 5 人组成：正副团长各一，组织、宣传、文书各一。乡儿童团部 3 人组成，设正副团长，团部之下编有小队，小队人数不定。

东固成立的区模范儿童团、模范少先队。

模范儿童团与模范少队是经过选拔的，年岁较大，能力较强，思想最进步的组成，人数不多，各有 20 人左右，装备全由区里发给；军帽、军衣、邦〔绑〕带全是蓝色的。少先队一律是戴红袖，执梭镖；儿童团戴红飘带，背木枪，每次出操时都必须按规定全副武装，下操则换下来。每天上午上课，下午练操或活动。一年有二、三次全赣西南的总会操，在水南碑头进行，东固总得第一名。有一次朱总司令带队经过东固，听到模范儿童团、少先队在练操，脚步非常整齐，以为是正规军在操练，问是哪里的队伍，待别人告诉是儿童团、少先队在出操时，朱总司令大加称赞。

妇女会。区设妇女主任，乡设妇女指导员，村设妇女代表。乡有妇女部，设一个指导员，还有妇女委员；村妇女代表，小村一人，大村两三人。妇女也编队编班，每一村编一分队，分队之下编班，7—9 人一班，主要工作是慰劳红军、送慰劳品、做布草鞋等，任务由上面分配下来，每月到区接受做布草鞋的任务，回来召开妇女委员、妇女代表会，布置任务，每人每月一双，全年最多一人有做达 20 多双的。此外还邦〔帮〕红军家属做工作，有的妇女还上前线做宣传工作（找白区妇女谈话），身体好的还抬担架。后方许多妇女还参加莳田耘禾等工作。

当突击任务下来时，则组成各种专门的队伍，如慰劳队、洗衣队、宣传队等。

工会。区工会里分有雇农工会、手工业工会、店员工会，各设主任一人。如：水南区工会主任余月生，雇农工会主任吴里志，手工业工会主任刘开苗，店员工会主任×××。

各乡则设立工会小组。工会号召工人带头参军，发动群众做好拥军优属工作，并组织群众与地主斗争，要地主写款。

互济会。经费来源主要是由会员捐集，当时规定每个会员每月捐五个铜钱，家里较好的则多捐些，此外打土豪没收得来的财产也由互济会掌管。救济对象主要是难民，例如某家烧了房子须及时救济，一般情况下必须经过党组织研究提名，经群众通过才可发给救济物资款项等。

打土豪、分田地。1929年1月，东固成立苏维埃政府后，三、四月间便实行第一次分土地：以村为单位，打乱分，好坏搭配；地主不分田，只有耕种坏田的使用权，没有所有权；富农分坏田，半工半农者分全田；茶山亦平分，留一部分公田作为红军和出生人口的预备田；"山里工人同样分全田，旷工、码头工人没有分田。"

1929年8月割禾之后，东固地区进行了一次土地调整，即抽多补少，抽肥补瘦，并实行了累进税：贫农、工人、雇农定为8%，中农为13%，富农为18%，地主为24%。

1930年春又实行了一次普遍的查田查阶级运动，主要是纠正过去偏差，调整错划阶级，查出了隐藏地主、富农，实行地富扫地出门（空手出门），没收其耕牛、农具财产，手工业【者】在这次没有分田。

1929年下半年割禾后，种油菜时间，富田区开始分田，以村为单位分，各村具体情况不同：花岩是好坏打乱分，每人分8担，地主没有分，开荒生产，富农分坏田；民联每人分得12担；陂下是地主不分田，富农分下田，工人分全田，小贩本人及其妻不分田，其子女分田。田分上中下三等，每人3石，上中下各一担；有公田，留给退伍士兵和难民用；中农田地不动，半工半农者分全田。当时的口号是："不交租，不还债，大家分田地。"

1930年上半年富田第二次分青苗，主要是好坏调整。五、六月查田查阶级，查出"黑田"要罚。

1930年4月白沙第一次分田，以村为单位，以原耕为主，抽多补少，抽肥补瘦，划了阶级。划分：地主、富农、中农、贫农、雇农、雇工、工人，工人没有田分，地主没有田分，财产全部没收，富农只抽他多的部分。

1932年上半年复查，青苗不动，割禾后再调整。送地主出境，老实地主便留下。

水南1930年分田：村为单位，时间先后不一。如1930年12月在泸源一带分田，七、八月间在店背一带分田。所得多少不一，泸源每人6石（3亩多），水北5石，店背9石。不管大人小孩或刚出生的所得一样多，柴山不分，木子〔梓〕山（茶山）每人2石，实际上年成好可收10石。杜先材家里3个人，分6担茶山，有一年收到20多担，只泸源有木子〔梓〕山才有分，其他无木子〔梓〕山的地区则没有分。分法：首先划好阶级，然后打乱好坏搭配，地富分坏田，地主和反动富农的财产一律没收。守法富农农具、谷等只没收一半。工人雇农分好田，中农贫农好坏搭配。如果分得的土地太远，不愿要，要自己原耕地也可以，但须经过群众大会评定，同意才行。没收来的房屋、农具、耕牛等经群众大会评定，谁穷分给谁，多半分给工人、雇农，贫农也得一些。

中央颁布了土地法后，1932年1、2月间，根据土地册上划阶级的标准实行查田查阶级，过去一些隐田户被查出来了，例如周、赵、田3个村，共有90户左右，经过查阶级后，由富农进为地主的3家，由贫农进中农的有十几家，然后实行抽多补少，抽肥补瘦。1932年实行累进税。

最初地方肃反。1929年冬地方开始肃反，对象是土豪劣绅、流氓地痞、烟鬼、赌鬼、和尚、道士、算命卜卦造谣破坏者，主要对象还是土豪劣绅。例如东固1930年冬，林千春当区肃反主任时，捉了三四百人，杀了100多，其中土豪劣绅占2/3，其他则为造谣破坏、赌钱不劳动、吃大烟不改、迷信惑众者等。又如1929年8月13日打开吉安后，8月15日吴碌生到吉安肃反，在一星期内便捉起十几个土豪家属。当时肃反的方法是最初叫来进行教育，不改者捉起个别审问，根据情节轻重程度处理，罚款、罚做苦工、加刑、枪决等。

群众对这次肃反的看法："应该肃，杀了土豪分得的东西才有保障。"肃反巩固了政权，保障了已得的胜利果实。

3. 为巩固苏维埃政权而斗争

（1）红军帮助地方巩固、扩大苏维埃政权

"二、四团自与毛主席、朱总司令率领的红四军会师后，大大鼓舞了二、四团全体指战员，增强了他们革命胜利信心。"从此"二、四团先后出击永丰、兴国、泰和、赣县、宁都、银坑、横坑等地"，帮助了地方政权的建立和巩固。

二、四团先后出击获胜，缴了敌人很多枪，"队伍扩大到两三千人，几千支枪"，于"1930年初和永新（莲花）纵队、富田纵队、十纵队、二、四团合编成红军第六军，军长黄公略、政委毛泽覃，共3000多人，人人有枪。同年三、四月间，第六军改为第三军，军长黄公略，政委蔡会文〔奇〕，共3000多人，分3个师——七、八、九师。二团和富田纵队改为七师，四团和十纵队改为八师，永新纵队改为九师"。

在红军和地方武装的帮助、保卫下，红色地区日益扩大、巩固。国民党反动派开始惊慌，"于1930年正月（老历），派唐云山一个旅从南昌、吉水进犯水南"，企图扼杀红色政权，清剿红军主力部队。敌人的妄举遭到地方武装配合红军的痛击，"二十四日下午，反动唐云山旅部进犯到水南，打死了两个赶圩【的】老百姓。那时革命委员会设在西团，当得知唐云山敌部情况，立即派人手拿马灯夜上富田，告知驻在富田的红军。红四军晚上一时接到消息，三时出发，走白沙包围水南"。红军在地方赤卫军、少先队和农民群众的配合下，"二十五日上午8时左右开始和敌人战于水南宝华山，不到1小时全部击溃敌人"。敌人仓皇"向吉安值夏败逃，红军急追，到值夏敌人全被击溃"。这次胜利"缴到敌人100多支枪，机关枪十多挺",〈那又〉扩大了我们武装,保护了红色政权。"红四军击败敌人后回富田"。当地群众在革命政权领导下进行了恢复工作,并提出"不让敌人占领一寸土地"的顽强口号。

红军的强大,苏维埃政权的巩固,唐云山敌部被消灭,地方反动势力无不感到惧怕,有的开始动摇,有的放下屠刀弃暗投明。如当时地方反动武装"八乡联防(值夏、陂头、龙安、富田、东固、白沙、水东、永和)团长罗炳辉,率领300多人、260多支枪于1930年2月间到富田投诚红军"。当时红军在富田还开了欢迎会,毛主席讲了话,他免〔勉〕励和教导降部说"我们红军是要吃得苦的,所以我们能战胜敌人,你们能到这边来一齐革命,就不要怕艰苦……"

9次攻打吉安,省县政府成立

1930年红色区域已扩大到吉安附近的值夏、白沙。但这一带红色政权仍不巩固,常受敌人侵扰。为解除反动势力威胁,巩固苏维埃政权,建设红色苏区,"吉安、吉水、安福三个县的赤卫队、少先队、游击队130多支枪,加北路指挥部,队长刘倍,共300多枪和1万多刀矛的武装力量",于1930年5月到1930年8月,先后发动了9次攻打吉安(第一次5月20【日】,第二次6月初,第三次6月14日,第四次6月27日,第五次7月初,第六次7月14日,第七次7月底,第八次8月初,第九次8月13日),直至第九次有了红军主力部队才把敌人赶跑,攻下吉安。

从1930年5月20日第一次攻打吉安时起到第七次,敌我兵力部署基本相同:"敌人一个师守吉安,名字叫新编第三师,师长邓英柱""敌人兵力分布吉安城一个团,天化山一个团,螺子山一个团,珍珠山一个团,在这些地区挖了壕沟"。三打吉安后敌人在城下城外,一次一次架起了很多道铁丝网。我们根据敌人布局情况也采取了三路进攻:"北路指挥担任进攻珍珠山,吉安安福攻天化山,吉水攻螺子山。"由于敌人装备和地形较好,几次都未把它攻下。

第八次攻打吉安,敌我兵力部署略有不同,"敌人在防守上有很大增强，城外增加了7道铁丝网，天化山、螺子山、珍珠山各增了3道铁丝网，沟挖深到一丈多，沟里打满了钉子。我军增加了地方曾炳春的二十纵队，有1000多支枪。北路指挥部和吉水打螺子山，二十纵队、吉安、安福、永新打珍珠山。独立师在后面牵制湖南来的敌人援军。这次打吸取了上几次的教训，每个赤卫队员都带一把菜刀，有的拿楼梯过沟"。战斗开始，攻城的战士们都表现出英勇果敢精神。这样很快冲破了敌人第一道防线，可是铁丝网太多，沟深又宽，加上敌人火力特别猛烈，为了减少损失因此没有再攻。

正当多次未攻下吉安的时【候】，地方武装得到红三、四军（三军军长黄公略，四军军长林彪）援助，"当三、四军一到的第二天，天化、螺子、珍珠山等地都架起了电话。当时敌守军邓英柱知道黄公略、林彪来了就着了慌，一面急忙加强防守，一面急向蒋介石求援，一面又准备逃走。当时蒋介石派了八九架飞机扰乱我后方"。"13日晚八点多钟，红三、四军配合原来的兵力进行了强大的进攻，只花了两小时，不到十点，就攻占了吉安城。敌人仓皇坐船往南昌走了。"

攻占吉安后，接着进行镇压反革命分子和建立政权等工作。"等了已久的各县赤卫队、游击队，纷纷到吉安捉回隐藏在吉安的土豪、反革命分子。罪大恶极的土豪劣绅就地镇压，有的带回原地镇压。"

参加打吉安的各地赤卫队、游击队、少先队等地方武装，经短期整编训练于8月22日编成二十军，"军长刘铁超，政委曾炳春，参谋长胡灿，政治部主任谢汉倡"。

红军进入吉安城，"吉安县委和吉安县苏维埃政府宣告成立，书记毛泽覃、主席杨圣英"（梁必谧口述）。"另外将赣西南特委迁到吉安，改为省苏维埃政府。主席曾山，党委书记李韶九，江西军区司令员陈毅，参谋长刘铁超"。省政府成立后在吉安住了一个月，敌人又攻占吉安，省政府迁到富田，驻在富田万寿宫。

第一次反"围剿"战争活捉张辉瓒。"蒋匪帮于1930年12月派了十万人马，从南昌，分别从乐安、永丰、吉安、吉水来围攻我军"。反动派以张辉瓒为首的前军总指挥带领一个师，下有三个旅，一个指导团，从白沙走水南到龙岗、潭头，企图围攻红军根据地——东固。我红军一、三军团采取诱敌深入办法，埋伏在龙岗、潭头一带，利用地方武装活动，"等到敌军先头部队约四万人，侵入龙岗时，我军出其不意，分两路猛烈包围敌人，于12月31日九小时内就把它全部消灭了。接着迎击进军，又歼灭它半个师，胜利地粉碎了敌人第一次'围剿'。这次战争消灭敌军两万，缴获枪炮弹药无数，并活捉了敌军第八师师长兼前军总指挥张辉瓒"。

九寸岭战斗

1931年5月国民党反动派蒋介石继一次"围剿"失败后，又派何应钦为"剿共"总司令，带领蔡廷锴十九路军、王金钰的五路军、孙连仲【的】二十六路军等共20万匪军，向苏区进行第二次"围剿"。五路军公秉藩师由吉安到水南攻打富田东固，"我军把主力部队屯驻于富田到东固必经之路的九寸岭一带险要地方等候战斗。同时红军号召群众组织起来，富田、东固一带群众分别担任向导、侦察、运输、担架、交通、送粮等工作"。当敌军从富田经九寸岭爬到两座高山上时，红军立即枪炮齐放，截击敌军，消灭了敌人两个团，接着追击敌人，到水南敌师全被歼灭，"并活捉了公秉藩，因士兵不认识他，被混为俘虏逃走了"。敌人残兵从水南白沙方面败退。

"这次俘虏敌兵五六千，缴获枪支一万多，其他物资大批。"胜利又一次鼓舞了广大群众。

（三）公略县的建立与各项工作的蓬勃开展

1. 公略县的建立

在粉碎了国民党反动派对苏区的第三次围攻之后，"黄公略同志率领第三军开往瑞金等地，于1931年八月四日（阳历10月）路经东固六渡螺坑，恰遇敌机三架来轰炸扫射，黄公略同志正指挥全军掩护，不幸中弹光荣牺牲。"在临死之前嘱咐当时在身边的赣西南特委书记毛泽覃同志，要他负责指挥全军的工作，还叫"全军同志们继续努力革命"。黄公略同志，湖南湘乡人，在 1927 年大革命失败后为了继续进行革命，建立革命根据地，组织革命武装，在第二年夏天和彭德怀同志领导平江武装起义。同年率领自己的队伍到了井冈山，与毛主席和朱总司令会师。1930 年成立第三军，担任第三军军长。黄公略同志为革命事业光荣牺牲的精神，鼓舞着军民踏着他的血迹继续前进。1931 年八月（阳历 10 月）在瑞金召开的全苏代表大会上决议：为了纪念黄公略同志，把原吉安县改名为公略县。

　　1931 年九月十五日（阳历 11 月），在水南松山村召开了公略县的成立大会。各区区委书记、区主席、各乡代表共四五百人参加，"省里也派了代表参加，成立大会召开前，开了三天会。会上，毛泽覃同志（原吉安县委书记）作了政治报告，还研究了关于土地、婚姻、工会、敌人的进攻等问题，选举了委员，并分了工。第四天（十五日——编者）在全县各地召开群众大会，追悼黄公略同志"（梁必谂口述）。那天，在松山村召开的追悼会上，一对挽联这样写着："广州暴动不死，平江暴动不死，君如今竟牺牲，真乃大祸从天落；革命战争有功，游击战争有功……"

　　"就在追悼会上，宣告公略县的成立。"（梁必谂口述）

　　公略县是以吉安、吉水两县的红色区域为主要部分，连同永丰西部、泰和东北部划出的一部分红色区域组成，地跨吉安、吉水、永丰、泰和 4 县，位于中央苏区的西北，是当时整个中央苏区的前哨阵地。全县范围，东自螺田与永丰县交界，西至泰和罗家圩与泰和相接，南从东固方石岭与兴国县相邻，北至吉水的丁江、乌江。周围约 90 平方公里，人口约 10 万，为东固、富田、水南、白沙、冠山、折桂、儒林、纯化、罗家、中鹄、水东 11 个区。在这块红色的土地上，山脉绵延，峰峦四起，滔滔赣江从西部直流而下，乌江横流于北部，芦水贯流着中部广大地区，气候温湿宜人，也有着广阔的平地。每年出产大量的稻米、茶油、黄麻、甘蔗、薄荷油、樟脑、大豆、花生、番薯等农产品。稻米、茶油、薄荷油、樟脑、黄麻等产品每年都有大量输出。

公略县县址设在水南松山村。

公略县苏维埃政府设主席一人，副主席一人。下设军事部、土地部、财政部、文化部、粮食部、劳动部、国民经济部、政治保卫局、工农检查部、内务部、秘书处、儿童局等机构，各部（局）（处）设部（局）（处）长一人，其组织机构和领导人员如下：主席李衍新〔星〕—胡海—胡发鑫—刘新〔声〕伦—曾洪栋，副主席梁必谡—梁必谡—梁必谡—刘兴楠—万正享，军事部罗英云，财政部赖仁香，土地部胡家早，文化部匡家轮，粮食部钱宗耀，劳动部梁必谡（兼），国民经济部阮世全，政治保卫局万正享（后升任副主席），工农检查部刘光楠，内务部刘兴楠（兼），秘书处裴清【鉴】，儿童局刘任西。

公略县委会书记毛泽覃同志，下设组织部、宣传部、妇女部。各部设部长一人，其组织机构和领导人员如下：

县委书记毛泽覃—钟循仁—李福槐—匡守达—胡发鑫。

组织部李福槐（后升任县委书记），宣传部刘文山，妇女部贺怡。

公略县中心县委除领导公略县外，还领导泰和、永丰两县人民的革命斗争。

公略县组织的群众团体机关有：县总工会、反帝拥苏同盟委员会。

公略县的区乡苏维埃政府所在地及其领导人：水南区苏维埃政府主席张厚桂，书记罗福生，地点水南；白沙区苏维埃政府主席刘传昆，书记李裕来，地点白沙；东固区苏维埃政府主席胡海，书记罗焕南，地点东固；富田区苏维埃政府主席曾洪栋，书记胡显福，地点富田；中鹄区苏维埃政府主席郭大福，书记许缅然，地点梁下；水东区苏维埃政府（五次战争时水东与中鹄合并）主席蒋保源，书记罗章明，地点石山（后迁石家边）；罗家区苏维埃政府主席肖福国，书记吴立敏，地点罗家圩；折桂区苏维埃政府主席刘景春，书记×××，地点折桂；儒林区苏维埃政府主席王用荣，书记曾昭春，地点集福岭；冠山区苏维埃政府主席肖兴贞，书记邓尧胜，地点冠山；纯化区苏维埃政府主席胡褚新，书记罗后云，地点陂头。

2. 彻底肃清暗藏的反革命分子（略）

3. 扩军、支前、优抚

军队是我们革命的武装力量，只有建立起自己的军队，才能战胜一切压在我们头上的敌人。我国革命的特点是"以武装革命反对武装的反革命"，这样才能取得革命的最终胜利。公略县成立后就进行了轰轰烈烈的扩军运动，到处宣传，形成了参军的高潮。"每次会议都离不了动员参军""会上宣传革命的好处，打倒了敌人不愁吃，不愁穿"。"当时东固16—45岁的男子，全部参加了红军，一共月七八百人。"每次扩军"起码走一营人（三四百）"。当时各地党团员带头参军，"水南村背乡主席亲自带头，全村去了280名"。富田东头村"有一位青年谢培发，以身作则，自己带头又宣传别人，在他的宣传带动下10多名青年参加了红军"。在参军的热潮中"富田枫塘村的胡崇垣是个拐子，当时也参加了红军"。"水南王竹坪有300人左右，参加红军就有四五十人；水北百余户人家，参加红军的有五六十名；山下村90户人家，参加红军有50人；店员100人，参加红军有50多人。""沙田村一次就有44名参加，还有2个妇女。""水南乡也有一二百人参加了红军。"水南全区"共有上千人参军，而且在1932年5月初【二】组织了一个模范营上前线"，"富田花岩乡共有1300人，扩大红军190人，因为他们扩军工作做得好和送粮送得快，得了公略县奖的两块银牌"。当时有很多"妇女也参加了红军，她们在医院做护士、洗衣服等"。各地人民踊跃参加红军，到处是热烈的欢送，到处是"母送子、妻送郎，很多地方还办酒席、唱戏、送毛巾、奖品、鞋子等"。公略县人民的积极参军，大大扩充了革命武装力量，在扩军运动中他们又紧张地进行支援前线等工作。

公略县人民到处组织了担架队、洗衣队、慰劳队、破坏队等组织，配合红军打击敌人。

慰劳队：经常到前方、后方慰问伤病员，捐钱送药品、食物、毛巾等。

宣传队：对俘虏兵宣传，讲革命的道理，写标语，动员扩军。

洗衣队：妇女组织参加，到游击队、红军驻扎的地方去洗衣服，帮助红军做工作。

破坏队："凡有敌人进攻时，组织破坏队剪电线、拆桥、挖路。有一次战争中，因路挖了个大坑，敌人掉下去了，自己踩死不知多少。"

担架队：50岁以上的人组成，担架队跟着红军走，运走受伤的战士。

"在支援前线工作中，妇女给红军做布草鞋、布鞋等，上面布置的任务都超额完成。当时给红军做鞋最多的有二十几双，少的也做十几双，并且在鞋上写自己的名字，有的还用花线绣上名字""那时大家做鞋互相竞赛，比快比好"。"红军每到一个地方，各地群众都烧开水，帮助煮饭、杀猪慰劳红军"。

公略县各地的优抚工作做得也特别出色，对红军家属和革命烈士家庭的照顾无微不至。当时全县男子几乎都到前方当红军了，留在后方的只有妇女和老小，他们在家里组织代耕队，首先帮助红军家属和革命烈士家庭，把田种好，还给他们挑水、砍柴、种菜，没有钱互济会就给他们解决。群众都是在给他们种好田和做好了事情以后，再种自己的田和做自己的事情。那时候的红军家属从不感到困难，参加红军的人也从不担心家里的生产，一心一意打击敌人。

4.经济建设和文化建设

在三次反"围剿"时国民党反动派侵占了红色区域，特别是东固，他们想把它变为"不毛之地"，便进行所谓的"三光政策"。

1931 年 7 月,"张辉瓒的老婆带国民党的军队来东固'报仇',口号是'横烧一百里,见人就杀'。当地群众都疏散,坚壁清野,躲到深山里去了。敌人到了东固后,就拆房子做炮楼,隔不多远一个,把树木和竹子削尖插在楼堡前的地面上,同时又到处放火,连厕所也烧光了。从东固一直烧到龙岗、崇贤和泰和桥头冈,留在家里的老弱残疾,也都被敌人杀绝,连尸体也找不到"。"在沙田村敌人也烧掉了房屋 48 栋""当时这种惨状难以形容,损失无法统计"。"战争结束后,人民在党和毛主席的关怀下,在东固发下了 3000 元的救济款和很多衣物、粮食、耕牛、种籽〔子〕等"。人民又在这一带废墟上重建自己的家园,开始新的生活。公略县政府为了迅速恢复和发展生产,实行了很多措施。

领导人民兴修水利:当时"富田修了三个陂,在坪田郊东(新安乡)开了一条渠,在东固修了两个陂",田地得到灌溉,生产大大发展。

1932 年在各地开展查田查阶级运动,以"抽多补少,抽肥补瘦"的原则进行土地调整,合理地分配和使用土地,激发了人民的生产热情,也查出了一些富农阶级。这样更加彻底地把暗藏在内部的阶级敌人肃清。

发行公债。当时人民踊跃认购公债,"一般人都买了 5 元,多的有 7~8 元"。

妇女下田进行生产,人人劳动。

政府实行这一系列的措施,发展了全县的经济,使人民生活日益改善。

苏区人民不仅在政治上和经济上得到了翻身,而且在文化上也同样得到了提高。那时,不分男女老少人人都要上学读书,学习文化。当时每个村都有列宁小学,如"水南泸源的列宁小学有学生七八十名""王竹坪的列宁小学有学生 20 多人,有专职教师",学龄儿童都上列宁小学读书。参加学习的"全县工农子弟,地主富农子弟不要,学生上学一律免费,教师也是尽义务,没有薪水,自己带饭吃"。课本都是由中央发下，工农子弟都有读书的机会。各地除了列宁小学外，每村还有夜校认字班，大批的成年人在工作之余就在识字班里进行文化学习。"水南街上夜校班有6个小组，200多人，每晚上课。"

夜校里有专门的夜校教师，教识字唱歌，"当时唱歌最流行，每开一次会都唱歌"。在夜校学习的人不能随便缺席，有事必须请假，学习文化抓得很紧，广大人民文化水平普遍有了提高。除了学习文化，各地还组织了剧团，进行演戏、唱歌、跳舞，大大丰富了广大人民的文化生活。"当时，文化部经常派人到各村各区检查工作。"在卫生方面，当时组织有"互济会医院"，群众有病不再求神拜佛了，家庭困难的可以免费医治。

人民生活的改善

在党和政府的领导下，公略县人民恢复和发展了生产，生活过得都很富裕，"有酒有肉吃，没有赋役负担，没有劳役之苦，物价便宜，100多文就可以买到一担谷"。人民都愉快地生活着，再也不愁没有吃没有穿，当时政府还组织了互济会，帮助贫苦工农解决困难。

1932年6月，蒋介石又发动了50万兵力进行所谓第四次"围剿"。为了彻底粉碎敌人的"围剿"，保持有生力量，集中打击敌人，"公略县人民实行坚壁清野，把粮食牲畜全部运入山中，就连厨房的用具也放入水中，砻谷的砻也藏起来，这样让敌人得不到公略县人民的一点东西"。在此情况下，公略县苏维埃政府也在1932年3月迁往富田陂下，照常领导公略县人民与敌人进行顽强的斗争。

在第四次反"围剿"胜利之时，提出了"扩大红色区域，向白区发展"的口号。于是公略县苏维埃政府在1932年10月又迁回水南，驻万寿宫，县委会驻天主堂。"为了加强领导，适应反'围剿'战争的需要，充实地方领导骨干，于是公略县苏维埃政府在1933年七八月，压缩了编制，精简了人员。"

“五次反围攻开始以后，公略县苏维埃政府于 1934 年 4 月中旬从水南迁往东固与泰和交界桥头冈的回龙州”。从此，公略县苏维埃政府离开了水南。

1934 年 10 月，红军主力离开了中央苏区，北上抗日。公略县人民坚持了游击战争，顽强地打击敌人。

（三）1934—1937 年人民为反抗国民党的血腥统治，继续坚持斗争

1. 红军北上后公略县的游击活动

（1）红军北上后苏区革命武装的分布

当时帝国主义的魔爪伸向中国，侵犯我东北的时候，蒋介石卖国集团，不顾广大人民坚决要求抗日的决心，反采用“对外让步，对内用兵，对民压迫”的政策，提出“抗日首先必须清共”的反动口号，并以 100 万兵力向中国工农红军进行了疯狂的第五次“围剿”。

党中央根据国内外的形势，为了不使中国变为日本帝国主义的殖民地，为了实现广大人民抗日的愿望，为了保存我红军的实力，开始了世界历史上前所未有的长征——北上抗日，于 1934 年 10 月离开了江西革命根据地。

为了拑制敌人，分散敌人的力量，使我红军主力顺利北上，党和毛主席指示留下项英、陈毅于后方领导苏区人民进行游击战争。

同时中央苏区宣传部长张闻天发表了《告江西群众书》说：“项英、陈毅留下领导后方武装，所有的地方干部、机关武装一齐留下，共 20 万人要坚持下来。红军北上抗日，三年后一定回来。后方把敌人迁〔牵〕制好，就可减少前方的负担，我们革命只要不怕艰苦，革命一定能成功。”

革命武装的分布，“项英领导广昌；曾山领导地方武装独立二、四团（新成立的），江西挺进队在福建游击；陈毅领导西方面军和十三团在泰和紫阳山一带活动；胡海在东固活动；胡发鑫负责公万兴独立团”。

（2）以胡发鑫为首公略县的游击活动

公万兴独立团的成立及其活动。1934年五、六月间胡海同志来到东固领导游击队活动，"7月间组成了公、万、兴独立团，团长胡发鑫，共七八百人，五六百支枪，当时主要在公略县一带进行游击。抓地主、捉叛徒，进行扰敌工作，破坏敌人的武装"。

公略县的人民给了游击队以全力的支持，做到了人力、物力的支援。"15—50岁的都参加游击队，妇女们配合游击队做坚壁清野的工作，能搬的东西都搬走，不能搬的就埋起来或毁掉，人都躲往深山中去。"在人民群众的配合下，公万兴独立团于1934年冬两次出击水口、富田一带，"11月8—28日又与敌人进行了三次交锋，缴获32支枪，10余头牛"。此外又到吉永泰一带进行巡回游击，骚扰敌军，给了敌人以沉重的打击，分散了敌人的军力，迁〔牵〕制了敌人，帮助了红军主力迅速顺利地完成了二万五千里的长征。

公万兴独立团在公略县一带坚持了半年多的活动，由于多次的战斗，艰苦的环境，"他们常常几天没饭吃，吃野菜、竹笋生活"，在深山里窜来窜去，因此死的死，走的走，力量渐渐削弱。到1935春，只剩下七八十人、几十条枪，这些同志仍然坚持着与敌人进行顽强不屈的斗争。1935年春，原曾山领导的部队独立二、四团没冲过封锁线而回到富田，这时就与胡发鑫领导的游击队合并组成了富田游击队。"胡发鑫亲自领导游击队分两路深入敌区进行破坏与扰敌工作，胡发鑫带领几十人、30多支枪，从泰和走陂下，过封锁线到花岩。李召贤带领几十人、30多支枪从泰和走连田，过封锁线到花岩。他们在花岩、吉安、吉水、四十都、焦园、皇坑等地进行龙尾塅的游击战争。"他们人数虽然少，但却活跃在公略县一带，给了敌人以无情的打击。

1935年5月由于叛徒胡登清的出卖，游击队遭到了破坏。"当时胡发鑫不在花岩，李召贤带了几十条枪藏在花岩，朱司△被敌人包围缴了枪，李召贤等人被捕"，"队伍【被】破坏后，只剩下胡发鑫、黄方胜、曾新龙、廖△金、曾××五人躲在老石坑云灵庵，后敌人搜山被捉"，"胡发鑫于途中逃跑，以后失踪了"。公略县主力游击队公、万、兴独立团虽然遭到了破坏，但广大的人民群众却仍然坚持着与敌人进行不屈的斗争，他们不管是几个人、几十人、几条枪，都组织起来，成立了自卫本地区的游击队，进行游击活动，打击敌人。如当时有东潭独立营营长唐思明在东固一带坚持活动，又有吉泰游击队、纯化游击队、富田独立团等，他们这些都是为打击国民党反动派而自己组织起来的地方武装，他们虽然力量单薄，但在当时却震动了白色区域，使敌人惶惶不安，时刻不得安心。

2. 国民党侵入公略县后的血腥屠杀与人民顽强不屈的精神

红军离开了革命根据地北上抗日后，国民党于1934年、1935年先后〈的〉占领了公略县各地。1934年4月12日进入富田，5月21日占领水南，6月占领白沙，1935年二月初二占领东固。国民党的占领使公略县的人民重新陷入白色恐怖的统治之下。

（1）政治上的统治，对革命干群的屠杀

"国民党来后，首先采用软化的手段想诱骗部分群众，随后实行了保甲制，几个保设一联保办事处，并组织了清乡委员会、惩共委员会、守望队、暗杀团、别动队等反动的组织，以此来镇压与统治人民，捕杀革命的干部与群众。"同时采用了各种惨无人道的毒辣手段，对革命的干群进行了大批的捕捉与屠杀。"如敌人一进入富田就捉了几百人去枪杀。"据初步统计，沙田乡被捕杀的干部9人、群众21【人】，严刑拷打42人；水南乡被杀干群312人，被奸妇女74人。此外又用开肠破肚、割耳、割脚筋、打地雷公，用洋油火烧、灌辣椒水、踩杠子、活埋、用石沉河等残酷的手段来审讯革命干群。如"当时区革命委员会的秘书张孝方被国民党捉到后，割耳朵、割脚筋、割卵子，活活地割死"，"特派员刘万兴被捕后，反动派将他高悬于树上，割耳逼他自己吃，然后开肠破肚，拿出肠子挂于树上"。

国民党就是用这种毒辣的手段来残害老根据地的人民，但苏区人民并没有屈服，他们忍受着反动派的残害与侮辱，表现出了人民顽强不屈的斗争精神。"如西团游击队班长临死也未暴露出党组织的秘密，在被绑赴刑场的途中，他还高唱国际歌，就义前高呼共产党万岁！毛主席万岁！"

"东固老革命干部孙勤眉，被敌人捉去罚款，因交不出钱就被敌人毒打，并在肩上穿洞吊起 25 天之久，但他却坚忍不屈，没有吐露一个字。"

"西团老革命罗仁云同志于 1934 年 5 月跟另外几个同志一齐被捉，押往长富水口去杀，就义前罗仁云勇敢地走向前说到〔道〕：杀吧！不要紧，几年以后你们也要完蛋。说罢敌人向他砍了一刀，他就向前匍倒跌在坑里。其他同志被杀后，敌人走了。第二天罗仁云因没被杀死，清醒过来，当时感到头很沉重，疼痛难忍，曾几次想死去，但他想起了共产党，想起了毛主席，他又挣扎着抬起头来，他说：我不能这样白白地死去，我要挣扎，要斗争，要生活得更倔强，我要修炼成一把锋利的尖刀，插入敌人的心。这样他忍着痛，在坑里待了 6 天，没有吃一点东西，终于他站起来了，活到了今天"。

人民就是这样生活在白色恐怖的统治下，进行着顽强的斗争。除了肉体上遭到这样的摧残以外，精神上也受尽了百般的侮辱。"革命的干群都被污蔑为土匪头、土匪婆、土匪窝，平时抓兵抓伕、吊打、罚款、罚苦工是经常的。"

国民党使用这种毒辣的露骨手段，同时采用阴险暗杀来对付公略县人民。如 1935 年国民党进入东固后，在雷溪坑捉到了 900 多党员，当时游击队的领导人胡海同志也被捉，国民党对他们进行了审讯，并首先要胡海同志指出那些人任何职，胡不说，敌人就用残【酷】刑，900 党员都坚贞不屈，没有一个投降，大家都说：要杀就杀！敌人无法就放了部分妇女，其他一起送进监狱，一批批地暗杀。他们叫一批党员上山为他们砍柴，到山上就暗杀掉，回来反说他们开小差了，然后又叫一批去，这样一批批共杀了 900。

没被杀的关在狱中也都过非人的待遇，一天每人只有二两米，吃的汤菜都是与泥混合而煮，吃过饭的碗叫狗去舔代替洗碗，很多同志就这样活活地饿死、病死。

（2）经济上的破坏、掠夺，地主恶霸的倒算

国民党不仅在政治上实行了空前残酷的血腥统治，经济上老根据地的人民也遭到了无比的浩劫，加上地主恶霸的敲诈倒算，根据地的人民已无法生存。"据调查，沙田乡自国民党来后被烧掉房屋28栋，被敲诈剥夺银洋2284元，被抢去粮食2258担，被宰杀耕牛68只，猪96只，被破坏农具265件，其他如衣物等损失不计其数。"

水南、西团、三元等地被烧房屋609栋，被宰杀耕牛528只，抢走毛猪2568只，粮食7580石，银洋28800元。

从白区逃回的"地主恶霸仗着反动派的势力，抢回了农民的土地及一切衣物用具，进行了倒算，逼农民交三四年的租，如西团乡店背村刘运崇等三人被曾瑞丰逼卖谷150石"。

此外国民党又制造出各种苛捐杂税，如屠税、保甲□费、办公费、月捐、壮丁谷、乡保开会的伙食费、公丁津贴、猪牛税、门牌税、人口税、户口税、流动商税、运粮□□等达30余种之多，再加上地主恶霸的残酷剥削，公略县人民的生活、生产急剧下降。土地产量1948年比1928年减产了40%左右。大部分贫苦人民生活是"半年野菜半年粮"。由于生活艰苦，营养不足，疾病流行，死亡率迅速增加，肥沃的田亩变成了一片荒地。"据统计沙田乡受摧残最重的三甲村，1925年有32户，122人，435亩田；1948年只剩了18户，48人，286亩田。受摧残较轻的第一△△区，1925年有96户，291人，1232亩田；1928年只剩65户，166人，1125亩田。"

公略县的人民就在这样恐怖的统治，残酷的剥削下艰苦地【度】着岁月，人民牢牢记住这笔血债，他们相信红军一定会回来的。如"西团乡坑村军属刘秀英说：'红军是会回来的，红军回来

后可以给我们出气'"。根据地的人民将苏维埃时期的票子、公债卷〔券〕都很好地保存着（这次兑换老票就有 54 万余元），他们就是这样怀着无限的希望等待着红军。

（3）公略县人民仍然坚持地下活动

国民党来了以后，公略县各地的人民除了组织地方武装，打击敌人，反抗国民党统治以外，还成立了地下组织与敌人展开了斗争，如"富田乡在国民党来的前夕，几个坚定的党员就商讨了应对的办法。敌人来后，他们即组成了富田临时支部，负责人匡由�、匡家乾，开始只有八九人，各人都有代号，他们组织的目的就是要继续与敌人斗争，散布革命的种子，探听敌情，捉反动派与叛徒等。以后组织渐渐扩大。1936 年上春，他们曾派人到枫塘与地下党组织接头"。这样小型的组织当时在各地都有很多，他们虽然组织起来的【人】少、枪少，但却经常地袭击敌人，坚持与敌人展开无情的斗争。

三、抗日战争与解放战争时期（1937—1949 年）

（一）党在各地的活动情况

"1937 年春，国共合作时，新四军在吉安设有驻吉办事处，由贺怡、郭潜、魏水贞、李会才、李发谐等人负责组织领导，书记石坚。他们只有几条枪，当时却展开了地下活动，派人与各地的党组织建立联系。""1937 年 2 月贺怡同志找到了梁必盛、肖来湖、颜明昆、曾守昭等老党员，要他们到地方上去发展党的组织，又发给了党章党纲进行宣传"。并指示说："胜利终会是我们的，现在的红军比苏区时多得多了，你们要大胆去做，去发动群众起来斗争。"当时派了梁必盛担任纯化区委书记，匡先盛在东固领导，匡家乾领导泰和，曾守昭负责吉水。

"同年 3 月成立了东富区委，书记肖来湖，发展的党员有钱思元、钱恩支、胡承汗、胡发茂、胡家桌等。"

"4 月颜明昆在芦江河成立了地下党组织，发展了党员匡显顺、廖老鋈、杨相球、杨相岚、钟跃龙、张新奇，成立了一个党小组，由匡显顺负责。"

"6月成立了富田中心区委，20多个党员，书记曾守昭，这时决定向泰和、东固、吉水、伝下、陂头等地发展。中心区委下属有阳田、东固等支部，下面又设了很多党小组。东固一个小组，组长钟跃龙，下坑、安潭、大发共一个小组，富田一个，阳田、坪田一个小组，组长刘仁云。"经过几个月的时间，党的队伍蓬勃地发展起来，在各地都迅速建立了党的支部与小组，进行着秘密的活动。他们当时的主要任务是"扩大党的组织，发展新党员，进行宣传，到白区去活动，组织暴动等"。

（二）叛徒颜明昆叛变，党组织被破坏

"1937年叛徒王美卿叛变，向富田恶霸告发了地下党组织——中心区委，曾守昭被迫离开富田，办事处把他外调工作，中心区委遭破坏。"

"1938年叛徒颜明昆叛变出卖组织，投降敌人，做了伪富田乡乡长，他把地下党组织的名册交给了国民党"，因此公略县各地的地下党组织先后遭到破坏，很多党员被逮捕。"1939年捉到100多党员送往东固，梁必盛被送往松山集中营。"在叛徒出卖的情况下，公略县党的地下活动，受到了暂时的挫折，组织是被破坏了，但党员的活动却没有停止，"他们在暗地里领导群众抗租，反对抓壮丁，帮助农民逃丁等"，斗争一直坚持到解放。

国民党把逮捕的地下党员，杀的杀，打的打，有的就送往监狱。"1938在泰和设立了松山集中营（抗日战争时曾迁到富田，1943年迁到连田，1945年迁往南昌），就是用来专门关我们的党员同志。当时集中营先后关了三四百人，其中有廖承志，广东省委书记张文彬（后因受重刑而病死）、李志强、福添元、姚情等，他们虽然被关在狱中，但仍建立了党的秘密组织，进行活动，研究秘密文件，考查〔察〕党员，领导监狱同志与国民党斗争，要求增加伙食，改善生活，秘密地往外传信"，组织越狱，如"三元乡前苏维埃主席、区土地部长廖德才几次被捕，判了 36 个月徒刑，他在狱中组织群众越狱，救活了 30 多个同志"。真正的共产党员是坚贞不屈的，只要他还有一口气，不管在【哪】里，他【都】将与敌人斗争、斗争、不断斗争！

（三）人民群众迎接解放

15 年来公略县的人民受尽国民党反动统治者的摧残、欺凌，地主恶霸的敲诈、剥夺，人民生活在苦难与屈辱之中，恐怖的统治与镇压吓不倒根据地的人民，他们牢牢地记住主席的话："红军一定会回来的。"因此他们咬紧牙关等待着。

终于解放全中国的喜讯传到了苏区，公略县的人民已活跃起来，他们没等解放军来到就自动组织起来缴地主的武装，不让恶霸逃跑，如"东固在解放军来的前夕欧阳章祥、谢祖辉等人组织了群众缴了地主武装 60 多支枪，送往富田去接解放军，群众杀猪，打爆竹迎接解放军，送开水，找稻草煮饭等，以此来欢迎亲人们"。

解放军到伝下时，伝下人民派了人去接头，并沿途准备了粮食和水果欢迎解放军。解放军来了后他们高兴地说，无产阶级自己的队伍来了，打爆竹欢迎救星吧！

公略县的人民与全国人民一样，在 1949 年 7 月获得了解放，重新会见了毛主席的队伍。他们含着眼泪，迎接自己的亲人，【经】过了 15 年磨难的苏区人民又重新回到了党的怀抱。他们在党和毛主席英明的领导，亲切的关怀下，迅速地恢复和发展了老革命根据地的建设。在一系列的社会改革，各项运动中又取得了辉煌的成绩，现在他们正高举着跃进的红旗向着共产主义美好的远憬〔景〕，大踏步地前进。

后记

1. 这部《公略县人民革命斗争史》（初稿）虽然是草率地完成了，但是由于我们人手不足和时间匆促（共有 8 人，从搜集资料开始到完成初稿只有 25 天时间），故对于已经搜集到的原始资料，尚不能进行比较全面的深入的整理和分析。所以这部"革命斗争史"基本上还是属于资料汇集性质的东西。

2. 公略县过去管辖的范围很广（共有 11 个区），由于时间的限制，我们未能全部去到。我们只是去了当时具有代表性的 4 个重点区，即东固、富田、水南、白沙〈4 个区〉。因此，这部《公略县人民革命斗争史》，也只是以这四个区的情况为基本线索而写成的。

3. 对于某些历史事实，如"黄陂肃反""富田事变"，二、四团的组成时间及其大量的具体活动情况，现在我们掌握得还很不够，因之尚不能做出合乎历史事实的科学结论和比较细致而全面的阐述。故仍需有关同志提出宝贵的资料加以修正和补充。

4. 内容中所用的时间（按：指月、日），除了一些较大的战争是用阳历以外，其他时间皆为阴历。

编者　1959 年 1 月 30 日

1959 年 2 月 1 日于吉安市整理

六、

太雷县 ① 民间调访资料

① 1933年8月，从石城、瑞金和宁化县析出部分苏区，新设太雷县。中共太雷历任县委书记：蔡祝峰、钟益辉、温天浪。历任县苏主席：曾文辉、张连清等。中央太雷县委和县苏分别隶属中共江西省委和省苏，1934年5月后直属中共中央局和临时中央政府。1934年红军主力长征后，县党、政、军机关人员编为县游击大队，不久又和石城县游击大队合并，成立石太游击司令部。1935年2月18日因遭国民党军队袭击而失败，停止活动。见《中央革命根据地词典》，档案出版社1993年版，第148、183页。

（一）太雷县革命斗争调访资料

1. 访问施炳辉同志记录整理

施炳辉，苏区时住烂泥坑李田磜，曾任苏区工会主任，党员。

一、第二次国内革命前的政治状况及人民生活状况

在未红之前，受着土豪劣绅的压迫和剥削很深，一间房子是自己的。刘贤湖地主每年收我的地租 8 斗谷子，我们贫苦农民又无田，尽是借田耕作，每担谷田每年要交地主的花利谷 50 斤，没有谷给他，就封人的房子，一【旦】未交清花利谷就利用各种毒辣的手段欺压群众。同时贫苦农民不能担任政府的工作，要有钱有势的人才能担任〈国家大事〉。那时只有县政府，横江设有团连局，局长刘配荣，专门压迫人民。

二、党团组织积极活动

1932 年开始发展党的组织，入党条件：工人，成分好，历史清楚，有的一个人介绍，也有的要两个人介绍。党纪是"服从命令，永不叛党，牺牲个人"，说的这几句，说去的到处都可去[①]，这事任何人都不给他知道，派到要去哪里，就会〔是〕死都要前进。

三、苏区政权各项建设工作

1931 年 9 月 1 号开始成立村政府，设有主席、文书、财政部、

---

① 原文如此。

通讯员、少先队长。

1931年成立乡政府，有主席、文书、财政部、通讯员、游击队长等〈组成〉。

1932年成立区政府，有区委、区长，财粮部、民政部、裁办〔判〕部、土地部、军事部、革命经济部、收发处、革命互济会、文化部。每村还有学校，学红军书，书中内容系猫子、狗子、猪子〈……〉等等，还有供销社（群众抖〔斗〕①的，每人2元一股），有盐、布等货品。

四、土地革命

1932年开始分田，分为上、中、下三等，好田搭坏田。农民每人分田7担5斗，工人分田4担。纸山折合纸产量，每人分得3担纸。茶肉每人分到一罗〔箩〕〈茶肉〉。

五、武装斗争和武装建设

1931年8月28日，红军从瑞金到达三坑的时候，就有1000多面红旗，兵马不知其数。一到三坑就开始打土楼，首先包围着敌人的土楼，把水源绝断，〈使敌人无法可救的，被〉我军攻垮了土楼。

1932年成立赤卫队。他的任务是放哨，也是地方武装，挑担等任务。条件是贫苦工农25—40岁的全部参加，25岁以下的为少先队，他的任务【是】负责检查路条和侦查〔察〕情况。

1933年五月初八日开始暴动。那天区里召开检阅大会，本来那天我也要回去开会的，但因〈我服令〉区长叫我不要回去开会，要努力叫群众放哨，他并嘱咐樟地、铁长有刀匪，显然是真的。那天叫了100多人放哨，不到一点钟，就100多人包仗，回来回〔就〕我一人，我左手被他捉住了，我那时好在年轻气壮，〈被〉我滚【了】他一手，我才逃走〔了〕回来。未料到我当晚就打洋地区

---

① 抖，应为"斗"，方言，指众人合伙出资、凑钱。

政府，那时洋地的群众连妇女们都用禾光①打他〔它〕，结【果】敌人被我军追【赶】走了。此事是本区的裁判部长反水，经过详细调查，终于被我们发觉，将裁判部长杀了。

六、群众运动

1932年组织了工会，由纸业工人，手【工】业、苦力工人，雇农工人等成员组成，还分为青工、成工两种，洋地全区共有470多人。所谓25岁以上的是成工，18—24岁的为青工。

工会还有工会主任、秘书、委员长，每月还要出工会费1%。

（记录整理人：刘翠林）

2. 访问廖廷畅同志记录整理

廖廷畅，住赖屋村，苏区曾任工会代表，1932年4月入党。

一、第二次国内革命战争前的政治状况及人民生活状况

我在未红之前受尽了反动派的百般苦处。我因手里欠土豪刘存波的钱，那时因生活困难还不起，该土豪抓了我两次，未抓到，结果我父亲代了一张票给他，因此国民党狗头还烧了我的房屋。那时间我们贫苦农民抬不起头来，在政治上贫苦农民没有半点权力。

二、党团组织积极活动

1932年4月份开始建党，入党的条件是：贫苦工农要三代以下的成分历史好，社会关系好等〈条件〉。党纪是服从命令、严守秘密、阶级斗争、牺牲个人、死不投降、永不反党。贫农一个人介绍，中农两个人介绍。

三、苏区政权及各项建设工作

1931年由鸽连长、刘排长等人带领着部队在我处协助建立乡

---

① 原文如此。

政权。首先成立了珠玑乡政府，然后成立了村政府。乡政府有主席、文书、财粮、通讯、游击队长、代表、耕田队长、组长等人组成。村政府有主席、文书、通讯、支部书记、军事干事。1932年还成立了学校，还是学红军书。1933年成立供销社，群众还抖〔斗〕了一些钱。

四、土地革命

1931年9月进行分田，把田分为上中下三等，首先军属分好田，贫苦农民好坏搭均匀，每人平均分到7石谷田，同时还分了山林。

五、武装斗争及武装建设

1932年组织了赤卫军，即35—45岁，他的任务是挑担，运军用品等；还有模范营，18—35岁的，这个就是地方武装，打土豪，打反动派；还有少年先锋队，检查路条。我军1932年在驿前与大刀会打了一仗，打败了敌人〈不少〉，还杀了他一个头子，途中不断〈还〉设有兵站，负责运粮、军款、枪支等。那时大刀会还有神菩，吃下去了如酒碎〔醉〕一样，我们也有"菩萨气"。

六、群众运动

1932年成立了革命互济会、妇女会等组织，负责做布草鞋。同时还成立了工会，工人称为工人局，还发了工人证。

（记录整理人：刘翠林）

3. 访问廖贡球同志记录整理

廖贡球，住赖屋排小坡头，苏区任村主席、区委书记等职，党员。

一、党团组织积极活动

1932年开始发展党的组织，党内有支部书记、组织、宣传，由组织委员负责发展党员。党员的条件是：成分历史好，社会关系好，本人工作积极，同时贫农只要一个人介绍，中农要两人介绍，还要宣誓。宣誓内容：永不反党，牺牲个人。同时还送了两面红旗。

1932 年还成立了团支部，有组织、宣传、书记，条件与入党条件相同，团是党的助手。

二、苏区政权各项建设工作

1931 年 8 月 28 日，大队红军〈就〉来到了我们烂泥村，部队〈就〉协助我们当地成立各种机构，首先就成立了游击队，初期有 20 多人，进行打土豪分田地；还成立了贫农团，负责分配斗争果实。首先成立了村政府（有主席、文书、贫农团主任等三个脱产），在珠玑成立了乡政府，下设张坑、赖屋、洋公坪、珠玑、谢屋等六〔五〕个村政府。乡政府有主席、文书、工会主任、贫农团、妇女。1932 年成立了文化教育学校，校址设在烂泥下新屋，那时都是学新书。同时还成立了中华苏维埃共和国国家银行。

1932 年冬还成立了供销社，设在洋地，是群众抖〔斗〕的股金，每人抖钱 5 角，各村政府还成立了分社。同时还成立了医院和卫生所。

三、土地革命

1932 年 2 月份进行分田，分为上中下三等，好搭坏，按人口每人分得 8 石 5 斗田；同时还分了山林，以毛边纸的产量，以户邀集几户人家共分一槽纸；茶山就以茶肉按人口分配，每人分得茶肉一担三桶。

四、武装斗争及武装建设

1932 年 11 月成立了赤卫队，1933 年 1 月份成立了少年先锋队，还各有红旗一面，一旦发生了问题，就要昼夜动身出发。〈在〉1933 年反动派从石城来，以赖华波为首，驻在横江，我们红军有政治保卫局，就退在山上，有一次在湖郓打了一仗，打得反动派逃走无路，还抓到了 3 个敌人，被我军杀死。1933 年 12 月本地开始反动，以熊远兴、刘龙成等人为首。

五、群众运动

1932 年组织了工会，设在横江全安堂，同时还成立了革命互济会、贫农团等组织。

（记录整理人：刘翠林）

4. 访问吴荣进同志记录整理

吴荣进，住烂泥坑乡伙塘里，苏区时曾任乡主席，党员。

一、第二次国内革命战争前的政治状况及人民生活状况

政治方面：有兄弟的人要当兵，那时都要往山上逃，追得青年人不敢进屋；同时每月要出月费、壮丁钱以及各种捐款，如果无钱一时拿不出的话连褛衣、山钯等农具都拿来还各种款项，同时我们贫苦农民在政治上没有半点权利。

经济方面：我们穷苦人就拿借钱方面来讲，长年加三，每月加二五，我有一次借了刘发新一元钱，连过年猪肉都被他算去了；借谷不分时间长短，总是加五利息照算，同时那时间的土地全部掌握在地主手里，因此我们贫苦农民都要借田耕，每年刮〔割〕的谷子要交租，贫苦农民生产出来的东西都是被地主剥削去了。

二、苏区政权各项建设工作

1931 年成立了乡政权，乡政府有乡主席、文书、游击队长，还有耕田队长等人员。

三、武装建设

1931 年成立了游击队，他的任务是经常流动，了解和收集敌人情况，一旦发生问题及时攻击，参加游【击】队的更年青〔轻〕，参加赤卫队的就更老，还有少先队和儿童团检查路条。

（记录整理人：刘翠林）

5. 访问张树桑同志记录整理

张树桑，住珠玑乡洋公坪，苏区时曾任村代表、耕田队长等，党员（在 1932 年入党）。

一、第二次国内革命战争前的政治状况及人民生活状况

在第二次国内革命战争前，【群众】在政治上要受着种种的压迫，那时候都是有文化和有钱的人掌握了政权；【群众】过着牛马不如的生活，一年来要出不少的苛捐什税，贫苦农民生产到的东西全部都被他剥削去了，因此那时群众生活很苦，无衣无吃。

二、党团组织积极活动

1931 年开始党团建设，入党条件：要公〔祖〕、父以下成分历史好，工作积极，忠诚老实。还有宣誓，生在红军兜〔兜〕下，死也死在红军兜下等语。党团员尽开秘密会，半夜深〔三〕更都要出发，抓坏分子和地主，〈开好〉会议研究决定与敌人应如何作战等计划。上级来有同志，党团员就要带他去。

三、苏维埃的政权各项建设工作

1931 年 8 月 28 日下午红军四处进攻。珠玑来了一连部队，由连长鸽理员 ① 同志带领，共有 100 多人，有 100 多支枪，驻在我们珠玑。一来就开始打地主，他首先就做到了心中有数，那时分为有钱的是土豪，管总的为地主，那时的地主要打 12 次，贫苦工农做代表。1931 年成立区政府，设在桃花磜大屋里，历时一个多月之久就移到洋地，在此同时还建立了珠玑乡政府。乡政府建立后，鸽连长就带领部队退回区公所了，群众还买了很多爆竹欢送红军，同时还成立了贫农团配合游击队打土豪。乡政府还召开了群众会，选

---

① 原文如此。

举了代表。珠玑乡主席经过几个，1931 年程维春任主席，1932 年刘利生，最后胡亮明任主席，伍义怀任副主席，同时还有文书。

四、土地制度改革

1931 年 11 月土地革命分田。珠玑全乡有 500 多人分田，分配办法是好【田】搭坏田，每人分到 8 担田。分后群众有意见，又分过一次。山林也进行了分配，但未分好，只分了茶肉，还发了土地证。

五、武装斗争及武装建设

1931 年成立了赤卫队，是地方武装，放哨等任务；成立了游击队，游天下；少年先锋队更菩杀[1]，还成立了儿童团。1933 年 4 月初开始扩大红军组织，直到同年五月初七日停止。在 1933 年因熊远兴、陈远传工作积极，调他【们】到瑞金军区，叫他【们】带了两支枪回来做宣传工作，【可是他们】不但不做宣传工作，反而自己上山为匪进行反革命活动。

（记录整理人：刘翠林）

6. 访问陈维春同志记录整理

陈维春，住珠玑乡洋公坪，苏区时曾任乡主席，1931 年 10 月入党。

一、党团组织积极活动

1931 年 10 月份开始建党，25 岁以上的可以入党，15～24 岁的可入团。入党条件是成分好、历史好、工作积极，要三个介绍人，还要宣誓。父母爱人面前都不能说入了党，如果被敌人抓到也只能牺牲自己，不能向敌人交代内部问题。党团员在各项工作中要

---

[1] 原文如此。

【起】带头作用，同时还要宣传动员兵员入伍。

二、苏维埃政权各项建设工作

1931 年 8 月 28 日红军到达了珠玑，在同年 10 月 1 日开始成立乡政府，下设主席、宣传、文书、游击队长、财政、交通、贫农团各一人；组织了游击队 20 多人进行打土豪，打土豪的食物用品全部发给群众手里，金钱交给司令部（驻洋地）。

三、土地革命

1931 年 10 月份开始分田，每人分到了 8 石田，办法是采取了好搭坏。山林未分好，茶山就摘了茶肉，每人平均分到了茶肉 2 斗。

四、武装斗争及武装建设

1932 年 9 月份开始扩大红军队伍，初次我带头一共去了 30 多名。1933 年还组织了赤卫队，条件是 45 岁以上的，他的任务是保卫后房〔方〕；在此同时还组织了游击队，18 ~ 45 岁的，进行有力的活动；还组织了少年先锋队，13 ~ 17 岁的，发现土豪地主有反动行为的就去扣他；还组织了儿童团，12 岁以下的，专门检查路条。

五、群众运动

1932 年成立了工会，由造纸工人、木匠、篾匠、泥水工等组成，工会主席罗根发。这些工人〈进行〉向地主斗争，如地主的纸未做完，这些工人就到那纸槽下去做。同年还成立了耕田队长，任务是派人给红军家属耕田。同时还组织了洗衣队，由妇女组成的，有军士经过时就给她洗衣服。

（记录整理人：刘翠林）

7. 访问老革命孔步清等同志记录整理

孔步清，苏区时曾任乡主席、区经济部长，党员，现任□放连保管；李冲元，苏区时曾任游击队队长、第四连连长、县军事部部长，现任第一牧畜场场长；赖九周，苏区时曾任过村主席、贫农团主任、乡主席；△东海，苏区时参加过贫农团，曾任游击队邮递员，参加过红军。

一、革命前人民生活的情况

国民党反动派统治人民，少数人压迫贫苦人民，只有地主恶霸官僚少数人才有说话的权利。当时人民生活极苦，以耕田为生，也有人挑担、做小生意。国民党每日在街上，在路上看到人挑担，便要抽百货税，苛捐杂税极多。当时宗派姓氏主义很重，派祠姓单者经常受人欺压，真是强食弱肉。另外国民党派人做土围子、做寨，然后押人进土围子、上寨当炮灰。

二、党团组织的建设及其活动

当时有共产党的组织，石城县成立中共委员会、少共委员会，各地有党代表。1932 年石城县召开了党代表大会，当时人民入党要立场坚定、历史清白、工作积极、思想进步，由一个或两个正式党员介绍，同时党组织还会交任务【给】建党对象做，考验一个人，看是否坚决，是否有无产阶级思想。当时党内开会是秘密的，有时夜晚关上门躲在房子里开，有时白天到山上茶子窝〈召〉开。

三、武装斗争和武装建设

1929 年红军二纵队由张炳飞队长领导，从汀州〈到〉过石城，在坪山打下茶坑土楼，招了些兵过宁都去了。李子美当大队长，他到了宁都便走回来了。由于李立三盲目〔动〕路线，只打城市，不攻乡村，见到好房子便放火烧了，提出口号"打到南昌吉安，会师武汉"。到达湖南，走湖南设了五个军，朱总司令〈领导〉第一方面军军长，黄公略第三军军长，罗炳辉第十二军军长[1]，林彪第四军

---

[1] 中国工农红军第十二军，1930 年 5 月由闽西红九军改称。军长邓毅刚，后为伍中豪。1931 年 9 月回师与新十二军合编，仍称为中国工农红军第一军团第十二军，军长罗炳辉。见《中央革命根据地词典》，档案出版社 1993 年版，第 215 页。

军长，彭德怀第五军军长。九月打吉安，十月打开。这时国民党把湖南、吉安两地的军队调□□□□军，"围剿"红军，这时也有很多国民党军队参加红军队伍。

1930年红军〈便〉退到兴国、宁都、于都、瑞金等地，这时红军内部有些怕死的人听到国民党有飞机，便害怕起来，因此有些人，红军在前面打，他就在后面打，用土堵死枪膛破坏枪支等。这时红军内部的坏人，他们组织AB团。这时在宁都等地整顿内部，消灭了AB团，灭了AB团很多人，清除了内部的异己分子。

1930年正月初十张太雷来横江攻打烟星土楼，张太雷牺牲了，因此又退出来去了。八月二十二日林彪带第四军由龙岗而来，驻在洪家坳，九月初九日打自泉土楼子，十月初进攻，打中峰寨，打上村土围子。

十月建立贫农团、村政府，在背屋开群众大会，斗土豪、分土豪的东西。十一月间成立游击队，发动人民打土豪、扛东西、杀猪、分田地。

1931年成立县政府。政治保卫局，镇压反革命分子。财管部镇压经济犯。秋溪建立了模范少队、模范营、赤卫军、少先队、儿童团、妇女会、互济会，建立船业工会、运输工会、妇女组织洗衣队，照顾伤兵。模范营、模范少队经常打上水，去攻打大刀会，凑〔筹〕款。赤匪〔卫〕军在本地放哨，优待军烈属，挑东西，少先队检查路条、放哨。另外还建立了俱乐部，文艺俱乐部。各村有村学，组织儿童学文化。

1932年分田地打土豪，把土豪捉去劳改。

1934年红军北上抗日，为了扩大地盘，占领全中国，当时红军提出"插〔赤〕化云贵川，打通赣东北"。当时留下一部分游击队坚持地下斗争。当时毛泽东让项英在赣南一带，坚持地下活动，发展游击战争。

四、土地革命

1932年分田地，分田的原则是贫苦工农分好田，富农分坏田，地主茅〔有〕①分田，每人按产量分，平均一人分到 7 至 9 担田，每户分到茶山，鱼塘分给各人养，土豪的房子分给穷人住，土豪不许他住在家里，迫他搬到庙宇里去住，同时抓一批土豪去劳动改造，把头中间的头发剃掉一绺，以做记号，对顽皮〔抗〕的土豪打地雷公、灌凉水、用线香烧肉等〈实行迫打成招〉，对富农们每月向他追款，问他要银洋。

五、群众运动

1931 年秋溪成立了模范营、模范少队、赤卫军、少先队、儿童团。模范营和模范少队常去上水打大刀队，凑款子，赤卫军在地方上做优抚工作，少先队查路条、放哨，妇女建立妇女会，洗衣队，照顾伤兵，慰劳红军。这一年还建立了工会，如船业工会、运输工会。

1930 年 10 月建立贫农团组织。

（记录整理：曾瑞华）

8. 访问老革命赖树彬同志记录整理

赖树斌，苏区时任过乡主席、区土地部长、县土地部长，1933年加入中国共产党，现任秋溪营、胜利连保管员。

一、革命前人民的生活情况

由于国民党反动派的血腥统治，人们生活极其痛苦，地主放高利贷压迫剥削人民。同时有很多苛捐杂税，如户口税、壮丁税等迫〔逼〕得人民无法生活，特别是对当时的小商贩，压迫剥削更重，要商人捐税，如厘金税等。

---

① 茅，应为"有"，方言，"没有"的意思。

二、苏维埃政权的建设

1931 年八月二十七日，红军从瑞金由林彪军长领导第四军攻打到秋溪来。第四军政治部驻在红家垅，刘伯成〔承〕参谋长，也住在红家垅。到九月初八日，秋溪的土围子全部攻打开，全部土豪被捕，关在红家垅政治部里。

九月间把大恶霸土豪赖客勤、赖吉仪杀了。以后就建立了革命委员会、游击队，各村设立了村政府，九月尾成立了贫农团，组织了土地调查委员会，调查土地，调查人口，发动民众，纷纷捉土豪分田地，向地主富农捐款。十二月间建立乡政权，乡政府有主席、秘书、财政等。

1932 年，区政府设在横江，1933 年建立太雷县，有十大部门，如主席、财政部、检查部、土地部、军事部、内务部、劳动部、财换部、国民经济部、文化部。当时县主席是温德芳、曾文辉、赖宣贝。太雷县包括横江区、龙冈区、洋地区、大由区、珠坑区、淮土区、湖陂区、日峯区。当时设代表组织，有县代表、区代表、乡代表、村代表。

三、武装斗争及武装建设

1931 年十月尾，宁都十九路军在宁都暴动（投转到红军方面来）带了很多枪支和钢炮来，当时区政府（在上排子）迎接他们。中央政府拨了几十万元来招待十九路军，人民也【拿】东西慰问招待，每天都吃猪肉、鸡、鱼。十一月把十九路军编为五军团，攻打红石寨，把秋溪大地主恶霸欧培高捉到杀了，把清匪团全部消灭。

1932 年组织模范少队、模范营、少先队、儿童团，农民建立革命互济会，优待军烈属，做草鞋，募捐，欢送红军。少先队追查坏分子，监视嫖、赌、鸦片烟者。妇女会慰劳红军。

1933 年模范少队开往宁化、广昌一带打土豪、凑〔筹〕款。

扩大红军，当时提出"扩大一百万铁的红军"。

1934 年八月二十七日，白匪进攻石城，上水组织了大刀会。这时红军提出全民动员，模范少队和模范营全部动员参加了红军，这时红军主力军开始北上抗日，游击队在地方上打游击，组织了石太游击司令部，在坪山、宁化一带活动。到石城后白匪组织铲共义勇队，十月间又来到秋溪、横江，游击队与他【们】发生了游击战争，攻击他【们】的驻地，十二月初五把铲共义勇团中队长赖仿仕活捉，在横江桥边枪毙了。国民党回来后，用酷刑对待老革命同志，【用尽】吊、杀、打等刑法〔罚〕。它在地方上组织联保办事处，磨打〔欺压〕人民，有联保主任，抓人当兵（义勇队）。

四、土地革命

1931年九月尾，各村建立了村政府，组织查田委员会，组织贫农团，发动群众打土豪、分田地，按人分配，好的五六担，差的每人十多担，贫苦工农分好田，地主富农分坏田。打土豪时拣他家的东西，杀猪分给贫苦工【农】，把地主押到军政司令部，每月向富农迫款，向他们要银洋，同时对土豪实行刑法〔罚〕，打雷公、灌冷水等。

五、群众活动

1933年各地建立了供销合作社，买〔卖〕盐、买〔卖〕商品，还组织了运输工会、船业工会，妇女组织了妇女会，洗衣队，慰劳红军，优待商〔伤〕兵，秋溪有卫生院，院部设在明烟堂，还有4个分所。送人参军，还有赤卫队，专门做优抚工作，抬伤兵，帮助军烈属家里做事。

苏区时，各地有俱乐部，庆祝节日，演戏，开晚会，组织人民学书〔习〕，每村有个村学。

（记录整理：曾瑞华）

9. 访问老革命邱开元同志记录整理

邱开元，苏区曾任互济会主任、区代表、县代表，1931年加入中国共产党。

一、革命前人民的生活

在国民党的黑暗统治下，人民生活极其苦，各种杂税很多。当时贼古、短棍到处皆是，地主田租很高，穷人借到土豪的钱，还不起来，便抓其子弟去抵账，所以当时地方上有势有钱的人，心肝非常恶。

二、革命政权的建立

1930 年红军来了，当年建立村政府，村政府有主席、财政部、秘书长。建立了贫农团，十月建立乡政府，十一月建立区政府，设在秋溪上排子。1931 年二月乡政府、区政府设在秋溪、横江。1931 年建立太雷县。

三、武装斗争

1930 年十月尾，由于在宁都十九路军〈其〉有老党员□地下活动者，反水投降〔诚〕〈在〉到红军这方面来，到秋溪，刚一到时，态度横暴，但由于我们招待得好，党中央拨了 60 多担银子〔圆〕来，每天给他们吃猪肉，妇女经常用花生果子给他们吃，因此全部兵士思想变了，对待百姓态度也好起来。接着便开始攻打红石寨，限十九路军 3 天要打下，但由于他们有钢炮，只用了 1 天时间便打开了。八月二十九日打开了秋溪的土楼。

1931 年建立太雷县。太雷县的更名是这样的，张太雷（师长）领导攻打烟里土楼而光荣牺牲了，故以太雷之名为太雷县，以作永远纪念之。烟里的土楼非常坚固，土墙有九尺□，土楼周围都有水沟。

1934 年八月国民党从白水寨来，我们在半桥驻了一个部队。当时打了一仗，这时红军便北上抗日去了。

四、土地革命

1930 年建立村政府，贫农团打土豪、分田地，按人口按产量分之，分了田□还了粮，其他什么税收都不要，把地主的东西拣在一起分给人民。

五、其他

1934 年红军北上抗日后，国民党极其凶恶。当时地主恶霸心肝又恶起来，税收很重，一担收一担一斗，放高利贷，见月加二十，三个月□□，人民生活极苦。

（记录整理：曾瑞华）

10. 访问刘世曲同志记录整理

刘世曲，苏区时曾任事务长、班长和战斗员，党员。

一、革命前人民的生【活】状况

红军未来时，人民的生活过得很苦，常受地主富农的压迫和剥削，劳动人民辛辛苦苦做了还是吃不饱穿不暖。

二、党团方面

〈该同志〉1932 年入了党，【由】黄子太、刘文宾两人介绍入党，有党员证发。首先上级干部向我们宣传入党的意义，调查成分，历史好的，社会关系好的，要合乎条件的才吸收他入党。入党时有宣誓，那时候时常要开秘密会，什么事情都要党里先研究。写小纸条做记号。屋里、【屋】外都开过会。

三、武装斗争及军事建设

该同志在 1930 年看到红军吃得好，穿得好，于是就邀了 4 个人自愿到淮土报名参加红军。参加红军后，由淮土到禾口，再上石城过岗背墈，过桥头，经过兴国，再到黄胜和吉县①。到了那里就爬城驮梯打吉水城，这次没有打进，在山上住了一夜，退到映〔永〕丰县，在那里住了几天，号召〈吉水并吉安，〉打到南昌并武汉，后来住了【一】个多月回来了。1931 年我们这里暴动了，我

---

① 原文如此。

到凤山接了头，接过来后八月间庄背就起了游击队。成立了游击队就专门打土豪地主。后来庄背成立了一个班带到淮土，副班长就是我，在凤山配合了大队游击队。1933 年十一、十二月间在淮土住了一两个月，学习训练。后来又到再角住了一夜就下去打宁化，配合第七军团。这次打了胜仗，缴到了五六支枪，割到了敌人两三个脑袋。后来就在宁化做工作。不久又配合第七军团，到打清流，又开到下角，还【在】清流摸哨，被敌人见到了，就偷回部队，敌人就向我军进攻，后来退到乱水墩，这时恰好第七军团回来打前上的土楼，土楼打开了，这是用松筒挖开洞，把硝放进去，再丢城【里】爆炸，这样才打开。1933 年我调到特卫连当事务长。后来调到闽△军区训练了 3 个月，后来因病回家了。当事务长是管理伙食和枪支子弹，在归化打了一次仗，跟芦信帮①的军队打了一仗，打了胜仗，缴到了敌人 80 多支枪。这次好在第四军团来帮打，里攻外合，很危险。我只晓得有三、四、七等军团，第四军团的兵最打得，第四军团在这里扩大一百万铁的红军。用宣传，告诉他们官兵一样，有衣服发，有田分，有谷子发和各种物件等等，来宣传他们去参军。

扩大红军歌：当兵就要当红军，处处革命好穷人，官长士兵都一样，没有人来压迫人。

四、土地革命

先调查好，再贴地、富的款，地富不在家里逃走了的话，就默〔没〕收他的东西。

五、其他有关资料

1933 年以前小姑是归太雷乡管，1933 年以后小姑划为淮土、宁化县管了。

（刘北斗整理）

---

① 芦信帮，应为"卢兴邦"，后文写作"卢兴邦"。见《中央革命根据地词典》，档案出版社 1993 年版，第 351 页。

11. 访问高世累同志记录整理

高世累，苏区时曾任乡主席、文书，淮土区组织部长，党支部书记。

一、革命前的人民生活状况

红军未来以前，人民的生活过得很苦，受压迫和剥削，吃不饱穿不暖，在政治上也没有自由。

二、党团方面

我在1932年入了党，要两人介绍。要成分历史好的，对革命要有认识的，要不怕困难，要起带头作用的，要服从纪律的，能站稳立场的，做工作态度和气的，要大公无私的人才能入党。我在龚家村入的党。党里面多半开秘密会（传条子，不准人见），没有明显【公开】的召【开】会。入党的时候要宣誓，誓词有：入党后，不怕困难，不怕牺牲，服从纪律，站稳立场，积极工作等。

三、苏维埃政权各项建设工作

1932年我被群众选为乡主席，领导生产，扩大红军，派人运东西回来，组织妇女工作，健全贫农团组织，训练模范少队，组织赤卫军等工作。那时候也是以生产为中心，扩大红军也〔为〕主要【工作】。扩大红军时用宣传，〈打〉打鼓送人去参军。妇女还做布草鞋和布鞋欢送红军，并且宣传参加红军的好处：当兵很光荣，打倒蒋介石，好保卫祖国，巩固政权。大家都帮助宣传，去当红军的家属，有人帮他们砍柴、挑水、作田、伺菜等，还经常到军属家里劝解家里的人，使家里的人快乐。

四、武装斗争及其军事建设

那个时候只有梭镖、土炮、鸟铳，用来打土豪地主。

五、土地革命

分田按一村一村为单位分，好的搭坏的分。每人平均分得 10 担左右，先选出代表研究好后再分，乡里有干部在村上领导，协助和检查分田工作。

六、群众运动

那时候区里和乡里都有青、工、妇、互济会、反帝大同盟等组织。还编好运输队，会做什么的就编他做什么事。青年人编到运输队。妇女编到妇女会。妇女会领导妇女做布草鞋和做布鞋给军【人】穿，并帮助军属家里做事，打扫卫生，以唱歌、做〔演〕戏等形式来宣传人去当红军；还组织了慰劳队，专门做鞋和捐些钱给军用，以及慰问军人家属。贫农团只有贫农才入得，他们做些宣传工作，安排土地和生产，要发挥带头作用，要吃苦耐劳。贫农团里有组织、宣传、主任等干部。贫农团里妇女也有。贫农团时常要开会研究工作。模范少【队】配合正式〔规〕军力量，协助打仗，检查放哨，参加生产等工作。18 岁以上，26 岁以下编为模范少队，30 岁到 40 岁编为赤卫队，保护地方治安和站岗放哨等。40 岁以上至 50 岁编为运输队（帮红军挑东西和耕田）、反帝大同盟，摸些捐打倒帝国主义。

七、其他有关县志资料

1933 年成立了太雷县，无论县、区、乡政府前面都要加上苏维埃几个字。淮土、大洋坊、凤凰山、洋地等都属于太雷县管。罗家与龚家共一个乡，开坑、杨家山、兴高碛、茶停嵊、下木等地属于开坑乡（在 1933 年以前这两个乡属于淮土管，到了 1933 年淮土划到太雷县管。淮土区管了开坑、龚家、罗坑、禾坑、吴陂、竹浔、凤山、大黄坊等乡）。

那时候有区委会，【有】书记、组织部、宣传部、妇女会、文书等组织人员（区委会）。区政府有区主席、文书，还有九个部，土地部、财政部、粮食部、裁判部、经济部、军事部、反帝拥苏同盟部、互济会部、工会部等。还有团支书，团〈支书〉里面有主席、文书，党〔团〕支部书记多半由主席或文书兼。有团〔乡〕支书，下面设有代表。乡文书写条子、出通知，帮助做宣传工作，有空闲时也要搞生产。主席经常要下乡，【到】村里检查生产工作。

（刘北斗整理）

12. 访问吴灯盛同志记录整理

吴灯盛，苏区时参加过游击队。

一、革命前人民的生活状况

红军未来以前，贫苦农民受土豪地主的压迫和剥削，借谷借钱要加三四的利息。土豪地主吃得好穿得好，贫苦老百姓就没有吃没有好穿，甚至连过年鸡公都会被地主捉得去吃，生活真是过得很苦。

二、武装斗争及军事建设

〈该同志〉1933年参加游击队，由龚家到淮土，由淮土到达宁化，过连三。在连三训练了一个月以后，就经常在枯田、小桃、宁洋、永安等地跟卢信邦的兵打仗。我们编在独立第九团，在永安一次打得最厉害，我们一团人只有3条水机关。1933年11月4日在永安打〔攻〕城，每人拿一个手榴弹和一张〔把〕梭镖，走到城脚下没有办法进去，因子弹很密，后来就退回来。我们还组织了一个梭镖队，这梭镖是从童子军手里缴过来的，专门跟童子军打仗，只有手榴弹和一张梭镖，头上戴了一顶铁帽子。这一支梭镖队取得了很多胜利，这一支部队是【最】勇敢、最有名的部队。我们这支部队取得胜利的主要原因是听从指挥，不管怎么样总是向前冲，一方面我们胆大，另一方面叫胜利口号，上面指【挥】官叫我们不要怕牺牲流血，先出口号，边打边呼口号，看情况去打敌人，敢冲的就冲，不敢冲的就不能冲；指挥官也指挥得好，点兵也要点得适当；联系群众也要联系得好，所以那时候群众会自〔主〕动帮我们带路去捉土匪；纪律也很好，大家都能遵照上级的指示，所以累〔每〕次能够〔获〕得胜利。

三、红军纪律歌

红军纪律最严明，行动要听命令，不敢乱糊行；打土豪要归公，买卖要公平，工农的东【西】，不敢拿半分。讲话要和气，开口不骂人，无产阶级劳苦群众个个都相信。出发要宿营，样样要认清。上门板，捆禾草，房子要扫干净。借碗要送还，损坏就要赔钱。大便要走茅子，不搜俘房身。三大纪律八项注意，大家要实行。

（刘北斗整理）

13. 访问刘万添同志的记录整理

刘万添，苏区当过小组长和参加游击队，团员。现任和平大队队长。

一、苏维埃政权各项建设工作

该同志1931年当了小组长。小组长时常召集青年开会，组织和宣传青年参加红军。组织模范队。1932年参加了游击队，游击队专门捉逃亡地主，跟同〔童〕子兵（大刀会）打伏〔仗〕，多半在宁化、清流一带打游击，后来又到宁化、中沙打游击。1931年起初淮阳（淮土）子，区里就拿通知来，说要多少骨干，乡里就按照上级的指示派了一些骨干去，就在那里学习，学习回来后就做本地方的宣传工作。宣传适龄青年要到前方去参军，家里分到有田和房屋，各样有人会照顾。

二、武装斗争及军事建设

1932年四、五月间，该同志和五六个人参加了游击队。起初到淮土学习了一两【个】星期，然后到宁化。到了宁化后训练3个多月，后来补充新兵营到连三。到了连三后又训练3个多月，后来又补充独立第九团，时间一年左右。后来受了伤，医了将近半年，再由医院打介绍【信】回家。1933年又在连三、姑田打仗，在永安受伤，跟童子军保卫队打仗。打仗时首先派一些侦察兵出去探听消息，再就出发去打。有一天晚上在永安跟敌人打仗，冲到城脚下，有一团人，只有一营人作战。因人不多，只有三营人，还了解到有很多土豪地主、坏分子。敌人卢兴邦他们住永安城里，我们的其他部队离永安有一二百里路。由姑田挨夜边出发到永安将近天亮了，到了那个地方我们有一营人就跟敌人作战。我们的团部里组织了一个宣传队到山顶上，叫敌人投降，宣扬红军的好处，叫战士们不要到敌人那里当兵，转来有田分和房屋分，因此这次就有十多个敌人自动带了3【支】枪过来投降。因人不多就边打边退，这次还是我们胜利了。那个时候枪支很少，一连人只有八九条枪，其余的都是鸟枪梭镖。有时晚上敌装猪婆来摸我们的哨，有一次还捉到一个敌人，敌人身上有符张，有了符张就说不能打进。童子军（大刀会）嘴上有符张，穿了兜袋子，他们在打仗就做一下来。我们【问】捉到的童子军〈就问〉他们是怎样来的，他们就说【受】有钱的地主压迫和欺骗〈得〉来的。连、排长在那里，就说我们要把大刀会活捉起来；连、排长没有在那里，我们就把捉到的敌人打死；有时把捉来的敌人送到后方，受了伤的〈伤的〉就给他医治，医好了就随他自愿，愿意回家的就回家，不愿意回家的也可以留到我们部队里。

三、有关县志的资料

那个时候有区，区里有紧〔警〕卫连，紧〔警〕卫连专门对土豪进行监督，捉到土豪就关起来。乡里有主席，有文书，有贫农团主任，下面还有代表。主席掌握全盘，文书掌握经【济】、文件等，贫农团主任也要掌握经济和没收土豪地主的谷子及物品，代表领导生产或调配人员及帮助军属做优待。那时青年团有表填，但没有什么证件。

（刘北斗整理）

14. 访问刘名尾同志记录整理

刘名尾，苏区时曾任乡主席。1933年参加革命工作，同年入党。

一、革命前人民的生活状况

红军未来以前，村庄上有的有钱，有的矛〔有〕钱，矛〔有〕钱的要向有钱的借钱或借谷，借谷要加四五，借钱就要加三，到了期限没还清，还要写档头。当时的贫农较多，生活过得很苦，也没有说话的权利。那时候大家都希望红军来。

二、党团方面，党的组织建设及其活动

入党前先跟我们调查历史成分，然后讲明入党的意义，再就自己找介绍人，介绍〈我〉入党，只有一个党员介绍的。那时候同我一下〔起〕入党的有十巴〔来〕个人。附近各村都有。乡党主席召集党员干部开会，宣传模范队到前方参军；再就布置党员暗中监视坏分子会不【会】造谣破坏；暗中出条子叫代表们来开会。乡主席是由群众选的，什么工作都要抓，如抓各村代表做的粮食、经济、收土地费等工作做得怎么样。

三、苏维埃政权各项建设工作

小姑先成立了乡政府，经常说要上这里来打土豪地主，分田地，后来我们这里的人也跟小姑接了头，成立了苏维埃政府。后来动员青年去参军，参了军有田分，生活过得好，家里有人会照顾，到了前方巩固胜利果实，家里的事情有人会做，不要顾虑。有开小差的就要督促他们回队。1932年8月成立了和平乡政府。政府成立后，由群众选忠厚老实的人出来当乡干部。十人以上选一代表，最多十四五家人。发生了什么事情就调集代表们进行研究决定，什么事情都是由代表会议来决定。一有什么就召集代表研究讨论，就像现在的社干部差不多。那个时候区里有区长，乡里有主席，有贫农团主任。经济的来源，起初由富产里面拿钱来用，后来由上级拨钱来用。学校起初由教育部长来宣传群众办学校，每个贫农团里面有一个学校。

四、武装斗争及军事建设

自从与红军接过头以后，就建立了游击队，游击队主要是去【打】土豪地主。那时候因敌人的军队没有在我们这里，所以没有去山上打敌人。8 岁至 15 岁编为儿童团，16 岁至 20 岁编为模范队，21 岁至 25、26 岁的编为模范营。首先组织分田代表和贫农团，调查看看哪些人的田多少，哪些人该划为地主富农、贫农、苦农，哪些人有多少放剥收干租多少，管了公堂没有等等，进行划分阶级。代表人员每村有一个。分田时有上中下三等，好搭坏，搭好来分。分了两次，头一次每人分了八担谷田；第二次经查实后，每人就分到十担田。

五、群众运动

有妇女会，组织妇女做些优待和慰劳工作。妇女在家里做军人的布鞋和布草鞋慰劳前线部队，对有困难的军人家属，帮他们挑水、砍柴、伺菜等〈照顾工作〉。

六、其他有关县志资料

和平乡（大队）起初属于淮土管，1935 年和平乡由淮土划到太雷乡管。和平乡管了龚家、李家边、黄家、石头嵊庄背、罗家、老屋场等自然村。我这一乡有两个贫农团，和平一个，庄背一个。

乡里面有主席、文书、贫农团、党、团支部书记，下面设有代表。

（刘北斗整理）

15. 访问王永昌同志记录整理

王永昌，苏区时任过连长、检察部长，打过游击，党员。

一、革命前人民的生活状况

有钱的人就好上天，无钱的人向地主借谷借钱，要加三、加四甚至要加五，穷人没有说话权和政治权。后来红军来了，才有权利了，那个时候劳动人民的生活过得很苦，没日没夜。没有田山屋宇的人，还借钱谷不到，因为没有档头。

二、党团方面

加入中国共产党，要成分历史好的，阶级要认清的，立场要站得稳的，这样的才能入党。1931 年开始发展党员，个别的发展。大队红军来了，首先找贫苦农谈话，叫我们贫苦农民入党。后来一个介绍一个入党，党员就逐渐多起【来】了。党员开会要走到山上开，要保密会议内容，任何人都不敢给他们晓得，连父母老婆都不准晓得。秘密记号有两个字：党员讲"看鼻"；团员讲"看歪"。这几个字主要是在放哨或查哨时用，或者防怕打散时战友会阵好用。加入党要成分历史好的。

〈该同志〉1931 年参加〈了〉工作，到 1932 年 1 月加入党，王荣畴介绍。党内时常开秘密会，当时反革命多，群众觉悟不高，常有坏分子打听消息，很危险。

三、苏维埃政权各项建设工作

1931 年第四军 8 月 28 日来了，起初建立模范营、模范少队、赤卫军、儿童团，该同志起初当分队长，然后当大队长。1932 年 1 月当了连长，5 月调到区里当工农检查部部员。1933 年 5 月成立了太雷县，成立后，当横江第四区的检查部长。县、区、乡会前面都有苏维埃几个字。起初有村政府，后来没有了。中央政府在瑞金，县有县主席，区有区主席，乡有乡主席，村有村主席。当时有两个阶级，无产阶级和资产阶级，那时也有马列主义。1931年瑞金定州住满了红军，6月份在这里经过，8月28日红军由瑞金上石城来，定州的红军过宁化、连城，一上来就平土楼。起初宣传〈我们〉成立贫农团，攻打土楼，接着成立村政府，区里有党组织，有中共书记、组织部、宣传部、特派员。区政府有财政部、裁判部、革命经济部、劳动部、土地部、工农检查部、内务部、总务处、互济会、粮食部、文化部、调经局、军事部、招待所。军事部专门讲军事，专有一班人看守地主富农，每人要上操，专门扩大红军；国民经济部管理伙食；裁判部、政治保卫局、工农检查部这三个部是有联系的，专门研究阶级成分和对付坏分子、反革命分子、地主富农的处理问题；内务部专看病人；互济会做布草鞋、〈有布鞋，〉送鸡蛋、募款、慰劳红军、欢迎红军；总务处专门接信，打介绍信，接见外人，但秘密信不能拆；土地部专门研究土地好坏，调查成分，土地税多少等问题；事务长管理伙食，下面还有采买。

四、武装斗争和军事活动

村政府成立后，编地方武装，如赤卫军、模范营、模范少队、儿童团。8—16岁编为儿童团，16—25岁编为模范营，儿童团里面比较大的编为模范少队，26岁至45岁编为赤卫军。赤卫军到打开的地方挑东西、抬伤兵，模范营里面扩大参加红军，模范少队、吊打土豪地主、站岗、放哨、检查路条，也可以参军。起初只有鸟枪、梭镖，首先把鸟枪梭镖集中起来，然后编班排，每人发一项武器组织起来，靖匪〔卫〕团、反革命连排长带头去打，每乡只有两三条枪，放哨武器要交班。自从建立苏区后，妇女开始放脚和剪发。

1933年模范营基本上都扩到前线去了。1934年从赤卫军里扩大红军。1932年一、二月间，开始扩大红军，当时只是个别的，1933年大批扩大，1932年打了一、二、三次战争，1933年打四次"围剿"，1934年红五月打五次"围剿"。扩大一百万铁的红军，粉碎敌人五次"围剿"，这是全体动员。一、二、三次战争在龙岗、普亭等地打。五次"围剿"分六路进攻，汀州从松毛岭来，瑞金由会昌来，兴国由古龙岗来，连城由李田来，广昌由中桥来，宁化等六路人进攻。1934年北上抗日，大队部有一、三、五、七、九军团，第四、五军团多半在我们这里，打大刀会次次把敌人打退。大刀会有符章，我们不怕死，只有向前，没有后退，打游击时日夜派人去做侦查，探到有就去打，瞄好敌人后，多半是在天亮去打敌人。

五、土地革命

见到做新屋的就去捉，有放剥〔剥削〕的划为土豪，稍有放剥〔剥削〕的划为富农，不劳动的欺骗压迫人的划为地主，时常帮人做中人、做状纸，好打官司【的】划为劣绅。分田要看田多少，每人分到七八担。山也有分，自动自觉拿出来分的〈，比较〉少分了些，不分田的多分到一点（指富农和富裕中农）。阶级成分的划分当时有豪绅、地主、富农、富裕中农、中农、贫农、苦农、苦泣〔力〕工人（包括铁、木、篾、搬运工人），抽大烟称为烟鬼，算命、卜卦、地理、道士、跳生划为流氓。首先分了一次田，后来又复查过一次，多抽少补，纠偏。

六、群众运动

有工会协助行政工会，妇女会慰劳前线部队做军鞋，搞卫生，搞生产。

七、其他

1932年到1933年，横江区管了平阳、横市、烟坊、横江、珠矶、齐贤、小姑、罗云、秋溪、龙冈、上别。1933年四、五月间成立了太雷县，太雷县管理八个区，龙冈、洋地、大由、湖陂、日崇、硃光、淮阳、横江。张太雷师长打烟坊土楼牺牲，故取太雷易横江之名以作纪念。

（刘北斗整理）

16. 访问张长安同志记录整理

张长安，苏区任通讯员3年。现任齐贤大队党支书，党员。

那时后〔候〕送信很辛苦，日夜都送。包伙食在内只有六七元钱，那时后〔候〕也是要节约，在路上有时饿饭，也无优待。一个人做两个人的事，休息的一天就回家做一日事，将夜又出横江送信，随到随送，一点钟要走十里路，多半送到宁化那边，下雨下雪都要去，既无草鞋，又无雨衣，时常搞得一身好湿。中共太雷县设在茶亭脑上，政治保卫局设在社公背，粮管所设在横江祠堂下，招待所设在横江中房，医疗院设在秋溪，区政府设在烟坊岗背。1934年8月间，苏维埃政府移走，文件全烧了，红军走明岭那边去了。

（刘北斗整理）

17. 访问张万茂同志整理记录

张万茂，在苏区时是党员，担任过工农检查部工作。现在在太电乡横市生产连第三小队养猪场工作。

一、革命前的情况

红军没来时，我们要加三加四向富农、地主借钱借粮食，因利息很重，负担不起，就往外逃。

二、党团工作

我在1930年由张配年和张青长两位同志介绍入党，这两人已死了。入党时要按照三项注意八项纪律，还要宣誓。

三、苏维埃政权各项建设工作

起初大队红军分一个人来领导成立政府，就是邹镇坤，打土豪分田地带到去打。成立了乡，乡里有主席、书记、通讯员，后来成立赤卫队、少先队、儿童团。当时群众看到红军来了有东西发、有田分，群众热烈要求成立自己的政府。那时候成立了少共，在少共里有书记，有通讯班，有常务委员会，常务委员会的工作【是】研究对土豪和有错误的干部进行处理。

四、武装斗争及其武装建设

成立了赤卫队后，到开坑打了土楼，当时土楼没打开，我们队伍就退开了，反动派就偷偷地逃走了。我们队伍又到转去挑了他们的东西，烧了土楼。后来就开了大会，在会上还把土楼里的东西发给群众，如线、衣裳、布匹、蚊帐、被子〈……〉等。赤卫队专门打土豪和没有〔收〕土豪的财产。政治保卫队就是镇压反革命和造谣破坏的土豪。少先队检查逃跑的坏分子和土豪，并且报告坏分子造谣事情。在扩大红军时，要宣传群众参加红军好，光荣，打倒土豪好分东西，并且还向群众宣传参加红军不能开小差，在宣传上，还编了一个歌子："开小差的士兵，无缘无故回家庭，父母妻子有优待，一切田地有人耕，快快归队当红军。"

五、土地革命

在土地革命时，我在工农检查部工作，专门检查编成分的工作，可以编什么成分的就编什么成分，不管什么人都要按照党的方针、政策办事，没有情面讲，这样和富农、土豪进行坚决的斗争。

六、群众运动

1931年在洋地工农检查部工作，11月到县里学习了一个星期回来后，就调到横江书院少共里当事务长。〈到〉第二年五六月〈里〉，因母亲死了，就回家了。因心里不安，革命同志要我去我也没有去。

后来国民党回来，要没收我家的财产，我就逃到崇背做零工赚食，最后回家作田做生意赚食。

（王盛来记录整理）

18. 访问林茂春同志整理记录

林茂春，住横江大雷街，苏区时曾任游击队文书及乡党支书等职，苏区党员。

一、苏维埃政权的各项建设工作

红军首先在瑞金打败了蒋匪军，成立了各级政府，建立了苏维埃政权机构，后来红军就由沿江直到石城，又由石城直到横江，遂〔逐〕步走向胜利，〈就〉开始攻打烟坊土楼。方法是挖洞进去把塘水断绝，加之我军用水机枪，英勇地攻击，终于被我军攻击开了。然后进行调查工作，如果是贫苦工农就放了他，如果是土豪劣绅就扣了一部分，特别是有一个伪团长刘配荣被我红军杀了，接着就打红石寨，打了一个余月就由宁都调来的投降军用大炮攻过去，终于胜利归了我们。由此接着成立各级政权机构，如横江区、朱江区、洋地区、大由区。横江区，下设横村乡、横江乡、烟坊乡、小姑乡、丹阳乡、武官乡、齐贤乡、珠玑乡等八个乡。接着以乡为单位召开了群众大会（男女老少都参加），由群众选代表，条件是贫苦工农好人，忠诚老实，能为群众办事的人〈选到政权上去〉。

那时群众都购买了公债，公债期到，国家向群众兑回公债时，我自己也带头报名，有公债票几十元，这几十元公债自动地退回给国家支援国家建设，从此带动了全乡人民的公债全部退回给国家了，不要国家拿钱。

二、武装斗争

红军北上抗日时，分配我在当地为坐地侦察，一共由3个人组成侦察。我想要尽义务，因此发现了什么情况，我就尽主观努力，就收集什么情况，并且用笔写起来，用纸团子丢给那二个侦探同志，从而使消息灵通。因此全横江区的游击队未受到敌人的包围，并在作战时打了胜仗。同时还缴到了敌人的几支长枪、一支短枪，还打死了义勇队的分队长赖傲赐，指导员黄××等两个敌人，其指导员逃在侧〔厕〕所里被我军一枪打死，他跌下屎窖里了，同时还抓到3个大土豪，有一个（连三人）黄××等。以后逃跑的地主回来知道我是坐地探，被反动派发觉后，一见我，就说我给游击队通报消息了。

三、群众运动

扩大百万红军的时候，那时还成立了俱乐部，我的副主任黄杨春任正主任兼支部书记。

（刘翠林、董拔华记录整理）

19. 访问刘风蓝同志材料整理

刘风蓝，苏区任过党支部书记、区代表、区妇女主任，党员（1931年入党），现任横市连第二排排长。

一、苏维埃政权的各项建设工作

太雷县包括洋地、秋溪、横江、珠玑等地，分为洋地区、横江区和秋溪区。

苏区也很注重人民文化生活，当时有文化站，每天晚上到夜校学习。

二、武装建设

有少先队、儿童团、妇女会组织，少先队员要参加放哨看住地主富农的活动，几个人一组轮流放哨，一组放哨一支寿香久的时间；儿童团员还要做小通讯员，帮助送信和传递消息，叫群众开会，打着红旗来打地主，分地主的东西；妇女会，组织妇女慰劳红军，做布草鞋和洗衣服，欢送人民当红军，另外洋地还组织了妇女到秋溪服侍商〔伤〕兵。当时人民都蛮积极参加红军。1933年全民大动员，很多人参加，我爱人这次也参加了红军。洋地区有200

人参加了红军，区里吹吹打打，妇女唱着送郎当红军的歌曲，把红军送到太雷县。人民都捐钱给新红军路上另〔零〕用。

三、打地主、分田地

红军还没有到洋地时，人民听到红军要来都有些害怕，等到红军到了洋地跟大家和和气气地在一起，领导人民打地主分田地，所以人民对红军很好。党支部书记带到大家到地主家里把东西拣出来拿到村政府，分给穷苦人民，把地主家的猪杀了，分给每个人吃，每一个人分到五六担谷田，分到一块茶子山。把地主抓起来，〈管剐他，〉捉他打地雷公、泼冷水，穷苦人民非常高兴。

1934 年国民党回来包围了区公所，区里的人从楼上的后门上山去了，当时我怀孕了，跟着区长在山上跑，结果跑散了，我躲在母亲家里，以后帮纸寮下做饭，就这样留下来了。

国民党来了后，地主、富农又逞起凶来了，大力地压迫穷人，把我家产全部拿去了，还要抓我坐牢，说我的丈夫当红军去了。国民党来了，人民过着地狱般的生活。

（曾瑞华记录整理）

20. 访问老革命颜有发同志材料整理

颜有发，苏区任游击队长、太雷县事务长。现在横江【开】饮食商店。

一、苏维埃政权的建设

1930 年红军来了，1931 年建立了枫树堂乡政府。8 月 23 日打入横江，9 月建立游击队组织。我当游击队队长，领导人民打土豪分田地，建立了太雷县。太雷县里的组织有县主席、总部署、财政部、警卫连、收发部等。县主席是温德芳、潘充根，副主任颜品谦，总部署长刘退宗。

二、土地革命

1931 年进行分田地，到刘爱仙地主家里挑谷、杀猪、拣东西，分给穷苦人民，把地主押到乡里关起来。当时每个人分到十多担谷田，还分到一块茶子山。

建立太雷县以后，我在县里当事务长。当年红军生活很好，为了节约粮食红军吃五两麦子一餐，八个人一缸子菜。

1934 年国民党从石涧打到横江来，在枫树堂打了一仗，打死了国民党很多，所以他们退到密莆山上停了很久，10 月里又来了。红军转到石城县里去了，我就回到横江开饭店。

（曾瑞华整理）

21. 访问曾文光同志整理记录

曾文光，苏区是团员，担任过少共区委副书记、特派员、指导员、宣传队长等职务。现在横江太雷乡供销社工作。

一、革命前的情况

在那个时候真是人吃人的社会，如横江有钱有势的人买枪欺压人民，客家更吃亏。

二、党团方面

在 1932 年，我在平阳当书记，有〔是〕少共书记钟成机同志介绍我入团的。

三、苏维埃政权各项建设工作

自 1931 年起，红军第四军军长林彪在横江打土楼。当时他就在秋溪建立了临时革命委员会，这个组织里有九个部，即文化部、土地部、粮食部、财经部等。后来因红石寨没有打下来，我就参加了游击队。那时候成立了村政府和乡政府。红石寨被打下来以后我就运纸到南昌卖。这时候有个地主赖剑垂看到，说要抓我，我就弯

〔绕〕建能〔宁〕走回家来。

四、武装斗争及其武装建设

1933 年在安远师和河田排打大刀会，那时那上边家家户户都有大刀会。这个反动组织利用符张、珠唇沙①涂在【人的】嘴唇上，麻醉得个把钟头，在天没亮的时候就来了，不管怎么样，他们总是卖命地向我们进攻。这个反动组织是大恶霸邹寿松压〔强〕迫群众参加的。我们红军对大刀会，以坚【定】勇敢的精神来消灭大刀会，当他们冲来的时候，我们红军以顽强的意志来对付他们，结果消灭了很多大刀会军队。又有一次我到瑞金干部训练班学习 3 个多月回来，就调到石城县独立第二团第二【营】当指导员，以后曾经在清流县和敌人打过仗。那时候敌人的枪支更好，我们敌不过他们，很危险，在清流县打了一天一晚，后来在宁化县住了一夜。第二天我们就在前上前下组织了临时政府，进行了土地革命，【有】几个月，后来我因病回家了。

五、土地革命

分田按地方分，田有上中下三等搭配好来分，原来耕得更多的，抽分给田更少的，有分田代表。贫苦农民分到田以后，割到多少谷就有多少吃，不要缴公粮，只要摸点巴捐②。

（刘北斗整理）

---

① 原文如此，疑为"朱砂"。
② 原文如此，疑为"一点点"之意。

（二）太雷县横江区革命斗争调访资料

1. 访问林彪住过的秋溪洪家垅老人记录整理

洪家垅在秋溪生产营，自□□，它有着光辉的一页。苏区时第四军军部【曾】驻在这里，林彪军长曾在这里住过，这里镇压过土豪，为人民除害，在这里也曾把土豪剥削人民的东西，发还给穷苦的人民。

1931 年八月二十八日（旧历）林彪带领第四军从龙岗开到秋溪洪家垅，当时洪家垅人民被土豪迫进土楼，只有赖文昭的老婆等人还在家。他一来对老百姓很好，老百姓赖文昭由于家里无米，没有饭吃，军部看到了，便拿饭给他家里的人吃。红军来了不要人民的一针一线，借了人民的东西不会弄坏，当面送还，借了什么东西不会少一点交还人民。

红军叫人劳动不是强迫，而且有很高的劳动代价〔报酬〕，那时请赖文昭给军部做菜，当时规定他每天做五担米，四担米给军部，一担谷米给赖文昭以做工薪。

红军很关心人民生活，当人民〔群众〕有困难时，他【们】便给以〔予〕帮助。他们经常把自己有余的东西拿给人民〔群众〕，有余的饭菜给人民〔群众〕吃，有时打土豪杀猪加餐，也会拿猪肉、鱼子给人民〔群众〕吃。

红军一来便开始攻打秋溪的土围。红军利用〔根据〕计划一面打一面向土楼的人民和土豪进行宣传，叫他们下来。打了几次没打下来，最后红军利用智〔计〕谋，在土围子墙下挖一个洞，用一副棺材装满硝，牢牢绑住，用引线一点火，"轰"的一爆炸，把土楼打开了，红军就从洞里冲进去，把穷苦人民放出来，活捉了好【多】土豪。穷人的东西由自己挑回去，土豪的东西全部挑到军部，堆满了一祠堂，银洋用洋油箱装好了，最后召开大会把东西分给穷苦人民。

林彪军长住在楼上，很少出来。朱德也到过一次洪家坺。

第四军军部 1931 年十一月初三开走了。

（访问记录：曾瑞华）

2. 访齐贤老革命王昌彩同志记录整理

王昌彩，苏区时曾任粮食部部长，1932 年入党。现年 68 岁，去年任社务管理委员。

一、苏区前齐贤的经济状况

人民再也没有像解放后的生活，人民普遍受"月加二五，年加三"的高利贷剥削。做长工的人，到年终一结算，还要欠土豪的。税多，连赴横江卖柴都要过税。当时，齐贤最大的土豪是王富院。

二、政权建设

1931 年 8 月 28 日，红军来到齐贤，一到就建立村政府，选村代表进行打土豪分田地。【村政府】一成立，我就是乡代表，后调区土地部工作，又调粮食部工作。区里设有经济、财政、军事、检察、裁判、文化、土地、劳动等部，土地部、经济部、军事部专门领导群众起来斗争。

三、军事组织和斗争

有模范营、游击队、儿童团、少先队、赤卫军，我看过朱德，即 1931 年在秋溪，朱德同志穿草鞋，戴顶斗笠。有一次彭德怀的军队走秋溪过，秋溪土豪在土楼上想打红军，彭同志说："过一两个月来打。"结果等【红军】第二次来【时】，【土豪】逃走，不敢与红军打。1934年红五月扩大红军一百万，群众个个都报名参加。

四、土地改革

齐贤每人分7担，我村留了几十担公里〔田〕，留给前方残疾退伍军人维持生活，耕作由群众义务搞好，人民生活很好。

五、北上后的游击斗争

我因年【龄】较老〔大〕，没有北上，在后方打游击。太雷县初来编成三个大队，开初在县里集合，约有1000人，武器不优，由前方派来的人领导。经常晚上活动，白天在山上。在宁都、瑞金、福建宁化一带活动。在福建淮土同反动军打过几次仗，我在秋溪掉了队，不能回家，在山上躲了好些时候才回家。游击斗争在本地坚持了3个月左右，以后队伍到哪里了，就无消息。

红军北上后，革命的人民，遭到反动派的残酷屠杀，凡是革命的同志，家里的东西都被抢光了。现在太雷乡党委书记王光湖同志的父亲就被反动派残杀了。

（访问人：邹国炯、王兴延）

3. 访老革命王荣禄同志记录整理

王荣禄，苏区时任过横江区财政部总务科主任、中央军委工兵连排长，1932年入党。现任齐贤肥料厂厂长，党员。

一、政权的建设

红军在1930年就曾走齐贤到宁化。1931年1月曾到齐贤，很快地又撤了，直到这年的8月又来了，这次就建政府。打土豪分田地，由贫农团领导。红军来时，我们还在给土豪摘油茶，结果也把油茶全部分给我们穷人了。首先成立村政府，再成【立】区政府。

1932年我们这里划为太雷县，有横江、珠江、珠玑、洋地、日崇、淮阳六个区，区委设有中共、少共、特派员、互济、反帝大同盟等部门。这一年也推行了婚姻法。

二、军事组织和斗争

村里建立了赤卫军、模范营、模范少队，每月进行一次肃反工作，督视和检查土豪劣绅和富农是否有犯法行为，并继续要他们交财物。1934年红五月，政府号召扩大铁的红军一百万，群众纷纷自动报名参加，我也参加了。到会昌西江，后调中央军委工兵营任排长。当时随中央一个营、一个破坏连、一个架桥连、一个土工围障连。1934年9月底（？）中央撤走，白天休息，晚上行军。到新村同靖卫团打了一仗，在大陂同陈济棠打了一仗，到了贵州遵守〔义〕休息了好久，发生了战争，我因病掉队，1935年讨饭回家。在南华山上同现在石城县谢县长一起在山上躲。

三、党的建设

当时入党是秘密的，开会也秘密，只〔要〕有人介绍，填一张表，每个人都【有】张毛边纸的证明，同样要宣誓。有个暗号我记不清了，若说不到暗号，说明不是党员。我看到了毛泽东和朱德同志，就是1934年在中央举行的"八一"大会，毛主席说："敌人到我们的大门口来了，我们要不怕死……"很有力，鼓舞了我们全军。

四、其他

我记得一首歌子：同志们快快地拿起枪，我们是工农的武装，我们要消灭帝国主义国民党，创造苏维埃共和国。

（访问人：邹国炯、王兴延）

4. 访问吴木根同志记录整理

吴木根，苏区任过游击队长、排长、副军事部长，党员。

一、革命前人民生活情况

有钱的人好上天，无钱的人穷下地，借钱要对价，地主放剥穷人，人民没有选举权和说话权。要出军税，没有就要吊、打、捆、绑、拿被、拍锅。穷人真是穷到底。

二、苏维埃政权的各项建设工作

1931年8月间红军到了我们这里，以后建起了村政府，那时横江机关连领导我们齐贤成立了机关——村政府〈，村政府是有贫农团〉。1931年9月12日打开了烟坊土楼，17日成立了政府，22日政府坐稳了，贫农团主任刘良基。村政府有游击队，成立了村政权以后开始打土豪，查坏人，查有没有放剥，做好了这步工作开始划阶级。区、乡主席都是群众选出来的，口头选了还要拿大会通过，少数服从多数，都要选好候选人员。调干部都要通过基层的同意，随便的人不能当干部，要对革命有认识的，才吸收他当干部。1933年横江有县、区、乡政府政治保卫局，招待所。经济部管理税收，也有办货的，收屠宰税和土地税，同样也有买公债，营业额按百分之〔比〕照算。粮食各乡都放，群众之间可以互相借，政府下乡调济〔剂〕。

三、党团建设及活动

1932年3月份开始发展党团员，党委机关设在茶亭脑上。入党的时候要审查成分历史，从8岁的历史看起，工作要积极，项项要带头，这样才能加入共产党。要两个党员介绍，党员有党证。入党时要祷告天地决不能反党，如果反党就死在红旗下，永不超生。入党后多半开秘密会，有时在屋里，有时在山上，要放哨，以手拍三下为开会的记号。秘密会议内容，不准其他任何人晓得，多半夜半开会，连父母、妻子都不知道。

四、武装斗争及军事活动

红军一来就建立游击队、模范营、模范少队、儿童团、赤卫军，开始打土豪。后来游击队、少先队补上〔入〕独立第一团，团长王能友。区主席（1931 年的）邓海友。游击队专门【从】宁化、叶钱、高田、宁山等地打大刀会，先侦探好了再去打。少先队在山上叫敌军过来投降："我们这边有田分，不要还租还借。"大刀会的头子有花袋子穿，袋子画了两只鸡公打着旗，拼命地走前来。大刀会是赖恰首组织起来的，时常会来摸我们的哨。有一次大刀会有一个人穿倒羊绸衣，装蓬毛狗来摸哨，结果给我们杀了，然后再也不敢来摸哨了。游击队打了一年多，从横江打到石城，田部、马头、叶前〔驿前〕、洋家寨等地，打得最激烈的是去叶前，那是〔时〕叶前〔驿前〕属于石城管，大刀会是豪绅地主组织起来的。

五、土地革命

1932 年开始划分成分阶级，放高利贷的划为地主，地主有两种：一种是政科地主，一种是剥削地主。〈足〉够吃够用的划为富农，刚好得吃的划为中农，无田无地的划为贫苦农，当话事人、做状告人的划为豪绅。1932 年 2 月开始分田，4 月便分好了，每人分到 6 担谷田，各人做到各人吃。首先算好田亩数、人数，然后便分，好搭差的田分，土豪分坏田。分了两次，第一次 1932 年 3、4月间，第二次在 10 月间，第二次主要是纠偏，到 12 月才分好。

（刘北斗整理）

5. 访问李杵绕同志记录整理

李杵绕，苏区时在工会没收委员会工作。现【在】纸叶〔业〕工作。

一、苏维埃政权的成立与武装斗争情况

1930年或1931年8月28日，红军来，组织农民打土豪分田地。还去打过土楼，这次打是胜利了，把土豪劣绅的枪都缴了许多，后把缴的枪交给赤卫军。

红军来后，组织了横江区区政府，赖翠松当主席。第二年成立太雷县县政府，主席是潘凤山。后进行分田、斗地富，分了田后，老表思想觉悟大大提高，积极参加红军。

红军北上后，太雷、石城组织了游击队，由保卫局局长杨得桂领导，下分三个纵队（①珠坑，②横江，③秋溪）。太雷纵队由刘从明领导，〈约〉有五六十人；秋溪纵队由赖玉辉领导，〈约〉有三四十人；珠坑纵队也有三四十人。那时逃亡回来的土豪劣绅也组织剿共义勇队，队长赖华保，刘从明做中队长。以后游击队上山打游击，被义勇队打散。

二、苏维埃政权建设

红军来后成立政府，成立有儿童团（7—12岁），任务是放哨查路条，捉鸦片、赌博等工作。少先队比儿童团大，约有15岁，有少共、赤卫军、模范营（更优秀、更勇敢的）

1931—1932年布、盐等都不缺乏，1933年敌人封锁后，布、盐较困难。我们从煮硝盐和从白区里偷运一些盐来解决这些困难。

当时文化设有夜学班，分男、女班，学的是政策文件。

三、群众组织

有工会，设有主席，下设委员（有财政、组织、妇女、没收委员）；妇女会，区县都有宣传员，分十个部（土地、妇女、劳动、财政、军事、文化、政治、裁判、总务等部）；还有耕田队、运输队、欢迎队、慰劳队，横江市还有俱乐部（宣传、演戏）。

四、土改情况

红军来后第二年进行土改，分的原则是按人口和田数来分，田分上、中、下田，地富分坏田。那时横市每人分到六担多，烟坊八担多，横江分到七担。分了田后老表思想觉悟更高了。

（访问人：饶叶钱、刘同志等）

6. 访老革命张以祥同志的记录

张以祥，苏区时在珠坑区委会宣传部工作，1931 年入党。现为横江市饮食商店经理。

一、苏区前横江的经济状况

由于反动政府的压迫和剥削，当时人民的生活是非常痛苦的，农民向地主租地耕，每担得交租六至七斗；农民普遍受高利贷的剥削，一般都是加伍息（即一担谷返担半），也有的是加倍息。横江的造纸二人①，生活所逼，年年卖赊纸，受2倍多的剥削。什么货都要交税，靖卫团整天挨门挨户抢劫。横市的赌风很盛。

二、红军政权建设

红军在 1929 年 8 月就经龙岗到瑞金。当时群众就知道，红军是为穷人的。到 1931 年（民国二十年）就建立了苏维埃政府（这时宁都、瑞金、于都、兴国、会昌、福建宁化等地都红了），这一年，我加入了党。1932 年五、六月间，化〔划〕了太雷县，我们在珠坑区委工作。区委设有中共、少共、特派、裁判、互济会、反帝拥苏、土地部、军事部等机构。

三、武装组织和斗争

红军在 1929 年经过石城，来到横江，群众知道红军是为了穷人的。1930 年正月，红军来了横江，一到，群众就去接头，进行打土豪。政权建立后，各个村子都建立武装，24 岁以下的是青年团，24 岁以上的是赤卫军，赤卫军里更勇敢的抽出来编成模范营。当

---

① 原文如此。

时高田、驿前等地经常有大刀会（地主、劣绅等坏人）出现，我们的部队为了巩固政权，经常与大刀会斗争。当时打得最出色的是珠坑模范连，大刀会听说珠坑连来了，吓得就跑。当时群众非常相信党，说什么时候出发就出发，每次打仗都是百倍信心。

我们红军纪律好，请挑夫都是叫本地人协助请，而且给工钱，挑的路程也很近。国民党的军队一到就被我们消灭〔粉碎〕了，一、二、三次"围剿"一下子就被我们消灭了，第五次"围剿"，政府号召参军，群众个个都有决心冲破五次"围剿"。

四、土地改革

政权一建立，就进行打土豪分田地，没收的东西全部分给穷人。横江每人分到九担田，就像自己卖〔买〕的一样，不要交什么税，生活很好。

五、红军北上后的革命斗争

我也北上了，1937年才回。家里组织了游击队，反动派到处屠杀革命人民，游击队经常回来，这样一反一复的局面有好久。

（访问人：罗□□、邹国炯）

7. 访问刘安邦、刘烈光、刘锦明老革命同志的记录整理

刘安邦，曾任苏区主席，苏区时是党员，现任乡代表；刘烈光，曾任红军排长；刘锦明，苏区时曾任少共书记、互济会主任等职。

一、党团组织的建设和活动

1930年（？）8月红军派第十师政治部干部袁学道（吉安人）、张世敖（湖北人）来到烟坊做地下工作。9月袁、张二同志介绍刘栋梁、刘福如入党，介绍刘锦明加入共〈产〉青团，秘密在山上

宣誓：不让任何人知道，不怕牺牲，在党的领导下保障农民分田胜利。

17—21 岁的青年男女，家庭成分好、历史好、工作积极、能打破情面的均可入团。加入党团组织要填表，党团费每人每月缴苏区纸票 5 分。1931 年烟坊团支部共有 12 个团员。

1930 年 11 月成立乡，乡有党支部、团支部。

1930 年 12 月成立区，设区委会，内设书记一人，组织部长、宣传部长各一人，各部长巡视一人。第一个区委书记吴弼，第二个书记邱进（长汀人）。少共在 1931 年 1 月和中共区委分开，组织情况和中共区委一样，区少共书记：2①. 刘锦明；3. 钟声机。

1931 年 6 月成立石城县委会，组织机构和区委一样，但增设了副书记（一人）、总务股和收发员。县委书记：1. 吴弼，2. 陈谅。

1932 年 2 月成立太雷县〈县〉委。

石城县少共书记：1. 梁仁介，2. 肖明煜。

1931 年约 9 月，石城县召开首次党代表大会。

少共县委组织机构：正副书记各一人，下设组织部（组织部部长黄，副书记 ②）、宣传部、少队部。

各级党团组织均由民主产成〔生〕。

二、苏维埃政权的建设

1930 年 9 月初打开烟坊土楼以后，组成贫农团。贫苦工农才能参加贫农团，贫农团的组织机构有主任、没收委员、秘书。

同年 9 月由群众选出代表成立革命委员会。10 月成立村政府代替革命委员会，设村长一人，一般由贫农团主任兼，文书一人。

同年 11 月成立乡政府，设主席一人，土地委员、肃反委员、秘书、交通各一人，村政府从此去〔取〕消。

同年 12 月成立区政府组织机构，正、副主席各一人，下设军

---

① 原文如此，没有序号 1。
② 原文空白。

【事】、裁判、粮食、工农检查〈部〉、土地〈部〉、文化教育等部和特派员一人。当时横江区政府起初设在秋溪,1930 年 12 月迁横市,当时管横江、烟坊、平阳、齐贤、小姑、秋溪、罗云,后来增加珠机[①] 等乡。区长：1. ？ 2. 邓月红,3. 邓海如、范旭根、刘吉辉。

1930 年 12 月成立石城县革命委员会,主席黄光伦（石城人）。

1931 年 6 月成立石城县苏维埃政府,组织机构,如区苏维埃增加了劳动部,设有特派员,县主席：1. 黄光伦[②],2. 邓月逢（龙冈人）,3. 邓海如（龙冈人）,4. 正主席邓海如,增加阮东南为副主席。

1932 年 2 月成立太雷县苏维埃政府,主席：赖鼎权、邓海如、刘吉辉、邓月逢。

以上各级苏维埃政权组织均为民主产生。当时干部只有饭吃,没有工薪,有时一天只吃 12 两米。

文教：各村办有列宁小学,学红军编的新书,识字的教不识字的,认字多的教认字少的。

三、武装斗争和武装建设

1929 年夏天,贺龙、叶挺领〔率〕大队红军从宁化到瑞金,经过横江一天。1930 年（古）正月十二日,红军由宁都来到横江,打开了横江土楼,便开往屏山。8 月 16 日红军大队伍又由瑞金来到横江,红军第一方面军第四军第十师政治部设在中行,第十师师长张太雷、政治部主任黄历；迫击炮连在烟坊,警卫连就在土楼对面,第三十团团部驻横江村,第四军军部驻秋溪。打开烟坊土楼前,由于红军边打仗边做工作,所以在 8 月底成立游击队,花了

---

① 珠机,应为"珠玑",后文写作"珠玑"。见《江西省石城县地名志》（内部资料）,1985 年版,第 140 页。

② 经查相关资料,"黄光伦"并未担任过石城县苏主席。见《中央革命根据地词典》,档案出版社 1993 年版,第 568 页。

20 天的时间就打开了烟坊土楼，接着便打下了红石寨、陈煌寨[①]、李家寨、秋溪土楼。打的方法，先对敌人进行宣传，叫他们不要放炮，不要替国民党打仗，缴枪不杀，参加红军有优待，但烟坊土楼的敌人不听；我们便分东西北三面挖地洞攻打进去，敌人才开城门投降。我们把里面所有的人带到烟坊水口村关起来，审查反革命、土豪、官僚。军部召开横江区群众大会，当众杀了刘配荣、刘天池、温替阳、刘秀生。张太雷师长在打烟坊土楼时，因为出去侦察战争情况，在路上被敌人用土枪打死了。

成立贫【农】团以后，立即组织了模范营、模范少队。1931 年、1932 年、1933 年模范少队、模范营经常去驿前打大刀会，1932 年五、六月间打得最好，缴到许多迷信的东西和大刀。

1933 年红五月扩大百万铁的红军运动中，模范区完成得最多最快。

1934 年春红军退出石城，地方武装成立赤石太游击队指挥部，在山里打游击，坚持到 1935 年才打散了。

四、群众运动

1931 年春成立工会，区工会有主任一人，下设组织部、宣传部、雇农工会、苦力运输工会，区工会主任苏三保。

县总工会最初称职工联合会，1932 年设立、组织区工会，增加了青工部，主任：2. 刘锦明，3. 李添丁。[②]

1931 年冬成立了互济会、反帝同盟会，每月要交会费 0.05 元，常去募捐，救济失业和贫苦的人。

（罗添时、刘柏林整理）

---

① 陈煌寨，应为"陈坊寨"，后文写作"陈坊寨"。见《江西省石城县地名志》(内部资料)，1985 年版，第 181 页。

② 原文如此，没有序号 1。

8. 访问刘会昌同志记录整理

刘会昌，苏区时曾横江区委书记，今已恢复党籍。

一、革命前的政治状况及人民的生活状况

土豪劣绅专权，经常欺压穷苦人民，靠剥削人民起来。当时农民租耕地主的田，还要完公粮，每人每年出积谷 1~2 担，没有谷，用钱折缴；农民每月要出保甲费数万元（当时伪国币），保甲长自己可不出；农民每年要派购枪费、壮丁费，若抽到壮丁，又要单独花 50 多担谷去请买壮丁；屠税，不管猪的大小死活，都要缴税一担谷。总之当时苛捐杂税名目很多。

贫农向土豪借钱，要加 3—4 的利息，有的每个月要加 3 的利息；租他们的田耕，每亩要 200 多斤租，由于农民没有肥下田，收的谷子全部给地主还不够。地主到第二年春天用高价来算租谷，农民再穷还不起，就要拿家产来抵。这样农民就越来越穷，不要说读书，连饭都吃不上，一天吃两餐红薯、一餐饭，有的两三天都没有饭吃。

二、党组织的建设及其活动

1931 年九月，横江区正式建党，横江乡支部书记刘会昌，共有 13 个党员。当时入党条件：党员要服从党的领导、组织、制度、支配，愿牺牲个人，立场坚定，个人历史清楚，成分好。当时发展党员由县委先交名额，区、乡党组织培养发展，思想好的、工作积极的贫苦农民有 1~2 人介绍就可入党。区级干部入党要县委查对，中央组织部批准；一般的区委批准，县委审查。入党的要填 3 张表，分送区、县、中央党委组织部，有时要填三次表，以便查看表上写的是否真实，表上要写明个人历史和家庭社会关系。

1932 年四月到 1934 年八月，横江区委书记刘会昌。1934 年横江区有党员 1100 多，经过毛泽覃来这里审查党员干部，开除 100 多，总共只有 900 多。当时太雷县和横江区每年要召开好多次党代表大会，一有重要任务就召开党代表大会布置。

区里中共、少共的组织：各设书记一人，宣传部长和干事各一人，组织部长和干事各一人。区以上设党委会，乡设支部。

1931 年到 1934 年党的组织活动一般都不公开。

三、苏维埃政权的建设

1931 年一月三日（古）红军从瑞金来的时候，准备组织村政府，没有实现。同年 8 月红军打下横江土楼，各村成立了村政府和贫农团，主任为村政府主席，村政府是由 5 家人产成〔生〕一个代表参加贫农团【而组成】，只有贫农雇农才能参加。

1931 年九月打下烟坊土楼、红石寨、陈方寨①后，县、区、乡苏维埃政府正式建立，并取消村政府和贫农团（？）。区政府有主席、裁判部、财政部、工农检查部、文化部、土地部、军事部、粮食部、经济部、俱乐部、特派员、区妇联（妇女部）。乡里不设裁判部、工农检查部、特派员，增设秘书（兼火〔伙〕夫），乡里只有主席、支书，秘书为脱产干部。县里不设裁判部、特派员，增设政治保卫局。

1931 年石城县有高田、丰山、小松、城关、屏山、横江等 14 区。

1932 年春太雷县建立，管辖珠江、大猷②、龙岗、湖陂、日东、洋地、横江等 7 区，后来添设淮阳。中央时常派人来太雷县指导工作。

当时横江区管辖平阳、烟坊、横市、横江、齐贤、小姑、珠玑

① 陈方寨，应为"陈坊寨"，后文写作"陈坊寨"。见《江西省石城县地名志》（内部资料），1985 年版，第 181 页。
② 大猷，应为"大由"，后文写作"大由"。见《江西省石城县地名志》（内部资料），1985 年版，第 118 页。

等7乡。

1933年红五月扩军中，横江区参【加】了600余名，完成得最快最多，受到县委和中央的表扬。中央奖给横江区一块红纸做的光荣匾，上写着"模范区"。当时太雷县也受到表扬。

当时我横江区人口共计11300余人。各村各乡都有列宁学校，各区有俱乐部，经常开展文艺宣传活动，教群众唱歌。当时有一首打土豪的歌："……打土豪、杀劣绅，一个都不留情……"

四、武装斗争和武装建设

1931年一月初三日，红军从瑞金来到横江，秘密组织的党团员积极分子（当时没有正式建党，只表示态度）开始和红军大队联系，一同去打土豪，得到的衣物发给贫苦农民，武器规〔归〕游击队，金银归公。打开横江土楼，东西很多，粮食全部发给农民群众，捉到很多的土豪押到瑞金，要用款子赎回去，对很坏的杀了。不久红军离开几个月，反革命分子很凶恶地压迫人民，特别是靖卫团刘配荣团长、温载阳副团长带了几十条枪，欺压群众。

1931年八月二十八日红军又来了，立即配合当地群众打烟坊土楼，红军张太雷师长牺牲了。烟坊土楼打开以后，团匪刘配荣、温载阳、刘天迟、刘守成被我们捉到就地枪决。从此以后群众便大胆工作。这个时候林彪带领红军大队伍，在宁都消灭了国民党孙连仲一师人，长〔壮〕大了我们的力量。接着就来石城打红石寨，三天全部打下来，金银财物、枪支很多（烟坊土楼只用一天半时间打下来，这是林彪部队用迫击炮打开的）。

1932年秋正式组织了太雷兵站，又组织了模范营（身体好的18—35岁的男丁参加）、少先队（13—16岁男女都可参加，负责检查路条、站哨、欢送参军）、儿童团（6—12岁男女都可参加，任务和少先队相同）、先锋队（是模范营、少先队的勇敢、技术好的参加，在战场上打先锋）、赤卫军（38—50岁的男丁参加，拿梭镖打仗，一般在后边）。

1933年扩大百万铁的红军中横江区一次去了600多【人】。

1934年八月红军北上抗日，地主和国民党反动派一同回来，想很多厉害的方法压迫我们。他们的武装从广昌、驿前、白水向我游击队进攻，并且〈用〉一部分大刀会长期跟我们斗争。打了一个多月，我们便撤回到石城，将石城、太雷两县的机关干部合并组成石太师〔司〕令部，在石城打败了反动派。游击队转到太雷，反动派便增加队伍在珠坑狗子寨打了一次，又在横江平阳打我游击队，仍无办法消灭我们。最后便要瑞金、石城、长汀的反动派都来进攻太雷游击队。我游击队连夜跑到湖陂、洋地、崇背、桃花磜、鸟山，在狗子寨把我游击队打散了。红军北上抗日后，【反动派】杀了革命干部和群众几百人，齐贤、小姑一次杀了20余人。

五、土地革命

1931年冬天开始土改。由群众产生代表，组成调查委员会，由红军大队的指导员掌握领导，以村为单位，将上中下三等田均匀搭配，每人平均分六担三斗（四担为一亩）；富农分坏的田（同样多），土豪劣绅、地主不分田，还要他们捐款，叫他们住破房子；果园、山林、鱼塘分给农民，富农得荒山，不分鱼塘，地主没有分，还要留些公田、公山、房子，补分给外面回来的群众。

1932年春天查田，纠正偏差。

六、群众运动

当时组织耕田队，帮助红军家属耕田、砍柴等工作。

洗衣队：红军来了帮助洗衣服。

做鞋队：每年按规定的任务做好鞋子送给红军。

运输队：帮助红军抬伤兵、送弹药和粮食等军用品。

1931年成立反帝拥苏大同盟、工会。

1933年春天组织了革命互济会。

（整理人：罗添时、刘柏林）

9. 刘会昌等人座谈会整理记录

刘会昌，苏区时住上横江村，任过横江区委书记，党员。现为乡人民代表，党员。

一、苏维埃政权的各项建设工作

红军 1931 年正月初十来到石城横江地方，林标〔彪〕同志的部队经过又走了。又在同年八月二十八日寒露边红军从瑞金上来，到了我们地方就〈进行〉组织各项机构，大队的红军驻在秋溪，分别到各个大村。首先组织革命委员会 7—9 人〈成立〉，下设贫农团，成立乡镇〔政〕权。横江区下面有〈乡〉十个乡，平阳、烟坊、横江、齐贤、小古〔姑〕、珠玑、横市【等】。1932 年成立太雷县，共有七个区：株江区①、大由、龙冈、日东、洋地、横江、怀洋。

二、武装斗争和武装建设方面

林标〔彪〕同志带领红军在 1931 年正月初十打横江土楼，打开以后就往屏山一带去了。红军北上抗日时，首先就珠玑乡开始暴动。原来熊远兴任少先队的书记，因该同志有文化，而人又很活泼，因此组织上就调他到横江区里工作。由于该人没有革命的意志，结果就与珠玑阴排罗兆恒等三人抱了三支长枪，回到珠玑做反动工作，并邀集地主罗仕由和马料礤的朱永兴经常在山间一带打我政府。在此同时小姑又发生反动事件，被我政府知道后，立即在齐贤召开了一个会议，马上发动群众到小姑四周包围。这次我们得到很大的胜利，同时还抓了几个坏分子，还杀了两个，结果工作就搞通了。每个青年热烈报名要求到前线，那时我们石、太二县合并了

---

① 株江区，应为"珠江区"，后文写作"珠江区"。见《江西省石城县地名志》（内部资料），1985 年版，第 109 页。

〔为〕一个游【击】司令部，同时我们的模范营常在赤水、驿前一带与敌人作战，打败敌人很多次。1933年红五月征兵1000多人，那时小姑斗争热情好〔高〕，我们横江区系中央直属区，还奖了每人一顶帽子。

（记录整理人：刘翠林）

10.访问刘原贞同志记录整理

刘原贞，苏区曾任乡财政部主任，曾在区军事部工作，1931年2月入党。

一、党团组织建设和活动

1927年十月红军从宁化来到横江，红军大队长刘大奎叫我做担伕，挑6支枪到湖陂。当天晚上刘大奎叫我等十几个伕子开会，他说："你们回去要鼓动和邀好一班人入党，国民党是卖国贼，你们早进党，早有好处，回去要十天开一次会。"当时参加会的有刘礼田、刘怀连（即原贞）、刘堂子、刘长福、吴雪枝、刘凤昌、△甲林、张前秀、刘林发。回来后开过两次会，由刘怀连、刘长福召集起来，写的通知与开会的计划是利用放在石岩里，开会的主要内容是研究打土豪分田地，找爱人不要钱，但没有实行，以后也没有开会。

在1931年入党时要对天发誓：如有反党，就会天诛地灭；在申请书上要写明家庭和个人成分，以及个人历史和年龄。

二、武装斗争和武装建设

1927年十月三日，红军进攻横江。1930年一月十日红军来到横江，打开了横江土楼，然后到屏山去；八月二十八日又回到横江打烟坊土楼，打了好久没有打开。到九月时，群众报了信，把水路裁断了，使里面1000多人无水喝，又挖了100多公尺长的地洞，到土楼脚下，终于敌人出来投降。我们把土楼里的穷人放回家，把土豪劣绅关起来，并且杀了靖卫团长刘配荣、温赞扬、黄子山等。但领导打土楼的张太雷师长，不幸被敌人在烟坊土楼内放枪出来击中毙命〔牺牲〕（张师长埋在猫山下屋背）。1931 年（古）十月七日红军开到湖陂、沿冈、桃花际①打民团（朱永兴、吴远传是民团头子）。我们杀死了民团十余人，缴到 5 支枪，并且用缴来十几顶民团帽子，化装再去打民团（这次加上来的政治保卫局，共有 100多条枪），结果使民团误把我们当自己【人】出来迎接。我们四面围攻上去，捉到民团 30 余人，缴枪 2 支。后来我游击队到淮土去了，捉到民团 2 人，但这时我们 100 多个人被民团包围起来了。我们便派 2 人穿着捉来 2 个民团的衣服，装成老百姓，到横江区请保卫局的人带了 40 多支枪来解围。终于〔最终〕我们游击队在这里被打散了。

1932 年我红军彭德怀带了一团人在宁都东王陂，打败了国民党三个师，缴到两万多支枪。这次打的方法是，先搞掉敌人一排哨兵，我们的尖兵员穿了他们的衣服打进连部去，我们立即放了十多枪，敌军叫"红军大队伍来了"，敌军整一个师，投降的投降，逃的逃，接着其余两个师也是这样。

三、土地革命

1931 年就开始分田，一共分三次。第一次地主土豪劣绅不分田，富农分坏田，贫苦中农按上中下三等，搭匀每人平均分了六担；茶山贫苦中农才有分，地主不分山；鱼塘也是地主不分，贫农集体养鱼，集体分，这是第一次。第二次分田，地主土豪劣绅分最差的田，富农搭配秧田，其余都分坏田，贫苦中农仍是分上中下三等，搭匀以村为单位，分茶山贫农好茶山，地主分荒山，鱼塘地主仍旧不分，贫农集体养鱼。第三【次】分田，是 1933 年正月开始，好田搭坏田，不分阶级，各村按照总人口平均每人分 1.50 亩，茶

---

① 桃花际，应为"桃花磜"。

山还是同【前】两次分山一样，鱼塘，地主还是不分。

四、群众运动

〈工会〉在扩大百万铁的红军中，工人带〔做〕先锋，工会〈要〉鼓动工人加入党团组织，工会〈要〉为红军组织运输队。当时参加工会的有木、篾、纸、农、铁等工人。

（罗添时、刘柏林整理）

11. 访问赖连山、刘盛兴、刘友连

赖连山，苏区时村主席，党员；刘盛兴，苏区时县代表、区委宣传部长、特派员，党员；刘友连，苏区时乡党支书，党员。

一、苏维埃政权建设

1929年11月成立贫【农】团村政府。村政府组织：主席1人，财政1人，秘书1人；贫农团主任1人，没收委员1人（领导没收和分配地主的财产），秘书1人（文书和会计）。

1931年4、5月间成立乡政府，去〔取〕消村政府，选出1个代表管10户。

1932年9月成立太雷县，主席邓海如、温德芳。

横江区管珠坑、秋溪、彭下、吉水、平阳（合并口丹阳）、小姑、齐贤、罗云、横江、烟坊、龙冈等11乡。

当时从乡到中央各级干部，只有伙食，各级干部还要下乡领导生产。

二、武装斗争和武装建设

1929年（古）五月红军从瑞金来到横江，成立游击队，打土豪劣绅。同时冬天宁都国民党两个师反水过来，十月他们用迫击炮和我们一同打开红石寨。

1929年底国民党反水过来的两个师开往瑞金整编。

1929 年冬组织了模范营，25—35 岁男人参加；模范少队 15—17 岁的男人参加；35—45 岁参加赤卫军（主要是搞验收工作）；16—20 岁参加少先队，担任宣传和检查；13—15 岁参加儿童团，负责检查路条。横江区游击队，队长蓝佳钿。

1930 年 8—9 月时，游击队去小松、驿前打大刀会，打死了大刀会 5 个人。

1933 年 10 月红军离开石城，地方游击队组织起来和反动【派】打了几个月就散了。

国民党回来以后把我们革命同志称为"土匪"，没收革命同志的家产，杀害革命同志。

三、群众运动

组织耕田队为军烈属和干部耕田，组织担架队运走军用品和胜利品，组织妇女洗衣队、慰劳队去慰问红军。

（整理人：罗添时、刘柏林）

12. 横江区丹阳乡刘利荣等五位同志座谈会谈苏区革命斗争记录整理

该五位同志在苏区时在村、乡政府工作。

一、党团组织的建设及其活动

1932 年〈约〉二、三月间在丹阳乡建党，入党的要有一个、二个或三个介绍人，宣誓内容：为苏维埃奋斗到底，不怕流血，不怕牺牲。

1932 年春丹阳建立共产【主义】青年团，入团的手续和入党一样。

党团费每月 5 分，当时党团组织发展工作是秘密进行的。横江区委组织：书记（1 人）、组织部、宣传部、妇女主任；书记：1. 刘怀生，2.刘会昌担任，到红军北上抗日止。乡设党支部，少共区委会有书记、组织部、宣传部、儿童书记。

二、苏维埃政权建设

在 1930 年 8 月打开烟坊土楼以前，组织了贫农团，贫苦工农才能参加，由群众选出主任，没收委员、秘书各一人。9 月成立村政府，由群众选出村长，秘书，通讯员各一人。

1930 年 11 月设乡苏维埃代替村政府，有主席、没收委员秘书、通讯员等 4 人。

1931 年 3 月建立区苏维埃政府，主席黄光伦、刘吉辉、赖翠松。横江区管丹阳、横江、秋溪、龙冈、彭下乡、珠玑、烟坊、罗云、齐贤、小姑。区组织机构：主席、财政部、裁判部、土地部、军事部、文化教育部、内务部。

1932 年 7 月成立太雷县，主席温德芳（珠玑人）、赖鼎权。

三、武装斗争和武装建设

1930 年一月十九日（古）红军来打横江土楼，打开以后就往屏山、石城去了。同年 8 月 18 日红军又来了。国民党在宁都的一个师转向红军一同来打烟坊土楼，打开以后，就去打秋溪土楼，10 月又打下红石寨，11 月打下陈坊寨、李家寨。

红军一来【便】组织游击队。12 月将游击队编成模范营、模范少队、赤卫军（主要搞红军的运输工作）。

1932 年在驿前打大刀会（去了 700 多名游击队队员，石城独立团也参加了），打死了大刀队的队长和十多个队员，缴到了他们很多刀。游击队每次去打大刀会都受了奖，模范营是最大的力量。

大刀会参加者是地主、土豪和流氓，信迷信，打仗时胸前挂着红布做的荷袋，头戴道士帽，左手夹一张刀，右手扬一面白旗，脚穿草鞋，打绑带、画花脸，不开〔出〕声地往前冲〈过来〉，他们怕水，头首〔领〕被杀了，他们就逃散了。

1933 年红五月红军扩大百万铁的红军，横江区整排整连都报名参加。

1933 年 9 月红军先离开石城，后离开横江，留下的游击队在山里打游击，一直坚持到 1934 年正月为止。

四、土地革命

1931 年 3—4 月先打土豪分田地，以村为单位，将上中下三等田搭匀按人口平均分（每人可分 8 ~ 9 担田），地主富农分坏田；富农捐款，地主家产没收，地主的房屋分给没有房子的贫苦〔雇〕农；没收地主、富农的山和塘，按产量分给贫苦农。

1931 年 12 月查田，抽多补少，连发土地证。

五、群众运动

1932 年成立工会、互济会。

（整理人：罗添时、刘柏林）

（三）太雷县洋地区革命史民间调防资料

1. 访问赖观理同志记录整理

赖观理，苏区士兵，现在任洋地营部的连长。党员。

一、武装斗争与武装建设

红军一来，八月二十八、二十九日该同志起初在（因为区在桃花礤）桃花礤区里面工作；四月尾出洋地来，五月初一日开出横江，五月初二日上城里；五月初六上高田，在高田驻了三天就开转福村与大刀会打了一仗，该同志缴到一支五子马枪，后来这支枪被班长换走了；七月归宁化追尽匪〔靖卫〕团，这以后转禾丘大路背丰火屋上驻了〔守〕。该同志与杨崇高开小差转来，这以后帮人做事，等到第二年二月去瑞金蛾公坑训练〈了〉，以后还到于都、兴国等地训练；后上禾丘编上三军团队伍，我【军】驻扎了〔在〕炉停、吉水、泰和，打半桥时〈我们〉漏夜〈开小差〉上半桥打仗，这次在半桥高屋脑打仗带了花；这以后下来到叶前跟到卫生队医院，叶前住了一夜，下城里住了一夜，下坪山住了 5 天，有病的就打残废证转转，没有病的就继续去前线。该同志就在这次打了残废证转家来，后来不敢出门到处东跑西跑，这时候反动派转来了。

二、苏维埃政权组织各项建设工作

该同志到过张仔坑打土豪，先进行摸底，后来规定要他〔土豪〕交多少钱，没有搞来的话就找他。这时间还组织了游击队，一共 100 多人，陈龙生任团长，有个肖连长。

大队在我屋驻扎，首先就是赖观争、龚火明、赖佐龙等人起来接头起了村政府、乡政府。区政府原在桃花磜，后来洋地建立了村政府和乡政府，以后区政府才从桃花磜搬出〔到〕洋地来。

三、群众运动

那时候生活好，打土豪分田，每个贫苦农民都分到很多胜利果实；文化方面和现在的情况差不多，都有村学，有专人负责教书。群众觉悟方面，有的贫苦的就笑嘻嘻的，因为分到了胜利果实；有些好的富农，这些人古〔顾〕虑很多。这时间地方武装方面有刀、大炮，游击队都有枪，并组织了通讯员，随时有信日夜都要送。

四、土地改革

那时候每人分 8 担谷田一个，差的分 12 担一个，贫苦农民分好田，地富分坏田，分垅头垅尾的田。

（访问人：刘宏才）

2. 访陈开荣同志的记录整理

陈开荣，在苏区时曾为村、乡、区、县、省、中央的代表，博生师第十团的教导员，1932 年 8 月 1 日加入中国共产党。

一、党团组织发展及其活动

1931 年红军来，在七岭组织党支部，范新另为支部书记，经常研究开会，每月还要缴纳党费，还有团组织，支部书记为范细忠，讨论的事经常要求大家保持〔守〕闭〔秘〕密。开会指导大家去做，有会时远的以纸条来传达〔通知〕。还宣布井冈山下山的计划：①严守闭〔秘〕密，②同志仍需努力，③同志必须努力，④大家要服从命令。以上四句党团为内部的事。发展党团员时支部先开会，认为可靠的就宣传教育他参加，那时党团以六书秘密记号，即：①遵守纪律，②大家同志努力革命，③领导□□□ cp，④发展□□□ ce，ce、cp 是〔让〕全世界各机关各部门做主人，⑤不怕牺牲个人，⑥我们永远不反党。六书为记，问来相会（这是政话）。1931 年成立太雷县，园江、日东、湖杨、湖比、洋岭、天津等划为太雷县。1932 年到洋地（那时洋地很富裕），毛主席弟弟在太雷因病死了[①]，该同志还亲自到那送他。太雷县书记范海通、县主席陈银发、财〔裁〕判龚香庆、经济干事张连清。

二、武装斗争

红军进入石城时，采取三路出军，沿江为引，军官都是穿老百姓的服装，横江、烟△、包进消灭敌军 300 多人。红军展开宣传，各地群众都暴动，共同打三坑的寨后就四□打开现敌，军队紧密依靠群众。那时大家都唱着这样一首歌：共产党领导真正确，群众拥护真正多，红军打仗真不错，粉碎敌人乌龟壳，我们真快乐、真快乐，亲爱英雄红军颂，我们胜利有把握，向前杀敌莫错过，把红旗插满全中国（□□军事血书）。

三、土地革命

红军一来组织贫农团，组织分田打土豪杀劣绅。分田时以上中下三个等级，先统计人口和田数，然后按人口来分，地主无田分，地主家中的财产全部没收，先分无的家里，如无住吃的家就挑给他，猪也全部都有分。划阶级时贫农团先研究，然后大家讨论，没房屋就分好房子给他，地主家稍留了些粮食和家具。

四、群众运动

群众听到红军来很高兴，说红军哥你要我来约？……文化方面，红军【来】以前文化很落后，红军来后各村各地都有学校，有洋鼓洋号，宣传演戏。群众武装当时是用刀攻炮楼，缴到的枪支发

---

① 毛泽覃 1935 年 4 月 26 日在瑞金黄膳口红林山区战斗中牺牲。见《中央革命根据地词典》，档案出版社 1993 年版，第 331 页。

给群众，这样我们逐渐扩张。

（整理人：乌金水）

3. 访问吴光裕、赖福标同志记录整理

吴光裕，任过民警所干部，团员；赖福标，任过组织部长，党员。现在吴光裕任迳口合作社售货员兼食品公司屠商杀猪，赖福标任迳口联合诊所负责人。

一、党团组织方面

1931年红军来，先就组织游击队和贫农团，参加这个组织的人要先进行摸索好情况，要成分历史好、思想品德好，然后再提到党内研究，大家认为这个同志可以的话，那就吸收他参加党团组织；如果是工人出身的就一个月的候补期，农民的话要二个月的候补期，中农的话要6个月的候补期才是正式党员。

无论做一项什么工作，首先由党团内部研究，然后再〈进行〉做，要〈召〉开会的话〈都定用〉提前通知，近的用口头通知。党团里面分了组，每组有组织、书记、宣传。1932年时还成立了反帝大同盟，每个党团员每月要缴党费，〈或者〉团员就缴团费。那时候还成立互济会，进行摸〔募〕捐救济那些十分穷苦的人家。

二、苏维埃政权各项建【设】工作

在那时候成立各种政权组织，先由党团里面进行研究讨论，作出决议后再通过群众推选。有贫农团，长工出身的划为苦农，挑担、扛轿的人划为苦力工人，农民出身最苦的为雇农；其他还组织了少先队、模范营、赤卫队、儿童团、模范少队。〈建立这些〉组织先掌握【他们的】思想情况和成分历史，然后再来发动他们加入组织。在那时候模范少队由团〈员〉领导，模范营由党领导。

有的儿童不会站上台上讲话，工作干部把儿童一个一个抱上台去演说。如迳口合作社的老廖在小时候当儿童团团长，不会上台演说，杨尚奎同志抱他上台上讲话。还有些红军战士对小朋友非常热爱，我们的工农红军从以往到现在一贯很热爱和重视后一代的。

三、武装斗争与武装建设

那时的武装首先把民间的武器（□、刀）收集起来，再建立各种组织，组织好了以后把收集到的武器发给各个组使用。首先没那么多武器大家用，【用】竹干〔竿〕做枪练习枪法，那时候后方没有什么枪，只有前线才有枪。在那时候少先队先在家里训练，再到区里，由区到县开展练习枪法竞赛，然后进行评比，纪律好的有表扬奖励。然后再整排整营组织起来自己报名加入红军上前线，大家同意举手通过。

四、土地革命

土地革命先〈进行〉训练干部，【训练】转〔回〕来后〈进行〉开会，组织好来再进行初分，把田分成上中下三个等级，好田搭坏田，旱田搭水田，每人分到 8 担左右谷场；苦农分好田，贫农差一点的，中农又分较差的田，富农分最坏的田，地主无田分，专门叫地主去到处帮人做事。打地主的财产全部分给群众，能吃的猪、鸡当时吃掉，但是经济就不能乱动，要全部归公。房子没有分，如果没有屋住的贫苦农就把地主的房子给他住，有住的就算了。山没有分，把茶子摘下每人分多少斤，竹山全部归公所有，或者有的地方按料分。

五、群众运动情况

红军来人民的生活好，因为分到了胜利果实。那时群众非常纷〔热〕烈，地方上一个宣传一个去参军，很踊跃，从村—乡—区—县都有代表。在文化方面，那时候有红色报、斗争报，团部有共产纲领，干部就学习上面这些文件。学校有村学，唱红色歌曲，都有专责〔职〕教员。还有儿童团，每一运动【就】拿着红旗去宣传、摸〔募〕捐，儿童【团】里面有主席、秘书。县里有军事部、内务部、粮食部、工农检察部、财粮部等组织。

（访问人：刘宏才）

4. 访问赖松林同志整理记录

赖松林，苏区时曾任洋地区粮食部长。现住瑞坑大队，党员。

一、党团组织及其活动

1931年开始发展党团组织，发展党员必须要条件好的才可以〈的〉，成分要好，要【是】贫苦农民和〈个别〉工人，要工作积极的，思想进步，各项工作〈才能〉保守秘密，还要两个人介绍才可以发展党团员。在当地，党团员经常性了解土豪劣绅等敌人情况，还要研究打地主和扩大红军工作。

二、苏维埃政权各项建设工作

1931年八月二十八日，红军从瑞金上来我们这个地方。后来就成立各种政府，首先村政府、乡政府、区政府。起初的时候，区政府驻在桃花磜，后就投过〔来搬到〕洋地，村政府没有了，乡里直接领导，并且组织各种机构。区里的分为两个方面，（一）中共区委，下面有组织部、宣传部；（二）区政府方面，下面有文书、妇女部、收发部、工农检察部、财政部、裁判部、粮食部、教育部、军事部、保卫局、工会（农村地方上也有各种组织工作，好打地主捉劣绅，取土豪劣绅财产）。

三、武装斗争和武装建设工作

1932年开始唱造〔创造〕和扩大一百万铁的红军，从1932年开始〈起〉后几年当中，扩大和征兵先后【有】五次，在最后那一次就要扩大我们红军势力，就全体动员去参军。〈首先都是宣传教育群众去，以后的就群众与群众当中起来斗争，个人与个人之间也斗争起来，都是要去参军了。〉1934年我们红军北上抗日后，我们地方上组织游击队，与产〔铲〕共团（即反动派）二向作战，我们采取的方法是计划两片人去，一条走小路，一条走大路，看见到走小路那一条路还未来，这边打厌服〔掩护〕，走小路人到来作战的地方，我们二边包当拢，结果把反动派打败了，还打死了四五个。后来真正大队白军回来，我们地方上无法底〔抵〕抗就散了。

四、土地改革方面

1931 年 10 月份开始分田，我们村里分，首先开群众大会，由耕作户自报、民评，全村共有总担数，按人口计算分，贫苦农民分好的田，土豪劣绅未分田，富农分坏田；分房屋，一律按户口计算分，苦农一般分地主的新、好房子，贫苦农有房屋未分，土豪劣绅、富农一般要住破房的；分山也按人口计算，干部到山上估好产来，划好片来，按人口进行分配下去，一般有几户共一块地方的茶山。

五、群众运动方面

1932 年开始，群众自动〔发〕欢迎战士们，做了些布草鞋、〈和有些〉食物、果品慰劳战士们，同时还会募捐钱慰劳新兵和战士。互济会专门【做】募捐和做布草鞋等事情，上级都分任务的，我们就要完成任务，两人共一双，勿〔或〕者是一个人做一双。1933 年开始买公债票，都是由县分到区，区分到乡，乡分到户来买，群众自动报买多少，干部自动打冲锋买，富农分任务顶包买债。还有农村俱乐部，会用作宣传工作，每期扩大【征】兵，妇女欢迎〔送〕〈他〉，敲锣打鼓送新兵，勿〔或〕者帮他背包袱。

（董拔华记录整理）

5.访问赖光辉同志记录整理

赖光辉，苏区任区里的副主席、劳动部长，伙夫，1931 年 11 月入党。现任迳口营部保管员。

一、党团组织活动

红军 1931 年成立了贫农团，然后再成立村政府、乡政府、区政府，还成立了共产主义青年团。这些组织召开会议都是近的用口头喊，远的用条子派专人送。要进行一项工作或做一件事情，首先由党内研究讨论，再作出决定进行做，一般的人不知道，只有党内的人才能参加，研究、讨论都很秘〔机〕密。发展党团员，都是根据他的历史和成分以及工作与思想情况进行了解和宣传，了解了〈以后〉是真正的贫苦农民，经过党内研究，大家认为可以的话就进行吸收，不过在那时候对于社会关系方面没有现在这样重要。还有什么紧要的事情，党里面进行开会，拟出口令做记号。18—20 岁的参加团，20 岁以上的入党。

二、苏维埃政权各项建设工作

先建立农民协会，打土豪杀劣绅都是由农民协会领导，后来再成立村政府、乡政府、区政府。1933 年成立太雷县，每村成立工教乡，工教乡专门查察和检查当地好坏的工作。区里还有裁判部查察案件的，把案件报到政治局（要杀要留）；财政部专门榨地富的经济；还有内务部，这个组织是专门调查户口、婚姻法，但那时候的婚姻法没有限年龄，其他和现在一样；同时还有粮食部，专收土地证费。

三、武装斗争与武装建设

在那时候成立了赤卫军、少先队、儿童团，都要站岗放哨，起初向群众宣传当兵的好处，这样慢慢地宣传，群众的觉悟提高了，结果大家都动员起来，一个宣传一个，大家都认识到了当兵的好处，逢人就宣传。这时候还组织了耕田队，哪里要做事就调到哪里做，同时有的人家真正有困难的，政府就马上给他解决，这样到最后大家全体动员起来参军。

四、群众运动方面

那时候有儿童团，组织很轰烈；那时候教书的地富成分的更多，贫苦农民教书的比较少；搞宣传、送慰问品、送人参军上前线等都是学校的儿童团及少先队。群众的生活情况，红军来了以后贫苦农民翻了身，大家都很高兴，有吃有住，每人都分到了，有胜利果实，生活得到了改善。因此，各地的人民群众都暴动起来，参军的也很踊跃。

五、土地革命

在那时候田分为上中下三等，把数〔所〕有的田亩数一起统计起来，然后按人口多少进行分田，大约每人分 7 担谷田；山未分，只是摘下茶子来照称每人分多少斤，地主富农分坏田；房子没有分，如果是贫苦农民真正无屋住的，就把地富的屋子给贫苦农民住；地富的财物都是分给群众，银洋就不能乱动，要介〔解〕到中央，猪和鸡大家搞到了就吃掉。

（访问人：刘宏才）

6. 访问刘裕隆同志记录整理

刘裕隆，在苏区时任耕田队长，1956 年 12 月入党。

一、苏维埃的政权各项建设工作

红军在 1931 年八月份从瑞金上来到我石涧村来，首先成立游击队，后来成立村政府，模范营、少先队（老年人叫做赤卫军），游击队专门调查土豪劣绅。

二、武装斗争方面和武装建设方面

我在 1932 年去参加红军，在石涧去瑞金县，又调到西江，以后去石城县过半桥，与白军打了三天三夜的仗，结果我们队伍打垮了敌人的队伍，我们在这一伏取得了胜仗。在后〔后来〕我又回去瑞金四都驻，那以后就上前方部队，结果当了两年兵才回来。对大刀会，就是没有枪炮，就是专用刀子，他的方法，用带头的一个兵，拿一只袋子，那袋子里面装的符章，过一只田缺或过桥，他就要换过符章，他的符章用得一个钟头，对〔等〕一个钟头过了，他就要退，〈他也用不得了，我们把他杀到一个兵来，〉他的符章没有用了，他就退走。我们的军队，就有一、三、五、七、九的军团，我在五军团任班长。

三、土地改革

1932 年开始分田，分田担多少忘记了。游击队分好田，贫苦工农分中田，富农分下田，地主不分田；〈对〉分茶山，干部上山估计产量，一块大山扎〔摘〕多少茶子，按照每户人口分〈，能分多少，划为一小块，来分好茶山〉；〈对〉分房屋的办法，〈研究〉有屋居住【的】，不分给他，真正没有屋住【的】，叫他去土豪的房屋居住。

四、群众运动

〈对完〉土地税，完税很轻，不会重，按照产量计算来完，对〔如〕产量因野猪吃了，就不要完税。对买公债问题，干部群众自动报【数字】购买，富农、地主分任务给他。对妇女做布草鞋，每个妇女自报，〈对〉思想觉悟高的一人或两人做一双，或三人四人共做一双，伟〔慰〕劳新兵。〈对〉俱乐部专做宣传戏，敲锣打鼓欢送新兵，〈对〉干部群众一起来搞文娱活动。

（赖观锋整理记录）

7. 访问罗楚畴同志记录整理

罗楚畴，苏区时任桃花树的代表，1932 年入团。现在住石涧营部。

一、党团组织及其活动

1931 年开始发展党团组织，首先在各机关的干部中发展，到 1932 年在农村当中发展党团组织；苏区发展要条件好，特别要成分好，要贫苦农民，中农分子都少，又要工作积极的，能对敌人进行坚决打击的才可以发展。发展了以后，党团组织经常开秘密会，作〔着〕重研究打土豪劣绅工作和富农的捐款工作及扩大红军势力工作，【这些】都〈是〉要我们党团里面首先研究讨论，多半是半晚时候召会。

二、苏维埃政权各项建设工作

1931 年大队红军从瑞金来到我们洋地，过石涧，来到我们这里，很文明，查清地主富农的情况〈，就打和杀猪〉。有个别的贫苦农民逃上山去，我们大队红军〈见到有个别的，〉叫他们回来，并且还叫他【们】食猪肉；有一部分着〔穿〕烂衫，红军相〔箱〕里有新衫就拿给他着〔穿〕起来，很贫苦农民食了很多猪肉，都是红军挪给他食的。后来成立各种政府，先有村政府、乡政府、区政府，并且有很多机构的。

三、武装斗争和武装建设方面

红军来到我们的〔区〕，就一步一步工作。首先搜集好武装，梭镖、鸟铳等就搭配给游击队，就开始做好保卫工作；开始【打】土豪劣绅，取地主金银和富农的捐款工作，同时还要查有高利贷剥削，查清再来打地主富农。1932 年四五月开始征兵，首先只要一小部分的人扩大红军势力，到了 1933、1934 年四五月，就扩大一百万〈的〉铁的红军，我们这石涧乡就全体动员去当兵，每个青壮年、成分好的都去参军，那就我们乡里起重独了个撑个①，都去。

四、土地改革方面

1931 年 11 月份，开始分田、分山、分屋等工作。首先就开群众大会，以村为单位，由群众自报老田面积数，全村总共统计好来，就分上中下三等田，全村人口计算好来，每人应分多少；一般贫苦农民分更好一点的田，生活更好一点，就分更中一点田，富农地主分下田；分山全体干部到山上估产，划分片上，按人口计算起来，应分多少，一两户共一块，勿〔或〕者几户共一块；分房屋的

---

① 原文如此。

方法，就是贫苦农民有屋住的也来分，无屋住的人，就叫他到地主家里屋下住。结果分田、分山一次都没有分清，以后还分了几次才把这个问题搞清楚来。

五、群众运动方面

我们政府组织互济会，经常摸〔募〕捐，到群众家里捐一点果品（即大豆花生其他食物）慰劳军人家属。1932 年开始做布草鞋，一人做一双，勿〔或〕者几个妇女共做一双，勿〔或〕者摸〔募〕捐的钱卫老〔慰劳〕新战士。同年开始买公债，上级会分任务给我们，也由群众自报；干部一般按生活情况好坏的买，有个别干部为个人主义打算，自说买了几多，这边就顶别人买，有的干部自己带头买、多买。

（董拔华整理记录）

8. 访问赖金洪同志记录整理

赖金洪，苏区时任村秘书，后任乡代表，在军队是伙夫。现住水庙黄沙坑。

一、党团组织和积极活动

红军〈一〉来了以后，在大会上说党员是真革命，工作好的、成分好的、可靠的人，有人介绍可以入党，后来好多人都入了党团。

二、苏维埃政权各项建设工作

红军一来【即】成立政府，村政府有主席、秘书、送信员，乡政府有主席赖佐仁、秘书赖宏连、送信员赖佐群。

三、武装建设与斗争方面

成立游击队，到处打土豪，同时红军来得很快，马上把坪山、横江、龙岗一带障碍扫除了。可是上水有很多大刀会，于是上级发动群众 18 岁到 40 岁的人都去跟大刀会战〔斗〕争，把大刀会打败了，同时还把洪石寨解放了。以后打右石寨，可是一时不容易打下来，后经过寨的老百姓约好会期和【用】红手套做记号，经过激烈的战争，才把敌人全部俘虏了，结果胜利了，得到很多胜〔战〕利品，把胜〔战〕利品发给群众。

四、土地改革

田分上中下三等分给穷人，每人分上等三担、中等三担、下等十二担，土豪不分或分坏田。

五、群众运动方面

1931 年红军来了，当地组织了俱乐部。【每】隔几天【就】有〔唱〕文名〔明〕戏〈唱〉、写宣传标语，写着："打土豪分田地""穷人籴谷不要钱"，有宣传员用广播筒向群众宣传。

（刘省都记录整理）

9. 访问赖佐高记录整理

赖佐高，苏区任代表，后来任区委书记等职，党员。现在住洋地大队。

一、党团组织积极活动

1931 年十月份开始入党入团，在发展党团组织，要成分好的、工作积极的、立场坚定的、思想好、条件高的人才可以入党。首先入党要秘密的，要三个介绍人进行介绍才能入党；后来发展党团，当〔在〕会场上，公开〈地〉报【名】，各项条件好的，只要介绍人介绍、立场坚定的就可以建〔入〕党。党的工作经常开些秘密会，确定土豪对象和劣绅对象，指导贫农团正实〔式〕开始打；同时开展各项工作，都要首【先】党支部会〈才〉作决定，就〔才〕进行工作，还会商量打反动派的斗争工作和扩【大】红军工作，都会〔要〕开支部会，研究讨论，才可以工作。

二、苏维埃正〔政〕权各项建设工作方面

1931 年八月二十八日，苏区红军来到我石城洋地，十二师的师〔司〕令部在我们地方上驻。首先来我们这个地方工作，就宣传和衣〔依〕靠贫苦农民、组织贫农团，成立各种组织，村政府、乡政府、区政府、〈并且〉儿童团、少先队、赤卫军。区里【有】中共区委、少共区委，中共下面有宣传部、组织部、妇女指导员，区主席、文书、总务室、收发室、保卫局、劳动部、土地部、革命经济部、裁判部、工农检察部、军事部、粮食部、俱乐部、纸业工会、互济会、司务长；区下面的乡有洋地乡、三坑乡、集岭乡、瑞坑乡、长溪乡、石涧乡、桃花乡、烂泥乡、珠玑乡，后来珠玑乡拨到〔划归〕太雷区管。

三、武装斗争

1931 年十月份开始打地主。首先打寨子，〈首〉先打洋地寨子，打下就打三坑寨子。三坑寨子上组织了一批大地主，还有枪，结果打了好的〔些〕时候，才把那个地方打下来，并且捉到很多的土豪劣绅。洋地间到二间的土豪劣绅，其中里面有些贫苦农民，政府就叫我出来保贫苦农民出去，有钱的要他出钱才放出来。我们洋地游击队的有一部分人，到宁化打反动派，结果把那地方打下来，后来还拨〔划〕太雷县管。

四、武装建设方面

扩大一百万铁的红军，1931 年四五月间，全体动员去参军，条件好的人每人都要去。

五、土地改革方面

1931 年十月份开始分田、分屋、分山。其分各项方法，首先分田，一般按上中下三等，军属分好田，贫苦农也分好田，地主分坏田，按人口计算分田，每人分田平均八石；分屋按户数，人多的多分一点，人少的少分一点；分山，全部的劳动【力】，统一摘下菜籽来才分，都按人口统计一分配，每人平均分配制度。

六、群众运动方面

1932 年妇女开始做布草鞋，贫苦农妇女做，地主不要她做，并且还摸〔募〕捐，每月每人捐几个铜币，卫老〔慰劳〕伤兵和战士们用。洋地组织俱乐部，学习勿〔或〕者演戏，儿童有书学〔学上〕。1932 年 2 月 8 日，分了田的农民都要完土地税和屠宰税，但是税不重，只要几角钱。同时开会使〔派〕公债票，党团员自动带头，地主摊派他们使〔买〕，还出积谷。

（董拔华整理记录）

10. 访问刘汉南同志记录整理

刘汉南，苏区时任过乡主席、粮食局部员等。现在任养猪场长、营部副营长，党员。

一、党团组织积极活动

在那时候党团的组织方面有共产主义青年团，还有好些党团组织，忘记了。

二、苏维埃政权各项建设工作

在 1933 年组织了工会委员会，〈里面有〉工会委员诗永天介绍〈该同志〉进去做工作，起初分到各乡进行工作，〈进行〉做一些义务劳动。3 月间去工作，6 月在粮食局当部员。同年还建立村政府、乡政府、区政府，有少先队、儿童团，20—30 岁组织了模范营，有突击队专门了解情况。还有妇女会，里面还有主席，甲下徐德明妻任主席。区里还组织了区妇【女】委员会、慰劳队给人家洗衣服。同时区里面的组织有裁判部，部长范仔发，后来就龚香庆；裁〔财〕政部，部长赖匹皇、罗宗茂；收发处赖道隆，秘书长起初赖旭清，后来选给〔了〕赖道隆；区长陈银发，后来编为游击队长，出太雷县，后来赖荣寿、熊阔金、赖光辉等都做过。

三、武装斗争方面

1933年建立了区政府，在王仙墩（？）。晚上我同志有一次转回家里睡，晚上四处放了哨，反动派杀了哨兵黄西根，这时候我发觉了就偷偷出来打锣叫喊，使区政府的人员听到我的叫喊全部走了。八月尾〔末〕被调去桃花磜做乡主席，出洋地来开会后，桃花磜的乡政府就被反动派打散了，这时候大家就东跑西逃走散了。这时候范隆伦、赖国才、范隆进等头子率领反动派起来暴动，18岁至45岁以下的一下〔全部〕被压〔押〕到沿江去了。这时红军由湖皁〔陂〕上来，这边就迳口季工坑四处包围，打死了很多反动派。后来红军驻【地】转洋地。红军驻【地】转洋地以后，反动派从汀州打转〔回〕来，由沿江上来到洋地来，这时〔我们〕被他【们】打散了，以后就恢复了反动政府。

四、土地改革方面

那时候每人分12担谷田，好田就每人分8担谷田，贫苦农分好田；富农分坏田，垅头垅尾的田；地主无田分，有的去割富农的禾，没有富农吃①。

五、群众性运动方面

生活方面，一般是还好，但到了青黄相接之时（4—5月）有一少部分的人无米吃，大多数人有米吃。有些人要到建太〈能〉贩米转〔回〕来卖，1元卖〔买〕四升，盐就1元买8钱多。

文化方面，和现在差不多，都有村学，有专责〔职〕教员。地方上有人犯了错误的，就罚他的〔做〕木枪，这个木枪就发给儿童团。

还组织了抗日宣传队，发动大家做布草鞋，有的做一双，有的做两双，随自己自愿，这些布草鞋用来援助红军，拿去城里给红军发到前线去。

（刘宏才记录整理）

———————

① 原文如此。